U054354?

上海市级专志

中国联通上海公司志

上海市地方志编纂委员会 编

上海社会科学院出版社

公司概况

上海市长宁路 1033 号联通大厦全景（摄于 2005 年 9 月）

公司概况

1994年9月15日，上海联通成立大会

1999年9月15日，上海联通成立5周年、联通国际大厦揭幕暨联通上海中心营业厅开业庆典

2002年10月9日，中国联通A股在上海证券交易所上市，中国联通董事长杨贤足（右一）、
总经理王建宙（左一）、副总经理佟吉禄（左二）参加仪式

2004年5月12日，上海联通崇明分公司成立

领导关怀

1995年4月,中国联通董事长赵维臣(中)到上海联通调研

1995年7月19日,上海市副市长夏克强(右)在上海联通GSM网开通仪式上
与国务院副总理邹家华用数字移动电话交谈

领导关怀

2001年10月18日，中国联通（香港）集团公司总裁王建宙（前左）和美国商务部副部长鲍德曼（前右）参加上海联通CDMA 1X可视电话展示活动

2004年12月3日，国家信息产业部副部长奚国华（左二）听取上海网通3G试验工作情况，上海市通信管理局局长张枢（右一）、上海网通总经理周仁杰（左一）参加

重要会议

2004年9月15日,上海联通在上海影城召开"情系上海 联通十年"先进事迹报告会

2005年7月18日,上海网通召开保持共产党员先进性教育活动动员大会,党委书记李超(左三),总经理周仁杰(左二),副总经理邹伟平(右二)、张成波(左一)、李广聚(右一)参加

2007年1月16日，上海网通召开2007年度工作会议暨一届一次职工代表大会，总经理马学全（左四），
副总经理张成波（右三）、张承鹤（左三）、沈洪波（右二）、李爽（左二）、李广聚（右一），
总会计师苏卫国（左一）参加

2009年8月11日，上海联通召开中国联通集团工会上海市第一次代表大会暨上海联通第一届职工代表大会，
选举产生上海联通工会第一届委员会，党委书记马学全（左三），总经理蔡全根（右二），
副总经理赵乐（左二），副总经理、工会主席张承鹤（右一），资深经理张静星（左一）参加

网络建设

1996年3月30—31日，中外技术人员在上海联通浦东新区源深路机房进行频改

1996年4月4日，上海联通维护人员在崇明县南门基站进行开通前现场值守

网络建设

1997年9月27日，上海联通GSM网络第三期工程改频成功

1998年5月6日，上海联通徐汇区漕河泾局房

网络建设

1998年6月5日，上海联通庆祝CDMA试验网首呼成功，
总经理黄秉祺（右五）、副总经理董秀骐（右三）参加

1998年12月8日，上海联通GSM网络四期扩容合同签字仪式举行，
总经理黄秉祺（后右三）、副总经理周仁杰（前中）参加签约

2001年12月，上海网通C2C登陆站正式启用

2004年，上海联通江场机房

业务发展

1995年12月19日，上海联通总经理霍长辉（右）向第10000户"超哥大"用户颁奖

1996年2月17日，中国联通GSM网与上海邮电电信网互联互通协议签字仪式在上海举行

1996年4月18日，上海联通首席代表刘振元（中左）与到访的诺基亚集团总裁会面

1999年6月18日，上海联通IP电话开通，上海市邮政局副局长吴一帆（右）、
上海联通常务副总经理赵乐（左）参加仪式

业务发展

2000年3月27日,"联通掌中网"开通仪式信息发布会

2004年1月,上海网通召开代理商大会

2004年11月2日，上海网通"金色俱乐部"成立，副总经理邹伟平（中）参加仪式

2005年5月18日，上海联通举行第48届世乒赛通信与服务保障工作先进表彰授奖仪式，
总经理张健（中），党委副书记张静星（右四），副总经理姜起梅（右一）、
王福生（左二）、朱士钧（左四）、王林（右二）、薛金福（左一）出席

业务发展

2007年4月12日，上海联通召开"和谐上海·真诚连通"精神文明建设大会暨服务品牌推进会

2007年，上海联通为上海理工大学师生提供网上商城体验服务

业务发展

2008年9月30日，上海联通与上海电信举行"CDMA资产和业务交接仪式"，
上海电信总经理张维华（前左），上海联通总经理赵乐（前右），
副总经理王福生（后左一）、王林（后左二），党委副书记张静星（后左三）参加

2009年5月17日，上海联通3G业务试商用发布会，市经信委副主任刘健（左四），
市通管局副局长李振坤（左五），联通A股公司副总裁张健（右六），上海联通总经理蔡全根（左六），
副总经理赵乐（左二）、鲁东亮（右三），资深经理张静星（右一）参加

业务发展

2009年8月21日，上海联通与新华社上海分社签署战略合作框架协议，新华社上海分社社长慎海雄（前右），上海联通总经理蔡全根（前左），副总经理赵乐（后左三）、李爽（后左二）参加

2009年12月，上海联通与韩国客人在联通国际大厦进行业务交流

2010年6月2日，上海联通与崇明县人民政府签订战略合作框架协议，副总经理沈洪波（中右）参加签约

2010年12月，上海联通与金山区人民政府签订战略合作框架协议，副总经理沈洪波（前右）参加签约

客户服务

2002年3月15日,上海联通参加"3·15消费者权益保护日"用户咨询活动

2004年12月2日,上海网通临平路营业厅开业剪彩仪式,总经理周仁杰(右二)出席

2005年9月15日，上海联通长宁路旗舰营业厅开业

2005年，上海联通10010客服热线话房

客户服务

2007 年 12 月，上海联通长宁营业厅营业员用手语为聋哑用户服务

2008 年 7 月 8 日，上海网通江苏北路营业厅开业

社会责任

1997年5月17日，庆祝第29届世界电信日，上海联通首席代表刘振元（中）、总经理姜志明（左二）、副总经理朱文豹（右一）参加活动

2007年6月1日，上海联通向浦东新区寿春学校捐赠书籍

社会责任

2008年"5·12"汶川大地震后,上海联通多次调集通信设备与紧急救援物资送往灾区

2008年8月,上海网通工作人员在北京奥运会上海赛区提供现场网络保障

2008年8月，上海网通奥运通信场馆保障团队技术保障人员合影

2009年5月5日，上海联通"雪域童年志愿者"活动正式启动，
总经理蔡全根（右五）、资深经理张静星（左五）参加启动仪式

社会责任

2010 年 4 月 12 日，上海联通举办世博保障工作誓师大会，市通管局局长姚士成（中）、市经信委副主任刘健（右）、上海联通总经理蔡全根（左）参加

2010 年 10 月，上海联通应急通信车为上海世博会提供通信保障服务

2003年7月,上海网通足球协会赴徐根宝足球基地学习

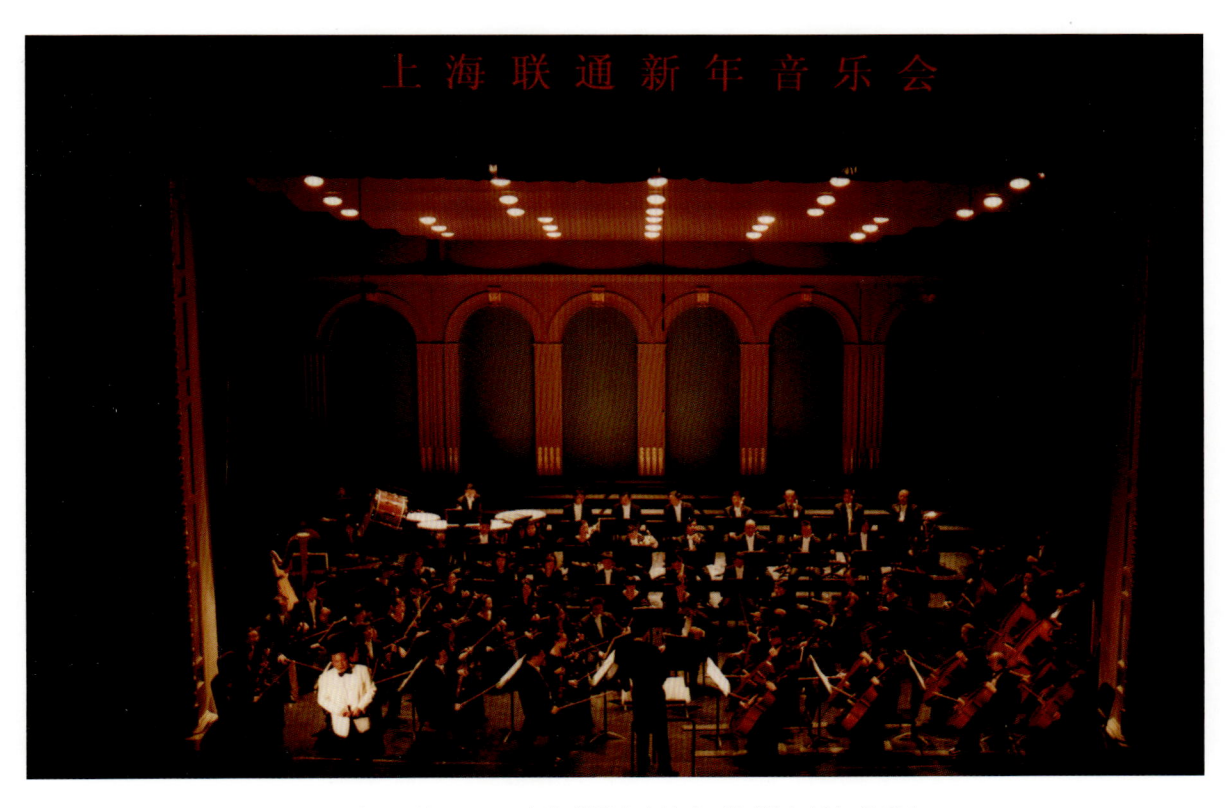

2004年12月28日,上海联通在上海音乐厅举办新年音乐会

员工风采

2006年7月8日，上海网通参加张江集电港划龙舟比赛

2007年2月15日，上海联通举办2007年迎春联欢会

2000年2月,上海联通获"全国质量效益型先进企业"称号

2004年9月,上海联通获"全国用户满意企业"称号

主要荣誉·市级

2001年9月，上海联通获"上海市用户满意企业"称号

2003—2010年，上海联通蝉联四届"上海市文明单位"称号

2007年3月，上海联通网络工程中心建设支撑室获"上海市文明班组"称号

2007年4月，上海联通获"上海市学习型团队"称号

2007年4月，上海联通长宁路营业厅被团市委命名为"共青团号"集体

2008年10月，上海网通网络运行维护部获"北京奥运会残奥会上海地区通信保障工作先进集体"称号

2009年1月,上海联通团委获"上海市五四特色团委"称号

2009年4月,上海联通获迎世博优质服务贡献奖

主要荣誉·集团级

2004年10月，上海联通获中国联通"客户满意十佳精品网络城市"称号

2007年1月，上海联通获中国联通"先进集体"称号

2007年6月，上海联通获"联通杯"全国职工乒乓大赛贡献奖

2007年9月，上海联通获中国联通集团企业管理系统荣誉证书

主要荣誉·集团级

2008年9月，上海网通获中国网通奥运工作先进集体奖

2010年12月，上海联通市场部、信息化部需求与系统建设处获中国联通"巾帼文明岗"称号

LOGO 演变

中国联通、中国网通及吉通 LOGO 演变图

37

上海市地方志编纂委员会

主 任 委 员 周慧琳
副主任委员 翁铁慧　李逸平　朱咏雷　宗　明
委　　　员 （以姓氏笔画为序）

于福林	上官剑	马正文	王　平	王　华	王　岚	王旭杰
方世忠	白廷辉	朱　民	朱勤皓	邬惊雷	刘　健	严爱云
李　谦	李余涛	李国华	杨　莉	肖跃华	吴金城	吴海君
余旭峰	沈山州	沈立新	张　全	张小松	张国坤	陆方舟
陈　臻	陈宇剑	陈德荣	金鹏辉	周　强	周夕根	郑健麟
房剑森	赵永峰	胡广杰	钟晓咏	姜冬冬	洪民荣	姚　凯
姚　海	秦昕强	袁　泉	袁　鹰	桂晓燕	顾　军	徐　枫
徐　建	徐　炯	徐　彬	徐未晚	高奕奕	高融昆	唐伟斌
黄德华	曹吉珍	曹扶生	盖博华	董建华	解　冬	缪　京
薛　侃						

办公室主任 洪民荣
副 主 任 生键红　姜复生

上海市地方志编纂委员会

（2007年8月—2018年6月）

主 任 委 员 殷一璀（2007年8月—2014年11月）
　　　　　　　徐　麟（2014年11月—2015年9月）
　　　　　　　董云虎（2015年9月—2018年6月）
副主任委员 （2007年8月—2011年8月）
　　　　　　　王仲伟　杨定华　姜　樑　李逸平　林　克
副主任委员 （2011年8月—2014年11月）
　　　　　　　屠光绍　杨振武　洪　浩　姚海同　蒋卓庆　林　克
办公室主任 李　丽（2008年7月—2010年10月）
　　　　　　　刘　建（2010年10月—2014年2月）
副 主 任 沙似鹏（1997年12月—2007年9月）
　　　　　　　朱敏彦（2001年1月—2012年5月）
　　　　　　　沈锦生（2007年7月—2009年2月）
　　　　　　　莫建备（2009年9月—2013年11月）
　　　　　　　王依群（2016年8月—2020年3月）

《上海市级专志·中国联通上海公司志》编纂委员会

主　任　沈洪波
副主任　李　爽　王　林
委　员　（以姓氏笔画为序）
　　　　邓　玄　刘　彤　李　炬　沈　可　欧大春　戴　苓
顾　问　（以姓氏笔画为序）
　　　　马学全　朱文豹　刘振元　李　超　张　健　周仁杰　赵　乐
　　　　施建东　姜志明　黄秉祺　蔡全根　霍长辉

《上海市级专志·中国联通上海公司志》编纂委员会办公室

主　任　宋兰美
副主任　林　俊　董　晓
成　员　（以姓氏笔画为序）
　　　　马　苓　王震东　王　飚　刘志刚　刘宏华　刘晓妍　刘霄汉
　　　　吴　昊　张乐燕　邵　丹　范文蓉　胡卫东　侯文军　戴　强
　　　　魏　炜

《上海市级专志·中国联通上海公司志》
编纂人员

主　编　宋兰美

副主编　董　晓

总　纂　孙　洁

分　纂　胡远杰　景智宇　张云辉

其他撰稿人（以姓氏笔画为序）

丁　峰　刘　静　孙　晔　李　娜　李　静　吴雯洁　陈以军
陈伟文　金　怡　郑慧萍　孟春阳　胡晓萍　顾　净　康　迪
谢　烨　裔佳潘　婷

组稿及资料提供人（以姓氏笔画为序）

王　珏　王　皞　尤鸿燕　邓云岚　叶一纬　叶秋中　叶颖然
白洁桦　吕　旭　朱园园　朱　倩　朱云波　刘伟国　刘贤松
刘智彬　齐永嘉　江　伟　孙振宁　杨婧慈　李　刚　李红卫
李　君　李贤惠　李　俊　吴生全　吴丽华　汪培培　沈　波
宋　婷　张　茜　张　翙　陆建弟　陈红梅　陈碧春　陈燕虹
范鸣红　茅　勇　林敏峥　单　佳　胡　正　胡　泓　袁雪梅
顾纹婷　顾树青　顾晓东　徐　宁　高莉萍　郭　杨　陶秋琳
康　天　蒋方凯　蔡家宜　薛　斌　魏　华

《上海市级专志·中国联通上海公司志》评议专家

组　　长　　王天广
成　　员　　（以姓氏笔画为序）
　　　　　　叶　军　朱洁士　邱美娟　邱曙东　林　晶　郑仁良　胡永龙
　　　　　　徐夏临　殷洁伟　戴　斌

《上海市级专志·中国联通上海公司志》审定专家

组　　长　　谢雨琦
成　　员　　（以姓氏笔画为序）
　　　　　　田克新　安　平　祁　超　孙如琪　肖冠男　汪时维　周　瑾
　　　　　　周文起

《上海市级专志·中国联通上海公司志》验收单位和人员

验收单位　　上海市地方志办公室
验收人员　　洪民荣　姜复生　王继杰　过文瀚　黄晓明

业务编辑　　赵明明　肖春燕

序

　　历经数年的辛勤编纂,《上海市级专志·中国联通上海公司志》(以下简称《上海联通志》)问世了。《上海联通志》是继《上海联通发展史(1994—2014)》之后又一部重要的史志资料,它凝聚了上海联通广大干部员工、上海市通信管理局、上海通信业同行及社会各界人士的智慧与心血。本志书较为全面地记载了上海联通自成立至2010年,其间17年的发展历程,既有助于清晰把握当代通信行业发展的历史脉络,也为今后地方通信企业发展留存可借鉴的珍贵历史文献。《上海联通志》的成功编纂是上海联通企业发展史上的一件大事,它的出版发行是企业精神文明建设取得的又一项丰硕成果,值得庆贺!

　　"盛世修志,志载盛世",作为一项传承中华文明、服务当代、惠泽后世的原创性文化建设工作,明史修志一直是党和国家高度重视的一项工作。习近平总书记指出,"要高度重视修史修志。"他曾多次强调,历史是最好的教科书,是最好的老师,可以把历史智慧告诉人们,可以启迪后人,"不忘历史才能开辟未来,善于继承才能善于创新"。作为通信业的重要企业,上海联通的发展历史是上海市通信行业发展不可或缺的重要组成部分,企业志的编纂是一项功在当代、利在千秋的重要文化工程。在习近平新时代中国特色社会主义思想和党的十九大精神指引下,上海联通肩负央企社会责任,坚决落实国家关于开展第二轮修志的工作要求,在上海市地方志办公室的统一领导下,以时不我待的紧迫感、舍我其谁的使命感,以高度的责任感,对历史负责、对通信行业负责、对企业负责的态度,严格按照"一纳入,八到位"要求,勤奋耕耘,潜心编修,按期高质量完成《上海联通志》编纂工作。

　　《上海联通志》是一部充满着艰辛、拼搏、奉献、喜悦与自豪的志书,它较为完整地反映了上海联通在1994年至2010年时期的发展状况。成立于1994年9月15日的上海联通,在中共上海市委、上海市政府、中国联通的正确领导下,从无到有,由弱到强,先后历经企业初创的砥砺前行期,境内外上市的快速成长期,最终迎来融合重组之后超常规的跨越式发展,企业各项工作走在了全国同行的前列,并且创造了行业内的多个第一。本志书详实展示了上海联通在企业管理、经营发展、网络建设、技术创新、服务提升、文化建设等方面取得的成就,既反映了行业特色,又突出了企业特点,供后人从中汲取经验和借鉴得失。

  本志书的成功编纂,是对上海联通发展进程的一次较为完整的记录,也是对企业文化底蕴的一次沉淀,更是对企业文化建设成果的一次见证。希望通过此次志书出版,全体上海联通人能够充分发挥企业志"存史、育人、资政"的作用,在紧密围绕上海"五个中心"建设、"四大品牌"打造、长三角一体化、城市精细化管理等战略规划,加强信息基础设施建设,助力提升城市能级和核心竞争力等方面作出新的更大贡献。

中国联合网络通信有限公司上海市分公司

党委书记、总经理

沈洪波

2021 年 8 月

凡　　例

一、本志以马克思列宁主义、毛泽东思想、邓小平理论、"三个代表"重要思想、科学发展观、习近平新时代中国特色社会主义思想为指导，遵循存真务实原则，力求全面、系统、准确记载中国联合网络通信有限公司上海市分公司的发展历史，做到思想性、科学性和实用性的统一。

二、本志记载时间为1994—2010年。为记事完整，少数内容的年限适当上溯下延。

三、本志采用篇章体，以篇、章、节、目、子目分层次。按业务分工和科学分类，横排门类，纵述史实。

四、本志采用述、记、志、图、表、录等体裁，表随文设，图照取卷首集中与串文分散结合形式。卷首列图照、序、凡例、总述、大事记，正文共7篇，卷末设专记、附录、索引、编后记。

五、本志大事记以编年体为主，辅以纪事本末体。时间下限为2018年底。

六、本志设人物简介，以生年排序；另设个人、集体荣誉表。

七、本志行文用规范的语体文，秉承严谨朴实文风，述而不作。文字、标点、计量等按国家颁布的规定执行。本志中的币种，除另有说明外，均为人民币。

八、组织机构、文件、活动等名称均按当时称谓，首次用全称，如全称较长，后用规范简称。引文及表、图中出现的原称谓不作更改。

九、本志中"上海联通"的全称先后为"中国联合通信有限公司上海分公司"（1994—2008）、"中国联合网络通信有限公司上海市分公司"（2008—　）；"上海网通"的全称先后为"中国网络通信有限公司上海分公司"（2000—2002）、"中国网通（集团）公司上海市分公司（2002—2008）、中国网络通信（集团）公司上海市分公司（2004—2008）；

"上海吉通"的全称为"吉通通信有限公司上海分公司"(1996—2000)、吉通网络通信股份有限公司上海分公司(2000—2003)。

  十、本志资料主要来源于上海联通所存档案文献、业务人员口述或书面记述、内部发行和公开出版的书刊。一般不注明出处。

目　　录

序 ·· 沈洪波　1
凡例 ··· 1
总述 ··· 1
大事记 ··· 9

第一篇　机构 ··· 51
概述 ·· 52
第一章　融合前的上海联通 ······················ 53
第一节　筹建上海联通 ···························· 53
一、组织筹备 ··· 53
二、资金募集 ··· 54
三、公司组建 ··· 54
第二节　组织机构和业务 ························ 55
一、机构设置 ··· 55
二、行政负责人 ··· 62
三、领导小组 ··· 63
四、人员队伍 ··· 64
五、办公场所 ··· 64
六、固定资产 ··· 64
七、营业收入 ··· 65
第二章　上海网通与吉通 ··························· 67
第一节　网通机构和业务 ························ 67
一、网通背景 ··· 67
二、组织机构 ··· 67
三、员工队伍 ··· 72
四、企业发展 ··· 72
五、办公场所 ··· 74
六、固定资产 ··· 74
七、营业收入 ··· 75

第二节　上海吉通 ···································· 75
一、吉通由来 ··· 75
二、机构职责 ··· 75
三、主营业务 ··· 76
四、办公场所 ··· 76
第三节　网通与吉通融合 ························ 76
第三章　融合后的上海联通 ······················ 77
第一节　融合重组 ···································· 77
一、前期准备 ··· 77
二、CDMA网络资产与业务出售
　　移交 ·· 78
三、实施融合重组 ····································· 79
四、融合成效 ··· 82
第二节　组织机构 ···································· 82
第三节　融合发展 ···································· 85
一、总体情况 ··· 85
二、人员结构 ··· 86
三、人才培养 ··· 87
第四节　主体公司 ···································· 87
一、总体情况 ··· 87
二、部门设置 ··· 87
三、三级机构调整 ····································· 92
第五节　移动网络公司 ···························· 95
一、总体情况 ··· 95

二、部门职责 …………………………… 95
三、三级机构调整 ……………………… 97
第六节 区县分公司 ……………………… 98
  一、东区分公司 ………………………… 98
  二、西区分公司 ………………………… 99
  三、南区分公司 ………………………… 100
  四、北区分公司 ………………………… 100
  五、中区分公司 ………………………… 101
  六、闵行分公司 ………………………… 101
  七、宝山分公司 ………………………… 102
  八、南汇分公司 ………………………… 102
  九、嘉定分公司 ………………………… 103
  十、青浦分公司 ………………………… 104
  十一、松江分公司 ……………………… 105
  十二、奉贤分公司 ……………………… 105
  十三、金山分公司 ……………………… 106
  十四、崇明分公司 ……………………… 106

第二篇 通信网络与基础建设 …… 109

概述 …………………………………………… 110
第一章 移动通信网 ……………………… 111
  第一节 GSM网 ………………………… 111
    一、GSM一期 ………………………… 111
    二、GSM二期 ………………………… 111
    三、GSM三期 ………………………… 112
    四、GSM四期 ………………………… 112
    五、GSM五期 ………………………… 112
    六、GSM六期 ………………………… 112
    七、GSM七期 ………………………… 112
    八、GSM八期 ………………………… 113
    九、GSM九期 ………………………… 113
    十、GSM十期 ………………………… 113
    十一、GSM十一期 …………………… 114
    十二、GSM十二期 …………………… 114
    十三、GSM十三期 …………………… 114
    十四、GSM十四期 …………………… 114
    十五、GSM十五期 …………………… 114
    十六、GSM十六期 …………………… 115
    十七、GSM十七期 …………………… 115
    十八、GSM十八期 …………………… 116
    十九、GSM十九期 …………………… 116
  第二节 CDMA网 ……………………… 116
    一、CDMA一期 ……………………… 116
    二、CDMA二期 ……………………… 117
    三、CDMA三期 ……………………… 117
    四、CDMA四期 ……………………… 117
    五、CDMA五期 ……………………… 118
第二章 数据网 …………………………… 119
  第一节 骨干网 ………………………… 119
    一、China169 ………………………… 119
    二、CNCNET ………………………… 120
    三、互联网数据中心（IDC） ………… 122
  第二节 通信网 ………………………… 123
    一、IP电话网 ………………………… 123
    二、ATM网 …………………………… 125
  第三节 城域网 ………………………… 127
    一、上海网通城域网 ………………… 127
    二、上海联通城域网 ………………… 129
第三章 交换系统 ………………………… 131
  第一节 长途交换 ……………………… 131
  第二节 市内交换及其他 ……………… 132
第四章 传输系统 ………………………… 134
  第一节 光缆 …………………………… 134
    一、城际光缆 ………………………… 134
    二、海底光缆 ………………………… 136
  第二节 传输 …………………………… 137
    一、长途传输 ………………………… 137
    二、本地传输 ………………………… 138
第五章 局所建设 ………………………… 152
  第一节 综合性大楼 …………………… 152
  第二节 局所机房 ……………………… 152
第六章 重大市政项目通信配套
       工程 ……………………………… 155
  第一节 临港新城中心局房 …………… 155

第二节　虹桥枢纽 …………………… 155
第三节　长江隧桥项目 ………………… 155
第四节　高铁项目 ……………………… 156
　　一、沪宁高铁 ……………………… 156
　　二、沪杭高铁 ……………………… 156
第五节　上海世博会通信配套
　　　　工程 ………………………… 156
第六节　楼宇、住宅通信设施配套
　　　　工程 ………………………… 157

第三篇　主要业务 …………………… 159

概述 …………………………………… 160

第一章　固定网络业务 ……………… 162
第一节　用户 …………………………… 162
第二节　基础业务和本地通话 ………… 163
　　一、一次性费用及手续费 ………… 163
　　二、月租费 ………………………… 165
　　三、通话费 ………………………… 165
第三节　长途电话 ……………………… 167
　　一、普通长途电话（DDD/IDD）…… 167
　　二、IP长途电话 …………………… 167
　　三、196长途电话 ………………… 168
第四节　公用电话 ……………………… 169
　　一、普通公话 ……………………… 169
　　二、投币公话 ……………………… 170
　　三、公话超市 ……………………… 170
　　四、卡式公话 ……………………… 171
　　五、无线公话 ……………………… 171
第五节　NGN新市话 ………………… 172
　　一、装、移机 ……………………… 172
　　二、变更 …………………………… 173
　　三、月租费 ………………………… 173
　　四、通话费 ………………………… 173
　　五、附加业务 ……………………… 174
第六节　储值电话 ……………………… 174
　　一、一次性费用及手续费 ………… 175
　　二、日租费 ………………………… 176

　　三、通话费 ………………………… 176
　　四、附加业务资费 ………………… 177
第七节　中继线与用户小交换机 …… 177
　　一、一次性费用及手续费 ………… 177
　　二、月租费 ………………………… 179
　　三、用户交换机（专网）占用本地
　　　　电话网编号月使用费 ………… 179
第八节　集中用户交换机
　　　　（Centrex）…………………… 179
　　一、装、移机 ……………………… 180
　　二、变更 …………………………… 180
　　三、月租费 ………………………… 180
　　四、通话费 ………………………… 181
　　五、附加业务 ……………………… 181
第九节　集团虚拟网 …………………… 181
　　一、装、移机 ……………………… 182
　　二、变更 …………………………… 182
第十节　综合业务数字网（ISDN）…… 182
　　一、装、移机 ……………………… 183
　　二、月租费 ………………………… 183
　　三、通话费 ………………………… 183
　　四、附加业务资费 ………………… 184
第十一节　固定电话附加业务 ………… 184
　　一、开户费 ………………………… 184
　　二、月功能使用费 ………………… 185
第十二节　800/400增值业务 ……… 185
　　一、800业务 ……………………… 185
　　二、4006业务 …………………… 186

第二章　移动网络业务 ……………… 188
第一节　用户和入网费 ………………… 188
　　一、用户 …………………………… 188
　　二、入网费 ………………………… 188
第二节　基础业务 ……………………… 189
　　一、语音业务 ……………………… 189
　　二、IP业务 ………………………… 191
　　三、长途和漫游 …………………… 192
　　四、无线寻呼业务 ………………… 193

五、短信业务 …………………… 194
六、套餐 ………………………… 195
　第三节　增值业务 …………………… 204
一、信息服务类 ………………… 204
二、生活类 ……………………… 208
三、综合类 ……………………… 210
第三章　数据业务 ……………………… 215
　第一节　ATM综合业务 ……………… 215
一、概况 ………………………… 215
二、业务资费 …………………… 216
　第二节　无线数据业务 ……………… 221
一、概况 ………………………… 221
二、公众宽带 …………………… 222
三、掌中宽带 …………………… 228
四、16900上网业务 …………… 229

第四篇　客户服务 …………………… 233
概述 ……………………………………… 234
第一章　服务机制 ……………………… 235
　第一节　服务规范 …………………… 235
一、理念与措施 ………………… 235
二、服务体系 …………………… 237
　第二节　服务创优 …………………… 238
一、客户导向 …………………… 238
二、客服流程 …………………… 240
三、首问负责制 ………………… 240
四、QC活动 …………………… 241
五、零差错、零距离、零容忍 … 242
六、服务质量监督 ……………… 251
七、信息公开 …………………… 252
八、投诉处理 …………………… 252
第二章　窗口服务及特色服务 ………… 254
　第一节　营业厅 ……………………… 254
一、主要网点 …………………… 254
二、网点管理 …………………… 257
三、网上营业厅 ………………… 260
四、一账通服务 ………………… 260

　第二节　1001/10010客服热线 ……… 261
一、1001诞生 ………………… 261
二、10010升位 ………………… 263
三、十种语言热线 ……………… 264
四、3G视频热线 ……………… 265
五、双频网 ……………………… 265
六、自动语音查询 ……………… 266
　第三节　大客户服务 ………………… 266
一、大客户定义 ………………… 266
二、客户服务中心 ……………… 266
三、大客户部 …………………… 267
四、用户资料中心 ……………… 268
五、大客户维系 ………………… 269
六、大客户拓展 ………………… 271
七、集团客户案例 ……………… 271
　第四节　客户联谊 …………………… 273
一、联通沙龙 …………………… 273
二、《联通心声》 ……………… 273
三、客户俱乐部 ………………… 274
　第五节　通信外服务 ………………… 276
第三章　行风建设与社会监督 ………… 278
　第一节　行风建设 …………………… 278
一、行风评议 …………………… 278
二、行风达标建设 ……………… 278
　第二节　社会监督 …………………… 280
一、社会监督员 ………………… 280
二、质量改进 …………………… 281

第五篇　综合管理 …………………… 283
概述 ……………………………………… 284
第一章　企业基础管理 ………………… 285
　第一节　沿革 ………………………… 285
　第二节　运营管理 …………………… 288
一、运营模式 …………………… 288
二、合作营业厅和代理商管理 … 289
三、客户响应机制 ……………… 289
四、风险管理 …………………… 290

五、市场动态管理 …………… 292
　　六、郊区管理 ………………… 294
　第三节　绩效管理 ………………… 294
　　一、概况 ……………………… 294
　　二、组织考核 ………………… 297
　　三、营销分配 ………………… 299
　　四、外包规定 ………………… 299
　　五、职级划分 ………………… 300
　第四节　质量管理 ………………… 300
　　一、质量方针和质量目标 …… 300
　　二、ISO9000贯标工作 ……… 301
　　三、认证证书 ………………… 302
　　四、重点项目 ………………… 303
　　五、设备管理 ………………… 304
　第五节　发展计划与规划 ………… 304
　　一、"九五"发展计划 ………… 304
　　二、三年发展规划 …………… 305
　　三、滚动发展计划 …………… 306
第二章　法务管理 …………………… 307
　第一节　工商登记管理 …………… 307
　　一、企业登记 ………………… 307
　　二、外资企业登记 …………… 308
　　三、股份公司登记 …………… 308
　　四、重组变更登记 …………… 309
　第二节　合同管理 ………………… 309
　第三节　法律事务 ………………… 310
　　一、规章与规划 ……………… 310
　　二、法律培训 ………………… 311
第三章　资产与财务管理 …………… 312
　第一节　资产管理 ………………… 312
　　一、管理概况 ………………… 312
　　二、物资管理专项效能监察 … 313
　　三、固定资产投资 …………… 315
　第二节　财务管理 ………………… 316
　　一、财务预算与报销 ………… 316
　　二、往来账款管理 …………… 318
　　三、考核检查 ………………… 319

　第三节　审计管理 ………………… 320
　　一、专职审计员 ……………… 320
　　二、审计监管 ………………… 320
　　三、审计融合管理 …………… 321
　　四、内控管理 ………………… 321
第四章　安全管理 …………………… 325
　第一节　安全责任 ………………… 325
　　一、基础管理 ………………… 325
　　二、安保责任制 ……………… 327
　第二节　安全保障 ………………… 329
　　一、基础保障 ………………… 329
　　二、工程安全管理 …………… 329
　　三、战备保障 ………………… 329
　　四、重大活动保障 …………… 330
　　五、重大灾害保障 …………… 331
　第三节　信息安全 ………………… 331
　　一、联网管理 ………………… 331
　　二、终端管理 ………………… 333
　　三、内网安全 ………………… 334
　　四、信息化内控管理 ………… 334
　　五、信息管理 ………………… 335
　第四节　内部安保 ………………… 336
　　一、工作小组 ………………… 336
　　二、保卫措施 ………………… 336
第五章　人力资源管理 ……………… 338
　第一节　人才招聘与劳动合同 …… 338
　　一、人才招聘 ………………… 338
　　二、劳动合同 ………………… 339
　第二节　生活保障 ………………… 340
　　一、养老保险 ………………… 340
　　二、服务年金 ………………… 341
　　三、加班休假 ………………… 341
　　四、退休管理 ………………… 341
　第三节　考核与激励 ……………… 342
　　一、竞聘考核 ………………… 342
　　二、代维单位考核 …………… 342
　　三、合作方考核 ……………… 342

四、满意度考核 …………… 343
　　五、绩效考核 ……………… 343
　第四节　技术培训和职称 …… 344
　　一、培训历程 ……………… 344
　　二、专业技术职称 ………… 346
第六章　行政管理 ……………… 347
　第一节　综合事务 …………… 347
　　一、公文管理 ……………… 347
　　二、印章管理 ……………… 351
　　三、会议管理 ……………… 352
　　四、督办管理 ……………… 353
　　五、接待管理 ……………… 354
　第二节　档案工作 …………… 354
　　一、档案室 ………………… 354
　　二、档案统计 ……………… 355
　第三节　宣传推介 …………… 357
　　一、新闻中心 ……………… 357
　　二、新闻宣传 ……………… 357
　　三、危机处理 ……………… 364
　　四、广告宣传 ……………… 365
　第四节　对外交流 …………… 365
　　一、出访交流 ……………… 365
　　二、来访接待 ……………… 366

第六篇　党群工作和企业文化 …… 369

概述 ……………………………… 370
第一章　党委 …………………… 371
　第一节　组织建设 …………… 371
　　一、组织隶属 ……………… 371
　　二、组织工作 ……………… 371
　　三、党委（支部）负责人 …… 375
　第二节　党内主题教育实践活动 …… 377
　　一、重要学习教育活动 …… 377
　　二、特色学习教育活动 …… 380
　第三节　纪检监察 …………… 381
　　一、机构设置 ……………… 381
　　二、廉政建设 ……………… 382

　　三、自查自纠 ……………… 385
　　四、群众监督 ……………… 387
　　五、考核处分 ……………… 388
第二章　工会 …………………… 389
　第一节　组织建设 …………… 389
　　一、融合前的工代会、职代会 …… 389
　　二、融合后的工代会、职代会 …… 390
　第二节　权益维护 …………… 392
　　一、劳动争议 ……………… 392
　　二、劳动保障 ……………… 392
　第三节　厂务公开 …………… 393
　第四节　职工活动 …………… 396
　　一、竞赛活动 ……………… 396
　　二、文体活动 ……………… 397
　　三、职工关爱 ……………… 398
　第五节　职工技协 …………… 399
　　一、机构成立 ……………… 399
　　二、服务企业 ……………… 399
第三章　共青团 ………………… 401
　第一节　组织建制 …………… 401
　　一、筹备成立 ……………… 401
　　二、组织建设 ……………… 401
　第二节　主要活动 …………… 403
　　一、活动引领 ……………… 403
　　二、榜样教育 ……………… 403
　　三、青年文明号 …………… 404
　　四、技术比赛 ……………… 405
　　五、社会公益 ……………… 406
第四章　精神文明建设 ………… 407
　第一节　创建文明单位 ……… 407
　第二节　阳光·绿色网络工程 …… 410
第五章　企业文化与社会责任 …… 412
　第一节　企业文化 …………… 412
　第二节　社会责任 …………… 416
　　一、回馈社会 ……………… 416
　　二、支援灾区 ……………… 418

第七篇　人物·荣誉 …………………… 421
概述 ………………………………………… 422
第一章　人物简介 ………………………… 423
第一节　公司领导 ……………………… 423
　　刘振元 ……………………………………… 423
　　黄秉祺 ……………………………………… 423
　　姜志明 ……………………………………… 423
　　霍长辉 ……………………………………… 423
　　朱文豹 ……………………………………… 423
　　马学全 ……………………………………… 424
　　张　健 ……………………………………… 424
　　施建东 ……………………………………… 424
　　赵　乐 ……………………………………… 424
　　李　超 ……………………………………… 425
　　蔡全根 ……………………………………… 425
　　周仁杰 ……………………………………… 426
　　王震东 ……………………………………… 426
第二节　先进人物 ……………………… 426
　　刘　彤 ……………………………………… 426
　　高　岚 ……………………………………… 427
　　侯文军 ……………………………………… 427
第二章　个人荣誉 ………………………… 428
第一节　全国性先进 …………………… 428
第二节　上海市先进 …………………… 428
第三节　集团先进 ……………………… 430
第四节　行业先进 ……………………… 434
第三章　集体荣誉 ………………………… 436
第一节　融合前上海联通 ……………… 436
第二节　上海网通 ……………………… 444
第三节　融合后上海联通 ……………… 445

专记 …………………………………………… 449
一、建设南汇登陆局 ……………………… 451
二、3G 网络建设与试商用 ……………… 453
三、2010 年上海世博会通信保障
　　　工作 …………………………………… 456

附录 …………………………………………… 461
一、重要文件 ……………………………… 463
二、管理制度统计表 ……………………… 515
三、业务表选辑 …………………………… 531
四、行业用语、缩略语中英文
　　　对照表 ………………………………… 542

索引 …………………………………………… 544
关键词索引 ………………………………… 544
人物索引 …………………………………… 551
表格索引 …………………………………… 556

编后记 ………………………………………… 563

CONTENTS

Foreword ··· Shen Hongbo   1
Notes ··   1
Overview ··   1
Chronicle of Events ··   9

Part 1 Institutions ·· 51
   Summary ·· 52
   Chapter 1 Shanghai Unicom before Merger ···························· 53
      Section 1 Preparing for Shanghai Unicom ······················ 53
      Section 2 Institutional Framework and Businesses ·············· 55
   Chapter 2 Shanghai Netcom and Jitong ······························ 67
      Section 1 Institutions and Businesses of Netcom ··············· 67
      Section 2 Shanghai Jitong ·································· 75
      Section 3 The Merger of Netcom and Jitong ···················· 76
   Chapter 3 Shanghai Unicom after Merger ···························· 77
      Section 1 Merger and Restructuring ·························· 77
      Section 2 Institutional Framework ··························· 82
      Section 3 Developments after Merger ························· 85
      Section 4 The Main Company ································· 87
      Section 5 Mobile Network Corporation ························ 95
      Section 6 District- and County-level Subsidiaries ············· 98

Part 2 Communication Networks and Infrastructures ···················· 109
   Summary ··· 110
   Chapter 1 Mobile Communication Networks ··························· 111
      Section 1 GSM Networks ····································· 111
      Section 2 CDMA Networks ···································· 116
   Chapter 2 Communication Networks ·································· 119
      Section 1 Backbone Networks ································ 119

Section 2	Communication Networks	123
Section 3	Municipal Networks	127

Chapter 3   Exchange Systems 131

Section 1	Long-distance Exchange	131
Section 2	Intra-city and Other Exchange	132

Chapter 4   Transmission Systems 134

Section 1	Optical Cables	134
Section 2	Transmissions	137

Chapter 5   Communication Agencies and Stations 152

Section 1	Complex Buildings	152
Section 2	Machine Rooms	152

Chapter 6   Supporting Projects for Major Municipal Projects 155

Section 1	Buildings in New Harbor City Communication Agency	155
Section 2	The Hongqiao Hub	155
Section 3	Supporting Projects for Tunnels and Bridges along Yangtze River	155
Section 4	Supporting Projects for High-speed Railways	156
Section 5	Communication Supporting Projects for Shanghai World Expo	156
Section 6	Communication Supporting Projects in Commercial and Residential Buildings	157

Part 3   Main Businesses 159

Summary 160

Chapter 1   Fixed Network Services 162

Section 1	Users	162
Section 2	Basic Services and Local Callings	163
Section 3	Long-distance Callings	167
Section 4	Public Telephones	169
Section 5	The New NGN Local Callings	172
Section 6	Pre-paid Callings	174
Section 7	Trunk Lines And PBX	177
Section 8	Centrex	179
Section 9	Group Virtual Networks	181
Section 10	ISDN	182
Section 11	Additional Services for Fixed Telephones	184
Section 12	The 800/400 Additional Services	185

Chapter 2   Mobile Networks Services 188

Section 1	Users and Installation Fees	188

CONTENTS

  Section 2 Basic Services 189
  Section 3 Additional Services 204
 Chapter 3 Data Services 215
  Section 1 Integrated ATM Services 215
  Section 2 Wireless Data Services 221

Part 4 Customer Services 233

 Summary 234
 Chapter 1 Service Mechanisms 235
  Section 1 Service Specifications 235
  Section 2 Creating High-quality Services 238
 Chapter 2 Counter Services and Characteristic Services 254
  Section 1 Service Halls 254
  Section 2 The 1001/10010 Hotlines 261
  Section 3 Key Costumer Services 266
  Section 4 Interacting with Customers 273
  Section 5 Beyond Communication Services 276
 Chapter 3 Industrial Ethos and Social Supervision 278
  Section 1 The Establishment of Industrial Ethos 278
  Section 2 Social Supervision 280

Part 5 General Management 283

 Summary 284
 Chapter 1 Basic Management 285
  Section 1 A Brief History 285
  Section 2 Operation Management 288
  Section 3 Performance Management 294
  Section 4 Quality Management 300
  Section 5 Development Plans 304
 Chapter 2 Legal Affair Management 307
  Section 1 Industrial and Commercial Registration Management ... 307
  Section 2 Contract Management 309
  Section 3 Legal Management 310
 Chapter 3 Asset and Financial Management 312
  Section 1 Asset Management 312
  Section 2 Financial Management 316
  Section 3 Auditing Management 320

Chapter 4 Safety and Security Management — 325
- Section 1 Safety and Security Responsibilities — 325
- Section 2 Safety and Security Assurances — 329
- Section 3 Information Security — 331
- Section 4 Internal Security — 336

Chapter 5 Human Resource Management — 338
- Section 1 Recruiting and Labor Contracts — 338
- Section 2 Living Benefits — 340
- Section 3 Assessments and Incentives — 342
- Section 4 Skill Training and Professional Title — 344

Chapter 6 Administrative Management — 347
- Section 1 General Affairs — 347
- Section 2 Archives Management — 354
- Section 3 Public Relations and Advertising — 357
- Section 4 Foreign Affairs — 365

Part 6 Party Work and Enterprise Culture — 369

Summary — 370

Chapter 1 The Party Committee — 371
- Section 1 Organizational Structures — 371
- Section 2 Thematic Education Practice for Party Members — 377
- Section 3 Discipline Inspection and Supervision — 381

Chapter 2 The Labor Union — 389
- Section 1 Organizational Structures — 389
- Section 2 Rights and Interests Protection — 392
- Section 3 Transparency in Enterprise Affairs — 393
- Section 4 Workers' Activities — 396
- Section 5 Professional Associations among Workers — 399

Chapter 3 The Communist Youth League — 401
- Section 1 Organizational Structures — 401
- Section 2 Main Activities — 403

Chapter 4 Ideological Progresses — 407
- Section 1 Building Ideologically Progressed Enterprise — 407
- Section 2 Sunny and Green Network Project — 410

Chapter 5 Enterprise Culture and Social Responsibilities — 412
- Section 1 Enterprise Culture — 412
- Section 2 Social Responsibilities — 416

CONTENTS

Part 7   People and Honors ········· 421
   Summary ········· 422
   Chapter 1   Profiles ········· 423
      Section 1   Leaders of the Enterprise ········· 423
      Section 2   Advanced Individuals ········· 426
   Chapter 2   Individual Honors ········· 428
      Section 1   National and Ministry-level Advanced Individuals ········· 428
      Section 2   Advanced Individuals of Shanghai ········· 428
      Section 3   Group-level Advanced Individuals ········· 430
      Section 4   Industry-level Advanced Individuals ········· 434
   Chapter 3   Collective Honors ········· 436
      Section 1   Collective Honors of Shanghai Unicom before Merger ········· 436
      Section 2   Collective Honors of Shanghai Netcom ········· 444
      Section 3   Collective Honors of Shanghai Unicom after Merger ········· 445

Specical Events ········· 449
   1   The Construction of Nanhui Landing Station ········· 451
   2   The Construction and Pre-commercial Operation of 3G Networks ········· 453
   3   Providing Communications Services for 2010 Shanghai World Expo ········· 456

Appendixes ········· 461
   1   Vital Documents ········· 463
   2   Selected Management Tables ········· 515
   3   Selected Business Tables ········· 531
   4   Terminologies and Abbreviations in Both Chinese and English ········· 542

Indexes ········· 544

Afterword ········· 563

总 述

1978年12月,党的十一届三中全会召开后,现代化建设热潮在祖国大地蓬勃兴起。人民大众和社会各界对通信业务的需求与日俱增,中国电信业迎来千载难逢的发展良机。在邓小平"南方谈话"精神鼓舞下,为改革中国通信管理体制,实行政企分开,打破垄断,引入竞争机制,开放通信业市场,1993年12月14日,国务院同意组建中国联合通信有限公司(简称"中国联通")。1994年7月19日,中国联通成立,这是国家将电信业推向市场、打破垄断的重大举措,同时也成为中国电信业改革和发展的重要里程碑。

1999年2月14日,国务院总理办公会议研究中国联通的改组问题。在国务院高度重视和大力推动下,在信息产业部具体运筹下,扶持中国联通的各项重大政策措施破土而出。中国联通于2000年6月21日和22日分别在中国香港和美国纽约上市,2002年10月9日在上海证券交易所上市。2008年10月15日,中国联通与中国网络通信有限公司(简称"中国网通")重组为中国联合网络通信有限公司(简称"中国联通")。2009年美国《财富》杂志公布的全球500强排行榜中,中国联通排名第419位。

一

1994年9月15日,中国联合通信有限公司上海分公司(简称"上海联通")成立。

1994年1月12日,吉通通信有限公司(简称"吉通通信")经国家经济贸易委员会批准成立。吉通通信是电子工业部系统通信企业和科研单位以及地方企业参股、电子工业部直接领导的国营企业。1996年10月16日,吉通通信有限公司上海分公司(简称"上海吉通")注册成立,2003年6月并入上海网通。

1999年4月9日,上海市政府、中国科学院、国家广电总局、铁道部联合申请成立中国网络通信有限公司,主要承担高速互联网络示范工程的建设和运营。8月6日,中国网通获得国家工商局颁发的营业执照。11月1日,中国网通上海分公司(简称"上海网通")成立。是年5月,国信寻呼成建制并入中国联通。

2008年5月24日,工业和信息化部、国家发展改革委和财政部联合发布《三部委关于深化电信体制改革的通告》,以发展第三代移动通信3G网络为契机,合理配置电信网络资源,实现全业务经营,形成适度、健康的市场竞争格局。10月15日,中国联通与中国网通合并。上海联通、上海网通随即于月底融合重组为新上海联通。

上海联通借助中国电信业体制改革的东风,艰苦创业,砥砺前行,逐年发展,期间经历三个阶段:1994—1998年为创业阶段。启动GSM数字移动通信网工程,1995年3月GSM网开通。5月,数字移动手机"超哥大"品牌首次面世,形成极大的社会效应。1999—2002年为稳定发展阶段。企业机构设置经过调整,更趋完善;党委、工会、团委组织机构逐步建立和健全。随着业务发展、资产壮大、员工增多,内部管理体系初步形成。2003—2010年为跨越式发展阶段,其中2009—2010年融合重组后的上海联通进入快速发展新阶段。

上海联通经历从无到有、由小变大、由弱转强的发展历程，是上海通信行业改革开放的缩影。初建时，仅设置综合办公室、通信业务部、网络工程部"一室二部"，人员不足40人。之后规模不断壮大。2008年融合重组后，按照中国联通属下分公司组织架构设置整体要求，上海联通重组部门建制和各部门间的隶属关系，形成以主体公司和移动网络公司平行设置的组织架构，主体公司设置33个部门，移动网络公司设置7个部门，设置14个区县分公司。共有员工1 421人，其中原上海联通678人，上海网通743人，平均年龄34岁；中层领导干部129人，其中原上海联通75人，上海网通54人。员工学历本科及以上占70%，其中硕士及以上占10%。

融合重组后，上海联通拥有移动和固定通信业务在内的全业务经营能力。总资产超100亿元，管道总长度7 640沟公里，光缆总长度17 328皮长公里；拥有核心机房12个，汇聚机房31个，移动宏站1 997个，微站1 279个，互联网出口带宽达30G。固定资产原值，2009年为154.59亿元，2010年达174.71亿元。2009年主营业务收入43.25亿元，其他收入0.57亿元；2010年主营业务收入49.38亿元，其他收入2.86亿元，占全市电信业务收入份额11.1%。

融合重组后的上海联通实力大增，实现"1+1＞2"的预期，网络建设和业务发展不断加速，在上海电信市场份额占比明显扩大。2010年2月2日，根据中国联通关于省级分公司组织机构调整指导意见，即战略导向与高效集中原则、管理与操作职能分离原则、与中国联通要求相对应原则、部门名称与职责统一原则，完成上海联通机构调整。

二

在企业发展进程中，上海联通十分注重网络建设。自1996年起，先后制定九五、十五、十一五规划以及三年滚动规划等各类配套规划，通过每年工作计划进行推进落实。2001年底，CDMA网络一期建成。2002年，CDMA全面覆盖上海地铁1号线和2号线。2004年，建成CDMA目标网，G网和C网交换总容量达628万户。G网累计达378万门，新增宏基站200个，总数达到1 373个。针对当时网络不稳定、用户意见大等问题，上海联通集中投入大量人力物力，推动室内覆盖，取得重大突破，完成1 700多幢大楼，其中超过半数以自有光缆方式接入。到2007年4月，CDMA五期工程完成55对基站互换，28个基站增加扩展柜，112个基站进行载频扩容，70个基站进行信道板扩容，对147个基站增加211个E1（欧洲标准接口）。截至2010年，上海联通完成GSM十九期工程项目，建设基站累计达5 855个。

上海网通拥有一流的国际网络，承担着中国网通近60%的国际带宽业务，拥有C2C（城市到城市）、APCN2（亚太光缆2号）等丰富的海光缆容量资源，通达美国、日本、韩国、新加坡、英国、西班牙等众多国家。2000年，中国网通建成上海宽带IP城域网。该网主干带宽达4万兆，有350兆国际出口和多个数据中心，大幅提高上海信息港的技术含量和用户上网速度，并向社会开放、经营"小网通"IP（网络电话）电话业务；通过上海邮电局网络在上海开放接入网业务，发展高端客户和楼宇网络业务。上海网通借助上海市建设信息港工程的有利时机，着手上海本地城域网建设，开发Mobile Office（移动办公室）等电信新业务。

2001年10月，APEC（亚太经济合作组织）会议在上海召开，上海网通承担为APEC会议提供无线宽带服务和通信保障任务。2002年5月，上海网通为第35届亚洲开发银行理事会年会、

APEC 第五届电信部长会议、Intel（英特尔）亚太区 FPT（菲亚特动力科技）大会提供无线通信保障服务。

2004 年 4 月，上海网通加强 NGN（下一代网络）项目建设，年底率先在上海地区将 NGN 投入试商用推广。2005 年，为复旦大学、上海市信息化委员会等重要客户提供服务。在新技术支撑下，上海网通业务发展取得突破性进展。7 月，中国网通参与北京奥运会固定通信业务，加大通信网络建设和开发。是年，上海网通国际网络可用率达 99.99%，开通各类国际传输电路 380 多条，国际语音电路 150 多条。

2008—2010 年，融合重组后的上海联通主动对接地方经济建设和社会发展，助力上海基础设施能级提升。按照上海市政府对重点工程配套基础设施的有关要求，完成沪宁高铁（上海段）28 个基站、沪杭高铁（上海段）36 个基站的调测开通工作；在市重点工程——虹桥综合交通枢纽工程信息基础设施建设中，完成对虹桥枢纽地区基站的净空高度整改，为虹桥机场新跑道和航站楼的启动提供通信保障奠定基础。在加快网络建设、提高综合通信能力的同时，上海联通先后完成 2008 年"雪冰冻灾害""5·12 汶川特大地震灾害""北京奥运会""国庆 60 周年""GSMA 国际峰会""世界斯诺克大师赛""全运会"和"上海世博会"等国内外重大活动通信保障任务。

三

1994—2010 年，上海联通的业务发展从以 GSM 为主的单级结构向综合业务全面发展。1994 年，上海联通筹备组率先提出建设数字移动电话网，初期发展 1.5 万—2 万用户。采用西门子公司 2 万门容量的 D900 型交换机，建成 20 个基站。1995 年 3 月，上海联通开通移动手机，并于 5 月 17 日在陈毅广场首次直面社会，推出以配套上市的数字移动手机"超哥大"品牌，现场试拨手机通话。订购手机的民众蜂拥而至，上海电视台、东方电视台、上海人民广播电台作专题采访报道。上海联通带机亮相震动上海滩，在公众中树立良好形象，为业务拓展打下坚实基础。1996 年 3 月 18 日，上海联通与大庆联通 GSM 联网测试成功，相互拨通第一个 MMC 手机电话（手机之间接通），在全国率先开办漫游业务。

2001 年起，上海联通建设、经营两张不同制式 GSM 和 CDMA 移动通信网络，为产品开发和企业提升注入新的活力。2003—2004 年，上海联通进入持续快速发展时期。随着 CDMA 1X 业务全面推出，CDMA 数据业务优势逐步显现。2003 年底，使用 CDMA 无线数据的用户达 17.5 万户，其中使用互动视界的用户达 5.8 万户。全年增值业务收入达 1.8 亿元，占总收入的 5.4%，其中短信业务收入 1.68 亿元，新的业务增长点开始形成。2004 年，上海联通建成 CDMA 目标网，G、C 两网共有后付费出账用户 130.1 万户，预付费出账用户 272.9 万户。在行业和集团内 ARPU 值（衡量电信运营商和互联网公司业务收入的指标）整体大幅度下滑的形势下，上海联通两网合计的 ARPU 值相对比较稳定，收入结构得到进一步优化，大幅超额完成利润目标。根据中国联通生产经营分析提供的数据，2004 年净增用户市场占有率，上海联通升到全国第二名、一类地区第一名；收入增长率在中国联通一类地区中也排名首位，并大大领先第二名。此后，上海联通充分发挥综合业务优势，积极探索 C 网产品整合营销，将语音业务、增值业务和数据业务有机捆绑，提高用户黏着度，依靠增值服务拉动用户发展的思路逐渐清晰；CDMA 1X（3G 标准之一）数据业务营销推陈出新，借助银行信用消费模式，将笔记本、无线上网卡、CDMA 1X 上网业务捆绑推广，得到市场认可；接连推出新产品设计,如意133、新世纪133、如意大众卡、如意邻区卡、沪港通、世界风等,不断填补市场空白。2008年10月1日,CDMA网移交给上海电信经营管理。

1999年6月,上海联通开通IP电话业务。2001年7月,上海网通开通IP电话业务。为确保高清晰的话音质量和高速度网络运行能力,上海网通在智能网上实现17931通用卡主叫捆绑业务。直拨使用IP电话后付费业务,使用户充分享受到互联网技术创造的优质信息服务。

2008年融合以后,上海联通首次提出"上规模、调结构、求效益"三大目标,抓住3G发展机遇,积极布局和推进3G业务。2009年4月,按照中国联通整合品牌部署,上海联通推出全业务品牌——"沃"。3G"沃"商试用和正式使用得到社会的高度关注和认可。2009年5月17日,上海联通推出手机上网、手机音乐、手机电视、可视电话、手机报和无线上网卡等多项业务。是日,联通大厦长宁营业厅以"活力、进取、开放、时尚"为特色,演示丰富多彩的3G应用,让现场观众直接感受3G高速互联的魅力。9月,推出"NFC"(近距离无线通信)"刷卡手机"。是年底,3G市场占有率近30%。2010年1月,上海联通与《新闻晚报》、酷6网等媒体开通"绿色世博视频网",宣传世博,服务世博,助力智能城市建设"让城市更美好"。"联通3G"为世博筑起安全屏障,凭借"WCDMA-3G"(联通3G网络模式)网络优势,推出"手机沃导航""海宝机器人""手机世博会"等一系列创新业务应用和服务项目。2010年7月,上海联通党政领导通过学习"科学发展观",取得一致共识,打造"全业务服务体系",把业务服务与全公司所有部门工作挂钩。此举措得到中国联通肯定,推广到各省市分公司。

上海联通在中共上海市委、市政府,国家工信部和中国联通领导下,坚持"规模发展、效益发展、创新发展"不动摇,以艰苦创业、开拓创新和奋力拼搏的企业精神,围绕中国联通战略部署,坚持以品牌为引领、市场为导向、客户价值创造为核心、差异化经营为手段,抓住移动业务和宽带业务规模发展的主线,突出效益强化协同,发挥优势创新经营,大力拓展集团客户市场、个人移动市场和家庭宽带市场,提升网络运营能力、渠道销售能力、信息化支撑能力、精准化管理能力和团队协同能力,创造出良好的经济效益和社会效益。上海联通经营业绩持续改善,市场规模不断扩大,2009年和2010年连续在中国联通年度绩效考评中名列前茅,成为中国联通创利大户;移动增值业务收入高速增长,用户渗透率位居中国联通第一;WCDMA系统接通率达98.46%。

四

上海联通始终将全心全意为人民服务作为企业发展的根本宗旨,在积极开拓市场、建设精品网络过程中,倡导精心服务,强化精细管理,坚持为客户提供优质的通信服务。

1998年,上海联通进入平稳发展时期,要求全体干部员工转变观念,提出"服务至上"理念,以此提高网络服务管理水平,以一流服务应对激烈市场竞争,落实对用户的服务承诺,做到"网络畅通、服务创优、用户满意"。是年,进一步强调质量管理,提出质量方针目标,启动ISO9001质量族标管理。2000年,在全国省级电信运营商中率先通过ISO9001-2000质量管理体系的转版认证,提升企业核心竞争力。为进一步拓展集团业务,上海联通于2001年成立客户服务中心,建设精品网,实行客户经理与集团客户一对一服务,并成立联通客户俱乐部,与邮电、旅游、便利店等各种网络服务商建立服务同盟,大力开展通信外服务。2002年,进行"服务零差错、零距离专项建设",注重绩效考核管理,提升效益。坚持"市场为导向,用户为中心,效益为根本"的经营理念。是年,根据投资能力分三批集中投入到创新项目上,实现上海联通发展模式从"规模主导型"向"规模效益型"转变。

1999年5月起,上海联通开展企业品牌、企业文化建设,创办《联通心声》,并以此为载体,强化对外宣传和与用户的交流沟通。6月,上海联通聘请政府机关、新闻单位代表和用户代表等各方人士,组建公司服务质量监督员队伍,后又多次调整扩大,共同监督检查上海联通经营服务质量和网络通信质量。2001年,开通1001客服热线,在营业厅内推出"一米线"服务方式。2002年5月,提出"以人为本、服务至上,便捷省力、用户满意",改善服务方向。2004年11月,上海联通客服热线升位至10010,该热线成为上海联通服务品牌标志。是年,为庆祝上海联通成立10周年,通过媒体向社会集中宣传创新产品和创优服务,展示上海联通新形象。2005年2月,上海联通成立大客户部。8月,开展以"我的行动、你的感动"为主题的"感动服务"活动,进一步确立"以客户为中心"的服务理念。2007年1月,上海联通在全国率先开通"10013"聋哑人短信服务热线。3月,向社会公布"八大承诺",确保用户知情权,执行投诉处理"首问负责、限时答复",方便严格按客户服务协议客户查询,开通服务监督热线和举报电话,方便用户话费及时查询,话费误差双倍返还,短信差错先行赔付等。

在追求企业价值和运营利润的同时,上海联通不忘"人民邮电为人民"的事业初心,牢记中央企业的历史使命,积极承担社会责任。抗击"非典型肺炎"、支援汶川地震灾区,上海联通捐款捐物并支教。2003—2010年,上海联通蝉联四届"上海市文明单位"称号,并于2010年提出创建全国文明单位的目标。

五

坚持党的领导、加强党的建设是国有企业的"根"和"魂"。上海联通党委始终把加强和改进党的建设作为企业健康发展的强有力保障,建立健全党政领导班子,涉及党风廉政、效能监察、企业行风、厂务公开、员工利益的重大事项均通过党政联席会的方式进行审议决策。建立健全党委会、民主生活会、"三重一大"、企务党务公开等重要会议制度。每年年初,上海联通党委专项听取党群口工作汇报,对全年党务工作进行专项安排,并指导制定年度党委工作要点,统领全年党的工作。上海联通积极探索开展针对党支部的量化考核,制订《党支部、党员的量化考核办法和标准》,将党支部考核与支部所在部门年度考核业绩挂钩,党员量化考核办法与党员本人年度KPI业绩考核挂钩,实现与企业同步进行"精细化"考核。融合后的上海联通,更是坚持一手抓党建、一手抓发展,物质文明和精神文明同步推进,并提出"人为本、绩为先、责为重、变为通、和为贵"的企业文化。上海联通的发展历程,充满激情与活力,充分彰显团结协作、攻坚克难、奋勇开拓、敢于担当的联通精神,是中国电信业市场化体制改革进程中的精彩篇章。

1994年,上海联通建立党支部。1996年1月12日,建立上海联通党委,下设6个党支部,1个临时党支部,共有党员40人。以后,每年根据组织机构变化情况,对党组织进行调整,实现党组织全面深度覆盖。2010年,上海联通共有党员466人,建有1个党总支,25个基层党支部;14个区县分公司全部单独成立党支部。

1995年,上海联通党支部根据中央和市委精神,开始在全公司开展精神文明建设,提出"敬业奉献、务实创新"的企业精神,制定企业标识;提出"面向市场、一切从用户出发;注重管理、一切从效率出发"的行动宗旨。同时,利用一切机会宣传企业精神,统一队伍思想,形成企业文化主旋律。

1996年初,上海联通党委较早响应党中央"讲政治、讲学习、讲正气"号召,组织5次学习讨论,组织党员参观"南京路上好八连"队史和"红岩魂革命烈士事迹"展览,对党员进行共产主义理想教育;邀请市委宣传部领导作党课报告。3月,上海联通党委建制形成,明确要重点抓好党委班子建设。新组建的党委围绕党员思想教育,组织建设和推进工作。随着上海联通建设运行规模增大,职工人数和党员数也随之增加。党委重点抓好队伍思想建设,发挥党员先进模范作用,开展党内教育工作,紧紧围绕企业发展中心任务,开展党的建设工作。1999年,上海联通党委以"三个代表"重要思想为指导,全面贯彻落实"八个坚持、八个反对",大力推进领导班子和干部队伍、党员队伍作风建设。重点解决在思想作风、学风、工作作风、领导作风和干部生活作风方面存在的突出问题,努力使员工精神面貌有新的转变,党群干群关系有新的改善,企业的创造力、凝聚力和战斗力有新的提高,为上海联通持续、健康、快速发展和跻身国际一流综合电信运营企业奠定坚实基础。2001年3月,上海联通成立"三讲"学习教育活动领导小组和办公室,制定学习方案。党委先后采取发放征求意见表、开设热线电话、设立征求意见箱以及班子成员和中层干部进行个别谈话等形式,广泛听取群众意见,并对"三讲"中反映的问题认真制定整改措施,进行逐项整改。2003年,上海联通党政班子学习党的十六大精神,坚决落实"三个代表"要求,积极贯彻中国联通工作会议精神,确保全局工作超越式发展。2009年,结合科学发展观学习,上海联通领导班子联系实际提出,"要坚持客户导向,强化品牌经营,建立以客户为主线的品牌及产品体系,着力打造面向集团客户的优势品牌、面向个人客户的个性化品牌、面向家庭客户的全业务品牌和面向校园客户的时尚品牌",并第一次提出以服务促营销,以营销"倒逼"服务的"营服一体"的发展思路。与此同时,上海联通将文明创建纳入工作规划,积极主动承担社会责任。2003年,援助抗"非典型肺炎",无偿捐出价值100多万元的可视电话设备;2004年,支助贫困大学生进行手机号义拍,推出"阳光敬老卡";2007年为原南汇大团镇南村筑路扶贫;2008年与武警、好八连、公安结对共建做社会公益等。获得第12、13、14届"上海市精神文明建设单位"称号。2010年,提出创建全国文明单位。区县分公司、营业厅、个人多次获"全国青年文明号""全国工人先锋号"、上海市"五一"劳动奖状等多项荣誉。自融合以来,上海联通始终坚持内强素质、外树形象,通过营造企业健康文明的小环境去推动社会政治大生态的打造。

面对新时期数字化服务新征程,上海联通将以习近平新时代中国特色社会主义思想为指引,深入贯彻落实党的十九大精神,继续在上海市委、市政府和中国联通领导下,围绕全面建成小康社会的宏伟目标,严格履行对社会的承诺,全力创新通信产品,不断提升服务水平,为中国电信业的改革发展,为上海经济建设和社会发展做出应有的贡献。

大事记

1994 年

4月15日　中国联通筹备组致函上海浦东新区管委会,同意成立上海联通筹备组,聘朱文豹为组长。

5月3日　上海联通筹备组在文登路(今东方路)837号挂牌,并召开上海联通第一次筹备工作会议。

5月10日　浦东新区管委会与上海联通筹备组联合召开"联通公司在上海地区募集股本金信息发布会"。上海科技投资股份有限公司、上海市浦东新区城市建设投资发展总公司等11家企业负责人出席。

6月8—10日　上海联通筹备组组长朱文豹率6人赴京,向中国联通筹备组领导作专题汇报。

7月19日　上海市副市长蒋以任、浦东新区管委会副主任胡炜、中国联通董事刘振元、上海联通筹备组组长朱文豹等,赴京出席中国联合通信有限公司成立大会。

8月8日　中国联通发文,同意成立上海分公司,聘任刘振元为中国联通驻上海首席代表;朱文豹为常务副总经理,主持工作。

9月15日　上海联通在新锦江大酒店召开成立大会。中共上海市委常委、副市长赵启正,上海市副市长夏克强,中国联通副总经理陈才敏,国家电子部、电力部、铁道部,上海警备区,华东电管局,上海铁路局,上海海关,中国联通北京、广州分公司,上海市公安局、国家安全局、计委、建委、邮电管理局、交通办公室等单位负责人200多人出席。

10月5日　上海联通获上海市工商行政管理局颁发的营业执照。

10月15日　根据中国联通关于启动实施GSM工程计划,上海联通召开紧急动员会,首席代表刘振元到会动员,并在浦东新区勘察首批站址。

10月23日　上海联通从文登路837号搬迁到租用的巨鹿路700号逸夫职业学校内。

11月7日　中共上海市浦东新区内联企事业单位工作委员会发文同意建立中共上海联通支部,组织关系挂靠浦东新区内联企事业单位党工委。

11月10日　上海联通租赁静安区康定路319—321号一楼,作为第一个营业厅。1995年11月10日正式营业。

11月29日　上海联通举行全体党员会议,选举产生第一届支部委员会,施建东为支部书记。次年1月16日,中共上海市浦东新区内联企事业单位工作委员会批复同意。

12月12—14日　上海联通邀请美国大西洋贝尔公司专家就客户管理和售后服务等方面内容专题研讨。

12月30日　上海联通首批20个基站中的中复大楼基站率先开始施工,随后其他基站也进驻施工队伍动工。

1995 年

1月25日　以李显阳为团长的新加坡电信专家访华团一行4人来沪,与上海联通交流。

2月20日　上海市人民政府交通办公室发文,明确上海联通行政挂靠市政府交通办公室。

3月11日　市政府主持召开上海联通与上海邮电互连互通协调会,双方成立各自的协调工作小组。上海市交通办公室、上海邮电、上海无线电管理委员会办公室负责人,上海联通首席代表刘振元、常务副总经理朱文豹等出席。

3月30日　上海联通常务副总经理朱文豹打通数字移动网网内开通的第一个电话。

3月31日　上海联通GSM数字移动电话网项目成功实现基站间和基站与交换中心间的网内互通既定目标,实现内部开通。

4月25—26日　中国联通董事长赵维臣、副总经理余晓芒等一行4人抵沪,确定在上海地区开展综合性的"放权搞活"试点工作,与上海市领导共商联通发展事宜。

5月5日　成立中国联通上海营业部。

5月17日　上海联通在外滩陈毅广场举行第27届世界电信日庆祝活动,推出"超哥大"数字移动电话。上海联通首席代表刘振元、常务副总经理朱文豹等参加活动,并向首批10位荣誉用户颁发证书。

是日　上海联通常务副总经理朱文豹、副总经理周仁杰等会见英国工贸代表团,就双方合作交换意见。

是日　上海联通推出"超哥大维修服务热线"。

5月24日　上海联通与上海邮电在邮电大厦召开互联互通协调会议,落实工程领导小组成员、联系方式,并就让频费用、工程委托和传输工程界面等进行研讨。

5月25日　上海联通召开上海地区固定电话网建设合作招标会。

6月8日　上海联通敷设完成移动局至邮电庆宁寺电话局的48芯传输光缆,总长约10公里。

7月14日　邮电部电信政务司副司长李学谦一行9人来上海联通,检查GSM网开通前业务经营和网络维护运行准备工作。

7月15日　上海联通组织实施首批联通"超哥大"用户手机发放工作。

7月19日　上海联通在上海市逸夫职业技术学校举行数字移动电话GSM网(一期)开通仪式,上海市副市长夏克强等出席。下午3时30分,国务院副总理邹家华在北京用联通数字移动电话与夏克强交谈。

是月　上海联通第一条服务热线在静安区康定路319号开通。

9月25日　上海联通在逸夫职校召开全体员工大会。首席代表刘振元在会上宣读中国联通关于任命霍长辉为上海联通总经理的决定。

9月29日　上海联通推出"超哥大"实行"即买即开"的服务举措。

10月17日　美国麦考公司技术人员在上海科技投资公司人员陪同下来上海联通,就参与GSM网二期工程投资合作建设事宜交流。

10月19日　"第三届上海科技节"在上海商务中心开幕,各省市通信业界代表和13个国家的70多位来宾参加。7天展会,上海联通展台参观者络绎不绝。

10月20日　上海联通设GSM展台参与"95上海科技节"展览活动。展会上进行数字移动电话数据通信与传真演示、语音信箱和短消息服务功能介绍,观众在现场试用"超哥大"手机通话。

11月10日　上海联通召开上海地区投资者会议,共有8家投资单位负责人参加。上海联通领导在会上通报近期业务经营和工程建设情况。

12月15日　上海联通召开沪上新闻界座谈会,10多家报社、电台、电视台记者参加。

12月19日　上海联通在上海广电大厦举行联通上海数字移动电话网发展汇报会暨"超哥大"第10 000户用户颁奖仪式,市政府、市无线电管理委员会以及市邮电管理局负责人出席。

1996年

1月8日　上海联通总经理霍长辉赴北京参加中国联通召开的工作会议。国务院副总理邹家华接见与会代表并合影留念。

1月12日　中共浦东新区内联企事业单位工作委员会批复,同意中共上海联通支部委员会改建为中共上海联通委员会,党组织关系挂靠浦东新区内联企事业单位党工委。

2月17日　上海联通与上海邮电公众通信网互联互通协议签字仪式在上海邮电大厦峨眉厅举行。

2月27日　上海联通总经理霍长辉等人参加市通信建设工作会议,向副市长夏克强及相关委办局负责人作专题汇报。

3月6日　中共中国联通党组发文同意霍长辉任上海联通党委书记。

3月7—17日　中国联通首期GSM运行维护培训活动在上海举行,来自10个分公司的28名相关专业人员参加培训。

3月18日　13时20分,上海联通与大庆联通GSM联网测试成功,首次相互拨通第一个MMC手机电话(手机之间接通),在全国率先开办漫游业务。21日10时,上海联通与福州联通GSM联网测试成功,相互拨通第一个MMC手机电话,开通与福州漫游业务。

4月10—11日　邮电部电信政务司副司长李学谦一行3人来沪检查上海联通与上海邮电两网互联互通工程验收、有关协议签订执行以及网络运行、业务经营等情况。

4月18日　上海联通首席代表刘振元、总经理霍长辉在花园饭店会见随同芬兰总统Martti Ahtisaari访华的诺基亚集团公司总裁Jorma Ollila。

4月19—25日　上海联通GSM一期光缆传输工程完成项目验收。

5月5日　《新民晚报》"五色长廊"整版配照片刊出长篇纪实报道《跨世纪的空中大战》,对联通发展历程做详实报道。

5月14日　上海联通举行"幸运你我他——超哥大用户抽奖"活动。

5月16日　上海联通在逸夫职校举行"上海联通学徐虎座谈会暨'超哥大维修热线'开通仪式",全国劳动模范徐虎发言。

5月17日　值纪念第28届世界电信日之际,围绕"树立品牌意识,重在客户服务"主题活动,上海联通召开用户代表座谈会,20多名用户代表应邀参加。

5月28日—6月1日　中国联通董事长杨昌基和副总经理陈才敏、余晓芒等一行8人来沪调研,检查上海联通工作,考察营业厅、移动交换机机房,并拜会上海市政府及浦东新区领导。

5月30日　上海联通召开首次工代会暨首次职代会,选举产生第一届工会委员会。

6月20—21日　上海联通GSM二期基站及控制系统实施软件版本升级。

7月6日　上海联通GSM交换机软件版本从SR3.0升级到SR4.0。

7月10日　京、津、沪、穗四城市GSM网七号信令升位成功。

9月1—8日　上海联通GSM三期扩容工程可行性方案由邮电部郑州设计院编制完成。全部建成后将达15万户用户容量，150多座基站。

9月13日　上海联通GSM一期遗留的最后一个互联互通长途模块开通，至此25个模块全部开通。

10月16日　吉通通信有限公司上海分公司工商注册成立，办公地址为桂林路418号1号楼7楼。次年2月27日开始营业。

10月24日　上海联通召开计划工作座谈会，公司《"九五"发展规划》和《九七年工程建设投资计划》讨论定稿。

11月21日　美国斯普林特公司副总裁丹尼斯·D.罗百迪等一行12人访问上海联通，就固定网项目合作进行洽谈。

11月30日　上海联通GSM网内用户总数超过2.7万户，年内净增用户1.6万多户，实现盈利5.7万元，提前达到年度扭亏为盈目标。

12月26日　上海联通签订漕河泾局房购置合同，总经理霍长辉和总裁齐心荣分别代表联通方和漕河泾开发区方在合同上签字。

1997年

2月20—21日　中国联通总经理李慧芬、副总经理陈才敏一行9人抵沪，分别与中共上海市委副书记陈至立、副市长夏克强等会面。市领导表示继续支持联通建设和发展。

2月21日　上海联通召开全体员工大会，中国联通领导宣布调整上海联通领导班子，姜志明任上海联通党委书记、总经理。

4月25日　上海联通召开第一届共青团员代表会议，成立上海联通首届共青团委员会。

5月9日　上海联通固定电信网建设评审会在东湖宾馆玉兰厅举行，原则通过建设方案。中国联通领导姚慕贤、谭星辉、李澍等和上海联通总经理姜志明等，科投公司、邮电部郑州设计院有关人员参加会议。

是日　上海联通在和平饭店召开座谈会，《解放日报》总编秦绍德等新闻单位负责人应邀出席。上海联通首席代表刘振元、总经理姜志明介绍上海联通发展情况，并聘各新闻单位负责人为中国联通130网络质量荣誉监督员。

5月16日　上海联通在广电大厦举办"支持再就业工程、促进电信发展，庆祝廿九届世界电信日"纪念仪式。上海联通与上海仪表电气控股（集团）公司和上海电气集团总公司的再就业服务中心签订支持再就业工程合作协议，并捐助一批计算机。

5月20日　上海联通GSM二期扩容工程通过竣工验收。

5月26日　上海联通从巨鹿路700号逸夫职校迁到桃源路88号柳林大厦16—17层办公。

7月1—7日　7月第一周，上海联通发展用户3 034户，创历史最高纪录。中国联通总经理李慧芬批示，向上海联通全体员工表示祝贺，并转《联通报》，号召各分公司向上海联通学习。

7月17日　上海联通和《新闻报》联合举办"电信改革的实践与展望"研讨会。市体改委、经委、计委、交通办公室领导和有关专家参加研讨，上海联通首席代表刘振元和副总经理周仁杰参会并发言。

9月2—3日　美国斯普林特公司董事长 William T. Esrey、法国电信董事长 Michel Bon 和德国电信董事长 Ron Sommer 一行到沪访问。上海市市长徐匡迪于3日会见三位董事长。上海市政府交通办公室主任钱云龙，上海市邮电管理局局长程锡元，上海联通首席代表刘振元、总经理姜志明、副总经理周仁杰参加会见。

9月24日　上海联通召开"上海130通信网接通率质量承诺座谈会"。上海市技监局发文，对130数字移动电话网的"月平均忙时接通率"统计处理及其管理系统的可靠性予以认可。

9月28日　由市政府交通办公室主持的上海联通金生接口局开通仪式在金桥"新亚之光大酒店"举行。

11月25日　上海联通提前完成中国联通下达的GSM网净增用户3.5万的1997年计划发展指标。

11月28日　由上海联通与华特通讯分公司协作开发的利用130通信网沟通的无线投币公用电话在上海火车站候车大厅开通使用。

1998 年

2月5日　市政府有关领导批示同意上海邮电和上海联通建立两网互联互通联席会议制度，上海市政府交通办公室副主任干观德任联席会议组长。

3月18日　中国联通人事教育部部长林夏福来沪宣布，黄秉祺任上海联通党委书记、总经理。

是月　上海联通派员出国培训，参加CDMA年会和GSM技术研讨会。

是月　上海联通开展以"质量改进"为主题的金点子活动。

4月14日　上海联通召开质量管理工作动员大会，启动ISO9000贯标工作。

5月23日　位于漕河泾开发区的上海联通第二个交换中心投入运行，安装8万门西门子交换机，连同源深路移动交换局的7万门，GSM网的交换容量已达15万门。

6月5日　上海联通和朗讯公司共同举办"中国联通上海CDMA试验网首呼庆祝仪式"，中国联通总工程师彭景先、技术部部长李正茂，上海联通总经理黄秉祺、副总经理周仁杰及朗讯公司中国地区总裁等参加仪式。

6月18日　上海联通在国际饭店举行"中国联通上海数字移动电话网第10万用户纪念活动"，会上向第10万个用户颁发荣誉证书和纪念品，并演示中文短讯新业务。

7月25日　上海联通实施GSM网三期二阶段新增50个站的入网割接，并进行全网频率调整。

8月3日　上海联通新营账计费系统投入试运行，原系统11万用户数据安全移入新系统。

8月3—5日　中国联通在上海召开"GSM建设华东区工作会议"，江苏、浙江、宁波、福建、安徽、上海等分公司和上海邮电设计院参加。

8月19日　上海邮电局、上海联通和上海市技术监督局三方达成协议，从9月开始上海联通和上海邮电互联互通的通信质量由市技术监督局主持监测。

9月10日　上海联通两个交换机和邮电接口局相连的"二对一"工程结束，至此互联互通模块达90个，从金山局至邮电接口局后级模块达80个。

10月9日　上海联通提前两个月完成中国联通下达的发展用户6万户年度目标，上海130网用户达14万户。

12月1—3日　中国联通董事长王金城到上海联通检查调研。

12月4日　在中国联通电信运营部组织安排下,上海联通就1999年联通与邮电GSM网同步升位事宜和上海西门子移动通信公司进行专题讨论。

12月5日　上海联通网内用户总数超过16万户。

12月9—22日　根据中国联通升位计划要求,上海联通完成首次系统号码升位测试。

12月12日　漕河泾移动交换机MSC2用户数据库进行紧急扩容,HLR容量由20万门扩至28万门,VLR容量由15.7万门扩至18万门。

12月25日　上海联通GSM中文短信基本系统通过初验。

1999年

1月7日　上海联通颁发质量方针和质量目标。

1月11日　赛宝认证中心来上海联通进行首次质量体系内审。

是月　GSM四期基站寻址工作完成70个基站签约,占总基站数的64.2%。

2月11日　上海联通总经理黄秉祺向上海市副市长韩正汇报上海联通1998年工作情况和1999年工作任务。

4月9日　上海市北工业新区(江场机房)局房签约仪式在新亚长城大酒店举行。

4月14日　上海联通首席代表刘振元、总经理黄秉祺会见美国驻沪总领馆商务领事张韶韵一行。

5月8日　上海联通GSM四期工程新增68个基站改频入网成功。至此,130网内共有216个基站投入运行,交换容量25万门,按时完成GSM四期工程建设任务。

5月15—16日　上海联通在淮海路新华联门口举办"5·17"世界电信日大型咨询活动。

5月17日　上海联通举行用户座谈会暨《联通心声》《用户手册》首发仪式。

5月18日　上海联通位于浦东新区严桥镇的六里局房签约。IP设备安装到位,开始进入调试。

5月27日　上海联通与上海贝尔公司联合举行互联互通第二接口局主设备S-1240交换机代货签约仪式。

6月18日　上海联通举行IP电话开通暨与市邮政局合作签约仪式,上海联通首席代表刘振元、市政府副秘书长吴念祖等人参加。

6月21日　上海联通召开服务质量监察员聘请仪式暨服务质量监察员工作会议。

6月24日　中国联通聘赵乐任上海联通总经理。

7月10日　上海联通营账系统与GSM交换机系统实现"实时连机",使营业岗位受理各种业务大大缩短时限。

8月18日　上海联通与西门子公司联合举行联通上海"GSM"智能平台建成开通仪式。

8月22日　上海联通实施GSM网10位码数据删除工作,用户号码升至11位。

8月27日　上海联通组织各相关部门对营账计费系统"千年虫"问题进行测试。

是日　上海联通语音信箱系统由源深路局搬迁至漕河泾局,同时启用新增中文短信平台。

9月7日　上海联通利用五期江场局新上交换机进行交换、基站系统"千年虫"问题测试。

9月10日　上海联通GSM五期工程新增容量为10万门MSC4交换机在江场局割接入网。

9月15日　上海联通在天目西路547号新址举行"联通国际大厦"命名揭幕、中心营业厅开业暨庆祝上海联通成立5周年仪式。上海市副市长韩正、中国联通固定通信部部长姜志明、闸北区领导以及相关部门领导、企业界同仁300多人参加庆典活动。

10月1日　上海联通从桃源路88号柳林大厦搬迁到天目西路547号联通国际大厦（自有产权房），结束租赁办公用房的历史。

11月1日　中国网络通信有限公司在上海设立分公司，徐家辉任上海网通总经理。

11月1—2日　中国联通总裁杨贤足一行到上海联通检查工作，考察漕河泾局机房、恒基大厦营业厅等基层单位。

11月5日　上海联通与上海银行举行合作协议签约仪式。

是日　上海联通向市场推出"如意通"业务。

11月15日　上海联通在南京路世纪广场等地举行如意通预付卡、联通IP卡大型咨询促销活动。

12月2日　上海联通与上海电信帐务中心合作项目签约仪式在通贸大酒店举行。

12月29日　上海联通召开ISO9002贯标工作总结大会，中国联通副总裁余晓芒出席会议并讲话。

2000年

1月4日　上海网通获上海市工商行政管理局颁发营业执照，办公地址为淮海中路381号3301—3317单元。

1月18日　中国联通165互联网五城市完成内部开通，上海实现与广州、北京、天津、成都联网。

是日　上海联通与上海移动在通贸大酒店举行让频协议签字仪式。

1月21日　上海联通与上海联华便利公司合作协议签约仪式在锦江饭店小礼堂举行。

3月27日　以"联通掌中网"命名的WAP试验网开通，上海联通召开信息发布会。

4月13日　上海联通GSM全网GT寻址数据修改工作全面完成，为日后网络大规模发展创造条件。

4月28日　上海联通与上海市长途电信局签署IP业务合作协议，副总经理周仁杰出席签字仪式并讲话。

4月30日　上海联通DCS1800网建成开通，形成GSM双频网。

5月10日　上海联通举行"联通双频网正式开通暨如意通用户突破15万"信息发布会。上海联通与上海西门子公司签订"如意通"智能平台扩容至60万户意向书。

5月12日　上海联通与中国工商银行上海分行签订合作协议，联手向社会推出全新WAP银行，以顺应电子商务和互联网发展，使用户感受到新技术新业务带来的好处。

5月13日　上海联通在南京东路、淮海中路、四川北路等地，举行以庆祝第32届世界电信日、宣传移动通信为主题的大型业务咨询、介绍和推广活动。

5月15—16日　赛宝质量体系认证中心对上海联通进行第一次质量体系监督审核；通过对行政处、工程处、维护处、经营处、客服部和质管办的抽样审核。

5月16日　上海联通举行移动电子商务应用（M-Commerce）信息发布会，演示"移动新闻"

"移动商店""移动银行""移动证券""移动彩票"等项目,展示WAP手机实用功能。

5月28日　上海联通推出基于GSM平台的GPS/GSM移动定位多功能服务系统。

6月16日　上海联通与上海移动通信公司领导举行会谈,双方对近期信息产业部及中国移动、中国联通在规范移动电话竞争行为、制止恶性价格战方面所采取的一系列措施达成共识。

6月21—24日　上海联通亮相第九届上海国际通信展,展示"如意通"、IP电话、"快惠通"等业务;以WAP技术为基础的移动电子商务系列服务项目。信息产业部部长吴基传、上海市副市长左焕琛参观上海联通展台。

7月21日　上海联通在上海大剧院举行古典交响乐专场音乐会——上海联通大用户音乐之夜。

8月31日　联通数据网三个国际出口之一的上海至美国45M国际线路开通。

9月5日　市通信管理局局长张健到上海联通调研,听取上海联通在业务发展、市场开拓、互联互通、网络和管线建设等方面工作情况汇报。

是日　上海联通与上海有线网络公司合作,开通有线网络INTERNET 10M接入项目。

9月14日　上海联通与芬兰无线网络企业——诺德康上海有限公司举行合作签约仪式,共同拓展上海无线网上商务市场。

9月20日　中国网通开通第一个互联网数据中心——上海乐凯数据中心。

10月1日　上海联通INTERNET数据中心(IDC)启用,为ISP、ICP、ASP及集团用户提供全方位服务。

10月11日　中国联通公用计算机互联网(CNUNINET)与中国计算机互联网(CHINANET)在上海成功互联。

10月14日　上海联通GSM 7A期工程首批47个新建基站完成割接,并网投入使用。

12月23日　中国联通党组任命赵乐为上海联通党委书记。

12月24日　上海联通GSM网新增50个基站割接入网。至此基站总数达550多个,覆盖范围、网络质量得到进一步改善。

是月　中国网通建成上海IP城域网。该网主干带宽4万兆,拥有350兆国际出口和多个数据中心,大幅提高了上海信息港技术含量和用户上网速度。

2001年

1月1日　根据中国联通安排,上海联通接收长城移动通信公司。

2月4日　上海联通启动ISO质量认证体系2000版升版工作。

2月6日　上海联通推出"如意通"本地通信话费9折优惠措施,同时对"如意通"用户开放短消息收发及WAP功能。

2月19日　中国联通批文同意成立联通新时空移动通信有限公司上海分公司,任命张云高兼任总经理。

3月16日　上海联通GSM 7B项目割接入网,共新增基站86个。至此GSM七期扩容工程全面完成,基站总数达620个。

3月25日　上海联通委托上海邮政局代扣移动电话费(邮政交费"快译通"业务)签约仪式在上海邮电大厦举行。

是月　中国网通聘周仁杰任上海网通总经理。

4月1日　中国联通1001客服系统在全国同时开通。

4月7日　上海联通130移动电话网迎来第100万位用户,在美琪大戏院举行"联通的心声、永恒的歌声——祝贺上海联通移动用户突破100万专场演出",并为第100万位用户颁发荣誉证书。

4月20日　上海联通员工月刊《上海联通》新版问世。

4月28日　上海联通宣布,市内高架、高速公路基本无断话。从即日至5月7日开展"寻我一点不足,还您十分满意"有奖征集断话点活动;推出17911"亲情通"本地IP电话业务;与上海福利彩票发行中心举行合作签约仪式。

5月15日　上海联通推出集移动网、寻呼网、互联网于一体的三网通业务,首批推出"如意呼"和"无线E-mail"业务。

5月22日　上海市信息化办公室、2001年APEC会议筹备办公室给上海联通下达"APEC会议通信保障目标任务书",这是上海联通首次参与重大通信保障任务。

5月25日　上海联通与上海工商银行签约,推出95588理财热线、130手机协议和世纪通用户银行卡转账充值业务。

6月7—10日　为期4天的第十届上海国际信息通信展在光大会展中心举办,上海联通在展会上展示公司的发展成果和各项业务。

6月18日　上海联通与上海贝尔有限公司、朗讯科技(中国)有限公司在锦江小礼堂举行CDMA移动通信网建设项目合作协议签约仪式。

6月26日　上海联通、上海邮政签订合作协议。

6月28日　中国联通1001综合客户服务系统全面开通。至此,全国各地中国联通、中国电信用户可拨打1001进入中国联通当地客户服务中心,中国移动用户可按拨号习惯在1001前加拨区号进入所在地中国联通客户服务中心。

7月1日　上海联通即日起取消移动电话入网费,上海网通即日起取消固定电话初装费。

7月20日　建设中的上海联通CDMA网络成功打通第一个测试电话,实现网内"第一呼"。

8月10日　上海联通、民生银行举行合作签约仪式,上海联通总经理赵乐参加并签约。

8月22日　上海联通举行购置西安路局房签约仪式。

是月　信息产业部批准中国网通启用"1003"客服热线后,上海网通随即完成和其他运营商的互联互通,成为网通首批启用该客服特号的分公司,为用户提供7×24小时服务。

9月3日　信息产业部发文,上海联通被列为第三批全国创建文明行业活动示范点单位。

9月17日　上海联通在新建的CDMA移动网上开展的CDMA2000-1X试验获突破性进展,实现全国1X下的话音和数据第一呼。此前还实现了全球首次利用UIM卡在移动与移动间通话。

9月18日　信息产业部部长吴基传在沪了解APEC会议通信保障工作情况,总经理赵乐汇报上海联通准备情况。

9月19日　上海联通召开全体员工大会,部署"用户满意在联通"为主题的"网络畅通、服务创优、用户满意"百日竞赛活动。

9月25日　地铁一、二号线移动通信信号实现全线覆盖开通。地铁运营公司、上海移动、上海联通共同组织开通仪式,上海市副市长严隽琪出席。

是月　上海联通被评为全国用户满意企业。

10月9日　上海联通第一辆无线基站应急通信车在东方明珠进行开站演习。17日,APEC通信保障体系全面启动,应急通信车在演练基础上投入使用。

10月10日　中国网通在香格里拉酒店举行"中国网通为APEC提供无线宽带接入服务——《无限伴旅》新闻发布会";上海网通负责为APEC提供此项服务,并承担会议期间维护和通信保障工作。

10月13日　上海联通举行CDMA 1X技术推介会,展示可视电话、视频点播、高速上网、音乐下载等1X应用项目。

10月18日　中国联通总裁王建宙到上海联通调研、座谈,并参观朗讯和三星CDMA 1X展示现场。

10月27日　上海网通与黄浦区教委签订"校校通"协议,这是网通在上海地区的第一个校校通项目。

10月28日　中国网通账户OSS系统在上海网通投入运行。

11月11日　中国网通在上海地区CPN小区接入签约突破20万户。

11月15日　上海网通启动3G试验筹备工作,为CNC申请3G业务许可打下基础。

11月16日　上海网通虹桥机场候机楼无线宽带网进入施工阶段。次年1月24日竣工开通,实现该项业务对机场潜在市场覆盖的零突破。

11月22日　上海网通在中国第一高楼金茂大厦举行"'无限商机、宽广未来'中国网通星级酒店宽带接入合作论坛"活动,启动金茂君悦大酒店客房宽带上网计费。

是日　上海联通与上海移动签署网间互联互通协议,完成CDMA互联互通。

11月24日　中国联通董事长杨贤足、副总裁吕建国、联通新时空董事长兼总经理王颖沛等考察上海联通CDMA网建设情况,召开部门经理座谈会,参观CDMA 1X试验现场。

是月　上海联通1001客户服务热线启用。是年底,1001客服热线完成首次扩容,座席数由32席增至96席。话房从漕河泾迁至位于江宁路1207号国脉大厦8楼。

12月9日　上海网通首次成功割接上海城域网传输网络,北区局房成功开通,实现上海城域网一期核心网络全面贯通。

12月11日　上海网通《上海分公司运维质量考核标准》公布实施,同时进行首次考核检查。

12月12日　上海联通在锦江小礼堂举行上海地区CDMA特约代理商授牌仪式暨CDMA手机推介会,新款CDMA手机引起与会者兴趣。

12月14日　上海网通与上海铁通签订合作协议。

12月19日　上海网通、上海电信、上海移动举行互联互通暨网间结算协议签约仪式,市通信管理局局长张健出席。

12月20日　上海网通与上海吉通签订全面合作协议。至此,上海网通已与上海电信、上海移动、上海联通、上海铁通等通信运营企业签约合作。此外还与维赛特(卫星网络)、张江数迅公司等非专网类中小型通信运营商签订合作协议书。

是日　上海网通得到中国网通批复,开展3G项目试验。作为全国两个试验点之一,上海网通开始在移动通信领域探索全新运营模式。

12月25日　上海联通CDMA网络(新时空)开通,长城网5万用户并入该网。

12月26日　中国网通"数据产品巡展暨企业信息化宽带应用论坛"上海站揭幕。

12月31日　上海联通首次超额完成中国联通下达的经营任务,完成业务收入13.07亿元,实现利润4.81亿元。

是月　上海联通获全国质量效益型先进企业、上海市科技进步一等奖。

2002 年

1月15日　上海网通完成第一次城域网设备终验工作。至此，上海网通在两年建设期后，已初具提供广泛电信服务能力。

1月21日　上海网通参加中国网通规划部组织的FY02—FY03规划会审，通过评审。上海网通此后两个财年发展方向得以确定。

1月24日　中国网通—复旦校园北区宿舍宽带接入开通仪式在复旦大学逸夫楼会议厅举行。这是继成功进入商务楼宇、星级酒店两大领域之后，上海网通在短短半年时间内再次拓展大学校园新市场。2月1日，复旦大学校园网运营并收费，这是中国网通启用的第一个"校园网"项目。

是日　虹桥机场候机楼网通无线宽带上网业务开通。

1月26日　上海网通城域网骨干传输网割接成功，实现2001年初制定的网络规划各项目标。

3月9日　上海联通客服热线1001部分业务项目委托上海电信"世纪新苑"承担，双方在锦江小礼堂举行合作签约。

3月15日　上海联通参加"3·15消费者权益日"活动，举行用户查询活动暨联通（新时空）CDMA综合业务推介会。

3月18日　国家信息产业部副部长奚国华来上海网通调研工作。

3月25日　中国网通上海市城域网接入层全网贯通。

4月22日　CPN多制式计费系统（浦东地区）正式启用并割接成功。至此上海联通实现多种计费方式。

4月25日　上海网通与浦东新区图书馆签约，提供宽带上网服务。这是上海网通第一次涉足图书馆信息化建设领域。

4月30日　上海联通CDMA全面覆盖地铁2号线。

5月1日　上海市副市长严隽琪在市信息办主任范希平、市通信管理局局长张健等陪同下到上海联通漕河泾局房慰问。

5月15日　上海联通与《东方体育日报》签订合作协议，全面进行世界杯期间的短消息业务合作。

5月16日　上海联通客户俱乐部成立，用户享受优质通信服务。上海联通与友邦保险、上海航空、招商银行、美亚音像、安吉汽车俱乐部等1 000家签约"联通服务联盟"。

6月5日　上海网通计费账务中心成立，当月设立计费机房。该中心是全国网通分公司中第一个专业计费账务部门。

8月20日　上海网通业务流程管理系统（PMS）正式运行，上海网通业务流程借信息平台手段实现规范化，为建立基于流程的业绩考核体系奠定基础。

9月4日　经过近10个月努力，上海网通黄浦区"校校通"一期项目全部完工。

9月15日　上海133位社会名流参加CDMA入网仪式。他们前两个月通信费，由上海联通捐赠给上海"保护母亲河·绿色希望工程"。

9月23日　上海联通与上海体育局联合举行"绿色祝福，健儿至爱"活动，向上海亚运健儿赠送CDMA手机。此前，上海联通为上海地区电视台、电台及各大报社的采访釜山亚运会记者赠送具有自动漫游功能的CDMA手机。

9月25日　上海联通地铁常熟路站CDMA无线信号覆盖系统割接成功，总投资2 300多万元。全面完成地铁1号线11个站、2号线14个站的站台、站厅、隧道及相关地铁商城的CDMA信号覆盖。

9月30日　上海师范大学IP超市试拨成功，这是网通在上海地区开设的第一个IP超市。

是日　上海网通增开10个E1电路。此次扩容成功推动上海网通语音业务的发展。

10月18日　上海联通举行193注册献爱心活动。每注册一户，就向上海市希望工程办公室捐献1.93元，第一批捐款95 299.54元。

10月25—31日　上海网通为在上海举行的2002 ICANN（互联网名称与编码分配管理机构）会议提供WLAN服务。互联网之父——ICANN主席Vint Cerf致信上海网通总经理周仁杰，对会议期间提供无线通信保障服务表示谢意。

10月31日　由中国网通协同华为技术有限公司、思科系统（中国）有限公司、英特尔（中国）有限公司和微软（中国）有限公司联合举办的"宽带商务，网通天下——以宽带的方式经营企业应用解决方案巡展"暨"中国网通宽带商务楼宇授牌仪式"在北京、上海、广州、深圳四座城市同步互动举行。

11月1日　中国网通南方拓展项目长途交换网、数据网、同步网、传输网在上海启动。

11月2日　上海联通C网成功实施65个基站搬迁割接，解决黄浦江两边硬切换问题，显著改善沿江地区CDMA通话质量。

11月25日　中国互联网大会在上海国际会议中心召开。上海联通总经理赵乐作《昭示蓬勃生机，彰显美好未来——上海市互联网发展状况浅析》的发言。

11月30日　上海网通FY02上海城域网建设三期项目获批，项目总投资1.66亿元。

12月6日　上海联通新增136个CDMA二期基站，进一步改善网络覆盖质量。

12月16日　中国网通董事长严义埙到上海网通调研。

12月19日　上海网通举行2002"我和网通有个约会"客户联谊会。

12月20日　上海网通与上海电信实现关口局割接。

12月23日　盛大网络和第九城市一期的IDC设备分别入驻上海网通乐凯IDC机房（15个机柜）和漕河泾IDC机房（40个机柜），成为上海网通CNCNET网的数据流产生中心和流量交换中心。

12月31日　上海联通完成全国15个省CDMA 1X接入WAP任务，累计完成业务收入20.6亿元，实现收支差7.55亿元，均超额完成计划指标。

2003年

1月13日　"联通CDMA之夜"——中国首部原创音乐剧《日出》在上海大剧院演出。

1月16日　上海联通165电子商务平台——网上营业厅向130/133/193用户开放，可提供账单和详单查询服务。

1月20日　上海网通本地IP卡月销量首次冲破1 000万元大关，与上海电信（1 000万元）和上海联通（约900万元）成为主力卡种。

是日　上海网通在复旦留学生公寓为一名牙买加留学生开通首例宽带电话，这是上海第一例留学生宽带电话业务。

2月8日　上海网通获得上海固定网等全业务市场准入批复,进入全业务领域。

是月　上海联通1001客服热线进行第二次扩容,座席数由96席增至256席,话房迁至恒丰路610号工业园区内。

3月上旬　上海网通办公网络升级至千兆网络。

3月15日　上海联通参加上海市消协、质协以及市通信管理局等部门组织的"3·15消费者权益保护日"大型咨询接待活动。

3月20日　上海联通冠名的上海浦东机场、虹桥机场专用安检通道、贵宾休息室揭牌。

3月22日　上海联通CDMA二期工程六里机房HLR2扩容,容量由40万扩至60万。

3月27日　上海联通进行GSM九期扩容割接工作,新增入网基站261个。

3月28日　上海联通完成与SOHU"骑士"游戏的合作模式,游戏于当日上线。这是IDC业务发展的又一次突破。

3月30日　上海网通投资建设的中国网通长途传输干线(南通—崇明岛)崇明县城区管道建设工程,通过信息产业部和上海市通信管理局两级联合检查。

3月31日　上海网通固定网局号获上海市通信管理局批复,共获10万门局号,开始在沪经营固话业务。

4月7日　上海联通在锦江小礼堂召开"上海联通CDMA正式运营一周年新闻发布会",总经理赵乐向社会做出四大承诺。

4月16日　上海网通的集团交换、数据、同步网项目通过中国网通验收。

4月23—26日　中国国际通信技术展览会在上海国际展览中心举行,上海联通重点展示无线爽快、视讯通、CDMA 1X等综合电信业务。

4月24日　上海网通组建防范非典型肺炎工作小组,出台有关工作措施,每日对"防非"工作情况出具监测报告。

4月28日　上海联通向抗击"非典"第一线医护人员赠送200台CDMA手机。

4月30日　上海联通向上海市卫生局捐赠2套电视会议设备,连同安装费用共价值30万元,用于及时通报"非典"疫情。

是日　上海网通第一个远端模块局在恒隆广场开通。

是日　由上海网通承建的中国网通长途传输干线(南通—崇明岛)崇明县城区管道建设工程进入初验阶段。

5月11日　中国联通、上海联通以及篮球运动员姚明联合上海电视台、SOHU网络、NBA、百事集团、耐克等知名企业单位,在全国进行抗击"非典"爱心捐助活动。

5月14日　上海联通认购"抗非典专题福利彩票"100万元,连同已捐赠的CDMA手机及通话费、电视会议和视讯系统,共捐款230万元。

5月17日　上海联通总经理赵乐在搜狐网聊天室与网民用户交流和沟通。

是日　上海联通向所有133 CDMA用户推出市内高架CDMA覆盖"你寻盲点我奖励"活动,为期一个月。

5月26日　《文汇报》刊登题为《客服代表和他们的客户——上海联通为用户服务的故事》的文章,通过两起为用户解决问题的事例,赞扬1001客服代表的服务。

5月29日　上海网通文新办公区开通网通固话,总机号码更改为61201818。上海网通正式使用自有固定电话。

5月30日　上海网通FY03城域网项目母项目号申报通过中国网通会审。

是月　上海联通GSM预付费业务新增一个品牌——"新世纪通"。

6月11日　中国网通发出《关于印发对吉通通信有限责任公司融合重组实施方案的通知》。

6月19日　上海联通《抗击非典我们义不容辞》电视短片在上海电视台、东方卫视播出。

6月23日　为庆贺CDMA用户数突破50万,上海联通携手永乐、协亨、迪信通三家手机零售商及三星公司共同举办"夏日韩流,绿色飓风"促销活动。

6月25日　中国网通语音业务上海实现南—南话务落地。

7月1日　上海联通开通语音短信业务,该业务品牌为"10158短信听"。

是日　上海网通举行党员大会,改选党委,增补委员。经上级党委批准,周仁杰为党委书记。

7月2日　上海网通举办第一次IT俱乐部活动,邀请大客户IT主管参加,演讲主题为"网通全业务解决方案"。

7月22日　中国联通在北京、上海和广州推出"定位之星"服务,由中国联通提供服务接入平台,上海联通自行建设的一套位置服务系统平台进入业务测试阶段。

8月18日　瑞虹新城一期上海网通宽带网开通,这是上海网通在上海开通的第一个宽带收购项目。

是日　上海网通宽带电话在CPN(Customer Premises Network,用户驻地网)小区内放号,实现宽带电话产品化并投入商用。

9月1日　上海网通CNC-Connected tm宽带商务,"以宽带方式经营"企业电信应用解决方案全国巡展,在上海外滩威斯汀大饭店举行。

9月4日　上海网通与金茂物业开通金茂大厦中第一批网通固话(共9条电话线)。

10月13日　上海网通迁入张江集成电路产业区,各项配套工作平稳过渡。

10月16日　上海联通与合作商合作开发运用CDMA技术的出租汽车调度信息系统在大众出租汽车公司启用,8台CDMA车载终端设备在出租车上试用。至次年1月18日,已有175台终端设备在大众出租车上小规模商用。

是月　上海网通与上海吉通实现完全融合。

11月2日　中国篮协与中国联通及上海联通在新天地共同举办CBA"联通无限炫宝贝"啦啦秀比赛活动。全国11支CBA球队的拉拉队捉对比拼。评委评选出互动视界之星、掌中宽带之星、彩E之星、神奇宝典之星、联通在信之星以及定位之星等。

11月19日　中共中国联通党组任命张健为上海联通党委书记,中国联通聘张健为总经理。

11月24日　上海网通3G实验项目工程小组成立。

是月　上海网通完成与上海电信、移动、联通新建互联互通传输环所有工程,加上以前与铁通的互联互通传输环,上海网通与上海4家电信运营商都建立互联互通传输环,为"北话南送"创造有利条件。

12月2日　上海网通首家营业厅——徐汇自营厅在肇嘉浜路开业。

12月24日　上海联通在上海影城举办"历玖弥新、真情玖远、'金点子'颁奖暨迎春电影招待会",向14位获奖用户颁奖。

12月26日　上海联通社会监督员工作会议在邮电大厦召开,就网络质量和经营服务情况进行交流。

是月　上海联通获全国通信行业优秀质量管理一等奖。

2004 年

1月1日　上海联通"如意133"卡首日销售突破5 000张。

1月3日　上海联通完成上海CDMA网三期一阶段工程最大的一次割接,166个新站入网。至此,CDMA网共建成757个室外宏基站。

1月8日　上海市老龄委与上海联通举行"助老服务合作协议书"签字仪式。市委副书记、市老龄委主任刘云耕出席仪式并向老人代表赠送首批"联通阳光敬老卡"。总经理张健代表上海联通向老龄委捐赠1 000台手机。

1月15日　中国网络通信集团南方通信有限公司成立,标志网通在上海的发展进入新阶段。

1月19日　上海市信息产业先进表彰大会在国际会议中心举行,副市长杨雄到会讲话。上海联通刘彤作为全国信息产业系统劳动模范上台领奖。

2月5日　元宵节,上海联通主办的"联通之春"大型音乐会在上海大剧院举行。

3月29日　上海联通向各新闻媒体公布热线电话63530206和63530759。

是日　"中国联合通信股份有限公司2003年度业绩介绍会"在上海举行,董事长王建宙、副总裁佟吉禄等一行4人参加会议,并考察上海联通新时空大楼,与长宁区领导就双方合作事宜交换意见。

3月31日　中国联通推行2004年"满意在联通"服务质量年活动,上海联通客户俱乐部引领中高端用户迈入通信服务新领域,体验俱乐部新服务。客户俱乐部会员达62 646人。

4月8日　上海联通第一家郊区分公司——南汇分公司成立。上海联通总经理张健和南汇区委书记陈策为分公司揭牌。

4月18日　上海联通联合九大手机厂商,在港汇广场举办"如意133——从今天起我就是主角"大型路演活动。

4月21日　上海联通在兴国宾馆举行"上海联通1X技术应用论坛",共40多家单位和30多家媒体参加。

4月28日　上海联通青浦分公司成立。

5月9日　上海联通与上海市公安局浦东分局在紫金山大酒店就信息化共建项目举行签字仪式。

5月12日　上海联通崇明分公司成立,专营店开张。

5月15—16日　上海联通在徐家汇太平洋数码广场外举行国际通信日主题路演活动,全方位展示联通技术领先形象。

5月18日　上海联通松江分公司成立,专营店开张。

5月21日　上海网通17968/17969码号报上海市通信管理局备案获批。

5月25日　上海联通与上海贝尔NGN测试小组成员完成NGN平台与VC(视频会议)网互通工作,打通第一个跨网可视电话。

5月28日　上海联通与上海市福利彩票发行中心就共建无线福彩销售网点项目举行签约仪式。

是日　上海联通奉贤分公司成立,专营店开张。

6月8日　上海联通嘉定分公司成立,专营店开张。

6月16日　上海联通金山分公司成立。

6月23日　第12届上海国际信息通信展在上海国际展览中心开幕。中国联通总工程师张范、上海联通总经理张健等参加开幕仪式。上海联通、上海网通均参展。

7月9日　上海通信工程质量监督中心联通公司质监分站挂牌成立。

7月14日　上海网通总经理周仁杰出席上海市"诚信月"活动启动仪式,与上海市资信公司签署个人征信合作协议,加入上海市个人信用征信体系。

7月15日　中国网通内部改制重组,任命周仁杰为上海网通筹备组组长。

7月16日　上海网通相关人员与由世界著名风险投资公司——软银公司组织的日本银行金融业高层管理人员进行交流。

7月21日　上海联通党委书记、总经理张健,党委副书记张静星带队赴上海西门子移动通信有限公司交流和调研。

7月28日　上海联通与欧莱雅(中国)有限公司签订CDMA 1X VPDN业务使用协议,首期100位无线上网卡用户入网使用。

7月30日　上海联通工程部对江场局G网进行扩容。至此G网10期的交换扩容结束,VLR容量增加31万。

8月9日　北外滩局上海联通CDMA 1X增强型系统的第一个DATA CALL获得成功。

8月10日　上海联通应急通信分队成立暨授旗仪式在漕河泾局举行。

8月11日　上海联通在浦东滨江大道举行"联通音乐星时空"音乐会,推广"UP新势力品牌"。

8月12日　上海联通宝山分公司成立,专营店开张。

8月20日　上海联通总经理张健分别向上海市市长韩正、市人大常委会主任龚学平和市政协主席蒋以任作上海联通成立十周年专题工作汇报。

9月6日　在杨浦区控江路上的"上海联通——中录时空数字文化家园"(即联通控江路网苑)开张。

9月12日　"联通·盛大游戏之旅"总决赛在上海东锦江索菲特大酒店落幕。中国联通副总裁李正茂、盛大网络董事长陈天桥、长城宽带总经理孙子强、上海联通总经理张健等观看总决赛并颁奖。

9月13日　上海联通在万豪酒店举行成立十周年老领导茶话会,在艺海剧院举行"情系上海,联通十年"文艺演出。

是日　中国网通批复,原则同意上海网通管理体制改革实施方案。

10月23日　上海联通CDMA三期二阶段工程实施割接,新增基站215个。

10月27日　上海联通在"技术实现梦想——中国联通世界风助学成才行动"中,将竞拍的53.1万元捐给华东师范大学,资助353名困难学生。

11月1日　上海联通1001客服热线升位到10010,当日呼入量保持平稳。

11月28日　上海联通、上海网通等5家运营商联手建造临港新城通信中心局工程开工。

11月24日　中国网通完成内部改制重组,续聘周仁杰为上海网通总经理。

12月2日　经中国网通党组批准,李超任上海网通党委书记。

12月17日　上海联通GSM 11期全网改频和新站入网割接工作完成,涉及全网1 356个宏站、1 044个微蜂窝改频以及124个新站入网。

是年　上海联通获中国联通管理现代化创新成果一等奖。

2005 年

1月1日　上海联通1001客服热线升位至10010（客户服务热线）及10011（话费查询专线），实现人工咨询服务和全自动话费自助查询服务分流功能。

1月21日　上海联通与第48届世乒赛组委会在虹桥宾馆签署合作协议，成为赛会指定电信服务运营商。

2月3日　上海贝尔阿尔卡特董事长袁欣一行来上海联通考察。

2月28日　上海联通与上海移动签订《规范移动通信市场协议书》，双方就执行现行移动资费标准、渠道管理、稳定用户等问题达成共识。

是月　上海联通10010客服热线启动"员工职业心理帮助项目（EAP计划）"，致力于为客服代表提供完善的心理支持和心理健康培训。

3月5日　上海联通团委与共建文明单位"好八连"携手走进南京路，与王震、陶依嘉等著名劳模一同参加大型便民服务活动。

3月22日　上海网通成立2008年北京奥运会奥运项目组，组长为曾轶。

3月25日　上海联通数据部完成首个互联网国际业务的接入项目并提前开通。内蒙古铁通租用上海联通互联网国际出口，从蒙古首都乌兰巴托接入用户。

3月30日　上海联通推出网上营业厅WAP版——空中营业厅。功能与WEB版相同，包括账单、详单、实时话费查询、账址修改、业务变更申请等。

4月19日　上海联通成立"如意妙笔"媒体俱乐部。

4月23日　上海网通在大宁灵石公园举办"上海网通首届家庭日"活动。

5月1日　国美公司如意133、新世纪133全面上柜，国美和上海联通移动零售业务开始全面合作。

5月2日　上海市副市长杨晓渡慰问第48届世乒赛上海联通工作人员并合影留念。

5月25日　上海市2005年精神文明建设工作会议在上海展览中心举行，上海联通获"上海市第十二届（2003—2004年度）文明单位"称号。

5月31日　上海网通总经理周仁杰出席2005亚太地区城市信息化论坛，作"随意通信——随意数字社会的基础"主题演讲。

6月5日　上海网通党委书记李超赴美国芝加哥参加Supercom年会，并顺访络明网络公司位于硅谷的总部。

6月22日　第十三届中国国际信息通信展在上海世贸商城开幕，上海联通应急分队现场开通G/C网通信车基站，确保网络优质畅通。

6月23日　上海网通在沪主办"中国网·宽天下"为主题的"中国网通宽带内容联盟高峰论坛"，国内外知名游戏公司及有关高层人员参加。

是月　上海网通新综合营账系统投入运行。

7月11日　上海联通与文广集团合作的手机电台开播。

7月15日　上海联通召开内控制度建设动员大会，宣布成立由张健为组长、姜起梅为副组长的内控建设领导小组。

7月18日　上海网通保持共产党员先进性教育活动正式启动。

7月19日　上海联通举办新办公大楼——联通大厦命名揭牌仪式和移动用户突破500万户庆典活动。

7月21日　在浦东新国际博览中心举办的第三届China Joy国际数码娱乐展上,上海联通在W2馆区域设立uni展位,提供掌上电视和手机Flash两项业务的现场演示推广。

7月22日　上海网通临港新城项目组成立。

8月5日　按照《关于中国网通(集团)有限公司国际分公司上海管理中心人员重组实施方案的请示》文件,原中国网通国际分公司上海管理中心各生产部门整建制划入上海市国际网络维护中心。

8月8日　上海联通邀请全国"五一劳动奖章"获得者、华东医院院长俞卓伟作先进事迹报告。

8月14日　上海联通开通以"群策群力,我为联通发展献一计"为宗旨的博客信息交流平台。

8月17日　上海网通完成中国网通国际公司上海管理中心融合重组工作。

9月1日　上海网通宽带门户网站开通。

9月9日　中国联通总裁尚冰一行到沪检查工作,参观长宁路新办公大楼、协亨四川路店,并与文广传媒集团负责人交流。

9月19日　上海联通与上海国美电器公司签署合作协议,建立零售合作业务,国美电器在16家门店销售联通G网产品,并逐步经营联通所有业务产品。

9月25日　上海联通女性品牌"925——就爱我"推向市场,这是电信行业首个女性品牌。11月26日,上海联通《就爱我》女性专刊问世。在新闻发布会后,靳羽西作"魅力自造"讲座。

10月1—6日　上海联通完成从天目西路办公楼至长宁路联通大厦新办公楼的搬迁工作。

10月5—7日　上海联通举办上海市"联通杯"乒乓球公开赛。中国乒协主席徐寅生,市体育局局长于晨,市乒协主席陈一平,前世界冠军曹燕华、江嘉良等出席闭幕式并颁奖。

10月14日　美国高通全球CEO(首席执行官)Paul Jacobs一行来上海联通交流访问,双方就CDMA技术及产业链发展和双方合作等方面交换意见。

10月17日　中兴通讯股份有限公司总裁殷一民一行到上海联通访问交流。

10月18日　全国政协委员、中国联通原董事长杨贤足考察上海联通新办公大楼和长宁路旗舰营业厅。

11月8日　上海文化广播影视集团党委书记、总裁薛沛建及上海东方明珠(集团)股份有限公司副董事长、总裁钮卫平一行到上海联通交流。

11月10日　上海市政协主席蒋以任一行到上海联通调研,参观长宁路旗舰营业厅。

11月15日　上海联通总经理张健率上海联通相关人员到广东联通考察交流。

11月19日　上海联通"新时空论坛"首场开讲,邀请凤凰卫视资讯台副台长、时事评论员曹景行主讲,内容为"台湾海峡热点问题分析"。

11月26日　上海网通与中国银行上海分行、中国人保上海分公司联合举办以"弘扬文明新风、共建和谐家园"为主题的奥运合作伙伴"青年文明号"携手进社区活动。

11月28日　上海市人大常委会主任龚学平一行到上海联通指导工作,视察文治路客服中心机房和长宁路旗舰营业厅。

12月12日　上海联通召开"百日销售竞赛活动"动员会,会议以"迎难而上鼓士气,齐心协力促发展"为主题。

12月21日　上海联通和上海国美合作的手机家电套餐上市,上海国美30家门店全面启动上海联通套餐业务及预付费卡业务。

12月27日　上海联通与浦东新区社会发展局联手举办的"联通你我,关爱未来——联通义工关爱农民工子女行动"启动仪式在浦东新区少年宫举行。2020年1月1日,上海联通首批志愿者在唐四民工子弟小学举办活动仪式,并带领200名农民工子女参观上海科技馆、东方明珠电视塔。

12月30日　由上海联通工会、团委、综合部联合举办的"才艺之作 精彩共赏——上海联通员工艺术风采"展览开幕。

2006 年

1月10日　由上海联通、团市委、市学联共同主办的"冬日送暖,让爱回家"大学生爱心问候校园统一行动,在华东理工大学等8所上海市高校开幕,近5 000人次大学生参与该项活动。

1月16日　上海联通与解放日报报业集团、上海激动通信公司共同签署手机报纸"i-news"《早点新闻》合作协议,三方联手打造的"i-news"业务平台《早点新闻》诞生。

是月　西班牙电信Telefonica到上海网通交流访问。

2月1日　除夕,上海联通短信业务量创新高:G网短信2 311万条(增长62万条)、C网短信2 858万条(增长507万条)、移动互通3 243万条(增长1 244万条)、电信互通94万条(增长35万条)。

2月14日　上海联通与《I时代报》联手,组织"感动情人节——万朵玫瑰大派送"活动,这是上海联通感动服务系列活动之一。

2月18日　上海联通开展"迎开学,联通带你长知识"联通志愿者活动,组织400余名农民工子女参观机房等。

是月　上海网通"成功应对台风'麦沙'"事迹被评为上海市信息化委员会"双文明,双十佳"好事。

3月4日　上海联通首届员工运动会开幕式在联通大厦举行,随后进行首场乒乓球团体比赛。

3月15日　上海联通推出"以人为本、明白消费、全天候服务"为特点的"十项服务承诺"。

3月29日　上海联通启用全新中国联通品牌标识,新标识突出中国联通活力、创新、时尚的品牌形象和"让一切自由连通"的品牌追求。

4月26日　上海联通与文新集团在上海联通大厦举行"News365"上海手机传媒签约仪式。

4月30日　上海联通获2006年"上海市五一劳动奖状"。

5月4日　由上海市文明办、团市委指导,上海市青年志愿者协会支持,上海联通主办的"手牵手,爱心捐书行动"在南京西路新世界城户外广场及联通9个营业厅拉开序幕,当天共募集各类图书560册。

5月20日　2006年国际通信展在上海开幕,上海联通展台最新增值业务、电信业第一辆流动服务车以及EGPRS登台,成为展会亮点。展会期间,信息产业部部长吴基传、上海市副市长左焕琛参观上海联通展台。

5月26日　中国联通总裁尚冰一行到沪参加第三届中国联通运营商合作伙伴会议,并到上海联通调研。

是月　上海网通举办"第二届家庭日——牵手2008"主题活动。

6月1日　由上海联通创建的第一所"自由联通图书馆"在上海吴中路小学落成,团市委副书记徐枫等出席活动。

6月6日　上海联通冠名赞助的"联通青藏·巅峰之旅"青藏铁路试运行大型宣传报道见诸各大媒体,东方网、新浪网站设置相关报道链接,宣传联通CDMA品牌。

6月24日　上海联通GSM十三期工程全网改频、新站入网大割接按照预定工程计划和割接方案完成。

是月　中国网通总裁左迅生到上海网通国际海缆登陆站调研。

是月　上海网通举办"中国网通2006庆祝奥林匹克日万人长跑"上海站活动。在上海八万人体育场设立的3公里主跑道上,奥运游泳冠军乐静宜、上海网通员工及5 000多市民参加长跑。

是月　上海网通举办"共赢奥运"——上海地区酒店行业信息化应用高峰论坛。

7月22日　"中国联通流动服务车"首发仪式在上海联通大厦举行,这是通信行业中最早的"流动服务车"。

是月　上海网通举办"CNC MAX宽带我世界网通杯"全国青少年网页设计大赛,比赛覆盖全国103所院校、上海100家东方数字社区、47个团工委和730个社区,大赛网站注册报名近3万人。

8月11日　中国联通独家冠名赞助的"百变新势力·张韶涵世界巡回演唱会"上海首站在虹口体育场举行。

是日　上海联通举办综合营业中心流动服务车发车仪式,20辆流动服务车投入运营。上海联通打破"坐地行商"束缚,成为国内首家开展流动销售服务的电信企业。

是月　上海网通新一届领导班子成立,马学全任党委书记、总经理。

是月　上海网通营业厅建成宽带商务演示厅。该演示厅以宽带商务原动力、新动力和E动力三大概念为基础,同时融入奥运概念,拥有企业邮箱、企业建站、网络传真、视频电话、软phone、无限伴旅、话费立显、固话彩铃和网通新市话等演示栏目。

9月22日　上海市人大常委会副主任、市总工会主席陈豪一行来上海联通调研,参观长宁路营业厅、网管中心、员工活动中心。

9月30日　经上海市档案局专家评审,上海联通档案管理通过市级先进达标考核。

是月　上海联通10010投诉处理职能划入用户投诉管理室,公司客户投诉"多点受理,集中处理"体系正式建立。

10月18日　银河证券、中国联通、惠普和英特尔共同推出的"e本万利"移动证券活动在国际会议中心召开媒体见面会。

11月27日　联通C计划——双网双待革命暨新款手机上市发布会在锦江小礼堂举行,市通信管理局副局长姚士成、华盛总公司总经理于英涛、上海联通总经理张健等出席。

是月　上海网通与东方宽频联手打造"宽带我世界·上海"门户网站。该网站采用全视频化的表现形式,开设电影、电视剧、直播、音乐体育、财经、美食、健康、动漫、游戏和夜上海等11个频道,拥有1.5万小时视频节目内容。

是月　上海网通与上海市经济委员会促进中小企业协调办公室签署战略合作协议,由此加入上海市中小企业品牌推进办公室,负责组建上海市中小企业品牌俱乐部。

12月2日　上海联通首届员工运动会闭幕式在虹口体育馆举行,市综合党委书记何卫国、市总工会副主席汪兰洁等领导及公司全体员工出席,会上进行颁奖。

12月17日　上海联通完成GSM十二期工程大网割接。

12月18日　著名乒乓球选手王励勤、李晓霞参加上海联通举办的联通乒乓世界冠军挑战赛,出席"153靓号"竞拍活动,并前往上海儿童医院看望患白血病的儿童。

12月30日　上海网通按期完成2007年城域网项目预立项工作,共提交项目立项2.3亿元。

是月　上海网通宽带商务网站开通。该网站为广大中小企业客户打造基于电信运营级平台上的全面信息化解决方案,提供一系列服务。

2007年

1月19日　上海联通全国首条10013聋哑人短信服务热线开通,作为国内首个专为聋哑人士提供通信服务的平台,10013短信服务热线为聋哑用户拓宽查询、办理联通各项业务的服务渠道。

1月25—27日　上海联通完成文治路话房业务割接和恒丰路话房业务割接。

是月　上海网通与在建的环球金融中心签订管线和大楼接入协议,为建成后的环球金融中心提供固定电话、数据通信等相关业务。

2月2日　上海联通完成客服系统替换,由华为系统替换东软系统。

2月13日　上海网通与上海华辰隆德丰企业集团有限公司在香格里拉大酒店举行华辰金融大厦出售签约仪式,上海网通完成综合办公大楼选址工作。

3月9日　经中国联通计划部和专家组评审,上海联通综合办公楼(联通大厦)工程通过终验。

3月15日　上海联通向社会公布"八大承诺"。

3月22日　上海网通与上海市气象局合作开通116311气象信息服务热线,用户可通过热线号码查询到上海及全国320余个城市48小时气象信息。

3月24日　第29届奥运会上海赛区办公室主办、上海网通协办的"2008北京奥运会倒计时500天——与奥运同行'我参与、我奉献、我快乐'"大型主题活动在南京路世纪广场举行。第29届奥运会上海赛区常务副主任、上海市体育局局长于晨,黄浦区副区长沈祖炜,上海文广传媒集团等社会各界领导,奥运志愿者和广大市民近5 000人参加活动。

4月12日　上海联通召开"和谐上海·真诚连通"精神文明建设大会暨服务品牌推进会,对十佳服务明星、十佳文明好事、七建之星进行表彰。市文明办副主任陈振民、市综合工作党委秘书长顾嘉禾、市信息委纪检组组长黄肇达等出席。

是月　上海网通与上海邮政储汇局签订现金代收费协议,上海邮政下属的520余家营业网点均可代收上海网通客户的当月账单,上海网通收费网点由原来1 600余家增加至2 100家。

5月15日　上海联通与贝泰公司合作的本地流媒体(手机电视)业务上线,此为全国首例G/C两网同时开通"手机电视"业务。

5月17日　上海联通和中兴通讯合作的"炫空间"对外开放仪式在长宁营业厅举行。

5月21日　上海联通客服中心全面启用人工转自助话费查询功能。

6月20—24日　"联通杯"全国职工乒乓球大赛在上海举行,上海联通为大赛总冠名商及唯一指定电信服务运营商。

6月24日　"特奥e家"系列活动启动仪式在香格里拉大酒店举行,上海联通为活动协办单位。

6月29日　上海网通召开纪念中国共产党成立86周年暨"七一"表彰大会,共有2个先进党支部、5名优秀党务工作者和14名优秀共产党员受到表彰。

是月　上海联通10010客服中心开展以"体验客户需求,铸就服务品牌"为主题的一系列服务质量提升活动。

7月6日　上海联通党委与南汇区大团镇镇南村签署结对子协议,双方将在党建、精神文明建设等方面加强交流。

7月16日　上海联通C网"手机电视"业务正式商用,该业务设有东方手机电视、直播、影视、音乐、时尚、资讯等栏目。

7月27日　上海网通与嘉瑞酒店签订视频导航试点合作协议,该酒店成为与网通合作的第一家视频导航项目试点酒店。

8月27日　中国联通总裁尚冰等来沪,宣布赵乐任上海联通党委书记、总经理。

9月16日　第三届"联通杯"上海市乒乓球公开赛决赛暨闭幕式在卢湾体育馆举行,中国乒协副主席陈一平等出席。

9月24日　上海网通召开区县分公司成立大会。

10月1—7日　上海网通完成整体搬迁,新综合办公大楼及6个区县分公司办公场所同时投入使用。

10月10日　中国联通"136城市企业品牌上线工程"暨"品牌营销新趋势高峰论坛"在上海举行首发仪式,邀请众多国内知名企业负责人和商界精英人士参与。

10月23—27日　上海网通视频导航业务作为一项创新型业务参加"2007年中国国际通信设备技术展览会"。

11月9日　上海网通举办"生命至上,平安和谐——119消防日"宣传活动。

11月22日　上海联通第一座海岛基站佘山岛基站建成开通,解决附近海域和远洋船舶锚地的网络覆盖问题。

11月26日　上海联通C网经营部联合上海第一财经推出"短信俱乐部"业务,使会员能在第一时间了解最新、最全的财经信息。

11月29日　上海网通成功主办"中国网通宽带奥运中国行——城市行"活动。

12月5日　上海联通举行新闻发布会,由联通、华盛、三星携手推出新款双网双待手机——三星W629伯爵手机。

是月　上海网通完成"嫦娥一号"重要通信保障任务。

2008年

3月15日　上海联通围绕"消费请客户放心,服务让社会满意"主题,开展"满意服务多一点,每天感受'3·15'"活动,主动向社会推出"十项服务举措"。

3月25日　在上海联通多个部门共同努力下,浦东机场T2航站楼覆盖系统开通入网。

是月　上海联通对C/G两网实施24小时不间断短信监控,有效杜绝有害、不良信息传播,确保良好通信环境。

4月8日　中国联通统一新版门户网站(www.10010.com)在沪上线。22日,"电子账单"业务改造完毕上线。

5月12日　受"5·12"四川汶川地区地震影响,上海联通当日G网忙时话务量增幅达

24.48％。C 网忙时话务量增幅达 18.68％。

5月14日　上海联通紧急抽调三辆卫星和应急通信保障车,赶赴四川茂县地震灾区支援抗震救灾;紧急调拨和采购6部海事卫星电话、8套移动通信基站设备、50顶帐篷,并即刻送往灾区。

5月17日　上海联通手机营业厅上线。

5月23—24日　上海联通对奥运会圣火交接仪式场馆附近基站进行扩容,同时增派G、C两网应急通信车缓解圣火传递沿线话务高峰,完成2008年奥运圣火在上海传递的通信保障任务。

7月1日　为期100天的"会战申城"项目落幕。该工程通过设备搬迁、引入新产品和新技术,进一步优化上海联通GSM网络结构,对网络向IP化、向3G演进、可持续发展具有战略意义。

7月11日　上海联通第一批三名技术人员赴四川阿坝分公司对口支援当地恢复灾后通信,整个支援行动持续到年底。

7月18日　"联通秘书——求医问诊"业务上线。用户可拨打10198选择该业务,通过人工座席预约沪上各大医院专家挂号。

8月15日　上海联通与上海电信签订《关于CDMA资产交易的具体执行协议》,启动上海地区CDMA业务和资产交割执行工作。9月30日23时58分,上海联通和上海电信举行"CDMA资产和业务交接启动仪式"。从10月1日0时起,CDMA业务划归上海电信,上海联通160万CDMA用户转由上海电信提供服务。

10月29日　中国联合网络通信有限公司上海分公司筹备组成立,蔡全根任组长。

11月4—8日　上海联通以"i联通,i生活,3G让生活更精彩"为主题参展2008年国际工业博览会,展示3G时代精彩生活和联通全业务运营商崭新形象。

11月5日　中国联合网络通信有限公司上海分公司筹备组在长宁路联通大厦召开第一次工作会议。

11月14日　上海联通召开全体干部大会传达中国联通关于省级分公司筹备组组长、副组长任职的通知和筹备组成立后有关事项的通知。筹备组组长蔡全根对下阶段工作提出具体要求。

是月　原上海联通和上海网通融合重组为中国联合网络通信有限公司上海市分公司。

2009 年

1月1日　融合重组后的上海联通实现统一运营。

1月5日　上海联通启动"3G网络建设百日会战",要求在100天内建成一张覆盖绝大部分区域、质量较为完善的WCDMA网络。

1月15日　上海联通海缆登陆站配合中国联通完成中兴800G传输系统扩容加波项目。扩容后,国际海缆进城中继系统通信能力由原来的60G提高到300G。

2月9—28日　上海联通举办"2008年友好用户慰问大行动"和"百万用户服务承诺大征集"服务推广活动,共有1800多用户参与,反馈对联通通信服务方面的建议和意见近5000条。上海联通推出2009年八大服务承诺。

2月19日　在上海市通信管理局主持下,上海联通与上海电信、上海移动共同签署《电信基础设施共建共享框架协议》,上海地区基础设施共建共享工作迈出实质性步伐。

3月3日　中国联通党组任命上海联通党委委员,马学全任党委书记。中国联通聘蔡全根任上海联通总经理。

3月23日　上海联通副总经理李爽参加由英国信息技术部、英国贸易投资总署、英国驻沪总领事馆主办，张江集团协办的"中英携手创新，共拓信息产业未来"行业论坛，并作演讲。

4月9日　中国台湾地区电信产业发展协会理事长吕学锦等中国台湾电信行业代表一行15人，在工业和信息化部以及中国联通领导陪同下到上海联通参观访问。

4月10日　由上海联通主办，苏、浙、沪、皖三省一市联通公司参加的"中国联通长三角联动合作研讨会"在上海金茂大厦举行。三省一市分公司负责人共同签署《中国联通长三角三省一市联动合作备忘录》，就资费一体化、业务一体化、服务一体化和客户一体化四个方面的合作达成共识。

4月17日　上海联通公交刷卡手机亮相申城。

4月25日　上海联通与上海电信、上海移动围绕"保增长、促就业、推动两化融合、服务精彩世博"主题，与上海市经济和信息化委员会分别签署《2009年度服务合作协议》。

是日　上海联通首家校园店在上海交通大学闵行校区开业。

5月5日　由上海联通、《东方早报》主办并全程赞助的大型公益行动"雪域童年"举行启动仪式。上海联通志愿者前往四川茂县，进行为期10天的支教活动。

5月7日　上海联通、上海电信、上海移动三家电信运营商签订《世博园区临时性宏基站共建合作协议》。

5月15日　以"通信让世博更精彩"为主题的"通信与世博"大型报告会在上海四季酒店举行。工业和信息化部副部长奚国华、上海市政府领导出席。上海联通、移动、电信三家运营商各自亮最前沿通信技术，与到会专家学者对数字化世博、数字化上海进行共同展望。

5月17日　上海联通举行3G业务试商用发布会。上海联通第一家3G业务体验厅——长宁3G体验厅开幕。此为上海地区面积最大、功能设施最为完善的联通旗舰厅。

是日　上海联通10010视频客服、10198视频秘书热线上线并开通。3G用户可通过手机视频看见"可视化"IVR菜单，实现与客服代表"面对面"式互动交流。

6月19日　上海联通启动为期7个月的"迎世博，助健康"——2009年上海联通职工健身系列活动。

6月22日　上海联通NFC刷卡手机项目获中国智能卡行业权威奖项"2009国家金卡工程金蚂蚁奖"之"多功能应用奖"。

7月9日　在上海市商务委、经信委、发改委、宝山区政府和上海各运营商支持下，上海市呼叫中心基地——海宝示范园区揭牌。上海联通、上海电信、上海移动三家电信主体运营商与海宝示范园区签订《呼叫中心战略合作框架协议》。

8月1日　上海联通GSM全网改频成功。此次改频涉及全网3 406个基站、24 419个载频。其中，1 800M由跳频方式改为不跳频，900M维持跳频方式。

8月11日　中国联通工会上海市第一次代表大会暨上海联通第一届职工代表大会召开，选举产生中国联通工会上海市第一届委员会。

8月21日　上海联通与新华社上海分社签署战略合作框架协议。双方约定在信息内容采集、加工、发布，以及信息技术、传输渠道推广、应用和建设方面优势互补，实现互利共赢。

8月24日　上海联通液晶电脑电视一体机产品面世，以4M宽带捆绑终端加宽带内容应用的策略推向宽带小区用户。这是国内唯一具有3C认证的液晶电脑电视一体机，上海联通也是国内第一家推出此类产品的运营商。

9月7日　在上海市互联网协会第二届会员大会上,上海联通总经理蔡全根当选上海市互联网协会第二届理事会理事长。

9月28日　中国联通举行3G业务商用新闻发布会。全国285个城市自10月1日起同步开通3G业务。上海联通同步提供3G商用服务。

10月30日　上海联通在世博园区内第一个宏基站——世博后滩基站开通,标志着上海联通在世博园区内的宏基站建设取得突破性进展。

是日　中国联通在北京举办iPhone全国首场上市发布会与首销仪式;10月31日,上海联通与其他29个省市公司同步联动推出联通版iPhone。

12月4日　芬兰驻上海总领事胡毅督与上海联通总经理蔡全根签订上海世博芬兰馆通信业务合作意向书。

12月8日　由上海联通冠名的全国首届中小学生电视网络围棋锦标赛上海赛区选拔赛,通过网络报名和比赛。该活动首次将通信技术与围棋赛事结合在一起,开网络赛事先河。

12月11日　来自上海交通大学、上海理工大学、上海海事大学、上海师范大学、东华大学等15支参赛队伍的120位在校大学生齐聚上海联通大厦,参加首届上海联通大学生创业营销大赛誓师大会。

12月15日　总建筑面积1万平方米、总投资近2亿的上海联通金桥核心通信局房投入试运行。该机房作为国际登陆局重要组成部分,对完善国际网络、长途骨干网络、本地核心网络以及发展IDC业务具有重要意义。

12月18日　上海联通客服呼叫中心与上海市聋哑青年技术学校共同签订党支部"共建"协议,利用双方各自人才、智力优势,搭建互助平台,共育"10010"3G视频手语服务,共同帮助聋哑人实现无障碍沟通。

12月19日　上海联通"10010"热线移动侧话房完成由恒基工业园区向文治路整体搬迁,加之已在7月底实现的数固侧话房由张江向包头路搬迁,上海联通客服呼叫中心融合工作之"话房搬迁"阶段工作已完成,基本实现双话房、双客服系统运营模式。

12月26日　上海联通承接的上海警备区通讯枢纽搬迁工程核心部分完成割接。

是年　上海联通获全国"工人先锋号"称号。

2010年

1月7日　上海联通与青浦区政府签署战略合作协议,上海联通计划3年在青浦区投入3.93亿元,打造一张覆盖3G无线宽带网络平台和基于光纤的宽带网络平台。

1月10日　上海联通完成中山医院ICT项目割接,实现国内医疗行业首个万兆骨干、千兆到桌面项目成功上线。

1月19日　"中国联通服务世博项目"正式启动。中国联通携手酷6网、世博报道联盟共同打造一张覆盖全球的"绿色·世博宽频网",以更好地服务世博,宣传世博。

1月21日　上海联通与上海电信签订年度共建共享协议。至2010年底,两家运营商共建共享的3G基站达500余个,节约投资累计达2亿元。

2月9日　上海联通与市委组织部党员服务中心签订战略合作签约。上海联通对基层党建信息化工作给予支持,提供优质、可靠、安全的综合信息服务。

2月11日　上海联通与上海商投集团签署战略合作协议,以2010年上海世博会为契机,确立以移动支付、联合推广、资源互换为核心的八大合作方向。

2月25日　中国联通与上汽集团签署战略合作协议,双方将充分利用信息化带动工业化发展,在以汽车车载信息服务为核心的汽车服务领域开展深入合作。

4月12日　上海联通举行世博通信保障工作誓师大会,网络、营销、服务各专业条线代表为决战、决胜世博通信保障工作共同宣誓:"全力以赴、保障世博,美好生活、精彩在沃"。

4月26日　上海联通与上海市医疗急救中心合作的"120"手机呼救实时定位项目上线。

4月27日　上海联通党群工作部和工会联合发出向玉树地震灾区捐款倡议,共收到1 508名员工总计118 770元捐款,并于5月7日交到上海市红十字会。

4月28日　上海联通举办"迎世博"服务技能大赛颁奖及创意大赛启动会。大会向所有参加服务技能大赛的合格人员颁发窗口服务人员世博上岗证,为首次考核在90分以上的人员颁发优秀人员徽章。

是日　上海联通基于iPhone、服务世博的三维旅游信息服务软件——"手机沃导航"产品上线。"手机沃导航(Expo 3dview)"为世博游客提供一站式三维信息服务。

4月30日　上海联通世博网络建设工程全面告捷,在园区内共完成13个宏站、197个微站、34个街道站的建设任务。

是月　上海联通启动"感知用户需求,实现服务创新"创意大赛,共有22个创意方案进入实施阶段,9支团队晋级决赛。10月28日,创意大赛落幕。

5月11日　以"科技点亮生活 创新改变世界"为主题的物联网论坛在世博园区芬兰馆举行,上海联通代表、物联网产业链行业领军企业代表及相关专家学者出席并交流探讨。

5月12日　上海联通与闸北区人民政府签署战略合作协议。上海联通参与闸北区"无线城区"建设,推进"三网融合"。

5月13日　上海联通与浦东新区公交公司签署上海公交行业第一个3G移动视频监控行业应用项目,首期开通100辆车3G应用模块,接入1条固网专线。

5月18日　上海联通、大陆期货、建行上海分行联合推出"3G手机期货直通车"业务,填补上海金融市场跨行业服务和手机交易服务空白。用户可通过此业务随时随地全面掌握全球期货市场动态和金融期货投资资金变化状况,在iPhone上畅通无阻地完成在线交易。

5月27日　上海联通行业应用实验基地揭牌。该基地充分利用现有资源,为员工培训、学习及重要会议提供服务,是着眼未来管理发展的一项创新之举。

6月8日　上海联通面向来沪境外游客推出SLIM贴片卡产品。该卡采用薄膜式设计、可贴附在用户原有SIM卡上,软质、超薄、可弯折,并具有STK菜单,属于特种SIM卡。该卡可自由地与任一标准SIM/USIM卡结合,共同置入一部手机,为用户提供"一机、双卡、双号"的通信体验。

是日　上海联通、上海移动、上海电信公司与上海市经信委签署2010年度服务合作协议。

6月10日　上海联通与黄浦区政府签署2010年信息化建设合作协议,将从WLAN无线宽带网建设等九个方面共同推进信息化建设和应用项目建设。

6月11日　上海联通与日本最大手机代理商T-GAIA公司签订战略合作备忘录,通过个人客户及集团客户两大方面拓展在沪日籍人士市场。

6月19日　上海联通与交通银行携手推出以手机SIM卡实现银行支付功能的太平洋联通联

名IC借记卡,这是国内发行的首张完全符合中国人民银行PBOC 2.0标准规范的SWP SIM卡。

6月22日　上海联通承办的中国首个物联网全产业链大会在沪举行。上海联通集中演示农业大棚、安全监控、触动传媒、电子海报、手机沃导航、电子现金、防伪溯源7大类12项物联网应用体验。

6月25日　上海联通"10010"客服热线IVR语音流程完成割接,"10010"客服热线分级服务体系正式建立,实现全业务服务下3G专属服务模式的有效推进。

是月　"七月流火"网优专项工作立项,3个月内共完成200个双RRU开通验收,共有52个覆盖目标路段得到解决、148个覆盖路段得到改善,通话质量明显上升。

7月16日　上海联通成为国家音乐产业基地音乐制作中心唯一通信服务供应商。上海联通将为国家音乐产业基地提供包括语音、宽带和IDC租赁等固定网络解决方案,合作研发、推广3G移动领域的业务与技术开发,尤其是手机应用业务开发。

8月12日　上海联通推出VIP彩信服务,包括彩信会员卡、VIP服务专员彩信名片、VIP彩信服务卡等。

是日　根据上海市委组织部和市经信委部署,上海联通党委与南汇大团镇南村签署新一轮为期三年的帮扶共建协议。

是日　上海联通推出两个"12345"标准,提升3G专属服务品质。

8月20日　根据中国联通统一部署,上海联通本地如意邮箱迁移至中国联通手机邮箱平台。

9月8日　上海联通完成沪宁高铁2G/3G网络建设。沪宁高铁沿线28个基站全部通过单站验证,所有站点均已入网运行。

9月25日　上海联通沪杭高铁(上海段)沿线36个基站全部完成调测开通,基站全部通过单站验证,所有站点均已入网运行。

10月12日　上海联通与渣打银行中国总部签署战略合作协议,双方将在3G移动网络业务方面开展更为深入和广泛的合作,双方还将在手机银行、ATM及营业网点无线组网等通信服务上展开合作。

10月21日　上海联通组织开展服务理念及全业务客户服务体系建设培训。各条线专业部门、各区县分公司三级经理及以上人员近200人参加培训。

10月31日　上海联通完成世博会通信保障任务。在世博运营期间提供全方位网络通信保障工作,确保联通GSM/WCDMA公众通信网络畅通,为芬兰、挪威、西班牙等参展馆提供高速、稳定、可靠的数据专线业务。

11月10日　"沃商店"运营基地被确定为中国联通第一个新业务运营基地。中国联通手机应用商店上市暨系列创意大赛启动发布会在上海国际会议中心举行,上海市市长韩正和中国联通领导共同为"沃商店"上市揭幕。

11月11日　中国联通与德国大陆集团签署战略合作框架协议,双方将进一步加强在车载智能通讯(Telematics)业务领域的合作,将应用无线通信技术的车载电脑系统共同推荐给中国用户。

12月1日　位于南京西路仙乐斯广场的上海联通仙乐斯3G体验厅开业。

12月14日　上海联通举行职位体系落地实施启动大会。大会由副总经理赵乐主持,上海联通管理层领导、二级单位正副经理、三级经理等管理人员参加。

12月15日　上海联通与上海海事局签署战略合作协议,双方主要在5个领域加强合作,共推"数字海事"发展。

是月 "珠穆朗玛"网络建设会战提前一个月完成,网络运营能力得到有效提升。

2011年

1月6日 上海联通网上投诉处理中心上线。

1月10日 上海联通与上海小区通信配套设施共享试点及2011年第一批基站共建合作举行签约仪式。

1月13日 上海联通与联想集团移动OA业务合作签约。

1月20日 上海联通内部云计算完成75家营业厅、148台TC虚拟桌面部署。

是月 上海联通获2010年"上海市五一劳动奖状"。

2月13日 上海联通"10010"客服热线集客专席上线。

3月11日 日本发生9.0级强震,影响到上海国际局出口107条国际电路。上海联通即时组织人员全力投入国际业务抢通工作。至14日,恢复大部分国际业务。

是月 上海联通推出的中国台湾地区漫游一卡双号业务投入商用。

5月4日 上海联通打通第一个LTE测试电话,LTE网络实验取得阶段性成果。

5月16日 "沃行天下"中国联通2011年行业应用巡展在上海举行,共展示20余项业务。

5月17日 上海联通网上商城(www.10010sh.cn)上线。

是日 中国联通在上海等56个城市推出"沃3G 21M无线上网卡",数据传输速率一举由14.4 Mbps跃至21.6 Mbps,为4G通信做充分准备。

5月20日 上海联通"沃校园"融合业务上市。

是月 上海联通与中国联通美洲运营公司合作的"中国通"产品上市,并在美洲、大洋洲获得预售成功。

6月16—17日 上海联通亮相2011中国国际物联网大会,集中展示"智能公交""智能物流""警车巡逻"等成熟应用以及"云计算"的最新成果。

是月 上海联通为第14届国际泳联世界锦标赛提供全方位通信保障服务。

是月 上海联通与长宁区政府"智慧高地"合作项目全面开启。

8月1日 上海联通"10018"VIP客服专线上线。

8月5日 上海联通服务监督热线61481100开通,提供7×10小时(8:00—18:00)人工在线服务。

8月10日 上海首条国际以太互联中继(多协议标记转换MPLS-VPN NNI)开通。中国联通是中国通信行业中唯一能提供此项国际业务的运营商。

9月8日 由上海联通与《人民日报》(上海)数字传播有限公司合作推广的"人民日报电子阅报栏"投放使用。

9月21日 上海联通发布《上海联通对接上海智慧城市建设白皮书》。

9月28日 上海联通淘宝商城官方旗舰店(sh10010.tmall.com)上线试运营。

10月17日 上海联通在线客服上线。

是年 上海联通全面启动宽带提速行动,95%以上企业客户具备千兆到楼、百兆到户的网络接入能力,70%以上在网老客户完成光网提速。

2012 年

1月13日　联通版iPhone 4S对外发售。上海联通在自有营业厅、核心社会主流渠道、直销渠道全面启动合约销售,并首次在电子渠道销售。

1月17日　中国联通3G数据副卡对外发售。根据用户从传统PC互联网访问模式转向以移动智能终端为主要访问工具的发展趋势,满足多终端同时高速上网的3G移动互联网时代典型用户需求,充分利用已有3G套餐内剩余流量。

2月20日　上海联通"2012你也可以拯救地球"大学生环保活动启动。该活动历时4个月,涉及沪上13所高校14个校区。

2月29日　上海联通与上海市"企业诚信创建"组委会签署116114诚信企业查询平台战略协议。

3月7日　上海联通与上海电信就2012年首批基站共建共享签署合作协议。

3月20日　在浦东新区召开的服务中央企业战略发展发布会上,上海联通分别与金桥集团、国际旅游度假区管委会签署《金桥数据中心建设合作框架协议》和《"智慧乐园"建设战略合作框架协议》。

4月23日　上海联通举办"智·享3G——移动互联网开放日"活动。

4月25日　上海联通携手中欧工商管理学院推出iCourse课件系统,开创运营商涉足高端"智慧云教育"领域的先例。

4月26日—6月26日　上海联通先后举办10场"2012智慧在沃　行业应用巡展"活动,集中展示多项成熟行业应用解决方案,相继与公安三所、山西证券、复旦大学、华冶钢铁以及徐汇区信息服务业协会等多家重要政企客户签订合作协议,进一步推动上海联通与客户在移动行业应用方面的交流与合作。

5月5日　上海联通3G大讲堂全面启动。此后一个半月时间内,在沪上多所高校举办31场讲座,采用互动方式为广大师生普及3G知识,介绍各类应用。

5月17日　拥有上海联通"最齐全手机终端、最丰富手机应用、最完整业务展示"的陆家嘴旗舰厅开业。总面积超过700平方米,集客户服务、用户体验、销售于一体,针对不同客户群设置手机体验区、沃家庭业务体验区、互联网业务体验区等10个体验式销售区域。

是日　上海联通发布创新型云存储产品"智慧云"。该产品是上海联通推出的一款公众云产品,旨在为个人用户打造一个集云存储、多媒体娱乐、SNS社交于一体的个人娱乐信息家园。

5月27日　中国联通与百事可乐、创新工场共同举行跨界合作"百创沃3G原创APP大赛"启动会。

5月30日　上海联通出席交通银行在沪"e办卡2.0智能终端及系统"产品发布会,并在"移动互联网时代的智慧金融"论坛上展现3G技术与金融业合作前景。

5月31日　随着最后4条10G POS电路的开通,上海城域网出口电路扩容建设完成,上海联通169骨干网带宽达240G。

6月1日—11月3日　上海联通独家冠名"精彩在沃·中国联通"上海市首届虚拟运动会举行,上海17个区县50余万市民积极参与3G应用体验。

6月8日　上海联通周浦数据中心合作项目启动。该项目建成后,成为上海联通最大的IDC

合作机房,可容纳1 652个机柜。

6月27日　中国联通与招商银行签署《手机近场支付业务合作协议》,确定上海联通率先在全国试点手机近场支付业务。

6月28日　上海联通参加上海市通信管理局主办的"第五届上海市通信发展年会"。

7月12日　中国联通应用商店携手Rovio全球同步首发APP游戏"神奇的阿力"。

7月25日　上海联通客户服务中心接轨CC-CMM国际标准。

7月27日　上海联通参与i-Shanghai无线城市项目,为上海智慧城市建设添砖加瓦。

8月7—9日　台风"海葵"影响上海期间,上海联通紧急成立防汛抗台现场指挥部,共投入救灾资金187 900元、救灾人员4 686人次、抢修车辆377辆次、应急设备(油机车和卫星电话等)28台次,配合市防汛指挥部办公室共发送应急短信1 288万条,确保总体通信网络未出现重大故障。

8月24日　上海联通携手土豆视频、PPTV、搜狐视频共同发布"视频聚合"新产品。上海联通用户可随意观看三家视频网站。

8月25日　上海联通参加第四届医院后勤管理论坛,分享联通在智慧医疗领域的思考以及中国联通针对医院后勤信息化,推出依托"四位一体"网络实现智慧畅通、感知可控、移动便捷、管理高效的"智慧院区"解决方案。

8月29日　上海联通与长宁区政府签署《共建智慧高地战略合作框架协议(2012—2015年)》,旨在将长宁建设成为智慧产业发达、社会管理睿智、大众生活智能、环境优美和谐、国际化程度较高的智慧城区。

8月31日　上海联通崇启光缆建设竣工。光缆南起崇明海缆登陆局,经崇启大桥向西至启东,解决崇明至南通过江水线风险,提供新的陆上苏沪连接通道,可优化长途骨干网络,提高网络安全可靠性。

9月7日　中共上海联通代表大会召开,听取和审议公司党委、纪委工作报告,选举融合重组后新一届党委、纪委委员。

9月16日　上海联通联合北京邮电大学共同推出国内首家MBA远程电子课件系统,这是基于远程电子课件需求及云计算平台资源而开发的又一款高校电子教育课件,为教务管理带来极大便利。

10月22日　上海联通与杨浦区政府签署战略合作框架协议,就上海联通信息枢纽中心和上海创新基地落户杨浦达成共识。

11月1日　上海联通推出"沃3G慧卡"产品。该产品为2G/3G融合产品,为有上网需求的中低端客户提供方便。

是日　上海联通与上海电力签署无线城市建设合作协议。上海联通专为电力灯杆基站制定个性化"RRU拉远+小型美观天线"建设方案,并逐步探索在电力灯杆站后续运行维护方面的深入合作。

11月6日　中国联通"智慧城市云平台"在第十四届工博会上海联通展台揭幕。该平台重点服务"信息强政、信息兴业、信息惠民"三大领域,聚焦"政务、金融、交通、医疗、安全、能源、文教、物流"八大行业,涵盖上海、北京等城市在内的15个主要节点。

11月13日　中国内部审计协会国有企业内部审计经验总结交流大会上,上海联通获"工程与投资审计"方面"内部审计示范企业"及管理创新项目优秀成果奖。

11月14日　上海联通EAP(Employee Assistance Program)计划试运行,首批35名EAP专

员参加培训。EAP 即员工帮助计划,又称员工心理援助项目,是由企业为员工设置的一套系统的、长期的福利与支持项目。2013 年 6 月 7 日,上海联通 EAP 项目正式启动。

11 月 26 日　中国联通与招商银行在沪发布手机钱包产品。该产品于 12 月率先在上海商用,后续推向全国。

12 月 5 日　上海联通参加由《解放日报》、上海经济和信息化企业文化研究会主办的"融合・创新・超越——'中央企业在上海'高峰论坛",共同发布《中央在沪企业创新转型行动宣言》。

12 月 8 日　上海联通与上海市医联中心、复旦后勤管理集团签署战略合作协议,共同建设面向广大市民的健康信息化服务平台。

2013 年

1 月 29 日　上海联通发布"一键导航"新产品。该产品由上海联通与高德软件合作研发推出,基于 WCDMA 移动通讯技术和专业的呼叫中心服务,开创手机导航新模式。

是月　上海联通启动以网络、业务质量和用户感知为中心的运维转型试点工作。

3 月 28 日　上海联通发布"云商店、云会议、云备份"三款依托计算技术的新产品,实现"云时代"下的创新沟通方式。

是月　"沃商店"完成与中国互联网协会 12321 举报中心的一键举报对接,为用户提供简化便捷的举报方式,共同推进手机安全使用环境的优化。

4 月 10 日　经上海市志愿者协会专家评估组评估,上海联通志愿者服务队成为上海市志愿者协会直属总队之一。

4 月 20 日　四川雅安芦山发生 7.0 级地震。上海联通紧急部署,启动通信保障应急预案,全力确保四川方向整体话务量保持平稳。同时,"10010"热线第一时间开展支援服务,开通寻亲服务。

4 月 25 日　上海联通金桥 IDC 二期机房启动。该机房是由上海联通打造的首个参照国际 T4 标准建设的专业级绿色智能数据中心。

4 月 28 日　上海联通获 2013 年"全国五一劳动奖状"。

5 月 14 日　上海联通集团短消息新业务——"e 信"产品发布。该产品创新性地将短信、彩信拓展为多媒体互动信息通信方式,实现在短信和彩信业务上的有效增值。

5 月 17 日　上海联通全业务电子商城"沃购"(www.10010sh.cn)全新上线,实现从单一移动业务商城向综合性全业务销售和服务平台转型。

5 月 30 日　中国联通与观致汽车在上海签署车联网业务合作协议。

6 月 5 日　联网协会举行"第六届上海通信发展年会",围绕"通信与大数据"主题,重点研讨信息通信行业在迎接大数据发展机遇中的重要问题。

6 月 8 日　由上海市经信委企业文化研究会主办、上海联通冠名赞助的"沃阅读——我读书、我智慧、我创新"好书推荐活动正式启动。

6 月 26 日　2013 年亚洲移动通信博览会开幕。上海联通、上海医联中心、上海泰福健康管理咨询有限公司联合推出基于短彩信、语音、APP 等多位一体模式医疗健康信息服务产品——"云健康"。

是日　上海联通与上海交通大学签署战略合作框架协议,并举行上海联通动校园 WLAN 开通仪式。

7月17日　中国联通移动互联网国际创业中心落户上海。该中心旨在培育和扶持移动互联网产业中优秀企业与开发者,以实施移动互联网产业优先发展战略,优化产业发展环境,助力上海经济、社会和智慧城市建设的跨越式发展。

7月24日　上海联通与上海文聪信息科技有限公司合作推进"上海客运车辆Wi-Fi项目",通过在上海客运车辆(包括上海通勤班车、公交巴士、旅游巴士、省际班车等)内安装"云智能车载Wi-Fi网关"AP设备,实现WLAN覆盖,向用户提供WCDMA 3G网络服务。

7月26日　上海联通完成移动网长途语音IP化割接,上海联通移动网全网进入IP化时代,为后3G时代以及即将到来的4G移动网时代业务开发提供网络基础。

9月1日　根据全国人大和工信部相关规定,在市通信管理局统一部署下,上海联通全面展开用户真实身份信息登记工作。

9月11日　在上海国际导航产业与科技发展论坛暨展览会开幕仪式上,上海联通与上海北斗卫星导航平台有限公司签署框架合作协议。双方在北斗基站选址、全国组网、3G业务、行业应用等多方面展开战略合作。

9月20日　上海联通iPhone 5s/5c在沪首销。

9月25日　上海联通推出面向流量经营的本地品牌"流量荟",并发布"APP名人堂计划""流量积点"和"沃动上海APP"三项业务,上海联通流量经营进入全新阶段。

是日　上海联通LTE打通第一个电话,网络核心侧具备承载业务的能力,为LTE商用建设打下坚实基础。

10月7—8日　受台风"菲特"影响,上海普降特大暴雨。上海联通共48个基站市电供应中断转为蓄电池供电。各维护单位投入应急值班和抢险人员共350人次,确保全网通信网络运行平稳正常,固网和移网用户正常通信未受影响。按照市政府和市通信管理局指令,暴雨前后,上海联通向全网用户发布2次紧急公益短信。

10月18日　凌晨,上海联通客户服务中心"10010"完成人工业务IP化改造暨云桌面批量上线。"10010"话房约有480个坐席使用云桌面进行热线服务,完成坐席更替。

10月24日　上海联通"智慧交通"入围《智·城——上海市智慧城市建设(2011—2013)百件大事新闻集》。

11月5—9日　上海联通参加中国国际工业博览会,集中展示近年来在智慧城市基础通信建设及通信集成产品的成果,并通过现场各类活动与互动,与观众共同展望统一协作、互动发展的未来智慧城市。

12月1日　根据上海市通信管理局统一要求,上海联通成功上线"0000"一键拒收本地行业端口短信功能,在更好治理垃圾短信、改善用户感知、加强垃圾短信治理与管控方面迈出坚实步伐。

2014年

1月15日　上海联通发布B2B线上订货平台——"沃惠购"。

1月24日　上海联通召开LTE网络建设启动大会,吹响LTE网络建设会战号角。

1月26日　上海联通第一个4G基站——陆家渡基站开通入网。

3月7日　上海联通和华为共同组建的"互联网存量经营联合创新中心"揭牌。

3月10日　上海联通4G基站开通总数破千,4G核心网初步建成。

3月12日　由上海联通和上海老年基金会联合主办的"爱心相伴联通万家——2014年度九九关爱小剧场百场巡演活动"揭幕,全年百场活动共惠及15万老年居民。

3月18日　上海联通推出4G/3G一体化套餐,开启沃4G/3G友好商用模式。

3月18日—11月29日　上海联通和上海报业集团共同举办七期"精彩联通·健康/教育在沃"讲坛,普及百姓关心的健康和教育问题,推广智慧健康和智慧教育理念。

4月11日　位于南京东路的上海联通·三星旗舰体验店开业。

4月24日　上海联通"姚赛彬工作室"成立,并举行以"劳模技能传帮带,劳模精神传你我"为主题劳模师徒结对签约仪式。

4月24—26日　上海联通参展第二届中国(上海)国际技术进出口交易会,展示多项企业信息化解决方案与4G业务。

5月17日　上海联通推出自由组合套餐,开启DIY"私人订制"时代。

5月27日　在"2014上海智慧园区发展论坛"上,上海联通与越界园区和南翔园区签约,共同推进智慧园区信息化应用。

5月28日　上海联通加盟东方网打造的首家智慧社区线下概念店——"智慧屋","智慧社区"业务进入社区生活。

5月29日　凌晨,上海联通2G基站频率调整工作和TD-LTE/LTE FDD混合组网频段启用。

6月27日　工信部批准中国联通16个城市(包括上海)开展TD-LTE/LTE FDD混合组网试验。当晚,上海联通启用FDD试验网频率,全网LTE混合组网升级,网络极限速率提升至150 Mbps,成为国内4G网速新标杆。

7月26日　上海联通在迪士尼乐园首个宏站——"浦迪临二基站"开通。该站承担迪士尼园区南部配套地块移动基础通信任务。

8月6日　上海联通、联通宽带在线有限公司与上海公共交通卡股份有限公司联合推出"上海联通交通卡"业务。

8月15日　上海联通、上海医联中心、泰福健康三方联合推出全国首家O2O健康管理服务平台及"医联云健康"APP。

9月28日　上海联通与上海市残疾人联合会共同推出为听力障碍者设计的二代"听障人士爱心卡"。

10月1日　上海联通与腾讯公司合作开发的"微信沃业务"上线。

10月22日　上海联通与长宁区精神文明建设委员会签署"文明和谐西大门"共建项目合作协议。

10月24日—11月1日　上海联通完成中国科学院上海天文台通信保障任务,为中国探月工程三期载人返回飞行试验任务成功提供通信保障。

11月4—8日　上海联通参展第十六届工博会。

11月12日　上海联通与上海市民办教育协会签署《共同推进民办教育机构教育信息化建设的合作框架协议》,同时宣布联通教育信息化产品"互动宝宝"落地上海。

12月5日　上海联通与上海市志愿者协会借"上海市志愿服务公益基金会2014年资助项目"发布之机,共同签署"智慧公益平台"合作协议。

12月12日　上海联通与东方广播中心合作的"沃·阿基米德数据实验室"揭牌,双方同时签署战略合作框架协议。上海联通联合东方广播中心为移动互联网用户量身打造音频节目——"沃电台"登陆阿基米德。

12月19日　TD-LTE 4G牌照发放一周年之际,上海联通发布《上海联通4G发展报告》。

2015年

1月1日　中国联通完成中山、长城两站的卫星组网,首次成功将联通3G信号覆盖到南极中山站。

1月21日　中国联通移动互联网产业南方运营基地项目开工建设。

2月6日　上海联通"10010"客服热线异地接续座席在重庆永川运营。截至当月底,32个座席已投入运营,2G业务接续量超过4.1万通。

2月28日　上海联通获"全国文明单位"称号,这是中国联通融合重组后首家获此荣誉的省级分公司。

3月4日　上海市文明办、市志愿者协会主办的学雷锋志愿服务主题活动在世博园举行。市委宣传部副部长、市文明办主任、市志愿者协会会长燕爽与上海联通党委书记、总经理蔡全根共同启动由上海联通与市志愿者协会合作开发的上海志愿者APP升级版。

3月31日　上海联通与上海银行联合推出"联名信用卡",这是国内信用卡行业内又一跨业深度合作创新产品,上海联通与上海银行客户享受到基于双方资源的个性化创新服务。

4月1日　上海联通"10010"热线开通10个语种外语服务项目。

4月15日　上海联通与铁塔共建第一站——闵星星基站开通入网,标志着通信基站开启"集约化统筹建设、按需使用"新局面。

4月29日　上海联通和上海老年基金会联合主办的"爱心相伴 联通万家——2015年度九九关爱小剧场"百场巡演活动启动仪式在浦东新区祝桥镇文化活动中心举行。

5月12日　上海联通与上海邮政签署框架合作协议,携手推进上海智慧城市建设,实现网络服务、产品合作、渠道融合、物流仓储等全方位共赢发展。

5月15日　上海联通召开"联通4G国际主流FDD LTE网络引爆发布会",宣告上海联通进入国际主流4G时代。

5月23日　上海联通浦东国际机场6号机房4G设备割接完成,浦东国际机场进入LTE时代。

5月25日　上海联通与上海文化广播影视集团有限公司签署战略合作协议,双方将携手在数据通信、内容传输上合作,探索深度挖掘用户、深度挖掘内容的模式。

是月　上海联通全面响应国家"提速降费"号召,在公众移网方面,为2G/3G存量用户开通4G网络,切实做到流量降费。家庭宽带资费最大降幅达60%。集团客户宽带速率从20 M升速至50 M起,价格下降60%。

6月10日　由上海联通与东方广播中心共同打造的实验室同名广播周播节目在阿基米德APP平台开播。

6月19日　上海联通与《解放日报》合作的2015上海卫生科技周开幕式暨第24届解放健康讲坛在复旦大学附属妇产科医院杨浦院区举行。

是月　上海联通建筑工地噪声扬尘在线监测系统成为上海市政府指定统一监测平台。

7月8日　上海联通与上海工程技术大学签署全面战略合作框架协议。双方拟在校园固移通信基础网络建设、人才交流、技术创新、IT维护及服务等各方面开展对接,力争为上海联通在高校市场信息化建设方面再创一个校企合作成功示范。

7月14日　上海联通大数据创新展示中心启用。

7月15日　上海联通"互联网＋"行动计划启动仪式暨高峰论坛在上海国际会议中心举行。上海联通发布《"互联网＋"白皮书》,并与合作伙伴及重要客户签署合作协议,共同打造"互联网＋"产业生态圈。

7月15—17日　中国联通以"智慧沃家""沃4G"和行业应用3个主题亮相世界移动大会。

7月16日　上海联通举办"互联网＋助力科创中心建设"主题论坛,旨在"互联网＋"大时代背景下,积极对接上海市科创中心建设,助力大众创业、万众创新。论坛期间,上海联通分别与兆联天下、华滋投资、物联网中心、中威天安等知名企业与单位签署战略合作协议。

7月24日　上海联通"10010"热线智能语音导航功能上线。用户拨打"10010"热线按"9"即可实现人机对话,感受全新自助服务体验。

8月3日　"上海联通——复旦大学大数据城市发展研究中心"成立。该项目是面向政府应用、打造上海联通服务于政府智慧城市建设大数据应用品牌的一次有益尝试。

8月18日　中国联通WO＋梦工厂和上海联通共同举办的"恋城——沃和我的七夕"首映活动在上海影城启动,开启电信运营商与电影生态圈的跨界合作。

8月20日　为全面深入推进金山区信息化建设,金山区政府与市经济和信息化委、三家电信运营商、相关系统集成公司共同签署《共同推进金山区"智慧新城"建设战略合作框架协议》。

8月31日　由上海联通、申康医联中心等牵头,上海市政府申报的"医联云健康"项目,获联合国人居署"迪拜国际最佳范例奖"。

是日　上海联通获批成为"2015年度引进非上海生源应届普通高校毕业生重点用人单位"。

9月16日　"上海联通交通卡"业务在cBSS系统上线,实现移动用户全开放。

9月18日　上海联通携手飞乐音响和华为技术有限公司共同研究的"微基站灯"在飞乐音响上海亚明基地发布。

9月22日　上海联通新一代"i＋呼叫中心"亮相2015年中国国际信息通信展览会。

9月25日　上海联通打通全国首个基于NFV技术的VoLTE First Call。

10月12日　上海联通开通13号线世博段3/4G站点。

10月15日　上海联通参加"第八届上海通信发展年会"。副总经理沈可与现场观众分享"互联网＋"时代运营商角色地位、上海联通《"互联网＋"白皮书》中"iPlus"具体概念,以及上海联通在助力创新创业方面发挥的作用。

10月18日　由中共上海市委宣传部指导,团市委、市教卫工作党委、市教委、上海报业集团主办,上海联通等协办的"下一站,公益探索站"暨追寻红色"足记"爱国主义公益行活动在上海联合创业办公社启动。

10月22日　"2015年中国联通上海自贸区'一带一路'国际业务推介会"上,上海联通分别与新华社上海分社、中国工商银行数据中心、上海期货信息技术、中国惠普、耐克商业等知名企业与单位签署战略合作协议。

10月26日　上海联通推出首个电信企业官方外语微信服务号"WOShanghai"(微信号:woshunicom)。

10月29日　为期一周的第五届"上海市信息安全活动周"落幕。该活动由上海市经信委、新浪上海主办,上海市信息安全行业协会承办。上海联通支持的"全民知识赛"成为活动周亮点。

是月　上海联通牵头全国17个省分公司共同推出首届"1024流量节"活动,打造属于联通自己的互联网节日。

11月3—7日　第十七届中国国际工业博览会在上海国家会展中心召开。上海联通围绕"智慧城市"主题,在信息与通信技术应用展馆集中展示大数据、云计算、移动互联网等时下最新信息技术在各领域的多项应用,让大众深入了解中国联通核心业务及创新应用。

11月6日　上海联通启动沃云上海资源池,并与合作伙伴及重要客户签署合作协议,共同打造"互联网＋沃云"生态圈。

11月10日　"中国联通移动互联网国际创业中心"、SK电讯与韩国大田市共建"大田创意经济创新中心"及SK电讯孵化器三方签署战略合作备忘录,拟在创新孵化与创业投资领域达成合作。

11月20日　上海联通"在线客服人工服务统一接入平台"投入使用。平台可支持不同类型服务渠道(微信、QQ、Toolbar、webchat等)的人工接入,为线上渠道协同支撑跨出重要一步。

11月27日　官方微信公众号"上海联通"粉丝突破100万。

12月13日　上海联通浦东分公司工程师张杰远赴南极,完成中国联通南极长城站WCDMA覆盖项目通信保障任务。

12月21日　上海联通与深圳腾讯公司签署"公众'互联网＋'业务战略合作协议"。双方依托各自优势,围绕渠道能力、公众产品与服务、大数据资源共享、"互联网＋"能力四大领域开展合作。

2016年

1月19日　上海联通"沃4G＋"发布会暨合作伙伴大会在中国金融信息中心举行。作为中国联通"沃4G＋"首批试点城市之一,上海联通开通高清语音通话,具备VOLTE高清视频、多载波聚合等多项网络支撑基础条件,标志着上海联通进入"沃4G＋"时代。

1月28日　"上海联通"微信公众号在2015"上海微信大赛"上被评为"上海十佳微信公众号"。这是2015年度评选中唯一由运营商斩获奖项的微信号。

1月29日　上海联通完成6、8、10、11、16号线共5条地铁线路LTE改造工程,站台站厅信号开通。

2月5日　上海联通与上海电信实现承载网VPN互通。

2月25日　凌晨,"10010"热线"IVR(Interactive Voice Response,互动式语音应答)扁平化改造"割接上线。用户拨打"10010"热线可体验到"菜单更加简洁、预判更加智能、功能更加丰富"的IVR语音播报。

2月26日　上海联通完成两个共享试点宏站开通入网工作。

3月17日　上海联通关于"基于菲涅尔区原理的天线安装结构"研究成果获国家发明专利证书。

3月18日　上海联通助力团市委举办追寻红色"足记"爱国主义公益行活动,4名志愿者全程参与。

3月25日　上海联通发布对外合作五类大数据产品——数字轨迹产品、数据超市产品、智能征信产品、营销开关产品、精准营销产品。

3月27日　上海联通获评上海市五星级诚信创建企业。

3月31日　上海联通"沃易购"平台累计交易额突破10亿元大关,达10.36亿元,号卡交易规模位列中国联通前三。

4月1日　上海数据交易中心成立仪式在静安区市北高新园区举行。副总经理沈可在成立仪式上代表上海联通与上海数据交易中心签署战略合作协议。

4月15日　上海联通与《解放日报》社共同在复旦大学附属肿瘤医院举办2016年首场健康讲坛——"健康生活 远离癌症"。

4月28日　上海联通参建上海移动1、2、7号线路,上海电信4、9号线路,共计5条地铁LTE改造工程,站台站厅信号开通。

5月17日　由上海市老年基金会和上海联通共同主办的"爱心相伴联通万家"——2016年度"九九关爱小剧场"百场社区巡演启动仪式暨"阿拉老年朋友的上海之春"专场演出在松江剧场举行。

5月18日　上海联通完成新增40G的IP骨干网国际出入口带宽扩容工作,中国联通上海节点国际出入口带宽从120 G增加到160 G。

6月15日　工信部批准中国联通在包括上海在内的14省市内开展900 MHz LTE FDD试验。截至7月10日,上海联通完成3个试点站开通改造。

6月30日　上海联通发布"智慧沃商"集团客户服务品牌。同时,联合万科同步启动麻绳办公APP,并与万科、华为等100家生态服务商代表签署百家生态服务商战略联盟协议。

是月　上海联通完成上海迪士尼乐园全部通信配套建设工程和开园当日通信保障工作。同步实现全球第一个窄带物联网示范网,以此为迪士尼园区智能停车开展业务测试和商务模式探索。

7月4日　历时4个月的上海联通"沃+"开放数据应用大赛落幕,各大高校及公司内专业人员1 647人、770支参赛队伍参加角逐。

7月12日　上海联通"互动宝宝"全市首家示范园在松江爱心幼稚园交付,并举行揭牌仪式。

8月23日　长宁区"互联网+生活性服务业"创新试验区建设青年论坛在上海联通举行。

8月31日—9月2日　上海联通亮相2016华为全联接大会,全面展示数字化转型成果,启动"沃创空间"合作伙伴招募。

是月　经中国联通内部创新孵化项目评审委员会评审,由上海联通申报的两个"沃创客"项目——"爱读卡"和"流量地图"项目从103个候选项目中脱颖而出,成为首批入驻孵化器创新孵化项目。

9月9—11日　外语微信服务平台"WOShanghai"在"Shanghai Expat Show"上线。

9月12日　上海联通在中国金融信息中心以"中秋真视界IPTV穿越之夜"为主题,发布"真视界"视频服务品牌。

9月21日　上海联通申报的"上海志愿者""医联云健康"项目获中国通信企业协会颁发的"2015年度信息行业企业社会责任最佳技术创新与应用实践案例"奖项。

是月　上海联通与上海电信签署大数据合作协议。双方将结合上海经济区位特点,共同培育和开拓运营商大数据对外合作市场。

10月28日　上海联通党委、工会、团委共同举办的"带着党旗去寻访"上海联通红色定向挑战赛在长宁开赛。由各党支部组成的35支代表队、105名队员带上党旗,共同寻访中共一大会址、团中央机关旧址、上海市总工会遗址等具有红色基因的纪念地。

是日　APG（Asia Pacific Gateway，亚太直达）国际海缆系统投入运行。

11月1日　上海联通命名首批"示范性职工创新工作室"及"职工创新工作室"。

11月1—5日　第十八届中国国际工业博览会在上海国家会展中心举办。展览期间，上海联通围绕"智慧城市"主题，重点演绎物联网、大数据、云计算、移动互联网等时下最新信息技术在智慧城市领域的实际应用，吸引各级领导及广大观众观摩体验。

11月29日　上海联通光纤改造项目完成最后3条中继线路业务割接，使上海成为上海联通在南方第一个实现全光网络的省（市），基本实现"千兆到楼、百兆到户"的宽带接入网络目标和"IMS+NGN"的语音网络目标，为宽带业务提速提供网络保障。

12月1日　在中国大数据产业创新峰会上，上海联通接受由上海市经济和信息化委员会、上海市科学技术委员会共同颁发的上海大数据颁发联盟副理事长单位铭牌，成为上海大数据联盟副理事单位。

12月15日　上海联通官方微博、微信公众号，获评第四届中国企业新媒体年会授予的"2016年度央企最具影响力新媒体二级账号TOP10"奖项。

12月21日　上海联通新建完成4个NFV虚拟化网络节点VoLTE试商用网络，容量达到100万，全市范围已覆盖VoLTE功能。完成2 000次以上的业务用例测试，全面验证VoLTE高清语音、高清视频业务、VoWifi业务、智能网业务等，无线接通率指标达98.5％，网络整体已具备VoLTE试商用能力。

12月26日　上海联通内部商城年度交易额突破5亿元，较上年增长42.29％。

2017年

3月11日　"大数据流通与交易技术国家工程实验室"成立大会暨第一次研究中心主任联席会议在中国联通大厦举行。上海联通承接大数据流通与交易技术国家工程实验室研究中心工作。

4月1日　上海联通牵头发起的"哔哩哔哩"专属卡上线公测，全国同步发售。

4月13日　上海联通携手中国窄带物联网联盟召开物联网产业合作峰会。期间，上海联通与共享单车知名品牌"1步单车"签署战略合作协议，并将为"1步单车"在沪投放的超过20万辆共享单车提供物联网服务。

4月18日　由上海联通与出门问问联合推出的第一款结合联通eSIM技术的智能手表——TicwatchS在北京发布。

5月5—15日　上海联通完成国产大飞机C919首飞、中共上海市第十一次代表大会、"一带一路"国际合作高峰论坛等多项网络重点保障任务。

5月15日　中国联通NB-IoT网络试商用发布会暨物联网生态论坛在陆家嘴上海中心举行。上海联通率先实现NB-IoT网络全域覆盖。

5月17日　上海联通与上海福满家便利有限公司、上海纳客宝信息技术有限公司签署全渠道战略合作协议。双方合作的"集享宝卡"于8月在全市上线推广。

5月25日　上海联通与上海电信联合发布"提速降费"十大举措及"推广六模全网通终端联合行动计划"。

6月19日　上海联通"地铁随心卡"产品面市，该产品主要为地铁上班族大流量需求而设计，受到新老用户欢迎。

6月27日　在GSMA全球移动物联网峰会上，上海联通总经理沈洪波发表主旨演讲，阐述中国联通期待通过物联网寻求未来发展的美好愿景及实践。

是月　经两年紧张施工，上海联通完成地铁6、8、10、11、16号线共计102个站台4G LTE（LTE网络制式统称）建设，占上海地铁改造总量43%。

8月22日　中国联通"匠心网络万里行"应急通信保障拉动演练在上海会师，向社会展现中国联通精良的应急通信装备和创新技术手段。

8月25—26日　上海联通NB-IoT产品亮相中国联通物联网生态大会，重点展示中国NB-IoT产业链联盟（上海）成员单位各类产品模组、智慧应用及行业优质解决方案。

9月6日　上海联通以"未来•创变"为主题，在上海世博展览馆召开云计算产品发布暨生态合作大会，发布"云连接、云守护、云数聚"三大全新云产品。

9月22日　iPhone 8首销，上海联通第一家冰激凌无限店在浦东嘉里城开业，这是上海联通"线上＋线下"新零售模式的全新尝试。

9月27日　上海联通与上海市旅游局签署战略合作协议。双方就旅游行业信息基础设施建设、共同推进智慧旅游信息服务平台建设和共同提升旅游行业信息化能级等三个领域开展合作。

10月9日　针对老年群体的公益演出——"九九关爱小剧场"创办10周年纪念庆典在新东苑•快乐家园慧音剧场举行。

10月26日　在中共上海市委宣传部、上海市思想政治工作研究会组织的上海市人文关怀心理疏导示范点授牌暨心关怀合作联盟成立仪式上，上海联通凭借对EAP项目优秀经验的展示，入选"上海市人文关怀心理疏导示范点"。

11月3日　上海联通iPhone X开售，首批货源抢购一空。

11月7—11日　上海联通亮相第十九届中国国际工业博览会，集中展示多项应用。

11月8日　上海联通与长宁区政府、华为公司达成战略合作，共建"虹桥智谷"——华为联通人工智能科技创新示范中心。

11月27日　上海联通携手诺基亚、上海贝尔在松江区开设首个5G外场试点基站，标志着上海联通5G技术迈出重要一步。

11月28日　上海联通与优拜单车签署战略合作协议，双方将基于移动通信和共享骑行融合，共同构建以物联网为基础的智慧出行系统。

12月8日　由上海联通、上海市信息服务行业协会主办的"'老有智慧'社区行暨申APP社长行启动仪式"在上海城市规划馆揭幕。

12月15日　中国联通首家智慧生活体验店在上海揭幕，这也是继混改后，中国联通加快与阿里巴巴集团在新零售领域的合作试点。

2018年

2月11日　中国联通推出"限制性股票激励"改革在上海联通落实。

3月5日　上海联通与花旗银行（中国）有限公司签署战略合作协议，共同推进金融服务领域智能应用发展。

3月7日　上海联通首推eSIM卡，实现一号双终端。

4月18日　上海联通与中国商飞上海飞机制造有限公司合作,"数控智慧车间项目"取得进展,首个"智慧工厂项目"启动。

4月23日　上海联通携手上海市老年基金会、长宁区民政局等在长宁文化艺术中心举办"爱在你身边——2018年'陪伴老人阅读'公益活动"暨"九九关爱小剧场"百场社区巡演启动仪式。

4月27日　联通(上海)产业互联网有限公司挂牌,释放"互联网+"能力,驱动城市升级、产业升级。

是日　上海联通发布城市管理精细化解决方案。

是月　上海成为全国首批5G试点城市,上海联通积极探索5G创新应用。

5月15日　中国国防邮电工会主席、党组书记杨军日一行到上海联通调研中国联通混改中工会作用发挥情况。中国联通工会副主席耿宏图,上海联通党委委员、副总经理、工会主席李爽等相关人员陪同。

6月3日　上海联通2018年"行动吧,环保小卫士!"六一家庭日活动在上海普陀体育中心举办。上海联通副总经理、工会主席李爽,310名员工及家属等1000余人参加活动。

6月15日　中国联通上海权益运营中心揭牌。

7月30日　上海联通举办"冲刺100天,决胜进博会"迎首届中国国际进口博览会倒计时100天誓师大会。

8月2日　上海联通与上海市教委签署战略合作协议,发布上海联通智慧教育总体解决方案。

9月13日　上海联通与中邮科技签署战略合作协议,共同打造智慧物流装备新标杆。

9月19日　上海联通亮相第二十届中国国际工业博览会,以"智慧联通,遇见美好未来"为主题,从5G、工业互联网、智慧城市三大领域展示工业智能化应用最新成果。

10月30日　中国联通举行"智能网络之旅 匠心网络万里行2018"上海站活动,12辆特种通信应急保障车组成的中国联通"航母编队"以巡游方式展示应急保障实力和风采。

11月24日　"五新联通聚人心 共燃激情再启航"上海联通第一届职工运动会在源深体育中心举办。

11月28日　"5尽想象,G致未来"上海联通5G峰会举行。中国联通5G创新中心(上海)揭牌并发布联通联合实验室招募令。

是月　工业和信息化部发布2018年工业互联网试点示范项目名单,上海联通"基于先进网络架构的工业互联网集成应用试点示范"项目获工业互联网网络化改造集成创新应用试点示范项目。三大运营商仅有2个项目获批。

12月11日　上海联通召开"改革再出发 扬帆再起航"——纪念改革开放40周年暨新联通融合成立10周年座谈会。

12月25日　由国务院国资委新闻中心、中央企业媒体联盟主办的2018中国企业新媒体年会在北京举行。上海联通官方微博、微信公众号获评"2018年度央企最具影响力新媒体二级账号"奖项。

第一篇
机 构

概　　述

　　1994年,中国联合通信有限公司筹备组组长赵维臣给中共上海市委副书记、市长黄菊写信,商讨在上海成立分公司的规划,并委派筹备组成员与市政府有关委办局和浦东新区筹划成立事宜。9月15日,中国联合通信有限公司上海分公司成立。

　　自1994起,上海联通在广大员工高涨的创业激情下,"讲质量、重服务、树品牌",结合市场运作,不断完善组织机构,扩大业务量,壮大资产,增扩员工,内部管理体系初步形成。

　　1996年10月16日,吉通通信有限公司上海分公司成立,承接吉通公司在上海的业务,1997年2月27日开始对外营业。1999年11月,中国网络通信有限公司上海分公司成立,2002年5月,内部改制重组成立中国网络通信集团公司上海市分公司。2003年10月,上海网通与上海吉通完成融合。

　　2008年,上海联通与上海网通融合重组,成立中国联合网络通信有限公司上海市分公司,开始进入新的发展阶段。上海联通认真贯彻中国联通"重构管理体系,再造工作流程,实行内部改革"方针,实现企业好中求快发展,彰显团结协作、攻坚克难、奋勇开拓、敢于担当的联通精神,迎来崭新的发展前景。

第一章　融合前的上海联通

1994年7月19日,中国联通在北京成立。8月8日,上海联通筹备组收到"关于同意成立中国联通上海分公司的批复"。9月15日,上海联通在新锦江大酒店召开成立大会。上海联通的成立,引起上海社会各界及民众关注,沪上各大新闻媒体纷纷报道。《解放日报》称之为"本市率先引进竞争机制,打破电信业独家垄断局面",并对上海联通进行介绍报道。

上海联通成立后,抓紧建设自有汇接局,引进实时先进设备"GSM"数字移动通信电信网络建设,利用长途专用网多余能力,向社会提供长话业务,开拓移动通信"超哥大"业务和拓展市话业务。2001年,上海联通开始经营管理CDMA网络,拥有建设、经营"GSM"和"CDMA"两张不同制式的移动通信网络。G网、C网双网为上海联通产品开发和企业提升注入新的生机与活力。

随着业务拓展,上海联通的机构和人员增长壮大,组织机构调整、员工配置也随之加强完善。上海联通成立为上海城市建设、经济发展和电信市场改革注入新的活力。

第一节　筹建上海联通

一、组织筹备

1994年3月下旬,中国联通筹备组成员何非常带队到沪,会见中共上海市委常委、上海市副市长兼浦东新区管委会主任赵启正,双方进行友好商谈。赵启正对中国联通在上海建立分公司表态予以全力支持,同意成立上海联通筹备组。

4月15日,中国联通筹备组致函上海浦东新区管委会,确定"成立中国联合通信有限公司上海分公司筹备组;聘任朱文豹为筹备组组长,负责筹备工作;同意上海分公司筹备组代表中国联通在上海地区筹建资金,作为中国联通的首批股金"。25日,中国联通筹备组下发《关于成立中国联合通信有限公司上海分公司筹备工作领导小组的报告》,同意由朱文豹、奚鹏华、董秀骐、钱炜、施建东五人组成筹备工作领导小组。朱文豹任组长,奚鹏华任副组长。上海联通筹备组办公地点暂定在浦东新区文登路(今东方路)837号3楼。

5月3日,上海联通第一次筹备工作会议在文登路837号召开。会议明确落实首批人员名单和到位时间。是日,上海联通筹备组挂牌,开始对外办公,为中国联通首批成立的4家分公司之一。

7月6日,中国联通筹备组成员何非常一行4人专程到沪,就成立上海联通等事宜与中共上海市委常委、上海市副市长赵启正,副市长蒋以任及原副市长刘振元进行会谈,并与上海市有关部门交换意见。中国联通筹备组从上海联通成立后的长远利益和工作开展考虑,建议由上海市分管邮电通信建设的市政府副秘书长陈正兴牵头,指导、协调上海联通筹备工作。

上海联通在筹建初期,为确保在成立后全面启动网络系统工程建设和经营业务,重点招聘通信技术业务骨干和有发展潜力及实干精神的人员。招聘范围集中于上海市区邮电系统和铁路、电力、电子工业等非邮电系统的通信专业人才,以便到职后即可投入到工程建设或欲启动的经营业务中。当时邮电部门对通信专业人才流动设限,因此上海联通招募相关人员时亦相应做特殊处理,即工作人员以辞职形式离开原部门,上海联通以商调形式予以录用,所缺手续和材料待后续补齐。

二、资金募集

国家批准成立中国联通,只是赋予中国联通在法律和行政审批上的合法性,仅批500万元作为中国联通的开办费,并没有拨给其他资金。中国联通在注册、股本、运作、建网等方面所需款项都必须自行解决。发起组建中国联通的国家电子部、电力部、铁道部各拿出1亿元,但资金还有很大缺口。按照中国联通筹备组要求,国内各省市要建立联通分公司,必须要募集到资本金8000万元,上海联通筹备组亦是如此。

上海联通筹资任务落到浦东新区管委会。1994年5月10日,浦东新区领导召开中国联通在上海地区首期资本金募集会,上海市市属、浦东新区区属10多家投资公司、开发公司领导出席会议。上海联通筹备组组长朱文豹等在会上介绍上海联通成立背景、意义和筹备进展情况以及在上海地区建立联通网络及业务发展设想、上海地区电信市场前景等。浦东四大开发区,即陆家嘴金融开发区、金桥出口加工区、张江高科技开发区、外高桥保税区各认购上海联通资本金500万元指标。第一笔2000万元资本金认购得以落实。5月,上海市科技投资股份有限公司认购1500万元,浦东基建设备成套公司认购500万元,中央企业驻沪某船舶公司投资认购2000万元,香港某地产商认购2000万元。首期8000万元资本金募股意向性全部到位。但意向性募股资本金还未正式归纳到位。经筹备组积极努力、多方协调,签订的认股意向书在不断增加,5月17日,募股资本金签订意向书的资金总额已达6000万元,随后又增加到8000万元,其中已明确4000万元按中国联通筹备组规定期限6月30日前到位。之后,浦东新区管委会再次鼎力相助,主持召开募股信息发布会。会上,新区城市规划建设部门、各大开发公司以及浦西一些大企业经磋商协调,确定推举上海市政府所辖上海市科技投资股份有限公司作为发起股东,代表陆家嘴金融贸易区开发公司、外高桥保税区新发展有限公司等7家单位,联合向中国联通公司首期投资8000万元,7月10日全部到位。至此,上海联通资本金募集工作在成立前正式完成。

三、公司组建

上海联通筹备组在各项筹备工作基本就绪后,为加快成立运作,使上海联通网络建设和业务发展项目尽早实质性启动。针对运作亟须明确的相关问题,在中国联通成立前的1994年7月15日向中国联通筹备组呈报《关于确保上海分公司正式运作若干问题的请示》,希望尽快下达成立上海联通的批复,确认拟成立上海联通机构和上海联通领导班子人员设置。翌日,又专门上报《关于正式成立联通上海分公司的请示》。中国联通成立后,于8月8日下发《关于同意成立中国联通上海分公司的批复》:明确上海联通是非独立法人单位,隶属中国联通;在人事、财务、电信规划、计划、工程项目、进出口业务等纳入中国联通统一管理前提下开展经营活动,并享有合法权益;经营范围为"负责本地区内的长话、市话、无线通信和增值业务";任命刘振元为中国联通驻上海首席代表,朱文豹为常务副总经理,主持日常工作。

8月,上海联通筹备组为启动在上海地区进行GSM网络建设和开发经营业务工作,决定广开门路，扩大招聘范围。报上海市人事局同意后，公开招聘系统工程师3名、软件工程师1名、项目工程师4名、运行工程师6名、销售工程师4名、公关经理1名、财务经理1名、英语翻译1名、文秘人员2名，共23名。文化程度都要求在大专以上，其中系统工程师、公关经理、英语翻译要求在本科以上，软件工程师要求研究生以上。应聘者数量远超计划数。

9月15日，上海联通在新锦江大酒店白玉兰厅召开成立大会。中共上海市委常委、副市长赵启正，副市长夏克强，市政府副秘书长陈正兴和市政府相关委办局负责人出席大会；中国联通副总经理陈才敏及国家电子部、电力部、铁道部，中国联通北京分公司、广州分公司、深圳分公司代表到会祝贺；浦东新区管委会领导及相关部门负责人，上海铁路局、电力工业局、仪表局、广电局、邮电局负责人，各外国通信公司驻沪负责人，上海新闻界代表等200多位中外嘉宾出席大会。

第二节 组织机构和业务

一、机构设置

1994年5月，上海联通筹备组下设"一室两部"，即行政综合办公室、通讯业务部和网络工程部，人员配置35人。行政综合办公室负责文书、秘书、档案管理，公共关系协调及内外事接待，财务预算计划编制，劳动工资及人事调配，安全保卫，教育培训，总务后勤保障工作。通讯业务部负责市场拓展和促销，业务受理与处理，营收及账务管理，用户终端设备安装，用户代办工程实施。网络工程部负责通信网络发展规划及技术政策和技术管理，新技术开发与应用，引进设备选型和商务洽谈，工程项目立项及组织实施，工程项目"三算"管理，工程项目设计委托或自行组织设计，网络组织调整，设备维护管理，设备更新计划编报，受理用户障碍保修及派修。

9月27日，根据中国联通关于"加快队伍建设、加快GSM项目启动"的要求，按照精简、高效、因岗定员原则，上海联通内设机构调整为"两室三部"，即总经理室、行政综合办公室、规划技术处和电话事业部、无线通信事业部、非话事业部，首期人员编制50人。

10月，GSM网系统工程启动后，涉及范围扩大，新的岗位应运而生。11月23日，上海联通发出《关于上海分公司机构设置的通知》，除总经理室外，将机构设置调整、扩充为行政办公室、规划技术处、工程项目处、维护运行处、业务管理处、市场拓展处。上述机构的下属部门根据管理工作需要设置。作为暂设性的GSM项目启动办公室仍保留。结合此次机构调整、扩充，上海联通明确分管处室的领导为：施建东负责行政办公室、市场拓展处；董秀骐负责工程项目处、维护运行处；周仁杰负责规划技术处、业务管理处。同时，启动第二次公开招聘工作。

12月23日，中国联通发出《关于成立中国联合通信有限公司上海电信工程筹建处的通知》，聘请董秀骐任工程筹建处处长。该处负责上海联通工程项目建设和运行管理。

1995年1月，上海联通成立电信工程筹建处；实有人数上升为67名，其中管理人员25名、专业技术人员25名、工人17名（含临时聘用人员）。

5月5日，上海联通发文调整机构设置：设立经营财务处、人事教育处、监察室，其中人事教育处与监察室合署办公；行政办公室下设秘书科、文书档案科、公关部、行政部、安保部，其中行政部和安保部合署办公；成立中国联通上海移动电话局；成立中国联通上海营业部。

7月3日，为进一步加强上海联通技术管理工作，经第二十三次办公会议研究，决定设立"联通上海分公司技术委员会"。其主要工作职责为：审议和通过上海网络技术体制和标准；审定引进设备的技术类型；确认国内主要配套设备选型；讨论决定网内重要设备技术改造方案；研究其他属于网路技术发展、管理方面的重大问题；负责工程技术人员职称评定。技术委员会由主任委员周仁杰和副主任委员董秀骐、张汝信及委员钱炜、张伟村、于道拥、徐群、吴建宜、陈宗礼、姜崧、金巍共11人组成。

8月23日，GSM网建成开通后，上海联通再次对部分机构进行调整，侧重于加强经营业务领导和力量扩充、职能细化：撤销原业务管理处和市场拓展处，成立经营业务处。经营业务处下设营业部、客户部、市场部、计费中心。原市场拓展处所属对外合作部工作职责相应纳入经营业务处市场部与规划技术处各自职能范畴。原业务管理处下属计算中心作为直属部门（二级副），行政上暂挂靠经营业务处。工程建设处内部撤销原设备配套部，增设施工管理部和工程设计部。

1996年3月14日，根据1996年第7次总经理会议讨论决定，对部分机构和部门调整：成立计划处。其主要工作职责为：收集、整理企业管理所需的相关原始资料，向总经理室及相关处室提供经营决策所需的各类分析材料；制定年度、季度及月度计划并对各处室计划完成情况进行督办考核汇总及统计、分析经营业务、工程建设、维护运行等经营建设过程中产生的各类数据等。成立行政处。原行政办公室下属安保部隶属行政处。其主要工作职责为：负责各类后勤支撑保证工作；建立、健全相关物品采购、入库、保存、发放等制度；负责安全保卫事宜；负责车辆购置、管理、维护保养工作等。经营业务处增设直销部。直销部的主要工作职责为制定并实施直销计划；建立直销网络和用户档案库，组织拓展直销产品供货渠道等。撤销行政办公室下属的行政部。

1997年5月27日，根据上海联通党委与总经理联席会议精神，决定调整部分机构：撤销规划技术处，成立总工程师办公室。原规划技术处中的规划职责纳入计划处职责范围；技术管理职责纳入总工程师办公室职责范围。总工程师办公室为总工程师办事机构，协助总工程师处理总工程师职责范围内技术问题。移动电话局确定为二级正机构。将新建漕河泾移动电话系统维护管理纳入其工作职责范围。成立市场销售部。原则上承担原营业部下属市场部和销售部职责。调整后营业部原则上承担原营业厅、计费中心职责，同时将维修业务纳入其职责范围。调整后营业部与新成立市场销售部确定为二级副机构。成立市话发展筹备组。具体负责上海联通市话市场发展的准备工作，该筹备组暂挂靠在经营业务处。行政处设立仓库。负责手机库存管理。营业部向行政处进行手机仓库清理移交。原行政办公室更名为办公室，职责不变。原经营财务处更名为财务处，职责不变。

1997年，上海联通机构设置调整为：办公室、党委办公室、总工程师办公室、市场销售部、维护运行处、计划处财务处、经营业务处、移动电话局、工程建设处、行政处、计算中心、市话发展筹备组、人事教育处、监察室、营业部、质量办公室。

1999年4月16日，上海联通技术委员会调整，下设6个专业组，即：无线组、交换组、传输组、新业务组、数据（计算机）组、建筑工程电源组。技术委员会秘书处设在总工程师办公室。是年，上海联通机构设置调整，设立客户服务部、账务中心、信息技术部，撤销营业部、计算中心。11月，撤销信息技术部。

2000年11月9日，遵照中国联通对分公司职责及内部机构设置的要求，经2000年第27次、第37次总经理办公会议和8月16日党政联席会议研究决定，内部机构设置、职能机构编制和领导职数，具体如下：

职能部门。综合部：人员编制20人，其中领导职数3名。市场营销部：人员编制8人，其中领导职数2名。运行维护与互联互通部：人员编制10人，其中领导职数2名。计划部：人员编制9人，其中领导职数2名。财务部：人员编制11人，其中领导职数2名。人力资源部：人员编制8人，其中领导职数2名。督察部：人员编制4人。由监察室、纪检办公室和审计室合署，监察室和纪检办公室实行两块牌子一套班子。其中监察室、纪检办公室人员编制2人，领导职数1名；审计室人员编制2人，领导职数1人。党群工作部（含工会、团委）：人员编制3人，其中领导职数1名。部门均为二级正建制，内部不设三级机构。

产品业务部门。移动通信业务部：二级正建制，人员编制按上海联通下达的年末计划人数控制，其中领导职数3名。数据与固定通信业务部：二级正建制，人员编制按上海联通下达的年末计划人数控制，其中领导职数3名。

共享服务部门。基础网络部：二级正建制，人员编制按上海联通下达的年末计划人数控制，其中领导职数3名。客服、结算与信息系统部：二级正建制，人员编制按上海联通下达的年末计划人数控制，其中领导职数3名。大客户发展中心：二级正建制，人员编制按上海联通下达的年末计划人数控制，其中领导职数3名。

职能挂靠部门。用户投诉中心：三级建制，挂靠综合部，人员编制另定。车队：三级建制，挂靠综合部，人员编制另定。以上部门于2001年1月1日起运行。

2001年9月，上海联通机构设置为：综合部、市场营销部、运行监督与互联互通部、计划部、计划财务部、人力资源部、督察室（纪检办公室）、审计室、党群工作部（含工会、团委）、移动通信业务部、数据与固定通信业务部、基站网络设施部、计费与信息系统部、客户服务部、移动通信业务销售部。

2003年3月，增设数据与固定通信业务销售部。5月，运行监督与互联互通部更名为运行监督部，撤销审计室。6月，撤销计划财务部，分设计划部、财务部。12月，成立增值业务部、技术部，撤销互联网与电子商务部，数据与固定通信业务部和数据与固定业务销售部合并成数据与固定通信业务部。

2004年2月，上海联通机构设置调整，成立工程部、集团客户部。4月，成立行政部。是年，上海联通机构设置为：总经理室、党群工作部（含工会）、综合部、行政部、人力资源部、监察室、计划部、财务部、技术部、运行监督部、市场营销部、审计部上海分部、移动业务销售部、移动通信业务部、增值业务部、数据通信业务部、基础网络设施部、客户服务部、计费与信息系统部、工程部、集团客户部。

2005年2月，上海联通机构调整设置，成立大客户部；移动通信业务销售部与集团客户部实行两块牌子一套班子。8月16日，上海联通召开营销体制调整专题会议，强化销售和服务功能融合，即移动通信业务销售部专营店增强服务功能，客户服务部营业厅增强多业务销售功能。客户服务部负责市区营业厅管理工作，郊区营业厅划归移动通信业务销售部管理。客户服务部增设销售管理中心的三级机构，以加强对营业厅销售管理。移动通信业务销售部体制作如下调整：撤销郊区业务发展部，成立4个三级机构即东郊、南郊、西郊、北郊区域性分公司，分片管辖9个郊区分公司；销售二部、三部合并为销售二部；销售五部、六部合并为销售三部；原校园业务划归销售四部。手机终端和制卡管理中心划归市场营销管理部。机构调整后，人力资源部负责相关人员配置和调整工作，计划部负责对相关部门业务考核指标进行合理调整，市场营销部在现有基础上强化产品规划设计等功能，加大职能管理力度。

10月,移动通信业务销售部更名为移动营销部。12月,上海联通机构设置为:综合部、行政部、计划部、财务部、人力资源部、市场营销部、技术部、运行监督部、中国联通审计部上海分部、监察室、党群工作部、工会、移动通信业务部、数据与固定通讯业务部、增值业务部、移动营销部、大客户部、客户服务部、工程建设部、基础网络设施部、信息部。

2006年初,根据中国联通要求,上海联通结合实际制定组织技改后调整方案,并经中国联通批准实施。调整主要思路是从"事业部"走向"前后台",从"直接操作"走向"合理授权,有效管控",前台按照客户群组织,后台强调专业化支撑,从职能管理过渡到流程管理。通过优化结构,突出前后台关联,形成"大市场""大工程""大维护"格局。上海联通组织架构分为前台、后台和支撑三部分,设置综合部、企业管理部、财务部、计划建设部、市场营销部、运行维护部、人力资源部、党群监察部(含工会)、审计分部9个职能管理部门和13个一线业务操作部门,职能部门统称"部",一线操作部门统称"中心"。市场营销条线为前台,市场营销部作为大市场牵头部门,对前台业务各部门的营销活动总体策划和协管。成立营销管理中心,与市场营销部内部合署办公,单独履行职责,为二级正建制。

移动销售中心、综合营业中心、数固业务中心、增值业务中心、客户服务中心和国际业务中心作为前台一线业务部门,负责具体实施各项业务市场发展工作。网络建设和运行维护为后台,集中计划建设职能和网络运维职能,统一网络规划建设,集中维护运行。计划建设部作为网络建设牵头部门,网络工程中心作为操作部门,整合移动、数固等专业网络建设和施工管理职能。运行维护部作为网络运行维护牵头部门,负责通信网络建设维护综合管理职能,同时撤销按专业设立的基础网络设施部和移动通信业务部,重新组合形成按运维功能划分及强调市场快速响应的网络管理中心、技术支持和网优中心、网络维护中心,其中网络管理中心挂靠运行维护部,以提升客户响应能力,提高运维效益。信息化中心、研发中心和物资管理中心作为上海联通整体有效运营的支撑单元。信息化中心整合计费、综合统计和信息化管理等职能,以强化对一线业务部门的技术支撑;研发中心着重新技术研发与自主创新,以提高对市场技术支撑和响应能力;物资管理中心则承担着上海联通房产管理和后勤保障职能。

12月18日总经理办公会议研究决定对部分机构及职责作如下调整:

1. 撤销移动销售中心,成立渠道管理中心,负责社会渠道移动通信业务发展及日常管理。

2. 撤销综合营业中心,成立6个按区域划分的营销中心,负责辖区内自有渠道移动通信业务发展及管理,除自有营业厅建设和管理外,重点拓展直供网点。第一营销中心所辖区域为浦东、黄浦、虹口;第二营销中心所辖区域为杨浦、闸北、普陀;第三营销中心所辖区域为徐汇、长宁、静安、卢湾;第四营销中心所辖区域为崇明、宝山、嘉定;第五营销中心所辖区域为南汇、奉贤、金山;第六营销中心所辖区域为闵行、松江、青浦。以上区域营销中心均为二级副建制,主要负责自有营业厅销售、服务、管理及大众移动市场维系,直供网点发展及其管理,协助集团客户中心在辖区内业务发展和维系,用户资料录入、卡号管理、宣传资料物料管理、人事考核等综合事务管理和业务后台支撑,并协助渠道管理中心做好辖区内代理商管理工作。

2007年,根据中国联通关于G、C两网专业化经营精神和"满负荷、精简高效"原则,上海联通对机构进行调整,按职能管理部门、前台市场业务部门和后台网络和技术支撑部门分为三个条线,并明确职责。

职能管理部门:1. 综合部。负责日常行政事务;信息、宣传、广告、公共关系、信访;公文、会议、档案、保密及机要文件;领导秘书事务、总值班、车辆、治安、消防管理;企业网站内容改进及管理。

第一篇　机　构

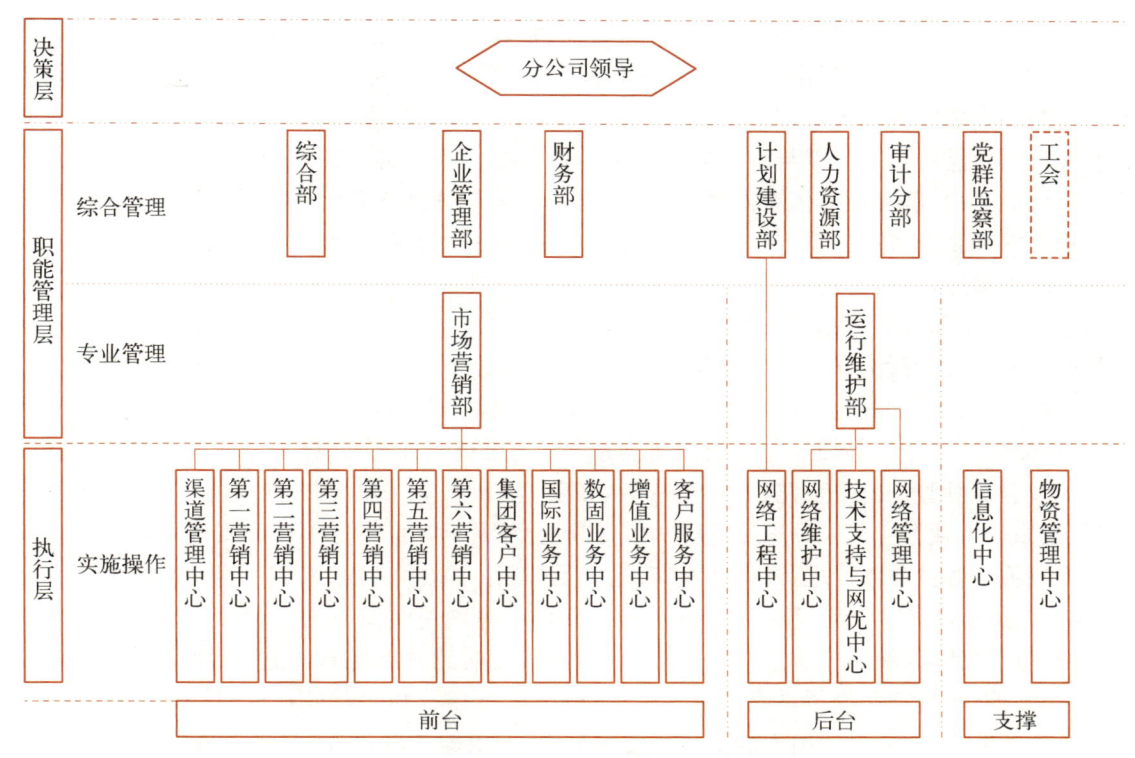

图 1-1-1　2006 年上海联通组织机构图

2. 企业管理部。负责制订本地发展规划；组织实施规章制度和流程管理；法律事务、政策研究和合同法律管理；外聘律师、社会监督员工作指导和管理；工商和年检管理；参与企业文化建设。3. 财务部。负责财务会计制度制订及组织实施；财务预决算、收支计划制订和管理；基建财务、运营财务和会计核算管理；配合做好各项审计工作。4. 计划建设部。负责固定资产投资、招投标、绩效考核、综合信息统计、网络建设规划、技术管理及重大建设项目管理；组织通信网络技术课题研究、新技术应用、学术交流、成果评定和情报信息工作。5. 综合市场部。负责通信市场宏观预测，市场战略研究和规划；市场经营工作协调和服务质量监督考核。6. 运行维护部。负责组织通信网络运行维护综合管理；制订通信网络运行维护相关制度及流程；响应前台市场需求，提供统一协调的技术支撑响应服务；通信网络系统设备安全和通信网络信息安全的监督管理。7. 人力资源部。负责机构设置、人员编制、人事调配、考核任免、劳动管理、薪酬福利、岗位评价和设置、员工养老保险、医疗保险和各类保险事务、员工教育培训和员工出国（境）管理。8. 审计分部。中国联通派出机构，其职责由中国联通确定。9. 党群监察部。负责处理党委日常事务、纪律检查和行政监察，宣传教育及廉政制度建设；组织开展精神文明建设和企业文化建设；参与对二级部门领导班子和负责人考核、考察。10. 工会。组织员工参与公司民主决策、民主管理和民主监督，建立平等协商、集体合同制度；监督执行并参与协调劳动关系和调解劳动争议，扶助困难员工，做好女工工作，维护员工合法权益；协助开展争先创优、技术创新、合理化建议等活动，组织开展群众性文化、体育活动。

前台市场业务部门：1. G 网经营部。是上海联通 GSM 业务收入中心和营销成本中心。主要负责 GSM 移动通信业务经营发展和专业考核；制定市场发展策略、拓展方案、业务流程、资费和佣金政策；营销渠道、营销成本预算及管理；产品设计和品牌广告宣传；组织增值业务市场推广；制订客户维系政策并组织实施;销售业务基础资料收集、整理、分析和保管,有关数据归纳、统计分析和上报;在本部门业务范围内提出对营账系统的需求。2. C网经营部。是上海联通CDMA移动通信业务收入中心和营销成本中心,职责范围类似于G网经营部。3. 集团客户中心。是上海联通移动通信业务集团(行业)用户发展与维系的业务部门。主要负责制订集团客户市场发展策略,组织发展集团和行业客户;制订业务拓展方案、业务流程及相关管理办法并组织实施;组织开发集团客户行业应用方案和企业解决方案,开展集团及行业应用产品宣传推广;制订集团客户服务标准、规范和流程并组织实施;集团直销队伍管理,销售业务基础资料收集、整理、分析和保管,有关数据归纳、统计和上报;在本部门业务范围内提出对营账系统的需求。4. 数固业务中心。是上海联通数据与固定长途业务开发和营销管理的业务部门。主要负责制定数固业务发展计划并组织实施;设计、细化资费方案;开展市场调研、情报收集、营销策划和业务推广;进行产品、业务渠道规划、组合设计及技术支持;配合两网经营部做好与大众移动业务重合的渠道管理;会同集团客户中心进行共有渠道管理;从光端机到用户交换机/路由器客户接入工程建设、服务与技术支持;数固大客户服务与维系;参与数固投资项目立项。5. 客户服务中心。是上海联通客户服务工作和服务质量监督管理的部门。主要负责各种业务受理、咨询和查询;统一受理用户来电、来信、来访、投诉等,并统计、分析、反馈;10010服务品牌建设及宣传;卡类售后服务和移动电话终端设备的咨询、维修;营业厅综合管理及两网客户服务;高端用户服务与维系;本地新国信公司的发展经营;综合人工信息服务平台建设、运营和维护;客户维系挽留系统建设和维护;电子渠道建设和运营;用户资料和客户信用管理,各类业务账务催欠和诉讼;提出内部信息化建设需求,并组织实施;提出对营账系统的需求。6. 国际业务中心。是上海联通国际业务和国际合作的业务部门,二级副建制。主要负责配合中国联通实施国际业务漫游结算管理,实施国际漫游协议;组织实施G/C两网国际漫游出、入访以及本地发起的语音、租线等国际业务;对本地国际来访、出访以及国际长途、国际租线等业务实施统一规划和管理;对国际出入口局业务信道、国际网络、国际海缆和路缆资源进行统一归口管理;根据市场情况,组织国际新业务产品开发及拓展;配合中国联通开展数固业务和移动漫游业务测试、故障协调处理,落实网络资源租赁管理与实施。

调整区域营销中心,隶属于综合市场部。成立浦东、市南(苏州河以南)、市北(苏州河以北)3个市区营销中心和宝山、嘉定、松江、青浦、闵行、南汇、奉贤、金山8个郊区营销中心,崇明销售分公司更名为崇明营销中心。以上12个营销中心按三级正设置,实行"能级匹配"管理,可根据经营业绩升格或降格。

后台网络和技术支撑部门:1. 网络工程中心。是上海联通移动通信网络、支撑系统、基础设施工程建设实施部门。主要负责通信网络(包括移动、传输网、除光端机到用户交换机/路由器外的数固业务)总体建设;实施中国联通委托的一级干线和一级汇接网在本地的工程项目;项目监理、施工招标投标和工程建设安全及管理;通信基站、室内覆盖和POP点用房建设、改造和装修;参与工程规划、设计、决算申报和工程验收等;参与网络设备采购管理;2. 网络管理中心。是上海联通全网告警集中监控、故障集中监管、投诉集中处理、质量集中分析、资源集中调度的部门,挂靠运行维护部,二级副建制。主要负责监控全网传输、动力、无线、交换、数据、语音设备运行;对网络性能、运行指标、网络质量、网络故障进行统计和分析;集中执行用户数据配置工作;集中处理售后市场、客户服务端及监控发现的网络故障;集中分派前台发起的网络质量投诉,并落实闭环处理;OSS支撑系统建设及日常维护;通信用固定资产实物管理;对所维护设备实施大修技改;参与通信设备技术谈判、技术选型、技术方案论证、设备采购及通信工程项目验收;配合运行维护部落实相关互联互通。

3. 网络维护中心。是上海联通所有局内通信设施和线路设备集中维护的部门。主要负责 G/C 网交换、智能网、本地传输网、接入网以及配套动力、线路设备的日常维护及抢修；协助国际出口传输电路和全国一、二级干线传输网的本地租用和购买及相关设备日常维护管理；数据与固定通信网和与之相关的互联网与电子商务设备日常运行维护与抢修；代维队伍日常管理；根据市场需求，配合做好智能网开发工作；针对网上重大缺陷及网络瓶颈，提出技术解决方案；根据现网实际，提出网络建设需求；管辖范围内通信用固定资产实物管理；对所维护设备实施大修技改；参与通信设备技术谈判、技术选型、技术方案论证、设备采购及通信工程项目验收；在运行维护部牵头下，落实相关互联互通。4. 技术支持与网优中心。是上海联通所有局外通信设施（除线路外）集中维护和无线网络优化的部门。主要负责全网无线优化；通信基站和室内覆盖基站内所有设施整体的维护和抢修；数据大用户日常维护、抢修及业务保障；代维队伍日常管理；局外设施电费和租赁费用支付及管理；针对网上重大缺陷及网络瓶颈，提出技术解决方案；根据现网实际，提出网络建设需求；完成应急通信各项任务，节会、抗灾和重要通信网络保障；管辖范围内通信用固定资产实物管理；设备大修技改；参与通信设备技术谈判、技术选型、技术方案论证、设备采购及通信工程项目验收；在运行维护部牵头下，落实相关互联互通。5. 增值业务中心。是上海联通增值业务开发、业务平台建设和运行维护以及业务合作商管理的部门。主要负责制订增值业务发展规划；建设增值业务新产品开发和业务平台，并开展运行维护；根据 G、C 两网经营部业务要求，进行增值业务服务内容和本地 SP/CP 管理；本业务技术谈判；参与增值业务工程立项、招投标及设备技术选型。6. 信息化中心。是上海联通关于电信业务计费和结算、综合电信业务支撑系统、信息系统规划、建设、安全与维护管理的技术支撑部门。主要负责各级信息化系统和综合电信业务支撑系统规划、建设、维护、规范和操作流程制订，运行维护管理；信息化实施方案推进过程中协调与监督；移动、数固业务计费、结算和

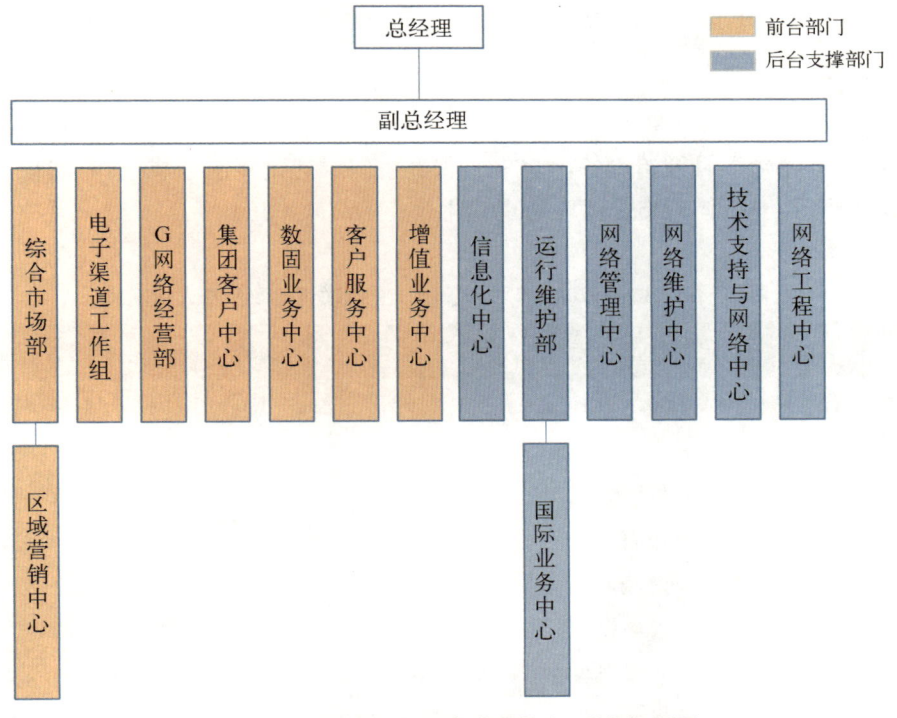

图 1-1-2 2008 年上海联通前台、后台部门图

增值业务用户信息、计费信息与定制信息管理;计费账务系统建设、维护、扩容升级需求分析;业务基础数据资源统一管理;企业网站建设和维护;本系统技术方案和设备选型;参与本系统设备采购;配合运行维护部做好通信网络信息安全工作;参与信息系统投资立项、可研工作。7. 物资管理中心。是上海联通物资管理和后勤事务管理部门。主要负责各类物资采购和库存管理;处理行政后勤日常事务;非通信生产固定资产(含车辆、局房、行政用房、仓库)管理;物业管理及其安全工作;生活、办公和纯营业性用房、综合性用房及通信局房建设、改造、装修和日常维护;参与通信设备选型及采购商务谈判。

2008年,上海联通再次进行机构调整。职能管理部门中综合市场部划归前台市场业务部门,法律事务部与企业管理部合署办公;前台业务市场部门中撤销C网经营部,从后台业务部门划入增值业务中心,增设电子渠道工作组,与综合市场部合署办公;国际业务中心划归后台业务部门,挂靠运行维护部。融合重组前,上海联通设9个职能管理部门,7个前台业务部门,7个后台支撑部门,共设23个二级部门和12个三级区域营销中心。

图1-1-3 2008年上海联通职能管理部门图

二、行政负责人

上海联通自1994年4月开始筹备,8月8日得到中国联通批复同意成立,时间仅4个月,行政建制建立用了1个月,充分体现出上海联通现代化企业的高效率运作。

表1-1-1 1994—2008年融合重组前上海联通行政负责人情况表

姓 名	职 务	任职时间
朱文豹	筹备组组长	1994年4月—1994年8月
奚鹏华	筹备组副组长	1994年4月—1994年8月
刘振元	中国联通驻沪首席代表	1994年8月—2000年12月
朱文豹	常务副总经理	1994年8月—1997年2月
施建东	副总经理	1995年3月—1996年8月
董秀骐	副总经理	1995年3月—2003年6月
周仁杰	副总经理兼总工程师	1995年3月—2001年3月
钱 炜	副总经理	1995年7月—1996年8月

〔续表〕

姓　名	职　　务	任　职　时　间
霍长辉	总经理	1995年9月—1997年2月
姜志明	总经理	1997年2月—1998年1月
朱文豹	副总经理	1997年2月—1997年9月
黄秉祺	副总经理	1997年7月—1998年3月
黄秉祺	总经理	1998年3月—1999年6月
闫兆亮	副总经理	1998年11月—1999年11月
赵　乐	常务副总经理	1999年4月—1999年6月
赵　乐	总经理	1999年6月—2003年11月
张云高	副总经理	1999年8月—2001年9月
姜起梅	副总经理	2000年3月—2004年2月
谢国庆	副总经理	2001年9月—2005年1月
张　健	总经理	2003年11月—2007年8月
朱士钧	副总经理	2003年3月—2006年3月
陈　刚	副总经理	2004年2月—2005年3月
王　林	副总经理	2004年2月—2008年11月
王福生	副总经理	2005年3月—2008年11月
薛金福	副总经理	2005年9月—2006年12月
魏　炜	副总经理	2007年5月—2008年11月
赵　乐	总经理	2007年8月—2008年11月
鲁东亮	副总经理	2007年11月—2008年11月

三、领导小组

1994年9月15日,上海联通成立后,为保证各职能部门正常运作,涉及多个部门的工作或上级布置的特殊工作时,需要成立领导小组进行协调。至2008年,重要领导小组情况如下:

1998年3月11日,成立质量管理领导小组。

2000年10月23日,成立机构调整领导小组。

2001年3月16日,成立战备应急通信领导小组。

2003年2月28日,设立国家安全领导小组。

2004年3月18日,成立安全工作委员会。5月17日,调整战备应急通信领导小组。7月13日,调整保密工作领导小组领导及成员。

2005年6月13日,成立保持共产党员先进性教育活动领导小组。

2006年11月7日,调整保密工作领导小组。

四、人员队伍

上海联通员工人数从1994年企业创立起到2008年融合重组前,共15年,每年人数随着企业发展往上递增。1994年底,上海联通成立电信工程筹建处,实有人数增加至67名,其中管理人员25名、专业技术人员25名、工人17名(含临时聘用人员)。其中来自邮电部门的人员占85%,专业门类有无线、有线、交换、传输、业务经营、工程管理、工程设计、计算机开发。在员工总数中,专业人员56人,其中高级工程师6人、工程师18人、在国外受过专业培训的8人;大专以上学历43人(包括4名硕士毕业生),占总人数57.3%。1995年,本科及以上学历47人,中级及以上职称38人,专业人员达129人。

表1-1-2 1994—2008年上海联通员工数量统计表

年 份	1994	1995	1996	1997	1998	1999	2000	2001	2002	2003	2004	2005	2006	2007	2008
员工人数	67	196	190	219	230	266	309	363	441	477	637	712	674	748	678

2004年,上海联通开始聘任资深经理、业务高级经理和高级业务主管。资深经理分为一级、二级;业务高级经理分为一、二、三级。资深经理一般是上海联通领导层级担任,业务高级经理一般是业务经理担任,高级业务主管一般是技术骨干担任。

表1-1-3 2004—2008年上海联通资深经理、业务高级经理、高级业务主管统计表　　单位:人

年 份	资深经理	业务高级经理	高级业务主管
2004	1(一级)	—	—
2005	—	—	—
2006	—	1(一级)	—
2007	—	—	1
2008	—	—	18

五、办公场所

1994年5月,上海联通筹备组租赁文登路837号办公。10月,上海联通成立后,搬迁至巨鹿路700号逸夫职业学校内(租赁房)。1997年5月,搬迁至桃源路88号柳林大厦16—17层楼(租赁房)。1999年10月1日,搬迁到天目西路547号联通国际大厦(自主产权房)。2005年10月,迁往长宁路1033号联通大厦(自主产权房)。

六、固定资产

1994年,上海联通刚建立,固定资产原值无统计。1995年为1.10亿元。2008年为135亿元。

表 1-1-4　1994—2008 年上海联通固定资产原值统计表

资产统计时间	固定资产原值(亿元)
1994 年	—
1995 年	1.10
1996 年	1.23
1997 年	2.24
1998 年	6.30
1999 年	14.32
2000 年	20.06
2001 年	22.36
2002 年	33.90
2003 年	60.10
2004 年	55.11
2005 年	91.82
2006 年	105.26
2007 年	121.52
2008 年	135.00

七、营业收入

1994 年,上海联通刚建立,业务收入无统计。2008 年,主营业务收入为 54.34 亿元,其他业务收入为 0.64 亿元。

表 1-1-5　1994—2008 年上海联通营业收入统计表

统计时间	主营业务收入(亿元)	其他业务收入(亿元)
1994 年	—	—
1995 年	0.09	—
1996 年	0.37	—
1997 年	1.28	0.26
1998 年	2.68	0.49
1999 年	4.69	0.54
2000 年	7.51	0.60
2001 年	13.04	0.61
2002 年	19.66	—

〔续表〕

统计时间	主营业务收入（亿元）	其他业务收入（亿元）
2003年	34.40	—
2004年	43.76	—
2005年	50.06	0.15
2006年	42.20	2.27
2007年	37.59	4.35
2008年	54.34	0.64

第二章　上海网通与吉通

中国网络通信集团公司(简称"中国网通")早先是由中国网络通信有限公司(俗称"小网通")发展起来的。1998年11月,在国家打破电信市场垄断、拆分中国电信、引入竞争的过程中,中国科学院、广播电影电视总局、国家铁道部、上海市政府4家单位联合提出"中国高速互联网网络示范工程"项目,报请国务院审批。1999年2月11日,得到批准并提出具体要求。4月9日,以上4家单位决定联合成立中国网通,主要承担高速互联网络示范工程建设和运营工作。8月6日,中国网通获得国家工商总局颁发的营业执照,并举行成立大会。2003年,中国网通对吉通通信有限公司(简称"吉通公司")实施融合重组。2004年7月,中国网络通信集团公司实行内部改制重组,并成立中国网络通信(集团)有限公司上海市分公司(简称"上海网通")。

第一节　网通机构和业务

一、网通背景

1995年,国际互联网商用时代来临。中国邮电部通过接入美国Sprint公司互联网网络,首先在北京、上海开办国际互联网业务。中国网通是由中国网络通信有限公司(俗称"小网通")发展起来的。1999年4月9日,由上海市政府出资、中科院负责技术、广电总局负责光纤、铁道部负责管线,联合申请成立中国网通,主要承担高速互联网络示范工程建设和运营工作。8月6日,中国网通获得国家工商总局颁发的营业执照。是日,举行成立大会。田溯宁任总裁,郑昌幸任执行总裁。中国网通设在北京友谊宾馆。田溯宁上任后提出两个使命:建设一条高速的、无处不在的宽带网络;进行国有企业改革探索,建设新型国有企业。

中国网通组织机构实行"条线"管理,下设13个部门。其中,国际部设于上海,国际部分部设于北京;在国内省市地方上不设立分公司,而是以中国的大区域划分,成立下属华东大区分公司筹建组、华南大区分公司筹建组、华北大区分公司筹建组。华东大区分公司筹建组也设于上海。"小网通"初期未在沪设立分公司,只在上海南汇建成C2C(城市到城市)国际海光缆,为新成立的上海网通在经营业务上取得丰硕成果,支撑起"小网通"半边天。

二、组织机构

1999年11月1日,中国网络通信有限公司上海分公司成立,徐家辉任总经理。2000年1月4日,上海网通工商注册。2001年3月,周仁杰被任命为上海网通总经理。2002年5月,中国网通内部改制重组,成立中国网络通信集团公司上海市分公司。2003年6月,中国网通对吉通实施融合重组。10月,上海网通与上海吉通完成融合。

2004年7月7日,中国网通(集团)有限公司上海市分公司成立筹备组,实行机构调整,周仁杰任组长。9月23日,中国网通批复,原则同意上海网通管理体制改革实施方案。11月24日,聘周仁杰为上海网通总经理,邹伟平、张成波、李爽、李广聚为副总经理。2004年12月2日,经中国网通党组同意,李超任中共上海网通党委书记。2006年8月,周仁杰调中国网通任副总工程师,不再担任上海网通总经理。2006年8月,马学全任上海网通总经理。

表1-2-1　1999—2008年上海网通行政负责人任职情况表

姓　名	职　务	任 职 时 间	备　注
徐家辉	总经理	1999年11月—2001年3月	中国网络通信有限公司上海分公司 中国网络通信集团公司上海市分公司
周仁杰	总经理	2001年3月—2004年7月	
张静星	副总经理	2002年8月—2003年5月	
邹伟平	副总经理	2002年12月—2004年7月	
李　爽	副总经理	2003年9月—2004年7月	
李广聚	副总经理	2004年3月—2004年7月	
周仁杰	筹备组组长	2004年7月—2004年11月	中国网通(集团)有限公司上海市分公司
李　超	筹备组副组长	2004年7月—2004年11月	
周仁杰	总经理	2004年11月—2006年8月	
邹伟平	副总经理	2004年11月—2006年8月	
张成波	副总经理	2004年11月—2008年11月	
李　爽	副总经理	2004年11月—2008年11月	
李广聚	副总经理	2004年11月—2008年11月	
马学全	总经理(兼)	2006年8月—2008年11月	
张承鹤	副总经理	2006年8月—2008年11月	
沈洪波	副总经理	2006年8月—2008年11月	
苏卫国	总会计师	2006年8月—2008年11月	

2002年6月5日,上海网通成立互联互通部。8月15日,成立技术管理委员会。2004年5月19日,上海网通组织机构调整,新增计划部、移动部、业务部、党群办。2005年10月13日,上海网通调整技术委员会组织机构和成员,设主任、委员和6个专业组:传输&线路专业组、语音专业组、数据专业组、无线专业组、运营支撑专业组、基础设施专业组。各组分别负责处理各专业重大技术评议、咨询及疑难问题的技术攻关。每组定编技术专家,专家分为普通专家和高级专家,采取个人申请、部门推荐,技术委员会报管理层审批方式产生。主任、委员和专家任期至2006年12月31日。

2006年,上海网通在企业组织架构上实行操作职能与管理职能合一模式。除内设16个部门(中心)外,无下设分支机构(区局、营销中心),全部操作与管理均集中在上海网通本部。从事一线直销人员38人,客户维系及发展均靠代理渠道完成,仅有2家营业厅,代理商收入占比高达54%。随着收入规模及用户群规模逐步扩大,客户需求不断旺盛及竞争日趋激烈,原有运营模式和营销力度,无法有效覆盖上海通信服务范围,组织架构及运营管理模式已完全不能适应企业发展需要。于是,上海网通对营销组织架构进行改革创新。

2006年底,上海网通全面启动区县分公司筹建和负责人竞聘选拔。本着"边组建、边运营、边完善、边到位"原则,分三步走:第一步,各区县分公司于2007年年底前实现局房、组织架构、人员到位,具备独立运营条件;第二步,对机关组织架构进行调整;第三步,2008年根据市场推进情况,逐步进行郊区分公司建设。上海网通领导层对区县分公司组织机构、业务运营、人员配备明确指示:区县分公司不是单纯的营销中心,而是上海网通下设的一个人、财、物相对独立,集综合、市场、网络为一体健全的分支机构。

为适应企业发展,建立市区两级运营组织架构,上海网通于2007年9月20日召开区县分公司机构组建动员大会。区县分公司是未来企业收入的重要来源,重要的区域性组织机构。本着"小机关、大基层"组织机构设置原则,精简机关工作人员,将工作能力强、有责任心、业务素质高的领导干部、业务骨干和优秀员工充实到各区县分公司,从人、财、物等诸多方面充实壮大区县力量,为区县分公司尽快独立运作从而为企业创造效益提供条件。

2007年9月,上海网通在市区5个中心区域和1个郊区地区成立6个区县分公司。上海网通营销业务开始延伸到上海各主要行政区域。以区县分公司成立为标志,上海网通实现营销体制和运营模式的重大转变和管理创新。

上海网通对本部组织机构进行优化,新成立6个操作类中心,市场、网络、管理人员比例为5:3:2。管理层次分明、职责明晰、运行高效的组织架构基本形成,使上海网通初步建立起与上海行政区划相匹配、适合企业未来发展的组织运营模式。

为理顺上海网通本部及直属中心组织机构及职能,迅速完善岗位及薪酬配套制度建设,2007年12月28日总经理办公会议决定,对上海网通本部及直属中心组织机构职能作如下调整:

综合与法律事务部(工会)负责协调各部门关系,建立健全日常办公制度,负责重要文件和稿件编撰、公共关系、企业形象宣传、综合档案管理、安全保卫、法律日常事务、内控工作、工会工作、行政服务中心管理等。

财务部负责建立健全财务管理制度、会计制度、统计制度,全面预算及经营业绩考核管理、收入确认、成本费用定额、资金计划、银行账户审批、资产新增与减值、债权与债务、税务筹划等管理工作;参与采购计划与决策审批、投资项目立项审批、前评估及后评价等;负责财务内部控制和财务检查;负责综合统计及统计检查、会计核算中心管理等。

人力资源部负责中层及区县分公司人员考察、任免,机构设置、岗位管理、薪酬管理和绩效管理及人事管理、人员招聘、培训、职业技能鉴定及制订员工职业发展和人力资源规划,员工政治审查、社会保险工作及离退休人员日常管理,安全生产和劳动保护管理等。

市场经营部负责市场策划、营销组织、产品管理、品牌宣传、资费管理与结算、渠道建设等相关工作。

计划建设部负责制订网络规划,落实中国网通网络演进方案,进行新技术应用等技术管理;负责固定资产投资计划及建设管理;开展中国网通移动通信业务等筹备工作。

网络运行维护部负责制订、完善相关网络质量标准、技术规程等,理顺、优化相关业务流程,负责网络运维管理,推进成本管理、网络设备安全与通信安全,配合市场经营,完善市场响应体系和流程,加强前后台衔接、网络成本归口管理与控制,负责应急通信管理等。

企业信息化部负责制订公司信息化发展规划和相关信息系统规范,参与信息化项目全过程管理,负责信息化系统服务支撑归口管理,组织实施考核,进行信息系统资产管理和相关预算归口管理,维护日常信息化网络及系统的正常运行和内网信息安全等。

服务监管部负责制订服务标准、规范、服务质量监督管理办法,制订服务改进和提升计划,并负责市公司各部门及区县分公司服务质量管理、监督、检查及考核,负责投诉统一归口管理,重大服务类问题的协调解决,组织行风评议,落实上级主管部门安排的服务监管工作任务,组织落实满意度测评,负责客户服务中心管理。

党群工作部负责党务工作,包括党风廉政建设和纪律检查行政监察、行风建设等;负责上海网通本部、直属单位和区县分公司共青团工作。

大客户中心配合市场经营部制订政企客户营销策略,负责一级政企客户开发和客户关系维护;负责他网业务管理;负责跨域组网项目管理、协调;负责建立并完善分公司政企客户营销体系;负责制订一级政企客户营销管理制度;制订并推广政企客户行业解决方案;落实中国网通大客户部相关政策及要求。

信息传媒中心负责各类信息业务、媒体广告业务的营销组织,中国网通统一信息、传媒类业务招商、定向招商类业务在本地的落地以及相关业务的招商工作;进行新业务、新产品调研、开发试商用,建立和完善新业务的跟踪分析制度,完成中国网通新业务在本地的实施。

工程中心负责"红线"以外机房、设备、管线工程项目建设和施工组织,中国网通下达的集团直管工程项目施工组织,其他重大项目建设和施工组织。

支撑共享中心负责计费账务数据配置、维护、分析,计费营账、业务支撑系统建设、改造、扩容、维护,"端到端"收入稽核管理;配合市场营销部门做好公司营收和用户欠费管理;参与公司业务规划、信息化规划及收入保障计划制订。

采购与物流中心负责建立、健全采购与物流工作流程和管理制度;负责各类物资采购、配送、库存管理,组织招投标、商务谈判、供应商管理等。

行政服务中心比照副处级单位管理,由综合与法律事务部(工会)直接领导。负责行政事务处理,并对区县分公司行政事务工作进行必要指导。

会计核算中心比照副处级管理,挂靠财务部,接受财务部直接管理。负责会计核算、账务管理、ERP系统财务部分的管理和日常操作以及预付费卡库存管理。

网络维护中心比照正处级管理,接受网络运行维护部业务指导。负责国际、骨干、核心、汇聚网络的管线、设备和动力维护,网络设备大修、更新、改造等工作,管线资源数据和质量分析,维护仪器、仪表管理等。

网管中心比照副处级管理,挂靠网络运行维护部,由网络运行维护部领导。负责通信网集中监控、运行质量分析和障碍处理,重大障碍、新产品开发的技术支撑,设备备品备件、仪器仪表管理,对营销方案的网络运行情况进行综合分析。

业务响应中心比照副处级管理,挂靠网络运行维护部,接受其领导。负责售前、售中、售后的业务响应及技术管控工作;负责网络资源集中管理和外租资源管理工作;条件成熟后,实施网络维护经理制,提供差异化客户服务。

客户服务中心比照副处级管理,挂靠服务监管部,接受其领导。为客户提供7×24小时热线服务、语音增值服务,集中受理客户咨询、建议、故障申告、查询、投诉,协调相关部门及时处理;负责网上营业厅、电子邮件等电子渠道服务和营销,落实各类主动营销、客户回访、满意度问卷调查等外呼任务;参与售前、售中、售后服务质量跟踪。

2008年,融合重组前上海网通组织机构设置为前台部门、后台支援部门和职能管理部门。前台部门中,客服中心挂靠服务监管部,属二级副机构。后台支撑部门中,网管中心、业务响应中心挂靠网络维护部,属二级副机构。职能管理部门中,行政服务中心、会计核算中心分别挂靠综合部与法律部、财务部,属二级副机构;共有24个单位(18+6)。

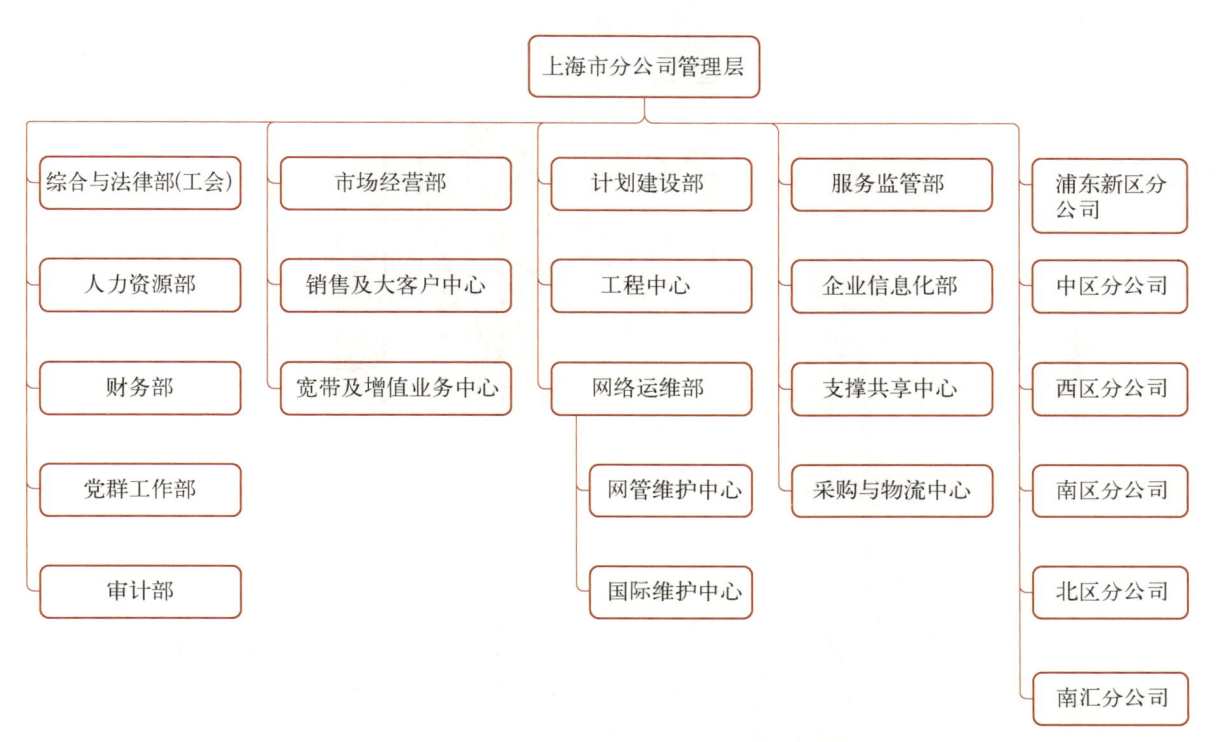

图 1-2-1　2007年12月上海网通组织结构图

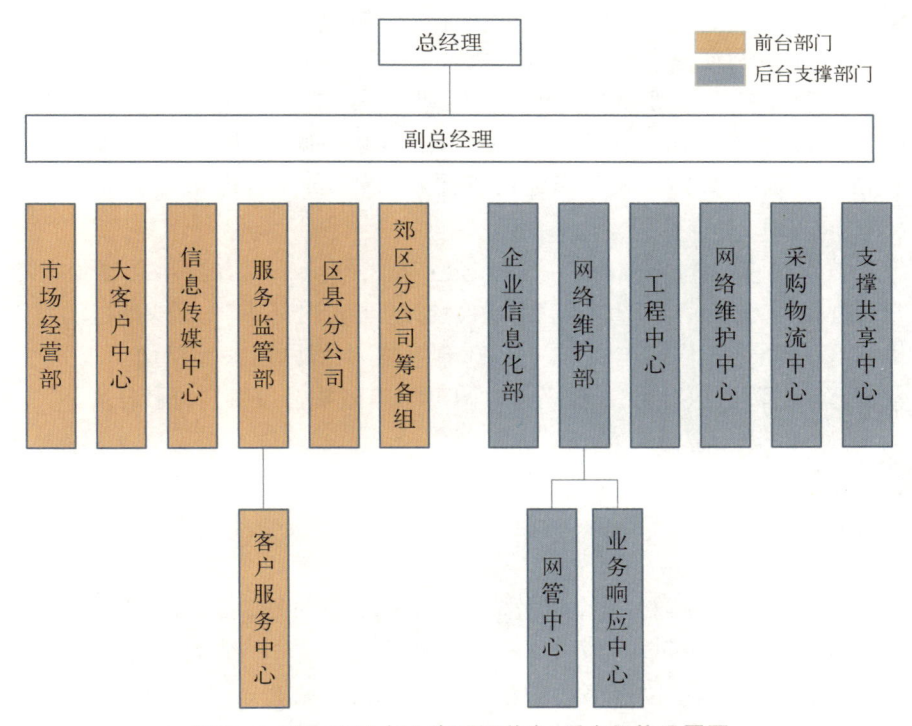

图 1-2-2　2008年上海网通前台、后台机构设置图

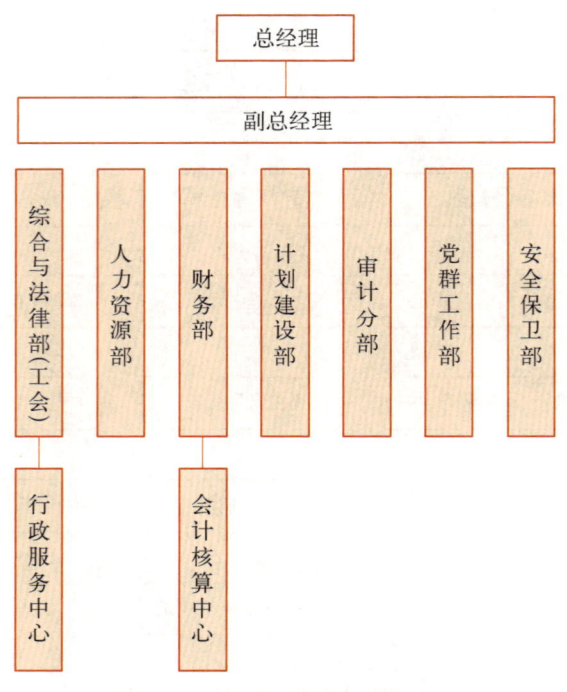

```
                    总经理
                      │
                   副总经理
  ┌──────┬──────┬──────┼──────┬──────┬──────┐
综合与   人力   财务   计划   审计   党群   安全
法律部   资源   部     建设   分部   工作   保卫
(工会)   部            部            部     部
  │             │
行政            会计
服务            核算
中心            中心
```

图 1-2-3　2008 年上海网通职能管理部门设置图

三、员工队伍

1999 年 11 月,上海网通成立,初期仅 20 余人。2007 年,上海网通共有员工 562 人。其中高级工程师 16 人,国家级各类注册师及注册项目经理 4 人,工程师 30 人,大学本科以上学历 362 人、大专学历 151 人。本科以上人员占总人数约 70%,其中硕士以上学历人员占总人数约 9%,大专学历人员占总人数约 27%。在工作经历方面,33% 人员来自电信运营商,具有丰富电信行业经验。

为提高员工整体素质,上海网通将学习融入企业发展和员工能力提升全过程,制订《上海网通培训与发展管理办法》,逐步完善培训管理体系。通过建立内部讲师、计划预算、月报总结、年终(中)总结等机制,保障培训工作运作顺畅。至 2006 年底,上海网通共计培训员工 5 000 余人次,内容涉及市场营销、企业管理、执行力、英语等 14 个门类,有效提升员工岗位胜任力。

四、企业发展

【上市】

2004 年是中国网通重组、改制、上市以及业务发展的关键时期。1 月,根据国务院《电信体制改革方案》,中国网通启动 IPO 工作。北方 6 省(市)上海网通、南方 2 省(市)上海网通、国际上海网通及亚洲网通首批上市。15 日,中国网络通信集团南方通信有限公司成立,标志着网通在上海的发展进入一个新阶段。10 月 26 日,上海网通作为上市公司,更名为中国网通(集团)有限公司上海市分公司。11 月 16、17 日,中国网通分别在纽约证交所和香港联交所挂牌上市。

【NGN 项目组】

2004年4月14日,上海网通成立跨部门的NGN("下一代网络"或"新一代网络")项目组。项目组由上海网通销售、市场、宽带业务、新业务、规划技术、网络建设、运行维护、运营服务、商务9个部门组成,规划技术部为主责部门。项目组成立后,与有关厂家密切合作。经过近1年时间运作,上海网通率先在上海地区将NGN投入试商用推广,于2005年成功为复旦大学、上海市信息化委员会等重要客户提供服务。

【新产品运营体系】

除IP主叫、DIA、CPN、固定电话等传统产品外,上海网通建立以宽带电话、1号通、196主叫、400/800等为代表的新产品运营体系,并以这些产品为依托,策划推出一系列有利于提升网通知名度的业务推广活动,为扩大网通市场占有、促进收入持续增长奠定良好基础。2005年,上海网通进行技术、业务创新,大胆开发既符合自身网络特点、又具备规模发展和持续盈利能力的新产品。NGN新市话得到快速发展,月收入达100万元,商务新世界(DIA+固话)、企业传真、网通新会场、宽带门户、电话QQ等新的增值产品,直接为企业创收500多万元。

【大客户营销管理体系】

上海网通一直将大客户经营作为发展重点,以"规模+效益"为着眼点,调整组织结构,建立健全大客户营销及管理体系,积极占领大客户和通信配套市场。2005年初,以"提高响应能力,增强业务落地能力"为主线,从网络资源、人手等方面加以保障,确保中国网通大客户战略在上海顺利实施。充分发挥在跨国公司、金融行业、酒店行业等领域数据业务的优势,深度挖掘客户需求,提高语音产品的收入比重,建立健全大客户营销及管理体系。重点关注中小企业和大众客户新增市场,实施细分与整合的营销服务管理,实现客户、策略、服务三细分,建立健全客户关系管理体系。至是年底,累计发展大客户763户(出账收入为1万元以上的客户),其中自网用户数达588户,比是年初增长53%。全年大客户收入为3.17亿,比上年同期上升65%。到2006年7月,新发展大客户327个,累计达1090个,大客户收入累计达2.30亿元。

【资产运营】

2005年,上海网通累计完成建设投资13.63亿元,新建核心机房2个,累计达到6个;新建汇聚机房19个,累计达到29个;新增管道2 275孔公里,累计达到3 078孔公里;固话接入能力达36万门,新增局用交换机10万线;光交接环、接入环网络基本建成。先进的光纤宽带城域网覆盖包括上海各个主要中央商务区内的重要商业楼宇和主要开发区,WLAN无线局域网覆盖多家星级酒店、会展中心、机场等热点地区;长途端口超过15万线,城域网出口带宽达到7 000 M,本地国际出口总带宽近2 G。

2005年,上海网通围绕自有网战略,通过加快自有网络建设,加大企业宽带市场拓展,增强产品组合营销力度,开展多层次促销活动等举措,自网业务取得突破。固定电话新增至73 506线,增幅达100%;1号通新增收入85万元,增长32倍;400、800业务从2004年的4.20万元增长到156.60万元,增长34倍;话吧业务增长3 059.80万元,增幅为343.80%;全年自有网收入占比达56.40%,比2004年底增长25.30%。2006年7月,固定电话接入能力较2004年增长140%,固定电话用户数增幅达到100%,数据业务增长超过30%,固定电话、宽带用户从无到有,分别增长到

11.50万户和2.80万户。

上海网通市场占有份额由2004年不足2%提高到2006年7月份3.43%,在南方21省中排名第一。

2006年7月,上海网通启动"发展战略研究"项目,从"经营目标、业务及市场""快速、大规模网络建设""大规模网络的运行维护""及时、准确的后台业务支撑""人力资源及高效的生产组织形式"5个方面制定《中国网通(集团)有限公司上海网通2006—2008年战略文件》,为上海网通未来发展勾画蓝图,确立将上海网通打造成为上海地区具有活力、创新意识、价值创造和资源整合能力,富有时代特征的一流电信运营企业的宏伟目标。

12月,上海网通累计实现业务收入5.78亿元,全年完成业务收入12.87亿元,同比增长36.31%;实现税前利润2.48亿元;完成CAPEX投资8.15亿元。

2007年,上海网通累计实现业务收入16.52亿元,完成预算的100.57%,同比增长21.58%;实现税前利润1.21亿元,完成预算的101.38%,在中国网通年度推行的12项综合评价指标体系中,上海网通人均收入、增长型业务收入占比等8项指标位居南方21省前列。

2007年,上海网通收入结构发生积极变化,自营业务收入完成16.29亿元,自营收入占比达到94%,较2006年底提高4%。佣金率同比大幅降低,累计主营业务佣金率为19%,比2006年底降低9个百分点。

五、办公场所

1999年11月,上海网通租赁淮海中路381号3301—3317单元办公。2000年2月,租赁浦东新区商城路660号26楼E、F、G、H单元办公。12月,先后租赁文新报业大厦17、25、27层办公。2003年10月,大部分员工迁往浦东龙东大道3000号4号楼3—8层;文新报业大厦保留27层办公区,后于2005年3月退租。2007年10月,搬迁至上海市浦东新区浦东大道900号8—23层办公,其中8—10层,1101—1105、1107室为租赁用房,1106、12层至23层为自有房屋。

六、固定资产

上海网通固定资产逐年增长,2005年后增长较快。

表1-2-2　2003—2007年上海网通固定资产原值一览表

年　份	固定资产原值(亿元)
2003	9.44
2004	10.87
2005	14.96
2006	24.52
2007	31.91
2008	36.86

七、营业收入

上海网通经历小网通、大网通的演变及与吉通的合并,2002年主营业务收入1.76亿元,以后逐年增长,2008年主营业务收入20.50亿元。

表1-2-3 2002—2008年上海网通营业收入一览表

年　份	主营业务收入(亿元)	其他业务收入(亿元)
2002	1.76	—
2003	4.32	—
2004	6.43	—
2005	9.36	0.08
2006	12.87	0.36
2007	16.52	0.04
2008	20.50	—

第二节　上　海　吉　通

一、吉通由来

1994年1月12日,吉通通信有限公司经国家经济贸易委员会批准成立,其是由电子工业部系统主要通信企业和科研单位以及地方企业参股、隶属电子工业部直接领导的国营企业。注册地为北京市海淀区万寿路27号。吉通通信有限公司上海分公司(简称"上海吉通")是吉通通信有限公司于1996年10月16日在上海注册成立的全资子公司。上海吉通承接总公司在上海所有业务,为非独立法人机构,1997年2月27日开始对外营业。

二、机构职责

1996年7月,上海吉通设总经理、副总经理各一人,聘陈建中为总经理,曹援农为副总经理(主持工作)。下设综合部、技术部、市场部三个部门,其中综合部财务工作和技术部网络运行工作受上海吉通和吉通通信的双重领导。综合部职责:财会、日常行政、人事、招聘及员工福利,公共关系,合同管理、计划、统计等。技术部职责:设备运行管理、维修和维护,向市场营销部提供必要的技术支持,总公司交办的网络运营、维护等。市场部职责:客户接待、合同签订、市场策划及总公司上海市场的具体落实,上海地区重点用户、集团用户市场销售,处理客户技术咨询、投诉及现场支持等。

1997年,上海吉通共有员工15人,其中技术人员5人,销售人员6人,其他4人。

1998年10月,封国荣接任上海吉通总经理。

表1-2-4　1996—2003年上海吉通行政负责人任职情况表

姓　　名	职　　务	任 职 时 间
陈建中	总经理（兼）	1996年7月—1998年4月
曹援农	副总经理（主持工作）	1996年11月—1998年10月
孙向东	副总经理	1998年4月—1998年12月
封国荣	总经理	1998年10月—2003年6月
曹援农	副总经理	1998年10月—2000年4月
林　健	副总经理	2000年8月—2002年7月
郁建良	副总经理	2001年7月—2003年6月

三、主营业务

上海吉通主营计算机信息网络互联和国际联网业务，计算机信息服务业务，电子信箱服务业务；承接国际、国内通信、广播电视和信息系统工程开发、经营；通信、广播电视、信息产品与系统开发，产品的生产、销售；电子产品、仪器仪表、通信设备、电子计算机及配件销售；技术转让、服务、咨询（以上国家有专项规定的除外）。兼营信息服务。

四、办公场所

1996年10月，上海吉通在桂林路418号1号楼7楼办公。1998年5月，迁至商城路660号乐凯大厦1601室办公。2000年11月，迁至商城路660号乐凯大厦1001室办公。

第三节　网通与吉通融合

2001年，电信体制进行改革，目标是破除垄断，引入竞争；通过重组整合，优化资源配置，建立现代企业制度，推动和支持电信企业上市融资，促进电信业健康发展。2003年6月11日，中国网通与吉通融合重组。上海网通同步与上海吉通融合，10月完成重组工作。

2003年6月，吉通ATM/FR、VOIP、CHINAGBN等网络设备纳入中国网通网络管理范畴。

是月，根据融合和业务发展需要，融合后不再使用吉通品牌开展业务，吉通原有接入码号资源由上海网通统一安排。融合重组开始后，上海吉通用户欠费由上海网通负责追缴。

上海网通接收上海吉通员工，统一安排工作，并保持一年内相对稳定，一年后与上海网通员工一同参与竞争上岗，双向选择。上海吉通冻结银行账号，资产、负债原则上由上海网通负责。

第三章　融合后的上海联通

2008年5月24日,工信部、国家发改委、财政部三部委联合发布《关于深化电信体制改革的通告》(以下简称"三部委通告"),鼓励中国联通和中国网通融合重组。上海联通和上海网通于2008年5—12月进行融合,重组为上海联通。根据中国联通组织架构设置整体要求,上海联通重组部门建制和各部门间隶属关系,形成主体公司和移动网络公司平行设置的组织架构模式,将原上海联通、上海网通18个区县分公司(营销中心)合并为14个区县分公司。相继完成机构、人员、办公场所及制度流程融合;完成各类网络资源、销售渠道、服务平台、主要业务、建设与维护队伍等工作融合。2009年2月,上海联通各二级组织机构和职责确定,完善二级单位和三级机构设置,加快运作步伐。

第一节　融　合　重　组

一、前期准备

2008年,"三部委通告"发布后,原上海联通和上海网通高层进行多轮沟通,就各个层面融合协同工作进行协商,从业务发展、营销渠道以及C网出售移交及人员调配等方面着手,启动融合重组先期准备工作。6月4—5日,召开上海联通、上海网通总经理座谈会议,双方进一步加强协同与配合。

6月11日,上海联通与上海网通领导班子全体成员在上海网通23楼会议室举行见面沟通会。双方就当时改革重组工作交换意见,表示将按照统一部署,认真抓好落地执行,确保双方生产经营工作有序开展。双方领导就下一步业务发展等问题交换意见,表示将发挥各自优势,确保企业利益最大化,确保企业和谐稳定。双方均下发有关文件,成立网络建设、市场经营、综合协调三个工作小组,分别由双方计划建设部门、市场经营部门、综合部门负责人任办公室主任,相互协同开展工作。同时,对工作进展情况实行每周一汇总,及时通报。双方协同工作小组和工作机制的建立,为双方融合后各项工作开展提供组织保障和制度保障。上海网通制定下发《关于进一步严格组织纪律的通知》,要求各单位严肃政治纪律,做到"不利于改革融合的话不说,不利于改革融合的事不做";严肃财经纪律,把好成本费用关,坚决杜绝成本支出超出预算;严肃工作纪律,各级领导干部要坚守岗位、恪尽职守,严格执行请销假制度、重大事项报告制度、会议制度等有关企业规定,提高工作效率;严肃保密纪律,对外宣传及信息发布要统一由综合协调组归口把关,为融合工作开展奠定纪律基础。

6月中旬开始,根据中国联通和中国网通关于"同质业务避免竞争;异质业务相互捆绑,客户资源共享;要梳理原租用电信、电力设施,尽可能地转为利用网通资源"的指示精神,上海联通集团客户中心与上海网通大客户部进行广泛业务交流,并尝试将"新商务总机"(即向企业提供虚拟总机,下挂手机和固网号码的整体解决方案)业务作为最主要的融合业务之一。

6月28日,上海联通长宁、恒基营业厅和上海网通临平路、番禺路、徐汇营业厅实现营账互联,比原计划提前2天。随后,业务层面协同经营工作在营业厅资源共享、代理渠道资源共享、电子渠道共享、业务组合捆绑、业务及产品互相开放、协同发展政企客户业务产品等方面广泛展开。

二、CDMA网络资产与业务出售移交

在上海联通和上海网通探索业务融合的同时,上海联通向上海电信出售移交C网资产工作也有序地进行。上海联通CDMA网运营以来,按照战略定位要求,在C网上集聚大量中高端客户。平稳地完成网络资产交接、服务交接,关系着社会的稳定。

2008年6月2日,中国联通与中国电信订立《关于转让CDMA业务的框架协议》,以总对价438亿元出售CDMA业务;中国联通、联通新时空移动通信公司与中国电信订立《关于转让CDMA业务的协议》,以总对价662亿元出售CDMA网络资产。7月27日,中国电信与中国联通签订C网交易业务、资产详细协议。中国电信以1100亿元总额收购中国联通CDMA资产及业务。

6月12日,根据"三部委通告"中有关"中国电信收购中国联通CDMA网(包括资产和用户)"的精神和中国联通要求,上海联通开始与上海电信沟通开展此项工作,成立出售移交CDMA网络资产与业务工作领导小组,全面领导CDMA网络资产与业务工作。上海联通总经理赵乐任组长,下设办公室、财务和资产、业务、人力资源等工作组,相关部门总经理任各工作组负责人,负责在各自条线开展尽职调查。是日,上海联通两位副总经理和资深经理带队及综合部、综合市场部、财务部等相关部门负责人组成上海联通出售CDMA网络资产与业务工作小组,与上海电信领导及相关部门举行碰头会。13日,上海联通财务和资产清查组全体工作人员参加培训。14日,全面启动现场工作。

为使资产交接工作顺利推进,工作组加快工作节奏,上海联通于6月30日下发《关于成立中国联通上海分公司出售CDMA网络资产与业务工作领导小组的通知》;要求各工作小组成员部门严格按照中国联通转让CDMA资产及业务《框架协议》核心条款有关精神,根据中国联通统一安排,做细、做好各项工作,确保按中国联通规定时间节点完成工作任务;严格按照中国联通资产清查和业务清查工作要求,完成固定资产(包括有线传输、无线传输、电路交换、移动交换、数据通信、支撑系统、电源动力、仪器仪表、通用设备、运输设备、房屋建筑物)及无形资产包括长期预付款项使用权、CDMA手机待摊费用、预收账款、应付职工教育经费、用户押金保证金等清查,并在中国联通规定截止时间完成上报工作。

8月15日,上海联通与上海电信签订《关于CDMA资产交易的具体执行协议》,启动上海地区CDMA业务和资产交割的执行工作。

9月30日23时58分,上海联通和上海电信举行"CDMA资产和业务交接启动仪式"。上海市通信管理局、上海电信、上海联通领导和项目组成人员及设备供应商等方面近百名代表出席仪式,见证上海通信史重要时刻。在武胜路333号电信大楼电视电话会议室,上海联通总经理赵乐将《上海CDMA网络资产和业务清单》交至上海电信总经理张维华,标志着上海160万CDMA用户自此转由电信公司提供服务。在交接中,上海电信接收上海联通新时空财务资产(原值45.12亿元、净值29.87亿元)、联通上市公司经清查总资产(原值10.56亿元,净值6.76亿元,总负值2.29亿元)、1086个基站及150名划转人员,同时承接上海联通业务相关协议(集团客户协议、渠道代理商

协议、CP/SP 协议)和资产相关协议(代维、设备采购及工程协议)。

10月1日,中国联通 CDMA 网络运营的 4 200 万户在网用户转入中国电信服务体系。其中,上海 160 万 CDMA 用户自此转由上海电信提供服务。通过深化体制改革,中国电信业形成中国电信、中国移动、中国联通三大巨头全业务运营新格局。

三、实施融合重组

【会议部署】

2008年10月29日,经中国联通任命,由蔡全根、马学全、赵乐等组成的中国联合网络通信有限公司上海分公司筹备组在浦东大道 900 号召开成立大会,原上海联通和原上海网通中层以上干部参加会议。以此次会议为标志,原上海联通和原上海网通融合重组工作进入实施阶段。

11月5日,上海联通筹备组在长宁路上海联通大厦 2815 会议室召开第一次工作例会。筹备组组长蔡全根,副组长马学全、赵乐,成员张成波、张承鹤、沈洪波、李爽、李广聚、张静星、王林、鲁东亮、魏炜、姜起梅 13 人悉数出席。蔡全根主持会议,原上海联通、原上海网通综合部相关人员列席会议。会议对近期重点工作进行部署,并要求筹备组各成员统一思想,和衷共济;协同包容,相互理解;遵守纪律,顾全大局;敢于管理,强化执行;认真负责,做好表率。

11月10日,上海联通筹备组召开第二次工作例会,审议通过《中国联合网络通信有限公司上海分公司筹备组议事规则》《中国联合网络通信有限公司上海分公司筹备组干部工作规则》,为筹备组各项工作开展提供制度依据。为推动融合重组工作顺利进行,筹备组专门成立 5 个工作领导小组。1. 机构合并与人员融合工作领导组:蔡全根担任组长,马学全、赵乐担任副组长,筹备组成员任组员。下设办事机构,由原联通企业发展部及原联通、网通人力资源部组成,企业发展部牵头。小组及办事机构成立后,主要负责按照中国联通关于省级分公司机构设置指导意见和时间进度要求,加快推进上海联通层面相关工作,要求机构与人员融合工作于是年 11 月底前完成。2. 网络优化、建设及 3G 选址工作领导组:赵乐任组长,原网通、原联通分管网络工作的张成波、王林任成员,牵头相关单位负责网络规划与选址、原网通和原联通已有网络融合,现有网络资源优化、3G 网络布局等工作,确保网络规划建设到位。3. 2009 年经营预算工作组:张承鹤担任组长,魏炜、鲁东亮、李广聚任成员。牵头相关单位负责上海联通 2009 年经营计划和预算编制工作;紧密结合公司经营发展融合实际,在预算方案制订上从上市、非上市两个层面考虑制订两个版本。4. 销售体系建设与优化组:鲁东亮担任组长,魏炜、李爽、李广聚任成员。全面负责通盘考虑融合后新联通销售体系架构及渠道(含电子渠道)建设问题。5. 信息化系统建设领导组:沈洪波担任组长,鲁东亮、李爽任成员。负责整个信息化系统融合、规划以及建设,特别是 BSS(业务支撑系统)、MSS(管理支撑系统)系统融合与建设,适应以后全业务经营信息化系统的规划实施。

11月14日,上海联通筹备组召开全体干部大会,传达中国联通关于省级分公司筹备组组长、副组长任职通知和筹备组成立后有关事项。蔡全根在会上作《抓住新机遇、实现新发展》报告,对本次融合的难度、复杂程度及融合后企业面临形势进行全面分析。

12月25日,召开 2009 年度工作务虚会,确定上海联通发展战略。2009 年工作总基调是:"保发展、调结构、健体系、强管理、抓落实、促和谐"。2010 年总体工作思路是:紧紧围绕集团发展战略,坚持以品牌为引领,以市场为导向,以客户价值创造为核心,以差异化经营为手段,牢牢抓住移动业务和宽带业务规模发展的主线,突出效益,强化协同,发挥优势,创新经营,大力拓展集团客户市场、个人移动市场和家庭宽带市场,进一步优化渠道结构、产品结构、客户结构和成本结构,着力提升网络运营能力、渠道销售能力、信息化支撑能力、精准化管理能力和团队协同能力。为打造上海联通"全业务服务体系",成立领导小组和工作小组,以实现上海联通好中求快、又好又快发展。

工作例会要求,严格按照筹备组安排,统一指挥,统一步骤,加强协调,不分你我,提高执行力。坚持以企业利益为重,注意做好保密工作。在企业刚进行融合、筹备组刚成立、机构和人员融合尚未完成、筹备组各位成员分工仍没有明确的情况下,5个领导小组的成立,明确各项工作主要牵头人,明确工作职责和工作内容,从组织层面和工作内容层面做到"融合"与"发展"两不误。5个工作组的成立为融合后上海联通各个层面融合、各项工作有序开展奠定坚实基础。相关工作得到中国联通高度肯定与认可。

【资产清理】

2008年6月3日,上海联通和上海网通有关部门召开资源沟通协调会,对各自网络资源情况进行交底,明确双方资源共享与合作基本方式,并达成一致意见:一是对于上海市通信管理局或者其他政府部门发出关于上海重要通信资源建设征询,双方先进行沟通,确定双方总需求,再各自上报,并就此明确双方专职联络人员。二是对于双方发展业务以及工程建设中需要租赁对方资源的,由需求方工程人员直接与对方公司资源管理人员联系,确认资源情况,待确定对方有资源后,由互联互通办公室发需求函给对方,实现网络资源共享。双方同时明确各自资源核查联系人和互联互通联系人。三是双方各自对现网在用租赁资源(包括租赁第三方资源或租赁其他运营商资源)情况进行梳理,对重复租赁部分,由双方运行维护管理部门牵头,逐渐集中调整至使用一方资源,特别是通过第三方租赁对方资源的,首先进行调整。上海联通未参建临港新城集约化建设,而网通在临港新城有尚未启用机房,需进行核查,确定是否能给上海联通使用。

6月6日,上海联通总经理向全体干部(各部门高级业务主管以上)传达中国联通有关电信业重组有关工作及要求。明确资产清理和业务清查工作纳入绩效考核,落实机构、人员,确保资产清查及业务清理工作顺利进行。

重组方案明确后,立即着手考虑原联通、网通资源共享、发挥合力、避免重复建设等事宜。6月11日,上海联通和上海网通领导班子成员会面。双方总经理分别介绍情况,就双方合作协同指导原则和操作机制予以明确,并重点研究资源共享、避免新重复建设、市场运作协调、互相支持完成全年经营目标等方面问题。

10月31日,上海联通组织培训固定资产清查人员。11月20日至12月10日,开展固定资产清查工作。主要工作内容为:一是各部门固定资产管理员组织本部门固定资产管理责任人根据固定资产系统中数据进行核对,将核对情况及时反馈。二是由盘点部门资产管理员按照部门进行汇总电子表格,在12月20日前将所有电子表格及经二级部门领导及固定资产管理员签字确认汇总表送专业部门管理员及财务部资产管理员,纸质文档自行保管存档备查。

【机构、人员融合】

机构融合 2008年11月5日,筹备组第一次会议就对加快对人员机构融合进行专项研究和安排,将"机构的尽快合并"列为融合重组工作首要任务。会议要求原上海联通和原上海网通人力资源部,按照中国联通要求,在十天内确定初步组织架构方案,并报筹备组,同时要求12月底全部完成。

原上海联通虽然成立时间相对较长,经过发展,企业收入及用户规模有所扩大,但与上海电信、上海移动相比,在规范企业运营和营销网络构建上仍有很大差距。长期以来,销售工作主要靠分布在各处的营销网点(如自营营业厅和合作营业厅)及代理商来实施。截至2007年9月,原上海联通共有合作营业厅131家,末端门店5 000余家,自营营业厅仅有2家,销售收入基本靠代理渠道所得,企业自主销售能力比较薄弱。区域性营销中心于2008年初刚建立,规模小,市场竞争能力较差,无法与竞争对手相抗衡。

上海网通成立于2000年1月,成立之初仅有20余人。2006年,正式员工数扩展到500人。尽管收入规模不断扩大,且以20%的增长速度逐年递增,但企业整体规模弱小,客户群相对集中,营销组织架构单一。2007年起,对营销组织架构进行改革创新,在市区及一个成熟的郊县地区成立6个区县分公司,并当年10月开始运作。至此,上海网通一级管理二级运营组织架构模式初具雏形。

经过多次论证,在中国联通组织架构设置整体要求下,2008年11月18日,上海联通筹备组听取企业管理部关于组织架构设置方案,确定部门建制和各部门间隶属关系,形成主体公司29个二级正部门(中心)、6个二级副中心及14个区县分公司,移动网络公司7个部门(中心)的组织架构模式,基本实现管理与操作的分离。

人员融合 融合重组前,原上海联通和上海网通分别拥有员工678名和743名,合并后共有合同制员工1 421人。其中,中层领导干部129人,原上海联通75人,原上海网通54人。上海联通筹备组会议认为原联通、网通双方干部数量基本与新组织机构设置匹配,对下一步干部安排提出"四句话"原则:"尊重历史、先用后观、平稳过渡、适度换岗。"

2008年12月底,筹备组任命各个部门总经理、副总经理,明确转资深干部名单。进一步明确筹备组各位成员分工。在明确上海联通二级部门机构,对二级机构管理人员完成任命基础上,筹备组要求人力和企发部门,全面启动各部门三级机构设置及三级层面干部、员工安排。进一步明确两点刚性要求:机构和人员设置不能简单相加;严格控制总部人数,特别是职能部门人数,鼓励广大干部员工到区县分公司工作,人力资源部门要尽快制订鼓励人员至区县分公司工作的激励政策。

同时,对机构与人员融合期间的纪律再次进行重申,要求全体筹备组成员要认真履行职责,尽职尽力做好分管工作。不仅要管好"事",还要管好"人";加强协调,加强沟通,分工不分家,在分管范围内能够协调解决的事项要积极妥善地处理;要以身作则,充分体现公信力。

上海联通在全集团率先完成机构和人员融合工作,期间没有收到来自干部员工的任何投诉,整个融合工作保持平稳。

表1-3-1 2010年上海联通、上海网通融合重组后行政负责人情况表

姓 名	职 务	任 职 时 间
蔡全根	筹备组组长	2008年11月—2009年3月
马学全	筹备组副组长	2008年11月—2009年3月

〔续表〕

姓　　名	职　　务	任　职　时　间
赵　乐	筹备组副组长	2008年11月—2009年3月
蔡全根	总经理	2009年3月—
赵　乐	副总经理（省公司正职待遇）	2009年3月—
张成波	副总经理	2009年3月—
王　林	副总经理	2009年3月—
张承鹤	副总经理	2009年3月—2010年5月
沈洪波	副总经理	2009年3月—
鲁东亮	副总经理	2009年3月—2010年5月
李　爽	副总经理	2009年3月—
李广聚	副总经理	2009年3月—
魏　炜	副总经理	2009年3月—2010年5月
张静星	一级资深经理	2009年4月—
邹伟平	一级资深经理	2009年4月—
马学全	二级资深经理	2010年4月—
张承鹤	一级资深经理	2010年5月—

四、融合成效

上海联通、上海网通融合重组后总资产为100亿元，管道总长度达到7 640沟公里，光缆总长度达到17 328皮长公里，拥有核心机房12个、汇聚机房31个、移动宏站1 997个、微站1 279个，互联网出口带宽30 G。固定资产原值：2009年154.59亿元，2010年174.71亿元。2009年，主营业务收入43.25亿元，其他收入0.57亿元；2010年，主营业务收入49.38亿元，其他收入2.86亿元，占全市电信业务收入份额的11.10%。

第二节　组织机构

2008年融合后，上海联通针对营销市场拓展，优化运行管理体系，调整组织机构部门的设置——前台、后台和职能部门，共计47个二级单位，其中22个前台单位（含14个区县分公司）、10个后台单位和15个职能部门。

区县分公司14个：浦东新区、西区、南区、北区、中区、闵行、宝山、南汇、嘉定、青浦、松江、奉贤、金山、崇明。平行的移动网络公司由总经理直接分管。

上海联通职能部门融合13个部门，增设2个附属部门，行政服务中心隶属综合部，财务共享中心隶属财务部。

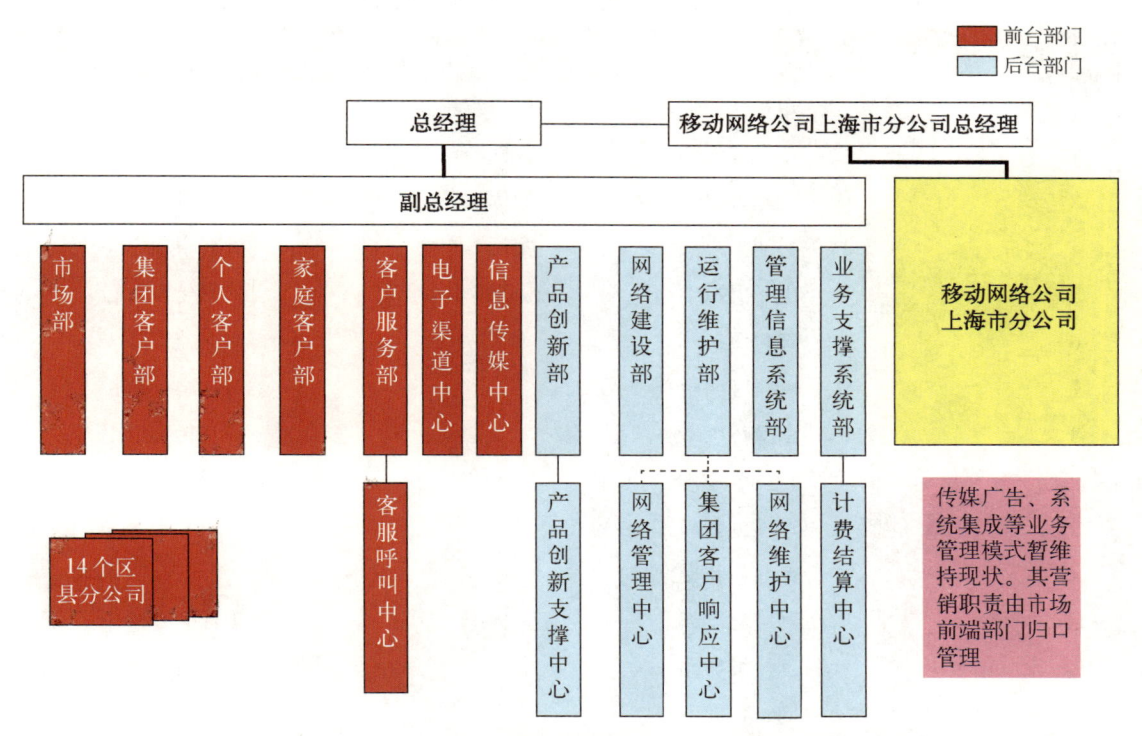

图 1-3-1　2008年上海联通前台、后台部门组织机构图

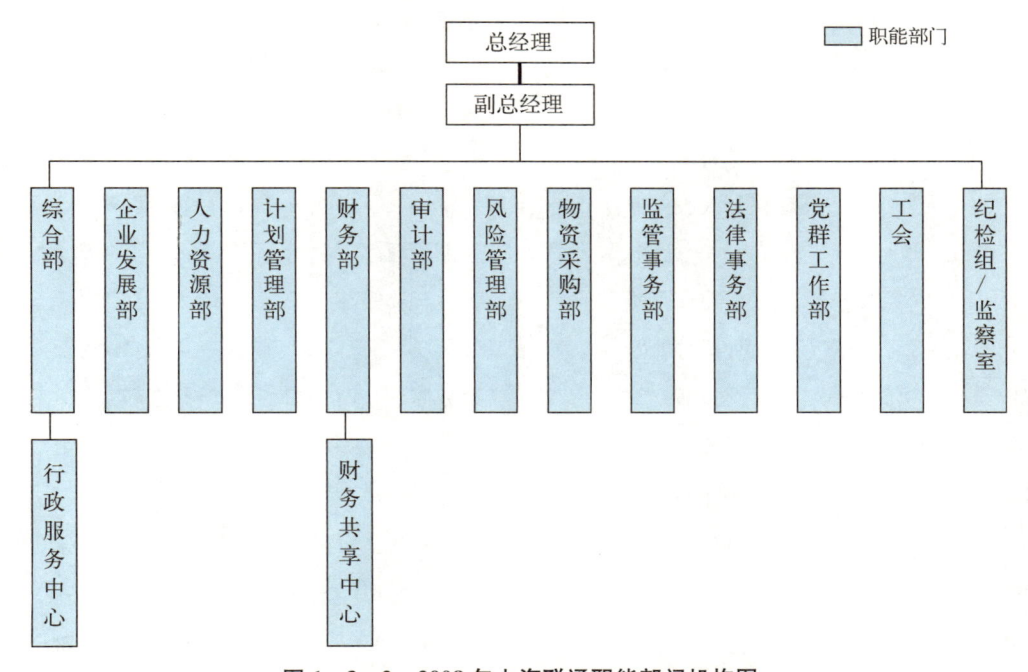

图 1-3-2　2008年上海联通职能部门机构图

表1-3-2 2008年融合后上海联通组织机构汇总及新旧机构对应表

序号	机构类别	融合后机构名称	联通原机构对应	网通原机构对应
1	前台部门（8+14）	市场部	综合市场部	市场经营部
2		个人客户部	G网经营部	
3		家庭客户部	数固业务中心	市场经营部
4		集团客户部	集团客户中心	大客户中心
5		电子渠道中心	电子渠道组	信息传媒中心
6		客户服务部	客户服务中心	服务监管部
7		客户呼叫中心		客户服务中心
8		信息传媒中心		信息传媒中心
		14个区县分公司	区域营销中心	各区县分公司
9	后台部门（10）	产品创新部	增值业务中心	
10		产品创新支撑中心		
11		网络建设部	数固中心	工程中心
12		运行维护部		网络运维部
13		网络管理中心		网管中心
14		网络维护中心		网络维护中心
15		集团客户响应中心	运行维护部	业务响应中心
16		管理信息系统部		企业信息化部
17		业务支撑系统部	信息化中心	支撑共享中心
18		计费结算中心		
			国际业务部	
19	职能部门（15）	综合部	综合部	综合与法律部（工会）
20		行政服务中心		行政服务中心
21		企业发展部	企业管理部	人力资源部、财务部
22		人力资源部	人力资源部	人力资源部
23		计划管理部	计划建设部	计划建设部
24		财务部	财务部	财务部
25		财务共享中心		会计核算中心
26		审计部	审计分部	审计分部
27		风险管理部	审计分部	综合与法律部（工会）
28		监督事务部	综合市场部/运维部	市场部/运维部
29		法律事务部	法律事务部	综合与法律部（工会）
30		物资采购部	计划建设部	采购与物流中心

〔续表〕

序　号	机构类别	融合后机构名称	联通原机构对应	网通原机构对应
31	职能部门（15）	党群工作部	党群监察制	党群工作部
32		纪检组/监察室		
33		工会	工会	综合与法律部(工会)
34	移动网络公司（7）	综合部	（原职能各部门）	
35		财务部	财务部	
36		网络建设部	计划建设部/网工中心	
37		运行维护部	运行维护部	
38		网络管理中心	网络管理中心	
39		网络优化中心	技术支持与网优中心	
40		网络维护中心	网络维护中心	

第三节　融　合　发　展

一、总体情况

2009年1月13—14日，上海联通召开2009年度工作会议，全面部署2009年各项工作任务，确定2009年工作的总基调："保发展、调结构、健体系、强管理、抓落实、促和谐"。总体工作思路：紧紧围绕集团发展战略，坚持以品牌为引领，以市场为导向，以客户价值创造为核心，以差异化经营为手段，牢牢抓住移动业务和宽带业务规模发展这条主线，突出效益，强化协同，发挥优势，创新经营，大力拓展集团客户市场、个人移动市场和家庭宽带市场，进一步优化渠道结构、产品结构、客户结构和成本结构，着力提升网络运营能力、渠道销售能力、信息化支撑能力、精准化管理能力和团队协同能力，实现企业好中求快、又好又快发展。

2010年，上海联通以"上规模、调结构、求效益"为主攻方向，全面实施"1355"战略。一个定位：将2010年定位为上海联通发展年；三大目标：上规模、调结构、有效益；五个重点：3G、宽带、业务应用、精品网、世博保障；五大主题：发展、管理、创新、服务及和谐发展。

融合后的上海联通实行两地办公，职能部门在浦东新区浦东大道900号8—23层办公，其余部门在长宁区长宁路1033号联通大厦办公。

融合后的上海联通，固定资产原值逐年增长。2009年为154.59亿元，2010年为174.71亿元。

表1-3-3　2009—2010年上海联通固定资产原值统计表

年　份	固定资产原值(亿元)
2009年	154.59
2010年	174.71

融合后的上海联通,营业收入逐年增长。2009年主营业务收入为43.25亿元,其他业务收入0.57亿元。2010年主营业务收入为49.38亿元,其他业务收入2.86亿元。

表1-3-4 2009—2010年上海联通营业收入统计表

年 份	主营业务收入(亿元)	其他业务收入(亿元)
2009年	43.25	0.57
2010年	49.38	2.86

二、人员结构

2008年12月,融合后的上海联通共有在职正式员工1 421人,其中原上海联通678人,上海网通743人,平均年龄34岁;中层干部129人,其中原上海联通75人,上海网通54人;本科以上学历员工占70%,其中硕士及以上学历员工占10%。

2009年12月,上海联通共有员工2 302人,其中合同制员工1 428人,派遣制员工874人。合同制员工中,女性员工558人,占39%。学历结构:硕士研究生及以上共141人,其中取得博士学位6人,取得硕士学位135人,大学本科864人,大专657人,中专及以下640人。年龄结构:25岁及以下375人,26—30岁712人,31—35岁529人,36—40岁263人,41—45岁109人,46—50岁113人,51—55岁139人,56岁及以上62人。

2010年12月,上海联通共有员工2 223人,其中合同制员工1 444人,派遣制员工779人。合同制员工中,女性员工565人,占39.13%。学历结构:硕士研究生及以上159人,其中取得博士学位6人,取得硕士学位211人,大学本科988人,大专487人,中专及以下589人。年龄结构:25岁及以下308人,26—30岁679人,31—35岁511人,36—40岁306人,41—45岁115人,46—50岁114人,51—55岁120人,56岁及以上70人。合同制员工专业技术人员职务:高级57人,中级303人,初级385人。

表1-3-5 2008—2010年上海联通员工人数统计表　　　　　　　　　　　单位:人

年 份	员 工 人 数		
	合 计	合 同 制	派 遣 制
2008	1 421	1 421	
2009	2 302	1 428	874
2010	2 223	1 444	779

表1-3-6 2009—2010年上海联通员工结构统计表　　　　　　　　　　　单位:人

年份	员 工			学 历					职 称		
	合计	合同制	派遣制	博士	硕士	本科	大专	中专及以下	高级	中级	初级
2009	2 302	1 428	874	6	135	864	657	640	51	226	282
2010	2 223	1 444	779	6	211	988	487	589	57	303	385

表1-3-7 2009—2010年上海联通资深经理、高级业务经理人数统计表

年份	资深经理		高级业务经理		
	一级	二级	一级	二级	三级
2009	3	0	6	0	0
2010	12	1	0	10	22

三、人才培养

2010年4月27日,上海联通为畅通员工职业发展通道,建立人才选拔、管理长效机制,逐步培养和建设一支高素质"百名"人才队伍,根据《中国联合网络通信有限公司上海市分公司2010年度专业技术人才选拔工作实施方案》,经上海联通7个专业评审组、评审委员会复核评审,评选专业技术人才。对被评选的技术人才自2010年5月1日起发放专家津贴(聘期内500元/月),优先提供培训、交流机会。同时,要求其履行规定职责,并实施聘期制、年审制等动态管理措施。

第四节 主体公司

一、总体情况

2008年,根据中国联通对组织机构设置要求,上海联通设33个部门。按照"贴近客户、切小营销单位,强化销售和服务职能"原则,对原上海联通、上海网通18个区县分公司(营销中心)进行合并,设置14个区县分公司。

二、部门设置

【职能部门】

综合部 负责综合管理工作的协调与管理;重要会议和重大活动的组织安排和服务;为领导服务等日常秘书事务;综合性文字起草及综合调研工作,信息编报、交流及上报工作;文档、保密、信访工作;外事工作,负责与社会团体、协会的接口联络工作;新闻宣传、媒体公关工作;安全生产保卫管理工作和系统安全管理工作;指导并协调行政事务工作。

企业发展部 根据上海联通整体发展战略,制定发展策略;负责跟踪、监督和评估战略的贯彻与落实;根据整体绩效考核办法,制定并实施部门、生产单位、经营实体绩效考核办法;根据中国联通下达的组织架构方案,组织实施组织架构方案;组织制定并优化业务管理流程;根据企业文化建设总体策划,组织开展企业文化建设工作;负责管理创新和成果推广交流。

人力资源部 在中国联通人力资源整体规划的指导下,制定上海联通人力资源规划,进行信息统计分析;负责各类人才队伍、专家队伍建设,员工职业生涯规划;在上海联通建立的薪酬体系和中长期激励机制指导下,具体制定人工成本、福利、保险、股票期权、企业年金计划等政策,并管理与实施;负责人员培训规划与管理,并向中国联通上报培训需求;负责上海联通人员管理、人事档案管理;负责离岗退养审批。

计划管理部 负责三年滚动规划和年度综合计划;归口管理各业务投资计划;负责汇总网络需求,并上报总部;年度网络投资计划制定、分解下达和调整,并负责年度投资计划监督、考核;固定资产投资项目的跟踪和后评价管理工作;负责技术规划工作。

审计部 负责以内部控制为主线,组织对经营决策、投资决策等经营管理过程及效果内部控制有效性审计监督;负责以促进经营目标实现为核心,组织对业务经营过程的规范性和效益性及存在问题进行实时审计监督或专项审计调查;负责组织对资本性开支全过程,包括设备采购程序、工程建设过程、形成资产准确及投资效益等各环节审计监督;负责对业务支撑系统、经营分析系统等系统可靠性、安全性和有效性进行审查与评价。

风险管理部 根据上海联通全面风险管理和内控体系制度,组织实施风险管理工作;负责对重大战略项目、经营目标、中心工作及时进行风险分析,并提出风险应对措施;负责组织、协调内、外部审计对上海联通内控测试整体工作,汇总分析内控测试结果,制定内部控制综合评价报告;负责对专业信息、内控自我评价报告和财务报告等信息数据质量进行稽查;负责对上海联通所属各单位内控与全面风险管理工作进行指导、监督和考核;负责跟踪、检查公司重大风险等解决方案的落实情况和内控缺陷等整改情况;负责上海联通内控与全面风险管理培训、文化建设和信息系统建设,协调有关内控与风险管理监管机构和审计工作。

物资采购部 汇总采购需求,根据中国联通集采规范和要求落实采购工作;负责通信建设项目招标采购、报送审批及合同签约,以及采购后评估工作;负责组织集采类设备供应商入围、产品选型的认证工作,建立供应商管理和评估机制;负责制定上海联通资产采购与管理体系考核指标,并组织实施;负责归口管理物流工作和供应链管理;负责提出资产采购与管理信息系统需求,负责资产命名和编码管理;根据集团物资质量管理制度和物资检验标准,组织供应商产品抽检;负责合同执行管理。

监管事务部 负责贯彻落实政府相关监管政策,协调与政府主管部门和其他运营商关系;在中国联通指导下,具体落实上海联通与其他电信运营商互联互通;负责网间结算工作。

法律事务部 负责对企业重大经营决策提出法律意见;参与制定重要规章制度;管理、审核企业合同,参加重大合同谈判和起草工作;办理企业工商登记以及商标、专利、商业秘密保护、公证、鉴证等有关法律事务,做好企业商标、专利、商业秘密等知识产权保护工作;提供与企业生产经营有关法律咨询;受企业法定代表人委托,参加企业诉讼、仲裁、行政复议和听证等活动。

党群部 围绕党的中心工作,在上海联通认真宣传、贯彻党的路线、方针和政策;承担党组交办工作事项,做好党组中心组学习和领导班子民主生活会的组织服务工作;负责党建工作;指导开展思想政治和宣传教育工作,开展党务干部和党员的教育培训和党校学习工作,承办思想政治工作研究会;负责组织、指导开展精神文明创建活动;负责共青团组织建设、青年管理工作;指导开展群众工作,包括统一战线、拥军优属以及听取群众意见、关心群众工作和生活、维护员工队伍稳定等相关工作;负责直属党委工作,包括党的组织建设、思想政治、工作作风、宣传教育、党员发展等;负责直属工会工作,履行工会职责,不断改善企业民主管理,丰富员工工作和生活;负责直属团委工作,包括建立健全团的基层组织、加强团员管理、青年推优入党以及组织开展青年岗位能手、青年创新创效、青年志愿者等一系列主题实践活动;负责援疆、援藏的组织协调。开展扶贫工作,包括扶贫项目管理和扶贫干部选派等工作。

工会 在中国联通工会系统组织发展规划下,开展工会组织建设工作;负责组织专兼职工会干部的政治思想教育和业务培训;组织召开职代会;组织开展职代会工作调研;负责维护广大员工合法权益,对企业改革发展中涉及员工切身利益的政策、法规执行情况进行调研和检查指导,参与研究制定涉及劳动、分配、薪酬、保险等制度和规定；负责指导工会组织建立平等协商机制和集体合同制度；组织开展劳动竞赛、技术比武、岗位练兵、合理化建议征集等群众性经济技术活动；负责工会系统组织的评先创优活动和劳动模范管理工作；在中国联通指导下，开展工会女职工工作；负责工会经费预决算编制及管理工作；指导工会建立健全帮贫扶困机制，组织开展"送温暖"活动；指导基层开展安全生产宣传和检查工作，建立工会安全生产劳动保护监督检查机制，保障员工安全生产权益。

纪检组、监察室 监督检查上海联通所属单位贯彻党的路线、方针、政策，遵守和执行国家有关法律、法规，执行重大决策及规章制度的情况；监督检查党组直接管理的领导人员执行廉洁自律各项制度规定情况，并对违反规定行为进行调查处理；受理、督办对各级组织和领导人员的检举控告；受理党组管理领导人员不服纪律处分的申诉；查处涉及党组直接管理领导人员违反党纪政纪的案件和其他大案要案；围绕上海联通中心工作，开展对生产经营管理过程中的重点部位和关键环节的效能监察；负责对生产经营管理中的重大事项，如重大决策、重要人事安排、重要投资项目和大额度资金运作、招投标工作等进行监督检查；组织开展对党员和员工的党纪政纪教育活动；结合上海联通实际，组织开展廉洁文化建设；组织开展对上海联通所属单位党风建设和反腐倡廉工作情况进行巡视检查；落实国资委关于《惩防体系》信息系统建设维护工作；组织纪检监察工作业务交流和人员培训；组织开展纪检监察工作调查研究，探索新形势下企业反腐倡廉工作方式方法；负责与相关纪检监察部门及司法机关沟通、协调，配合相关单位查处涉及上海联通所属单位和领导人员的违法违纪案件；负责党组纪检组日常事务；指导、督办上海联通所属单位开展职责范围内各项工作。

郊区推进办 拓展郊区市场，塑造联通品牌是融合后的重点项目之一。2009年7月，上海联通组建"上海联通郊区发展推进办公室"，按照上海联通对郊区发展的整体规划，负责对郊区发展策略具体指导和综合协调。赋予郊区办公室以下工作职责：协助制定郊区三年滚动规划，牵头制定推进郊区发展的分阶段工作计划，并协调、督促各相关单位落实。协助郊区分公司形成全面运营能力，包括："建设固、移有机结合，重点目标区域全覆盖的网络。建立有效的市场销售渠道体系。建立有效支持业务发展的网络维护体系。推进重大项目和重要客户拓展。政府等公共关系拓展和维系。建立健全公司内部管理体系和制度流程等。"参与郊区分公司人事配置及人员编制核定工作并提出相关建议。参与郊区分公司财务预算分解工作，并提出相关建议。参与郊区分公司投资预算分解工作提出相关建议。参与各郊区分公司领导班子考核工作，并提出相关建议。郊区办成立后，根据上海联通党委有关要求，以帮助郊区"上规模、调结构、求效益"为工作目标，大力推进各郊区分公司业务发展，为充分了解郊区分公司实际情况，郊区推进发展办公室深入各郊区分公司进行实地调研，帮助郊区分公司分析竞争对手市场结构，明确郊区分公司市场目标并协调职能部门制订郊区产品和资费等。切实改善诸多郊区分公司在业务发展中遇到的瓶颈。同时协助各郊区分公司建立起与各郊区政府的战略合作关系，引导郊区分公司全面参与郊区信息化建设和重大项目建设，积极稳妥地推进郊区"三网融合"及与广电部门合作。推动制定与郊区发展战略适应人员编制和岗位设置方案，做好郊区分公司人员招聘和引进工作，在郊区办推动下，上海联通制订有利于人才向郊区分公司流动激励机制，使郊区分公司较好得到人力资源补充，为业务拓展奠定基础。

【市场前台】

市场部 在上海联通整体战略指导下，研究制定市场营销策略，负责各业务、各产品、各客户群协调发展；制定整体市场发展策略；根据中国联通下达的经营计划，分解到相关部门并监督执行；根据中国联通的整体形象政策，负责上海联通品牌管理和整体形象宣传；根据整体渠道规划和规范，制定上海联通渠道管理规范,包括社会渠道、营业厅、电子渠道、公众直销队伍等,负责管理自有营业厅;根据中国联通下达资费政策框架、定价策略及内部结算办法,制定资费管理办法;负责综合业务管理和市场前端各部门间业务协调;根据上海联通统一电信卡管理办法,汇总协调综合电信卡需求;负责组织汇总各前台部门对BSS综合业务需求,协调后统一向业务支撑系统部提出总需求;负责业务稽核总体工作。

个人客户部　在总体市场策略指导下,组织开展移动业务市场(个人客户)营销工作,主要包括:在上海联通总体市场发展战略指导下制定移动业务经营发展策略,编制移动业务经营预算,承担移动业务经营发展指标并分解到区域营销中心,对区域营销中心进行专业考核与指导。根据中国联通移动用户维系挽留政策制定移动用户维系挽留办法;根据上海联通总体品牌宣传政策实施管理移动业务品牌广告宣传;根据中国联通专属渠道发展计划,实施管理移动业务专属渠道拓展;根据中国联通总体定价政策负责移动业务资费制定并监督执行;负责实施中国联通下达的移动业务产品开发管理及移动业务产品的设计、业务管理和新产品试商用;实施中国联通下达的全国性移动业务的本地促销及业务推广活动;负责汇总提出本地移动的专业电信卡需求;负责移动业务产品生命周期管理(包括业务管理,试商用,退出机制和二次开发需求等);汇总提出移动终端需求;负责移动业务的业务稽核工作。

家庭业务部　在总体市场策略的指导下,组织开展固网市场(家庭客户)营销工作,主要包括:制定固网业务经营发展策略,承担公司统一下达的经营业绩目标及营销成本、重点任务等方面的指标。编制固网业务经营预算并分解到区域营销中心进行专业考核与指导;制定固网用户维系挽留办法;实施管理固网业务品牌广告宣传;归口管理固网业务专属渠道,定制专属渠道发展计划,进行专属渠道拓展;负责提出自有渠道网点建设需求和功能需求;负责固网业务产品销售、推广,指导区域营销中心开展营销工作;负责固网业务资费制定并监督执行;负责实施中国联通下达的固网业务产品开发管理及固网业务产品的设计、业务管理和新产品试商用;实施中国联通下达的全国性固网业务本地促销及业务推广活动;负责汇总提出本地固网专业电信卡需求;提出固网业务产品需求,负责固网业务产品生命周期管理(包括业务管理,试商用,退出机制和二次开发需求等);负责固网电话卡业务管理、销售和推广;负责固网国际去话营销汇总提出固网终端需求;负责固网业务的业务稽核工作。

集团客户部　在总体市场策略指导下,组织开展集团客户全业务(包括国际业务)营销工作,主要包括:制定集团客户经营发展策略,编制集团客户经营计划,负责应急资金管理,承担集团客户经营发展和成本指标,并分解到区域营销中心进行专业考核与指导。根据中国联通总体品牌宣传政策,实施管理集团客户品牌与广告宣传;根据中国联通总体定价政策,负责制定集团客户产品定价与销售策略;负责集团客户行业营销指导、销售管理、渠道管理及重大项目协调、支撑和实施工作;负责组织开展中国联通下达的全国性市场推广,重要集团客户拓展与维系;负责集团客户行应用及产品开发和管理工作,选择行业应用合作伙伴,制定行业解决方案;根据中国联通集团客户服务标准、规范和流程,组织实施大客户关系管理;负责制定面向大客户项目实施管理办法和服务规范,负责跨域项目一站式服务实施;负责提出集团客户业务支撑平台及信息化需求,提出适用于集团客户终端定制及开发需求;负责集团业务的稽核工作。

客户服务部　制定上海联通总体服务标准,负责家庭和个人客户服务的组织和管理;根据上海联通服务管理体系和服务质量监督机制,开展服务质量评价和考核,实施服务质量监督;组织开展政府主管部门部署的行风建设工作,参加并负责落实政府主管部门与社会监督机构部署的服务质量专项活动,负责协调与政府主管部门及社会监督机构的服务工作关系;负责本地客服中心、客户俱乐部和投诉处理中心的业务管理、资源管理和运营管理；根据各市场业务单元的客户维系挽留政策，负责通过客户俱乐部、VIP客户经理和客服中心开展服务维系与客户挽留工作，并负责积分计划的具体实施；集中受理与处理客户投诉和申诉；负责客服资源的规划与管理；负责客服业务信息管理；定期组织客服人员服务培训。

【后台支撑】

产品创新部 根据中国联通产品创新相关规范，负责产品创新工作；负责汇总本地产品开发计划，并上报中国联通；新业务产品的平台建设维护、业务网络信息安全的归口管理和考核；负责运营机构业务归口管理，对运营机构进行业务管理并考核；根据上海联通SP/CP（服务提供商/内容提供商）的选择标准与管理规范，负责SP/CP及运营支撑合作管理，以及SP/CP业务测试管理；参与制定新业务营销推广方案并配合落实。

网络建设部 负责固定通信网投资需求和投资项目的汇总、平衡和审核，配合计划部门进行综合平衡；根据上海联通总体业务发展规划，提出固网建设投资需求；根据固网项目建设规范，实施固网建设工作；负责响应移动网络公司建设需求；根据中国联通授权范围，负责固定通信网骨干网建设项目可行性研究、工程设计、工程实施方案的审批；固网工程初验和终验；在中国联通指导下，负责国际网络境内本地部分网络建设工作；负责本地范围内"光进铜退"、村通工程、大客户支撑等固网建设专项工作实施。

运行维护部 根据中国联通制定固网运行维护规程、管理制度、生产流程，组织实施省分固网运行维护管理；负责省分内固网运行质量、客户网络服务质量信息收集、分析和共享；负责省分公众网络通信、特殊通信、应急通信、重要通信管理与保障和网络安全工作；参与省分统一实施固网项目的设备选型及初验、终验，并对终验具有决定性意见；负责完善客户响应及网络服务支撑体系；负责对移动网络公司的网络支撑。

信息系统管理部 归口受理各部门对管理信息系统的支撑需求；根据上海联通MSS（管理支撑系统）系统工程建设管理办法，组织实施MSS系统工程项目建设管理；负责MSS系统应用维护和支持；负责提供对外业绩披露和内部经营分析、绩效考核所需的基础统计数据，并按需提供分析报告；在内网信息安全管理办法的指导下，负责内网信息安全管理工作；负责进行MSS系统的服务支撑管理工作。

业务支撑系统部 归口受理各部门对业务支撑系统的支撑需求；在中国联通指导下，具体负责业务支撑系统和网管级OSS（网络运营支撑系统）应用开发、建设和管理工作；对个人客户、家庭客户、集团客户解决方案负责业务系统支撑；根据中国联通制定的运行维护管理规范，负责业务支撑系统网络运行和管理；负责审核上海联通直属的BSS（业务支撑系统）和网管级OSS系统投资项目技术方案，参与设备选型；负责对业务稽核支撑工作；负责计费结算中心管理。

【生产中心】

电子渠道中心 根据中国联通电子渠道业务发展规划，制定本地发展计划，并组织实施；负责汇总并分析业务需求及用户需求，并协调实施；根据中国联通电子渠道运营管理规范，组织实施日常生产运营工作；利用电子渠道对公司产品和业务进行销售。

信息传媒中心 负责对黄页、媒体广告等业务进行销售，承担相应经营业绩指标；根据产品创新部制定技术平台标准，对现有业务平台（如黄页、信息媒体广告等）进行管理和维护；根据产品创新部的 SP/CP 合作框架进行 SP/CP 评估和管理。

产品创新支撑中心　根据产品创新部制定的平台技术标准，负责对省分统管的平台进行管理和维护；根据产品创新部制定标准，负责省分统管的新业务管理平台（包括用户鉴权、认证等）的建设、维护和管理。

计费结算中心　负责业务各类计费、结算系统上线后业务管理及应用软件终验和运行维护工作；新业务开通计费结算测试工作；负责业务支撑系统的局数据维护管理工作；业务支撑系统上线后资产管理和设备运行维护工作，提出系统硬件扩容需求；业务支撑系统的数据备份、安全管理和中国联通容灾系统维护管理；对业务稽核工作提供支撑。

网络管理中心　负责各专业骨干网7×24小时集中监控、重大故障处理指挥调度及全网技术支撑；实施各专业骨干网网络安全应急预案以及软件版本管理与口令管理；实施各专业骨干网络资源预警、网络优化实施；各专业骨干网资源管理与调度工作；骨干网络资源统计分析及与其他运营商资源的置换与租用，提出网络建设需求和资源预警。

网络维护中心　负责固网国际、骨干、核心、汇聚网络管线、设备和动力等日常维护及抢修工作；固网通信局房及所属机房内设备现场维护及管理；参与固网项目设备选型及初验、终验，并对终验具有决定性意见；针对网上重大缺陷及网络瓶颈提出技术解决方案；根据现网实际，提出网络建设需求；负责管辖范围内通信用固定资产实物管理；所维护设备大修技改工作实施。

集团客户响应中心　负责集团客户售前解决方案制定的支撑、参与重大项目应标；集团客户网络资源核查；集团客户售后服务支撑，为客户提供端到端通信保障、故障处理、网络优化与扩容及重保服务；组织为集团客户提供差异化网络服务；集团客户信息通信外包服务项目实施；参与客户工程选型及招投标、验收等工作；负责对全国性集团客户提供支撑。

客户呼叫中心　根据上海联通客户服务标准、流程和管理规范，负责受理、处理用户电话投诉、接受客户咨询和为客户办理各种业务等；根据客服部下达的客服热线服务维系政策，负责具体实施各种客户服务活动。

财务共享中心　负责会计核算和日常费用报销工作；财务月报、季报、半年报、年度财务会计报告编制工作；负责财务系统日常维护工作；负责发票管理、各项税务申报、缴纳工作；具体承担资金调度、缴拨款清算；负责会计档案管理工作；代管工会、党务账务核算、决算工作。

行政服务中心　负责行政后勤归口管理费用预算编制、预算执行管理及相关费用核算分摊；所属土地和房屋产权管理、房屋调配、维修改造及相关设备设施维护维修管理；汇总办公设备、办公家具、员工用宣传品等需求，报送物资采购部进行统一集中采购；办公设备、办公家具等资产调配、维护维修管理；所属房产物业管理、物业相关服务监管、办公环境建设及维护；负责节能工作；协助承办重大活动和大型会议。

三、三级机构调整

2009年2月，上海联通对三级机构进行调整。行政服务中心：内设后勤事务处、房屋管理处、综合事务处3个三级正单位。业务支撑与稽核中心：内设卡业务管理处、资料与催欠管理处、业务稽核处3个三级正机构。集团客户部：内设政要客户销售中心、金融客户销售中心、大型企业客户销售一中心、大型企业客户销售二中心、国际业务及SP销售中心、过网业务销售中心、经营管理处、营销策划处、中小企业处、呼叫中心及IDC拓展处、项目协调处11个三级正机构。

8月，上海联通调整集团客户业务管理体制：将集团客户部更名为集团客户事业部，实行事业部制管理。分为职能管理、产品支撑和销售服务3个模块。为强化销售职能，在销售服务模块设立金融客户销售服务中心、政要客户销售服务中心、大型企业客户销售服务一中心、大型企业客户销售服务二中心、国际业务及SP销售服务中心。上述5个客户销售服务中心为二级副机构（不再下设三级机构），分别承接上海联通下达的预算指标，进行独立综合绩效考核，其收入与区县分公司共同计算。接受集团客户事业部归口管理。原集团客户部下设的金融客户销售中心、政要客户销售中心、大型企业客户销售一中心、大型企业客户销售二中心和国际业务及SP销售中心，予以撤销。

行业应用与系统集成中心：内设行业应用解决方案处、行业拓展处、系统集成及应用支撑处3个三级正机构。销售部：内设经营策划处、业务管理处、存量维系处、终端管理处、校园业务销售中心、渠道管理中心、家庭业务销售中心、国际业务销售中心8个三级正机构。产品创新部：内设公众产品开发处、行业应用产品开发处、业务拓展处、业务管理处、信息传媒产品开发处5个三级正机构。产品创新支撑中心：内设平台建设与业务响应处、平台维护处2个三级正机构。服务监管部：内设综合支撑处、服务监督处、VIP与俱乐部管理处、营业管理处4个三级正机构。客户服务中心：内设客服呼叫中心、VIP客服呼叫中心、电话销售中心、运营支撑中心、投诉管理处、综合管理处6个三级正机构。信息化部：内设需求与系统建设处、IT服务处、经营支持处、应用系统维护处、基础设施维护处、综合规划与管理处6个三级正机构。计费结算中心：内设计费管理处、结算管理处、账务服务处、账务管理处、业务支撑处5个三级正机构。电子渠道部：内设建设运营处、渠道拓展处2个三级正机构。

9月29日，为进一步推进上海联通客户导向的"全业务服务体系建设"，持续提升客户感知度和满意度，建立起全业务、全过程、全方位服务体系，经总经理办公会议研究通过，决定对涉及客户服务界面的相关三级机构和职责作如下调整和完善：

一是区县分公司的销售支撑部门强化服务维系职能。销售支撑部统一更名为客户服务与销售支撑部，公众客户部的VIP客户经理维系职责，划归客户服务与销售支撑部。新增职责：负责区县分公司服务质量管理，组织实施服务质量分析，发布服务质量报告；组织服务监督检查，实施内部服务考核；负责区县投诉管控，落实首问负责制，统一协调处理本区客户投诉；负责VIP客户和中小企业客户的服务维系；负责管理客户经理团队，实施属地化、个性化、区域化的VIP服务维系工作；接受电话维系挽留中心派单的区域服务任务，落实营业厅对VIP客户专属服务；负责区域内公众VIP存量用户的用户保有、收入保有；负责客户俱乐部工作的组织、实施；负责区县营业窗口的服务管理；负责落实服务标准、服务管理规范培训，配合做好业务培训；及时向相应部门保障责任人反映影响客户感知的问题，跟踪解决过程，并按规定升级；负责对代理、代维服务质量进行监督检查。

二是市场条线的业务管理三级部门强化服务响应职能。市场部原业务管理模块更名为业务服务管理模块；销售部原业务管理处更名为业务服务管理处；集团客户事业部原经营管理处更名为经营服务管理处；产品创新部原业务管理处更名为业务服务管理处；电子渠道部原建设运营处更名为建设运营服务处。新增职责：对产品、业务、营销问题的回复，协调与解决服务热点问题。在产品设计阶段组织影响客户感知的重点内容测试，在产品发布后组织执行成效、客户反映等候评估。梳理影响客户感知的各类问题，修订相关制度规范，实现以客户为导向的理念。

三是服务监管部强化服务维系管理职能。服务监管部强化服务维系管理工作，其VIP与俱乐部管理处增加服务维系策划职能。新增职责：负责与VIP服务维系相关部门和业务单元沟通协调并推动实施各项VIP服务；负责VIP用户全过程、全生命周期服务维系方案的制定、协调、监督实施；负责VIP用户服务维系管理办法、业务规范、工作流程制定与组织实施等；负责企业内部各服务环节制度和流程执行质量监督、评价和考核。

四是客户服务中心新设电话维系挽留中心和集客专席。各营销单元的维系要求和策划,组织对公众VIP用户、中高端用户、中小企业用户外呼回访和电话挽留;负责根据相关业务单元的外呼需求、编制外呼脚本、落实外呼进度控制和质量监控;负责外呼运营数据采集、分析及相关报表统计汇总和上报工作;负责将外呼过程中收集的用户需求、建议、客户所处生命周期阶段的动态变化及有价值信息汇总、分析、整理及反馈相关业务部门;负责将客户定点办理要求按流程规定派单落实。

五是VIP客服呼叫中心更名为集客呼叫中心,新设集客服务专席。负责集团标示客户(固网、移网、融合、行业)集团专属业务咨询、办理;负责关键人代办的集团整体服务支撑,整理集团整体业务需求和建议,并转派处理、跟踪反馈;负责集团用户投诉受理、转派处理。

六是客服呼叫中心更名为公客呼叫中心。负责2G、2GVIP、3G、3GVIP客户的业务咨询、办理和服务支撑等工作。

七是网络管理中心新设客户响应机构。为增强工单响应能力,实现分级服务响应支撑,在移动网管中心新设响应职责前移的客户服务响应处。负责全业务工单预处理后分类、分级派发,7×24小时在线集中响应工作。集团客户响应中心的客户网络服务响应处,负责根据大客户全业务工单内容派发,实现差异化跟踪响应。负责接口服务部门,对涉及计费、账务、系统等信息化相关咨询、查询、投诉工单统一受理、牵头处理、跟踪回复;负责协助区县分公司解决涉及计费、账务、系统等信息化的群体升级投诉问题;负责制定客户层面涉及计费、账务、系统等信息化方面的宣传内容和解释口径;负责与服务部门定期沟通,参加服务联席会等服务专题会,跟踪、推动相关服务热点和投诉问题的解决,通报处理情况及客户反馈。

【前台单位】

融合重组涉及内设三级机构的前台单位为个人客户部、家庭客户部、集团客户部、客户服务部、电子渠道中心和信息传媒中心。个人客户部:内设业务支撑部、市场策划部、存量经营部、市场拓展部4个三级正机构。家庭客户部:内设公众业务部、语音业务部、经营管理部3个三级正机构。集团客户部:内设政要客户销售中心、金融客户销售中心、大型企业客户销售一中心、大型企业客户销售二中心、国际业务及SP销售中心、过网业务销售中心、经营管理处、营销策划处、中小企业处、呼叫中心及IDC拓展处、项目协调处11个三级正机构。客户服务部:内设综合支撑部、服务监督部、投诉管理部、营业管理部、VIP与俱乐部管理部、资料与催欠管理部6个三级正机构。电子渠道中心:内设建设运营部、渠道拓展部2个三级正机构。信息传媒中心:内设互联网业务部、多媒体业务部、业务管理部3个三级正机构。

【后台单位】

融合重组内设三级机构的后台单位为产品创新部、产品创新支撑中心、业务支撑系统部、计费结算中心、网络建设部、网络管理中心、网络维护中心、管线维护中心和集团客户响应中心。产品创新部和产品创新支撑中心:内设业务管理部、业务拓展部、综合应用部、产品开发部、技术支撑部5个三级正机构。业务支撑系统部:内设需求管理部、经营支持部、渠道支持部、基础设施维护部、综合规划部5个三级正机构。计费结算中心:内设计费管理部、结算管理部、账务服务部、销账稽核部4个三级正机构。网络建设部:内设建设管理部、基础管线部、基础网络部、郊区项目管理部、东区接入部、西区接入部6个三级正机构。网络管理中心:内设综合管理部、数据网络部、交换网络部、传输网络部、业务实施部、集中监控部 6 个三级正机构。网络维护中心：内设市北区域维护部、乐凯区域维护部、漕河泾区域维护部、包头路区域维护部、IDC 维护部、海缆登陆站维护部、国际网络维护部、郊区网络保障部、动力支撑部、综合业务管理部 10 个三级正机构。管线维护中心：内设综合业务管理部、干线维护部、东区维护部、西区维护部 4 个三级正机构。集团客户响应中心：内设客户网络支撑部、网络资源管理部、客户网络响应部、客户网络服务部 4 个三级正机构。

【职能单位】

此次涉及内设三级机构的职能单位为行政服务中心和财务共享中心。行政服务中心：内设后勤事务部、房屋管理部、综合事务部 3 个三级正机构。财务共享中心：内设收入核算部、成本费用核算部、总账核算部和工程资产核算部 4 个三级正机构。

第五节　移动网络公司

一、总体情况

2008 年，上海联通筹备组根据中国联通要求和实际需要，成立移动网络公司，设 7 个部门：综合部、财务部、网络建设部、运行维护部、网络管理中心、网络优化中心、网络维护中心。

二、部门职责

【综合部】

负责和主体分公司谈判并签订服务水平协议和转移价格；负责人事、薪酬和绩效考核等管理工作；配合上海联通进行财务审计工作；负责移动网络公司会议、领导服务等日常秘书事务；负责移动网络综合性文字起草及综合调研工作；负责信息编报、交流及上报工作；负责文档、保密工作；负责移动网络公司外事工作，及国内社会团体、协会接口联络工作；负责新闻宣传、媒体公关工作；负责安全生产管理工作。

【财务部】

负责承担移动网络公司移动网络资产（包括无线网和核心网）管理以及相关运营、维护等成本费用管理；负责上海联通移动项目工程会计核算与财务管理工作；提出预算需求，为主体公司制定移动网络公司年度预算提供参考依据；根据上海联通制定的指导原则，组织移动网络公司内部经营业绩审查，检查预算执行情况；负责移动网络公司内部资金调度和结算管理；在上海联通会计核算指导原则下，负责组织移动网络公司财务会计核算及财务会计检查工作；负责移动网络公司涉税事务申报、清缴。

【网络建设部】

根据移动网络公司移动网业务发展规划，提出移动网建设投资需求；根据中国联通移动通信网络工程建设管理规范，实施本地移动网建设工作根据移动网年度建设投资计划；负责审批移动网建设项目，包括可研和初设；负责上海联通直接管理移动网建设项目的组织实施；负责上海联通直接管理移动网建设项目初验、终验；负责移动通信网络工程建设、工程进度和工程质量管理工作；负责移动通信网络建设工程中省分集中采购的网络设备选型、技术评标以及通信网络建设工程中设备配置清单审核工作；负责移动通信网络新技术、新设备引入测试工作；负责移动通信网络工程建设项目技术方案审核；负责移动通信网络设备技术规范书编制及审核工作。

【运行维护部】

根据中国联通移动网络运行维护相关规定，组织实施移动网络的运行维护管理；负责移动网络设备（包括无线网设备、核心网设备和配套设备）维护管理工作；负责对移动网维护外包工作及设备维保续保服务进行指导；参与移动项目设备选型及初验、终验，并对终验具有决定性意见；支撑市场前端部门，实现及时响应；协调配合实施新业务、新技术开发、试验项目；负责管理移动网络资源日常统计管理，及与其他运营商协商移动网络资源共享事宜；负责对上海联通提供的基础网络、设施提出服务质量要求，并根据双方确定的要求对服务质量进行监督；配合上海联通对移动通信网络的应急通信、重要通信进行管理和保障；负责移动网络安全生产工作的组织管理；负责移动网运维预算计划编制和实施维护成本管理；负责移动网络运行质量信息收集、统计和共享。

【网络管理中心】

负责移动网络实时运行监控，保证移动网络安全畅通；负责移动网络指挥调度，组织移动网络设备升级、割接以及电路调整等工作实施；指挥、协调、处理移动网络故障，及时向管理部门及上级领导通报重大故障和网络运行异常情况；负责移动网络局数据管理；负责组织移动网络网元设备和系统软硬件版本、补丁升级工作的全网实施；根据公司移动网管系统建设的技术规范和接口标准，组织实施移动网管系统应用开发及建设；参与移动项目设备选型及初验、终验；负责移动网管系统维护管理工作，指挥协调移动网管系统故障处理；组织移动网络管理和移动网管技术培训，提高移动网络管理人员的业务、技术水平。

【网络优化中心】

负责移动网络（包括电路域核心网、分组域核心网和无线网络）优化管理工作；根据公司移动网络优化规程和管理制度，组织实施优化考核工作；负责提供移动网络技术支持，解决现网存在的质量问题，协助处理网络重大故障；负责移动网网络设备软件版本和补丁入网测试验证工作；负责移动网网络质量技术分析，组织安排网络评测，牵头制定网络质量提升方案；负责移动网络工程实施阶段网络优化管理工作；参与移动网络建设项目技术评估工作；负责网络优化技术培训推广、研究创新工作；负责移动网络优化平台开发、建设和应用工作；负责移动网络演进有关技术跟踪和专项课题研究工作；根据网络优化费用管理办法，负责网络优化费用管理；负责移动网络应急方案制定。

【网络维护中心】

负责移动网动力设备、本地网线路以及一级干线本地段日常维护及抢修工作；负责移动网通信局房及所属机房内设备现场维护及管理；负责对移动网维护外包工作及设备维保续保服务进行归口管理；参与移动项目的设备选型及初验、终验；针对网上重大缺陷及网络瓶颈提出技术解决方案；根据现网实际，提出网络建设需求；负责管辖范围内通信用固定资产实物管理；负责所维护设备大修技改工作实施。

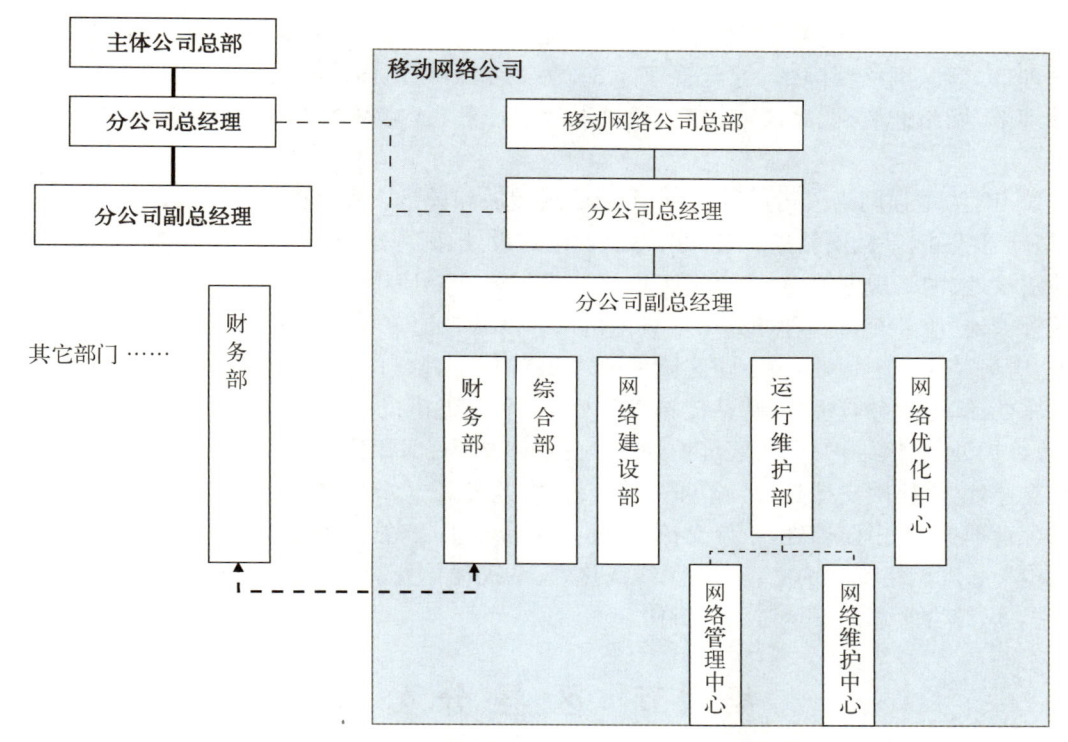

图 1-3-3　2008年上海联通移动网络公司机构图

表 1-3-8　2010年上海联通移动网络公司二级单位情况表

网络公司	二级正单位(7个)	二级副单位(3个)
	综合部	
	财务部	
	网络建设部	
	网络运行维护部	集团业务响应中心
		网络维护中心
		管线维护中心
	移动网络管理中心	
	固网网络管理中心	
	移动网络优化中心	

三、三级机构调整

2009年2月，涉及内设三级机构的移动网络公司后台单位为移动网络公司网络建设部、移动网络公司网络优化中心、移动网络公司网络管理中心。移动网络公司网络建设部：内设工程管理部、移动网络部、基站建设部、综合配套建设部、室内覆盖建设部5个三级正机构。移动网络公司网络优化中心：内设 W 网优化部、G 网优化部、系统技术部、无线技术部、室内覆盖技术部、基站管理部、郊区网络保障部、综合管理部 8 个三级正机构。移动网络公司网络管理中心：内设综合管理部、网络监测部、系统支撑部、增值平台维护部、智能网维护部、核心网维护部 6 个三级正机构。

2010 年，为增强网络公司运行能力，上海联通增加和调整三级机构。网络建设部：内设建设管理处、基础管线处、基础网络处、东区建设处、西区建设处、南区建设部、北区建设部、移动网络处、室内覆盖建设处、网络规划处 10 个三级正机构。集团客户响应中心：内设客户网络服务管理处、网络资源管理处、业务交付管理处 3 个三级正机构。网络维护中心：内设市北区域维护处、乐凯区域维护处、漕河泾区域维护处、包头路区域维护处、IDC 维护处、海缆登陆站维护处、国际网络维护处、动力支撑处、综合业务管理处、基站传输维护处 10 个三级正机构。管线维护中心：内设综合管理处、干线维护处、东区维护处、西区维护处 4 个三级正机构。固网网络管理中心：内设综合管理处、数据网支撑处、交换网支撑处、传输网支撑处、集中监控处 5 个三级正机构。移网网络管理中心：内设综合管理处、集中监控处、系统支撑处、短信平台维护处、智能网维护处、核心网维护处 6 个三级正机构。移动网络优化中心：内设无线优化处、系统优化处、系统技术支撑处、无线技术支撑处、综合维护处、综合管理处 6 个三级正机构。

第六节　区县分公司

2004 年 4—11 月，上海联通为开拓郊区市场，设立宝山、嘉定、青浦、松江、南汇、奉贤、金山、崇明、闵行 9 个分公司，均为非独立法人的分支机构。2005 年 12 月，上海网通设立南汇分局（2007 年 9 月改名为南汇分公司，二级正单位）。2007 年 9 月，上海网通在上海市区设立东区、西区、南区、北区、中区 5 个分公司，均为二级正单位。2008 年融合重组后，上海联通设立相对独立营运体制的 14 家区县分公司（二级正单位）。2010 年底，共有员工 1 251 人，全年营业收入 38.76 亿元。

一、东区分公司

上海网通浦东新区分公司位于浦东新区商城路 660 号，2007 年 9 月成立。初建时设综合管理部、市场销售部、网络部 3 个部门。2007 年 12 月，东区分公司成为浦东新区信息化协会理事会单位。2008 年 10 月，上海联通和上海网通合并重组，上海联通浦东新区分公司挂牌成立。是年，设销售支撑部、网络保障部、集团客户部、公众客户部和综合协调部。2009 年 1 月，南泉北路旗舰营业厅开业，上海联通总经理蔡全根出席开业仪式并视察工作。2010 年 3 月，东区分公司与上海世博会挪威馆签约，取得移动覆盖授权。4 月，浦东周家渡世博营业厅揭幕。10 月，上海联通首家采用全新理念设计 iPhone 客户俱乐部在东区分公司落成。11 月，东区分公司签约首个全国示范园区中国科学院上海浦东科技园区接入建设。

2007 年，东区分公司有乐凯营业厅，位于商城路 660 号 3 楼。2008 年，有乐凯营业厅、三林营业厅、齐河路营业厅、由由营业厅。2009 年，有南泉北路营业厅、齐河路营业厅、三林营业厅、由由营业厅、联洋营业厅、德州营业厅。2010 年，有南泉北路营业厅、齐河路营业厅、浦三路营业厅、周家渡营业厅、联洋营业厅、德州营业厅。

2007 年东区分公司有员工 68 人，其中合同制 48 人，外包 20 人。2008 年 147 人，其中合同制

69人,派遣制37人,外包41人。2009年175人,其中合同制73人,派遣制3人,外包99人。2010年185人,其中合同制76人,派遣制2人,外包107人。

固定资产原值:2008年2.21亿元;2009年2.79亿元;2010年3.68亿元。

营运业务收入:2008年2.16亿元;2009年9.17亿元;2010年11.93亿元。

表1-3-9 2009—2010年东区分公司用户数量和网络规模统计表

年 度	用 户 数（户）			网 络 规 模	
	移动用户	宽带用户	固定用户（含无线市话）	管线长度（公里）	机房数量（个）
2009	2G:466 541 3G:13 578	28 908	41 705	4 061	856
2010	2G:476 206 3G:73 558	40 501	46 367	5 433	975

二、西区分公司

上海网通西区分公司位于江苏北路89号,2007年9月成立。初建时设市场销售部、综合管理部和网络部。2008年2月5日,增设工程建设部和业务支撑部。业务范围覆盖长宁区、普陀区、宝山区,代管嘉定和崇明。是年1月28日,在江苏北路89号成立第一家营业厅。10月,上海联通和上海网通合并重组,上海联通西区分公司挂牌成立。2009年9月,上海联通首家3G旗舰厅在长宁路1033号开张;是年,新建营业厅5个。2010年9月15日,上海联通与日本T-GAIA公司成立西区分公司首家合作营业厅——水城南路营业厅。是年,营业厅增加到8个。西区分公司机构调整为销售支撑部、网络保障部、集团客户部、公众客户部和综合协调部。分公司负责拓展辖区内个人客户、家庭客户、集团客户销售和维系;辖区内营业厅服务和管理、代理渠道管理和集团客户服务;在上海联通业务、管理部门指导下,实施固网接入网和客户端工程建设和维护。是年10月,中国联通领导李福申来西区分公司长宁营业厅检查工作。

2010年1月,在上海联通区县分公司中率先推出班组建设活动,并得到国家国资委、中国联通、上海市总工会认可,班组建设模式被广泛复制、推广。

2008年西区分公司有员工65人。2009年103人,其中合同制54人,派遣制49人。2010年154人,其中合同制62人,外包92人。

固定资产原值:2008年1.94亿元;2009年2.31亿元;2010年2.42亿元。

营运业务收入:2008年1.55亿元;2009年3.48亿元;2010年4.25亿元。

表1-3-10 2009—2010年西区分公司用户数量和网络规模统计表

年 度	用 户 数（户）			网 络 规 模	
	移动用户	宽带用户	固定用户（含无线市话）	管线长度（公里）	机房数量（个）
2009	260 900	4 200	23 700	1 083.98	318
2010	302 320	17 779	29 509	1 106.19	384

三、南区分公司

上海网通南区分公司位于番禺路1028号,2007年9月成立。初建时设综合管理部、市场销售部和网络部3个部门,业务覆盖徐汇区、闵行区,代管松江区。2008年2月5日,增设业务支撑部,网络部更名为网络保障部。10月,上海联通和上海网通合并重组,上海联通南区分公司挂牌成立。12月,业务覆盖徐汇区和卢湾区。2009年6月,分公司机构调整为销售支撑部、网络保障部、集团客户部、公众客户部和综合协调部。分公司负责拓展辖区内个人客户、家庭客户、集团客户销售和维系;辖区内营业厅服务和管理、代理渠道管理和集团客户服务;在上海联通业务、管理部门指导下,实施固网接入网和客户端工程建设和维护。

南区分公司成立初期,上海网通直属的徐汇旗舰营业厅划为南区分公司分管,后新增虹桥路营业厅。2009年,共有8家营业厅。2010年,关闭长桥营业厅和吴中路营业厅,尚有6家营业厅。

2008年南区分公司有员工91人,其中合同制54人,派遣制37人。2009年116人,其中合同制51人,派遣制7人,外包58人。2010年133人,其中合同制55人,派遣制4人,外包74人。

固定资产原值:2008年1.40亿元;2009年1.60亿元;2010年1.91亿元。

营运业务收入:2008年1.52亿元;2009年4.14亿元;2010年4.92亿元。

表1-3-11 2009—2010年南区分公司用户数量和网络规模统计表

年 度	用 户 数(户)			网 络 规 模	
	移动用户	宽带用户	固定用户(含无线市话)	管线长度(公里)	机房数量(个)
2009	31 378	6 735	26 727	1 328.50	272
2010	78 568	8 924	30 688	1 913.40	295

四、北区分公司

上海网通北区分公司位于杨浦区国泰路127弄1号2层,2007年9月成立。设市场销售部、综合管理部和网络部3个部门;2008年2月,增设工程建设部和业务支撑部。2008年10月,上海联通和上海网通合并重组,上海联通北区分公司挂牌成立。是年,设销售支撑部、网络保障部、集团客户部、公众客户部和综合协调部,辖区覆盖杨浦区、虹口区、闸北区。

2008年,北区分公司有员工178人,其中合同制52人,派遣制104人,外包22人;营业厅3家,机房180个。2009年,员工169人,其中合同制52人,派遣制4人,外包113人;拥有用户36万户,机房383个。2010年,员工167人,其中合同制55人,派遣制1人,外包111人;拥有用户近40万户,自营厅8家,机房520个。

固定资产原值:2007年0.40亿元;2008年0.60亿元;2009年0.95亿元;2010年1.76亿元。

营运业务收入:2007年0.15亿元;2008年0.94亿元;2009年3.60亿元;2010年4.60亿元。

表 1-3-12　2009—2010 年北区分公司用户数量和网络规模统计表

年　度	用户数（户）			网　络　规　模	
	移动用户	宽带用户	固定用户（含无线市话）	管线长度（公里）	机房数量（个）
2009	317 905	12 460	34 264	2 594	383
2010	336 569	17 053	43 204	3 501	520

五、中区分公司

上海网通中区分公司位于陆家浜路 1378 号万事利大厦 2 楼，2007 年 9 月 25 日成立。设销售支撑部、集团客户部、公众客户部。10 月 29 日，陆家浜路营业厅开业，为首家自营营业厅。2008 年 10 月，上海联通和上海网通合并重组，上海联通中区分公司挂牌成立。2010 年 12 月 1 日，中区分公司首家 3G 体验厅——仙乐斯营业厅开业。是年，分公司机构调整为销售支撑部、网络保障部、集团客户部、公众客户部和综合协调部。分公司职责为拓展辖区内个人客户、家庭客户、集团客户销售和维系；辖区内营业厅服务和管理、代理渠道管理和集团客户服务；在上海联通业务、管理部门指导下，实施固网接入网和客户端工程建设和维护。

2007 年中区分公司有员工 56 人，其中合同制 41 人，外包 15 人。2008 年有员工 75 人，其中合同制 48 人，外包 57 人。2009 年有员工 114 人，其中合同制 55 人，派遣制 11 人，外包 48 人。2010 年有员工 116 人，其中合同制 57 人，派遣制 2 人，外包 57 人。

营运业务收入：2007 年 0.10 亿元；2008 年 0.12 亿元；2009 年 2.49 亿元；2010 年 2.78 亿元。

表 1-3-13　2007—2010 年中区分公司用户数量和网络规模统计表

年　度	用户数（户）			网　络　规　模	
	移动用户	宽带用户	固定用户（含无线市话）	管线长度（公里）	机房数量（个）
2007	0	976	9 530	0	0
2008	0	4 568	11 514	0	0
2009	117 589	5 141	15 135	0	0
2010	127 650	6 587	18 594	0	0

六、闵行分公司

上海联通闵行分公司位于报春路 229 号 3 楼，2004 年 11 月 19 日成立。2008 年 10 月，上海联通和上海网通合并重组，上海联通闵行分公司挂牌成立。设销售支撑部、集团客户部、公众客户部。2010 年，分公司机构调整为销售支撑部、网络保障部、集团客户部、公众客户部和综合协调部。负责拓展辖区内个人客户、家庭客户、集团客户销售和维系；辖区内营业厅服务和管理、代理渠道管理和集团客户服务；在上海联通业务和管理部门指导下，实施固网接入网和客户端工程建设和维护。

2002年4月28日,成立第一家营业厅——莘庄营业厅。至2010年底,分公司有8家营业厅。

2009年闵行分公司有员工60人,其中合同制18人,外包42人。2010年99人,其中合同制23人,派遣制1人,外包75人。

固定资产原值:2009年3.17亿元;2010年3.81亿元。

营运业务收入:2009年3.26亿元;2010年3.84亿元。

表1-3-14　2009—2010年闵行分公司用户数量和网络规模统计表

年　度	用户数（户）			网　络　规　模	
	移动用户	宽带用户	固定用户（含无线市话）	管线长度（公里）	机房数量（个）
2009	311 235	1 347	5 264	800	88
2010	406 207	2 056	8 287	1 250	286

七、宝山分公司

上海联通宝山分公司位于宝山区淞桥东路111号,2004年8月12日成立。2008年10月,上海联通与上海网通合并重组,上海联通宝山分公司挂牌成立。分公司设5个部门:综合部、销售支撑部、网络保障部、公客销售部、集客销售部。辖区内有3家自营营业厅,分别为淞桥东路营业厅、大华营业厅、长江西路营业厅。2010年,宝山营业厅由合作转为自营,共计4家自营厅。负责拓展辖区内个人客户、家庭客户、集团客户销售和维系;辖区内营业厅服务和管理、代理渠道管理和集团客户服务;在上海联通业务、管理部门的指导下,实施固网接入网和客户端工程建设和维护。

2008年宝山分公司有员工38人,其中合同制11人,派遣2人,外包25人。2009年45人,其中合同制16人,派遣2人,外包27人。2010年93人,其中合同制21人,派遣1人,外包71人。

固定资产原值:2008年0.03亿元;2009年0.12亿元;2010年0.28亿元。

营运业务收入:2009年0.20亿元;2010年0.24亿元。

表1-3-15　2009—2010年宝山分公司用户数量和网络规模统计表

年　度	用户数（户）			网　络　规　模	
	移动用户	宽带用户	固定用户（含无线市话）	管线长度（公里）	机房数量（个）
2009	47 043	7 341	22 001	486	621
2010	68 237	11 899	37 545	553	647

八、南汇分公司

上海联通南汇分公司位于浦东新区惠南镇人民东路2563号,2004年4月8日成立。上海网通南汇分局位于潮港路171号,2005年12月成立,2007年9月改名为上海网通南汇分公司,设综合管理部、市场销售部、网络部。2008年2月,上海网通南汇分公司迁至浦东新区惠南镇西门路18号彩虹商务1号楼10层。是年10月,上海联通和上海网通合并重组,上海联通南汇分公司挂牌成立,机构调整为销售支撑部、网络保障部、集团客户部、公众客户部和综合协调部。

2008年5月,与南汇有线签订战略合作框架协议。2009年7月,在上海海洋大学举行中国联通校园E盾现场推广会,中国联通副总裁张范,上海海洋大学副校长封金章,上海联通副总经理李爽、李广聚,上海联通家庭客户部及各区县分公司相关负责人,上海海洋大学学生客户代表等200余人参加会议。2010年10月,与南汇有线合作,利用拓展通信业务方面综合能力及网络资源优势,累计发展客户数近19 000户,业务拓展取得显著成效。

2008年,南汇分公司有海洋大学营业厅(校园)、人民东路营业厅(原联通转入);2010年,有东门营业厅、华星路营业厅。

2007年南汇分公司有员工18人,其中合同制17人,外包1人。2008年36人,其中合同制17人,派遣制12人,外包7人。2009年73人,其中合同制21人,派遣12人,外包40人。2010年68人,其中合同制19人,派遣制2人,外包47人。

固定资产原值:2008年0.48亿元;2009年0.63亿元;2010年0.83亿元。

营运业务收入:2008年0.16亿元;2009年1.07亿元;2010年1.30亿元。

表1-3-16　2009—2010年南汇分公司用户数量和网络规模统计表

年　度	用　户　数（户）			网　络　规　模	
	移动用户	宽带用户	固定用户(含无线市话)	管线长度(公里)	机房数量(个)
2009	168 880	10 274	109	管道785.03,光缆2 402.37,杆路275.50	297
2010	181 736	16 516	2 682	管道876.70,光缆2 826.32,杆路316.66	328

九、嘉定分公司

上海联通嘉定分公司位于嘉定区博乐路87号,2004年6月8日成立。2008年10月,上海联通和上海网通合并重组,上海联通嘉定分公司挂牌成立。2009年5月分公司设管理支撑部,公客、集客部,2010年机构调整为销售支撑部、网络保障部、集团客户部、公众客户部。负责拓展辖区内个人客户、家庭客户、集团客户销售和维系;辖区内营业厅服务和管理、代理渠道的管理和集团客户服务;在上海联通业务、管理部门的指导下,实施固网接入网和客户端工程建设和维护。2001年12月18日在城中路153弄1号成立第一家营业厅,2006年7月安亭营业厅开业,2009年9月江桥营业厅开业,2010年增加到4个营业厅。

2008年嘉定分公司有员工22人。2009年32人,其中合同制10人,派遣制22人。2010年66人,其中合同制17人,派遣制2人,外包47人。

固定资产原值：2008年0.45亿元；2009年0.94亿元；2010年1.40亿元。
营运业务收入：2008年0.83亿元；2009年1.03亿元；2010年1.41亿元。

表1-3-17 2009—2010年嘉定分公司用户数量和网络规模统计表

年 度	用 户 数（户）			网 络 规 模	
	移动用户	宽带用户	固定用户（含无线市话）	管线长度（公里）	机房数量（个）
2009	179 746	1 785	1 046	管道 436 光缆 875	343
2010	200 091	3 834	2 481	管道 469 光缆 955	396

十、青浦分公司

上海联通青浦分公司2004年4月28日成立，初期位于青浦区公园路406号，2010年1月迁至青浦区盈港路453号港隆国际大厦20楼。2008年10月，上海联通和上海网通合并重组，上海联通青浦分公司挂牌成立。设市场销售部、集团客户部、综合管理部和网络保障部。2009年，机构调整为销售支撑兼综合协调部、集团客户部、公众客户部和网络保障部。2009年，分公司召开代理商大会，和24家合作伙伴建立合作意向；走访青浦区信息委和广电局有线网络中心；与青浦区政府签订战略合作框架协议。

分公司负责拓展辖区内个人客户、家庭客户、集团客户销售和维系，辖区内营业厅服务和管理、代理渠道管理和集团客户服务；在上海联通业务、管理部门指导下，实施固网接入网和客户端工程建设和维护；完成除3G以外各项任务指标；结合地区行业特点，因地制宜发展业务，发展多家快递公司相关业务。

2008年有合作营业厅2家。2009年公园路营业厅、朱家角营业厅由合作厅转为自营厅，新增合作厅2家。2010年新增合作厅2家，共计6家营业厅。

2008年青浦分公司有合同制员工4人。2009年有合同制员工7人。2010年员工39人，其中合同制10人，派遣制3人，外包26人。

固定资产原值：2010年0.11亿元。
营运业务收入：2009年0.45亿元；2010年0.63亿元。

表1-3-18 2009—2010年青浦分公司用户数量和网络规模统计表

年 度	用 户 数（户）			网 络 规 模	
	移动用户	宽带用户	固定用户（含无线市话）	管线长度（公里）	机房数量（个）
2009	51 657	974	623	876	122
2010	77 127	1 772	1 113	1 230	139

十一、松江分公司

上海联通松江分公司2004年5月18日成立,位于谷阳北路1425弄29号(原翔峰路371弄29号)。2008年10月,上海联通和上海网通合并重组,上海联通松江分公司挂牌成立,设市场销售部、综合管理部和网络工程部。2009年6月,迁至新松江路909号丰源大厦。

2009年6月,新建营业厅5个。2010年2月5日,在新松江路分公司楼下成立首家3G营业厅,营业厅增加到7个。2010年分公司设销售支撑部、网络保障部、集团客户部、公众客户部和综合协调部。负责拓展辖区内个人客户、家庭客户、集团客户销售和维系;辖区内营业厅服务和管理、代理渠道管理和集团客户服务;在上海联通业务、管理部门指导下,实施固网接入网和客户端工程建设和维护。

2008年松江分公司有员工25人。2009年41人,其中合同制12人,派遣制29人。2010年68人,其中合同制15人,派遣制1人,外包52人。

固定资产原值:2009年1.29亿元;2010年1.51亿元。

营运业务收入:2008年0.80亿元;2009年1.20亿元;2010年1.50亿元。

表1-3-19 2009—2010年松江分公司用户数量和网络规模统计表

年度	用户数(户)			网络规模	
	移动用户	宽带用户	固定用户(含无线市话)	管线长度(公里)	机房数量(个)
2009	89 208	138	949	0	0
2010	134 175	1 296	1 851	0	0

十二、奉贤分公司

上海联通奉贤分公司位于南奉公路8519号南方国际大厦12楼,2004年5月28日成立。2008年10月,上海联通和上海网通合并重组,上海联通奉贤分公司挂牌成立。分公司设综合管理协调部、集团客户部、公众客户部。2010年,分公司机构变更为销售管理支撑部、集团客户部、公众客户部、网络保障部。负责拓展辖区内个人客户、家庭客户、集团客户销售和维系,辖区内的营业厅服务和管理、代理渠道管理和集团客户服务。

奉贤分公司坚持深化"片区经营"管理模式,将全区分为东南西北中5个区域,分区分片专人管理。通过对原有网点关停并转和新引入合作代理商,对区内原有5家营业厅和3家专营店进一步优化网点布局。2009年,新建营业厅2家和专营店1家。是年底,营业厅增加到7家、专营店增加到4家,合理有效地分配营业网点资源,新增签约小区10个;校园市场固网签约实现突破,签约2所高校固网。

2009年奉贤分公司有员工17人,其中合同制6人,派遣制11人。2010年56人,其中合同制13人,派遣制1人,外包42人。

固定资产原值:2010年0.03亿元。

营运业务收入：2009年0.82亿元；2010年0.85亿元。

表1-3-20　2009—2010年奉贤分公司用户数量和网络规模统计表

年　度	用户数（户）			网络规模	
	移动用户	宽带用户	固定用户（含无线市话）	管线长度（公里）	机房数量（个）
2009	81 000	540	1 500	1 000皮长公里	9
2010	120 915	1 364	2 070	500皮长公里	14

十三、金山分公司

上海联通金山分公司2004年6月16日成立，初期设在金山区卫清西路，2009年8月迁至蒙山路939弄禾龙商务大厦。2008年10月，上海联通和上海网通合并重组，上海联通金山分公司挂牌成立，设公众客户部、集团客户部、销售支撑部、网络保障部4个部门。业务覆盖金山区九镇一街道，负责拓展辖区内个人客户、家庭客户、集团客户销售和维系；辖区内营业厅服务和管理、代理渠道管理和集团客户的服务；在上海联通业务、管理部门指导下，实施固网接入网和客户端工程建设和维护。2006年，金山分公司在石化街道金一东路成立第一家合作营业厅。2009年，在朱泾镇开乐大街成立第一家自营厅。2010年，自营厅增至4家。

2008年金山分公司有员工19人。2009年22人。2010年56人，其中合同制10人，派遣制2人，外包44人。

固定资产原值：2008年0.90亿元；2009年1.10亿元；2010年1.28亿元。

营运业务收入：2008年0.39亿元；2009年0.46亿元；2010年0.51亿元。

表1-3-21　2009—2010年金山分公司用户数量和网络规模统计表

年　度	用户数（户）			网络规模		
	移动用户	宽带用户	固定用户（含无线市话）	管线长度（公里）	接入机房数量（个）	基站数（个）
2009	75 876	38	153	612	5	139
2010	86 129	145	242	671	10	175

十四、崇明分公司

上海联通崇明分公司位于城桥镇朝阳门路11号总工会大厦9层，2004年5月12日成立。2008年10月，上海联通和上海网通合并重组，上海联通崇明分公司挂牌成立。2010年，崇明分公司机构调整为销售支撑部、网络维护部、集团客户部、公众客户部。分公司承担崇明三岛移动电话业务（130、131、132、156、186号段）和固网业务的发展、维护工作。除此之外，销售联通产品的营业网点分布于崇明三岛各乡镇。负责拓展辖区内个人客户、家庭客户、集团客户销售和维系、辖区内营业厅服务和管理、代理渠道管理和集团客户服务;以及区域内实施固网接入网和客户端工程建设和维护。分公司下设 2 家自营营业厅,分别位于八一路和陈家镇;另在长兴岛、新河、庙镇有 3 家合作营业厅。

2008 年崇明分公司有员工 25 人。2009 年 30 人。2010 年 31 人,其中合同制 7 人,派遣制 1 人,外包 23 人。

固定资产原值:2008 年 0.26 亿元;2009 年 0.40 亿元;2010 年 0.67 亿元。

营运业务收入:2008 年 0.28 亿元;2009 年 0.31 亿元;2010 年 0.34 亿元。

表 1-3-22　2009—2010 崇明分公司用户数量和网络规模统计表

年度	用户数(户)			网络规模	
	移动用户	宽带用户	固定用户(含无线市话)	管线长度(公里)	机房数量(个)
2009	38 754	0	0	720	110
2010	47 874	16	12	820	120

第二篇
通信网络与基础建设

概　　述

1994年，上海联通成立，在通信网络建设上经历了从无到有的艰苦创业过程。当时，国内正风行模拟式移动电话。上海联通坚持与国际接轨，高起点地启用先进的数字移动通信方式。经过网路规划初步设想，结合上海地区实际情况，上海联通掌握大量第一手资料后，拟定《近期通信建设的若干设想》，提出"率先进行数字移动电话网的建设"。1994—2010年，共完成19期GSM建设，基站数达5 855个。

1997年，中国联通开始筹建国内长途网和数据网，上海联通配合工程和经营工作。1999年6月18日，数据网IP电话在上海等30多个城市开通，通达160多个国家和地区。

2001年，上海联通开始经营管理CDMA网。2007年4月，CDMA五期工程完成55对基站互换，28个基站增加扩展柜，112个基站进行载频扩容，70个基站进行信道板扩容，对147个基站增加211个E1。2008年10月1日，上海联通CDMA网络资产及160万CDMA用户转由上海电信公司经营。

2000年12月，上海宽带IP城域网告竣。2001年，上海网通完成管道超过450孔公里；市区引入管道近500孔公里，敷设光缆达300皮长公里；开通1个骨干机房和8个边缘机房；宽带网络覆盖包括虹桥地区、南京路、淮海路、延安路和浦东陆家嘴地区在内大部分高档写字楼和酒店；开通并实现部分接入机房成环。2003年，形成4个骨干机房、12个边缘机房和255个IP节点机房的宽带IP城域网网络架构，光纤宽带网络覆盖市区大部分高档写字楼和酒店。上海网通在浦东乐凯大厦和浦西漕河泾开发区，设有2个大规模互联网数据中心（IDC），向用户提供数据和语音专线接入服务、空间服务、主机服务、7×24小时监控服务、代维操作服务和其他增值服务。

上海网通拥有一流的国际网络，承担中国网通近60％国际带宽业务，拥有C2C、APCN2、FLAG、CJ、中美和SMW3等丰富的海光缆容量，通达美国、日本、韩国、新加坡、英国、西班牙等众多国家。上海网通可提供包括IPIC、FR、VOICE、DPLC、IPVPN、IDD等在内的各类国际业务开通和服务。2005年，国际网络运行稳定，国际网络可用率达99.99％；共开通各类国际传输电路380多条，国际语音电路150多条。上海网通下辖的南汇登陆局拥有2个国际海缆登陆站，是国内历史最早的国际海缆登陆站。

1994年，上海联通筹建时设在浦东文登路（今东方路），后迁移至浦西逸夫职校，处于"打游击"状态。此外缺少通信局房，初建GSM网时租借源深路备用局房临时过渡。随着上海电信业快速发展和上海联通进入三期扩容，着手建设一个集营业、生产、办公于一体的综合性通信枢纽大楼和第二个交换局房。上海联通购置漕河泾新兴技术开发区内36号一幢标准厂房，自此拥有第一个自有产权生产用房，并成为全国联通最大的自有产权通信机房。

2010年上海世博会前后，上海重大市政建设项目接连不断，为通信基础设施建设提供良好契机，同时也检验着各通信企业的实力。上海联通完成虹桥枢纽、长江隧桥、沪宁高铁、沪杭高铁、上海世博会、楼宇住宅等多项通信配套重大工程，为上海城市发展做出积极贡献。

第一章 移动通信网

上海联通移动通信网络有 GSM 网和 CDMA 网两种。

GSM(Global System for Mobile Communications,全球移动通信系统)是世界上第一个对数字调制、网络层结构和业务作规定的蜂窝系统,属于第二代移动通信系统,它由第一代移动通信系统,即"蜂窝式模拟移动通信系统"发展而来。1994—2010 年,上海联通共进行 19 期 GSM 网络建设。

CDMA(Code Division Multiple Access,"码分多址")是在数字技术分支扩频通信技术上发展起来的一种成熟的无线通信技术。CDMA 早期用于军事通信,后广泛应用于民间通信。2001 年初,上海联通开始经营管理 CDMA 网,至 2007 年共进行 5 期 CDMA 网络建设。2008 年 8 月 15 日,上海联通与上海电信签订《关于 CDMA 资产交易的具体执行协议》和《关于 CDMA 资产交易的具体执行协议》。10 月 1 日,CDMA 网络资产及 160 万 CDMA 用户转由上海电信公司经营并提供服务。

第一节 GSM 网

一、GSM 一期

1994 年 8 月 8 日,上海联通筹备组向中国联通上报《关于尽快建立联通上海 GSM 移动通信系统的请示》。8 月 12 日,中国联通批复同意。12 月 28 日,中国联通在北京专题召开对上海联通 GSM 网初步设计方案审查会。首期项目建设规模为 1 个交换中心和 20 个基站,采用西门子公司 2 万门容量 D900 型交换机和 20 个基站设备及其配套的传输工程,完成投资 1.05 亿元。12 月 30 日开始施工。1995 年 3 月 GSM 网内部开通,5 月接纳用户,7 月 19 日正式开通。这天是中国联通成立一周年纪念日,北京、天津、广州联通 GSM 网同时开通。1996 年 7 月 11—12 日,在上海召开中国联通上海数字移动电话 GSM 网一期工程竣工验收会,出具《工程竣工验收意见书》,认定上海联通 GSM 网一期工程交换、基站、传输、电源及辅助工程设备安装与设计一致,符合设计要求;系统试运行总体情况良好。

二、GSM 二期

由于 GSM 网一期工程远远不能满足社会需求,必须尽快扩大网络规模、扩展覆盖范围,保证不同密度区的服务质量。1994 年 11 月 21 日,上海联通向中国联通发出《关于进行联通上海 GSM 项目扩容的紧急请示》。中国联通于 11 月 28 日批复同意,并要求上报项目建议书及可行性研究报告。1995 年 1 月 26 日,上海联通将《联通上海 GSM 二期扩容工程项目建议书兼可行性报告》呈送中国联通审核。3 月 11 日,中国联通批复同意立项,名称为"联通上海移动通信 GSM 网二期扩容工程"。上海联通决定从市郊周边启动二期工程,进而解决整个上海覆盖问题。6 月,上海联通 GSM 网二期工程启动。1996 年 6 月,二期工程扩容西门子交换机容量 3 万门,新建 35 个基站全部完工,投入运行。1997年5月20日,GSM二期扩容工程通过竣工验收。工程总投资概算1.40亿元,实际节余0.15亿元。

三、GSM 三期

1996年6月24日,上海联通上报《中国联合通信有限公司上海分公司数字移动电话GSM三期工程项目建议书兼可行性报告》。10月30日,中国联通批复同意立项。12月,中国联通批准邮电部设计院编制的上海联通GSM三期工程方案。三期工程规模:扩容源深路MSC 2万门,新建漕河泾MSC 8万门、漕河泾HLR 20万门;新增基站106个以及配套管线和传输设备。1998年7月26日,三期工程竣工,工程决算6.28亿元。三期工程实施使联通上海GSM网初具规模,解决了市区部分盲点,增加郊区重要集镇、主要交通干道、风景旅游区的覆盖,在市中心重点解决高话务量地区的溢出,联通"130"网手机通话质量有明显提高。

四、GSM 四期

随着联通全国网络持续扩大,漫游城市不断增加,漫入用户也有较多增长。1997年底,联通上海GSM网内用户数达6.80万户。1998年,上海联通GSM四期工程立项,8月开工建设,次年5月竣工。交换容量扩容20万门,新建10万门MSC3和GMSC汇接局,新增基站75个,总投资10.36亿元。该工程完成后,上海联通GSM网交换容量达25万门,基站253个,载频数达1 281个,基本覆盖上海全市。

五、GSM 五期

1999年9月,上海联通开始五期扩容工程,年底完成。新建10万门MSC4和7万门MSC5,新建一个GMSC2汇接局,新增两处局房(六里5 309平方米,江场5 599平方米),并新增98个基站、800公里光缆、10个SDH环,完成遗留的2个TMSC和第二接口局(斜土路)调试入网。工程总投资9.99亿元。

六、GSM 六期

2000年3月8日,中国联通批复同意《上海数字移动通信GSM网六期工程(DCS1800一期)交换设备安装单项工程项目建议书》。工程建设内容包括:MSC1扩容0.85万门,MSC2扩容0.50万门,MSC3扩容2.30万门,MSC4扩容0.60万门,MSC5扩容0.75万门;新建、改造41个基站及相应配套设施。2002年8月,工程通过验收。至此,上海联通GSM网成为一个有900 MHz系统和1 800 MHz系统的双频网。工程预算0.63亿元,实际投资0.58亿元。

七、GSM 七期

上海联通GSM网七期工程总投资5.09亿元。工程建设规模:新建20万交换容量(在原有交换机上扩容),归属位置登记器(HLR/AUC)扩容 50 万户及相应配套设备,新建 216 个基站、基站控制器及其相应配套设备,新建 216 个基站配套传输系统(含光传输系统、数字微传输系统等)及相应配套设备。以上工程分 A、B 二阶段实施:A 阶段 GSM 900 扩容 6 万门,新建基站 118 个,2000 年 10 月 14 日割接入网;B 阶段 DCS 1800 扩容 14 万门,新建基站 98 个,2001 年 3 月 16 日割接入网。

八、GSM 八期

为加速 GSM 网内用户发展,促进全国网漫游,上海联通于 2001 年向中国联通上报《中国联通上海数字移动通信 GSM 网八期工程项目建议书》。4 月 16 日,对上海邮电设计院完成的 GSM 八期工程可行性研究报告进行预审。5 月 30 日,得到可研批复。建设规模为:新增 2 个 MSC,对现网 MSC 进行扩容,共新增交换容量 100 万门,新建 1 个 HLR 容量 120 万,新建 GSM 900 网基站 82 个、微蜂窝 88 个、扩容基站 233 个,DCS 1800 网新建宏蜂窝基站 209 个,扩容基站 183 个,共新增载频 2 578 个及相应传输配套等项目建设,批复额为 9.93 亿元。2002 年 4 月 22 日,项目竣工入网运行。八期工程完成后,全网按 0.02 Erl 计算,交换容量达 146 万门,无线容量达 147 万用户;话务量按 0.018 Erl 计算,交换容量达 154 万门,VLR 达 181 万门,无线容量达 180 万用户,基本能满足当时发展要求。

九、GSM 九期

2001 年 9 月,上海联通启动 GSM 交换容量扩容工作。移动交换容量 124 万门;HLR 扩容 160 万门;新建 BTS 266 个,扩容 BTS 461 个;新增载频 3 184 个。MSC1 从 22 万门扩至 54 万门,新增交换容量 32 万门;MSC3 从 22 万门扩至 66 万门,新增交换容量 44 万门;MSC6 从 38 万门扩至 66 万门,新增交换容量 28 万门;MSC7 从 38 万门扩至 58 万门,新增交换容量 20 万门。新建 HLR5 达 100 万门;HLR3、HLR4 各扩容 30 万门。GMSC1、GMSC2 扩容升级及增加光接口。新增 BSC 10 个,新增 BTS 266 个,扩容 BTS 461 个,新增载频 2 512 个。新建干路 100.30 公里,敷设 12 芯光缆 234.50 公里,新建 3 孔管道 100 公里。新增 155 Mb/秒设备 144 端,622 Mb/秒设备 24 端。2002 年 12 月 17 日批复可研报告,批复金额 9.30 亿元。2003 年 3 月 22 日入网运行。2004 年 1 月完成初验,2 月完成终验。竣工决算金额 8.98 亿元。

十、GSM 十期

上海联通 GSM 十期工程于 2003 年 10 月 31 日得到中国联通可研批复。2004 年 9 月,完成设计。2005 年 8 月 3 日得到初设批复,金额 1.53 亿元。规模:MSC 扩容 32 万,新建 HLR6 40 万;HLR1/2 各扩容 20 万;HLR3/4 各扩容 10 万;OMC 相应扩容。新建 BSC 3 个,更换旧 BSC 设备 2 个,新建 BTS 99 个,扩容基站 68 个,无线容量 17.60 万。全网共设置 BSC 36 个;GSM 900 M 基站数达 1 843 个,载频数 6 369 个;DCS 1 800 M 基站数达 503 个,载频数 3 854 个。工程概算总额 1.96 亿元,其中外汇 1 481.50 万美元。2005 年 4 月,工程项目完成初验。十期扩容工程完成后,全网交换容量达 342 万门,无线容量达 274 万门,大大提高网络无线覆盖能力和解决现网话务拥塞问题;同时由于全网采用 Abis 接口的双频组网方式,有利于提高双频切换成功率,使 GSM 网的通信质量和服务水平得到明显改善和提高。

十一、GSM 十一期

2004年7月,中国联通批复上海联通上报的《中国联通上海数字移动通信 GSM 网十一期工程可行性研究报告》,工程投资 2.18 亿元;2005年8月,中国联通批复上海联通上报的《中国联通上海数字移动通信 GSM 网十一期工程初步设计》,工程概算额 2.22 亿元,其中外汇 2 554.40 万美元。工程规模为:MSC 扩容 36 万;VLR 扩容 61 万门,新建 HLR8、9、10 各 80 万;OMC 相应扩容。新建 BSC 1 个,新建 BTS 161 个,扩容 BTS 409 个,OMC 相应扩容,无线容量增加 41 万。2004年4—5月,基站设备和交换设备先后到货并实施。2005年8月,完成整个项目初验。

十二、GSM 十二期

中国联通于 2005 年批复上海联通上报的《中国联通数字移动通信 GSM 网上海十二期交换系统单项工程可行性研究报告》,原则同意报告内容。全网共设 46 个 BSC(其中诺基亚设备服务区设 BSC 26 个,SIEMENS 设备服务区设 BSC 20 个),2 749 个基站(含 1 055 个室内覆盖站),13 734 个载频,无线网设计总容量达 375 万(含室内覆盖 38 万)。初步设计投资总额为 3.62 亿元,含外汇 2 538.42 万美元。是年 9 月,进行设备招标和施工招标。2006年6月,完成安装调测并投入使用;7 月,进行单项验收;9 月,整个工程完成初验;12 月 17 日,网络工程中心完成大网割接。

十三、GSM 十三期

2005 年 11 月,中国联通批复《中国联通数字移动通信 GSM 网十三期工程可行性研究报告》,2006 年 1 月,中国联通批复《中国联通数字移动通信 GSM 网十三期工程初步设计》,工程总投资 1.03 亿元。工程建设规模:新建备份 HLR 1 个,新建基站 110 个,扩容基站 116 个等。6 月 24 日,完成全网改频、新站入网大割接,大幅度改善市区尤其是部分居民区和郊区 GSM 网络覆盖。

十四、GSM 十四期

GSM 十四期工程是上海联通 2006 年度第一号工程。5 月 18 日,中国联通批复上海联通上报的《关于中国联通数字移动通信 GSM 网十四期上海工程等项目可行性研究报告》,原则同意报告内容。工程投资 0.53 亿元。工程规模:新增 2 个 BSC,26 个 BSC 新增半速率功能;新增 114 个基站,扩容 104 个基站,739 个小区新增半速率功能,共计新增 1 004 个载频;内环线以内的网络(室内和室外)支持 EDGE 功能;新增无线容量 31.40 万。新建落地塔 44 座、楼顶塔 31 座。2007 年 1 月 13 日,GSM 十四期全网改频暨新站入网割接任务完成。2007 年 4 月,工程项目完成初验。

十五、GSM 十五期

2007 年 6 月,推出可研性报告,经中国联通批复原则同意。工程新增 3 个 BSC。新建 215 个室外宏基站,包括140个900 M宏基站和75个1 800 M宏基站;扩容基站487个;替换老型号设备的基站55个。新建基站需载频1 346块,其中利旧替换载频168块,需购置载频1 178块;扩容基站需载频860块,其中利旧替换载频64块,需购置载频796块;替换老型号设备共需购置载频468块;共需购置载频2 442块。新增配置话务量7 335.5 Erl,按照0.015 Erl/用户计算,约新增48.90万用户。新增诺基亚PCU板4块,Gb接口867个;新增西门子PPXX板6块,Gb接口514个。诺基亚网管升级改造1套。利用原有微蜂窝设备10套、直放站2套用于解决一些特殊区域的覆盖。对基站的配置进行调整,使其更加符合用户集中通话时段和地理分布。工程概算额2.52亿元。工程完成后,深度覆盖内外环以内等区域,实现大部分新兴区域的覆盖,解决局部区域话务负荷较高、话务拥塞等问题,满足大部分小区忙时需求。

十六、GSM十六期

2007年11月1日,《中国联通上海数字移动通信GSM网十六期工程可行性研究报告》获中国联通批复原则同意。基站工程建设规模:新建1台TC,扩容1台TC,新建室外宏基站74个(2个一体化基站),其中新建物理站点58个,74个新建宏站中900 M宏基站57个,1 800 M宏基站17个;扩容基站45个,共新增载频526块;站址搬迁基站17个;由于引入新厂家,共有73个设备搬迁基站,新增新厂家BSC 1套。新增网络容量2 600 Erl,按照0.015 Erl/用户计算,新增17.30万用户。电源系统建设规模:扩容1个交换局(六里局);新建74个宏蜂窝基站,包括58个新建站址基站(其中56个室内型宏蜂窝基站,2个一体化基站),16个与原有基站共机房基站;扩容45个宏蜂窝基站(所有基站均为扩载频);新增基站开关电源59套,蓄电池组114组,扩容开关电源3套,新增整流模块3个。配套项目建设规模:新增74个基站,16个为共站建设,其余58个为新建物理站;新建机房24个,租赁机房23个,集约化建设机房2个,使用集约化机房7个;新建楼顶拉线塔14座,共计210米,新建地面独杆塔11座,新建集约化地面独杆塔2座,新建地面角钢塔15座,使用集约化独杆塔7座;新建楼顶抱杆81根;外市电引入58处;新增空调112台;配套建设消防设备、环境监控、防雷实施等。工程网络改造:搬迁基站17个,其中自建基站机房6个、集装箱站2个、租赁基站机房7个;新建楼顶拉线塔3座,共计45米;新建地面独杆塔6座;新增天线支撑杆36根;外市电引入15站,并配套建设防雷实施等。工程总投资5.57亿元。2008年2月启动,各分项目于7—9月先后完成安装及测试,11月28日整体完成初验。

十七、GSM十七期

2008年6月3日,上海联通GSM十七期工程获可研批复;7月,获设计批复,批准GSM网交换、基站、电源、配套等单项工程设计,总批复概算1.48亿元。工程由中讯邮电咨询设计院与同济大学建筑设计研究院设计,上海联通网络建设部负责建设,施工单位为华为、诺西、上海电信、东洲、翔宇、江苏电信、祺昌等。12月开工建设,2010年6月竣工,同期完成初步验收并投入试运行,12月完成竣工验收。工程竣工建设规模:交换单项工程,升级改造现网9个诺基亚西门子交换机支持炫铃复制功能。完成搬迁BSC/PCU 28个,设备搬迁基站1 596个,新入网BSC 6个,扩容BSC 7个,扩容BSC/PCU 12个(增加PCU板1块、Gb接口159个);新建基站222个,搬迁基站25个,天馈优化60个小区。新增直流头柜9架、组合开关电源87架、蓄电池组170组、交流配电箱75个、双电源转换箱45个、户内外综合配电柜20个。新建机房64个,建造落地塔46座、楼顶塔25座,外市电引入113站,新增空调137台,新建动力环境监控157套。工程实际总投资1.42亿元。

十八、GSM十八期

上海联通GSM网十八期工程包括核心网设备单项工程、无线网设备单项工程、电源设备单项工程和配套项目。2008年8月,中讯邮电咨询设计院完成可研编制,9月完成设计。10月主设备到货并开工。2009年10月基本完工,10月12日初验后入网运营。工程完成情况:新建华为BSC 2个,升级替换诺西BSC 7个,完成BSC之间基站调整;新建基站华为562个,诺西488个。完成落地塔自建或改造机房248间,完成楼顶彩板房292间、楼顶一体化132处;新增天线支撑杆2 511根。完成外市电引入672站、防雷设施424套、空调1 080台、监控系统540站。完成电源系统4个扩容交换局,其中江场南交换局增加8个直流头柜,包头路局增加8台直流头柜,六里局新增4个直流头柜,漕河泾局新增6个直流头柜;新建蓄电池1 080组,新建室内型基站开关电源540架、室内型双电源转换箱540个、室内型交流配电箱540个、地线排1 080个、室外型双电源转换箱132个、室外型交流配电箱132个、室外型开关电源132架、地线排264个。工程总投资7.25亿元。

十九、GSM十九期

上海联通GSM网十九期工程于2009年6月设计。工程建设规模:核心网设备单项工程——电路域,扩容MSC Server12 VLR容量36万(相应SSP容量扩容36万),达108万;新建2台MGW,新增交换主用容量30万,备用容量45万;现网MGW扩容54块接口板。核心网设备单项工程——分组域,扩容SGSN2 32万,达到120万;SGSN3和SGSN4分别扩容18万和20万,达110万;SGSN开启Gb over IP功能;新建一台GGSN容量28万,作为现网2台GGSN的容灾设备;扩容现网2台GGSN数据流量处理能力;GGSN升级到FI4.0版,满足OCS配合要求;新建1台DNS服务器;4台核心交换机各扩容1块16口GE光口板。无线网设备单项工程,新建基站264个(其中新建物理站100个,164个共址站);新增载频1 878个;升级改造替换诺西BSC 3台,扩容5台BSC;新增PCU 32个;开通397个小区Edge功能;改造7台诺西BSC,进行Gb over IP改造。园区内宏站扩容载频161个,园区外扩容载频569个(现网调配)。配套单项目工程,新建基站电源系统100套(其中室外电源系统15套、室内电源系统85套);新增直流头柜10架、基站电源整流模块8个、熔丝10个。新建基站机房264个(其中新建物理站100个),搬迁基站16个,外电引入116处。完成钢管塔2 320米、楼顶拉线塔600米。工程预算投资1.87亿元。

第二节 CDMA网

一、CDMA一期

1999年,上海联通制定20万门CDMA技术方案并报中国联通批准。2001年6月18日,上海联通与上海贝尔有限公司、朗讯科技(中国)有限公司签署CDMA移动通信网建设项目合作协议,首期总投资10亿元。上海联通首期CDMA网络建设容量并不大,很多与GSM共站,在GSM基站上安装CDMA天线和设备。7月17日和20日打通基于正式运行局数据下的CDMA电话。无线设备安装工作于7月底全面开始。CDMA网一期工程于2001年12月30日完成。建设规模：310个基站、20公里传输、8跳微波、15个SDH节点。新建4个交换机，容量51万门；新建2个HLR，容量各为40万户；完成373个基站建设，TCH数量16 332个；新建STM-64设备8端、STM-16ADM设备12端，新增STM-1设备23套，新建微波12跳和光缆租用电力光纤及相应电源、配套设施。工程完成后交换总容量达99万门、CTH总数31 822。工程财务决算5.12亿元。上海联通CDMA网络建设按照当时GSM网络覆盖水平对上海市境内实现一步到位全覆盖，同时基本实现国内和世界主要城市漫游。

二、CDMA 二期

2002年8月5日，CDMA网二期工程获可研批复。2003年6月5日获初设批复，批复金额5.03亿元。工程规模：交换机扩容48万门；新建1个HLR4，容量为30万户；扩容2个HLR，容量各为20万户；新建BTS 154个，扩建BTS 120个，升级BTS 120个，TCH数量为15 250个；新建10G设备4端、155 Mb/s设备41端，新建微波8跳。基站电源：交流配电箱56个，油机电市电转换箱56个，过电压保护装置56个，交流设备扩容改造17个，组合电源-48 V/600 A(350 A)71台，蓄电池500AH 148组，蓄电池800AH 4组，移动柴油发电机(50 kW)1台，开关电源模块195块。2003年3月22日，CDMA二期工程六里机房HLR2进行扩容，容量由40万扩至60万，新增入网基站261个，扩容载频总数752个(不包括新增的基站载频)。5月29日，CDMA WAP至MPLS-VPN由2 M扩容至155 M。CDMA WAP二期网络扩容工程全部完成。11月竣工。2004年1月15日，完成验收及财务决算。

三、CDMA 三期

2003年，上海联通进行CDMA三期建设。交换机从4个增加到7个，新建移动交换机67万门，扩容移动交换机13万门。新建归属位置寄存器90万户；扩容关口局交换机4万线，归属位置寄存器30万户；扩建网管系统1个。总投资2.32亿元，含外汇1 917万美元。2004年1月3日，完成一阶段工程最大一次割接，166个新基站入网。10月23日，二阶段工程实施割接，新增基站215个。竣工后，上海联通CDMA网络容量和质量都大幅增加并提高，支持上网的数据载频从内环线以内扩大到外环线甚至部分郊县区域。实现新增1 000个上海主要公共场所室内CDMA信号全覆盖，新业务得到极大拓展。

四、CDMA 四期

CDMA网上海四期工程分6个单项进行建设，包括：贝尔交换系统单项工程、贝尔三星基站及基站控制器设备安装单项工程、朗讯交换系统单项工程、朗讯基站设备安装单项工程、电源设备安装单项工程、综合配套设备安装单项工程。新增生产能力：HLR1、HLR2、HLR4各扩容30万户，全网HLR容量达360万户；新建一套用户数据管理系统EMME；朗讯交换机30套CORE60升级到CORE700，升级30套PSU2e；朗讯新增1对PH2E。新增宏基站20个，88个基站扩容为三载频,4个基站扩容为二载频,另有81个基站信道板扩容(其中20个通过软件信道解锁完成),新增无线容量约9.28万。2006年8月,贝尔交换系统、综合配套设备、朗讯交换系统单项工程完成验收;9月,贝尔三星基站设备和BSC设备、朗讯基站设备、电源设备单项工程完成验收;2007年3月,资源管理子系统单项工程完成验收。整个工程财务决算1.14亿元。

五、CDMA 五期

CDMA网上海五期工程于2006年7月开始施工,2007年4月竣工。建设规模:朗讯升级原有5E-DCS的交换模块24个,工程后朗讯全网交换模块均为CORE700;朗讯新增PH41板53块,用于处理分组业务;朗讯新增9块PHE2板,用于疏通数据吞吐量;朗讯每局各新增2块PHV6板(共12块),支持语音透传功能。贝尔交换机增加语音透传功能和炫铃用户软件License。朗讯新建22个基站,117个基站三载频扩容,147个基站四载频扩容,扩容基站331个。贝尔三星升级BSM一套;3个新建基站(二载频),89个基站信道板调整。新增155M光传输设备7端,扩容155M光传输设备5端,扩容2.5G光传输设备1端。新增24芯光缆6.83皮长公里、通信管道6.08孔公里、微波3跳、整流模块电源7套、500AH蓄电池4组、800AH蓄电池13组。新建4座落地铁塔、5座楼顶塔;新建18套3匹柜机。完成7个基站土建装修并天线支架和走线架安装、9个基站外电引入、8个基站动力监控。整个项目2007年7月初验,12月完成终验。工程经费初设批复2.35亿元,财务预决算1.84亿元。

第二章 数 据 网

联通数据通信网是2000年上海市政府"一号工程"——上海信息港主体工程组成项目之一,也是宽带网络建设的重要内容。该工程实施使上海成为中国联通数据网三大国际出口之一和华东地区汇接中心。联通数据通信网主要目标是在宽带平台上实现三大业务:一是VOIP承载。为实现IP电话记账卡、GSM一次拨号、PSTN一次拨和大企业集团用户业务一次拨号等打下基础。二是165网承载。为大众提供拨号服务,向ISP企业提供Internet专线和服务器托管、电子商务等多种业务。三是传统数据业务。建设覆盖全市的数据网络,提供以ATM、FR、IP为主的传真、视频、语音和数据通信业务。完成主设备安装、互联互通及长途电路、国际电路的调通。项目建成和投入运行,扩大了Internet上网访问能力,改善了IP电话能力,提供丰富的数据业务,提供方便的综合业务接入和完善的网络监控水平。该项目以ATM+IP作为网络基础构架,上海节点是全国七大骨干节点之一,全部工程总投资1.39亿元,包括ATM骨干网3个核心交换点、数据网传输系统、互联互通中继、国际出口以及VOIP、165互联网和数据中心系统等部分。项目的建成,使中国上海联通具备市内、国内622 Mbps的骨干传输网能力和200 Mbps的国际出口能力。2000年9月20日,中国网通互联网数据中心——上海乐凯数据中心开通。该中心是中国网通网络型数据中心在全国落成并开通的第一个数据中心。中国网通互联网数据中心,简称为I-Dxnet(Internet Data Exchange Net),是为满足网站托管外包服务需求而建设的基础设施。它将网通IP宽带骨干网(40 GB)带宽与电信机房设施结合起来,为ISP、ICP、ASP和企业用户提供高质量托管服务。这是网通"建设中国的e-基础设施"战略计划的具体贯彻和实施。2009年12月15日,上海联通金桥数据中心投入试运行。该中心为各跨国公司、大型企业建设数据中心或灾备中心提供7×24小时电信级技术保障和专业服务。

IP电话试验网、IM智能网、长途网等新网络建成,打破上海联通成立以来仅拥有移动电话通信网的单一模式,开始进入网络多样化、丰富化发展新阶段,同时增添上海联通基础力量,为上海联通自身发展和更好地参与通信市场竞争提供有利条件。

第一节 骨 干 网

中国网通宽带骨干网由China169和CNCNET(China Network Communication NET,中国网通公用互联网)构成。China169是以原中国电信中国宽带互联网Chinanet北方10省的互联网络为基础,经过大规模改扩建而形成一个全新结构的网络,接入灵活,可大力疏通宽带业务;具有丰富内容和应用功能,可为大客户和集团提供定制VPN专网服务。CNCNET是由中国网通建设并运营的全国性高速宽带IP骨干网络,它采用先进密集波分复用技术承载IP,建造以宽带IP技术为核心的新一代开放电信基础结构。

一、China169

China169网络覆盖全国31个省、市、自治区,在46个城市建设58个POP接入点。北方10省采用"骨干＋省网＋城域网"三层网络结构,南方21省采用"骨干＋城域网"二层网络结构。China169在北京、广州、上海、沈阳设4个核心节点,各省采用N×10G或N×2.5G电路上联,核心节点负责各省流量转发。

China169与中国电信在北京、上海、广州实现异地互联,与中国移动在北京、广州、上海实现本地互联,与中国联通在北京和上海实现本地互联。China169在北京、广州、上海均有国际出口,并在洛杉矶、旧金山、纽约、东京、伦敦、法兰克福、香港和台北建立境外POP点。

China169网络与国内外主要电信运营商有直接互连电路,其中国内互联网出口达106 G;国际出口互连带宽超100 G。截至2006年12月,China169与国际各大运营商互联,包括:ANC、SPRINT、AT&T、MCI、FT、ANC、COGENT、PCCW、JT、KT、Hinet、LEVEL3、SINGTEL等,网络覆盖延伸至北美、亚太及欧洲等主要国家及地区。

China169是中国网通提供各类互联网业务和增值应用服务的基础网络平台,具有以下优点:

结构简洁高效:China169采用扁平化网络结构,简洁、清晰、高效,便于各类业务开展,有利于提高全网可靠性及服务质量。

覆盖范围广:China169骨干网已几乎覆盖全国包括各直辖市、省会城市、计划单列市及其他发达城市。

网络容量大:China169全部采用多条2.5 G或多条155 M高速中继电路,全网带宽容量大,中继速率高。部分主要城市间开通多条10G IP Over DWDM电路,进一步提高网络容量和效率。

设备先进:China169全部采用当时世界最先进的G比特路由器组网,设备可靠性高,扩展性好,功能完善。

安全可靠性高:全网采用多条高速中继电路实现网状连接,全网每个节点均有多条可迂回路由,网络结构为提高路由收敛速度做了优化及调整,网络自愈能力强。同时,既可实现高度集中网管,也可进行分权分级管理,可实现全程全网配置管理和故障诊断与排除。China169按照电信网络标准进行设计和建设。可实现板卡、设备、节点、中继电路等各个层次的冗余备份,网络运行稳定,安全可靠性极高。

强大的业务功能:支持窄带拨号接入、专线接入、ADSL宽带接入、LAN宽带接入等基本上网服务,可提供IP VPN、S-VPN等服务,同时提供视频、IDC、CDN、电子商务等增值应用服务。网络同时为IPCC、宽带应用等提供传送平台。

CHINA169支持各种网络协议。同时支持MPLS、TE、QOS、组播等各种新技术和新业务。

二、CNCNET

CNCNET网络结构为"骨干网＋城域网"两级结构。其骨干网覆盖境内53个城市及中国香港、中国台北和美国洛杉矶等境外节点。骨干网为三层网络结构:C1超及核心层、C2骨干层和C3骨干层。其中超级核心层C1由北京1(北京电报大楼)、北京2(北京亦庄)、上海、广州、武汉、西安、成都7个节点组成,节点间大部分设置直连2.5G链路;C2节点与7个核心节点组成双星形结构,链路通常采用2.5 G/155 M;C3节点通常双规上连省内的两个C2节点,采用155 M/GE链路。

CNCNET 网络国内互联网出口带宽达到 10 Gbps,其国际出口带宽达 4.7 Gbps。CNCNET 与国际各大运营商的互联,包括:UUNET、SPRINT、C & W、REACH、FT、ANC、NTT、PCCW、JT、KT、Hinet、Dacom、SingTel、Hanaro、CHT 等,网络覆盖延伸至北美、亚太及欧洲等主要国家及地区。

CNCNET 全网采用 IP Over DWDM 技术,将 IP 业务负荷通过 OUT(光纤终端单元)直接在 DWDM 密集波分系统中传送,网络容量得到有效提高。同时 CNCNET 骨干核心层设备采用 CISCO 公司 GSR 系列路由器,包括 GSR12008、GSR12016、GSR12416 等;互联层和业务层采用 CISCO7500 系列、CISCO7206/7304 系列,保证网络可靠性和安全性。

【网络架构】

IP Over DWDM 技术的成功运用实现 IP 数据包在光路上直接传送,省去中间层设备和功能重叠,传输效率最高,额外开销最低,同时使网络管理大大简化,有利于网络日常运行维护。两层结构与 IP 的不对称业务量特性相匹配,更充分地利用带宽,降低用户获得互联网接入服务费用。

【引入 MPLS 技术】

MPLS 是众多厂商和运营商都非常关注的技术,也是非常有发展潜力的技术,但由于 MPLS 标准尚在发展完善之中,其应用受到一定限制。CNC 在国内首次将 MPLS 技术引入运营网络中,充分体现了中国网通积极的技术创新能力。按发展形势,利用 MPLS 技术实现流量工程及 VPN 业务已可行。流量工程可实现平衡网络流量、充分利用带宽、高速链路保护等功能,利用 MPLS 实现流量工程,具有维护管理方便、系统开销较低、支持显示路径等优点,而利用 MPLS 技术实现的 VPN 是一种基于网络的 VPN,对用户侧设备无特殊接口协议要求,使用非常方便。

【网络质量】

严格的网络设计要求,高质量的建设施工,使新一代全光纤各项技术指标出类拔萃:任意两点之间网络时延小于 40 毫秒,丢包率小于 1%,核心节点之间网络自愈时间小于 1 秒,核心节点之间网络可用率不小于 99.99%。

【解决方案】

中国网通拥有超大容量国际出口带宽和 320 G 宽带骨干网,使 CNCNET 完全有能力承载企业所要求的庞大信息流,游刃有余地创造高速上网的感觉。因特网专线接入提供 2—1 000 M 速率端口,并支持 ETHERNET、FIBER、SDH、ATM、DDN、FR、微波等多样化接入,可为企业实现真正意义的个性化宽带服务。

【一体化服务】

为用户提供定制的网络接入方案,提供包括引接工程在内的一揽子实施服务。上海网通客户经理跟踪从需求调查、网络规划、下单购买、电路调度到测试验收的全过程,以确保接入电路顺利开通。

【售后保障】

上海网通积极倡导服务品质协议,明确接入技术指标及售后职责。上海网通维护部门负责对网络进行监控管理,并按用户要求定期提供网络分析、故障排除、日常维护等报告。客户经理时刻保持与用户的密切联系,用户可通过网通全国统一的客户服务中心"10060"随时查询网络状况并提出新的业务需求。

三、互联网数据中心(IDC)

2000年,随着数据网五城市(上海、广州、北京、天津、成都)骨干网实现互联,上海联通向中国联通呈报《关于上报〈中国联通互联网数据中心(IDC)上海一期工程项目建议书〉的请示》。11月21日,得到批复原则同意。工程建设内容包括:机房设备配置面积1 000平方米,新购高档以太网交换机2台,低档以太网交换机17台,L4-7层交换机4台,服务器40台,业务系统、网管系统、计费系统、安全系统各1套及相应配套。工程投资额3 992万元,含外汇175.10万美元。

2002年7月9日,上海联通又向中国联通呈报《关于上报〈中国联通互联网数据中心(IDC)上海一期工程一阶段设计〉的请示》,10月10日获批。工程建设规模:2台核心交换机(Cisco 6509)、13台分布层交换机(Cisco 3524)、3台四层交换机、1台接入路由器(Cisco 3660)、1套业务系统(存储备份、CACHE、带宽保证、内容分发等)、网管系统、安全系统、托管服务器40台、机架128个。2套200千伏AUPS电源系统及配电设备,外市电增容改造。装修面积1 176平方米,15台专用空调机,8台分体柜式空调机,1台嵌顶式空调机,气体消防系统1套。工程建成后,上海联通IDC机房规模达1 000平方米。工程总预算3 554.09万元。

2003年10月1日,中国联通上海INTERNET数据中心(IDC)启用,开始为ISP、ICP、ASP及中国联通用户提供全方位服务。为提高自身竞争能力,上海联通目标将IDC建成国内最大的、能提供多种服务的大型数据中心之一,使联通IDC成为ISP、ICP、ASP的最佳合作伙伴,同时满足更多加入com行列企业的专业和苛刻的网站管理要求。此次推出的IDC服务包括服务器托管、整机租用、专线接入等,以及IDC增值服务项目。第一期装备数千平方米恒温恒湿、具有两路电源的机房,备用油机、UPS的供电保障。155M链路直达中国联通和中国电信骨干网,并有200M国际出口容量。用户可选择使用10—100M带宽。可租用机房、机架,享受包机或包机房服务,也可共享主机,租用服务空间。力求使用户得到快速通畅、全面周到的超值服务,度身定制的个性选择,值得信赖的安全防范。该数据中心建设得到美国CISCO公司、香港UUNET公司、上海新泰信息技术有限公司和上海邮电设计院的技术支持。

10月11日,中国联通公用计算机互联网(CNUNINET)与中国计算机互联网(CHINANET)在上海成功互联,双方在上海各自以34M带宽、BGP4路由协议进行互联,互联成功提高CNUUINET访问国内站点速度,使165用户接入时间大幅减少,实现真正意义的高速互通,为中国联通数据业务创造良好发展空间,同时为上海联通IDC业务提供快速、高质量的保证。

2009年12月15日,总投资近2亿元的上海联通金桥核心通信局房数据中心投入试运行。该中心出口带宽20Gbps,数据中心容量350个机架,提供双线电信运营商的各种数据业务,采用双路市电介入,保障充足、可靠的电力供应,具备7×24小时电信级技术保障和专业服务,对完善国际网络、长途骨干网络、本地核心网络以及发展IDC业务有重要意义。

表2-2-1 2002年中国联通互联网数据中心(IDC)上海一期工程
一阶段设计与可行性研究报告批复对照表

单项名称	规模			投资(万元)			备注
	可研批复	一阶段设计	差异	可研批复	一阶段设计	差异	
主机设备安装单项工程	2台核心交换机,17台分布层交换机,4台四层交换机,1台接入路由器,1套业务系统(存储备份、CACHE、带宽保证等)、网管、计费、安全、托管服务器40台、机架128个	2台核心交换机(Cisco 6509),17台分布层交换机(13台Cisco 3524,4台Cisco 2948),6台四层交换机(4台F5,2台ALTEON184),1台接入路由器(Cisco 3660)、1套业务系统(存储备份、CACHE、带宽保证、内容分发等)、网管(CA、Cisco works)、安全(ISS 2台Net Screen 1000 ES防火墙)、托管服务器40台、机架128个	(一)设计较可研增加部分:(1)2台四层交换机(用于广域负载均衡);(2)业务系统中的内容分发系统;(3)安全系统2台防火墙Net Screen 1000 (二)设计较可研减少计费系统	2 494.50	2 204.19(含美元51.45万)	290.31	计费系统还未最后定型,此部分在可研中的投资估算为505.60万元
源设备安装单项工程	4套200千伏AUPS电源系统及配电设备	2套200千伏AUPS电源系统及配电设备,外市电增容改造	增加外市电增容费用,减少2套UPS电源系统	842.68	668.30	174.38	
土建装修单项工程	装修面积约1 000平方米,专用空调15台、消防系统1套	装修面积1 176平方米,15台专用空调机,型号40UA;8台分体柜式空调机,型号FVY-125DA;1台嵌顶式空调机,型号FHY71FP;气体消防系统1套	增加分体式柜式空调等9台	654.90	690.10	−35.20	
总计				3 992.08	3 562.59(含美元51.45万)	429.49	

第二节 通 信 网

一、IP电话网

随着数据通信网络和因特网的发展,IP电话、IP传真应运而生。IP电话在传输上采用数字压缩和IP包传输技术,节约传输宽带,提高线路利用率,降低成本。1997年,中国联通开始筹建国内长途网和数据网。

1999年,中国联通将数据通信业务作为重点发展业务,计划建立中国联通数据通信网,开办IP电话。3月10日,中国联通发出《关于开展十二城市IP电话业务试验的通知》,告明IP电话业务试验在北京、上海、杭州、大连、广州、深圳、天津、成都、重庆、福州、厦门、武汉12城市进行。其中北京、上海、广州3个国际出口所在城市之间采用全网状结构。上海联通最早选用的是CISCO公司设备。

5月17日开始,在中国联通技术部和兄弟分公司共同努力下,上海联通加快进度,相继完成机架、电源和空调安装等任务,随之在机房、传输、模拟市话交换机及与邮电协调等方面作了充分准备,为测试创造良好条件;分别完成IP网络环境建立、网关调试、信令调试等工作,解决温度、环境等难题。期间,在互联互通上得到上海邮电的大力支持。上海联通在IP试验网建设时,事先到当地工商、物价等部门办理好业务范围增项和资费备案等事项,为IP数据试验网开通后迅速经营提供了保障。上海联通IP试验网测试完成后,立刻推广到全国。中国在短时间内编织起全球最大的IP电话网。

5月24日下午,中国联通在上海进行12个城市IP电话联网测试,拨通第一通电话,试通GSM手机之间及手机与市话、市话与市话间的电话,音质优良。IP第一通电话试通后,上海联通又解决了后续准备工作中的各种难题,为确保IP电话按时开通扫清障碍。6月18日,中国联通在北京宣布,中国联通IP电话试验网开通。同时,上海联通举行IP电话开通暨与上海邮政局合作协议签字仪式,IP电话通达160多个国家和地区。由此,上海联通在网络建设、扩展上打开了数据网大门。

7月20日上海联通向中国联通提交请示,将《中国联通上海数据通信网节点一期工程项目建议书》作为附件呈报。附件中说明上海联通数据通信网建设理由是"业务发展的迫切需求"和"市场竞争的需要";建设规模为"联通上海数据网作为核心汇接节点,在上海设置3个业务节点,其中1个为国际局节点;节点设备包括ATM设备、IP设备、IP电话设备和城域网设备。ATM设备包括3台ATM交换机;IP设备包括3台高档路由器及拥有36个以太网端口的以太网交换机和10个E1接入端口和网管服务器3台;IP电话设备包括1个网闸和12个E1电话网关容量;城域网包括100公里光缆,10个光节点和10套无线接入设备"。9月6日,上海联通将《中国联通数据通信网上海节点"IP电话网工程"可行性研究报告》呈报给中国联通,并经批复同意。IP电话网于11月底完成1、2期扩容,达到50个E1容量。

2000年,上海网通以市政府1号工程信息港项目为契机,建成业界最大的RPR接入层网络。同时积极推动上海网通成为第一个将Wireless LAN技术成功转化为商用业务的电信企业。2月3日,中国网通推出成立以来的第一项服务——网通IP电话。网通IP电话第一期工程开通北京、上海、广州、南京等14个城市,并与港澳台及亚洲、欧洲、南北美洲、太平洋地区70多个国家和地区连通,漫游全球29个国家和地区。

2001年7月,上海网通在智能网上实现17931(通用卡实现主叫捆绑)业务,这是上海网通在中国网通内率先开展长途智能网服务。17931为直拨使用IP电话的后付费业务,使用该业务无需买卡,用户可以"像平常拨打电话一样"拨打长话,标志着长途电话费用大幅降价。

表2-2-2 2003年中国联通IP电话业务网上海市四期工程
第一阶段设计与可研批复对照表

单项名称	规　模			投资(万元)		
	可研批复	初步设计	差异	可研批复	初步设计	差异
中国联通IP电话业务网上海市四期工程(全套文件)	扩容IP电话网关220个E1	扩容IP电话网关220个E1	无差异	1 167.90	1 016	151.90
	扩容IP电话关守	新增网守服务器6台、目录服务器4台、计费服务器5台、大区数据备份用磁带机1台		32.00	190.80	-158.80
	新增路由器1台	新增GSR路由器1台、扩容原路由器		65.90	168.80	-102.90

〔续表〕

单项名称	规 模			投资（万元）		
	可研批复	初 步 设 计	差 异	可研批复	初步设计	差 异
中国联通 IP 电话业务网上海市四期工程（全套文件）	新增局域网交换机1台	新增局域网交换机1台	无差异	2.50	24.30	−21.80
	系统集成费			126.80	93.90	32.90
	备品备件费			38.10	0.00	38.10
	分摊电源1台			10.00	3.00	7.00
	其他取费			244.40	185.80	58.60
总计				1 687.60	1 682.60	5.00

二、ATM 网

ATM，又称为"异步转移模式"，是一种以固定长度的分组方式，并以异步时分复用方式，传送任意速率宽带信号和数字等级系列信息的交换设备。主要为用户提供高速、低时延、可交换的宽带电路。主要应用于：高速局域网互联、高质量的电视会议、远程教学、远程医疗诊断、远地协同工作、多媒体通信、影视远程分配、按需分配频宽和电视点播。可提供定时、可选频宽的各种业务。从ATM 应用范围来看，发展前景极为广阔。尽快建立 ATM 网对社会开放业务，以及 IP 业务面向社会，是上海联通难得的两个经济增长点。

1999 年 7 月 20 日，上海联通向中国联通呈报《中国联通上海数据通信网节点一期工程项目建议书》：在上海设置 3 个节点，其中 1 个国际节点需要 IP、ATM、城域网设备。即除 IP 外，还需装置ATM 及建立城域网。新建 3 个 ATM 节点局，总投资 2 416 万元，其中 ATM 设备 1 873 万元，ATM 网络设备 243 万元，前置交换机设备 300 万元。得到中国联通批复同意后，上海联通立项施工。是年底，ATM 交换机安装就位，其中漕河泾节点 25G 交换能力已经形成，"165"实现内部开通。

表 2-2-3　2001 年中国联通上海数据网一期 ATM 及公众 IP 网等工程基本情况表

批复单项工程名称	工程建设规模	批 复 预 算	
		万 元	其中外汇（万美元）
中国联通数据网通信网工程（ATM 及公众 IP 网工程）上海市设备安装单项工程	在漕河泾、六里、江场 3 个节点共建设新建 ATM 节点设备 7 套，以太网交换机 3 台，路由器 2 台，应用服务器系统 1 套（含计费、认证、WWW、DNS、E-mail、网络安全等），分权网管系统 2 套及相应集装架、机房、电源、工程车辆等配套工程租互连互通工程	3 929.17	273.16
中国联通数据通信网一期 IP 电话、IP 接入及接入网关工程上海市设备安装单项工程	新建 IP 电话网关 162 个 E1，关守路由器 4 台，关守服务器 14 台，IP 接入服务器 80 个 E1，接入网关400 个 E1，省账务中心及本地主叫认证鉴权系统 1 套，分权网管系统 3 套及相应设备集装架、机房、电源等配套工程和互连互通工程	4 692.34	264.00

〔续表〕

批复单项工程名称	工程建设规模	批复预算 万元	其中外汇（万美元）
中国联通数据通信网一期 IP 电话、IP 接入及接入网关工程上海市配套设备安装单项工程	本地 NAP 点建设工程、大客户接入工程等	846.00	0
联通 12 城市 IP 业务实验网容工程一阶段设计上海分公司设备安装单项工程	IP 电话网关 40 个 E1、路由器 1 台（扩容）以太网交换机 1 台、设备集装架 2 架、传输、电源等配套工程	778.51	63.20
数据网前置交换系统配套工程前置交换机设备安装单项工程	华为前置交换机 7 架、中兴交换机 2 架、账务和本地认证计费系统服务器 2 台	433.90	0
数据网前置交换机系统配套工程电源配套单项工程	电源系统 1 套	7.97	0
总　　计		10 687.89	600.36

表2-2-4　2001年中国联通数据网上海 ATM 二期工程建设规模和概预算一览表

单项名称	工程建设规模			概算额（万元）			备注
	可研批复	初步设计	差异	可研批复	初步设计	差异	
中国联通 ATM 网二期上海市工程漕河泾节点单项工程	ATM 交换机 1 台 CBX500，1 台 B9K，8 套插板	1 台 G550，1 台 C500，1 台 PSAX，1 套插板	多 1 台 G550，1 台 PSAX，少 7 套插板	636.00	688.44	−52.44	
	无网管服务器	1 台网管服务器	多 1 台	0.00	18.86	−18.86	
	配套安装工程等		比例不变，费用相应提高	（数据网二期共列）497.30	71.61		因可研为数据网二期一部分，此栏费用难以拆分
总计				636	778.91	−142.91	一阶段设计含外汇 60.60 万美元

表2-2-5　2001年中国联通 ATM 网三期工程上海市设备配置表

主　设　备			传输部分	电源部分	配套部分			
ATM 节点设备（5 Gb/s）	ATM 节点设备（1.2 Gb/s）	ATM 网管	传输设备费	电源费用分摊	机房改造及装修	消防设备	空调	工程车辆
台	台	套	套	套	平方米	套	台	辆
2	1	1	1	1	500	1	2	1

第三节 城 域 网

一、上海网通城域网

2000年12月，中国网通投资4.10亿元建设的上海宽带IP城域网告竣。作为上海信息港主体工程七大子项目之一，上海宽带IP城域网采用世界先进的密集波分复用（DWDM）光纤通信技术和千兆路由交换技术，可承载包括语音、数据、图像、传真、视频和各种智能与增值服务在内的综合电信业务。该网络主干带宽达4万兆，能同时传送并实时收看1.5万—1.6万部VCD电影，或同时下载16部74卷大百科全书。上海网通宽带IP城域网拥有350兆国际出口和多个数据中心，为上海提供一个新网络平台，大大提高上海信息港技术含量和上网速度，实现从"拨号上网"到"在线上网"的转变。不仅网民获益，机关、学校、银行、网络运营商等企事业单位也享受到带宽批发、高速因特网接入、主机托管、虚拟专网、IP传真、一点对多点传真、语音和电视会议、远程教学、远程医疗、智能电子商务、网上交易、网上娱乐等高速接入和信息服务。

2001年，上海网通完成《上海市新城镇信息化基础设施建设研究》课题研究。为提高销售效率，上海网通编制包括数据产品模板（DPLC、IPLC、MPLSVPN、IDC、VISP）和语音产品模板在内的各类业务方案模板，并根据不同资源状况编制不同的接入模板等。在CPN业务方面，规划技术部共制定方案105个，审核85个；完成立项68个，批复49个，建设跟踪35个和验收30个；完成销售技术方案258个，立项108个。

自2001年9月起，上海网通配合中国网通进行3G试验项目调研，11月底被确定为3G试验基地之一，网络建在浦东陆家嘴地区。陆续完成无线网络规划和无线仿真等工作，并在规划基础上完成站点选择、核心网和部分基站机房装修。

2002年1月15日，上海网通完成第一次城域网设备终验工作。1月26日，上海城域网骨干传输网割接成功，上海网通实现2001年初制定的网络规划各项宏观目标。3月25日，上海网通城域网接入层全网贯通，在上海形成较为完整的城域网络。通过对网络建设采取阶段性优化，上海网通基本形成4＋9＋N城域网基本架构，使上海城域网成为中国网通最先进的城域网之一。至5月底，上海网通已完成部分设备安装调测，能够实现WCDMA业务演示，具备试验网测试条件。全年城域网管道344孔公里，累计794孔公里；敷设光缆342.35皮长公里，累计642.35皮长公里。是年，上海网通169互联网完成第一次城域网设备终验工作，上海市城域网接入层全网贯通。至此，上海网通在两年建设期后，已初具提供广泛电信服务的能力。

2003年，上海网通169网完成与电信、移动、联通165网络新建互联互通传输环的所有工程，加上以前与铁通的互联互通传输环，169城域网与四大运营商都建立互联互通传输环，给北话南送创造有利条件。

2005年，上海网通积极参与国家重点项目、市政府一号工程——上海航运中心洋山深水港、临港新城，同时上海网通管线资源成功进入金茂大厦，实现浦东陆家嘴地区管线全面覆盖。2006年上海网通在已经初步具备能力的区域，加快资源补缺配套，努力实现网络全覆盖，通过全力推进局房和管线等新建项目建设，逐步形成对市区主要商业区、开发区、工业园区全覆盖，上海网通2007年城域网项目预立项工作按期完成。

上海网通城域网采用3层网络结构,即核心层、汇聚层和接入层,形成4+28+N个节点的IP网络规模。2007年计划进行2个核心点(长宁临空、新黄浦)建设,缓解4个核心点的汇聚接入压力;并再增加7个汇聚点建设(2个市区,5个郊县汇聚点),完成上海各区县以及重点商业区域和开发区的全面覆盖,在2007年底形成6+35+N的网络格局。

上海IP城域网基本覆盖全市重点商业区域、开发区和部分郊区,截至2006年底接入约840栋商业楼宇。完成并开通专用汇聚节点28个,分别是恒隆广场、香港广场、南京东路157地块、新世纪、天文台、复旦、张江、张江集电港、民航大厦、三联大厦、金牛、闸北广中、海运、卢湾复兴、临港新城、川沙镇、朱泾镇、青浦镇、浦江镇、长宁江苏、嘉定(郊区)、松江(郊区)、宝山、普陀、虹口、南汇(郊区)等汇聚节点。至2005年,上海网通宽带IP城域网建设贯彻网络转型和演进策略,依据地理和业务分布规划建设8个核心和若干汇聚节点,切实提升上海网通宽带IP城域网接入能力和覆盖能力,形成遍布上海的第二大高速、高可靠性、高密度、具备多业务能力和创新应用(NGN宽带电话承载网、IPTV、IPv6网)的综合网络承载平台。

中国网通拥有两张IP互联网,分别为China169和CNCNET。China169是中国网通在北方十省原中国电信骨干IP网的基础上,在南方21省进行补网建设后形成的一张整网,CNCNET是原网通控股的全国骨干IP网。根据业务发展和用户需求特点,中国网通已拟定"互联网双平面计划",将China169和CNCNET两张骨干IP网分别定位为公众互联网和宽带商务网。

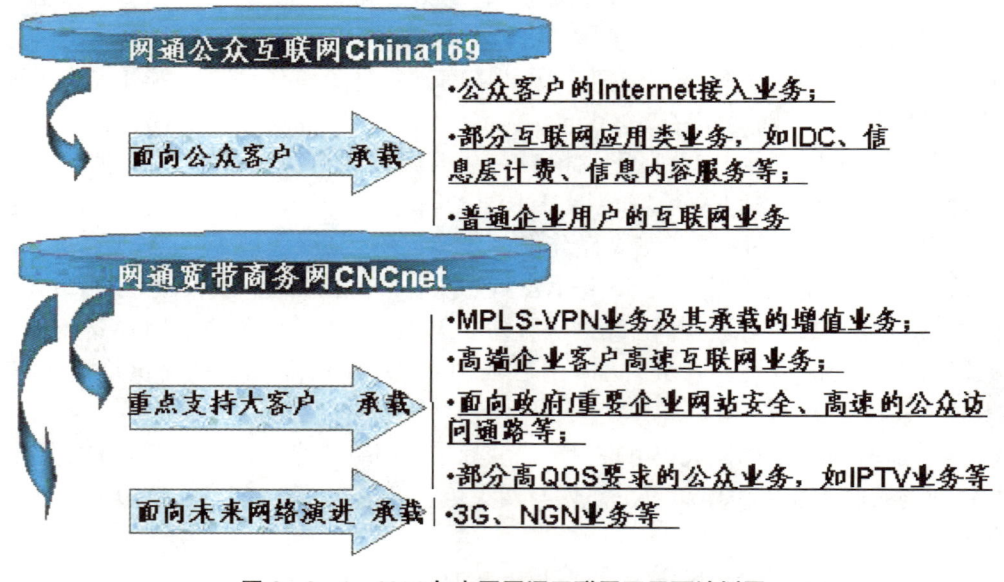

图2-2-1 2006年中国网通互联网双平面计划图

2006年10月,上海网通完成双平面割接,根据业务区分策略,普通客户和CPN用户通过China169网承载,大客户、MPLS-VPN和增值业务通过CNCNET承载,从而实现按客户等级区分的差异化服务。

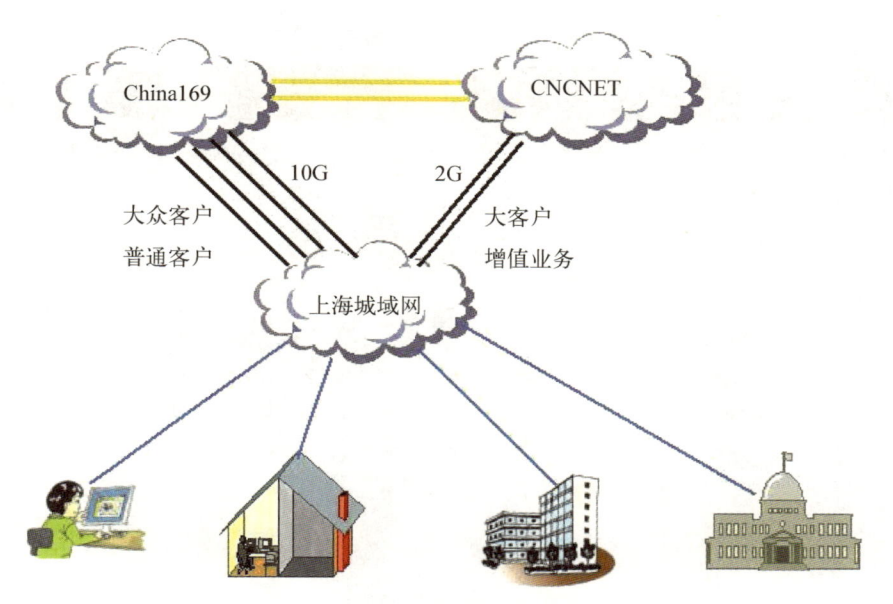

图2-2-2 2006年上海网通城域网业务分布图

表2-2-6 2005年上海网通提供 FTTB+LAN、独享 LAN、独享银牌和独享金牌等各个等级互联网宽带产品情况表

产品名称	接入方式	接入的网络层次	上联的骨干网络	网络出口优化策略	网络质量	价 格
FTTB+LAN	五类线	接入层	China169	无	一般	低
独享 LAN	五类线	接入层	CNCNET	无	好	性价比高
独享银牌	光纤	汇聚层	CNCNET	无	较好	较高
独享金牌	光纤	核心层	CNCNET	有	非常好	高

二、上海联通城域网

2005年12月6日,中国联通批复原则同意上海联通呈报的《关于上报〈上海联通城域网三期工程一阶段设计〉的申请》。工程建设规模:新设呼叫控制管理器 CCM 1套,业务接入控制单元 SACP 9台、媒体网关4台、网管设备1套、计费系统1套、小交换群与一号通服务器1套、一号通业务系统1套、预付费业务系统1套、统一通信业务系统1套、大用户接入点98个。工程预算核定额为1 225万元。

2009年,上海联通 China169 IP 城域网形成 8+33+N 个节点的 IP 网络规模。城域网互联至 China169 骨干网出口带宽达 30 G,至 CNCNET 精品网出口达 2 G,至 IDC 出口达 10 G。2010年,CHINANET 上海节点的 INTERNET 国际出口带宽达 228.29 G;CHINANET 上海节点连接国内各省核心的国内数据通道以 POS 10G 和 POS 40G 技术为主,物理总带宽达 1 247 G;上海本地城域网连接 CHINANET 骨干网各节点中继端口能力 1 600 G,实际开通 1 120 G。连接 CN2 出口物理带宽 120 G。

表2-2-7　2005年中国联通城域综合业务网上海三期工程规模投资表

一 阶 段 设 计	备　　注
建设1套呼叫控制管理器CCM	
建设2套贝尔CPE Manager	
建设99个用户点	
建设1套贝尔SNMPc综合网管	
建设1套计费系统	
建设1套A5020SX软交换系统,支持5万用户注册,最大支持5 000个并发呼叫数;4台A7515媒体网关	含增值业务系统包括IP Centrex、一号通、预付费业务、IP话吧
建设9套SACP,其中8台设备型号为NNSD-M500,支持500个并发呼叫;另外1台设备型号为NNSD-M1,支持1 000个并发呼叫	

第三章 交换系统

电话交换系统是指用以使属同一个电话网用户群中任意两个或多个用户话机之间建立通信路径而暂时连接的设备集合。该系统由话路设备、交换网、控制及信号部分组成,用于本地、长途和国际通话接续。

上海联通1999年建成钦州交换局,建成国际长途程控交换机,2008年完成扩容;上海网通2001年建成乐凯国际局,2003年建成市北、漕河泾PSTN长途局,2005年乐凯国际局完成升级工作,2007年建成市北、漕河泾NGN长途局。上海联通和上海网通的电话交换局都是中国华东大区中心的通信枢纽。2009年,上海网通与上海联通固定语音网络合并,原联通长途交换局退网。2010年,上海联通长途TS交换机为朗讯5ESS交换机,用以单独承担原联通193等话务。上海联通本地交换网设有端局系统13套,功能得到提升,业务量持续扩大。

第一节 长途交换

1999年,上海联通钦州长途交换局建成并投入使用,采用朗讯5ESS-2000设备,处于华东大区中心通信枢纽位置,业务覆盖全国。

2000年,上海联通钦州局国际长途程控交换机建成并入网使用,采用爱立信设备,与美国、日本、新加坡、韩国、中国台湾互联,装机容量2.20万余线。

2001年,上海网通乐凯国际交换机建成投入使用,设备采用华为C&C08交换机,装机容量3万余线,承接华东地区国际来去话语音业务疏通。完成已有VOIP网络系统与设备改造升级,实现上海至北京、南京、杭州等14个城市之间语音IP互通。

2003年,上海网通市北、漕河泾PSTN长途局建成并投入使用,设备采用贝尔P3S宽带交换机。这2个长途局作为华东大区交换汇接中心,采用双DC1节点,承担上海、浙江、江苏、福建、江西四省一市的省际长途话务转接任务,与北方七省、南方大区中心之间形成网状网结构。该期项目新建长途电路为0.20万个2兆,长途电话交换机容量为7.56万路端。

2005年,上海网通乐凯国际局完成软件升级工作,新增主叫甄别、特殊被叫号码变换等功能,并拥有ISUP多国适配功能,能根据业务需要完成对ISUP消息和消息字段的屏蔽、转换、丢弃。上海网通市北、漕河泾PSTN长途局为应对除夕话务高峰,实施至福建、江苏、沈阳中继扩容。长途交换局扩容0.30万个2兆,长途电话交换机容量增扩为9.14万路端。

2006年,上海网通随着业务升级,VOIP网络与设备全面退网。市北、漕河泾PSTN长途交换机新开通与贵州2×155M、重庆2×155M、浙江(宁波)4×155M配合实现浙江完成双节点配置。

2007年,市北、漕河泾NGN长途局建成并投入使用,A/B平面分置。A面采用贝尔5020MGC,B面采用华为(soft3000),均采用SS控制+TG互联方式,TG互联大区内各省地市,SS与全国其他6个大区中心节点长途局SIP中继互连,并与北京、上海、广州等国际局实现ISUP中继互通。经过历年升级扩容,2009年3月NGN—A面装机容量已至:ISUP中继,24×155M+160×2M;SIP中继,标称处理能力170 000 caps。NGN—B面装机容量已至:ISUP中继,22×155M+

160×2M；SIP中继，主/备用SIP中继容量license各214 744。

2008年，上海联通完成钦州局国际长途程控交换机扩容，扩容后设备容量达2.90万余线；NGN长途局交换机SIP省际互通完成，SIP终端视频通话测试成功。

2009年，上海网通与上海联通长途网业务合并，原联通长途交换局退网。市北、漕河泾NGN长途局承载30%话务，市北、漕河泾PSTN长途局承载70%话务。是年，上海联通乐凯局国际长途程控交换机完成扩容工程，扩容后设备容量达6万余线；实施网络扁平化改造，市北、漕河泾NGN长途与本地实现SIP互通；固网信令分析系统扩容改造，NGN交换机SIP消息纳入监测。

2010年，上海联通长途电话交换机容量增扩至26万路端，承接忙时长途话务8万ERL，长途电路0.53万个2兆，其中长途PSTN网承载70%长途骨干交换网业务量；长途软交换网承载30%长途骨干交换网业务量。是年，市北、漕河泾NGN长途交换机升级，实现业务控制点（SCP）业务触发。市北、漕河泾NGN长途交换机完成与广西国际局、黑龙江国际局互通。11月1日，为提升安全性，上海联通启动乐凯国际局设备搬迁工作，历时一年。整局搬迁至专用通信机房，采用双平面组网，搬迁涉及新装设备126架，改造并搬迁设备54架，淘汰老旧设备21架。结合搬迁工作，上海联通国际语音网络安全性得到加固。与此同时，淘汰80G传输波分设备，启用800G传输波分设备，提升国际出口通信能力。

2010年，上海联通长途骨干交换网由长途PSTN网、NGN软交换网、193长途网三张网络组成，交换网中继长途等效电路累计达13 872×E1。

长途PSTN网承载原网通70%的长途骨干交换网业务量；长途局机型为上海贝尔阿尔卡特S1240 P3S，版本为CHB2。设置为上海大区交换汇接中心，承担上海、浙江、江苏、福建、江西四省一市省际长途话务转接任务，上海大区汇接中心为双DC1节点。与北方十省、南方大区中心之间形成网状网结构。

长途NGN软交换网分为A、B两个平面，每个平面分别承载原网通15%的长途骨干交换网业务量。其中A平面为上海贝尔阿尔卡特设备，B平面为华为公司设备。每个平面都设立一对SS放置在不同局址，实现异地双归属冗余备份，A平面TG设备安放在漕河泾枢纽楼，B平面TG设备安放在市北枢纽楼，同时这两套NGN设备分别管理浙江、江苏、福建、江西TG设备，软交换逻辑上网状互联。上海与北京、西安、沈阳、广州、武汉、成都这6个大区采用SIP互联，走集团骨干承载网，与管辖的南昌、杭州、南京、福州等地TG通过传输链接。联通NGN长途网主要对传统PSTN长途业务分流，约承担30%长途业务（除异地手机和9字头）及长途视频业务。

上海长途TS交换机为朗讯5ESS交换机，用以单独承担原联通193等话务。其作为原联通193长途网重要节点，连接着全国各地38台长途交换机、3台国际长途交换机、13台本地交换机。

第二节　市内交换及其他

1999年，上海联通第一套钦州局中兴IP前置机入网运行，支持VOIP、语音数字中继、语音VPN等业务。

2002年，上海网通第一套漕河泾局PSTN端局建成投入运营，设备采用中兴ZXJ10机，设备规模为4万线用户。是年申请并获得首批次万号段固话码号资源，启动上海网通固话业务运行。

2003年，上海网通第一套市北局、漕河泾局PSTN关口局建成并投入运营，设备采用上海贝尔P3S程控交换机。完成与联通、移动、电信、铁通等中继电路及信令互通组网调试并投入运行。关口局一期容量10万线,400等效64K信令。

2004年,上海网通第一套漕河泾局NGN北电软交换设备入网运行,系统容量为10万线。完成本地智能网一期工程,SCP等采用中兴ZXIN设备,共计3套系统加载并运行记账卡业务、本地800业务、受端入网业务等。是年,上海网通与吉通本地交换网两网改造整合,吉通IP前置机实现退网。

2005年,上海网通本地智能网二期工程完成,系统新增一号通彩铃、固定预付费业务等业务。金牛、茂名、市北等端局建成并入网运行,业务覆盖上海全市,交换机总容量达50万线。

2006年,上海联通完成第五套前置机入网,形成漕河泾中兴、西安路中兴、漕河泾华为、江场华为、六里华为5个点为全市固定电话业务接入,交换机总容量达20万线。

2007年,上海网通新黄浦、新长宁NGN汇接局建成并入网运营,设备采用华为SOFT 3000软交换设备,后续历经扩容,逐渐成为主要承载语音业务的平台。完成市北局本地交换网智能化改造,新增SDC等网元、IMS新会场。

2009年,上海网通和上海联通固定语音网络完成融合,形成10套PSTN端局,1套NGN端局、1套话吧接入前置机、2套大型数字中继用户接入前置机,一对汇接局,一对关口局,一对长途局、一对智能网、一对LSTP的网络规模,全网接入能力达69万线模拟用户;固定语音网实现从传统PSTN技术向软交换技术演进,建立一套NGN端局及一对NGN汇接局;网络组织架构上,通过新建一对NGN汇接局,实现本地网用户所有来去话的集中转接以及业务与控制相分离的网络结构。

2010年,北电NGN系统退网,新增一对中兴NGN端局容量20万线,调整后上海联通本地固网总容量合计约110万门。

是年,上海联通本地交换网设有端局系统13套:其中中兴ZXJ10交换机7套,分布于漕河泾、金牛、茂名、市北、包头和临港新城等机房并负责该区域业务接入,软件版本为V1000304.30。华为CC08机5套,分布于六里、乐凯、钦江路等机房并负责该区域业务接入。北电NGN软交换端局1套,设备容量10万线,承担全上海宽带电话业务接入;设有关口局系统2套,用于上海网通和本地各运营商之间以及集团长途网落地上海本地的互联互通业务,其采用上海贝尔阿尔卡特S1240 P3S设备,软件版本为CHB2;设有NGN汇接局2套,该系统采用华为SOFT 3000机型,承担全网智能化核心组网职能,负责全网话务转接、智能业务集中触发、局端用户基本呼叫处理的功能。

第四章 传 输 系 统

上海联通初期主要通过与上海邮政合作实施网络传输,之后着手建设自有传输网络。1997年起上海联通先后建设京津宁沪2号光缆、南沿海3号光缆、南沿海4号光缆、青岛—上海光缆等长途城际光缆。1993年12月,中日海底光缆在上海南汇和日本宫崎登陆。1997年起,中国参与建设亚欧海底光缆、FLAG环球光缆、亚太2号国际海底光缆、TPE海光缆。

2001年,中国网通建成C2C登陆站,至2005年,中国网通在上海登陆的国际海底光缆系统承担近60%的国际带宽业务。2010年C2C海缆系统继续扩容。

随着多条光缆的建成开通,上海联通和上海网通建设40G、320G、400G、800G、3200G等系列波分系统。2001年,上海联通本地网传输设备引入先进的SDH设备。本地网络初步建成骨干层和子网层二层网络架构,并与上海移动、上海电信、上海铁通、上海网通完成一期互联互通网络建设。是年,上海网通启动同步网、传送网建设。2003年,上海网通持续构建核心和接入二层结构的本地传输网,并开建与三大运营商互联互通网络。上海联通和上海网通合并后,2009年启动本地传输网络资源整合布局,结合原有网络现状和业务需要,循序渐进地实施网络融合。2010年上海联通本地网建成以核心局房组成的骨干层、以边缘汇聚机房为核心的汇聚层以及由汇聚机房扩架接入的接入层,三层网络架构之间全部通过双保护互联。

第一节 光 缆

一、城际光缆

【上海联通城际光缆】

1997年,上海联通第一条长途干线光缆京津宁沪2号光缆(GYTA-48B1)开通运行。该缆为G.652光纤类型,共计48芯;路由从起点的北京,途经天津、山东、江苏,从江苏昆山进入上海市内,终点为上海联通漕河泾钦江局五楼长途传输机房,光缆上海段全长39公里。该缆从2001年开始,先后承载有京沪WL2(40G)波分系统、京沪穗—北京方向WS2(400G)波分系统、沪宁汉WS3(400G)波分系统等。它是上海联通与外省市沟通的最主要光缆。

1999年,上海联通第二条长途干线光缆南沿海3号光缆(GYTA-24B1)建设竣工。该缆为G.652光纤类型,共计24芯;光缆的起点为上海联通钦江局五楼长途传输机房,经松江新浜中继站,从新浜沿沪杭铁路到枫泾,再进入浙江嘉兴,全程采用管道加铁路直埋敷设方式,光缆上海段全长81公里。从2001年起,陆续开通沪穗方向WL3(40G)波分系统、京沪穗—广州方向WS2(400G)波分系统、沪杭福宁WN1(400G)波分系统等。它是上海联通与南方各省通信的主要光缆,也是上海联通长途出局的第二路由,给网络安全提供了必要的保障。

2002年,上海联通新建的第三条长途光缆南沿海4号光缆(GYTA-48B4)投入运行。该缆采用G.655光纤类型,共计48芯。光缆起点为上海联通钦江局五楼长途传输机房,经松江新浜中继站,从新浜沿沪杭铁路到枫泾,再进入嘉兴、杭州、福州等地,全程采用管道加铁路直埋敷设方式,光缆上海段全长65公里。建成后先后开通京沪穗400G波分系统、京沪穗40G波分系统、沪宁汉40G波分系统、沪穗方向WL3(40G)波分系统、京沪穗—广州方向WS2(400G)波分系统、沪杭福宁WN1(400G)波分系统等。

2003年，上海联通到青岛的"青岛—上海光缆"建成使用。该缆经江苏苏州，最终接入市区漕河泾钦江局5楼长途传输机房。该缆采用GYTA-48B1的G.652型号光缆，共计48芯，在沪全长40公里。建成后先后开通有京沪WL2(40G)波分系统、京沪穗—北京方向WS2(400G)波分系统、沪宁汉WS3(400G)波分等系统。

2003年，根据电信改革方案落地上海的情况，上海联通接收与电信拆分的8条光缆，其中从电信横浜出局的上海堡镇崇明24芯光缆(1998年建成)已停用，其余7根都是从电信武胜局进入：京津宁沪光缆22芯光缆于1994年建成，上海段全程80公里。武汉—上海64芯光缆于1995年建成，上海段全长77公里，主要承载由上海南通800G波分系统、沪宁汉800G波分系统。上海南门—崇明24芯光缆于1998年建成，全程129公里。沪金南穗48芯光缆于2000年建成，上海段全长169公里，主要承载上海杭州960G波分系统。上海川沙—南汇12芯光缆于2003年建成，全程88公里。上海新场—南汇12芯光缆于2003年建成，全程87公里。新南沿海光缆96芯光缆于2003年建成，上海段全长157公里，主要承载沪杭福广800G波分系统。

2004年，上海联通北沿48芯光缆(GYTA-48B4)相继建成。它从崇明登陆局出局向北沿公路，然后转沿星村公路到牛棚港过江，直达江苏南通，采用管道敷设方式，上海段全长85公里，投产后开通有上海南通800G波分系统、上海南通WDM80λ/L-2—崇明—南通段等系统。

【上海网通城际光缆】

2001年1月，上海网通第一条长途自建光缆济宁沪光缆(GYTA-48B4)开通运行。采用48芯的G.652类型光缆。起始端在上海网通市北三楼传输机房，路由从市北机房出局沿交通路往西，然后沿沪宁铁路往西(采用管道加铁路直埋敷设方式)，进入江苏苏州、南京、徐州至山东济南市，上海段全长35公里。建成后，初期承载有京济沪宁汉环、汉穗沪宁环、宁沪福昌环3个SDH 10G环。后期又新增京沪穗320G波分系统、沪宁汉40G波分系统，连接北京、武汉、广州3个方向。同时还新建有华为SDH 2.5G一期系统和华为2.5G二期系统。

2003年1月，上海网通先后建成沪温福广光缆和沪宁汉穗光缆。其中，温福广光缆采用GYTA-32B4的G.655标准类型共计32芯的光缆。终点在上海网通漕河泾50局传输机房，沿途经嘉兴、杭州、福州、广州等地，上海段全长65公里。建成后先后开通有京沪穗320G波分等传输系统。沪宁汉穗光缆也是采用GYTA-32B4的G.655标准类型光缆，共计32芯，终点在上海网通市北3楼传输机房，从市北机房出局经曹安公路往西到苏沪界，沿途经苏州、南京、武汉等地。上海段全长40公里，主要采用管道敷设方式。建成后先后开通有京沪穗320G波分系统，连接北京，武汉，广州3个方向，形成京汉沪穗南北2个SDH 10G环。同时又新建华为SDH 2.5G三期系统、中兴SDH 2.5G四期系统以及华为SDH 2.5G东南二干系统等传输系统。2003年8月，上海网通南通崇明光缆也投入运行，上海段全长40公里，采用GYTA-48B1的48芯光缆，从江苏南通直达崇明南门局。该缆开通后主要承载有青沪800G波分系统、沪济宁3 200G波分系统、京济沪广OTN80系统、市北—南通OMSP主用、青沪WDM80λ-2系统市北—青岛OMSP备用(三沙洪—南通段)等系统。

2008年9月，长三角金桥到南门96芯[GYTA-108(72B1+36B4)]光缆顺利开通。从金桥局房出局沿长江隧桥过江后,经陈海公路到达南门局房,全程采用管道敷设方式,累计长度92公里。光缆开通后,先期承载青沪800G波分系统。

表2-4-1 1997—2008年上海联通城际光缆基本情况表

光缆名称	型号	芯数	境内长度（皮长公里）	方向	建成年份
京津宁沪2号	GYTA-48B1	48	39	江苏	1997年
南沿海3号	GYTA-24B1	24	81	浙江	1999年
济宁沪	GYTA-48B4	48	35	江苏	2001年
南沿海4号	GYTA-48B4	48	65	浙江	2002年
沪宁汉穗	GYTA-32B4	32	40	江苏	2003年
沪温福广	GYTA-32B4	32	65	浙江	2003年
南通崇明岛	GYTA-48B1	48	40	江苏	2003年
青岛上海	GYTA-48B1	48	40	江苏	2003年
新南沿海光缆	—	96	157	江苏	2003年划转
沪金南穗	—	48	169	浙江	2003年划转（2000年建成）
京津宁沪	—	22	80	江苏	2003年划转（1994年建成）
武汉上海	—	64	77	江苏	2003年划转（1995年建成）
北沿	GYTA-48B4	48	85	江苏	2004年
长三角	GYTA-108	108	92	江苏	2008年
合计		714	1 065		

二、海底光缆

1993年12月15日,由中日美三国共同兴建的中日海底光缆,分别在上海南汇及日本宫崎登陆。1994年底,上海电信大楼至浙江嵊泗建成开通1个140 Mb/s传输系统,电信大楼至南汇登陆局为140 Mb/s光缆系统,采用AT&T公司光电设备。该系统于2006年3月31日退用。

1997年8月,中国参与建设SMW-3(SEA-ME-WE3)亚欧海底光缆。该光缆系统西起英国,经地中海连接法国、意大利等国,经红海进入印度洋到新加坡,向东经马来西亚、菲律宾、越南等到达中国,最后通达日本、韩国。全长约3.80万公里,连接33个国家和地区,共计39个登陆站。亚欧海底光缆系统在中国上海、汕头各设1个登陆站,上海登陆点设在崇明东旺沙地区。2000年9月14日,亚欧海底光缆全线开通,标志中国国际通信水平迈上新台阶。

1997年7月,中国参与建设FLAG(Fiber optic Linked Around the Globe)环球光缆。这是一条连接英国、西班牙、意大利、埃及（亚历山大与苏伊士）、约旦、沙特阿拉伯、阿联酋、印度、马来西亚、泰国（沙墩与宋卡）、中国（香港与上海）、韩国、日本（三浦与二宫）等13个国家和17个登陆点的海底光缆系统。全长27 000多公里,贯穿大西洋和太平洋,容量为20 G bit/s,1998年底投入运行。2002年划归中国网通。

2000年8月,亚太2号(APCN2)国际海底光缆开工建设,全长1.7万公里,连接中国、日本、韩国、新加坡、马来西亚等国家。由中国电信、日本KDDI、NTT、日本电信、韩国电信、香港电讯、中华电信、新加坡电信、马来西亚电信、澳大利亚电信、中国联通等26家亚洲、欧洲和美洲的国际通信公司发起投资建设。中国45家电信公司参与。采用环形结构方案,4对光纤,每对光纤传输速率为每秒80 G。此系统采用64波密集波分复用技术,开通初期容量每秒80 G,终期可扩容至每秒2 560 G。系统分别在中国上海崇明、广东汕头、台湾、香港以及日本、韩国、新加坡、马来西亚和菲律宾登陆。2001年底陆续开通电路,并继续扩容。

2001年,中国网通建成C2C(CITY TO CITY)登陆站,占地面积31 968平方米,建筑面积5 700平方米,其中国际海缆机房2处,动力机房2处。7月,C2C国际海缆开工,该海缆从上海南汇芦潮港人工半岛海堤出发,向东南至台湾淡水,向西北至韩国釜山,在中国管辖海域内总长度约1 517公里。光缆系统采用密集波分复用技术,设计容量达7.68 Tb/s,初期带宽容量320 Gb/s。一期工程于2001年12月23日竣工。2002年11月27日,C2C国际海光缆延伸段1+1线路保护40 G DWDM传输系统开通使用。

2005年,中国网通在上海登陆的国际海底光缆系统有C2C、APCN2、FLAG、CJ、中美和SMW-3等,承担着中国网通近60%的国际带宽业务。

2006年12月18日,中国电信、中国网通、中国联通、中华电信、韩国电信以及美国Verizon公司达成协议,决定建设连接中国和美国的首个兆兆级太平洋海底直达光缆系统(Trans-Pacific Express,简称TPE)。TPE海光缆总投资约5亿美元,初始装机容量为1.28 T,设计容量可达5.12 T,并具有可升级的传输能力。光缆长度1.8万公里。美国接入点在俄勒冈州那多那海滩,中国大陆接入点在山东省青岛市和上海市崇明县。该条光缆长度接近地球赤道周长1/2,其传输能力约为当时中美光缆的60倍,可支持6 200万部电话同时通话。

2007年,TPE海光缆建设启动,于2008年9月1日完工并投入商业运行。TPE海光缆建成后显著提高了跨太平洋传输带宽,满足从亚洲地区到美国互联网、数据和语音等通信业务增长需要,减少亚洲内部以及从美国到亚洲热点地区的网络时延。

2009年1月,新组建的上海联通海光缆登陆站,配合中国联通完成中兴800G传输系统扩容加波项目。扩容后,由原来的60 G提高到300 G。1月8日至4月24日,上海联通南汇登陆站C2C海缆系统完成扩容,至台湾方向增加7个10G波,韩国方向增加6个10G波,扩容完成后系统开通总容量达580 G。随着业务不断发展,11月4—6日,C2C海缆系统完成年内再次扩容,至台湾和韩国方向各扩容20 G,系统开通容量达620 G。

2010年2月23日至4月7日,国际业务需求持续攀升,C2C海缆系统持续扩容,开通总容量达820 G。

第二节 传 输

一、长途传输

2000年,上海联通长途局房以漕河泾为中心,通过长长中继与江场、六里局进行业务调度,已建有R1、R4(北方环)、R2、R3(南方环)4套2.5G骨干环。是年,上海网通乐凯长途局建成使用,并新建朗讯DWDM40波系统。

2001年,长途干线光缆京津宁沪2号光缆(GYTA-48B1)开通运行,上海联通开始建设京沪WL2(40G)波分系统、京沪穗—北京方向 WS2(400G)波分系统、沪宁汉 WS3(400G)波分系统。随着另一条南沿海3号光缆(GYTA-24B1)建设竣工,上海联通开始建设沪穗方向 WL3(40G)波分系统、京沪穗—广州方向 WS2(400G)波分系统、沪杭福宁 WN1(400G)波分系统等。是年,伴随济宁沪光缆(GYTA-48B4)开通运行,上海网通开始建设京济沪宁汉环、汉穗沪宁环、宁沪福昌环3个 SDH 10G 环,京沪穗 320G 波分系统、沪宁汉 40G 波分系统,连接北京、武汉、广州3个方向。同时新建 SDH 2.5G 一期系统和 2.5G 二期系统。

2002年,南沿海4号光缆(GYTA-48B4)投入运行后,上海联通先后开始建设京沪穗 400G 波分系统、京沪穗 40G 波分系统、沪宁汉 40G 波分系统、沪穗方向 WL3(40G)波分系统、京沪穗—广州方向 WS2(400G)波分系统、沪杭福宁 WN1(400G)波分等系统。

2003年,伴随"青岛—上海光缆"建成使用,上海联通先后建成京沪 WL2(40G)波分系统、京沪穗—北京方向 WS2(400G)波分系统、沪宁汉 WS3(400G)波分等系统。

8月,随着南通崇明光缆建成,上海网通开始建设青沪 800G 波分系统、沪济宁 3200G 波分系统、京济沪广 OTN80 系统、市北—南通 OMSP 主用、青沪 WDM80λ-2 系统市北—青岛 OMSP 备用(三沙洪—南通段)等系统。

2003年,沪温福广光缆和沪宁汉穗光缆建成,上海网通先后建成开通有京沪穗 320G 波分等传输系统,京沪穗 320G 波分系统,连接北京、武汉、广州3个方向,形成京汉沪穗南北2个 SDH 10G 环,同时又新建 SDH 2.5G 三期系统,SDH 2.5G 四期系统,以及 SDH 2.5G 东南二干系统等传输系统。

2004年,伴随北沿48芯光缆(GYTA-48B4)建成,上海联通先后建成上海南通 800G 波分系统、上海南通 WDM80λ/L-2、崇明—南通段等系统。

2006年,上海网通新建二平面波分高速环网,组建青沪 800G 波分系统和上海南通 800G 波分系统、沪宁汉 800G 波分系统、沪杭福广 800G 波分系统,同时新增京沪 SDH 10G 1+1 系统10个,沪穗 SDH 10G 1+1 系统10个,上海—青岛、上海—武汉等均新增 10G 1+1 系统。是年,上海联通包头局长途机房启动使用,形成京沪穗 WDM80λ/L-1(WH7)、沪宁汉 WDM80λ/L-2(WH10)、上海南通 WDM80λ(WH13)3个 800G 波分系统。

2008年,上海联通长途传输包头局新增3个 10G SDH 系统,分别连接北京、广州、武汉3个方向。年中,上海联通长途传输新增金桥局房,将上海金桥机房作为骨干核心机房节点。建成大客户精品网 10G SDH 系统,成为全网承载大客户电路的重要平台,启用 ASON 功能,对客户电路实现 1+1 重路由级别保护。

9月,随着联通、网通合并以及业务融合,长三角金桥到南门 96 芯[GYTA-108(72B1+36B4)]光缆顺利开通。上海联通建成承载青沪 800G 波分系统。

2010年,上海联通建成北京—上海—广州直达 1600G WDM 系统、沪锡宁合 800G 波分系统,上海武汉 800G 波分系统。乐凯机房搬迁金桥机房,将原网通京汉沪穗 320G 波分系统、京汉沪穗 SDH 10G 环、京沪 10G1+1 系统、沪穗 10G1+1 系统等全部搬迁至金桥机房。

二、本地传输

上海联通1994年成立后,初期传输网络主要通过与上海邮政的合作而实施。为尽快形成自有传输网络,同步着手上海联通传输网络建设。

1999年,漕河泾、江场和六里局房相继建成使用,所采用设备以 NEC、诺基亚以及华为为代表,以 SDH 光传输设备为主,PDH 和微波接入为辅,规模基本覆盖市区主要区域。本地网时钟设备采用大唐公司的时钟。是年,上海联通第一条跨国 45 M 电路顺利开通。

表 2－4－2　1999 年上海联通本地传输系统情况表

环网名称	622M	155M	网络保护
BR01	3	12	PP
BR02	3	12	PP
BR04	3	0	PP
环 17	3	0	PP
环 7	37	19	SNCP 环带链
环 8	39	15	SNCP 环带链
环 9	50	15	SNCP 环带链
环 10	50	1	SNCP 环带链
国际 165 对接	1	0	单点

2001年,上海联通本地网传输设备从原先的微波、PDH 等设备开始引入先进的 SDH 设备。本地网络初步建成骨干层和子网层二层网络架构,接入环与骨干层连接采用同局 2M 方式,基本形成骨干层以 3×2.5G、1×10G 和 2 个 662M 共 6 个 SDH 自愈环、子网层由 15 个 622M 和 2 个 155M 的自愈环网。其中,新建成的城域网骨干环(由 3 个华为 2500＋设备组成的复用段保护环)、主环三(由 5 个华为 2500＋设备组成的复用段保护环)以及主环五(由 4 个 10G 设备和 12 个华为 2500＋设备组成的复用段保护环)。

2001年,为尽快布局室内覆盖网络,上海联通开始在全市布局区内的室内覆盖环网。新建城域网汇接环(由 17 个华为 2500＋设备、4 个 622M 设备以及 34 个 155M 设备组成的 MSP 相切环网)。为尽快实现与上海移动、上海电信以及上海铁通、上海网通之间互联互通,上海联通相继完成一期互联互通网络建设。

表 2－4－3　2001 年上海联通本地传输系统情况表

环网名称	10G	2.5G	622M	155M	网络保护
城域网骨干环	0	3	0	0	MSP
主环三	0	5	0	0	MSP
主环五	4	12	0	0	MSP
城域网汇接环	0	17	4	34	MSP 环切环
电信环三	0	8	0	0	MSP 环

〔续表〕

环网名称	10G	2.5G	622M	155M	网络保护
139 移动互联	0	4	0	0	MSP 环
联通铁通互联	0	0	2	0	PP 环
联通网通互联	0	2	2	0	MSP 环/链

2001年,上海网通启动同步网、传送网建设。

2002年,上海联通业务量井喷,原有网络已无法承担大业务需求,遂新建骨干层主环六(由4个10G设备和9个华为2500+设备组成的复用段保护环)。加快覆盖环网建设,先后建成环22、环23、环24、环25。建立独立的Call Center平台专用网络以及与上海地铁覆盖网络。

表2-4-4　2002年上海联通本地传输系统情况表

环网名称	10G	2.5G	622M	155M	网络保护
主环六	4	9	0	0	MSP
环 22	0	10	12	21	SNCP 环带链
环 23	0	14	8	45	SNCP 环带链
环 24	0	5	1	14	SNCP 环带链
环 25	0	7	2	25	SNCP 环带链
Call Center	0	3	0	0	MSP 环
联通地铁互联	0	0	2	0	PP 环

2002年,上海网通城域传输网由核心和接入二个层次结构。其中,4个中心局房分别为漕河泾、茂名、乐凯、市北。在核心层,建有1个2.5G和1个10G环网,用于业务转接和调度。在接入部分,采用RPR技术,设备主要是Luminous M1000/C1000混传设备;在接入末端,采用部分烽火PDH设备,作为接入设备补充。同时新的SDH华为设备也在计划安装调测中。另外,开始建设与电信、移动、联通、铁通的互联互通通道。

2003年,上海联通新建的北外滩局房投入使用。根据中国联通统一部署开始逐步建设规划本地传输网络即分层建设,逐步建设一个网络层次清晰、安全可靠的综合业务平台,基本形成漕河泾钦江局、六里局、江场局和北外滩局四点网状结构。光缆建设也分核心层、汇聚层、接入层进行同步建设。上海联通对市区原有传输网络进行整合、优化,规划再建设3个10G骨干环、9个市区汇聚环和32个市区接入环,以缓解市区网络资源紧张的情况,为日后网络扩容提供平台。其中,骨干层新建主环七(由4个10G设备和7个华为2500+设备组成)。

是年,进一步加大室内覆盖环网建设,先后建成持续环20、环26、环27、环28、环29、环30、环31、环32、汇聚环三、OA环。为扩展宽带网络建设,上海联通与上海长城宽带新建网络。至2003年底,本地网骨干层已建1个DWDM系统,2个10G环网、3个2.5G环网和2个622M自愈环叠加组成;全市设4个交换局;边缘汇接层增至21个环网;另有213跳微波、32套PDH。传输网元数量达2 417套。传输设备主要为华为、中兴、烽火、阿尔卡特、桂林马可尼等品牌。

表 2-4-5　2003 年上海联通本地传输系统情况表

环网名称	10G	2.5G	622M	155M	网络保护
主环七	4	7	0	0	MSP
环 20	0	5	26	0	SNCP 共享环
环 26	0	11	22	12	SNCP 环带链
环 27	0	6	0	10	SNCP 环带链
环 28	0	5	29	0	SNCP 共享环
环 29	0	6	6	5	SNCP 环带链
环 30	0	5	3	13	SNCP 环带链
环 31	0	5	5	15	SNCP 环带链
环 32	0	8	8	12	SNCP 环带链
汇聚环三	0	12	2	9	SNCP 共享环
OA 环	0	4	0	0	MSP 环
长城宽带	0	2	0	1	链

2003 年,上海网通持续构建核心和接入二层结构的本地传输网,核心环网有 1 个 2.5G 和 1 个 10G 环网,4 个核心节点,分别为漕河泾、茂名、乐凯、市北。是年,开建与三大运营商互联互通网络。

2004 年,上海网通本地传输网络初具规模。在核心层,建有 1 个 2.5G 和 1 个 10G 环网。接入网主要采用 RPR 技术,设备采用 Luminous 的 M1000/C1000 混传设备,共计建有 139 个 RPR 节点,覆盖上海网通大部分业务区域。在上海网通完成接入的商业楼宇 70％以上采用 RPR 方式,其他部分采用新建 SDH 华为 Metro1100 设备,成为上海网通 2003—2004 年接入环主要设备。接入末端,采用烽火 PDH 作为接入设备。是年底,引进华为 SDH 光传输设备,构建边缘层汇聚环网。

是年,上海联通传输网络建设重点扩展到郊区,新建 1 个 10G 骨干环、7 个郊区汇聚环和 26 个郊区接入环(主要以中兴设备为主)。

表 2-4-6　2004 年上海联通本地传输系统情况表

环网名称	10G	2.5G	622M	155M	网络保护
主环九	4	7	0	0	MSP
BR11	4	7	0	0	MSP
BR10	0	4	4	0	MSP

是年始,上海联通先后建成 17 个汇聚环,以汇聚环节点为核心的 622M 接入环共有 57 个,其中华为 SDH 环 34 个、中兴 SDH 环 16 个和阿尔卡特 SDH 环 7 个。以上接入环覆盖约 1 600 个基站(含微蜂窝)。

长长中继:有 3 个 2.5G SDH 环,承担着长市中继业务转接。具体如下:CCR1、CCR2、CCR3 均为华为 2.5G 二纤双向复用段保护环,由漕河泾局、六里局、西安局、江场局 4 个节点组成。互联互通:上海联通与上海电信之间建有 5 个 2.5G SDH 环(联电环 1-5)。上海联通与上海移动之间建有2个2.5G SDH环(联移1/2),由联通漕河泾局、六里局,移动漕溪大楼、武胜大楼组成。上海联通与上海铁通之间建有1个622M SDH环(联铁1),由联通漕河泾局、六里局,铁通通信段、上南站组成。上海联通与上海网通之间建有1个2.5G SDH环,由联通西安局、江场局、网通漕河泾局、市北局组成,还有1条联通漕河泾局至网通漕河泾局的622M光链路。

传输系统专业网管：上海联通有华为、中兴、马可尼、朗讯、NEC和烽火的专业传输网络管理系统,还有1套综合网络管理系统。

时钟同步网：为保证上海联通数字移动通信网、SDH传输网等通信网的同步要求,上海联通建成可靠的同步网。在漕河泾局安装1套LPR设备,在六里局、江场局、西安局局内各安装1套BITS设备,4个节点的BITS设备皆以GPS作为第一同步基准,此外,漕河泾局LPR还以北京、武汉的PRC分别作为第二、第三同步基准,六里局、江场局以及西安局BITS则以漕河泾局LPR提供的时钟信号作为第二同步基准。4个节点的BITS设备可以提供2 Mb/s、2 MHz的同步信号。

是年,上海网通城域传输网由二层组网升级为核心、边缘、接入三个层次结构。其中,核心层有4个节点：漕河泾、茂名、乐凯、市北。在核心层采用DWDM、SDH等技术。DWDM是ONI的Metro900设备,主要承载城域数据网核心路由器GSR的2.5G POS与GE业务传送。核心环1的2.5G环网、10G核心环1-10G环网。边缘层：建有19个节点,共计5个边缘环,均为2.5G组网,完成对各种业务的汇聚和疏导,对多业务进行封装。接入层的接入节点多为商务大楼,有少量工业

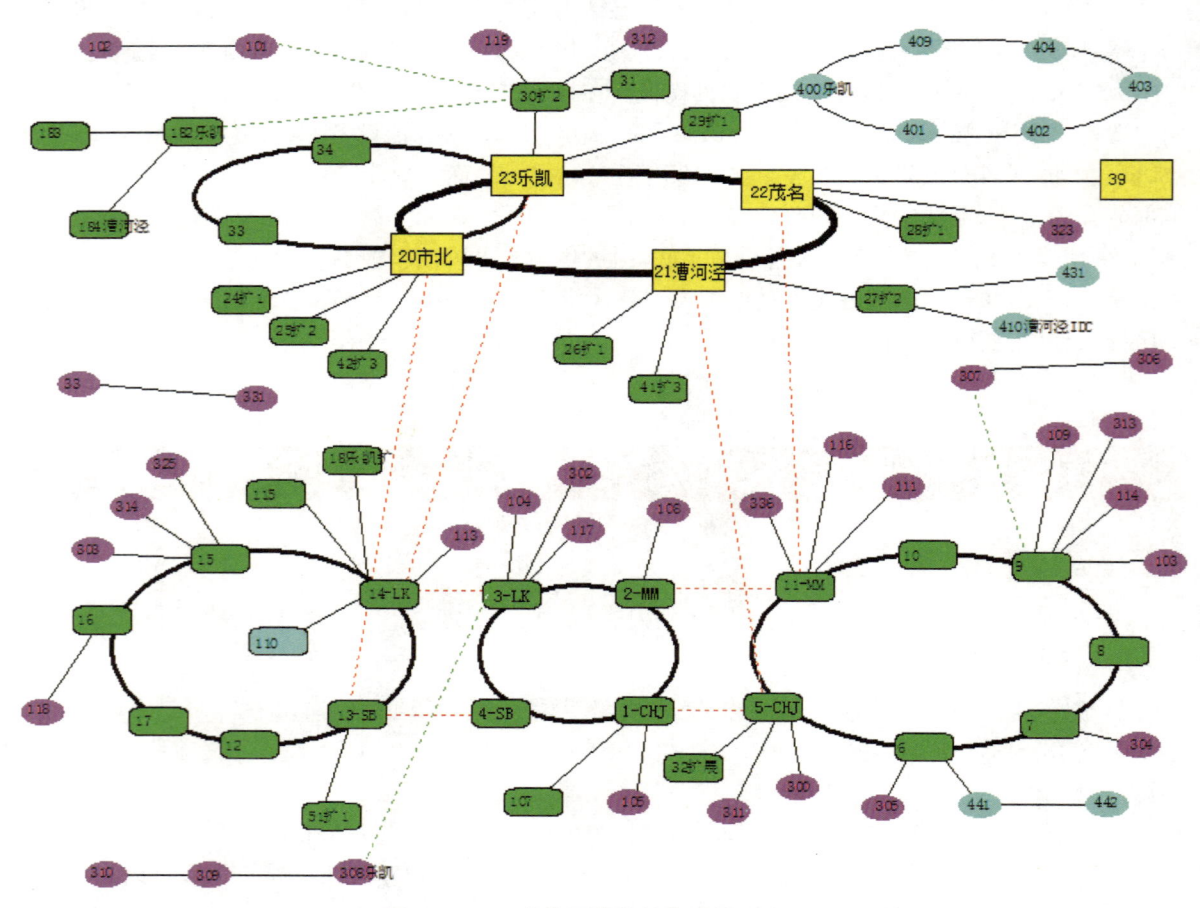

图2-4-1 上海网通传输网结构示意图

园和住宅区,建有142个RPR节点,分布在15个接入环中。同时,采用华为设备172套,合计等效网元352个。PDH设备近1 000端,成为上海网通城域传输网的重要组成部分。

经过10年大建设,2005年上海联通本地传输网已形成一定的网络规模。上海联通将工作重心转向网络优化调整,重点针对设备低阶能力不足、汇聚环业务瓶颈、网络长链风险,以及落地业务转接带来的不便等,特地成立本地网优化小组,遵循"保障网络安全、优化网络结构、挖掘网络资源、提高维护效率、打造精品网络"的宗旨,解决问题并提高网络品质。2005年本地网传输共完成优化项目14个,如下表:

表2-4-7 2005年上海联通本地网传输优化项目表

序　号	项　目　名　称
1	本地备件板件检测
2	崇明环成环保护
3	环32亚洲证券和环13银河证券大客户链成环保护优化
4	室内覆盖环漕河泾机房DDF架背靠背优化
5	环25业务落地瓶颈优化
6	环23新市调链成环保护优化
7	环32建行申波路裂环优化
8	万体和万体大舞台组网优化
9	漕河泾中心局环网网元带链组网优化
10	环26漕河泾中心站点2M落地端口资源优化
11	汇聚环三组网优化
12	突发的电路需求
13	移动业务特点导致的割接需求
14	14个接入环的部分马可尼节点进行改造

是年9月,上海联通经过第一期建设初步建成综合网管系统,将全网设备统一集中管理在综合网管平台,在网络层实现全程全网集中监视,为最终用户提供强有力的运行、管理、维护工具;同时,在网络层实现传输通道串接,进而实现通道及电路资源管理,为电路调度等业务流程和管理层面的考核奠定基础。传输综合网管系统通过上海联通企业专用DCN网完成对各EMS数据采集和与各系统互联。上海联通传输综合网管主要由数据库服务器、采集服务器、PC等组成,局域网基于TCP/IP的以太网结构。网管中心通过广域网连接至其他机房。综合网管系统配置如下表:

表2-4-8 2005年上海联通传输网综合网管配置表

设备名称	规格型号	单位	数量
数据库服务器	IBM P655 双机热备(CPU：4×1.7 GHz　内存：8G)	台	2
WEB服务器	HP LH6000 Server	台	1

〔续表〕

设备名称	规格型号	单位	数量
采集服务器	IBM X235（CPU：2×3.06 GHz 内存：1.5 G）	台	2
接入 RTU	华为 T2000 CORBA	套	5
接入 RTU	NEC CORBA	套	1
接入 RTU	LUCENT EMS RTU	套	1
接入 RTU	烽火 WDM CORBA	套	1
接入 RTU	诺基亚 NMSIO Socket＋文件	套	1
接入 RTU	中兴 E300 CORBA	套	1

表 2-4-9　2005 年上海联通传输网骨干层情况表

环网	速率等级	保护属性	厂家	中心节点 1	中心节点 2	中心节点 3	中心节点 4
波分环	波分	无	烽火	漕河泾	六里	江场	
BR01	2.5G	PP	诺基亚	漕河泾	六里	江场	
BR02	2.5G	PP	诺基亚	漕河泾	六里	江场	
BR03	2.5G	MSP	华为	漕河泾	六里	江场	
BR04	10G	MSP	NEC	漕河泾	六里	江场	西安局
BR05	10G	MSP	华为	漕河泾	六里	江场	西安局
BR06	10G	MSP	华为	漕河泾	六里	江场	西安局
BR07	10G	MSP	华为	漕河泾	六里	江场	西安局
BR08	10G	MSP	华为	漕河泾	六里	江场	西安局
BR09	10G	MSP	华为	漕河泾	六里	江场	西安局
BR10	2.5G	MSP	华为	漕河泾	六里	江场	
BR11	10G	MSP	阿尔卡特	漕河泾	六里	江场	西安局
BR17	622M	PP	华为	漕河泾	六里	江场	

表 2-4-10　2005 年上海联通传输网汇聚层情况表

环网	速率等级	保护属性	厂家	中心节点 1	中心节点 2	中心节点 3	中心节点 4
CR01	2.5G	PP	华为	漕河泾	六里	江场	
CR02	2.5G	PP	华为	漕河泾			西安局
CR03	2.5G	PP	华为	漕河泾			
CR04	2.5G	PP	华为	漕河泾			
CR05	2.5G	PP	中兴	漕河泾		江场	
CR06	2.5G	PP	中兴			江场	西安局

〔续表〕

环　网	速率等级	保护属性	厂　家	中心节点1	中心节点2	中心节点3	中心节点4
CR07	2.5G	PP	中兴			江场	西安局
CR08	2.5G	PP	华为		六里		
CR09	2.5G	PP	华为		六里		
CR10	2.5G	PP	中兴	漕河泾			
CR11	2.5G	MSP	华为	漕河泾			
CR12	2.5G	PP	华为	漕河泾	六里	江场	
CR13	2.5G	PP	华为	漕河泾			
CR14	2.5G	PP	华为			六里	江场	西安局
CR15	2.5G	PP	华为				
CR16	2.5G	PP	阿尔卡特	漕河泾	六里	江场	
CR17	2.5G	PP	阿尔卡特	西安局	六里	江场	

表2-4-11　2005年上海联通传输网汇聚层节点统计表

	徐汇	卢湾	静安	黄浦	长宁	普陀	闸北	虹口	杨浦	浦东	青浦	松江	闵行	嘉定	宝山	奉贤	金山	南汇	合计
CR01	7	0	0	0	0	0	0	0	0	0	0	0	1	0	0	0	0	0	8
CR02	2	3	2	0	0	0	0	0	0	0	0	0	0	0	0	0	0	0	7
CR03	0	0	0	11	0	0	0	0	0	0	0	0	0	0	0	0	0	0	11
CR04	0	0	1	0	7	0	0	0	0	0	0	0	0	0	0	0	0	0	8
CR05	0	0	0	0	1	7	1	0	0	0	0	0	0	0	0	0	0	0	9
CR06	0	0	0	0	0	0	4	4	0	0	0	0	0	0	0	0	0	0	8
CR07	0	0	0	0	0	0	0	1	5	0	0	0	0	0	0	0	0	0	6
CR08	0	0	0	0	0	0	0	0	0	7	0	0	0	0	0	0	0	0	7
CR09	0	0	0	0	0	0	0	0	0	7	0	0	0	0	0	0	0	0	7
CR10	0	0	0	0	0	0	0	0	0	0	6	2	3	0	0	0	0	0	11
CR11	0	1	0	1	1	0	0	0	0	2	0	0	0	3	4	0	0	0	12
CR12	0	0	0	0	0	0	0	0	0	0	0	4	3	0	0	0	0	0	7
CR13	0	0	0	0	0	0	0	0	0	0	0	0	0	0	0	0	0	0	0
CR14	0	0	0	0	0	0	0	0	0	0	0	0	0	0	0	0	0	0	9
CR15	0	0	0	0	0	0	0	0	0	0	0	0	3	0	0	2	3	0	8
CR16	0	0	0	0	0	0	0	0	0	2	0	0	0	0	0	1	0	5	8
CR17	0	0	0	0	0	0	0	0	0	5	0	0	0	0	0	0	0	0	5
小计	9	4	3	12	9	7	5	5	5	32	10	5	7	3	4	3	3	5	131

表 2-4-12　2005 年上海联通传输网互联互通情况表

环　网	速率等级	保护属性	厂　家	中心节点 1	中心节点 2	中心节点 3	中心节点 4
联电环 1	2.5 G	PP	诺基亚	漕河泾	六里		
联电环 2	2.5 G	PP	诺基亚	漕河泾	六里		
联电环 3	2.5 G	MSP	华为	漕河泾	六里		
联电环 4	2.5 G	MSP	朗讯	漕河泾	六里	江场	西安局
联电环 5	2.5 G	MSP	朗讯	漕河泾	六里	江场	西安局
联移环 1	2.5 G	MSP	华为	漕河泾	六里		
联铁环 1	622 M	PP	华为	漕河泾	六里		
联网环 1	2.5 G	MSP	华为			江场	西安局
联网环	622 M	点到点	华为	漕河泾			

表 2-4-13　2005 年上海联通传输网主设备情况表

公　司	SDH 设备类型	数　量	小　计
NEC 通讯（中国）有限公司	U-Node-10G	4	4
大唐电信科技有限公司	BITS	2	3
	Datang	1	
桂林马可尼电信有限公司	SYNFONET STM-16	21	684
	SYNFONET STM1/4	601	
	SYNFONET San-1	33	
	SYNFONET San-2	29	
朗讯科技（中国）有限公司	WAVESTAR ADM16/1	12	14
	WAVESTAR ADM4/1	2	
深圳华为技术有限公司	OSN 3500	5	1 712
	Optix 10G	12	
	Optix 155/622	628	
	Optix155/622H	775	
	Optix 155C<	38	
	Optix 2500+	254	
合　计		2 417	

表 2-4-14　2005 年上海联通传输网微波设备情况表

传输支持中心在用微波统计		
微波型号	容　量	数量（跳）
西门子（1+1）	4E1	4
西门子（1+0）	4E1	8

〔续表〕

传输支持中心在用微波统计		
微波型号	容量	数量(跳)
CYLINK	E1	3
微网	8E1	3
微网	4E1	4
今华通	4E1	13
哈里斯 7 GHz	STM-1	3
哈里斯	16E1	1
地杰 superstar CFM15GHz	4E1	78
地杰 superstar CFM15GHz	8E1	7
地杰 SP II4E1	4E1	11
地杰 5800	4E1	1
总　计		136

表 2-4-15　2005 年上海联通大用户在用微波统计表

微波型号	容量	数量(跳)
地杰	4E1	16
浙江 ZHE	4E1	7
三希 5.7G*6m*1M2	4E1	2
今华通	4E1	152
总　计		177

表 2-4-16　2005 年上海联通传输网 PDH 设备情况表

PDH 型号	容　量	数　量
AT&T	64E1	26
ADC	4E1	6
总　计		32

表 2-4-17　2005 年上海联通传输网电路情况表

电路类型	电路数量(端到端数量)
2M	15 553
8M	0
10M	12

〔续表〕

电路类型	电路数量（端到端数量）
34M(45M)	1
100M	4
140M	0
155M	68
622M	5
1.25G(GE)	4
2.5G	2

2005年，上海网通持续加大传输网络规模建设，新建10G核心环2个。汇聚层节点增至26个，9个2.5G环和4个10G环网。接入层的接入节点多为商务大楼，有少量工业园和住宅区，有142个RPR节点，15个接入环。此外，SDH接入点180个，2.5G环33个，SDH链2条，以及近1 000端PDH设备。

2006年，为使传输网逐步形成以大容量低阶交叉为核心，以MSTP为基础，具备能快速建立端到端多业务网络，上海联通持续实施传输网络优化。以MSTP、CWDM、OADM等为基础，适时引入智能控制平面，平滑转入ASON，完成骨干层、汇聚层和接入层三层结构演进，形成较广覆盖能力。随着漕河泾、西安、六里、江场和包头等新的中心局站逐步建立，传输区域组网模式进一步细分，形成5个分区的本地传输。每个区域配以2个骨干节点进行业务疏导，郊区按地理位置分别纳入5个区域；每个区域形成双节点接入，保证了网络和业务安全。建成长长中继环1个，CWDM系统2段，解决新增大颗粒数据业务给汇聚层和骨干层带来的容量瓶颈问题。通过对局房内设备进行改造扩容，提高设备低阶交叉能力，解决上海联通局房少、面积紧张的难题。改造原有环路及支线链路，大大增加网络安全性。

截至年底，上海联通传输网规模：1. 骨干层：建有8波2.5G DWDM系统4段、10G SDH自愈环7个、2.5G SDH自愈环4个和622M SDH自愈环1个。2. 汇聚层：建有17个2.5G SDH自愈环（CR01～CR17），覆盖静安、长宁、卢湾、黄浦、徐汇、普陀、闸北、虹口、杨浦、浦东、嘉定、宝山、松江、闵行、青浦、金山、奉贤、南汇等地区。3. 接入层：上海联通在移动通信建网初期，建设以交换局为核心的622M SDH二纤单向通道保护环19个，其中马可尼SDH环14个（R0001、R0003～R0005、R0011～R0014、R0016、R0018、R0019、R0033～R0035），华为SDH环5个（R0007～R0010、R0020）。

2006年，上海网通持续加大传输网络规模建设。核心层共有6个核心节点，分别为漕河泾、茂名、乐凯、市北、长宁、新黄浦，采用DWDM、SDH等技术。DWDM系统采用ONI的Metro900系统，容量为33波；SDH系统有1个2.5G环和4个10G环，负责城域网内TDM业务汇聚和转发，以及和骨干传输网的互联，SDH设备采用华为Metro 3000和5000设备。汇聚层，汇聚节点322 007个，共组建有12个2.5G环网和3个10G环网，主要对业务进行汇聚、疏导分流。接入层节点多为商务大楼，还有部分工业园区和住宅区。

2007年，上海联通包头局投入使用，1 678大容量设备布点运行，核心的MESH网络初见规模。时钟BIT在漕河泾钦江局、六里局、江场局和北外滩局先后布点完成。同时，继续进行本地网传输优化,主要针对优化整合原有传输资源、老旧设备退网、兄弟部门业务安全需求等方面展开,尤其是网络安全性需求,加大优化力度,提高网络和业务安全性。2007年共完成10多项优化任务。

表2-4-18　2007年上海联通本地网传输优化项目表

序　号	优化项目名称
1	上海联通 TS2 局本地传输组网方案
2	长兴岛基站电路组网优化方案
3	本地传输设备局间转接业务组网
4	CR03 网络改造
5	骨干环上 622M 及以上光口有保护优化
6	增值业务部门 VAG2 到 IGW 业务路由优化
7	诺基亚设备备件保障
8	本地传输华为、阿尔卡特千兆以太网单板测试
9	局房 DDF/ODF 头子整改
10	本地传输网管路由优化

2008年,上海网通本地传输网络规模成型。结构分为核心、汇聚、接入三个层次,覆盖中央商务区、市区繁华地段、高品质住宅区等重点区域。1. 核心层,有 2 套 DWDM 系统,7 套 SDH 核心环,主要完成局房间大颗粒业务之间的调度。另建有 5 个长长中继环网,分别是华为 2.5G 长长中继环、北电 10G 长长中继环、ECI 10G 长长中继环 1、ECI 10G 长长中继环 2、ECI 10G 长长中继环 3 和一个市北—漕河泾 10G 长长中继链(ECI),形成与通骨干节点(漕河泾、乐凯、市北)之间的连接,实现对长途业务转接调度。2. 汇聚层,主要对业务进行汇聚、疏导分流,汇聚节点 32 个,共计 15 个汇聚环网,其中 4 个为 10G 环。3. 接入环,在传统 RPR 技术的 Luminous 设备基础上,同步部属 SDH,累计形成 562 个节点,形成一个具有 78 个 2.5G 环网、1 个 622M 环网的综合接入网络。此外,接入层仍保留 1 000 多套烽火的 PDH 光端机,实施末梢点到点传输通道。

上海联通和上海网通合并后,2009 年启动本地传输网络资源整合布局。网络结构采用沿用三层结构,分别为核心层、汇聚层、接入层。按照统一传输承载平台为目标,结合原有网络现状和业务需要,循序渐进地实施网络融合。

上海联通拥有 12 个核心机房,分别为漕河泾钦江路局、漕河泾 50 局、茂名、乐凯、市北、长宁、新黄浦、新金桥、六里、北外滩、江场、包头。传输网分为核心层、汇聚层、接入层三个层次,覆盖移动网基站、中央商务区、市区繁华地区、工业园区、高品质住宅区等业务发展重点区域:核心层节点包括:各类业务核心网设备和干线设备所在机房,包括各类交换机、核心路由器、前置机、基站控制器、干线传输设备等。核心机房间的传输系统定义为核心层网络。汇聚层节点包括:专门用于汇接接入层业务的汇聚机房,主要业务设备包括 IP 城域网汇聚节点设备、承载网汇聚节点设备、BRAS 等。汇聚节点和核心节点间组织的传输系统定义为汇聚层网络。接入层节点包括:基站、室内微蜂窝、数据业务接入点(DSLAM、以太网交换机、模块局)等业务接入点。接入层节点至汇聚节点的传输系统定义为接入层网络。

核心层率先实现融合,选用11个节点(北外滩除外),采用华为6800产品建设1套OTN系统;采用华为OSN 9500设备建设1套ASON系统,用于承载融合后的移动网业务和数固业务。

汇聚层以环形结构为主,采用SDH/MSTP/IP城域网技术,速率为10 G/2.5 G,共计21个10G环和23个2.5G环,综合传送各种业务。接入层系统以MSTP环路为主,速率为2.5 G/622 M,支链采用155M接入,末梢有少量微波。共建有196个2.5G系统、51个622M系统。由于网络结构、业务承载差异较大,汇聚层和接入层尚未完全融合,现有业务仍按照分别承载在原有传输网上,新增业务如WCDMA基站、客户接入等,均按照就近原则,接入原有节点。新建汇聚层和接入层环路,均按照综合业务平台建设,不再区分移动网和固网传输环路。网络融合工作结合3G大建设同步开展,对原先老旧环网进行分拆或叠加新建,以满足3G业务开通需求,包括骨干环网BR13、BR14组网结构和业务调度进行优化调整,马可尼设备替换,外租改自建工程业务割接,各种环网版本升级、环网资源升速升级等。

本地传输网络使用设备主要厂家有华为、中兴、诺基亚、朗讯、阿尔卡特、烽火、中昱、大唐8家。其中华为、中兴为子网级,其余为网元级。华为网元数2 828个,等效网元6 086个,分属6个T2000,中兴网元数1 280个,阿尔卡特10个,朗讯10个,诺基亚1 154个,DWDM 8个,CWDM 2个。网管服务器华为6台,中兴4台,诺基亚、朗讯、阿尔卡特、大唐各1台,除诺基亚、朗讯服务器在漕河泾局外,其余均在西安局;烽火、中昱均为服务器与网管集成在一起,均设在长宁大厦7楼。

此外,随着上海联通大客户接入业务蓬勃发展,大量采用PDH技术接入大客户专线业务,主要使用烽火通信8M光端机(PDH),其中又以GD/MF8HS-ⅢD和GD/MF8HS-VB1两款设备为主,数量已近1 000端。这部分PDH设备在为客户提供的宽带服务使用中,具有投资低廉、供货及时、开通迅捷、运行稳定等优点。核心层采用MESH组网,采用OTN+ASON/MSTP技术,综合传送各种业务。

经过2年多的融合和网络调整,2010年上海联通本地网已建成以核心局房组成的骨干层、以边缘汇聚机房为核心的汇聚层以及由汇聚机房扩架接入的接入层,三层网络架构之间全部通过双保护互联。核心层主要以OTN、ASON、MSTP为平台,主要采用华为、中兴和阿尔卡特厂家的大低阶大容量设备。汇聚层环网以二纤和四纤复用段共享保护环为基础MSTP环路,速率为10 G和2.5 G为主,共计建设21个10G环和23个2.5G环。在WCDMA网工程建设中,在原2.5G系统上叠加建设10G系统工作继续进行。本地汇聚层设备厂家主要为华为和中兴。

依据传输网络建设进程,同步进行配套光缆网络建设,逐年形成覆盖全市的光缆网络。

表2-4-19　1999—2010年上海联通、上海网通光缆建设统计表

年　份	上海联通(皮长公里)	上海网通(皮长公里)
1999年	1 840	—
2001年	4 544	—
2003年	3 046	—
2004年	3 095	—
2005年	6 082	3 136
2006年	8 393	6 819

〔续表〕

年　份	上海联通(皮长公里)
2008 年	19 151
2009 年	20 590
2010 年	28 391

第五章 局所建设

上海联通从1994年建立起,不管是办公用房还是通信局房均靠租赁,没有自主产权,始终处于"打游击"状态。随着电信业快速发展,扩大生产经营规模成大势所趋,上海联通打算建设集营业、生产、办公于一体的综合性通信枢纽大楼和交换局房。上海联通购买长宁路新时空国际商务广场的办公楼作为A股上市公司和综合办公楼,选定购置漕河泾新兴技术开发区内一幢标准厂房建为第二个交换局房。建设江场、六里、乐凯局、市北、包头、金桥、C2C等局房。

第一节 综合性大楼

为解决多年没有集中办公场所的问题,上海联通于2004年启动综合办公楼工程建设。经中国联通批准,同意购买长宁路新时空国际商务广场的办公楼作为A股上市公司和上海联通综合办公楼。办公楼位于上海市长宁区长宁路、汇川路口。占地面积8 964平方米,建筑面积35 142.10平方米。1—2层为旗舰营业厅和办公大堂,3层为大客户俱乐部,4层为员工餐厅和职工活动中心,5—7层为综合网管和机房,8层为物业/车队/活动室,9—13层为发展用房,14层以上为上海联通办公用房,其中25层为A股公司办公用房、26层为多功能展示厅。地下局部增设柴油发动机房。

2005年1—8月,各项工程全面开始施工阶段。8—9月,MSS系统和语音交换机系统开始施工。9月19日,获上海市消防局关于新时空国际商务广场北楼建筑工程消防验收基本合格的意见。9月28日,获上海市长宁区公安消防支队关于内装修工程消防验收基本合格的意见(1—4、8、14—26层)。10月,联通大厦各个单项工程分别进行验收,全部达到合格以上。联通大厦启用,开启搬迁工作。

2006年1月13日和2月5日,完成对B1层和6、7层的消防验收。

第二节 局所机房

1994年,上海联通租借浦东源深路部队房屋,建成第一个核心交换机房,建筑面积1 500平方米。该机房启用,为联通拨出首个移动电话以及初期起步发挥关键作用。由于面积和使用功能限制,在完成业务割接后,于2000年后退出运行。1996年,采用购买厂房改造方式,上海联通建成首个自有产权核心局,位于徐汇区漕河泾新兴技术开发区钦江路333号,总建筑面积7 782平方米,占地面积4 400平方米。厂房建筑为6层框架结构,底楼层高4.50米,其他楼层层高4.20米,机房使用面积4 700平方米,形成2个核心交换机房的布局。该局房是当时中国联通最大的自有产权通信机房。

2001年,位于商城路660号乐凯大厦3层的乐凯局成为上海网通第一个局房,房屋为自有产权。总建筑面积3 431平方米。外市电为2类标准,采用2×680千伏安配置,油机采用一台550千伏安机组单机和一台165千伏安机组单机运行,分别于2000年和2008年投入运行。共有三套UPS系统,系统容量350千伏安,采用1+1系统方式运行,共有两套直流系统,设计负荷共1 200

安。是年,中国网通建成最大的国际海缆 C2C 登陆站,占地面积 31 968 平方,建筑面积 5 700 平方米,其中国际海缆机房 2 处,动力机房 2 处。

2002 年,采用购买厂房改造方式,上海网通建成首个自有产权数据中心,位于徐汇区漕河泾新兴技术开发区钦州北路 1089 号 51 号楼 1—3 层,总建筑面积 13 042 平方米,厂房建筑为 7 层混凝土框架结构,层高 4.45 米,机房使用面积 5 500 平方米,原中国网通首批五星级 IDC 之一。数据中心建筑结构共分 3 层,1 层为基础设施区,2—3 层为 VIP 客户及散户区(包括 5 个独立 VIP 包房、6 个散户及配套客户办公室),提供各类需求托管业务。

2002 年,根据电信业改革需要,FLAG 登陆站从电信整建制划入中国网通,成为中国网通重要海缆出口,登陆站建筑面积 1 225 平方米,其中国际海缆机房 2 处,动力机房 2 处。FLAG 登陆站始建于 1974 年,是中国大陆第一个国际海缆登陆站,前身是中日海底电缆登陆局。

2009 年,上海联通建成规模最大金桥局。该局位于宁桥路,自有产权,为独立建筑局房,建筑面积 10 275 平方米,共 5 层,备有客、货梯各 1 台。外市电为 1 类标准,采用 4×1 600 千伏安配置,油机采用一台 2 100 千伏安机组单机运行,于 2009 年投入运行。共有 1 套 UPS 系统,系统容量 300 千伏安,采用 2+1 系统方式运行;共有 4 套直流系统,设计负荷共 7 000 安。

截至 2010 年,上海联通通过直接购置、购置后改建、自主新建等形式,先后建成核心枢纽通信局房 16 幢(处),总建筑面积达 89 663 平方米,汇聚机房 40 处,业务接入机房 2 798 处,基站站点 4 557 处。

表 2-5-1　1994—2008 年上海联通局所建设情况表

建成启用时间	局所名称	地址	建筑面积(平方米)	楼层	结构
1994 年	源深路	上海市浦东新区源深路	1 500	1—3 层	—
1996 年	漕河泾钦江局	上海徐汇区漕河泾新兴技术开发区钦江路	7 782	1—6 层	混凝土框架结构
1998 年	江场局	上海市闸北区江场西路	9 889	1—5 层	混凝土框架结构
1999 年	六里局	上海市浦东新区严桥路	5 310	1—5 层	混凝土框架结构
1999 年	漕河泾 50 局	上海市徐汇区漕河泾开发区钦州北路	4 116.63	1—3 层	混凝土框架结构
2001 年	乐凯局	上海市浦东新区商城路	3 431	3 层	混凝土框架结构
2001 年	C2C 登陆站	上海市浦东新区芦潮港镇芦潮港	5 700	1 层	砖混
2001 年	茂名局	上海市徐汇区永嘉路	830	1 层	混凝土框架结构
2002 年	西安局	上海市虹口区溧阳路	11 572	1—10 层	混凝土框架结构
2002 年	漕河泾 IDC	上海市徐汇区漕河泾新兴技术开发区钦州北路	13 042	1—3 层	混凝土框架结构
2002 年	FLAG 登陆站	上海市浦东新区芦潮港镇渔港路	4 802	1 层	砖混
2003 年	市北局	上海市闸北区交通路	5 505	1—4 层	混凝土框架结构
2005 年	包头局	上海市杨浦区国伟路	6 114	1—4 层	混凝土框架结构
2007 年	新黄浦局	上海市黄浦区陆家浜路	3 124.40	3—4 层	混凝土框架结构

〔续表〕

建成启用时间	局所名称	地　　址	建筑面积（平方米）	楼　层	结　　构
2007年	新长宁局	上海市长宁区临虹路	1 747.27	3层	混凝土框架结构
2009年	金桥局	上海市浦东新区宁桥路	10 275	地上1—5层 地下1层	混凝土框架结构

说明：FLAG登陆站于1974年建成，原属中国电信，2002年划归中国网通。

第六章　重大市政项目通信配套工程

2004年2月,上海联通成立工程部,承担保证网络畅通无线网络新建和扩容任务,负责网络优化工作。

上海联通在推进楼宇、住宅通信设施配套工程的同时,积极参与重大工程建设的通信配套和保障工作。2004年,上海联通与其他电信运营商合作建设临港新城中心局房。2008年,共投入近千人次到诸多重大工程中,按时间节点全面及时完成421条光缆割接搬迁任务,有力促进上海市重点工程的顺利推进。2010年上海世博会前后,上海掀起市政建设高潮,重大项目接连不断,上海联通先后参与虹桥枢纽、长江隧桥、高铁、世博会通信配套等工程。

第一节　临港新城中心局房

2004年11月28日,由上海联通、上海网通、上海电信、上海移动、上海有线网络5家国内运营商联手建造的临港新城通信中心局房工程开工,2005年12月竣工。这是中国通信运营商首次合作共同建造通信局房。临港新城通信中心局房位于上海临港新城规划的C4道路和X1道路交界西北侧,总建筑面积7 539平方米,工程总投资3 625万元。整个局房建造设计采用地上4层、地下1层的方案,东西长103米,南北进深52米,总用地面积5 370平方米。工程局房由电信、移动、联通、网通、有线网络5家运营单位的机房和辅助用房组成。局房建设完工后,为临港新城地区提供通信配套及通信需求支撑。

第二节　虹　桥　枢　纽

虹桥综合交通枢纽是一个集航空、高速铁路、地铁等多种交通方式于一体的重大市政建设项目。无线移动通信作为虹桥枢纽重要基础设施,是配套服务的重要组成部分,须与整个建设项目进行高水准衔接。上海联通从2007年起就将该项目列入公司重大工程,在上海市经济和信息化委员会、无线电管理局和虹桥综合交通枢纽指挥部统一部署下,整合公司优势资源,使无线移动通信建设从规划、建设到运行,都得以顺利开展,完成虹桥综合交通枢纽室内覆盖建设任务。工程共在枢纽核心区域完成20套GSM信号源、7套DCS信号源、20套WCDMA信号源、20套传输及电源设备的安装调测工作,并顺利通过专家组及第三方单位对工程质量、分布系统性能、网络覆盖性能和电磁辐射四个方面整体评测。专家组认为,虹桥综合交通枢纽西航站楼室内覆盖建设工程符合设计、验收的各项要求,实现多系统同平台合路的集约化共建目标。

2010年6月28日,上海市无线电管理局和虹桥综合交通枢纽指挥部联合组织召开虹桥综合交通枢纽工程信息基础设施建设总结表彰大会,上海联通获先进集体称号。

第三节　长江隧桥项目

崇明长江隧桥配套传输工程是上海联通2009年重要工程项目之一。该工程全长25.50公里、总投资达123亿元,是世界上规模最大的隧桥结合工程,于2009年10月31日通车。与此同时,移动通信配套工程与长江隧桥工程同步完工。在该项目的通信配套中,上海联通从崇明长江隧桥(长兴段)布放24芯光缆至崇明长江隧桥(浦东段),再沿五洲大道信息管道敷设至外环,沿外环向南敷设至环顾基站,全程共敷设24芯管道光缆约7公里。在崇明长江隧桥(浦东段)和崇明长江隧桥(长兴段)分别安装一套传输设备,与环顾基站中传输以155M链接,可提供155M传输带宽。

第四节 高 铁 项 目

一、沪宁高铁

2010年8月31日,上海联通完成沪宁高铁(上海段)全线共计28个基站的调测开通工作。至9月8日,沪宁高铁沿线28个基站全部通过网优单站验证,所有站点均已入网运行。沪宁高铁项目是上海联通首次大规模应用BBU基站池、RRU拉远技术开展建设的宏站项目。与上海移动通过共建方式,在沪宁高铁沿线红线内共租用14处铁路GSM-R通信机房和铁塔设置RRU设备和天馈系统(其中1处位于虹桥交通枢纽内),建设2G/3G共址站。在铁路红线以外,就近利用4处现网基站,集中放置BBU设备,并通过光缆拉远、红线内逐级跳纤的方式实现BBU与RRU的沟通。沪宁高铁基站的开通,改善了高铁沿线2G/3G网络覆盖质量,提升高铁乘客的移动业务感知,也为上海联通继续做好沪杭高铁沿线的网络覆盖项目提供经验和借鉴。

二、沪杭高铁

2010年7月初,上海联通启动沪杭高铁(上海段)项目。上海联通明确建设方案及分工界面,动员一切力量,从基站设备到货、红线内外设备安装、管线开挖和光缆敷设等多条战线全面推进建设。仅用时1个多月,于8月中旬完成全部18处共址基站的红线内外设备安装工作、管线开挖和光缆敷设工作,并将前期沪宁高铁逐级跳纤操作的相关经验在进站之前与基站工程师进行交流,力求进站跳纤达到效率最大化。

2010年9月25日,上海联通完成沪杭高铁(上海段)沿线36个基站(包含虹桥枢纽内2个共址点)调测开通,基站全部通过网优单站验证,所有站点均已入网运行。该项目有效改善了高铁沿线2G/3G网络覆盖质量,提升高铁乘客的移动业务感知,同时完善上海联通整个2/3G网络覆盖。

第五节 上海世博会通信配套工程

2009年10月30日,上海联通在世博园区内第一个宏基站——世博后滩基站顺利开通,标志着上海联通在世博园区内的宏基站建设取得突破性进展。

2009年底,上海联通共在世博园区内设置14个室外宏站,部署建设210个场馆室内覆盖分布系统,新建信源机房34个、拉远机房176个,重点覆盖"一轴四馆"、世博村等永久建筑及部分重要场馆。对核心网及机场、地铁等重要客流通道室内覆盖区域进行扩容,对新建虹桥枢纽西航站楼、浦东国际机场T2航站楼、新建地铁线路等区域实施室内无线系统覆盖。新建一套容量为2 400条/秒的GSM短信中心;将彩信中心增扩容量至200条/秒,以满足世博期间通信业务需求。

中国联通对世博通信保障给予高度重视，共投资8亿元用于世博通信保障，成立专项工作组，建立跨省通信保障机制，举中国联通之力，在人员、服务、技术、营销等方面为上海联通提供全力支撑。世博建设期间，上海联通建设进度走在各运营的前列。是年3月19日，由上海联通在世博园区牵头建设的芬兰馆开通室内覆盖2G/3G信号。除中国馆外，这是第一个开通移动信号的国家级场馆。

2010年4月30日，上海联通世博通信配套工程全面完成，包括世博园区13个宏站、197个微站、34个街道站经受6次世博试运营考验，安全稳定性满足园区用户的覆盖需求。

（参见专记《2010年上海世博会通信保障工作》）

第六节　楼宇、住宅通信设施配套工程

2002年，上海网通完成185幢大楼室内覆盖，接入企业用户近2 000家。2004年，上海联通完成1 200幢大楼室内覆盖，其中超过半数以自有光缆方式接入。

2007年1月，上海网通与在建的环球金融中心签订管线和大楼接入协议，为建成后的环球金融中心提供固定电话、数据通信等相关业务，也使得上海网通在高端商务楼宇拓展取得明显优势。在郊区则集中在工业园区、新市镇等业务集中区域，建成2个汇聚机房并完成15个重点工业园区的管线接入。同时在业务支撑方面，加大对客户接入的投资力度，完成浦航新城等8个大型住宅小区签约，2年内共签约小区累计14万户。上海网通将有限资金向改善网络质量方面倾斜，先后完成11个汇聚环和6个行政区的接入环物理成环改造，增强基础网业务能力。

2009年，上海联通把宽带网络，尤其是光纤到户（FTTH）建设，作为实施公司"1355"战略的重要一环。成立宽带提速领导小组和工作小组，并明确工作方法和各项工作责任部门。实现接入商务楼宇覆盖规模1 505幢。宽带提速网络改造工作基本完成，达到近100%用户8M、70%用户100M的网络接入能力。

第四季度，根据中国联通关于南方公司商务楼宇专项拓展活动指导意见，上海联通进一步推进商务楼宇网格化营销工作，提升商务楼宇精细化营销水平，加强商务楼宇拓展力度，提升各区县分公司末端营销单元营销能力，启动"宽带商务、精彩在沃"商务楼宇拓展活动；完善中小企业数据库，建立网格/楼宇/客户档案，实现5个区县分公司代理商嵌入式管理工作。

2010年，为推进上海城市光网建设，上海联通规模部署光纤到户（FTTH）。加大PON网络深度覆盖，OLT下沉至一类接入机房，完成FTTB向FTTH/O的规模部署。

第三篇

主要业务

概　　述

　　1994年以来，面对严峻的市场竞争形势，上海联通和上海网通干部员工努力开拓、锐意进取，移动电话、固定电话、数据通信和宽带等业务得到快速发展。

　　2000年，中国网通建成上海宽带IP城域网。该网主干带宽达4万兆，拥有350兆国际出口和多个数据中心，大幅提高上海信息港的技术含量和用户上网速度。2002年3月，上海网通城域网接入层全网贯通，成为中国网通最先进的城域网之一。

　　2002年6月，上海第十一届国际通信展开幕。这是中国通信市场重新洗牌后各大运营商在上海的第一次集体亮相。中国联通作为当时国内唯一综合业务运营商，以其丰富的业务种类和多业务捆绑的特色服务，向人们展现了综合业务优势。上海联通也展示了引领时尚的CDMA和传统GSM移动通信业务——CDMA的WAP及各款手机展示和现场业务演示、GSM"89136"会议通、酒店VPN天地通以及联通在信业务；方便优惠的193联通长途、IP超市，特色鲜明的全球漫游165互联网业务以及会议电视等。10月，上海联通与上海广电集团签订全面合作协议，合作内容涉及产品、宣传及市场等方面。上海联通主要定位于基础电信运营商，提供基础电信服务；合作范围涵盖数据业务、移动通信业务及信息增值服务等方面。上海联通围绕中国联通"加大改革力度，加强经营管理，强化服务质量，提高经济效益，完成从'规模主导型'向'规模效益型'发展模式转变"工作方针，经过不懈努力，基本完成全年发展目标。上海联通全年主营业务收入累计20.77亿元，完成年度计划的101%，同比增长59.19%；全年实现利润7.1亿元，完成全年计划目标的110%，同比增幅40.31%。全年GSM网净增用户110.33万户；超额完成中国联通CDMA放号任务，发展C网用户27万户；长途193注册用户净增108.19万户，互联网专线用户新增329户，均超额完成年度指标。

　　2003年，上海联通主营业务继续保持高速增长，综合实力进一步加强。主营业务收入33.8亿元，完成预算指标的112.3%，同比增长67.6%，同期全国增长11%；实现中国联通口径税前利润10.8亿元，完成预算指标的108%，同比增长52.9%；净增移动电话用户120.4万户，用户总数达351.6万户，占有率约为29.4%，新增用户市场份额约为50%，同期全国增长40%；国际国内长途电话去话通话市场累计达13.1亿分钟，增长52%；互联网注册用户新增15.1万户，累计达33.3万户；资产总额达54.8亿元，净资产37.9亿元。

　　2003年，上海联通新业务快速发展。随着CDMA 1X业务全面推出，CDMA数据业务优势逐步显现。至12月，CDMA无线数据用户达17.5万户，其中互动视界用户达5.8万户。全年增值业务收入达1.8亿元，占总收入5.4%，其中短信业务收入1.68亿元，新业务增长点开始形成。

　　除基础业务外，上海联通还开展多品牌、多形式的增值业务。2006年3月，成立"上海联通UNI联盟"，这是加强与增值服务合作商（简称SP）与运营商的合作关系，整合各方优势资源的重要举措。为确保增值业务更快突破，上海联通于10月启动增值业务"四大战役"：短信战役、炫铃战役、联通丽音战役、无线数据战役。上海联通增值业务品种还有掌上股市、语音导航、小区定位、神奇宝典、企业之芯、123G、掌上商城等。

　　2007年，上海联通C、G两网实施专业化经营，梳理各类C网套餐，开拓创新G网业务，推出如意通、世界风等产品。2008年,上海联通与上海网通融合重组,实行电子渠道共享,业务和产品组合捆绑、相互开放。是年,上海联通CDMA业务向上海电信出售移交。2010年,上海联通提出"上规模、调结构、求效益"三大任务,3G品牌推出全新品种"沃",以全方位、多功能服务受到用户欢迎和好评。

第一章 固定网络业务

上海网通将固定电话业务作为发展核心和收入增长重点,不断赋予传统业务新内涵。上海网通重点关注模拟线发展,通过用户远端语音模块和基于NGN方式的网关设备大规模覆盖,辅以固话套餐、组合套餐,深入挖掘楼宇内模拟线市场;强化传统语音用户保有,通过优化套餐设计,有效吸引收入贡献率较高的国际话务;同时通过对长话方向套餐组合及长话、市话捆绑策略,有效抑制他网长途分流。2007—2008年,上海网通新增固话业务收入8112万元。2008年,上海联通与上海网通合并。上海联通依托全光纤、全智能通信网络,提供基础固定语音通信服务,用户使用联通固定电话可拨打本地电话、国内长途、国际及中国港澳台长途电话、IP长途电话。将移机不改号、改号通知音、视频通信等新功能融入传统固定电话,形成新一代固定电话产品。

第一节 用 户

2003年2月8日,上海网通获得上海固定网等全业务市场准入批复。3月31日,固定网局号得到上海市通信管理局批复,获10万门局号,网通开始在上海经营固话业务。至2010年12月,固定电话用户达246 216户,其中家庭用户52 776户,中小企业用户144 770户,大客户48 660户。

表3-1-1 2005年1月固定电话用户统计表　　　　　单位:户

类　　别	数　　量
固定电话用户	41 616
普通固定电话用户	36 080
普通电话用户	9 776
城市普通电话公众用户	3 983
乡村普通电话公众用户	0
城市普通电话商务用户	5 793
乡村普通电话商务用户	0
集中用户交换机(CENTREX)电话用户	2 318
N-ISDN用户	1 553
2B+D用户	0
2B+D公众用户	0
2B+D商务用户	0
30B+D用户	1 553
模拟用户中继线	691
公用电话用户	5 536

〔续表〕

类别	数量
其中：城市公用电话用户	5 536
乡村公用电话用户	0
投币式公用电话	4
IC卡公用电话	0
智能公用电话	0
智能网接入终端公用电话	4 183
公话超市电话	1 349
其中：IP超市（话吧）电话	1 349
国际及中国港澳台有权用户	3 160

表3-1-2　2008年9月固定电话用户统计表　　　　　　　　　　　　　　单位：户

公司	用户数				
	总数	公众用户（住宅）	商务用户	大客户	其中：公用电话
浦东新区分公司	25 260	12 932	10 829	1 492	7
西区分公司	27 355	10 022	15 515	1 796	22
南区分公司	21 941	9 588	11 302	1 047	4
北区分公司	24 189	4 322	18 165	1 700	2
中区分公司	16 636	6 532	9 215	889	0
南汇分公司	2 183	969	1 201	13	0
市公司	27 731	0	189	9 766	17 776
合计	145 295	44 365	66 416	16 703	17 811

住宅电话包括：预付、后付电话（含固定电话、宽带电话）。对应客户群为公众客户。

商企电话包括：模拟直线、宽带电话、模拟中继线、数字中继线等。对应客户群为商务客户和大客户。

公话包括：普通公话、话吧（含固定电话、宽带电话）等。

第二节　基础业务和本地通话

一、一次性费用及手续费

1997年，上海市物价局发出《关于调整本市电话资费的通知》，对固定电话初装费作如下调整：私费住宅用户（包括宿舍）每号线由4 000元调整为3 500元，单位用户（包括专线）每号线由5 000元调整为4 500元，批量新装电话及特定用户等实行6%—18%折扣优惠。

1998年7月10日起，再次调整初装费，私费住宅（包括宿舍）电话新装每号线3 500元，单位电话（包括中继线）新装每号线 4 500 元，统一调整为每号线 2 000 元。对批量安装电话降低初装费标准，20—49 号线每号线 1 900 元，50—99 号线每号线 1 800 元，100—149 号线每号线 1 700 元，150 号线及以上每号线 1 600 元。住宅（包括宿舍）用户安装第二部及以上电话每号线 1 000 元。

经国务院批准，财政部、信息产业部宣布，2001 年 7 月 1 日起取消固定电话初装费。

表 3-1-3　1998 年上海市固定电话装、移机手续费情况表

项　目	计费单位	资费（元/号线）
普通电话（正线、副线）	每号每次	10

说明：上述标准适用于普通电话的市内住宅、市内办公，装机、移机（如同区、异区、宅内、宅外等迁移）的收费。

表 3-1-4　1998 年上海市固定电话装、移机工料费情况表

项　目		计费单位	资费（元）		
			新装号线	移机	
				宅外	宅内
普通电话及储值电话	住宅电话	每号	110	110	10
	办公电话	每号	255	255	55
电话副机（副线）	住宅电话	每线	10	10	5
	办公电话	每线	55	55	55
复通	原址	住宅电话	每号	10	
		办公电话	每号	10	
	非原址	住宅电话	每号	110	
		办公电话	每号	255	

说明：1. 复通指已支付停机保号费的用户，要求重新开通服务。2. 用户要求安装或迁移电话（包括复用设备），不论工程繁简，用户建筑物内有无暗线设备，均按规定收取装、移机手续费和工料费。3. 社会福利机构装、移机工料费按住宅电话标准收费。

表 3-1-5　1998 年上海市固定电话变更手续费情况表

项　目		计费单位	资　费（元）
变更装、移机户名、地址手续费		每号每次	10
停机保号申请手续费		每号每次	10
过户手续费		每号每次	10
改号手续费		每号每次	100
改变查号方式手续费		每号每次	10
违章修复费	住宅电话	每号每次	20
	办公电话	每号每次	20

说明：1. 违章修复费指用户擅自装、移、改装电话，擅自加装用户终端及附件，造成电话故障的，修复所收取的费用。2. 过户：变更客户名称、身份证号码或法人代表的营业执照名称的手续，办理过户需收取过户手续费；变更账单投递人名称和地址的，属于变更账单信息，不收取手续费。3. 改变查号方式只适用于企业用户。

二、月租费

表 3-1-6　1997年上海市固定电话分类分地区月租费情况表　　　　　　　　　　单位：元

类　　　别			计费单位	基本月租费	电路附加费
市区营业区（包括浦东新区、宝山区、闵行区、嘉定区）	以人民广场为中心半径5公里空间直线距离	以内交换局（所）所辖用户 私费住宅	每号线每月	24	—
		单位、宿舍	每号线每月	46	—
		交换机中继线	每号线每月	138	—
		以外交换局所辖用户 私费住宅	每号线每月	27（含电路附加费3元）	
		单位、宿舍 浦东新区、闵行区及吴淞地区	每号线每月	46	15
		宝山区北部及嘉定区	每号线每月	46	30
		交换机中继线 浦东、闵行区及吴淞地区	每线每月	138	45
		宝山区北部及嘉定区	每线每月	138	90
郊县营业区（南汇、金山、奉贤、松江、青浦、崇明六县）		私费住宅	每号线每月	27	
		单位、宿舍	每号线每月	50	
		交换机中继线	每线每月	150	
金山卫石化		私费住宅	每号线每月	24	24
		单位	每号线每月	46	50
		宿舍	每号线每月	46	40
		交换机中继线	每线每月	138	150

表 3-1-7　2007年上海网通普通电话月租费情况表

项　　　目	计费单位	资费（元）
住宅电话	每号	25
办公电话	每号	35
停机保号月租费	每号每单位	15

说明：1. 社会福利机构电话月租费按住宅电话月租费标准收取。2. 如起始计费月和终止计费月不足15天，当月月租费按照标准资费的50%收取；超过15天按照整月收取。3. 停机保号：用户在一定时限内申请暂停服务并要求保留号线的，须申请停机保号业务，手续费10元。自用户停机次月起至复机前一个月，以3个月为一个收费单位收取停机保号费，每个收费单位15元，不足3个月按一个收费单位计收，并不再收取电话月租费。用户申请停机保号当月月租费同申请拆机时月租费的收取。用户复机当月月租费同申请装机时月租费的收取。用户在停机保号期间，附加在该用户电话上的附加业务，如：来电显示、程控新功能（服务项目），不再收取费用。用户要求拆除保留号线的，不再退回已收取的停机保号费。

三、通话费

根据上海市物价局1997年3月26日通知，上海市固定电话通话费标准如下：计次时间：营业区内通话每次3分钟,营业区间通话每次1分钟。金山卫石化地区与市区营业区之间通话仍每次3分钟。区内通话免费次数:私费住宅每月每号线60次,单位(宿舍)每月每号线100次,交换机中继线每月每号线300次。

表3-1-8 1997年上海市内电话资费情况表

类 别		计费单位	资费标准(元)
营业区内通话	私费住宅	每次3分钟	0.12
	单位、宿舍		0.25
	交换机中继线		
营业区间通话	私费住宅	每次1分钟	0.25
	单位、宿舍		0.35
	交换机中继线		

表3-1-9 2008年9月上海网通固定语音业务平均单价统计表　　　　单位:元/分钟

公 司	市 话		传统中国大陆长途	传统国际长途	传统中国港澳台长途	IP中国大陆长途	IP国际长途	IP中国港澳台长途
	区内市话(元/次)	拨号上网						
浦东新区分公司	0.110	0.021	0.658	1.232	0.337	0.299	3.118	1.500
西区分公司	0.105	0.023	0.615	7.406	1.790	0.300	3.256	1.500
南区分公司	0.109	0.020	0.639	7.746	1.975	0.300	3.129	1.500
北区分公司	0.109	0.016	0.768	7.530	1.910	0.299	3.285	1.500
中区分公司	0.110	0.016	0.675	7.840	1.969	0.296	3.234	1.500
南汇分公司	0.112	0.030	0.646	7.733	1.820	0.300	3.519	1.500
市公司	0.112	0.023	0.664	7.843	1.977	0.280	3.199	1.500
平均	0.109	0.020	0.663	3.043	0.446	0.293	3.193	1.500

表3-1-10 2010年12月上海联通本地固网语音业务量(按去向分)统计表

分 类	本地通话		传统中国大陆长途(万分钟)	传统国际长途(万分钟)	传统中国港澳台长途(万分钟)	IP中国大陆长途(万分钟)	IP国际长途(万分钟)	IP中国港澳台长途(万分钟)
	区内市话(万次)	拨号上网(万次)						
固定电话	15 062.71	24.29	4 236.41	28.12	146.46	3 484.14	129.31	50.64
公用电话	0.00	0.00	0.00	0.00	0.00	0.00	0.00	0.00
电话卡	0.35	—	133.09	1.37	0.00	1.35	9.54	1.79
他网	—	—	443.12	12.53	12.66	2 447.79	214.04	100.14
小计	15 063.06	24.29	4 812.62	42.02	159.12	5 933.28	352.89	152.57

表 3-1-11　2010 年上海联通固定电话资费情况表

项　　目		计费单位	资费（元）
市话通话	住宅电话	首次 3 分钟	0.20
		以后每增 1 分钟	0.10
	办公电话	首次 3 分钟	0.22
		以后每增 1 分钟	0.11

说明：1. 住宅电话享受营业区内免费通话金额每月每号线 6 元。当月账单应付区内通话费超过 6 元的抵扣 6 元，不足 6 元的免收区内通话费。2. 社会福利机构电话营业区内、区间通话费按住宅电话通话费标准收取。3. 市区营业区包括市中心、闵行、宝山、浦东新区、嘉定、南汇、奉贤、青浦、松江、崇明和金山行政区所辖范围。4. 拨打 3—5 位 ISP 互联网业务接入号（如：16900 等），通话费按每分钟 0.02 元收取。5. 免费短号码：110、119、120、068、108、116800、116801、116117、190、193、197、196200、196201、196300、800、10060 等。其他短号码收费规则拨打网通客户服热线 10060 进行咨询。

第三节　长途电话

一、普通长途电话（DDD/IDD）

DDD 是国内长途直拨电话的简称。采用自动接续方式，用户可用具有长途直拨功能的电话机直接拨叫对方城市的电话号码。IDD 是国际及港、澳、台地区直拨电话的简称。用户可在具有这一功能的电话机上直拨上述国家和地区的电话号码。

表 3-1-12　2007 年上海网通普通长途电话资费情况表

通话类别	计费单位	标准资费（元）	优惠时段资费（元）
中国大陆	6 秒	0.07	0.04
中国港澳台地区	6 秒	0.20	0.12
部分国家及地区（见说明 4）	6 秒	0.80	0.48
其他国际地区	6 秒	0.80	0.80

说明：1. 固定电话的普通电话、储值电话、ISDN、集中用户交换机 Centrex、模拟中继线、数字中继线类业务（含 DID）的普通长途电话通话费按照以上资费收取。2. 国内、国际及中国港澳台地区长途直拨电话通话费以 6 秒为计费单位，不足 6 秒按 6 秒计算。3. 优惠时段费：在工作日 00:00 至 7:00 及法定节假日 00:00 至 24:00 时段内，使用国内长途、中国港澳台长途及部分受话国家国际长途直拨电话，通话费按标准资费的 60%（国内长途按每 6 秒 0.04 元）优惠收取。通话中跨时段的 6 秒钟，按前时段费率计费。4. 享受国际长途优惠时段资费国家如下：日本、美国、新加坡、澳大利亚、新西兰、法国、英国、意大利、泰国、马来西亚、德国、加拿大、菲律宾、印度尼西亚、韩国。

二、IP 长途电话

1999 年 6 月 18 日，上海联通开通 IP 电话业务。17910 为中国联通环球卡，由中国联通发行，限打指定方向国家及地区长途电话的专用 IP 电话卡；17911 为中国联通 IP 电话接入号码。2001 年 7 月上海网通开通 IP 电话业务，用户在普通双音频电话上通过加拨 17931 和账号、密码方式，拨打国际、国内长途电话；还可在国际开通漫游范围内，拨打当地接入码和账号、密码，拨回国内开通城市。17931是直拨使用IP电话的后付费业务,大大降低长途电话费用。2006年7月,上海联通发行193300全国漫游卡,该卡免收市话费。

表3-1-13　2005年上海联通IP长途电话资费情况表

地　　区		资费(元/分钟)
国际长途电话	至美国、加拿大	2.40
	至其他国际地区	3.20
中国大陆至港澳台地区		1.50
深圳至香港,中山、珠海至澳门		
内地长途电话		0.30
中国港澳台地区及国际漫游		2.50
香港(拨回内地)		
其他国际漫游开通国家和地区(拨回国内)		4.80

说明:用户除支付IP长途费用外,部分电话将收取拨打当地接入码的本地通话费,以当地电信局规定为准。

表3-1-14　2007年上海网通IP长途电话分地区话费情况表

通　话　类　别		资费(元/分钟)
中国大陆		0.30
中国港澳台地区		1.50
国际长途	至美国、加拿大(含阿拉斯加和夏威夷,不含其他代码为"1"的国家和地区)	2.40
	英国、法国、意大利、德国、新加坡、韩国、日本、澳大利亚、新西兰、马来西亚、印度尼西亚、菲律宾、泰国	3.60
	其他国际地区	4.60

说明:1.国内、国际及中国港澳台地区IP长途电话通话费以分钟为计费单位,不足1分钟,按1分钟计算。2.拨打17969 IP长途同时收取主叫用户的本地通话费。3.IP语音专线分配一个普通主叫号码,长途通话费按照以上资费收取,不另收取市话费。4.适用于自网和他网电话用户的17969 IP长途资费。2010年,根据中国联通《关于中国联通语音网业务融合工作的指导意见》,为尽快发挥网络协同效应,提高客户满意度,降低运行维护成本,将网络融合优化工作落实到位,原上海联通193、17911业务于2010年1月1日0时关闭使用。

三、196长途电话

196主叫直拨业务是上海网通推出的一种长途电话业务。专为企业客户设计,不用账号、密码,即可直接使用电话拨打国内、国际长途电话,并同时完成对电话认证、计费功能。固定电话无需支付市话费,6秒计费。拨打方式:196+对方长途号码。通达国内、国际以及海事卫星通达范围。

表 3-1-15　2007 年上海网通 196 长途电话分地区话费情况表

通 话 类 别	计 费 单 位	标准资费(元)
中国大陆	6 秒	0.07
中国港澳台地区	6 秒	0.20
国际通达城市	6 秒	0.80

说明：1. 196 长途通话费按照以上资费收取，主叫用户免收本地通话费。2. 国内、国际及中国港澳台地区 196 主叫长途电话通话费以 6 秒为计费单位，不足 6 秒按 6 秒计算。3. 网通自网固定电话不开通 196 长途业务。

表 3-1-16　2007 年海事卫星话费情况表

太平洋	A(电话)		A(传真)		B		BHSD		M		Mini-M		M4/FHSD	
代码	8721	8701	87281	87081	8723	8703	87239	87039	8726	8706	87276	87076	87260	87060
资费(元)	43	45	43	45	30	30	65	65	30	30	23	23	50	50
印度洋	A(电话)		A(传真)		B		BHSD		M		Mini-M		M4/FHSD	
代码	8731	8701	87381	87081	8733	8703	87239	87039	8736	8706	87376	87076	87260	87060
资费(元)	43	45	43	45	30	30	65	65	30	30	23	23	50	50
大西洋东区	A(电话)		A(传真)		B		BHSD		M		Mini-M		M4/FHSD	
代码	8711	8701	87181	87081	8713	8703	87239	87039	8716	8706	87176	87076	87260	87060
资费(元)	53	45	53	45	30	30	65	65	30	30	23	23	50	50
大西洋西区	A(电话)		A(传真)		B		BHSD		M		Mini-M		M4/FHSD	
代码	8741	8701	87481	87081	8743	8703	87239	87039	8746	8706	87476	87076	87260	87060
资费(元)	53	45	53	45	30	30	65	65	30	30	23	23	50	50

说明：1. IP 长途业务不开通海事卫星电话服务。2. 拨打海事卫星的通话费以分钟为计费单位，不足 1 分钟按 1 分钟计算。3. 固定电话普通电话、储值电话、ISDN、集中用户交换机 Centrex、模拟中继线、数字中继线类(含 DID)、196 主叫及 196 卡业务的普通长途海事卫星通话费按照以上资费收取。

第四节　公 用 电 话

公用电话是指通信公司设置在路边、车站、商店及住宅区等公共场所，方便用户使用，并按规定收取通信费用的电话设施。公用电话分有人管理和无人管理两种：有人管理的公用电话可采用普通电话机，由管理人员向发话人收取通话费用；无人管理的公用电话采用具有自动收费功能的电话机，有投币、卡式等种类，按次或按时间计费。

一、普通公话

普通公话是电话经营部门在公共场所安装的供公众使用的电话，一般设在社区或商店，有专人管理，兼有代接、代打电话和传呼等服务。

表 3-1-17　1997 年上海市普通公话通话费情况表

类　　别	计费单位	资费（元）
营业区内通话	每次 3 分钟	0.50
营业区间通话	每次 1 分钟	0.50

二、投币公话

投币公话是自动收费公用电话的一种。使用兼通市内、长途的投币式电话机。发话人先投入若干硬币，电话机上即显示所投款数，通话后按通话时间计费，将余款退给发话人。

表 3-1-18　2007 年上海网通投币公话分类资费情况表

项　　目	计费单位	资　费　（元）
装、移机工料费	每号	免
月租费	每号	免
本地通话费	分钟	每 5 分钟 1.00
长途通话费	分钟	每 2 分钟 1.00

说明：1. 投币公用电话不开通国际长途呼叫权限，分配普通主叫号码，允许呼入。2. 本地通话费每 5 分钟 1 元，不足 5 分钟按 5 分钟计；国内长途每 2 分钟 1 元，不足 2 分钟按 2 分钟计，无优惠时段资费。3. 投币公用电话开通紧急呼叫功能。拨打 110、119、120 无需投币。

三、公话超市

公话超市是面向公众客户提供语音线路拨打市话和 IP 长途电话的场所，分预付费和后付费两种。

表 3-1-19　2007 年上海网通公话超市通话费情况表

通　话　类　别		计费单位	资费（元）
营业区内		首次 3 分钟	0.35
		以后每增 1 分钟	0.15
营业区间		每次 1 分钟	0.25
中国大陆长途		每分钟	0.30
中国港、澳、台地区长途		每分钟	1.50
国际长途	美国、加拿大（含阿拉斯加和夏威夷，不含其他代码为"1"的国家和地区）	每分钟	2.40
	英国、法国、意大利、德国、新加坡、韩国、日本、澳大利亚、新西兰、马来西亚、印度尼西亚、菲律宾、泰国	每分钟	3.60
	其他国际地区	每分钟	4.60

说明：1. 免初装费及月租费。2. 分后付费和预付费两种。3. 终端开通 110、119、120、10060、10064、116117 等免费号码。4. 网通固话用户拨打 116117 预付充值管理接入码，免收本地通话费。5. 来话不收费。6. 拨打市话和 IP 长途以分钟为计费单位，不足 1 分钟按 1 分钟计算。

四、卡式公话

采用 IC 卡存储预付款信息方式的自动收费电话机。发话人向特定的出售机预付存款,购买计费 IC 卡。使用时将卡片插入电话机的收费插口,机上即显示存款数字。通话结束后,自动扣除本次通话费,显示余额并记录在卡片上。

表 3 – 1 – 20　2007 年上海网通卡式公话通话费情况表

通话类别	计费单位	资费（元）
营业区内	首次 3 分钟	0.35
	以后每增 1 分钟	0.15
营业区间	每次 1 分钟	0.25
196201 专用电话长途通话费	每分钟/每 6 秒	同 196201 卡标准资费
196200 专用电话长途通话费	每 6 秒	同 196200 卡标准资费

说明:1. 免初装费及月租费。2. 开放 110、119、120、10060、10064、116117 等免费号码。3. 196201 专用电话,开放市话和长途电话功能,拨打长途主叫不收取本地通话费。4. 196200 专用电话,仅开放长途电话功能,拨打长途主叫不收取本地通话费。5. 接听不收费。

五、无线公话

无线公话业务是以固定终端(经改造)接入联通移动通信网络的方式在上海地区提供移动业务。用户通过拨打数据固定部智能平台接入号"96033"充值、收听卡内余额。每月底由信息系统部对此类业务开账。该业务只能做主叫,且限制拨打国际长途。

上海联通无线公话除在上海各区地域设立外,还在上海出租车上试验安装移动公用电话。至 1996 年 10 月,上海联通完成当年在上海发展 100 部街头无线公话亭的前期准备工作(办妥设置话亭占路批文手续);在上海大众出租汽车有限公司奥迪出租车安装 10 部移动公用电话;在"浦江游览"船上安装 2 部数字移动式公用电话。无线公话的开办、扩展,为上海联通增加了经营收入。

2001 年底,上海联通在上海各营业厅及地铁沿线等地开通无线公话业务共 90 多个服务网点,可解决 193300 卡使用上海电信公话终端引起的诸多问题。

上海联通数据与固定通信业务部进行市场调研后,与部分代理商合作进一步拓展无线公话业务市场,2002 年新增以下无线公话服务网点:21 世纪便利店 170 家门店;c – store 便利店 37 家门店;好德便利店 450 家门店;可的便利店 400 家门店;罗森便利店 72 家门店;良友便利店 450 家门店。

2002 年,无线公话资费标准为:本地电话 0.40 元/分钟(促销期资费为 0.20 元/分钟);国内长途为 1.00 元/分钟(优惠期资费为 0.50 元/分钟);不足 1 分钟按 1 分钟计算。用户拨通智能平台进行充值、收听余额等操作不计费;因拨号不规范被前置机拦截,收到语音提示不计费。

表3-1-21　1996年上海联通无线公话统一计费标准情况表

类　　别		计费单位	拨打市内、市县电话资费	拨打国际、国内长途电话资费
陆上无线公用电话	普通式投币式	2分钟/次	1元(含服务费)	长途通话计费标准+2元服务费(含代办服务费)
	磁卡式	2分钟/次	1.20元(含磁卡附加费)	长途通话计费标准+2元服务费(含磁卡附加费)
各类营运客车(汽车)、客船装载无线公用电话		2分钟/次	2元(含服务费)	长途通话计费标准+2元服务费(含代办服务费)

第五节　NGN新市话

2004年4月，上海网通成立新市话(New Generation Network)项目组。经过近一年技术、业务创新，率先在上海地区投入试商用。2005年起，为复旦大学、上海市信息化委员会等客户提供服务。网通新市话产品除基本通话功能外，还具有程控业务功能：缩位拨号、遇忙回叫、呼叫等待、热线电话、呼出加锁、免打扰服务、闹钟服务、呼叫转移(无条件呼叫前转、遇忙呼叫前转、无应答呼叫前转)、三方通话、来电显示等。

一、装、移机

表3-1-22　2007年上海网通NGN新市话装、移机手续费情况表

项　　目	计费单位	资费(元)
普通电话(正线)	每号每次	10

说明：上述标准适用于普通电话的市内住宅、市内办公、崇明住宅、崇明办公电话，装机、移机(如同区、异区、宅内、宅外等迁移)的收费。

表3-1-23　2007年上海网通NGN新市话装、移机工料费情况表

项　　目		计费单位	资费(元)		
			新装号线	移机	
				宅外	宅内
普通电话及储值电话	住宅电话	每号	100	100	10
	办公电话	每号	255	255	55
电话副机(副线)	住宅电话	每号	10	10	5
	办公电话	每号	55	55	55
复通	原址 住宅电话	每号		10	
	原址 办公电话	每号		10	
	非原址 住宅电话	每号		100	
	非原址 办公电话	每号		255	

说明：1.复通：指已支付停机保号费的用户，要求重新开通服务。2.用户要求安装或迁移电话(包括复用设备)，不论工程繁简，用户建筑物内有无暗线设备，均按规定收取装、移机手续费和工料费。3.社会福利机构装、移机工料费按住宅电话标准收费。

二、变更

表 3-1-24　2007 年上海网通 NGN 新市话变更手续费情况表

项　　　目		计 费 单 位	资　费（元）
停机保号申请手续费		每号每次	10
过户手续费		每号每次	10
改号手续费		每号每次	100
改变查号方式手续费		每号每次	10
违章修复费	住宅电话	每号每次	20
	办公电话	每号每次	20

说明：1. 违章修复费指用户擅自装、移、改装 IAD、话机，或擅自使用非上海网通许可的终端及软件，造成电话故障的，由上海网通修复所收取的费用。并对其恶意违章保留进一步行动权利。2. 过户：变更客户名称、身份证号码或法人代表的营业执照名称的手续，办理过户需收取过户手续费；变更账单投递人名称和地址的，属于变更账单信息，不收取手续费。改变查号方式只适用于企业用户。

三、月租费

表 3-1-25　2007 年上海网通 NGN 新市话月租费情况表

项　　　目		计 费 单 位	资　费（元）
住宅电话	市区	每号	20
	崇明营业区	每号	18
办公电话		每号	35
停机保号月租费		每号每单位	15

说明：1. 社会福利机构电话月租费按住宅电话月租费标准收取。2. 停机保号用户在一定时限内申请暂停服务并要求保留号线的，须申请停机保号业务，手续费 10 元。自用户停机次月起至复机前 1 个月，以 3 个月为一个收费单位收取停机保号费，每个收费单位 15 元，不足 3 个月按一个收费单位计收。停机保号期间不再收取电话月租费，同时在该用户上的附加业务如：来电显示、程控新功能（服务项目），不再收取费用。停机保号期间用户要求拆除保留号线的，不再退回已收取的停机保号费。3. 如起始计费月和终止计费月不足 15 天，当月月租费按照标准资费 50％ 收取；超过 15 天按照整月收取。

四、通话费

表 3-1-26　2007 年上海网通 NGN 新市话分类话费情况表

通 话 类 别		计 费 单 位	资　费（元）
区内通话	住宅电话	首次 3 分钟	0.20
		以后每增 1 分钟	0.10

〔续表〕

通话类别		计费单位	资费（元）
区内通话	企业电话	首次3分钟	0.22
		以后每增1分钟	0.11
区间通话	住宅电话	每分钟	0.25
	办公电话	每分钟	0.35

说明：1. 住宅电话享受营业区内免费通话金额每月每号线6元。当月账单付区内通话费超过6元抵扣6元，不足6元免收区内通话费。2. 社会福利机构电话营业区内、区间通话费按住宅电话通话费标准收取。3. 市区营业区包括市中心、闵行、宝山、浦东新区、嘉定、南汇、奉贤、青浦、松江和金山行政区所辖的范围；崇明营业区指崇明县所辖范围。区内通话指营业区区内用户间的通话；区间通话指营业区区间用户之间的通话（市区用户拨打崇明地区的通话）。4. 其他短号码收费规则拨打网通客户服务热线10060咨询。

五、附加业务

表3-1-27　2007年上海网通NGN新市话附加业务开户费情况表

项目	计费单位	资费（元）
呼出加锁	每次	10
闹钟服务	每次	10
免打扰服务	每次	10
三方通话	每次	10
来电显示	每次	8

表3-1-28　2007年上海网通NGN新市话附加业务月租费情况表

项目	计费单位	资费（元）	
		住宅电话	办公电话
呼出加锁	每号每月	2	6
闹钟服务	每号每月	2	2
免打扰服务	每项每月	2	2
三方通话	每项每月	2	2
来电显示	每项每月	6	6

说明：1. 申请手续费指申请开通此项程控功能的费用，以后使用费按照功能月租费收取。2. 程控功能中的热线服务、转移呼叫、遇忙回叫、缩位拨号、呼叫等待功能免收开户费和月租费。

第六节　储值电话

储值电话是一项预付费业务。上海网通开设此项业务。固定电话储值电话按照普通电话标准收取,NGN新市话储值电话按照新市话普通电话标准收费。

一、一次性费用及手续费

表3-1-29 2007年上海网通储值电话装、移机手续费情况表

项　　目	计费单位	资费（元）
普通电话（正线、副线）	每号每次	10

说明：仅适用于A类、B类储值电话的市内住宅、市内办公、崇明住宅、崇明办公电话装机、移机（如同区、异区、宅内、宅外等迁移）收费，C类免收手续费。

表3-1-30 2007年储值电话装、移机工料费情况表

项　　目		计费单位	资费（元）		
			新装号线	移机	
				宅外	宅内
储值电话	住宅电话	每号	100/110	100/110	10
	办公电话	每号	255	255	55
电话副机（副线）	住宅电话	每号	10	10	5
	办公电话	每号	55	55	55
复通	原址 住宅电话	每号	10		
	原址 办公电话	每号	10		
	非原址 住宅电话	每号	100/110		
	非原址 办公电话	每号	255		

说明：1.以上资费适用于储值电话A、B类用户，C类用户免工料费。2.固定电话储值电话按普通电话标准收费，NGN新市话储值电话按新市话普通电话标准收费。3.用户要求安装或迁移电话（包括复通设备）不论工程简繁，用户建筑内有无暗线设备，均按规定收取装、移机手续费和工料费。4.社会福利机构装、移机工料费按住宅电话标准收费。5.储值电话原址复通，免收手续费。

表3-1-31 2007年上海网通储值电话变更手续费情况表

项　　目	计费单位	资费（元）
停机保号申请手续费	每号每次	10
过户手续费	每号每次	10
改号手续费	每号每次	100
改变查号方式手续费	每号每次	10

说明：变更手续费储值电话只收改号费。

二、日租费

表3-1-32　2007年上海网通储值电话日租费情况表

项　　目	计费单位	资费（元）
住宅电话	每号每日	0.60
办公电话	每号每日	0.80

说明：1. A类储值电话用户日租费按照以上标准收取，不收取月租费。2. B、C类储值电话用户不收取日租费及月租费。

三、通话费

【A类储值电话】

表3-1-33　2007年上海网通A类储值电话资费情况表

通话类别		计费单位	资费（元）
区内通话	住宅电话	首次3分钟	0.20
		以后每增1分钟	0.10
	办公电话	首次3分钟	0.22
		以后每增1分钟	0.11
区间通话	住宅电话	每次1分钟	0.25
	办公电话	每次1分钟	0.35

说明：1. 以上资费适用于A类储值电话的本地通话费。2. 社会福利机构电话营业区内、区间通话费按住宅电话通话费标准收取。3. 市区营业区包括市中心、闵行、宝山、浦东新区、嘉定、南汇、奉贤、青浦、松江和金山行政区所辖范围，崇明营业区指崇明县所辖范围，区内通话指营业区内用户间通话，区间通话指营业区间用户之间通话（市区用户拨打崇明地区通话）。4. 新申请储值电话用户可拨打业务码"116117"进行电话管理，初始管理密码默认为电话号码后六位。5. 用户可免费拨打800、110、119、116117等特服号码。其他短号码收费规则可拨打网通客户服务热线10060进行咨询。6. 拨打三位、四位和五位ISP接入号（如：16900等），通话费按每分钟0.02元收取。

【B类储值电话】

通话费套餐：按照X元包Y分钟从储值电话账户中扣除。

【C类储值电话】

表3-1-34　2007年上海网通C类储值电话资费情况表

通话类别	计费单位	资费（元）
营业区内	首次3分钟	0.35
	以后每增1分钟	0.15
营业区间	每次1分钟	0.25

说明：1. 开通110、119、120、10060、10064、116117等免费号码。2. 来话不收费。

【长途通话费】

储值电话的长途通话费及优惠时段资费同普通电话和 NGN 新市话。

四、附加业务资费

表 3-1-35　2007 年上海网通储值电话附加业务服务费情况表

项　目	计费单位	资　费（元）	
		住宅电话	办公电话
闹钟服务	每号每月	2	2
免打扰服务	每项每月	2	2
来电显示	每号每月	6	6

说明：储值电话目前只开通来电显示、闹钟服务、免打扰功能，不收取申请手续费，月租费按照以上资费收取。其他程控功能暂不开放。

第七节　中继线与用户小交换机

中继线指连接 DID、用户小交换机、企业专网等进入本地网交换机的电话线路，分为模拟中继线和数字中继线。用户小交换机指各单位内部使用并与公用电话网相连的专用电话交换机，分为人工交换机和自动交换机。

一、一次性费用及手续费

表 3-1-36　2007 年上海网通装、移机手续费情况表

项　目	计费单位	资费（元）
模拟/数字中继线	每号/每模块	10
交换机分机	每部	10

说明：中继线包括模拟、数字中继线，适用于 DID、用户小交换机、企业专网等号码接入。

申请模拟中继线装机、移机手续费：每号 10 元；申请数字中继装机、移机手续费：每模块 10 元。（每模块指每 E1 端口）

表 3-1-37　2007 年上海网通模拟中继线装、移机工料费情况表

项　目	计费单位	资　费（元）		
		新装号线	移　机	
			宅　外	宅　内
模拟中继线	每号	255	255	55
交换机分机	每部	55	55	55

〔续表〕

项　目	计费单位	资费（元）		
		新装号线	移机	
			宅外	宅内
号码连选功能	每号	100		
局数据修改	每次	10		

表3-1-38　2007年上海网通数字中继线安装费情况表

项　目	计费单位	资费（元）
工料费	每模块	255
安装调测费	每模块	1 000
设备接入工程费	每客户端	8 900
DID开通费	每100号	20 000

说明：1. 数字中继线类包括普通数字中继线、DID、30B+D及IP语音专线。2. 设备接入工程费按照每客户端（不论E1端口数量）统一收取8 900元。客户端指网通线路接入客户设备端口侧。3. DID开通费：100号起申请，每100号为一个收费单位一次性收取。DID号码数量按100—300号/E1进行核配。4. 数字中继线的工程费和设备费根据工程情况另行收费。

表3-1-39　2007年上海网通模拟中继业务变更手续费情况表

项　目	计费单位	资费（元）
过户	每号每次	10
停机保号	每号每次	10
恢复号线	每号每次	10
改号	每号每次	100
改变查号方式	每号每次	10
模拟中继入群、出群	每号每次	10
模拟中继改模拟直线	每号每次	10

说明：1. 普通电话与模拟中继线互改，按移机性质标准收费。2. 其他变更手续费按普通办公电话资费收取。

表3-1-40　2007年上海网通数字中继业务变更手续费情况表

项　目	计费单位	资费（元）
变更手续费	每模块每次	10
安装调测费	每模块每次	1 000
DID开通费	每100号	20 000

说明：业务变更适用于：IP语音专线变更为普通数字中继线或DID业务；IP语音专线、普通数字中继线变更为DID业务。

业务变更时收取变更手续费,安装调测费及 DID 开通费等同新装业务收费。

二、月租费

表 3-1-41　2007 年上海网通中继线与用户小交换机资费情况表

项　　目		计费单位	资费（元）
模拟中继线		每号	100
数字中继线（2 Mbit/秒）	用于互联网接入服务	每模块	2 000
	用于其他服务	每模块	3 000
IP 语音专线		每模块	2 000
交换机分机		每门	2

说明：1. 以上数字中继线包含普通数字中继线和 DID。2. 如起始计费月和终止计费月不足 15 天,当月月租费按照标准资费 50% 收取;超过 15 天按照整月收取。

三、用户交换机（专网）占用本地电话网编号月使用费

表 3-1-42　2007 年上海网通用户交换机（专网）占用本地电话网编号资费情况表

项　　目		计费单位	资费（元）
用户占用编号	用户号码容量		
PQR(SABCD)	100 000	每门	1
PQRS(ABCD)	10 000	每门	2
PQRSA(BCD)	1 000	每门	3
PQRSAB(CD)	100	每门	4

说明：占用本地电话网编号的月使用费指向采用全自动中继方式、直接接入本地网交换机选组级的用户交换机（或专网）占用本地网编号用户收取的月使用费。占用本地电话网编号月使用费按该用户交换机容量（不含其所带的用户小交换机）计收。

第八节　集中用户交换机（Centrex）

集中式用户交换机 Centrex,又称虚拟交换机。它是通过局端交换机给用户提供虚拟交换网功能的方式,由网通局用交换机直接向特定用户群提供电话服务,使该用户群所有电话都享有普通电话用户的全部业务,同时享有用户交换机的基本功能,如同在用户端拥有了一台用户交换机。

Centrex 业务提供小交换机基本功能外,还提供 PSTN 网所有程控新业务功能,并具有 Centrex 特有服务——群内呼叫、群外呼叫和分机转接等。用户群内可配置 Centrex 话务台,具备插入、监听、强拆、紧急跨越、再振铃、回振铃、遇忙预占等业务功能。

一、装、移机

表3-1-43　2007年上海网通集中式用户交换机装、移机手续费情况表

项　目			计费单位	资费（元）
装机、移机手续费			每号每次	10
装、移机工料费	群内移机		每门	255
	群外用户改群内用户	不需移机	每门	免收
		需移机	每门	255
	群内用户改群外用户	不需移机	每门	免收
		需移机	每门	255

说明：相关要求同普通电话。

二、变更

表3-1-44　2007年上海网通集中式用户交换机变更手续费情况表

项　目	计费单位	资　费（元）
停机保号	每号每次	10
复通	每号每次	10
过户	每号每次	10
改号	每号每次	100
改变查号方式	每号每次	10
Centrex 入群、出群	每号每次	10
Centrex 改模拟直线	每号每次	10

说明：相关要求同普通电话。

三、月租费

表3-1-45　2007年上海网通集中式用户交换机月租费情况表

项　目	计　费　单　位	资　费（元）
Centrex 电话	每门	20
停机保号月租费	每号每单位	15

说明：相关要求同普通电话。

四、通话费

表3-1-46　2007年上海网通集中式用户交换机分类话费情况表

项　　目			计费单位	资费（元）
本地通话费	群内	通话	每分钟	免收
	群外	营业区内	首次3分钟	0.22
			以后每增1分钟	0.11
		营业区间	每次1分钟	0.35

说明：1. 群内通话免收本地通话费。2. 拨打国内、国际、中国港澳台地区长途电话，按国内、国际、中国港澳台地区长途电话资费标准收取。3. 拨打3—5位ISP互联网业务接入号（如16900等），通信费按每分钟0.02元收取。4. Centrex电话附加业务开户费及功能费同普通办公电话收费标准。5. 其他未列收费项目参照现行本地电话资费标准收取。

五、附加业务

表3-1-47　2007年上海网通集中式用户交换机附加服务开户费情况表

项　　目	计费单位	资费（元）
呼出加锁	每次	10
闹钟服务	每次	10
免打扰服务	每次	10
三方通话	每次	10
来电显示	每号	8

表3-1-48　2007年上海网通集中式用户交换机附加服务月租费情况表

项　　目	计费单位	资费（元）	
		住宅电话	办公电话
呼出加锁	每号每月	2	6
闹钟服务	每号每月	2	2
免打扰服务	每项每月	2	2
三方通话	每项每月	2	2
来电显示	每项每月	6	6

说明：相关要求同普通电话。

第九节　集团虚拟网

集团虚拟网业务是集集团总机、VPN、企业语音通讯录、企业自助服务、话务台功能于一体，针对中小型企业语音通信需求而推出的一套语音通信整合产品。可提供"集团总机、VPN、企业语音通讯录、企业自助服务、座席业务"等。

一、装、移机

表3-1-49　2007年上海网通集团虚拟网业务装、移机资费情况表

项　目	计费单位		资费（元）
总机号码月租费	每集团每月	10—100线	200
		101—500线	400
		500线以上	600
分机月租费	每线每月		20
座席软件安装费	每集团每次		200
申请手续费	每线每次		10
装、移机工料费	每线每次		255

二、变更

表3-1-50　2007年上海网通集团虚拟网业务变更资费情况表

项　目	计费单位	资费（元）
停机保号申请手续费	每号每次	10
停机保号月租费	每号每单位	15
复通	每号每次	10
过户手续费	每号每次	10
改号手续费	每号每次	100
改变查号方式手续费	每号每次	10
违章修复费	每号每次	20

说明：每部分机程控功能开户费及月使用功能费同普通办公电话标准。

第十节　综合业务数字网(ISDN)

ISDN是以电话综合数字网为基础发展而成的通信网，能提供端到端的数字连接，可承载话音和非话音业务，用户能通过多用途用户网络接口接入网络。ISDN采用数字传输和数字交换技术，将电话、传真、数据、图像等多种业务综合在一个统一数字网络进行传输和处理，向用户提供基本速率（2B＋D，144 kbit每秒）和一次群速率（30B＋D，2 Mbit每秒）两种接口。

ISDN能够向用户提供三大类业务：承载业务（与用户终端类型无关）；用户终端业务（如数字

电话、四类传真、数据通信、视频通信等);丰富的补充业务(如主/被叫用户号码识别显示/限制、呼叫等待、呼叫转移、多用户号码、子地址、三方通信等)。

一、装、移机

表 3-1-51　2007 年上海网通 ISDN 装、移机资费情况表

项　　目		计费单位	资　费（元）
装机、移机手续费		每号每次	10
设备接入费	2B+D	每线	免
	30B+D	每客户端	8 900
装机、移机工料费	2B+D	每线每次	同普通电话标准
	30B+D	每模块每次	255
安装调测费	30B+D	每模块每次	1 000

说明:1. 上述标准适用于市内、郊区 ISDN 办公电话装、移机收费。2. 设备接入工程费按照每客户端(不论 E1 端口数量)统一收取 8 900 元。客户端指网通线路接入客户设备端口侧。3. ISDN(30B+D)的工程费和设备费根据工程情况另行收费。4. 所有业务变更手续费同普通办公电话手续费标准。

二、月租费

表 3-1-52　2007 年上海网通 ISDN 月租费情况表

项　　目		计费单位	资　费（元）
2B+D	月租费	每线每月	35
	停机保号月租费	每号每单位	15
30B+D	用于互联网接入服务	每模块每月	2 000
	用于其他服务	每模块每月	3 000

说明:停机保号:ISDN(2B+D)用户在一定时限内申请暂停服务并要求保留号线的,须申请停机保号业务,手续费 10 元。自用户停机次月起至复机前一个月,以 3 个月为一个收费单位收取停机保号费,每个收费单位 15 元,不足 3 个月按一个收费单位计收。停机保号期间不再收取电话月租费,同时在该用户的来电显示、程控新功能等附加业务,不再收取费用。停机保号期间用户要求拆除保留号线的,不再退回已收取的停机保号费。

三、通话费

表 3-1-53　2007 年上海网通 ISDN 分类话费情况表

项　　目		计费单位		资　费（元）
本地通话费	区内	每 B	首次 3 分钟	0.22
			每增 1 分钟	0.11
	区间	每 B 每分钟		0.35

〔续表〕

项目		计费单位	资费（元）
拨号上网通信费（如：16900）（政府核配的上网号码3—5位）		每B每分钟	0.02
国内通信费		每B每6秒	按DDD资费标准
国际通信费	话音业务	每B每6秒	按IDD资费标准
	数据业务	每B每分钟	1.25×国际长途电话标准

说明：1. 国内长途通话费，1B为国内长途电话基本价目，2B为2×国内长途电话基本价目；2. 国际长途话音业务通信费，1B为国际长途电话基本价目，2B为2×国际长途电话基本价目；3. 国际长途数据业务通信费，1B为1.25×国际长途电话基本价目，2B为2.5×国际长途电话基本价目；4. 以上资费指ISDN(2B+D)通话费计费方式；5. ISDN(30B+D)用户通话费的计费方式同普通数字中继线。

四、附加业务资费

表3-1-54　2007年上海网通ISDN呼出加锁资费情况表

开户费（元）	月租费（元）
10	6

说明："主叫号码显示，主叫号码限制、呼叫转移、呼叫等待"免收开户费及月使用功能费。

第十一节　固定电话附加业务

固定电话附加业务是对基本业务的改进和补充，同一附加业务可应用到一类或多类基本业务中。包含来电显示、呼出加锁、三方通话、闹钟服务、免打扰服务、会议电话、号码携带等。

一、开户费

表3-1-55　2007年上海网通固定电话附加业务开户费情况表

项目	计费单位	资费（元）
呼出加锁	每次	10
闹钟服务	每次	10
免打扰服务	每次	10
三方通话	每次	10
会议电话	每次	10
来电显示	每号	8

说明：开户费指申请开通此项程控功能的费用，使用费按照该项功能月租费收取。

二、月功能使用费

表 3-1-56　2007 年上海网通固定电话附加业务月功能使用费情况表

项　目	计费单位	资费（元）	
		住宅电话	办公电话
呼出加锁	每号每月	2	6
免打扰服务	每项每月	2	2
三方通话	每项每月	2	2
会议电话	每项每月	2	2
来电显示	每号每月	6	2
改号通知	每号每月	10	20
号码携带	每号每月	10	6

说明：1. 普通电话程控功能中的热线服务、转移呼叫、遇忙回叫、缩位拨号、呼叫等待功能免收开户费和月功能使用费。2. "改号通知"服务最长不超过 3 个月，属上海网通公司原因变更用户电话号码，免收用户"改号通知"服务费。3. 号码携带：指移机时用户仍可使用原号码。用于交换机引示号的携带号码，按该交换机实装中继线数量计收。

第十二节　800/400 增值业务

一、800 业务

800 业务即被叫集中付费业务，是企业为联系客户和宣传企业形象而开办的服务号码。用户办理 800 业务，由通信运营商核配给 800 业务号码，当主叫用户拨打该 800 号码时，即可接通由被叫用户在申请时指定电话，由被叫用户集中付费，而对主叫用户免收通信费用，又称"免费电话业务"。

表 3-1-57　2007 年上海网通 800 业务功能费情况表

项　目		计费单位	资费（元）
开户费		每号	100
月租费		每号每月	50
功能费	遇忙/无应答转移、根据主叫选择目的地、按时间选择目的地、呼叫分配	每项	免费
	呼叫阻截、密码接入、呼叫该 800 次数限制、黑名单、呼叫目的地次数限制功能	每项	20

表 3-1-58　2007 年上海网通 800 业务通话费情况表

通话类别		计费单位	资费（元）
通话费	本地通话费	每分钟	本网：0.08
		每分钟	他网：0.12

〔续表〕

通话类别		计费单位	资费（元）
通话费	中国大陆长途	每6秒	0.07
	中国港澳台地区长途	每6秒	0.20
	国际长途	每6秒	0.80

说明：1. 国内长途晚间优惠时段：19：00—次日07：00,不分工作日、节假日,优惠幅度50%。2. 以上资费为800业务资费,不包括固话业务项目费用,固话业务项目费用按照上海网通固话业务资费标准另行收取。

表3-1-59 2007年上海网通800业务国际功能费情况表

项　目		计费单位	资费（元）
开户费	国际800	每号	200
	全球800		1 500
月租费	国际800	每号每月	100
	全球800		100
功能费	遇忙/无应答转移、根据主叫选择目的地、按时间选择目的地、呼叫分配	每项每月	免费
	呼叫阻截、密码接入、呼叫该800次数限制、黑名单、呼叫目的地次数限制	每项每月（自由选择开通）	20

表3-1-60 2007年上海网通800业务国际（境外）通话费情况表

项　目	计费单位	资费（元）
国际长途通话费	每6秒	0.80
中国港澳台地区长途通话费	每6秒	0.20

说明：1. 优惠时段：00：00—07：00(北京时间),不分工作日、节假日,优惠幅度(OFF)40%。2. 国际长途享受优惠的国家：日本、新加坡、澳大利亚、新西兰、法国、英国、意大利、泰国、马来西亚、德国、加拿大、菲律宾、印度尼西亚、韩国。美国含阿拉斯加和夏威夷,不含其他代码为1的国家和地区；澳大利亚(国家代码61)和新西兰(国家代码64),不包括科科斯群岛(代码619162)、圣诞岛(代码619164)和南极地区(代码64672)。3. 以上资费为800业务资费,不包括固话业务项目费用,固话业务项目费用按照上海网通固话业务资费标准另行收取。

二、4006业务

4006业务,又称主被叫分摊付费业务,是一项为被叫客户提供一个全国范围内的唯一号码,并把对该号码的呼叫接至被叫客户事先规定目的地(电话号码或呼叫中心)的全国性智能网业务。该业务通话费由主、被叫分摊付费,即主叫支付本地市话费,被叫支付长途话费。

中心客户需要申请"4006××××××"作为其在全国的统一接入码。在全国任何范围内,主叫用户只需拨打"4006××××××"号码,无须加拨区号,便可按照企业业务用户预先设定方案,将呼叫直接接续到客户所指定电话号码或呼叫中心。

表 3-1-61　2007 年上海网通 4006 业务功能费情况表

项　　目	计费单位	资　费（元）
开户费	每号	100
月租费	每号每月	100
功能使用费（呼叫阻截、密码接入、呼叫次数限制、呼叫比例分配）	每项每月（自由选择开通）	50

表 3-1-62　2007 年上海网通 4006 业务通话费情况表

项　　目	计费单位	资　费（元）
主叫分摊费用	每分钟	当地营业区内通话费（移动手机漫游时支付漫游通话费）
被叫分摊长话费	每 6 秒	0.06
被叫业务使用费	每分钟	0.10（主、被叫为本地用户）
中国港澳台地区长途通话费	每 6 秒	0.20
被叫国际长途通话费（捆绑的国外号码）	每 6 秒	0.80

说明：本产品长途优惠时段、优惠幅度和优惠范围与 800 相同。

第二章 移动网络业务

1995年7月19日,中国联通京、津、沪、穗数字移动电话网开通。12月,上海联通建成具有1万门市话用户和2万中继长途、市话合一的接口汇接局。上海联通不断拓展网络容量,扩大覆盖面,解决盲点盲区问题,取得明显成效。同时注重发展营销市场,增加服务项目,推出各类套餐和增值业务。2005年8月19日,上海联通结合市话和长途优势,上市新世纪大众卡100元、150元市话和长途费用混包型套餐。8月25日,推出两款更优惠的如意通大众卡100元、150元新套餐。2006年,上海联通针对不同消费群体,分别向高端用户、青少年、普通大众和白领推出世界风、新势力、如意通、新时空四大客户品牌。2010年底,上海联通移动电话用户达352.63万户,计费通话时长89 845.47万分钟,移动通信收入205 364万元。

第一节 用户和入网费

随着GSM网和CDMA网建设和扩展,交换容量大幅增长,上海联通移动电话用户逐年增加,其中2004—2006年增长较快。2008年10月CDMA电话用户转上海电信后,GSM电话用户继续稳步增长。移动电话入网费1997年后呈降低趋势,2001年7月1日取消。

一、用户

表3-2-1 2004年上海联通移动电话用户情况表　　　　　　　　　　单位:万户

网上用户		出账用户		本年发展用户		本年离网用户		世界风	
预付费	后付费	预付费	后付费	预付费	后付费	预付费	后付费	网内用户	出账用户
312.51	138.13	272.70	130.40	244.22	44.14	173.20	16.13	0.68	0.68

表3-2-2 2010年上海联通12月移动电话用户情况表　　　　　　　　　　单位:万户

网上用户				出账用户				本月发展用户				本月离网用户			
预付费	后付费	2G	3G	预付费	后付费	2G	3G	预付费	后付费	2G	3G	预付费	后付费	2G	3G
351.18	96.96	399.38	48.76	274.03	78.60	311.56	41.07	27.81	8.36	28.26	7.91	29.53	1.81	29.62	1.73

二、入网费

经国务院批准,财政部、信息产业部宣布,2001年7月1日起取消移动电话入网费。

表3－2－3　1997年上海联通批量购机入网资费情况表

批量购机(号)	资费（元）	
	模　拟	GSM
5—20	2 900	2 600
21—50	2 800	2 500
51—100	2 700	2 400
100以上	2 500	2 200

说明：以上入网费标准执行至1997年10月4日。10月5日起执行新标准，模拟和GSM均为2 000元。

表3－2－4　1998年上海移动电话入网资费情况表　　　　　　　　　　　　　　　单位：元/号

企业类别	带漫游功能	不带漫游功能
上海邮电	1 100	800
上海联通	1 000	720

第二节　基础业务

上海联通拥有通达全世界的通信网络，为广大用户提供全方位信息通信服务。基础业务中，语音通话、长途漫游、IP业务呈稳定增长态势；在全国首开聋哑人短信服务热线；国脉寻呼划入后业务量曾达峰值；根据市场需求推出各类套餐，深受用户欢迎。

一、语音业务

表3－2－5　2007年上海联通GSM语音业务年报情况表

指标名称	计量单位	本年值	上年值	增长幅度
GSM业务通话总次数	次	3 787 978 370	3 299 342 180	14.81%
其中：中国大陆长途通话次数	次	407 553 943	337 206 416	20.86%
其中：国际长途通话次数	次	1 029 649	1 030 200	－0.05%
其中：中国港澳台地区长途通话次数	次	664 697	759 602	－12.49%
GSM业务计费时长	分钟	8 369 924 558	6 883 456 904	21.59%
其中：GSM业务中国大陆长途计费时长	分钟	1 263 475 913	846 221 293.70	49.30%
其中：GSM业务国际长途计费时长	分钟	1 934 107	2 579 468.10	－25.01%
其中：GSM业务中国港澳台地区长途计费时长	分钟	1 337 959	2 130 811.90	－37.20%

〔续表〕

指标名称	计量单位	本年值	上年值	增长幅度
其中：中国台湾电话长途计费时长	分钟	1 180 336	20 031	5 792.54%
GSM业务中国台湾电话来话计费时长	分钟	74 050 053	0	0%
G网选网17911的中国大陆计费时长	分钟	66 882 462.96	57 901 866.30	15.51%
G网选网193的中国大陆计费时长	分钟	628 912.48	211 382 899	−99.70%
G网选网17911的国际计费时长	分钟	581 030.04	643 535.10	−9.71%
G网选网193的国际计费时长	分钟	14 574.50	107 520	−86.44%
G网选网17911的中国港澳台地区计费时长	分钟	279 520.25	408 082.20	−31.50%
G网选网193的中国港澳台地区计费时长	分钟	9 231.18	115 091	−91.97%
G网选网17911的中国大陆通话次数	次	14 871 303.41	266 800.87	5 473.93%
G网选网193的中国大陆通话次数	次	53 725.19	14 093 768.69	−99.61%
G网选网17911的国际通话次数	次	236 273.46	9 350.16	2 426.94%
G网选网193的国际通话次数	次	1 376.32	54 809.16	−97.48%
G网选网17911的中国港澳台地区通话次数	次	131 253.80	8 770.34	1 396.56%
G网选网193的中国港澳台地区通话次数	次	1 052.07	45 143.81	−97.66%
GSM中国大陆漫游出访通话次数	次	124 226 402	—	—
GSM中国大陆漫游出访计费时长	分钟	224 710 280	—	—
GSM国际及中国港澳台地区漫游出访通话次数	次	1 464 901	—	—
GSM国际及中国港澳台地区漫游出访计费时长	分钟	979 403	—	—
GSM国际及中国港澳台地区漫游来访通话次数	次	25 053 712	—	—
GSM国际及中国港澳台地区漫游来访计费时长	分钟	25 805 108	—	—
GSM主叫通话次数	次	1 969 186 408	—	—
GSM主叫计费时长	分钟	4 538 759 782	—	—

表3-2-6　2010年12月上海联通本地移动语音业务量情况表（按去向分）　　单位：万分钟

分类	非漫游				漫游			
	计费总时长	中国大陆长途	国际长途	中国港澳台地区长途	计费总时长	漫游出访国内长途	漫游出访国际长途	漫游出访中国港澳台地区长途
预付费	60 591.20	6 564.60	7.04	3.95	1 867.32	727.01	3.17	1.60
后付费	29 254.27	1 622.07	32.33	13.15	8 311.00	12.52	1.74	3.27

〔续表〕

分 类	非 漫 游				漫 游			
	计费总时长	中国大陆长途	国际长途	中国港澳台地区长途	计费总时长	漫游出访国内长途	漫游出访国际长途	漫游出访中国港澳台地区长途
2G	72 799.57	7 157.40	15.05	7.11	2 281.40	737.50	3.48	2.07
3G	17 045.90	1 029.27	24.32	9.99	7 896.92	2.03	1.43	2.80
小计	89 845.47	8 186.67	39.37	17.10	10 178.32	739.53	4.91	4.87

二、IP业务

中国联通于1999年3月下达在北京、上海等12城市开展IP电话试验网建设任务。为方便用户不同需求和对IP电话卡及资费统一管理,中国联通决定统一制作、发行三种类型IP电话卡:适合大中型集团用户的记账卡,称为A卡;适合中小型集团用户和个人用户的预付费充值卡,称为B卡;适合个人用户的一次性预付费卡,称为C卡。另外,中国联通130手机用户可在12城市持卡拨打国际IP电话。

上海联通扩大IP卡代销点,为推出IP电话新业务作了充分准备。1999年6月18日IP电话试验网开通,中国联通与香港电信实现IP电话业务互通,使上海联通IP电话可通达世界130多个国家和地区,后与美国运营商等实现互通。

联通IP网自身具有显著优势:路由组织合理,电路充裕,通话语音清晰,确保通话高质量;使用方便,用户在任何双音频话机上均可使用长途通话、传真业务;话费低廉,其利用互联网传输语音,比传统电话资费低,尤其是拨打国际长途电话资费远少于传统电话方式。IP电话业务品牌为17910、17911两项。17910作为中国联通全国IP电话卡接入号,通过17910 IP电话全国漫游卡,可实现国内、国际漫游;17911"亲情通"是上海联通IP本地电话直拨业务品牌,在上海使用基本可通达全国各地乃至世界各国。17910、17911都直接以IP电话接入号作为品牌名称,直接、易懂、易记,利于品牌传播。联通IP电话卡随处有售,能满足外地来沪工作者和普通家庭长途通信的需求。上海联通IP电话业务极受用户欢迎,成为广大民众拨打长途电话首选。1999年6月28日至7月1日,上海举办第八届国际信息通信展,上海联通向参观者推出130无线数据通和IP电话等最新技术和业务,IP电话卡受到观众热捧,仅在展会的前两天就售出200多套(380元/套)。

根据中国联通要求,从2001年4月25日起,上海联通推出17911 IP直拨电话卡类(C类、B类)业务。17911 IP直拨电话卡类(C类、B类)业务资费标准按照89135 IP直拨电话卡类业务资费标准执行:IP国内长途电话费0.30元/分钟;港澳台IP长途电话费1.50元/分钟;IP国际长途电话费3.20元/分钟;美国、加拿大IP国际长途电话费2.40元/分钟。

2001年,中国联通率先推出联通"IP电话会议"业务。该业务是基于VOIP电话网语音通路,通过专用电话会议桥等系统设备,实现多组多方全球电话会议业务。它是中国联通向社会公众提供的一项增值业务,大大降低企业运营成本。无论何时何地,只要拥有一部电话,便可召开或参加全球电话会议。用户范围为大中型企事业单位,首批开通北京、上海、广州、天津、沈阳、深圳、南京、杭州、重庆、福州10个城市。IP电话会议收费项目有：会议通知费、会议通话费和会议预订费。用户召集会议、进行查询等各项操作都需会议卡号和使用密码进行，发生的会议费将实时从会议充值卡上扣除。该卡有300元、500元两种面值。用户可通过终端软件自行将充值卡上金额充到电话会议身份卡上。

三、长途和漫游

1995年7月19日15时，中国联通京、津、沪、穗数字移动电话网开通仪式在北京举行。

1996年，上海联通首先开办漫游业务。3月18日13时20分，上海联通与大庆联通GSM联网测试成功，分别相互拨通第一个MMC（手机之间接通），大庆GSM号码编为130981××××。3月21日10时，上海联通又与福州联通GSM联网测试成功，相互拨通第一个MMC，实现漫游，福州GSM号码编为：130381××××。与福州漫游业务的开办，为上海联通后来与其他兄弟省市联通GSM数字移动电话网联网开办漫游业务开辟通路。

9月15日中午，上海联通源深路GSM机房至中华新路铁路局直属通信段传输机房大容量光纤漫游、长途接入系统全线开通。该系统传输距离达19公里，可容纳64个2 Mb/秒系统，1924路长途电路，并可扩容至6 400条电路。GSM机房至铁路传输干线接入系统提前开通，及时提高了长途通话质量并拓展了漫游线路容量，为上海联通进一步开发漫游业务创造条件。

至11月7日，共31个城市市话打通上海联通手机。分别是：北京、天津、广州、哈尔滨、南京、西安、长春、武汉、郑州、杭州、珠海、南宁、济南、佛山、南昌、合肥、汕头、深圳、石家庄、拉萨、呼和浩特、萧山、太原、福建（福州、闽清、闽侯、福清）、成都、海口、南通、昆明。国际长途来话产生一定话务量，主要来自日本等地。

11月11日，GSM交换机完成数据修改，上海市话可拨打21个城市联通手机。经联网测试，上海联通手机可漫游20个城市。

至2010年8月6日，中国联通已与220个国家和地区运营商开通GSM国际漫游业务；8月10日，中国联通已与147个国家和地区的279个运营商开通GPRS国际漫游来访业务；已与130个国家和地区的240个运营商开通GPRS国际漫游出访业务。

表3-2-7 2009—2010年上海联通GPRS漫游开通运营商情况表

截止日期	GPRS漫游来访开通累计		GPRS漫游出访开通累计	
	国家和地区（个）	运营商数量（个）	国家和地区（个）	运营商数量（个）
2009年8月31日	111	185	83	123
2009年10月1日	125	207	103	154
2009年10月31日	125	216	105	171
2009年11月30日	132	233	112	188
2009年12月25日	135	240	116	195
2010年1月13日	137	247	119	201
2010年1月28日	138	248	120	202

(续表)

截止日期	GPRS漫游来访开通累计		GPRS漫游出访开通累计	
	国家和地区(个)	运营商数量(个)	国家和地区(个)	运营商数量(个)
2010年2月12日	138	248	121	203
2010年3月10日	139	251	121	205
2010年3月16日	139	251	121	206
2010年4月1日	140	253	122	208
2010年4月15日	140	255	122	210
2010年7月6日	143	268	124	226
2010年7月12日	144	269	125	228
2010年7月17日	145	272	127	231
2010年7月30日	146	275	129	235
2010年8月6日	147	279	130	240

2008年,上海联通响应国家漫游资费下调的号召,率先在CDMA新产品中采取优惠漫游资费措施,即简化漫游资费结构或增加漫游优惠包,让世界风、如意通、新势力三大品牌新用户都能从3月1日起享受漫游资费优惠。

此次推出的世界风——CDMA至尊卡套餐漫游资费优惠幅度最大,国内漫游时加拨"10193",资费低至0.25元/分钟,且不再区分国内漫游通话费和漫游状态下的国内长途通话费,下降幅度超过80%(现行后付费漫游标准资费0.60元/分钟,长途话费0.07元/6秒,漫游时拨打电话资费相当于1.30元/分钟)。在漫游资费简化、下调同时,进一步下调本地市话和长途资费,拨打市话低至0.10元/分钟,本地拨打长途低至0.18元/分钟。

CDMA如意通和新势力产品主要面向本地通信用户,上海联通为新产品搭配"10193"漫游优惠包供用户选择,漫游时主叫0.49元/分钟(漫游+长途),被叫0.30元/分钟。CDMA如意通、新势力的新产品提供"10193"国内长途、本地定向国际长途等多种优惠包,本地拨打国内长途低至0.20元/分钟,美国、加拿大、新加坡等地国际长途低至0.40元/分钟。

四、无线寻呼业务

上海国脉通信股份有限公司从1985年起承办音响寻呼,曾获多项"全国第一":第一家开设公众无线寻呼台、第一家开通中文信息台、第一家引进10万门容量容错计算机、第一家形成126、127、128系列寻呼特服网。寻呼机从最初的紧俏商品到普及品,用户人数飞速发展,1999年底用户数为690 119户。随着通信技术进步,寻呼机品种不断更新,从最初的音响机到数字机、中文机、股票信息机。伴随机型、机种变化以及用户要求增多,寻呼服务随之跟进。国脉公司从初创时126人工数字寻呼到127自动寻呼、128人工寻呼,再到198全国联网呼、国脉网上呼等,为用户提供多门类寻呼服务。从1998年起,在127人工台启用电脑话务员系统,1999年进一步完善系统开发,完成126电话话务员和综合信息平台建设。同时,国脉公司在寻呼上叠加新功能,推出智能寻呼终端服务,开创了寻呼服务新层面。1999年,国脉公司在1998年率先推出双向信息机基础上进行技术升级,扩大与券商的系统联网,完善双向发信网络。

上海国脉网站(www.guomai.sh.cn)于1997年2月建立,作为ISP服务商,在众多网站竞争中,以无线信息服务为切入点,提供E-mail下载服务和到达提醒功能,并开设网上寻呼业务。上海国脉网站将网站建设与无线寻呼紧密结合,无线寻呼功能得以扩展,对于198、199全国联网的国脉寻呼机用户只需申请E-mail下载功能,无论在哪个联网城市,无需电脑便可收到E-mail信息,方便快捷成为网站一大特色。此外,在信息提供方面,国脉网站建立证券新干线,以钱龙软件界面,为用户提供实时股票信息,方便、快捷。上海国脉网站以稳步姿态发展,1999年底已拥有1.5万名用户。

1999年5月18日,信息产业部向各省、自治区、直辖市邮电管理局下发《信息产业部关于将国信寻呼有限责任公司成建制划入中国联通公司的通知》。根据中国联通公司重组与发展有关问题会议纪要的要求,将原中国电信无线寻呼业务划转中国联通,全部划转工作于1999年6月底完成。与此同时,上海国脉划入上海联通。

在2000年顶峰时期,中国联通198/199全国高速寻呼网络用户一度达4500万户,当年实现新增客户1200多万户。国信寻呼集团划给联通的净资产为69亿元,此外国家拨付50亿元现金,加上中国联通的7亿元入网费,国家注资总计为126亿元;法人股东资本金原为13.40亿元,增资后共计31亿元,总股本为157亿元,国家股占比79.18%。中国联通从此成为国家有效控股的大型股份制电信运营企业。

五、短信业务

鉴于GSM网存在声讯服务空白,为提高建成后网络质量和吸引、发展用户,上海联通于1995年初加紧建设GSM网。1996年5月17日,对用户开放GSM语音信箱业务。该语音信箱系统具有基本型、增强型、传真功能三种,需配套开放短讯服务、无应答(含不在覆盖区)转移、遇忙转移、关机转移功能。开户费不分类别,200元/信箱;月租费:基本型40元/信箱,增强型60元/信箱,传真功能100元/信箱。

为进一步推广短消息业务,提高增值业务收入,根据移动电话用户使用短消息业务发展趋势,上海联通于2001年4月1日起为GSM移动电话用户推出短消息点播股票行情业务,短消息按条计费,收发均按0.05元/条计收。2003年,上海联通与上海东方网合作,为联通300万用户免费订阅抗"非典"特别短信。

2007年1月19日,上海联通在全国率先开通10013聋哑人短信服务热线,为聋哑用户提供7×24小时全天候服务,拓宽查询、办理联通各项业务的服务渠道。是年,为配合"9·22世界无车日"宣传工作,上海联通于9月12—18日向300万户(后付费、预付费用户各150万)发送宣传短信。9月,上海联通开展"新势力优秀短信大赛",向各大高校征集原创短信,通过此举推动原创作品的创作和传播,将正版、健康的优秀作品引入移动信息服务领域。

2008年上半年,上海联通在全市组织向用户群发"阳光·绿色网络工程"公益短信;同时开展垃圾短信整顿专项行动,建立垃圾短信管理平台,采用"内容监控+流量监控"方式,并开设举报电话热线10109696,有效屏蔽滥发、群发垃圾短信和不良广告短信。

六、套餐

面对市场竞争,各电信运营商纷纷推出名目繁多的套餐业务。中国联通如意通、新势力、"沃·家庭"等产品,满足用户多样化需求,在通信市场上广受欢迎。根据套餐业务范围,分为语音、流量、叠加(语音+流量)三类。

【语音套餐】

上海联通语音套餐通过预付不同档次月租费,获取不同额度免费或优惠价格通话时间,对国内长途和漫游也有不同程度优惠。套餐按月规定时间额度,以分钟为单位,超过额度的资费另计。部分产品须签署 2—3 年使用协议。

表 3-2-8　2001 年上海联通 GSM 套餐标准情况表

类别	月租费(元)	含免费通话时间(分钟)	超过后通话费(元/分钟)		赠送增值服务项目
			忙时	闲时	
套餐一	88	180	0.54	0.27	A-B
套餐二	150	360	0.45	0.22	A-C
套餐三	240	660	0.40	0.20	A-D
套餐四	350	1 100	0.36	0.18	A-E
套餐五	510	1 880	0.30	0.16	A-F
套餐六	710	2 850	0.27	0.13	A-G

增值服务项目:A:呼叫前转;B:呼叫保持及等待;C:语音信箱;D:主叫显示;E:秘书台;F:多方会议;G:优先使用新业务。

表 3-2-9　2006 年上海联通 CDMA 如意通大众卡套餐情况表

套餐月费(元)	包本地拨打基本通话(分钟)	本地接听	超出包月额度后基本通话费(元/分钟)
16	80	免费	本地电话:0.14
26	160	免费	本地电话:0.13
56	500	免费	本地电话:0.12

表 3-2-10　2006 年上海联通 GSM 如意通 56 元套餐情况表

套餐月费(元)	包本地拨打基本通话(分钟)	本地接听	超出包月额度后基本通话费(元/分钟)	其他费率
56	400	免费	本地电话:0.12	其他各类资费执行现行标准资费。

表 3-2-11　2006 年上海联通 GSM 如意通——郊区卡资费情况表

套餐种类	本地通话费（元/分钟）	
	在郊区内通话	在郊区外通话
郊区卡 10 元套餐	0.10	0.15

表 3-2-12　2006 年上海联通世界风、如意通 CDMA/GSM60 元套餐情况表

套餐月租（元）	套餐内包含本地通话费（元/分钟）		套餐外本地通话费（元/分钟）	
	拨打	接听	拨打	接听
60	0.10	免费	0.10	免费

说明：上述套餐内消费内容仅包含本地通话费。

表 3-2-13　2006 年上海联通世界风、如意通 CDMA/GSM100 元、200 元商旅套餐情况表

套餐月租（元）	用户在本地（元/分钟）			用户在漫游（元/分钟）	
	本地拨打	本地接听	国内长途通话	国内漫游费	国内长途通话
100	0.15	免费	0.15（含本地通话费）	0.35	0.35（含国内漫游费）
200	0.10	免费	0.10（含本地通话费）	0.30	0.30（含国内漫游费）

说明：1. 套餐月租包含本地通话费、国内漫游费、国内长途费、IP 国内长途通话。套餐内、外上述四类通话均按此资费计收。2. 上述本地国内长途通话和国内漫游长途通话均不含中国港澳台地区。3. 上述国内长途通话均包括 IP 国内长途通话。

表 3-2-14　2006 年上海联通 16 元、26 元套餐情况表

套餐月租（元）	包在本地拨打（分钟）	本地接听	超出包月额度后在本地拨打（元/分钟）
16	80	免费	本地电话：0.12
26	160	免费	本地电话：0.12

说明：1. 上述套餐开放国内漫游功能。2. GSM16、26 元套餐视上海移动产品推出情况确定推出时间。

表 3-2-15　2006 年上海联通新势力 CDMA/GSM 套餐新增 20 元聊天套餐情况表

套餐种类	套餐月租（元）	包月所含费项	
		短信（条）	本地通话（分钟）
新势力 GSM20 元套餐	20	280	20
新势力 CDMA20 元套餐	20	300	20

说明：本地通话费、套餐内赠送短信包含网内、网外短信。超出套餐赠送部分网内、网外短信按 0.10 元/条收费。

新势力本地通话费：忙时 0.12 元/分钟，闲时 0.10 元/分钟忙时：每日 7:00 至 21:00；闲时：每日 2:00 至次日 7:00。超出新势力系列套餐内赠送的本地通话分钟数后按此资费计。

调整 CDMA 如意 133（预付费）畅听卡资费：主叫 0.18 元/分钟，被叫 0.08 元/分钟，促销期内所有来电免费；本地国内长途费 0.18 元/分钟（包含本地通话费）。

表 3-2-16　2007 年上海联通如意通 10 元标准套餐情况表

月租（元/月）	赠送基本通话拨打时长（分钟）	基本通话费拨打（元/分钟）	基本通话费接听	国内漫游费（元/分钟） 拨打	国内漫游费（元/分钟） 接听	其他资费
10	10	0.54	免费	0.60	0.20—0.60	执行标准资费

表 3-2-17　2006 年上海联通长三角商旅套餐情况表

业务名称	项目	标准
G/C 网"长三角商旅卡"系列资费套餐 118 套餐	长三角功能包月功能费	18 元/月
	月最低消费	月最低消费 100 元/月，不包含来电显示费和功能费。
	上海本地通话费	本地基本通话费 0.20 元/分钟；本地拨打江苏、浙江电话时，长途费 0.20 元；本地拨打江苏、浙江、上海以外的长途电话时，长途费执行标准资费。
	漫游费和长途费	在江苏、浙江漫游，仅产生漫游资费时，漫游资费 0.40 元/分钟；在江苏、浙江漫游，产生江浙沪三地国内长途时，漫游资费 0.30 元/分钟，长途资费 0.10 元/分钟；产生江浙沪三地以外国内和国外长途时，漫游资费 0.40 元/分钟，长途资费执行标准资费。
		三地以外漫游费：0.60 元/分钟，产生国内长途电话时执行标准资费；用户在使用不同电信企业的长途电话或 IP 电话时，本地电话接入费（基本通话费和漫游费）保持一致。
G/C 网"长三角商旅卡"系列资费套餐 218 套餐	长三角功能包月功能费	18 元/月
	月最低消费	月最低消费 200 元/月，不包含来电显示费和功能费。
	上海本地通话费	本地基本通话费 0.15 元/分钟；本地拨打江苏、浙江电话时，长途费 0.25 元；本地拨打江苏、浙江、上海以外的长途电话时，长途费执行标准资费。
	漫游费和长途费	在江苏、浙江漫游，仅产生漫游资费时，漫游资费 0.40 元/分钟；在江苏、浙江漫游，产生江浙沪三地国内长途时，漫游资费 0.30 元/分钟，长途资费 0.10 元/分钟；产生江浙沪三地以外国内和国外长途时，漫游资费 0.40 元/分钟，长途资费执行标准资费。
		三地以外漫游费：0.60 元/分钟，产生国内长途电话执行标准资费；用户在使用不同电信企业的长途电话或 IP 电话时本地电话接入费（基本通话费和漫游费）保持一致。

表 3-2-18　2006 年上海联通 118 元、218 元本地套餐情况表

套餐名称	月基本消费额套餐月租（元）	优惠功能费（元）	套餐可享的本地通话优惠资费（元/分钟）	促销期活动	其他资费
118 元卡	100	18	本地通话费 0.10	打一分钟去话送一分钟通话	漫游费 0.60 元/分钟，其他各类资费按联通现行标准资费计收。
218 元卡	200	18	本地通话费 0.12	打一分钟去话送二分钟通话	

2006年，上海联通推出系列优惠套餐叠加包，新增"1元长途包"，套餐月租1元，本地国内直拨长途费0.20元/分钟（本地国内直拨长途部分本地通话费免费）。本功能包叠加在如意通套餐上。新增"6元畅听包"，套餐月租6元，本地所有来电免费，本功能包目前可叠加在如意通大众卡上。

表3-2-19　2006年上海联通如意通大众卡+6元畅听包情况表

功能费	资费标准
16元/月	本地拨打固定电话0.45元/分钟，本地拨打手机0.12元/分钟，本地接听所有来电免费。

新增UP新势力5元群内优惠包：套餐月租5元，UP新势力群内本地通话费免费。2.50元群内优惠包目前可叠加在UP新势力基本套餐上。

2003年，针对上海石化、正广和等集团用户推出用户群内优惠的集团套餐，新增"CDMA标准集团70元/100元/150元/200元三年套餐"（共4个套餐）：用户入网首月免月租费，其他通信费用按现行标准资费计收。入网次月起每月最低消费额为70元/100元/150元/200元，由月租费25元和话费额45元/75元/125元/175元构成，用户月话费额低于最低消费额仍按上述最低消费额计费。集团群内本地通话费按0.20元/分钟，集团群外本地通话费按0.30元/分钟。其他通信费用按现行资费标准。本套餐用户自入网日起免36个月来电显示功能费。

上述两类套餐均实行根据集团用户发展数进行话费优惠打折，具体内容如下：集团用户发展至100—1 000户（含1 000户），集团用户套餐中集团群内本地通话费和群外本地通话费九折优惠。其他资费标准不变。集团用户发展至1 001—5 000户（含5 000户），集团用户套餐中集团群内本地通话费和群外本地通话费八折优惠。其他资费标准不变。集团用户发展至5 000户以上，集团用户套餐中集团群内本地通话费和群外本地通话费七折优惠。其他资费标准不变。根据集团用户发展数进行话费优惠打折所对应业务套餐和操作办法，新增以下小、中、大集团套餐（共12个套餐）。

表3-2-20　2006年上海联通集团用户套餐情况表

套餐名	月租(元)	最低消费额(元)	群外本地通话费（元/分钟）	群内本地通话费（元/分钟）
CDMA小集团70元三年套餐	25	45	0.27	0.18
CDMA小集团100元三年套餐	25	75	0.27	0.18
CDMA小集团150元三年套餐	25	125	0.27	0.18
CDMA小集团200元三年套餐	25	175	0.27	0.18
CDMA中集团70元三年套餐	25	45	0.24	0.16
CDMA中集团100元三年套餐	25	75	0.24	0.16
CDMA中集团150元三年套餐	25	125	0.24	0.16
CDMA中集团200元三年套餐	25	175	0.24	0.16
CDMA大集团70元三年套餐	25	45	0.21	0.14

〔续表〕

套餐名	月租(元)	最低消费额(元)	群外本地通话费(元/分钟)	群内本地通话费(元/分钟)
CDMA 大集团 100 元三年套餐	25	75	0.21	0.14
CDMA 大集团 150 元三年套餐	25	125	0.21	0.14
CDMA 大集团 200 元三年套餐	25	175	0.21	0.14

"CDMA 小/中/大集团 70 元/100 元/150 元/200 元三年套餐"其他资费标准同"CDMA 标准集团 70 元/100 元/150 元/200 元三年套餐"。集团用户发展至 100—1 000 户(含 1 000 户),该集团用户可由"CDMA 标准集团 70 元/100 元/150 元/200 元三年套餐"转入"CDMA 小集团 70 元/100 元/150 元/200 元三年套餐"。集团用户发展至 1 001—5 000 户(含 5 000 户),该集团用户可由"CDMA 标准集团 70 元/100 元/150 元/200 元三年套餐"转入"CDMA 中集团 70 元/100 元/150 元/200 元三年套餐"。集团用户发展至 5 000 户以上,该集团用户可由"CDMA 标准集团 70 元/100 元/150 元/200 元三年套餐"转入 CDMA 大集团 70 元/100 元/150 元/200 元三年套餐。

新增套餐:"CDMA 集团 99 分钟二年套餐"。用户入网首月免月租费,其他通信费用按联通现行标准资费计收。入网次月起每月最低消费额为 39.60 元,用户月话费额低于最低消费额仍按上述最低消费额计费。集团群内本地通话费按 0.20 元/分钟,集团群外本地通话费按 0.40 元/分钟。其他通信费用按联通现行资费标准。本套餐用户自入网日起免 24 个月来电显示功能费。

表 3-2-21 2008 年上海联通世界风套餐情况表

月最低消费(元)	本地主叫(元)	本地被叫	国内长途 10193(元/分钟)	国内漫游 10193(元/分钟)	国内长途漫游 10193(元/分钟)	备注
48	第 1 分钟 0.20;第 2 分钟赠送;第 3 分钟起每分钟 0.10	免费	0.20	0.39	0.39	10 元增值业务功能包
88	第 1 分钟 0.20;第 2 分钟赠送;第 3 分钟起每分钟 0.10	免费	0.20	0.32	0.32	其他执行标准资费
188	第 1 分钟 0.20;第 2 分钟赠送;第 3 分钟起每分钟 0.10	免费	0.18	0.25	0.25	

表 3-2-22 2008 年上海联通世界风套餐(二)情况表

月最低消费(元)		本地主叫(元)	本地被叫	国内长途 10193(元/分钟)	国内漫游 10193(元/分钟)	国内长途漫游 10193(元/分钟)
68	含 10—29 元增值业务费	第 1 分钟 0.20;第 2 分钟赠送;第 3 分钟起每分钟 0.10	免费	0.20	0.39	0.39
108		第 1 分钟 0.20;第 2 分钟赠送;第 3 分钟起每分钟 0.10	免费	0.20	0.32	0.32
208		第 1 分钟 0.20;第 2 分钟赠送;第 3 分钟起每分钟 0.10	免费	0.18	0.25	0.25

表 3-2-23　2008 年上海联通如意通、世界风套餐情况表

月最低消费(元)	本地主叫(元)	本地被叫	国内长途(元/分钟)	漫游主被叫国内电话(元/分钟)	备注
17	第1分钟0.20；第2分钟赠送；第3分钟起每分钟0.10	免费	加拨17911按0.20（含本地通话费）	0.60	其他执行标准资费
5	每分钟0.35	免费	标准资费	标准资费	

表 3-2-24　2008 年上海联通如意通、世界风套餐(二)情况表

月最低消费(元)	包含内容	本地通(闲时)(元)	本地通话(忙时)(元/分钟)	国内长途漫游	备注
10	包200条短信	第1分钟0.20；第2分钟赠送；第3分钟起每分钟0.10；接听免费	0.18；接听免费	执行标准资费	其他执行标准资费
20	包含炫铃、8小时上网时间、如意邮箱	第1分钟0.20；第2分钟赠送；第3分钟起每分钟0.10；接听免费；短信0.06元/条			

世界风漫游包：月租1元，在国内漫游时加拨10193漫游、漫游长途0.39元/分钟；接听0.30元/分钟。新势力、如意通漫游包：月租1元，在国内漫游时加拨10193漫游、漫游长途0.49元/分钟；接听0.30元/分钟。本地定向国际长途包：月租1元，本地加拨10193，中国香港地区、美国、加拿大(含阿拉斯加和夏威夷，不含其他代码为1的国家和地区)、新加坡0.40元/分钟，台湾、澳门地区0.70元/分钟，日本、韩国1元/分钟，马来西亚、英国、法国、意大利、德国、新西兰、澳大利亚、泰国、菲律宾、印度尼西亚1.50元/分钟，其他国家4.60元/分钟。定向省份优惠包：月租5元，用户加拨10193定向拨打安徽、湖南、四川长途电话，(本地＋长途)0.60元/5分钟(更改定向省市需支付手续费1元)。密友包：1元/月可设置1个密友号码(每多设置1次需收取功能费1元/月，最多设置5个号码)，赠送密友间本地话费20元(本地按第一分钟0.20元/分钟，第二分钟赠送，第三分钟起0.10元/分钟，单向资费计收)。家庭计划：5元/月/号，每个成员间互享套餐内免费分钟数。

表 3-2-25　2007 年上海联通 CDMA 资费套餐审批情况表

套餐名称	资费标准(元)	备注	
套餐-1	29		含本地通话100分钟，超出后本地通话资费0.28元/分钟
套餐-2	39		含本地通话200分钟，超出后本地通话资费0.28元/分钟
套餐-3	35	赠送来电显示	含本地通话100分钟，超出后本地通话资费0.28元/分钟(接听免费)
套餐-4	45		含本地通话200分钟，超出后本地通话资费0.28元/分钟(接听免费)
套餐-5	55		含本地通话300分钟，超出后本地通话资费0.20元/分钟(接听免费)，送50条短信，可选1元IP国内长途包
套餐-6	39.60		含本地通话99分钟(接听免费)，超出后本地通话资费0.40元/分钟(接听免费)，可选1元IP国内长途包

【流量套餐】

上海联通流量套餐有按月和无期限两种,通过预付费和后付费,按不同档次的月租费或规定资费,获取一定流量,以 GB 或 MB 为计算单位,超额部分按 KB 另计费。

表 3-2-26　2006 年上海联通 UNI 包月套餐情况表

套餐名称	月租费用(元)	免费流量(MB)	超过流量的费用(元/KB)	备 注
UNI 包月套餐	10	50	0.01	行业应用
UNI 包月套餐	30	200		

说明:以上套餐仅包含互动视界(WAP)、神奇宝典(BREW/JAVA)本地、漫游流量;如用户产生掌中宽带(CARD)本地、漫游流量则按照 0.005 元/KB 计费。

表 3-2-27　2007 年上海联通 CDMA 1X VPDN 套餐情况表

套餐名称	套餐内的免费流量(GB)	超过免费流量的资费标准(元/KB)
CDMA 1X VPDN 100 元套餐	1	0.005
CDMA 1X VPDN 200 元套餐	2.50	0.005

表 3-2-28　2007 年上海联通 GPRS 流量后付费用户套餐情况表

套餐名称	月租(元)	包流量(MB)	超出部分费率(元/KB)	备 注
GPRS 自由套餐	0	0	0.01	含 UNIWAP、UNINET
GPRS 5 元 WAP 体验套餐	5	10	0.005	仅含 UNIWAP、UNINET 按自由套餐计
GPRS 20 元畅游套餐	20	100	0.005	含 UNIWAP、UNINET,封顶 500 元
GPRS 100 元上网套餐	100	1 000	0.005	
GPRS 200 元上网套餐	200	3 000	0.005	

特别优惠:在促销期 2007 年 10 月 31 日前所有联通 G 网后付费用户申请 20 元/100 MB 套餐,可享受活动期内无限量 GPRS WAP 上网优惠,到期自动转为 20 元 100 MB 套餐。活动期到 2007 年 10 月 31 日结束。

表 3-2-29　2007 年上海联通 GPRS 流量预付费用户套餐情况表

套餐名称	月租(元)	套餐内包含流量	短信申请/取消代码
预付费 GPRS 20 元	20	100 M/月 GPRS 上网流量	GPRS20/QXGPRS

特别优惠:在促销期 2007 年 10 月 31 日前联通 G 网预付费用户申请 20 元 100 MB 功能套餐,可享受活动期内无限量 GPRS WAP 上网优惠,到期自动转为 20 元 100 MB 功能套餐。活动期到 2007 年 10 月 31 日结束。

表 3-2-30　2007 年上海联通针对 156 等后付费用户的资费情况表

增值套餐包	套餐包包含内容	超出资费
5 元彩信包	15 条彩信(不区分网别)	0.30 元/条

【叠加套餐】

　　上海联通叠加套餐是针对手机上网或宽带上网结合语音通话的综合性套餐，部分产品附加短信、固话、可视电话、多媒体、互打免费等功能。其中"沃·家庭"套餐广受用户欢迎。

表 3-2-31　2007 年上海联通 CDMA 资费套餐审批情况表

套餐名称	手机上网版资费(元)	备注
套餐-1	60	含本地通话 500 分钟，超出后本地通话资费 0.11 元/分钟，送 4M 流量，可选 6 元套餐外畅听包、1 元 IP 国内长途包
套餐-2	120	含本地通话 1 000 分钟，超出后本地通话资费 0.11 元/分钟，送 10 M 流量，可选 6 元套餐外畅听包、1 元 IP 国内长途包
套餐-3	170	含本地通话 1 500 分钟，超出后本地通话资费 0.11 元/分钟，送 10 M 流量，可选 6 元套餐外畅听包、1 元 IP 国内长途包
套餐-4	220	含本地通话 2 000 分钟，超出后本地通话资费 0.10 元/分钟，送 10 M 流量，可选 6 元套餐外畅听包、1 元 IP 国内长途包
套餐-5	270	含本地通话 2 500 分钟，超出后本地通话资费 0.10 元/分钟，送 10 M 流量，可选 6 元套餐外畅听包、1 元 IP 国内长途包
套餐-6	320	含本地通话 3 000 分钟，超出后本地通话资费 0.10 元/分钟，送 10 M 流量，可选 6 元套餐外畅听包、1 元 IP 国内长途包

表 3-2-32　2010 年上海联通"沃·家庭"A 套餐(宽带＋固话＋2G 手机)情况表

月费(元)	包含宽带	包含 2G 手机/固话国内长市合一共享时长		包含增值业务
		月使用费内(分钟)	超出后收费(元/分钟)	
60	2 MB 限 40 小时,超过后每分钟 0.05 元	300	0.15	无
80	2 MB 包月不限时	300		
110	2 MB 包月不限时	600		
105	4 MB 包月不限时	300	0.15	通信管家、电脑保姆
135	4 MB 包月不限时	600		
170	8 MB 包月不限时	300	0.15	通信管家、电脑保姆、高清视频、可视电话
200	8 MB 包月不限时	600		

　　说明：1."沃·家庭"A 套餐默认含一部宽带、一部固话和一部 2G 手机，用户可根据实际需要增加 2G 手机数量，每增加一部 2G 手机加收 5—10 元/月使用费，增加 2G 手机可共享套餐时长，套餐内 2G 手机最多不超过 5 部。2. 套餐内所有终端间本地语音互打免费。3. 套餐内增值业务只含功能费，用户使用时产生的通信费或信息费按照该增值业务的收费标准另计。4. 宽带 6—10 MB 速率参照 8 MB 速率资费执行。

表 3-2-33　2010 年上海联通"沃·家庭"B 套餐(宽带＋固话＋2G 手机＋3G 手机)情况表

月费底线	包含宽带	包含 2G 手机/固话国内长市合一共享时长		包含增值业务	赠送业务
		月使用费内(分钟)	超出后收费(元/分钟)		
48 元＋3G 套餐	2 MB 限 40 小时,超过后每分钟 0.05 元	300	0.15	无	亲情可视
64 元＋3G 套餐	2 MB 包月不限时	300			
88 元＋3G 套餐	2 MB 包月不限时	600			
84 元＋3G 套餐	4 MB 包月不限时	300	0.15	通信管家、电脑保姆	
108 元＋3G 套餐	4 MB 包月不限时	600			
136 元＋3G 套餐	8 MB 包月不限时	300	0.15	通信管家、电脑保姆、高清视频、可视电话	
160 元＋3G 套餐	8 MB 包月不限时	600			

说明：1."沃·家庭"B 套餐默认含一部宽带、一部固话、一部 2G 手机和 1 部 3G 手机,用户可根据实际需要增加 2G 或 3G 手机数量,每增加一部 2G 手机加收 5—10 元/月使用费,增加 2G 手机可共享套餐时长;3G 手机保持现有套餐资费标准,不共享套内时长。套餐内 2G 手机最多不超过 5 部,3G 手机最多不超过 3 部。2. 套餐内所有终端间本地语音互打免费。3. 套餐内增值业务只含功能费,用户使用时产生的通信费或信息费按照该增值业务资费标准另计。4. 亲情可视是指套餐内 3G 手机之间、3G 与固定可视电话之间拨打可视电话资费优惠为 0.15 元/分钟。5. 宽带 6 MB 至 10 MB 速率参照 8 MB 速率资费执行。

表 3-2-34　2010 年上海联通"沃·家庭"无线上网卡套餐情况表

套餐月/年费	包含流量	说　明	超出费用
20 元/月	100 MB	流量当月有效	0.10 元/MB,不执行套餐自动升级
300 元/年	3GB	流量 12 个月有效	

说明：1."沃·家庭"无线上网卡套餐为后付费产品,执行现有后付费无线上网卡相关业务规定。2."沃·家庭"无线上网卡套餐不能单独办理,必须与沃·家庭套餐 A/B 统一账户,合账缴费。3. 用户取消沃·家庭 A/B 套餐时,沃·家庭无线上网卡套餐与沃·家庭套餐从次月起同时失效。4."沃·家庭"无线上网卡套餐不执行自动升级收费模式,超出部分按 0.1 元/MB,当月流量达 15GB 时关闭上网功能,次月自动恢复。

表 3-2-35　2009 年上海联通全国范围执行统一的 3G 业务标准资费情况表

月　租		50 元/月
语音	基本通话费	拨打 0.36 元/分钟,接听免费
	国内漫游费	拨打 0.60 元/分钟,接听 0.40 元/分钟
	国内长途费	0.07 元/6 秒
短信		0.10 元/条
手机上网流量费		0.01 元/KB
彩信		0.90 元/条
多媒体使用单位(MB)		1 元/MB
文本使用单位(TB)		0.20 元/TB

〔续表〕

月 租		50元/月
可视电话	基本通话费	拨打0.90元/分钟,接听免费
	国内漫游费	拨打1.20元/分钟,接听0.90元/分钟
	国内长途费	1.20元/分钟

说明:3G用户语音国内长途通话、可视电话国内长途通话不另加收基本通话费。

表3-2-36 2010年上海联通WCDMA(3G)基本套餐情况表

太平洋	A(电话)		A(传真)		B		BHSD		M		Mini-M		M4/FHSD	
代码	8721	8701	87281	87081	8723	8703	87239	87039	8726	8706	87276	87076	87260	87060
资费(元)	3	45	43	45	30	30	65	65	30	30	23	23	50	50
印度洋	A(电话)		A(传真)		B		BHSD		M		Mini-M		M4/FHSD	
代码	8731	8701	87381	87081	8733	8703	87239	87039	8736	8706	87376	87076	87260	87060
资费(元)	43	45	43	45	30	30	65	65	30	30	23	23	50	50
大西洋东区	A(电话)		A(传真)		B		BHSD		M		Mini-M		M4/FHSD	
代码	8711	8701	87181	87081	8713	8703	87239	87039	8716	8706	87176	87076	87260	87060
资费(元)	53	45	53	45	30	30	65	65	30	30	23	23	50	50
大西洋西区	A(电话)		A(传真)		B		BHSD		M		Mini-M		M4/FHSD	
代码	8741	8701	87481	87081	8743	8703	87239	87039	8746	8706	87476	87076	87260	87060
资费(元)	53	45	53	45	30	30	65	65	30	30	23	23	50	50

第三节 增值业务

增值业务是上海联通新的业务增长点。上海联通于2003年专门成立增值业务部,通过多种方式宣传、推广、发展增值业务。上海联通增值业务领域涉及运营商、服务提供商(SP)、制造商和经销商,此特点在短信、互动视界服务和掌中宽带的发展上表现尤为突出。2006年3月17日,上海联通召开"上海联通UNI联盟"成立暨2005年度优秀增值业务合作伙伴表彰大会,宣布"上海联通UNI联盟"成立。这是上海联通加强与增值服务合作商(简称SP)与运营商的合作关系,整合各方优势资源的重要举措。

一、信息服务类

【无线E-mail】

无线E-mail是上海联通推出的一种通过电话及时收、发各种邮件的新业务。2001年5月17日至7月31日试运行,8月1日起正式实行。

无论何时何地,不管有没有电脑、能不能上网,都能及时知晓 E-mail 信箱中的邮件到达,并可通过 130 移动电话和普通电话,拨打本地服务电话接收或发送各种邮件。不但拉近了互联网和用户的距离,也方便用户与外界联系,节省通信成本。服务内容:为联通用户提供免费电子邮件账号,如 13003101798@130.unicom.sh.cn;当用户 E-mail 信箱中邮件到达时,可通过手机短消息或寻呼机在第一时间通知机主;用户可拨打电话向地址簿中的用户或其他无线 E-mail 用户发送语音邮件;用户可拨打电话收听电子邮件内容,可将邮件内容及附件转发到指定传真机上;用户可通过传真机将文件发送到指定用户;用户可通过短消息发送电子邮件。该业务操作简单、使用方便,充分利用身边现有资源,便于用户移动办公,随时随意处理邮件;没有传真机或在外地依然方便接收传真,而且邮件不怕丢失,可随时再从信箱中获取。

资费标准:试运行期间免收功能使用费,仅收取通过 130 手机接听语音邮件的通话费及语音邮件短信息提示短信息接收费用(0.05 元/次)。2001 年 8 月 1 日起,向用户收取通过 130 手机接听语音邮件的通话费及语音邮件短信息提示短信息接收费用(0.05 元/次),功能使用费 10 元/月,通过寻呼机接收邮件信息提示不收费。

【随身 OA】

中国联通建设的 CDMA WAP 系统于 2002 年 5 月开通。它提供用户可以娱乐、工作的综合平台。用户可利用 WAP 进行新闻浏览、手机铃音、图片等多媒体下载、在线聊天和游戏,同时 WAP 也是信息发布的一个重要渠道。

上海联通增值业务部无线数据支持中心自行开发 OA 信息的手机 WAP 版。通过此系统,手机可在任何时间和地点同步查询 OA 常用信息:每日动态、每周工作、每月值班。此系统可使员工随时、随地查询公司 OA 信息。系统利用 ASP 技术结合数据库创建动态 WML 页面,内容保存在数据库中,每次所展现的 WAP 页面都由 ASP 动态生成。系统中的 Web Server 是微软 IIS 5.0,通过 IIS 5.0 使用 ASP 技术取出数据库中的数据动态产生相应的 WML 页面,不必为每次数据修改和添加而修改和添加 WML 页面,仅需修改数据库中的数据就可动态改变页面信息,可节约大量编辑时间和精力。由于该系统是建立在 IIS 平台上,ASP 通过 ODBC 连接数据库,从兼容性稳定性角度考虑,ACCESS 数据库是该系统最佳选择。该系统具有公司信息资料在传递过程中的保密性,该项业务不仅提高工作效率,也为行业集团用户群提供可供参考选择的增值业务产品套餐。

【炫铃】

炫铃业务又称"主叫个性化回铃音"业务,用户作为被叫时生效。当有电话呼叫该用户时,主叫用户听到的不再是单调的"嘟,嘟"回铃音,而是由被叫用户在系统中设定的个性化回铃音。回铃音可以是一段音乐/广告/音效,或是被叫用户自己设定的留言等。

2004 年 5 月 10 日,上海联通炫铃业务推向市场,仅一天就发展 7 000 多用户,一个月发展 2.5 万多用户。为让用户有更多选择方式,增值业务部提出 WAP 试听功能。这一功能是上海联通率先在国内通信行业中提出的。此外,炫铃业务开通 IVR 用户自录铃音。为确保 C 网系统时钟对业务平台时钟同步,增值业务部向基础网络部申请两个外界时钟源输出到平台语音模块,使 C 网各交换机采用同一时钟源,确保平台稳定运行。

2005 年 8 月 15 日,上海联通对 GSM 网络用户开放炫铃业务。9 月,成立"炫铃俱乐部",一个月内发展 1.1 万户。G 网炫铃业务是通过在主叫交换机上触发该业务,建立与炫铃平台之间的话务连接,让主叫用户听到炫铃平台播放的酷炫铃音。炫铃用户加入俱乐部后每月可免费获赠铃音,享受购买铃音积分换奖等优惠服务。在做好个人用户发展同时,上海联通积极谋划市场,开发出"企业炫铃"业务。企业可通过WEB页面方式,将企业成员的联通手机回铃音统一更改为具有企业特性的广告铃音,有利于企业形象和产品宣传。至12月29日,G/C两网炫铃用户数已突破50万户,其中C网炫铃用户达209 896户,G网炫铃用户达290 133户,用户渗透率12%。

业务申请、撤销费:IVR方式按用户选择的语音套餐标准收取相应的本地通话费;短信方式收取0.10元/条,接收免费;WAP方式收取正常通信费。月功能使用费:普通套餐10元/月,试商用期5元/月。业务开通及注销当月按全月收取月功能使用费,次月起停止收取该业务月功能使用费。铃音信息费:由SP自行定价,经上海联通确认后执行,范围为1—3元/首;用户自行上传个性留言收取铃音信息费3元/首。

【神奇宝典】

2003年5月17日,上海联通试运营基于CDMA网络和BREW平台的神奇宝典下载业务。8月1日正式运营。

神奇宝典业务:以BREW为运行平台,用户使用支持BREW业务的手机,即可方便地实现程序购买、下载、安装及使用。BREW是一个无线终端应用软件运行平台,可把用户手机从一个普通移动电话机变成一个有无线网络接入功能的移动计算终端。神奇宝典功能无需申请,开通W无线上网功能后,神奇宝典业务自动开通。用户可自行选择神奇宝典中各项程序下载。

神奇宝典业务资费分为通信费、信息费、专利使用费三部分,以自然月为完整计费周期;按照以上三种费用分离原则进行计费。用户漫游时使用神奇宝典业务,不收取漫游费。信息费:由SP/CP自行定价,其形式包括按次、按时长、包月、包时长、按使用期限(如五子棋游戏软件,1个月5元,3个月10元)等。BREW专利使用费:按照高通公司对于专利使用费的要求,用户首次使用BREW业务,需要一次性向高通公司支付15元。上海联通与高通公司达成协议,前100万名用户不收此项费用。

表3-2-37 2003年上海联通神奇宝典通信费(按流量计费)情况表

套餐名称	包月费用(元)	免费流量(MB)	超出流量费用(元/KB)
自由套餐	—	—	0.01
初级套餐	20	4	0.01
中级套餐	50	100	0.01
高级套餐	100	1 000	0.01

【联通秘书】

为进一步开拓移动业务市场,提高企业综合竞争力,上海联通2003年9月25日对移动电话G网、C网协议开通10198"联通秘书"业务。所有联通移动用户均可通过联通各营业厅、"1001"客服热线以及直接拨打10198(24小时服务),享受"联通秘书"注册用户代发短信、机主留言、访客留言、预约提醒、通讯录、短信档案、免打扰、密码管理以及宾馆、机票/火车票预订、手机杂志、联通城市增值业务等项服务。外网用户(视各地互联互通情况)可通过手机或固定电话拨打10198给已注册

"联通秘书"业务的用户代发短信或留言等。来电无法接通(不在服务区、关机)、遇忙、无应答等情况下,"联通秘书"注册用户可通过自行设置呼叫转移将来话转移至"联通秘书"服务台,由"联通秘书"代为接待处理。

资费标准:用户申请注册使用"联通秘书"业务,收取月功能使用费15元/月,推广期间(12月22日前)月功能使用费10元/月。用户拨打10198时按用户移动电话协议套餐相应资费标准计收基本通话费。呼叫转移费按0.10元/分钟计收。10198"联通秘书"作为包月收费业务,对10198接入号向联通网内移动用户发送的短信不再计费。

【上航视讯】

2004年下半年,上海联通了解到上海航空公司有潜在视讯业务使用需求,决定根据上航实际网络情况和业务需求,进行二次业务开发,并专门为上航度身定制一套视讯解决方案。上航自2002年初开始租用联通数据专线,在用17条国内长途租线月开账收入已达10万元,视讯业务开通后达到14万元。通过二次业务开发提供的视讯业务不仅增加公司收入,还可增强用户忠诚度。上航与上海联通签订为期3年的视讯业务使用合同。按此合同,上海联通在3个月内可收回投资,且合同期内累计利润可达120多万元。中国联通将上航案例编入《UNIONE典型应用方案》,供全国各分公司学习推广。

【企业之芯】

"企业之芯"系统(MRM-企业移动资源管理),是2005年度中国联通基于最新的CDMA 1X技术和高精度gpsOne定位技术,使用先进互联网技术及具有gpsOne定位芯片的手机,面向行业用户提供相应企业信息及移动资源管理方案服务。该业务整合了移动技术、无线数据通信、GIS(地理信息系统)技术的软件系统以及强大的网络服务功能,使各类移动用户实时掌握企业商务资源信息、城市信息、交通及地理信息等资料,大大提高企业移动资源管理及整体工作效率。中国联通为企业用户专门设置CDMA133语音套餐,提供移动语音办公服务。

2005年5月26日,上海联通联合蓝芯公司、高通无线通信技术(中国)有限公司、京瓷振华通信设备有限公司共同举办2005联通新时空"企业之芯"主题发布会,向国内大中型企业及主流媒体介绍"企业之芯",近100家潜在用户和10多家代理商参加会议。上海联通加大对集团业务的发展力度,大力发展网中网业务,通过新业务手段补充网中网业务拓展方式。在拓展网中网业务中,以企业移动资源管理系统作为突破口,通过该系统定位技术在手机的应用,达到对企业用户外勤人员、车辆及一切移动资源的管理。对企业而言,该系统可加强对最难控制的外勤及车辆管理,还可通过加入网中网业务得到话费优惠。对联通而言,企业大客户不仅ARPU值非常高,在业务发展过程中也容易把握和控制,并且绝大多数客户都是转网客户,极具竞争力。

【手机语音导航】

手机语音导航业务是CDMA定位业务的拓展。2005年6月,上海联通配合中国联通承担手机语音导航业务在上海地区进行业务测试。根据上海道路情况,认真规划涵盖市中心区域、隧道、火车站、机场等地11条测试路线。上海有主干道、小岔路,还有过江隧道、高架道路,道路信息变化快,手机语音导航业务对地图信息、交通信息要求非常高,更新须及时。为此,上海联通向中国联通提出建议:根据上海特殊道路情况优化导航算法,及时更新导航地图地理信息,获得中国联通肯定。随着城市变化日新月异,许多自驾者对道路信息需要越来越多。手机语音导航的出现,在很大程度上满足此类需求,使他们能根据手机导航服务规划出行路线。

【手机新媒体 i-news】

2006年1月16日,上海联通与《解放日报》报业集团、上海激动通信公司签署合作协议,三方联手打造"i-news"业务平台——《早点新闻》。每天早晨7点为定制用户准时报道5条新闻。新闻均由《解放日报》资深编辑从当日出版的近十种报刊、数百万文字中精心挑选而出,内容具有权威性和准确性,呈现每日新闻精华,使信息更实用和精确。同时,三方分工明确,形成有效产业链:解放报业集团提供每日新闻资讯,上海激动通信有限公司建设短信平台,而上海联通则通过自身业务平台将新闻内容下发到定制用户的手机上。当遇到紧急事件,如台风警报、重大新闻时,产品增加即时PUSH下发信息,进行随时群发,让用户第一时间掌握紧急资讯。这是上海联通2006年度增值业务一大创新。

【视频导航】

2007年7月27日,上海网通与嘉瑞酒店签订视频导航试点合作协议,该酒店成为与上海网通合作的第一家视频导航项目试点酒店。10月23—27日,上海网通视频导航业务作为一项创新型业务代表中国网通参加"2007年中国国际通信设备技术展览会",成为展览会上一个亮点,得到国家部分部委领导、中国网通领导、各省分公司领导较高评价。视频导航项目是中国网通向多媒体信息服务提供商转型的创新业务,与上海文广、东方票务网等10多家合作伙伴签订供应合作协议。至2008年10月,视频导航项目签约16家酒店,用于1 400余间客房。

【手机报】

手机报是基于GPRS的SP彩信咨询类业务。2008年,上海联通联手全国各大权威媒体机构,通过手机为用户提供各类资讯信息,包括新闻、体育、娱乐、文化、生活、财经等。产品形式以彩信为主,同时在WAP门户首页设立手机报站点,以WAP方式为辅助游览。该业务产品包月种类和每月下发彩信报条数均有不同,资费为0—30元。

二、生活类

【"上海风采"移动彩票】

为进一步发展移动新业务,上海联通与上海市福利彩票发行中心、交通银行上海分行合作于2001年12月28日推出移动电话短消息购买彩票新功能,为手机用户提供通过短消息投注"上海风采"电脑福利彩票的"移动彩票"业务。凡是上海联通的移动通信用户(包括协议用户、世纪通用户、如意通用户),只要持有交通银行太平洋卡或"上海风采"电脑福利彩票电话投注卡,使用具有短消息功能的手机,即可使用该业务。按业务规范,用户首次使用手机投注彩票时须办理开户申请,然后编辑短消息,输入有效证件号码及交通银行太平洋卡号或福利彩票电话投注卡号。

资费标准:"移动彩票"业务短消息通信费按现行短消息业务;资费标准向用户计收,开户、选定支付卡号、投注、中奖号码通知均按0.05元/条计费;各类投注金额按上海市福利彩票发行中心向社会公布的每注彩票的金额标准执行;"移动彩票"业务信息费暂免。

【出租车调度】

长期以来,上海地区出租车主要以扬招为主。此种营运模式下,出租车里程利用率仅50%左右,产生大量空驶里程。2003年,上海市出租企业管理部门筹建"上海市出租汽车调度系统项目",计划实现以扬招为主向扬招和调度相结合转变。上海联通抓住契机,积极投入出租车调度系统试验活动。10月16日起,上海联通8台CDMA车载终端设备开始在大众出租车上试用。由于CDMA网络采用软切换和双载频等先进技术,其掉线率明显低于其他网络,小于1次/台/日(当时GPRS平均掉线率达到10次左右/台/日),CDMA数据传输速度也略优于其他网络。经3个月试运行,上海联通CDMA车载终端设备的良好性能,得到出租车驾驶员普遍认可。

2004年1月18日,175台CDMA车载终端设备安装在大众出租车上。上海联通CDMA网络在该系统可实现功能:根据车辆实时位置信息就近实时即派车辆、自动记录车辆运行轨迹、语音通话以及在电子地图上实时显示车辆位置和运行状态等。上海联通积极与相关研发单位推进合作,逐步把出租车预约调度、定点自动调度、驾驶员信息服务、乘客车载通讯服务、管理指令发布和监控以及其他相关扩展功能纳入系统,充分满足上海市出租车管理的实际需求,进一步体现CDMA网络技术优势,持续扩大上海联通行业应用范围。

【掌上股市】

2004年5月24日,上海联通与湘财证券召开新闻发布会,推出"掌上股市"业务。这是上海联通CDMA 1X网络与湘财证券网结合的交易平台,具有迅速安全的通信优势。用户可利用手机上的客户端软件,实现随时、随地无线上网交易,并能直观地查询股市实时行情、K线图走势,同时还能获得丰富的财经金融资讯。为打造"掌上股市"品牌,销售部与综合部、市场部、增值业务部等相关部门相互配合,针对不同股民客户需要,度身定制128、178、278、388共4款不同资费专案以及2款掌上股市包月套餐,让股民用户能以零价格方式获得CDMA手机(需签订相关协议),帮助他们轻松跨越CDMA手机价格门槛。为让股民尽早了解此项新业务,合作双方借助新浪网媒体平台,提前一周对"掌上股市"业务作全方位预报。

"掌上股市"零首付用户套餐分:128元、178元和278元三年套餐;388元二年和388元三年套餐。

表3-2-38 2004年上海联通掌上股市包月套餐情况表

名 称	包月费(元)	包 月 费 用
掌上股市A套餐	30	≥WAP/BREW通信费30元,可使用200 MB流量,超出部分按现行标准资费执行
掌上股市B套餐	100	≥WAP/BREW通信费100元,可使用1 200 MB流量,超出部分按现行标准资费执行

【G网小区定位】

上海联通G网小区定位采用蜂窝小区定位技术,根据移动台所处的基站小区标识号ID确定用户位置,俗称"粗定位"。该项技术具有定位速度快、无须终端配合等优点。该平台于2004年1月投入使用,并承担为"阳光助老"提供定位服务,深受用户欢迎。除了做好行业用户服务外,上海联通增值业务部还将定位业务推向大众市场。2005年初，上海联通推出基于G网小区定位的"神州定位业务"，该业务将父母手机与子女手机号码绑定，父母可通过短消息方式，及时得到子女实时位置信息。除定位子女外，还可应用物流调度、外出人员管理等方面。2004年G网十一期工程需新增83个基站，增值业务部特地加强对定位基站数据更新和优化工作，确保G网定位业务服务质量。2005年6月，G网小区定位用户日定位次数达2000余次，全月G网小区定位次数达6.8万次。

套餐名称：阳光助老。资费标准：基本月租费25元/户，内含本地通话时间60分钟、信息服务费10元/月/户，超过60分钟后本地通话费按0.30元/分钟计收。

【WAP版"掌上商城"】

2005年6月，上海联通推出手机WAP版本掌上商城。上线3个月，日均浏览量最多达1300多个独立手机号，注册用户达2万多人。用户黏度（使用频率和时间）成倍增长，订单不断。为确保购物安全性，采用货到付款交易形式，给用户更多安全感。热线电话24小时开通，保证用户享受高标准售后服务。为商家免费提供购物平台销售渠道，以完善的运维和客户服务换取商家优质商品资源和优惠价格渠道。掌上商城这种无线商务应用创造了电信运营商与SP之间新合作模式。

【手机钱包】

"中国联通手机钱包"业务是指基于BREW、WAP、短信、IVR和智能IC卡等技术，通过手机与银行卡绑定方式，为联通手机用户提供话费预存、充值、缴费业务等各项移动支付增值服务。上海联通作为"手机钱包"业务试点省（市），负责建设"上海联通手机钱包"平台主要包括上海联通一卡通接口机、IVR接口机、上海银联接口机等前置机设备。2007年初，"上海联通手机钱包"业务平台通过业务测试和压力测试，并投入试运行。

【交通向导】

交通向导业务主要包括两项服务内容：公交换乘和驾车问路。公交换乘服务是为市民出行提供方便优化的公共交通线路。驾车问路服务是为驾车族提供方便快捷的行车路线。

2008年6月11日至8月31日为业务推广期，信息费为1.50元/次，通话费按市话标准收取。9月1日起，该业务割接至综合人工平台后，信息费按时长收取，1.00元/分钟，通话费仍按市话标准收取。

三、综合类

【联通在信】

2001年5月17日，中国联通开通北京、上海、深圳三个分公司联通在信业务。中国联通联合无线数据业务内容/服务提供商（以下简称SP/CP），通过165网向联通手机用户推出各类无线数据业务，主要提供基于短消息平台的订阅和点播。联通在信可让联通手机用户借助于手机短信随时随地享受生活、资讯、商务、娱乐等信息。

联通在信的主要内容包括：生活类、娱乐类、金融类、商务类信息点播、信息定制服务、交互式娱乐游戏、交友聊天等。2001年，在"新世纪、新联通、新网络、新服务"主题带动下，上海联通制定每月推出一项新业务计划，结合联通在信宣传推广，在移动网上推出与寻呼公司合作的如意呼业务,开通无线 E-mail 业务,开出基于短消息平台的"联通 818 有奖竞猜"、移动彩票、都市情缘、移动宠物、气象服务等项目,从而使短信息使用量大幅上升,达 120 万条/日。

用户可从信息服务商网站查阅相应业务的信息服务费,已开通的合作服务商为:

新浪 http://sms.sina.com.cn
声讯通 http://www.365do.com
掌中万维 http://www.newpalm.com
搜狐 http://sms.sohu.com
证券之星 http://sms.stockstar.com/sms/
灵通网 http://www.linktone.com
华动飞天 http://www.chinawdn.com
腾讯 http://www.tencent.com
东方网 http://mobile.eastday.com
网易 http://sms.163.com
首都在线 http://sms.263.net

2002 年 5 月 1 日,在全国开通联通用户与中国移动用户间的互通业务,包括点对点业务、联通在信品牌业务、语音短信业务等。较完善的联通短信业务体系逐步形成。

【123G 业务】

2002 年 1 月,上海联通与上海及时通数码资讯有限公司合作,利用数据压缩技术在现有 GSM 网络基础上推出的移动数据与多媒体增值服务,分为"123G 随身网""123G 聚宝通"两种业务类型,分别为用户提供不同信息服务内容。搭乘"123G"新干线,用户将超前享用接近第三代(3G)移动通信设施才有可能提供的业务。此业务可带给上海联通用户强烈的移动冲浪、移动办公、移动多媒体新感觉。www.123G.com.cn 是 123G 业务的内容提供和客户服务网站。

123G 随身网　互联网浏览加速服务。用户可享用比现有蜂窝移动通信网(9 600 bps)快平均三到五倍的速度访问因特网。为方便用户,上海及时通数码资讯有限公司另建 www.123G.com.cn 网站。在此网站内,整合常用新闻、生活等内容网站,为之提供"一按直达"的功能。电子(影像)邮件收发加速服务:用户可将大容量文件及图形、视频等格式的文件在移动通信平台上发送和接收。可提供容量为 1 个 30 M 的 E-mail(电子影像邮件 Video E-mail)信箱。

123G 聚宝通　除互联网浏览加速服务和 30 M 专用信箱以外,还具以下功能:1.移动 VOD。用户可通过浏览节目单,点播新闻、财经、娱乐、体育等视频节目。2.实时电视。用户可选择观看两个频道播放的实时视频节目,也可录制或预先设置录制时间,将实时播放的视频节目脱机下载到其专用私人存储空间(不占用用户终端资源),并可随时上网打开观看或发送。3.增值内容服务。系统可提供新闻要闻、股市行情、游戏等各种有价值内容。在线状态时,信息连续不停地更新。

资费标准　"123G"用户根据不同信息服务内容分为普通用户(随身网)和高端用户(聚宝通)两种类别。123G 随身网:WAP(165)数据通信费+月功能使用费 50 元/月;123G 聚宝通:WAP(165)数据通信费+月功能使用费 180 元/月。说明:WAP(165)数据通信费收费标准:7:00—21:00,0.10 元/分钟;21:00—次日 7:00,0.05 元/分钟。

【互动视界（CDMA WAP）】

互动视界是中国联通于2003年1月28日为GPRS用户提供的一项手机无线上网浏览服务。它利用GPRS网络高速数据传输优势，将移动通信与互联网合二为一，在手机上实现信息浏览、音像下载、预订查询等多种方便、实用功能，无需任何设置就可轻松访问互联网信息，体验高科技带来的极大乐趣与方便。

服务项目：娱乐下载（图片、铃声下载等）；游戏休闲（游戏、动漫、开心果、趣味问答、聊天室等）；新闻体育（世界杯、今日焦点、上海新闻、体育赛事等）；个人助理（邮件、个人日历、通讯录、英汉字典）；金融证券（实时行情、财经新闻、股市咨询、理财指南等）；旅游交通（天气预报、航班查询、列车时刻、酒店预订等）；我的菜单（定制个性化菜单）；网站链接（提供国内、国际著名WAP网站地址链接）；联通门户（联通门户站点）；资费查询（用户WAP信息费消费情况）。

表3-2-39　2003年互动视界套餐情况表

套餐名称	目标用户	包月费（元）	免费流量数（MB）	免费流量数的单价（元/KB）	超过流量的费用（元/KB）
自由套餐	偶尔尝试者	0	0	0	0.02
初级套餐	小量使用者	20	2	0.01	0.02
中级套餐	信息制造与传播者	50	6	0.008	0.02
高级套餐	电脑聊天及线上游戏者	100	50	0.002	0.02
顶级套餐	大量需求者	200	无限	无	无

说明：该资费套餐针对所有CDMA 1X业务，包括WAP、BREW、JAVA、GPSONE、多媒体邮件、数据接入等服务的通信费用。

信息费：2003年2月15日前，信息费免费。2月15日后，信息费计收，详细资费请见栏目列表，信息费如有变化以最新公布为准。漫游费：用户漫游时，仍按照上述标准收取费用。

表3-2-40　2006年互动视界套餐情况表

套餐名称	月租费用（元）	免费流量（MB）	超过流量的费用（元/KB）
互动视界体验套餐	5	1	0.01
互动视界包月套餐	21	150	0.01

说明：以上套餐仅包含互动视界（WAP）本地、漫游上网流量；如用户产生神奇宝典（BREW/JAVA）本地、漫游流量则按照0.01元/KB计收；掌中宽带（CARD）本地、漫游流量按照0.005元/KB计收。

【声讯服务】

2003年5月1日起，对所有上海联通移动手机用户开通221气象声讯信息服务，用户拨"221"气象声讯信息服务业务电话，按需选择0—9及"＊""♯"按键即可进入相应声讯服务信箱，可收听相关气象声讯信息服务内容。"221"气象声讯信息服务费实行0.60元/分钟的单一费率，即0.60元/分钟＋本地通话费。

6月1日起，开通上海联通移动用户拨打"160""168"（上海声讯信息有限公司）声讯信息服务业务，上海联通用户在手机上可直接拨打"160""168"声讯信息服务业务的各栏目电话号码（不需申请开通)即可接听。如:教育查分、听歌点歌、金融证券、实用生活信息、彩票查询、网络游戏、电话互动游戏等声讯信息服务栏目版块。在计收本地通话费基础上加收声讯信息服务费,使用不满 1 分钟按 1 分钟计费。

9 月 1 日起,上海联通与上海鸿联九五信息技术有限公司(以下简称:鸿联九五)合作,对 130、131、133 用户(不含 WVPN 用户)开通声讯信息服务。上海联通用户通过拨打鸿联九五"声讯服务"接入号"95001＊＊＊",即可进入媒体互动类、娱乐类、实用类、教育类、彩票类等声讯服务。

资费标准:上海联通用户使用鸿联九五声讯信息服务计费:本地通话费＋声讯信息服务费。"本地通话费"是指:"如意通"用户按 0.54 元/分钟;选用套餐的用户在套餐免分钟数中按套餐免分钟数的费率计收,超过套餐免分钟数后按本地规定话费费率计收;按网内外计收本地话费用户按网外本地通信费计收;其他用户均按现行本地通话费标准计收。上海联通用户使用鸿联九五声讯信息服务业务实行按实际使用累计收费,使用不满 1 分钟按 1 分钟计费。上海联通用户使用"95001＊＊＊"声讯信息服务业务后,对预付费用户实行实时扣费,协议用户通过发送电信账单向用户收取。

"95001＊＊＊"声讯信息服务费按业务类别计收,各类声讯费标准如下:

表 3－2－41　2003 年"95001＊＊＊"声讯信息服务费情况表

号　　码　　段	资费(元/分钟)
950010＊＊	免费
950011＊＊ 950014＊＊、950016＊＊ 950019＊＊	1
950015＊＊	2

【本地丽音(美盛吉)】

上海联通与上海美盛吉信息技术有限公司合作,并于 2004 年 9 月 30 日推出本地丽音心动地带业务,号码为 10157170—10157177。

该业务包含下列内容:

手机语音超市:以人工台方式为用户提供智能化、人情化的秘书服务,服务内容包括餐饮、宾馆、交通、房产、票务、法律、医疗、教育等。

专家访谈室:由各类专家答疑解难,提供专业意见,服务内容包括求医问药、投资评论、买房咨询、开办公司、旅游等。

上海风情:介绍本地有特色吃、喝、玩、乐、淘等信息。

观点秀场:与新闻报道、新闻观察、案件聚焦、大话爱情、有话大家说等电台、电视栏目合作。用户通过拨打特定接入码,可进入节目聊天室,对正在场内讨论话题发表意见和建议,在主持人组织下,和其他用户交流,还可参与观点投票。

随点随听:提供歌曲、语音短信、笑话等内容接听和点播。

情趣男女:为用户提供健康科普和情感建议知识。

城市情缘:聊天栏目。

新声部落:可向都市新生代提供趣味性互动测试,包括:星座性格和运势、属相性格和运势、心理测验、整蛊互动测试、爱情百宝箱等。

表 3-2-42　2004年本地丽音业务资费情况表(通信费+信息费)

栏目名称	接入号	主叫信息费 (元/分钟)	被叫信息费 (协议用户) (元/分钟)	通信费	
				协议用户(主被叫) (元/分钟)	G网智能网(主被叫)
手机语音超市	10157170	2.00	—	—	—
专家访谈室	10157171	1.00	—	—	—
上海风情	10157172	0.50	免	—	主叫：套餐外
观点秀场	10157173	1.00	—	0.20(套餐外)	本地通话费，正常本地通话费
随点随听	10157174	0.60	—	—	被叫：正常本地通话费
情趣男女	10157175	0.50	—	—	—
城市情缘	10157176	0.10	0.10	—	—
新声部落	10167177	0.80	免	—	—

【流媒体商用】

视频流媒体是移动增值业务领域最具技术代表性的业务，承载于 CDMA 1X 增强型网络(EV-DO)上的 Media FLO，是在无线终端上实现高质量音视频体验的端到端解决方案。通过 Media FLO，移动运营商能够安全高效地向用户提供高质量音视频多媒体服务；对用户而言，可通过类似传统电视节目指南的 Media FLO 节目指南，定制、点播其所希望观看的流媒体节目。

2005年，上海联通、上海贝泰、上海东方龙将市场运营、平台支持、内容提供上的优势资源进行卓有成效的整合，以先行者的务实作风切入流媒体业务领域。为形成有效沟通和高效工作机制，经上海联通倡议和组织，合作三方共同成立项目工作小组和业务、技术两个课题组。项目工作小组主抓进度管理和三方资源的提供落实；业务课题组主抓业务发展计划的制订实施和相关业务的配套准备；技术课题组主抓业务平台间技术支持、平台上线运行及后续优化等相关工作，资源合理配置，有效地促进各项工作顺利开展。只用三天就完成设备进库到安装、调测及系统平台搭建。同时，业务课题组筹划了业务整体架构，包括联通风采、体坛纵横、影视花絮、新闻速递、娱乐天地五大栏目。

【其他】

2001年9月21日起，上海联通与上海中心气象台合作，推出短消息"移动气象"业务，向上海联通用户提供本地和部分外地城市、国际城市天气预报、上下班天气预报、生活气象指示预报等。

9月28日，上海联通与华友斯达康通讯有限公司合作，推出短消息"联通818有奖竞猜"业务，以丰厚奖品吸引用户大量使用短消息。周期定为一个月二次，短消息通信费按条计费，发送和接收的通信费按0.05元/条计费。

第三章 数据业务

上海联通充分利用全业务整合优势进行差异化经营,建立多种产品营销组合方案,以"分工明确、做专做细"原则进行数据业务推广,采取重点区域、重点产品和重点客户的营销策略,为用户提供安全稳妥的通信服务,构建ATM+IP技术基础承载平台,开展虚拟网(VPN)、数据专网、公用计算机互联网(CHUNINET)、数据承载、IP电话/传真等业务。做好193业务、IP业务等主要业务,在GSM网上开通WAP、呼叫转移、会议电话和STK卡的移动证券业务,推进应用短消息。与国际电信运营商、知名企业合作,开展国际租线业务。狠抓最后一公里接入手段,启动400幢商务大楼工程,使数据业务拓展至高档写字楼,扩大市场份额。发展网吧业务,普及小区宽带上网、游戏,并通过宽带网络发行音像等数字文化产品。

第一节 ATM综合业务

一、概况

上海联通数据网以ATM信元交换技术为核心,采用第三层交换技术——多标签交换协议(MPLS),以先进的ATM+IP技术构建基础承载平台,于2004年伴随中国联通宽带数据网实现第五期全国性优化扩容。中国联通宽带数据网是当时世界最具规模的可实现质量管理的数据宽带网。上海联通利用宽带数据网络优势,向社会开放虚拟网(VPN)、数据专网、公用计算机互联网(CHUNINET)、数据承载、IP电话/传真等多种业务。上海联通利用覆盖全国ATM网络实现虚拟网(VPN)业务,是面向国家的各大部委和遍布全国的机构、企事业单位推出的互通实现方案,是唯一可在全国范围实现全程质量保证的VPN,可混合实现ATM、帧中继、IPVPN,带宽上可实现64 Kbps起平滑扩容。

上海联通已发展的大型用户有工商银行、中国银行、新华社、国家计算机网络与信息安全管理中心等,为以上各用户大量省建网的硬件投资,减少设备维护和人员投入开支,有效避免日常维护管理等一系列琐事。上海联通主动从用户利益出发,对以上用户提供管理充足的线路备份,多次实施优化,为用户提供最为安全稳妥的通信服务。随着多媒体业务普及发展,上海联通及时推出覆盖全国的视讯业务——宝视通。上海联通在全国率先推出专线和IP公网两种接入方式的视频电话和视频会议业务。该业务通过联通ATM网络承载,具有实时传输保障、图像清晰稳定的优点,尤其适合于各大部委和全国性机构、企事业单位的视频会议。上海联通作为全国唯一的全业务提供运营商,还提供专线、拨号上网,主机托管等数据业务,并且凭借先进稳定的网络,覆盖全国、统一管理的承载资源,为用户提供优质服务。专业级网络需要专业级维护,上海联通注重企业技术力量培养,同步跟踪世界最先进的通信技术发展,从ATM到MPLS到NGN的顺利实现,无处不展示出中国联通的技术实力。上海联通数据部对各岗位都定期进行普及型和专业型技术培训,并严格考核,确保为用户提供专业级服务。

2000年3月27日,上海联通开通"联通掌中网"WAP手机网络试验。5月16日,上海联通举行移动电子商务应用(M-Commerce)信息发布会,推出多项基于移动技术的电子商务应用项目,移动电子商务就此从试验走向实用。信息发布会上,上海联通及其部分WAP网站服务商和内容提供商演示"移动新闻""移动商店""移动银行""移动证券""移动彩票"等项目,展示WAP手机通过130移动网直接接入INTERNET浏览公共信息,实现移动商务、移动理财、移动交易、移动订票等实用功能。金融、商贸、交通、证券等各界对WAP技术的关注和热情大大加快WAP从概念走向商用的步伐。

随着中国网通的网络和业务融合,南北互动逐渐加强,在长途数据网开展N×64K DDN链路业务逐渐增多。融合以来,业务发展面临新形势,一是与中国联通落地的各类ATM、FR电路明显增多,小带宽业务较多,落地点更为分散,同时需求很急,一般只留1周时间实施操作,现有模式操作较慢,容易导致工期延误。根据互联互通提供的FY05年电路需求逾400条,按照上海网通本地经营规划,预计本地发起的对N×64K 250条左右。

上海网通自2002年开始建设城域DDN网络,已初具规模,共包括Alcatel(原新桥)DXC设备3600+2台、7670ESE 2台与MUX设备MainStreet3630共计56台。主要用以承载上海市分公司国际专线业务以及集团北方发起的长途落地专线业务,是公司重要业务网络,每年创造大量经营收入。

2004年末,鉴于3600+容量已满,无法支持业务高速发展,同时考虑到业界DDN网逐步ATM化的大趋势,上海网通在市北、漕河泾核心节点部署Alcatel7670设备,并提供STM-1 ATM接口与集团ATM/FR平台以及国际公司ATM平台互通,采用ATM电路仿真方式提供TDM业务。此次扩容采购155M板卡2块分别与上海本地DDN网7670互联,可减少2M的互联数量,同时196个2M端口也从数量上保证业务实施的前提,有利于加快DDN业务开通速度,提高客户满意度,从网络建设模式上响应和保障中国网通大客户战略,适应南北业务融合等新形势下DDN业务发展需要。

2005年业务发展需求对DDN网提出更高要求,上海网通在市北、漕河泾新增2台7670设备,并增加7670设备与中国网通ATM网155M互联接口,促进网络融合理顺业务开通流程和开通方式,考虑适当扩容2M板卡满足业务不断增长的需求。

二、业务资费

中国网通国内ATM端到端服务价格包括以下三部分:国内端口费用,包括月租费用和一次性费用;国内双向PVC费用,包括月租费用和一次性费用;接入电路费用:是指从客户节点到中国网通网通ATM网络接入节点之间的电路,具体资费同本地透明数字电路资费表,含月租费用和一次性费用。

中国网通国际ATM端到端服务价格包括以下五部分:国内侧端口费用,含月租费用和一次性费用;海外侧端口费用,含月租费用和一次性费用;国际双向PVC费用,指从CNC ATM网络国际关口局(北京、上海、广州)到海外侧ATM网络出口之间的双向PVC费用,含月租费用和一次性费用;国内侧延伸段电路费用,指从客户节点到CNC ATM国际关口局之间的电路费用,含国内长途PVC和本地透明数字电路月租和一次性费用;海外侧延伸段电路费用,指客户海外节点到网通或网通合作伙伴的ATM网络海外接入POP点之间的电路费用,含一次性费用和月租费用,费用视客户具体接入位置确定。

表 3-3-1　2007 年上海网通 ATM 国内侧端口月租费情况表

端口速率(bit/s)	计费单位	资　费　（元）
2 MB	每端每月	1 000
4 MB	每端每月	2 000
6 MB	每端每月	3 000
8 MB	每端每月	4 000
10 MB	每端每月	5 000
12 MB	每端每月	6 000
14 MB	每端每月	7 000
16 MB	每端每月	8 000
45 MB	每端每月	9 000
155 MB	每端每月	10 000

表 3-3-2　2007 年上海网通 ATM 国内双向 PVC 月租费情况表

业务类别 PVC 速率(bit/s)	CBR	VBR－rt	VBR－nrt
	价格(元/月)		
1 MB	8 640	7 200	6 000
2 MB	11 520	9 600	8 000
4 MB	17 280	14 400	12 000
6 MB	25 920	21 600	18 000
8 MB	34 560	28 800	24 000
10 MB	44 640	37 200	31 000
15 MB	63 360	52 800	44 000
20 MB	83 520	69 600	58 000
25 MB	103 680	86 400	72 000
30 MB	120 960	100 800	84 000
40 MB	149 760	124 800	104 000
50 MB	172 800	144 000	120 000
60 MB	195 840	163 200	136 000
70 MB	218 880	182 400	152 000
80 MB	241 920	201 600	168 000
90 MB	264 960	220 800	184 000
100 MB	288 000	240 000	200 000
110 MB	309 600	258 000	215 000
130 MB	352 800	294 000	245 000
150 MB	374 400	312 000	260 000

表 3-3-3　2007年上海网通ATM境外侧端口费用情况表　　　　单位：元/月

带宽(bit/s)	中国香港	中国台湾(台北) 日本(东京) 韩国(汉城) 新加坡 菲律宾(马尼拉)	马来西亚 (吉隆坡)	澳大利亚(悉尼、 墨尔本、佩思、 堪培拉) 新西兰(奥克兰、 惠灵顿)	美国(纽约、 圣何塞)
1.5 MB/2 MB	1 000	7 035	39 895	6 622	2 000
DS3	9 000	21 106	97 006	19 865	10 000
STM-1	10 000	42 213	183 998	39 730	15 000

表 3-3-4　2007年上海网通ATM境外双向全电路VCPVC费用情况表　　　　单位：元/月

带宽 (Mbit/s)	业务类别	中国香港	中国台湾(台北) 日本(东京) 韩国(汉城)	新加坡 马来西亚 (吉隆坡) 菲律宾(马尼拉)	澳大利亚(悉尼、 墨尔本、佩思、 堪培拉) 新西兰(奥克兰、 惠灵顿)	美国(纽约、 圣何塞)
1	nrt-VBR	13 000	60 690	60 690	60 690	81 336
2		19 200	81 900	81 900	84 082	115 103
3		25 080	100 240	100 996	102 938	147 699
4		30 960	113 839	122 848	134 771	179 761
5		39 240	142 839	154 100	169 004	209 581
6		47 520	171 839	185 352	203 237	239 402
7		55 800	200 839	216 604	237 470	269 269
8		64 080	229 839	247 856	271 703	299 134
9		68 760	255 239	275 508	302 335	324 708
10		73 440	280 639	303 160	332 968	350 947
15		96 000	406 798	440 580	485 292	461 173
20		117 600	531 997	577 041	636 657	549 898
25		141 600	659 597	715 901	790 421	—
30		165 600	787 196	854 761	944 185	—
40		188 505	1 041 195	1 131 281	1 250 513	—
50		230 466	1 295 674	1 408 282	1 557 322	—
60		261 138	1 537 432	1 672 562	1 851 410	—
70		291 810	1 779 191	1 936 842	2 145 498	—
80		322 269	2 020 710	2 200 883	2 439 347	—
90		352 941	2 262 468	2 465 163	2 733 435	—
100		383 613	2 504 227	2 729 443	3 027 523	—

〔续表〕

带宽 (Mbit/s)	业务类别	中国香港	中国台湾(台北) 日本(东京) 韩国(汉城)	新加坡 马来西亚 (吉隆坡) 菲律宾(马尼拉)	澳大利亚(悉尼、 墨尔本、佩思、 堪培拉) 新西兰(奥克兰、 惠灵顿)	美国(纽约、 圣何塞)
110	nrt-VBR	398 949	2 728 706	2 976 444	3 304 332	—
130		429 408	3 177 423	3 470 204	3 857 708	—
155		460 080	3 729 980	4 079 065	4 541 089	—
1	rt-VBR	15 600	45 380	48 758	53 047	—
2		23 040	83 848	90 605	99 183	—
3		30 096	103 066	111 174	121 467	—
4		37 152	134 445	145 256	158 981	—
5		47 088	168 705	182 218	199 374	—
6		57 024	202 964	219 180	239 767	—
7		66 960	237 223	256 141	280 160	—
8		76 896	271 483	293 103	320 553	—
9		82 512	301 422	325 745	356 626	—
10		88 128	331 361	358 387	392 700	—
15		115 200	480 050	520 589	572 057	—
20		141 120	627 587	681 638	750 263	—
25		169 920	778 003	845 568	931 349	—
30		198 720	928 420	1 009 498	1 112 435	—
40		226 206	1 227 813	1 335 917	1 473 166	—
50		276 559	1 527 782	1 662 912	1 834 474	—
60		313 366	1 812 488	1 974 643	2 180 517	—
70		350 172	2 097 193	2 286 374	2 526 561	—
80		386 723	2 381 610	2 597 818	2 872 316	—
90		423 529	2 666 316	2 909 549	3 218 360	—
100		460 336	2 951 021	3 221 280	3 564 403	—
110		478 739	3 214 990	3 512 275	3 889 711	—
130		515 290	3 742 641	4 093 978	4 540 038	—
155		552 096	4 392 196	4 811 098	5 342 939	—
1	CBR	15 600	55 515	60 019	65 650	105 458
2		23 040	104 118	113 126	124 387	155 004
3		30 096	127 389	138 200	151 713	203 136

〔续表〕

带宽(Mbit/s)	业务类别	中国香港	中国台湾(台北) 日本(东京) 韩国(汉城)	新加坡 马来西亚(吉隆坡) 菲律宾(马尼拉)	澳大利亚(悉尼、墨尔本、佩思、堪培拉) 新西兰(奥克兰、惠灵顿)	美国(纽约、圣何塞)
4	CBR	37 152	166 876	181 290	199 308	250 188
5		47 088	209 244	227 261	249 782	294 986
6		57 024	251 611	273 231	300 257	339 796
7		66 960	293 978	319 202	350 732	384 655
8		76 896	336 345	365 172	401 207	429 530
9		82 512	374 392	406 823	447 362	469 251
10		88 128	412 439	448 474	493 517	509 789
15		115 200	601 667	655 718	723 283	687 360
20		141 120	789 742	861 811	951 898	840 181
25		169 920	980 698	1 070 784	1 183 392	997 631
30		198 720	1 171 653	1 279 757	1 414 886	1 150 554
40		254 880	1 552 124	1 696 262	1 876 435	1 437 222
50		311 616	1 933 171	2 113 344	2 338 560	—
60		353 088	2 298 954	2 515 162	2 785 421	—
70		394 560	2 664 737	2 916 979	3 232 282	—
80		435 744	3 030 232	3 318 509	3 678 854	—
90		477 216	3 396 015	3 720 326	4 125 715	—
100		518 688	3 761 798	4 122 144	45 72 576	—
110		539 424	4 106 845	4 503 226	4 998 701	—
130		580 608	4 796 652	5 265 101	5 850 662	—
155		622 080	5 648 901	6 207 437	6 905 606	—

说明：VP PVC 电路资费：月租费用为相同业务级别 VC PVC 电路月租费的 1.20 倍。

表 3-3-5　2007 年上海网通 ATM 境内侧双向半电路 VCPVC(NRT-VBR)费用情况表　单位：元/月

带宽(bit/s)	中国港、澳、台	亚洲各国	欧、美、澳、非各国
256 KB	7 000	38 000	39 200
512 KB	8 200	44 600	46 200
1 MB	10 400	57 800	60 100
2 MB	16 000	78 000	78 000
3 MB	20 900	111 200	111 200

〔续表〕

带宽(bit/s)	中国港、澳、台	亚 洲 各 国	欧、美、澳、非各国
4 MB	25 800	144 400	144 400
5 MB	32 700	177 600	177 600
6 MB	39 600	210 800	210 800
7 MB	46 500	244 100	244 100
8 MB	53 400	277 400	277 400
9 MB	57 300	296 500	296 500
10 MB	61 200	315 600	315 600
15 MB	80 000	410 000	410 000
20 MB	98 000	504 600	504 600
25 MB	118 000	600 000	600 000
30 MB	138 000	697 000	697 000
40 MB	177 000	83 2000	832 000
50 MB	216 400	973 200	973 200
60 MB	245 200	1 135 800	1 135 800
70 MB	274 000	1 298 200	1 298 200
80 MB	302 600	1 460 800	1 460 800
90 MB	331 400	1 623 200	1 623 200
100 MB	360 200	1 785 800	1 785 800
110 MB	374 600	1 867 000	1 867 000
130 MB	403 200	2 029 600	2 029 600
155 MB	432 000	2 192 000	2 192 000

说明：1. rt－VBR 业务资费：月租费为 nrt－VBR 业务月租费的 1.20 倍。2. CBR 业务资费：月租费为 nrt－VBR 业务月租费的 1.20 倍。3. VP PVC 电路资费：月租费为相同业务等级的 VC PVC 电路月租费的 1.20 倍。

第二节　无线数据业务

一、概况

1999 年，上海联通在新技术应用、新业务开拓方面取得新进展，完成 GPRS 试验项目测试，启动 WAP 试验网项目。2000 年，在 GSM 网上开通 WAP、呼叫转移、会议电话和 STK 卡移动证券业务，积极推进短消息应用。其中 WAP 用户已近 1 500 户。3 月 27 日，以"联通掌中网"命名的 WAP 实验网在上海开通，已具备新闻浏览、E－mail 服务、公共信息、黄页查询、社区服务、个人投资理财等项目，并包括联通业务介绍查询。在试验期间，对用户免收开通费、互联网接入费和信息浏览费，通话费按 50％ 计收，并在营业厅同时受理开通。

2000 年 5 月 12 日，上海联通与中国工商银行上海市分行联手向社会推出 WAP 移动银行。这是国内首家基于WAP技术的移动银行。分三期建设。第一期主要服务项目是供储户进行各类金融信息查询；后续开通账户查询、账户转账、银证转账、外汇买卖、代理业务缴费等功能；最终与电子商务结合，实现网上支付。

5月16日，上海联通推出多项基于移动技术的电子商务应用（M-Commerce）项目，可提供"移动新闻""移动商店""移动银行""移动证券""移动彩票"等项目。WAP手机通过130移动网直接接入INTERNET浏览公共信息、实现移动商务、移动理财、移动交易服务、移动订票等实用功能。上海联通与工商银行、交通银行和应用服务提供商美通公司、国内或上海著名的电子商务网站"85818""8848""掌门网"以及东融、移通等公司签约合作，开通应用项目。

5月28日，上海联通推出基于GSM平台的GPS/GSM移动定位多功能服务系统。这是一种利用卫星定位技术，通过联通GSM移动通信网连接计算机网络以及相应管理机构，针对移动车辆和船只的社会服务系统，具有高效率、低成本的特点，该系统在公安、金融、保险、交通、运输等行业具有很好的商用前景。

9月14日，上海联通与芬兰无线网络企业——诺德康上海有限公司举行合作签约仪式，共同拓展上海无线网上商务市场，此次双方合作主要在机场短消息应用系统和短消息平台彩票投注应用系统方面。

2001年7月，上海联通与美国友邦保险有限公司签订战略伙伴合作协议，致力于为双方客户提供更全面、周到的产品与服务。这是电信业与保险业首次联手。

上海联通对GSM用户开通GPRS业务，该业务依托高速数据处理技术，使手机上网省时、省力、省花费。用户开通GPRS业务，既可使用彩信功能收发文字/图片/铃声/照片等（即多媒体短信），也可通过GPRS网络访问各个WAP站点，下载图片、铃声、游戏，观看各类资讯，让手机和无线互联网对接。

2003年1月28日，上海联通开通CDMA 1X网络，同时开通基于CDMA 1X分组网的无线数据业务。根据中国联通的规定，无线数据业务整体品牌为联通无限（U-MAX），业务分类如下：

表3-3-6　2003年上海联通无限（U-MAX）品牌基本情况表

业　务	简要描述	中文品牌	英文品牌
WAP	基于手机的浏览类业务	互动视界	U-INFO
多媒体E-MAIL	基于手机的多媒体信息类业务	彩E	U-MAIL
JAVA/BREW	基于手机的下载类业务	娱乐空间	U-FUN
GPSONE	定位类业务	定位之星	U-MAP
CDMA 1X上网卡	基于PDA、笔记本电脑的无线上网业务	掌中宽带	U-NET

二、公众宽带

【上海网通宽带】

上海网通抓住宽带需求迅速上升的契机，在提高带宽和客户快速增长两个方面形成重点突破，通过包装、推广不同接入带宽、内容应用和服务标准的差异化宽带产品及组合营销、宽带提速等手段,加大对客户深挖力度,同时加快宽带内容开发。通过"公众客户宽带升速计划""亲情1+"等活动,实现宽带业务组合产品营销与单产品营销协调发展,使公众客户宽带实装率大幅提高。

表 3-3-7　2002 年上海网通小区宽带(包月制)接入资费标准情况表

用　户	端口限制速率 MB	一次性费用(元)		每月费用(元)		
		材料费、终端调试费	网络接入费	端口占用费	网络使用费	小　计
A 类用户	1	100	400	50	80	130
	2			80	150	230
B 类用户	1	100	免	50	130	180
	2			80	220	300
C 类用户	1	200	800	100	350	450
	2			150	650	800
	10			300	2 100	2 400
过户手续费		20/次				
停机手续费		20/次				
迁户手续费		20/次,新信息点安装调试费 100,共计 120				
增值业务		另行规定				

说明:1. A 类用户是指普通个人用户;B 类用户是指临时使用的个人用户;C 类用户是指以个人名字开户申请上网业务,且在同一信息点有 2 台以上电脑互联的用户(含一些小型企业用户);A、B、C 类用户享受同样的用户服务等级。2. 过户是指从一用户名过户到另一用户名;停机是指用户在一定的时间内暂停服务;迁户是指同一用户从一信息点迁至另一信息点,此项服务,只适用于网通拥有网络资源的小区。C 类用户申请开户的,CNC 只负责在用户指定的一台电脑上安装 PPPOE 软件并保证该台电脑与 CNC 宽带网互联,用户局域网的组建和维护以及代理服务器设置由用户自行负责;关于后期网络维护,CNC 只负责代理服务器与 CNC 宽带互联网连接段的线路维护,不负责用户局域网维护。

表 3-3-8　2002 年上海网通小区宽带(限时包月制)接入资费标准情况表

端口限制速率	一次性费用(元)		每月费用(元)		
	材料费、终端调试费	网络接入费	月租费	限制时长	超时收费标准
1 MB	100	400	80	60 小时	0.05/分钟
1 MB	100	400	50	30 小时	0.05/分钟

说明:1. 限时包月制针对一般家庭用户,限速 1M。2. 限时包月用户,凡在每月 20 日(出账日)之前开通,该用户的计费按照以下方式:选择 80 元/60 小时的,20 日之前实际使用不满半个月的用户,按 40 元/30 小时计,超出部分 0.05 元/分钟;20 日之前实际使用超过半个月,不满一个月的,按 80 元/60 小时计,超出部分 0.05 元/分钟。选择 50 元/30 小时的,20 日之前实际使用不满半个月的用户,按 25 元/15 小时计,超出部分 0.05 元/分钟;20 日之前实际使用超过半个月,不满一个月的,按 50 元/30 小时计,超出部分 0.05 元/分钟。

表 3-3-9　2007 年上海网通市区家庭用户无限包月制套餐情况表

端　口　速　率	一次性费用(元)	网络使用费(月付制/元)
512 KB	280	88
1 MB	280	130
2 MB	280	160

表 3‑3‑10　2007 年上海网通市区限时包月制套餐情况表

一次性费用(元)	端口速率(MB)	每月网络使用费用		
		基本月租费(元)	免费时长(小时)	超时收费标准(元/分钟)
280	1	80	60	0.05
280		50	30	
280		30	15	

表 3‑3‑11　2007 年上海网通学生假期直通车套餐情况表

套餐名称	端口速率(MB)	上网使用时长	资费(元/年)	备注
A 套餐	1	1、2、7、8月无限上网,其他月份15小时/月,超时按0.05元/分钟计算	666	免一次性费用
B 套餐		1、2、7、8月无限上网,其他月份30小时/月,超时按0.05元/分钟计算	888	

表 3‑3‑12　2007 年上海网通无限伴旅宽带套餐情况表

端口速率	一次性费用(元)	月使用费(元/月)	漫游费
512 KB	280	98	在上海网通 WLAN 公共区域漫游加收 0.30 元/分钟
1 MB		140	
2 MB		170	

说明:1. 以个人名字开户申请上网业务,且在同一信息点有2台以上电脑互联的用户参照企业用户资费标准。2. 限时包月制用户,如基本月租费与当月超时使用费之和超过300元,一律按照300元收取。

表 3‑3‑13　2007 年上海网通郊县限时包月制套餐情况表

一次性费用(元)	每月网络使用费(户)		
	基本月租费(元)	免费时长(小时)	超时收费标准(元/分钟)
280	50	30	0.05
	30	15	

说明:1. 郊县营业区域包括南汇、奉贤、松江、青浦、金山以及崇明、长兴、横沙三岛共六大片区,除这些片区外均不适用郊县资费。2. 郊县限时包月制用户,如基本月租费与当月超时使用费之和超过130元,一律按照130元收取。

表 3‑3‑14　2007 年上海网通 SOHO 小企业用户无限包月制资费情况表

项　　目	端口速率	一次性费用(元)	每月网络使用费(元)
认证用户(动态 IP 地址)	512 KB	1 000	300
	1 MB		450
	2 MB		800

〔续表〕

项　　目	端口速率	一次性费用(元)	每月网络使用费(元)
认证用户(动态 IP 地址)	5 MB	1 000	1 500
	10 MB		2 400
专线用户固定 IP 地址	1 MB		600
	2 MB		1 000
	5 MB		1 800
	10 MB		3 000

表 3-3-15　2007 年上海网通 SOHO 小企业用户限时包月制资费情况表

项　　目	端口速率	一次性费用(元)	每月基本使用费	超时费用(元/分钟)
认证用户（动态 IP 地址）	512 KB	1 000	150 元/160 小时	超时 0.05
	1 MB		360 元/160 小时	

说明：1. 一次性费用包含开户费(400 元),装机工料费、人工费计 600 元,合计 1 000 元;2. 小区内企业类用户申请开户的,上海网通只负责在用户指定的一台电脑上安装 PPPOE 软件并保证该台电脑与网通宽带网互联,用户局域网组建和维护以及代理服务器设置由用户自行负责;关于后期网络维护,上海网通只负责代理服务器与网通宽带互联网连接段的线路维护,并不负责用户局域网维护;3. 用户申请静态 IP 地址资费时,需提交需求申请,上海网通根据网络具体情况负责核配 IP 地址数量,并有权视资源情况对是否提供静态地址进行判断。4. SOHO 专线用户资费中包含一个固定 IP,用户要求增加 IP 需向受理人员提出申请,每增加一个 IP 收取月租费 180 元。

公众互联网上网服务,如在线通、可视电话、网络游戏、培训、远程教育、特色商城、电子商务等;影像制品租赁和销售业务以及通过宽带网络进行音像等数字文化产品的发行业务,如文化票务、文化旅游、信息咨询等。

公众互联网上网服务,如在线通、可视电话、网络游戏、培训、远程教育、特色商城、电子商务等;影像制品租赁和销售业务以及通过宽带网络进行音像等数字文化产品的发行业务,如文化票务、文化旅游、信息咨询等。

【上海联通宽带】

宽带视讯"宝视通"　为快速启动上海地区公用可视电话业务,中国联通于 2003 年 5 月推出宽带视讯品牌"宝视通",首先在上海联通天目西路营业厅和希尔顿饭店开通。此业务基于中国联通 ATM 骨干承载平台,在用户住宅地、上海联通营业厅、部分酒店等场所向用户提供与远端进行可视(会议)通信的服务功能。

业务种类：1. 公用宽带视讯业务,在网苑、IP 超市等服务网点为用户提供点对点可视通信服务;2. 营业厅(酒店)宽带视讯业务,应用于多点可视会议,在营业厅专用会议室或酒店等地召开会议、远程教学等;3. 住宅宽带视讯业务,在用户住宅地安装终端,提供点对点可视通信服务。

表3-3-16 2003年上海联通宽带视讯业务资费情况表　　　　单位：元/小时/方

选择速率＼呼叫目的地	中国大陆地区	中国港澳台地区	国际
384 KB	600	850	1 100
768 KB	850	1 225	1 600

说明：
1. 双向收费，不足1小时按1小时计算；
2. 包括场地费和茶水费。

表3-3-17 2003年上海联通酒店宽带视讯业务资费情况表　　　　单位：元/小时/方

选择速率＼呼叫目的地	中国大陆地区	中国港澳台地区	国际
384 KB	500	750	1 000
768 KB	750	1 125	1 500

说明：
1. 双向收费，不足1小时按1小时计算；
2. 终端使用费200元/小时；
3. 场地费按各酒店报价收取。

表3-3-18 2003年上海联通宽带视讯会议室出租业务资费情况表　　　　单位：元/小时/方

选择速率＼呼叫目的地	中国大陆地区	中国港澳台地区	其他国家和地区
384 KB	600	850	1 100
768 KB	850	1 225	1 600

说明：
1. 此资费只适用于在营业厅召开视讯会议业务；若在酒店召开，以上资费均降低100元，场地费根据酒店报价向用户收取；
2. 不足1小时按1小时计算；
3. 在酒店召开视讯会议的用户另需支付视讯终端使用费200元/小时。

宽带网络电话　2003年10月，上海联通推出PC2Phone宽带网络电话业务。用户通过Internet接入联通17911IP语音网，实现PC到固定电话、移动电话的语音通话功能。

表3-3-19 2003年上海联通PC2Phone宽带网络电话资费情况表

拨打地区	资费标准（元/分钟）
中国大陆	0.25
中国港澳台地区	1.25
美国、加拿大	2.00
印度、巴基斯坦、越南、也门、朝鲜、孟加拉国、洪都拉斯、伊朗、马里、卡塔尔、贝宁、蒙古、肯尼亚、卢旺达	3.80
其他国家或地区	2.60

说明：1. 通过预付卡实现此功能；2. 按用户使用形式分为一次性卡和充值卡；3. 代理商以实物卡和虚拟卡两种方式进行市场推广；4. 卡面值为20元、50元、100元。

楼宇宽带 2009年,为促进商务楼宇及住宅小区接入协议签约,扩大接入网络在重点业务发展区域的覆盖力度,上海联通启动"宽带商务、精彩在沃"商务楼宇拓展活动,初步建立中小企业数据库,网格、楼宇、客户档案,完成各区县分公司2009年商务楼宇接入计划。

表3-3-20 2009年上海联通宽带商务快车资费表

端口带宽 (上行/下行:Mbps)	网络使用费 (元/月)	免费提供的IP 地址数(个)	最多可申请的 IP地址数(个)
1M/1M	750	1	8
2M/2M	1 350	1	8
3M/3M	1 900	1—5	16
4M/4M	2 500	1—5	16
5M/5M	3 200	1—5	16
6M/6M	3 800	1—5	16
7M/7M	4 800	1—5	16
8M/8M	5 500	1—5	16
9M/9M	6 300	1—5	16
10M/10M	6 900	1—5	16
12M/12M	8 200	1—5	16
15M/15M	10 000	1—5	16
18M/18M	12 000	1—5	16
20M/20M	13 000	1—5	16
40M/40M	26 000	1—5	16
50M/50M	33 000	1—5	16
60M/60M	39 000	1—5	16
80M/80M	52 000	1—5	16
100M/100M	65 000	1—5	16

表3-3-21 2009年上海联通商务楼宇宽带业务资费标准情况表

产品名称	端口带宽	IP地址个数	月付价格(元)	半年付折扣	年付折扣
大楼宽带A	2 MB	5	5 000	8.5折	8折
大楼宽带B	1 MB	5	3 000	8.5折	8折
大楼宽带C	768 KB	1	1 850	8.5折	8折
大楼宽带D	512 KB	1	1 000	8.5折	8折
大楼宽带E	384 KB	1	800	8.5折	8折
大楼宽带F	256 KB	1	600	8.5折	8折
大楼宽带G	128 KB	1	500	8.5折	8折

三、掌中宽带

"掌中宽带"是中国联通CDMA 1X网络提供的高速无线互联网接入服务,凡CDMA手机能够打电话的地方,就可无线畅游互联网,创造了全新的工作和生活方式,使用户摆脱时间、地域限制。基于CDMA 1X网络的掌中宽带上网速度高达153.6 KB/秒,是普通拨号上网的三倍,可实现移动办公、随身理财、网络在线等功能,随时随地无线沟通,而且上网可靠稳定、不掉线,适用于各种笔记本、台式电脑无线上网,企业用户可通过掌中宽带业务组建VPDN无线虚拟专用网。

表3-3-22 2006年上海联通掌中宽带业务(按时长计费系列)套餐情况表

套餐名称	面值(元)	套餐资费	首月资费	超出部分资费(元/分钟)	协议期(月)
随时e200预付费套餐	2400	200元/200小时/月	5元/天(限200小时)	0.10	12
随时e100预付费套餐	1200	100元/60小时/月	5元/天(限60小时)	0.10	12
随时e200后付费套餐	—	200元/200小时/月	5元/天(无限使用)	0.10	12
随时e50元后付费套餐	—	50元/20小时/月	5元/天(无限使用)	0.10	无
随时e100元后付费套餐	—	100元/60小时/月	5元/天(无限使用)	0.10	无
随时e300元后付费套餐	—	300元/不限流量/月	5元/天(无限使用)	—	12

说明:以上套餐不区分本地及漫游使用时长。

表3-3-23 2006年上海联通掌中宽带业务(按流量计费系列)套餐情况表

套餐名称	套餐资费	首月资费	超出部分资费(元/KB)	协议期(月)	付费方式
零首付无线上网卡	200元/本地2GB/漫游200 MB	5元/天(无限使用)	本地:0.000 095 漫游:0.005	12	后付费
自购无线上网卡	100元/本地1GB/漫游100 MB	5元/天(无限使用)	本地:0.000 095 漫游:0.005	无	后付费

表3-3-24 2007年上海联通掌中宽带业务(本地包月)套餐情况表

包月费(元)	包内上网时长		优惠政策
	本地上网时长	漫游上网时长(小时/月)	
200	本地不限时长	20	
220	本地不限时长	20	每月20元加速功能包、100条网内点对点短信、1G如意邮箱

表 3-3-25　2007 年上海联通掌中宽带业务(包年)套餐情况表

类　　型	资费模式	资费标准	业　务　内　容
本地包年资费	1 年协议期	2 520 元/年	本地不限时,国内漫游累计 240 小时,每月 10 元杀毒包
	1 年协议期	2 640 元/年	本地不限时,国内漫游累计 240 小时,每月 20 元加速包
	1 年协议期	2 400 元/年	本地不限时,国内漫游累计 240 小时
	2 年协议期	4 800 元/2 年	本地不限时,国内漫游累计 480 小时,每月 1G 如意邮箱

四、16900 上网业务

2003 年,上海网通推出 16900 拨号上网业务,向网内固话用户综合提供互联网接入业务、信息业务和增值业务,收取上网费和电话费。业务接入码号:北方 10 省市(北京、天津、河北、山西、内蒙古、辽宁、吉林、黑龙江、河南、山东)使用 16970/16971;其他省份使用 16901。此外,169 平台开设 VISP(互联网服务提供商批发)业务。

表 3-3-26　2007 年上海网通 16900 上网业务资费情况表

类　别	计费模式	开户费	标　准　费　率	优惠资费(元)
16900 主叫上网	按时长计费	无	2.40 元/小时(即 0.04 元/分钟)	1.20

说明:1. 16900 拨号产品的资费均为上网信息费。按实际时长计费,不足 1 小时计费精确到分钟,不足 1 分钟按照 1 分钟计算;1 分钟费率＝1 小时的费率÷60 分钟(四舍五入到小数点后第二位);上网电话费为 0.02 元/分钟,计入本地电话账单中。2. 16900 主叫上网优惠时段资费:法定节假日全天;正常工作日 0:00—8:00,上网信息费按照标准资费的 50%收取。3. 16900 预付费卡优惠时段资费:法定节假日全天,正常工作日 23:00—次日 7:00,上网费按标准资费的 50%收取。

表 3-3-27　2007 年上海网通 16970/16971/16901 互联网漫游业务信息费标准情况表

漫游国家/地区	标准资费(元/分钟)
国内	0.045
A 类国家	0.85
B 类国家和地区	1.13
C 类国家和地区	3.53

说明:1. 计费单位为分钟,不足 1 分钟按照 1 分钟计算;2. 中国境内漫游按 2.70 元/小时计费,不加收漫游费;3. 上网电话费由漫游当地 ISP 收取;4. 国际漫游出访覆盖地区。

A 类国家

加拿大、美国

B 类国家和地区

奥地利、意大利、比利时、卢森堡、丹麦、荷兰、芬兰、挪威、法国、葡萄牙、德国、西班牙、冰岛、瑞典、爱尔兰、瑞士、亚美尼亚、黎巴嫩、安哥拉、立陶宛、阿根廷、马来西亚、澳大利亚、马绍尔群岛、巴哈马、墨西哥、巴林、摩洛哥、孟加拉国、尼泊尔、百慕大群岛、新西兰、玻利维亚、马里亚纳群岛、巴西、尼加拉瓜、文莱、巴基斯坦、保加利亚、巴拿马、智利、菲律宾、新几内亚、哥伦比亚、波兰、哥斯达黎加、波多黎各、捷克、罗马尼亚、厄瓜多尔、俄罗斯、埃及、塞班岛、爱沙尼亚、沙特阿拉伯、法属圭亚拉、新加坡、加纳、斯洛伐克、希腊、斯洛文尼亚、关岛、南非、危地马拉、韩国、洪都拉斯、斯里兰卡、中国香港、中国台湾、匈牙利、坦桑尼亚、印度、泰国、印度尼西亚、突尼斯、以色列、土耳其、象牙海岸、阿联酋、牙买加、乌克兰、日本、乌兹别克斯坦、哈萨克斯坦、委内瑞拉、肯尼亚、维京群岛、科威特、津巴布韦

C类国家和地区

阿尔巴尼亚、拉脱维亚、阿尔及利亚、中国澳门、安提瓜巴布达岛、马其顿、马拉维、阿鲁巴岛、马耳他、阿塞拜疆、马提尼克岛、巴巴多斯岛、毛里求斯、贝劳、摩尔多瓦、贝宁、莫桑比克、波斯尼亚、缅甸、博茨瓦纳、纳米比亚、柬埔寨、新卡里多尼亚、喀麦隆、尼日利亚、佛得角、阿曼、开曼群岛、巴拉圭、刚果、秘鲁、克罗地亚、卡塔尔、古巴、罗马尼亚、塞浦路斯岛、圣凯地斯和尼维斯岛、多米尼加、圣卢西亚岛、萨尔瓦多、圣文森特和格林那丁斯、斐济、萨摩亚群岛、法属玻利尼西亚、塞内加尔、加蓬、塞拉利昂、乔治亚、新威士兰、直布罗陀、叙利亚、格林纳达、特立尼达和多巴哥岛、瓜德罗普岛、特克斯和凯科斯岛、几内亚、乌干达、圭亚那、乌拉圭、海地、越南、约旦、南斯拉夫、老挝、扎伊尔

表3-3-28 2007年上海网通VISP业务资费情况表

ISP 批发业务			
一次性费用			
项　目	单　位	价格(元)	备　注
开通服务调测费	元/户	2 500	与用户联调,可按用户要求设定费率,提供VISP管理账号1个开通服务半年内:免费新增域名后缀(限2个),免开户费开通;2 000个以内的上网账号(包括上网卡号),免费提供三人次VISP远程管理的培训
增加/修改域名	元/个	1 500	
VISP远程管理培训	元/人次	500	
增加/修改上网账号	元/个	20	
注:CLEC接入网通169平台时按ISP批发业务代维型VISP客户受理;			
上网时长批发	按月结算		
	单位	价格(元)	备　注
标准费率	元/小时	1.50	无优惠时段
标准费率是计费系统为ISP批发用户设定的统一结算费率,可根据客户要求定制账号费率;			
上网时长批发优惠价格(单位:元/小时)			
当月总时长	优惠费率	优惠折扣率	备　注
5万小时以下	1.50	0.00%	按"当月总时长×标准费率"结算
5万—10万小时	1.40	7.00%	按"当月总时长×标准费率"×93%结算
10万—30万小时	1.25	17.00%	按"当月总时长×标准费率"×83%结算

〔续表〕

ISP 批发业务			
一次性费用			
30万—50万小时	1.10	27.00%	按"当月总时长×标准费率"×73%结算
50万小时以上	1.00	33.40%	按"当月总时长×标准费率"×66.6%结算
计费系统将根据将各VISP的实际总时长按批发优惠价格进行设定优惠费率;			
端口批发,按月结算:(单位:元/2 MB端口/月,一个2 MB可支持30个用户接入)			
	代维型	自维型	备 注
单位E1标准价格	9 000	8 500	单位E1标准价格,计费系统照此标准设定费率
端口批发,优惠价格:(单位:元/2 MB端口/月,一个2 MB可支持30个用户接入)			
租用E1数	代维型	自维型	备 注
10个E1以下	9 000	8 500	按"单位E1标准价格×100%"结算
11—30个	8 100	7 650	按"单位E1标准价格×90%"结算
31—60个	7 200	6 800	按"单位E1标准价格×80%"结算
61个以上	5 940	5 610	按"单位E1标准价格×66%"结算

说明:1. CLEC接入网通169平台时按ISP批发业务代维型VISP客户受理;2. 如实际占用接入服务器上的E1端口,采用端口批发方式按月结算,否则可选择上网时长批发价格结算;3. 如用户自申请到局端的E1中继,则在以上按月结算的端口批发价格的基础上,减去2 000元/2 MB端口/月。

第四篇

客户服务

概　　述

"网络畅通、服务创优、用户满意"是上海联通的质量方针。上海联通制定《服务质量考核办法》，提出"不查清不放过、责任不处理不放过、整改措施不落实不放过"的"三不放过"服务工作目标，并将质量管理指标纳入公司绩效考核指标体系，规范用户信息收集、处理、反馈受理时限和责任界面，以保证服务质量体系自我完善、自我约束、自我改进的良性机制。

1997年1月15日，上海联通召开年度经营工作表彰会，庆祝1996年超额完成净增用户1.7万户"力争"目标，首次实现扭亏为盈。

1998年，上海联通开始倡导各部门"每天有改进"的质量思想，并以质量建议单和质量整改单的形式加以落实。2000—2002年，上海联通连续3年被授予"全国用户满意企业"荣誉称号。

随着业务发展，上海联通对质量问题"多发病""常见病"设置质量控制点，主动将质量隐患控制在萌芽之中。同时，成立QC（质量管理）攻关小组，分别对"降低投诉处理时限""提高1001人工接通率""提高营业员服务主动性"等课题，进行服务质量攻关，取得显著成效。重视用户对网络质量和服务质量直接评价，阶段性开展用户满意度测评，以客观、公正、科学地评价各部门在网络、服务、工作质量上所提供的保障能力，不断提出新的服务目标和服务境界。

每年"3·15消费者权益保护日"前后，上海联通举办新闻发布会，向社会做出通信网络覆盖、服务网络建设、用户服务完善等服务承诺；聘用社会监督员，听取意见和调查研究，公开接受社会监督，在公众中形成广泛的联通"便民、亲民、利民"服务形象认知，大幅减少用户对网络质量和服务质量投诉，受到市消费者协会等有关政府部门好评，用户满意度逐年提高。

第一章 服务机制

上海联通服务理念：一是提高网络服务、管理水平，以一流服务应对激烈的市场竞争；二是树立"善待用户"意识，千方百计为用户考虑；三是无条件落实对用户承诺，严格推行"首问负责制"。通过提高服务工作创新能力，为用户提供超出想象的服务内容或项目。上海联通要求全体员工特别是各级干部深刻认识服务质量优劣对企业生存的意义，增强责任心和紧迫感，守好自己阵地，加强考核，落实责任，"谁砸联通牌子，就端谁位子"。树立"用户至上"宗旨，开展"心系用户、服务创优"活动和"服务零差错、零距离专项建设"。在全体员工的努力下，上海联通服务水平处于同行业领先水平。

第一节 服务规范

一、理念与措施

1995年7月17日，上海联通召开工作会议，要求领导及每一个员工都要树立起以客户为主的服务指导思想。

1996年初，上海联通收费网点发展到20余家，但对散落于上海各区域的几万用户来说，只是杯水车薪。上海联通充分发挥自身的"联"字作用，对外联手，借助大型百货商厦名店效应做到优势互补，和金融机构合作拓展服务网点。是年，扩展代收电信费业务收费网点，从原来的20多家，增加到100多家，将"付费难"变为"付费易"。5月，值纪念第28届世界电信日之际，围绕"树立品牌意识，重在客户服务"主题活动，上海联通召开用户代表座谈会，20多名用户代表应邀参加。7月，继编写宣传手册后，编制"语音信箱用户操作指南"宣传折页，对新开放的语音信箱功能、操作方法、申请手续和收费标准作简明介绍。编发"超哥大"手机使用常识介绍材料。是年，先后收到用户电话投诉百余件，投诉信20余封，接待投诉用户50余名，处理百余名用户投诉事宜。

1997年10月14日，组织力量对营销一线各个对外服务窗口服务质量进行全面检查。对照检查服务工作中的薄弱环节要求及时整改，扬长避短，提高服务质量。特别是对"八运会"场馆周围营业窗口，要求严格按照服务标准礼貌待客，为用户排忧解难，展示上海联通经营服务特色。是年，推出呼叫等待、呼叫保持、语音信箱、来电显示等新业务。共接待来电咨询2 600多人次，来访咨询和辅导1 500余人次。营业部采用分流接待和预约上门走访处理，尽力提升用户满意度。

1998年3月11日，在"3·15消费者权益日"之前，上海联通组织召开"130"网用户代表座谈会，加强用户沟通；明确1998年将继续实行"130网保质补贴"服务承诺，突出网络质量和服务质量两个基本点，开展"用户满意年"活动，决心以用户满意为最高准则，不断满足市场需要，追求达到用户满意境界。

1999年6月21日，上海联通召开服务质量监察员聘请仪式暨服务质量监察员工作会议。监察员负责监督检查经营服务质量和通信服务质量，在监察期内本着实事求是原则，认真履行监督监察职责，积极反映社会对联通服务质量的意见和建议。首次聘请服务质量监察员，分别为市政府机关、新闻单位代表、用户代表和上海联通职工代表,共8人。

7月10日,上海联通营账系统与GSM交换机系统实现"实时连机",大大缩短受理时限,服务质量上新台阶。原先受理用户停开机业务,用户在营业厅柜台登记后,至少需要等待6、7个小时才能停止或重新开启功能。"实时连机"以后,瞬间可完成同样业务。

2000年7月,上海市人大常委会颁发《上海市合同格式条款监督条例》,在充分保障消费者权益、规范厂商行为方面提出新要求。上海联通抓住贯彻这一条例时机,全面修订所有服务工作中格式合同、宣传单式,在规范服务行为、优化服务条款方面实施新举措,从根本上树立"用户至上"观念。至2001年3月,上海联通修改20多类服务表格、单式,重点修改不符合市场经济特点、对用户不公平的条款,增加《电信条例》等国家法规中对运营商的约束条款。修改生硬、不合法和不合情理语句,使之更简化、更方便用户。例如:在移动业务受理登记单修改中,增加《电信条例》第33—37条内容;将SIM卡可能因输错密码而"死锁"等警示性内容用显著字体标出;将预付费充值卡原"逾期作废卡处理"提示语改为"逾期将只具有收藏价值"。

2004年"3·15"前夕,上海联通推出面向社会"十大承诺":1. 年内建成CDMA目标网,净增网络容量150万门,使CDMA网络容量达到250万门;GSM网实施11期工程,扩容100万门,网络容量达到500万门。2. 实施优化式覆盖,提高深度覆盖率,提供高质量的通话服务。年内新完成1200栋大楼的室内无线信号覆盖。3. 年内新增15处具综合受理能力营业厅,使全市联通营业厅达50处;新建CDMA手机一站式售后服务中心1—3处。4. 发挥CDMA 1X技术优势,加大力度开发CDMA 1X增值业务新应用,年内新建30—50处新业务体验站,为广大用户提供高品质的无线数据业务服务。5. 设立专门机构与人员为集团用户度身定制移动信息化解决方案;在8个区(县)成立郊区分公司,提升郊区用户服务水平。6. 实现1001人工座席处理能力翻一番,提高接通率。7. 为让用户明明白白消费,推出"付费通"平台缴费措施;新建网上营业厅在线支付系统;在各联通营业厅新增联通本地业务清单查询功能。8. 适时推出G&C双模手机等新业务,保持技术领先,给用户更多选择。9. 深化用户满意度工程,扩大积分范围,提高积分比例,体现对老用户关爱。10. 新设CPP免费专用热线10109696,方便用户咨询投诉。

上海联通坚持把"四大理念"作为价值观和方法论,并始终贯穿在创建文明活动之中,涵盖企业发展、经营、管理、服务等。

理念一:发展多元化。上海联通拥有覆盖全市的移动通信网络、长途通信网络和数据通信网络,基本构建一个综合基础通信网络平台。其中,GSM和CDMA两个移动通信网,网络运营容量达550万户;拥有基站3000多个;宽带ATM/FR数据骨干网通达全国300多个城市和地区。2003年1月28日,CDMA 1X网全网开通,标志着CDMA迈进真正2.5G新时代,为平滑过渡到3G时代打下坚实网络基础。依托CDMA 1X强大技术支持和高速数据传输及综合业务优势,上海联通相继开发综合VIP、企业无线通、VPDN无线虚拟专网、企业邮箱、集团短信、宝视通、无线传真、主机托管、电话会议、企业专线接入等集团通信产品,业务结构和业务品种日趋多元化、综合化。

理念二:合作共赢。2004年初,上海联通提出倡议,拟与上海移动公司签订"规范移动通信市场协议书",不打价格战,把财力和精力放在网络发展和改善服务上。上海联通走上健康、和谐、可持续发展轨道,业绩在中国联通名列前茅。2005年2月28日,上海联通与上海移动签订《共同维护和规范移动通信市场秩序协议书》,内容涉及沟通机制、互联互通、规范资费及经营行为等方面。双方在依法经营、诚信自律、公平公正、互相监督、资源共享等问题上达成共识。

理念三:回馈社会。2003年,抗"非典"疫情时期,上海联通捐赠现金、手机、话费、通信设备、福利彩票，总价值 230 万元。是年，上海联通开发"联通阳光敬老卡"。开展营业厅哑语培训，向聋哑人推出手语服务，开通信领域为残疾人服务先河。2004 年，上海联通成立 10 周年之际，举办"世界风"助学活动，资助贫困大学生。与"南京路上好八连"签订共建文明协议，赠送电脑及生活用品。2006 年推出"聋哑人信息卡"套餐。是年，为上海市近 3 万名持证聋哑人提供信息无障碍服务，被列入上海市政府实事项目。2007 年 1 月 19 日在全国率先开通 10013 聋哑人短信服务热线，成为通信行业服务管理创新项目。支持"上海少先队员雏鹰上网工程"和"保护母亲河"绿色希望工程。

理念四：内部和谐。上海联通确立管理、技术业务、营销、劳务四大系列薪酬体系，实行"按岗定薪，岗变薪变"。对营销系列人员实行"基薪加奖励"，分配激励销售，销售拉动全线，效益增长带来员工收入明显提高。实行对部门负责人年度考核末位调整制度。

二、服务体系

2009 年初，上海联通在年度工作会议上提出，"坚持客户导向，强化品牌经营，建立以客户为主线的品牌及产品体系，着力打造面向集团客户的优势品牌、面向个人客户的个性化品牌、面向家庭客户的全业务品牌和面向校园客户的时尚品牌"，第一次提出以服务促营销，以营销"倒逼"服务的"营服一体"创新发展思路。

2010 年 7 月，上海联通成立全业务服务体系项目组，分设领导小组和工作小组。总经理任领导小组组长，副总经理及高级业务经理任副组长，领导小组办公室设立服务监管部、市场部、集团客户部等 15 个部门以及 9 个区县分公司，共 150 余人参加。项目组从 3 个维度精心准备：一是走进客户，先后走访 10 家集团大客户，召开集团客户代表、一般客户代表座谈会 15 次；二是走进部门，先后与 15 个部门、9 个区县分公司调研访谈；三是走向行业，重点对标上海电信在固网网络质量、融合业务、代理代维、服务（营销）渠道和上海移动在移网质量、业务规则、分级服务、计费收费、服务（销售）渠道、增值业务、用户维系等方面后，通过全程梳理、分类，最终整理出 119 个关注点，30 类重点问题。

在排摸情况的同时，上海联通为加强前后台大服务理念，形成共识，全业务服务体系项目组开展不同层次的培训和宣贯。以客户感知导向服务理念为主题的二级以上管理者参加的全员培训 6 次，覆盖各层级管理人员、业务骨干 600 余人；各模块、各层级落实体系建设任务过程中的业务能力、窗口服务、投诉处理、系统操作等专项培训数量超过 80 场，覆盖全员，1 500 余人次参与培训。是年 8 月 12 日，服务监管部推出两个"12345"标准提升 3G 专属服务品质。10 月 21 日，人力资源部和服务监管部联合组织开展服务理念及全业务客户服务体系建设培训，来自职能、市场、支撑、网运、服务各条线专业部门、各区县分公司三级经理及以上人员近 200 人参加此次培训。

2010 年，上海联通客户服务的管理机构为客户服务中心，下辖 10 个三级部室，其职责分别是呼叫中心管理、营业管理、用户投诉管理、客户信用管理、用户资料管理、服务营销策划、大客户服务管理、外呼营销管理、技术支撑及业务支撑。上半年，上海联通客户服务主管部门为客户服务部，具体运作单位是客户服务中心。客户服务部为职能管理部门，其主要职责为制定服务标准规范、渠道服务质量管理、客户俱乐部运营、投申诉集中处理等工作。客户服务中心在客服部的业务指导下，开展客户服务工作具体实施单位，其主要工作职责是开展热线服务、实施客服系统建设优化等工作。下半年，上海联通酝酿推进全业务服务体系的建设。是年，服务主管部门"客户服务部"改名为"服务监管部",客服中心建制依旧。服务监管部在保留客户服务管理基本职能的同时,对内承担起对各相关部门进行服务工作监管职能。

第二节 服务创优

一、客户导向

1997年8月,上海联通实行"保质补贴",即承诺保证用户通话达到接通率指标,如低于指标,上海联通将酌情给予话费补贴。通过社会质量执法监督机构,按月向社会公布实测"130"数字移动电话网月平均忙时接通率指标。承诺移动电话月平均忙时接通率指标为50%以上,如低于50%,每低1%,减收客户该月通话费2%,并在该月收费中兑现。上海联通"保质补贴"承诺内容迅速在上海主要媒体上公布,《解放日报》《文汇报》《新民晚报》及东方广播电台等媒体给予高度关注。

1998年,上海联通开展服务创优活动,提供超值服务和个性服务。加强与社会各界密切合作,实现"如意通"卡、充值卡、IP卡网上和电话订购,做到及时送货上门。与邮政及各大商业银行开展多方位合作,开发方便用户付费"快惠通"服务,增设邮政、银行代收费点。

1999年8月25日,《通信产业报》上载文,对上海联通创办的《联通心声》予以高度评价。

2000年,上海联通强化"用户第一""用户是衣食父母",进行多次培训和研讨,在四方面取得进步:一是强化客户服务系统,扩大服务热线容量和功能。初步满足用户咨询和办理业务需要。开通全国统一1001服务热线号码,具备移动、IP和长途业务综合受理能力。二是加强与用户联络。为持续提供优质服务和留住老用户,通过账单夹寄《联通心声》宣传资料和网站宣传,加强与用户沟通,介绍新业务,倡导"手机文明"。重视用户反馈单收集,用户资料库建立。同时举办用户联谊活动,为高额话费用户提供回报,提高联通网络凝聚力。三是接受用户监督,重视投诉处理。加强投诉中心职能,坚持每个投诉都有结果,每月经济分析也增加投诉分析内容。四是采取多项方便用户措施,包括增加收费网点、提供详细话单打印和网上话单查询,延长如意通充值卡和IP卡、长途卡有效期限等,进一步满足用户需求。

2001年初,上海联通实施向代理商和大用户提供个性服务的"客户代表制",由客户代表直接负责大用户各类业务咨询、业务办理等具体事宜。制订《服务质量考核办法》,确定用户满意度目标为:无重大有理由申告,用户征询综合满意度≥80分,投诉处理及时率100%;投诉处理满意率≥95%。年初,推出专为GSM高话务用户提供个性化服务的"客户代表"制度,对每月平均通话费在800元以上的移动电话用户指定专人负责相应服务工作。客服结算部利用针对高话务用户而举行"倾情回报、金秋好运"抽奖活动契机,与首批500元以上高话务用户进行第一次沟通交流。

3月25日,上海联通委托上海邮政局代扣移动电话费(邮政交费"快惠通"业务)签约仪式在上海邮电大厦举行。通过更广泛合作,在销售和缴费服务方面,实现各类通信产品24小时销售服务,在2001年底实现内环线内销售缴费网点服务半径不超过1公里,市郊每乡(镇)均设销售缴费网点。在完善移动用户服务界面方面,根据用户需求免费向GSM移动电话协议用户提供移动电话长途及漫游话费详细清单;免费向193联通长途注册用户提供长途话费详细清单;提供联通网站、"8848"网上营业厅、各营业厅查询移动协议用户通话清单服务。

为提升服务质量,上海联通为拓宽反馈意见和接受用户监督的渠道,并从事前、事中、事后,开展全流程管控。1. 上海联通主动倾听用户心声,不定期召开用户座谈会,开展"联通用户沙龙"等活动,真诚接受用户批评和建议,及时解决服务中存在问题。并通过《联通心声》、用户账单、联通网站广泛征求社会和用户意见,进行回访、解答。2. 推进投诉处理规范运营。为加强对网络运行和窗口服务监督,建立专用客户投诉中心。严格执行并完善实行多年的"首问负责制";用户投诉中心按《用户投诉处理管理办法》要求实行处理限时,整改闭环;用户建议及质量问题反馈实行通报制度。3. 加强服务质量管控,在各部门倡导"每天有改进"的质量思想指导下,以质量建议单和质量改进单形式加以落实。针对质量问题"多发病""常见病",设置质量控制点,自觉将质量隐患控制在萌芽之中。4. 重视用户对网络质量和服务质量评价,常态化日的每年两次委托第三方进行用户满意度调查评价。用户对网络质量和服务质量投诉大幅度减少,受到市消费者协会等有关政府部门的好评。5. 健全管理考核制度,上海联通对各项服务管理制度和业务规程进行清理、健全和完善,重新修订和颁发首问负责制、"用户投诉处理办法""重大申告管理办法",并认真贯彻《上海市格式合同监督条例》,修订、使用经上海市工商管理机关审核备案的业务类格式合同,提高企业与用户之间权利和义务的透明度。将电信服务质量中用户满意度、用户投诉率、用户投诉处理满意率、故障修复时限等一些重要质量指标列为对各部门目标考核的重要内容,从制度上保证服务质量。

9月19日,上海联通开展以"用户满意在联通"为主题的"网络畅通、服务创优、用户满意"百日竞赛达标活动。活动主要内容为:一是重点解决信产部和市通信管理局提出的电信方面社会热点问题;二是认真落实《电信条例》《电信服务标准(试行)》和相关服务规程,健全服务质量考核体系,提高服务水平;三是抓好先进典型和示范窗口。6个单位竞赛取得好成绩。

2001年,在完善用户服务界面方面,上海联通根据用户需求,全面清理各类咨询电话、服务热线、系统提示文字和话音,使之更贴近用户,界面更富人情味。在全国质量协会用户委员会组织的为推进"用户满意工程"活动中,上海联通被评为"2000年全国用户满意企业"。

2002年4月8日,CDMA开网运营一周年之际,上海联通提出进一步建设和完善体现综合业务、亲情便民服务特点的客服网络;进一步加快新业务、开发和推广应用以满足用户语音通信外更多需求;开展用户账单诚信服务,增加多种方式为用户查询账单及清单提供方便。

2003年7月,上海联通获中国联通2003年度企业管理现代化创新成果二等奖。

2004年,上海联通建立效益优先、合作共赢的营销模式,坚持做到总体经营策略差异化,市场营销精细化、促销措施多样化和渠道管理规范化,以用户认可和满意作为市场营销的最终目标。在产品开发上,产品开发领导小组对现有产品进行梳理,初步确立以用户品牌为导向的品牌管理框架和与企业整体业务战略一致品牌策略,逐步改变单纯跟随型产品设计策略。

2005年,上海网通综合营账系统一期上线。成功解决原系统功能上的不足,避免系统分散造成"信息孤岛"现象,为企业决策和经营分析提供更加准确的数据保障,满足客户"一单清"要求,搭建统一业务数据库平台;PMS系统能力大大提高,实现"小型机＋ORACLE"结构;资源管理(OSS)系统成功上线,提高网络资源和用户业务紧密度和准确性;新版本ERP系统在12月31日上线,标志着从计划—工程—库存—财务入账—运维整个管理流程信息化。

6月15—17日,中国联通在北京召开第一次全国服务工作会议,上海联通就《突破难点、保证时效——上海联通服务质量分析会经验谈》《创新管理、精细服务》为主题进行客户服务工作经验交流,上海联通是第一个也是唯一进行两项服务工作经验介绍的分公司。

是年,上海联通《垃圾短消息拦截系统》项目获第19届上海市优秀发明选拔赛职工技术创新奖证书。

2006年,上海联通坚持以市场为导向,寻找发展空间。一是做好品牌迁移和套餐梳理工作,根据春节后学生、农民工返沪市场时机,推出"如意通"品牌产品叠加"畅听包、长途包";二是根据市场竞争情况,推出"长三角商旅卡""全国商旅卡""世界风50套餐"系列。

2007年,上海网通积极响应中国网通关于开展"诚信服务、放心消费"年自查工作通知要求,站在客户利益无小事高度,由各职能部门严格按照中国网通制定重点排查项目,根据排查内容进行逐一自查。在7大项重点排查问题共44条排查内容中,22条达自查要求,占总量的50%;2条需做整改,占总量的5%。经系统统计和拨打测试,"10060"客服电话接通率达99.69%,15秒人工服务应答率91%,满意度达90%以上。

2008年,上海联通成立奥运项目服务工作组:第一,全面保障服务水平。对营业厅、热线、投诉、俱乐部等各个服务渠道提出要求,确立"双语服务""绿色通道服务""拓展类服务""充值缴费服务""专项培训和竞赛"5个方面、24个服务保障项目,并细化为145个实施环节,明确各环节时间进度。第二,充分体现服务优势。着眼于服务渠道开拓和服务项目本地化,场馆附近营业厅设立合作服务点,为比赛、观赛上海联通用户提供方便;提供上海本地人工导航服务。

2008—2009年,上海联通无线信号>−90 dBm的区域覆盖率从96.05%提高到97.10%,无线信号>−85 dBm区域覆盖率从86.01%提高到92.50%,用户投诉从现网每万户每月1.8次左右降到1.6次。在客户业务办理上承诺:营业厅办理业务等候时限≤15分钟,2009年底做到一单清、一台清。VIP专区或专柜等候时限≤10分钟,客服中心服务水平(20秒人工接通率)≥70%,7×24小时服务。

二、客服流程

2010年6月,上海联通以客户需求为出发点、流程环节关键点控制、依托现有组织机构和部门分工的三大原则建立客户导向服务工作流程规范。该规范从客户感知角度出发,明确流程中要设立的服务关键环节和提供的客服文档关键要素等,涉及服务界面和客户界面的重要运营工作。主要针对新产品、资费政策上线和营销活动上线,短信群发和网站信息发布,系统和网络割接等三方面所涉及服务工作流程规范进行明确,是各业务部门、支撑部门建立健全重要工作流程的依据。同时,规范主管部门具体职责:负责制定、修改上海联通客户导向服务流程规范,明确流程关键环节和客服文档关键要素,以及各主要责任部门职责要求;协调、跟踪、监督各主要责任部门客户导向服务工作流程的制定、落实情况。

三、首问负责制

2007年,上海联通建立"首问负责制"。用户来访、来电时,第一责任人必须热情接待,仔细询问情况,在职责范围内,当场解答和处理用户反映的各种困难和问题。第一责任人在职责范围外或碰到复杂问题无法解答时,由第一责任人转投诉中心或客服、结算与信息系统部。落实受理人后,请用户前往或陪同前往,由投诉中心或客服、结算与信息系统部给用户满意答复和处理结果。记录用户联系方式及相关内容,转投诉中心或客服、结算与信息系统部,投诉中心或客服、结算信息系统部准备处理方案后,与用户联系、处理。第一责任人将书面记录移送或传递投诉中心或客服、结算与信息系统部后继续跟踪。

各部门专职责任人在接受投诉中心或客服、结算与信息系统部移送或传递用户来访、来电中，给予协助并细致解答，提出恰当的处理意见供上述部门参考。投诉中心或客服、结算与信息系统部接到转来用户咨询、投诉受理、登记后，原则上2个工作日内处理并答复用户，最长不超过5个工作日。投诉中心、客服、结算与信息系统部处理后将处理结果及时回复用户和反馈第一责任人，必要时，第一责任人再与用户联系确认。投诉中心或客服、结算与信息系统部对反映服务投诉重大或重要问题，向各职能部门主管报告，征求处理意见和建议。

四、QC 活动

2002年，上海联通开展QC（质量管理）小组活动，提高企业整体管理水平。在总结2001年移动部无线网络优化QC（攻关）小组已取得成功经验基础上，上海联通决定在移动部、基础网络部、计费部、数据部、客服部和部分职能部门组建QC小组。活动紧紧围绕"用户满意工程"项目和以解决生产、服务、管理中急需或关键性问题进行持续改进活动，以此推动质量管理水平提高。

【实施计划】

组织培训　2002年5月，安排20人次集中培训，数据固定部、移动部、客服部和计费系统部一线人员参加。

活动安排　QC小组组建注册、课题登记和培训阶段为4月25日—5月15日；QC小组活动阶段为5月10日—11月20日；QC小组成果发表阶段为11月21日—12月20日；QC小组成果评审阶段为2003年1月。

课题内容　客服部围绕"解决服务窗口办理业务等候时间过长和投诉量居高问题"选题；计费系统部围绕"提高协议用户计费质量满意率"选题；移动部围绕"提高用户对高架、地铁等重要区域移动通信质量满意率"选题；数据固定部围绕"提高卡类通信用户满意度"选题。

活动方法　综合部负责QC小组组织注册登记和培训，选题审核，活动指导，总结评审和推荐等管理工作。召集领导、外聘专家、相关部门对能按时完成课题活动QC小组成果发表进行评审，及时总结QC小组经验和教训并加以推广。围绕"用户满意工程"，对通过改进质量、提高用户满意度取得成果的QC小组成员和组织人员，予以适当奖励，形成QC课题和质量改进持续氛围，以吸引更多员工参加活动。QC活动中表现突出并取得质量改进成功的，授予"组织奖""优秀QC小组奖"，并进行表彰和奖励。

【成果发布】

2003年3月19日，上海联通QC小组成果发布：

营业中心QC小组（客服部）提高营业员服务主动性；CDMA高层覆盖QC小组（移动部）解决CDMA高层覆盖问题；数据网维中心QC小组（数据部）优化移动公话；长途传输中心QC小组（基网部）传输资料电子化；长途交换QC小组（数据部）优化长途交换机数据分析表；客服中心QC小组（客服部）降低1001客服代表语音语调不合格率；CDMA交换鉴权QC小组（移动部）降低CDMA网络用户鉴权问题投诉量；网间结算小组（计费部）减小网间结算误差率；互联网路由优化小组（数据部）优化互联网路由器。

五、零差错、零距离、零容忍

2003年,上海联通继续开展"服务零差错"和"服务零距离"专项建设,并通过各种形式活动实施老用户关爱计划。2010年,上海联通开展"零容忍"行动。

【消费者权益】
1998年3月11日,临近"3·15消费者权益保护日",上海联通召开"130"用户代表座谈会。介绍一年多来公司在GSM网络规划、工程建设、业务经营等方面的发展情况,并提出1998年工作设想。继续实行"130网保质补贴"服务承诺,突出网络质量和服务质量两个基本点。开展"用户满意年"活动。上海联通总经理介绍130网新业务开发及推广情况,并作语音信箱、短消息服务、呼叫保持、呼叫等待、呼叫转移等新业务功能演示。用户代表希望联通加快网络发展,扩大覆盖范围、增加漫游城市,进一步完善网络功能,提高市场竞争力和占有率。上海新闻媒体对此进行报道。

2002年,上海联通为开展"服务零差错、零距离专项建设",借助"3·15消费者权益保护日",分别召开社会监督员以及石化地区用户座谈会、本市电信企业格式条款调研会议;积极参加市通信管理局组织的电信企业和用户座谈会以及市、区消协举办的"3·15"大型咨询活动;3月10日,在南京路步行街举行大型用户户外咨询活动。

2003年,上海联通向社会公开承诺:5月1日前,实现上海联通CDMA移动电话市内高架、过江隧道通话无掉话;10月1日前,实现上海市行政区域室外主要场所CDMA网络覆盖率达99.9%;年内实现新增1000个上海主要公共场所市内GSM、CDMA信号全覆盖;根据上述网络质量提高目标,适时开展"您寻盲点我奖励"活动。

5月,上海联通GSM预付费业务新增品牌——"新世纪通"。在上海联通成立9周年之际,酝酿已久的"如意通"小区计费业务推出。用户在由若干个特定基站组成区域内使用联通"如意通"移动电话,可享受按不同于其他区域的本地话费费率、时段进行计费的个性化套餐。

2003年,上海联通在各行政区域和人流集散地再新增15个营业网点,做到"年中无休息"全日制服务。进一步扩充"1001"客服中心服务内容,实现客服中心人工台转接平均等待时间20秒以内,人工台接通率达90%,实现"接得通、讲得清、感觉亲"的服务承诺。开展"服务零差错"和"服务零距离"专项建设,用户投诉处理回复率达100%。

2007年,上海联通落实消费者权益维护情况。一是快速响应,完善服务流程,避免投诉升级。根据"矛盾必须化解,投诉不许升级"精神,建立用户重大申诉、投诉案件预警及处理机制。二是具体操作严格按时限控制。制订并贯彻《投诉处理时限控制操作指导书》,细化网络、计费、增值、数据、卡类等九大类热点业务,将投诉处理全过程进行细化,把时限控制到每个小环节,确保按时办结。三是为防止投诉处理中不彻底、有疏漏等问题发生,建立投诉回访制度,进一步了解用户对处理的意见,尽可能避免处理不到位而引起投诉升级。四是前后联动,提高投诉处理效率。"用户投诉管理室"作为前台用户投诉集中受理点,将来自10010热线、全市86家营业厅、网上营业厅、用户接待室等18大主要渠道的用户投诉汇总整合,统一归口。对属于系统和支撑以及计费方面的问题,"面对点"集中派单至后台网管中心。由网管中心作为后台统筹处理部门,按照业务类别"点对面"地分派到后台各个具体技术部门、相关机房。经核查、测试并查明具体原因后,汇总各个具体部门的核查信息,通过电子流系统回转到集中处理组。五是全面落实自查自纠工作,进一步强化对信息服务合作商的规范与约束力度。具体措施为：安排专人对涉及省级电视、广播、报纸的移动信息服务广告进行监控；停止易引发用户争议的营销推广活动；进一步加强对垃圾短信的监控管理，实施实时短信流量限制；对于仍存在消费者与社会舆论重点关注的虚假宣传、价格欺诈、诱导或欺骗用户消费、强行订制并扣费、黄色网站代扣费等侵害消费者权益的行为，根据《电信条例》及合作约束机制中最严厉条款进行违约处理直至解除合作协议。同时，根据合作规定及末位淘汰机制，加快清退部分本地合作商，减轻内控压力。

3月15日，上海联通综合市场部牵头工会，在天目西路、新闸路、莘庄、浦东4个营业厅举办现场服务咨询活动，并向社会公布八项承诺：一是确保用户知情权，严格按服务协议执行；二是投诉处理"首问负责"，限时答复；三是PS业务定制必须由客户确认；四是公开PS业务信息，方便客户查询；五是开通10109696 PS业务监督热线，接受客户监督；六是方便用户有渠道，话费及时可查询；七是维护客户合法权益，开通全国服务质量监督举报电话；八是话费误差双倍返还，短信差错先行赔付。同时策划实施相关服务，以"便民服务，满意用户"为主题推出一系列便民服务措施：一是提供号码簿复制服务。帮助用户在不同手机间复制号码簿，突破原有SIM或UIM卡存储空间限制，利用电脑作为中介加快传输速度。二是提供短期国际漫游服务。开通时间缩短为两个星期，并且简化操作流程，仅需参考用户信用度等级，凭"一证"预约，即可开通短期漫游，满足短期出境用户通信需求。三是提供预付费用户余额短信提醒服务。在月末统一向预约套餐预付费用户发送余额短信提醒，避免用户余额不足而无法正常使用套餐，让用户尊享更周到、更完善的服务。四是提供手机快速充电服务。营业厅配备便民快捷万能手机充电设备，可为大部分手机充电。

【便捷服务】

便捷知晓、便捷受理、便捷缴费 2009年，上海联通深入推行"便捷知晓、便捷受理、便捷缴费"三个便捷渠道服务。一是细化预约服务内容和标准，提高预约率、履约率，实现公众业务3—7个工作日内上门安装，规范代维完工现场通知热线进行回访要求，促使开通回访率提升近3倍。免费上线短信通知平台，新开通用户满意度保持在较高水平。二是加大电子渠道服务功能，全面改版上海联通门户网站，完善自助服务、查询办理、号卡终端在线预约购买、一卡充服务等功能，推出全新3G商城专区等，逐渐成为全业务展示平台，同时配合短信营业厅、手机营业厅等为用户提供全方位接触媒介。三是实现客服中心统一接入与全业务服务，完善知识库系统融合，改善系统响应速度，创造"1+1＞2"融合新优势。四是提升营业厅服务水平，通过组织营业人员全业务培训、更新营业界面终端、调整网络接入方式、改造营业厅环境、调整BSS系统、打造示范营业厅、建立员工神秘客户队伍等，实现营业厅全业务受理及"一台清""一单清"服务，营业厅渠道服务达标从2季度全国第30名跃升到3季度全国第4名。

3G业务便捷服务 2009年，上海联通开展3G业务便捷服务。一是针对3G开户慢，由分管副总经理牵头进行2次专项整改，对部分开户界面进行默认选择和整合，有效减少3G用户开户时间；二是对开户入网环节执行新的凭信用卡担保政策，减少入网要本地居民担保或预存押金不便，提升用户感知；三是各自营厅均开设3G用户业务办理专柜，为用户提供业务和终端支撑，热线开辟7×24小时3G业务受理专席，并开设3G视频客服、3G视频秘书和3G终端操作指导专席等特色服务内容；四是网上营业厅开设186特色入网选号服务，对已入网3G用户提供话费查询、缴费、业务变更、每日流量提醒等服务。根据3G业务特点，推出手机报、手机上网、无线上网卡、手机音乐、手机电视等服务内容。

10月,上海联通针对VIP客户个性化需求,积极建设各类3G特色俱乐部并开展活动。组织开展音乐特色俱乐部活动4次、影迷特色俱乐部活动4次、游戏特色俱乐部活动2次、手机特色俱乐部活动1次,包括《高考1977》抢票、《变形金刚》赏片会、"两人同行一人免单"、《行云流水》优惠票价、招募送QQ公仔等特色俱乐部活动,及针对3G VIP客户的"3G与我精彩生活"手机摄影大赛,受到广大会员的欢迎和好评。

上海联通在对中国联通6大类20项3G服务指标实现责任部门、时间节点、检查制度落实到位的同时,结合试商用期间客户感知和前后台支撑能力等情况,细化并增加7项上海本地3G特色服务内容,特别是国际漫游服务内容体现本地特色,形成20+7的上海3G服务领先体系,并从中选取6个适合在用户界面宣传拓展指标作为亮点项目,形成3G服务宣传突破口,以达到充分聚焦高端和漫游型客户需求,形成竞争对手短期难以模仿的服务优势。

【提升服务技能】
2009年,上海联通深入开展"服务领先,从我做起"活动,通过新开通用户日常回访、季度满意度回访、投诉案例分析,定位服务短板,建立服务提升保障计划,制定10类12项短板提升措施,按月跟踪推动,经检测其中10项取得成效,客户感知有所改善,占比达83%。8—9月组织策划"服务领先、从WO做起"服务建议征集活动,针对信息获取途径、账单服务、缴费方式三大专项,收集有效建议1 020份,评选出15个精彩建议奖,推动相关部门采纳落实。整个活动解决17个疑难问题,其中包括3项工作流程建立和完善。

【满意度活动】
沿革 2003年,上海联通优化中心共受理用户投诉1 673次,分别是2002年的2.5倍、2001年和2000年的20倍。一方面网络规模和用户规模大幅增长,一方面公众和用户维权意识显著提高,投诉数量明显增长。2004年,上海联通把"服务至上,用户满意"作为服务理念,也是对广大用户的承诺。

2005年,上海网通将客户满意度工程作为企业层面的跨部门项目提出,并在直接影响客户满意度的职能部门内设立客户满意度检视员。通过将企业实际情况对照服务质量差距模型,在产品、网络、服务、人员、流程等各个环节提出有效提高客户满意度的改进举措,努力变劣势为优势。同时,在全公司范围内开展以"有效提高客户满意度"为主题的年度"金点子"评选活动,员工积极参与,取得良好效果。

2006年3月,在市场营销部组织下,由上海联通职能部门、数据部和增值业务部通力合作,营业中心选取业务量集中的9家营业厅于3月11日举行"畅通网络,诚信联通"设摊活动,主要为市民提供电信业务的咨询和服务,此举得到客户热烈响应。

4月,上海联通启动"啄木鸟在行动"服务自查活动,以用户感知为中心,查找当前服务方面存在问题,提升服务水平。

2007年,上海网通建立完善10060综合服务热线、10064投诉处理中心、网上营业厅、10069大客户服务专线等多种渠道,新增收费网点600余处,包含上海邮政各分支网点;先后推出营业厅"免填单"服务新措施18项,向广大用户提供业务咨询、受理、投诉、故障申告24小时不间断服务。

2008年是"奥运年"。上海联通集中大量人力、物力、财力,高质量完成奥运通信服务基础设施和支撑系统建设工作,实现奥运通信保障的"零投诉、零故障、高畅通",取得奥运通信保障全面胜利,受到上海市政府、中国联通和社会各界高度评价。

2008年,自然灾害多发。面对年初雨雪冰冻和"5·12"汶川特大地震灾害,上海联通快速反应,周密部署,派出深入灾区一线应急通信小分队,全力确保通信畅通和落实灾后重建,表现出不畏艰险、无私奉献的精神风貌。

2009年2月9日,上海联通启动"百万用户服务承诺大征集"服务推广活动,至2月28日结束,历时20天。共1 800多用户参与活动,收集建议近5 000条。

2009年,上海联通市场和网运条线共11个部门17位领导前往10010、10060话房,通过一对一"倾听"话务员接待客户来电形式,聆听客户意见和建议,现场检查客服热线运营工作。共收集"服务体验问卷"53份,汇总各类建议20多条。

2010年9月,上海联通在10010文治路话房和19家营业厅开展"3G客户感知倾听活动"。46位相关工作负责人选择月底和月初服务窗口咨询办理高峰时段——8月31日和9月1日到现场,近距离了解3G用户的直接感知和关注的热点、重点问题。用户咨询主要集中在计费和账单、网络覆盖信号、充值方式、套餐优惠等方面,用户提出"3G套餐内流量及其资费计算""主、分账户和总金额之间关系""预付费扣款方式""3G A类与B类套餐的区别""催欠短信和余额提醒"等个性化问题。

活动测评 1998年4月10日,上海联通召开企业形象社会调查结果报告会。为了解和掌握联通在上海公众中知名度、公众形象及美誉度,为营销宣传提供依据,上海联通委托某管理咨询公司进行社会调查。通过随机抽样,选择市区、郊县30个居委600户家庭。通过定量、定性调查相结合的方式,采用问卷调查,并召开4次各类用户座谈会。调查结果表明,联通在上海的知名度、知晓度已具较高水平,社会公众对中国联通在今后通信领域继续推进电信改革、提高市场占有率等方面发展寄予很高期望和关注。

2000年,在全国质量协会用户委员会组织推进"用户满意工程"活动中,上海联通被评为"2000年全国用户满意企业",成为全国60家用户满意企业之一,用户满意度达81.28%,电信运营企业仅深圳移动和上海联通两家上榜。

2001年4—6月,上海联通委托上海市质量协会用户评价中心,对移动通信服务质量进行第三方顾客满意度调查评价,形成《移动通信服务质量顾客满意度评价报告》。此次调查测评采用国外CSI(一种评价现代公司和现代经济行为的新方式),较有权威性,主要内容包括:联通营业厅、客户服务、联通通信网络质量。调查样本分为协议用户和如意通用户。考虑到不同特性(性别、年龄、收入水平等)用户存在需求差异,为达应有效度,样本量定为1 000份。调查评价方法主要以街头拦截访问和邮寄信访形式进行。调查结果显示,由于上海联通通过多种渠道进行不断宣传,在购买联通SIM卡之前,94.9%顾客对上海联通均有不同程度了解。

该次测评发放问卷3 000份,回收问卷983份,回收率32.8%。

表4-1-1 2001年上海联通顾客满意度调查情况表

用户类型	访问方法	问卷发放(份)	问卷回收(份)
协议用户	信访和街访	1 500	309
如意通用户	街访	1 500	674

调查结果显示:上海联通顾客移动通信满意度测评大类顾客满意度中,对营业厅硬件设施和人员服务均给予较高评价,营业厅的满意程度最高,为81.33;客户服务中心人工服务满意程度较

高,为80.12;通信网络质量满意程度相对较低,为78.81。

表4-1-2　2001年上海联通大类测评指标顾客满意度情况表

项　　目	均　　值
上海联通通信网络质量	78.81
上海联通营业厅	81.33
客户服务中心89133(1001)	80.12
满意度	80.08

调查结果显示：由于通过多种渠道进行不断宣传,在购买联通SIM卡之前,94.9%顾客对上海联通均有不同程度了解。这部分顾客对上海联通服务水平期望程度,比例：高11.1%,较高52.7%,一般35.2%,较低0.9%,低0.1%。顾客对服务水平期望过高是导致上海联通顾客部分测评指标满意度偏低的主要原因。

表4-1-3　2001年用户对上海联通服务水平满意程度情况表

满 意 程 度	比　　例
满意	11.1%
较高	52.7%
一般	35.2%
较低	0.9%
低	0.1%

调查结果显示,用户对上海联通提供的付费方式满意程度较高,比例：满意31.8%,较满意37.6%,一般26.6%,较不满意3.0%,不满意1.0%。

表4-1-4　2001年顾客对上海联通付费方式满意程度情况表

满 意 程 度	比　　例
满意	31.8%
较满意	37.6%
一般	26.6%
较不满意	3.0%
不满意	1.0%

通过与享受的服务相比,超半数顾客认为上海联通手机话费合理。顾客对上海联通手机话费评价比例：太高5.8%,较高41.3%,合理50.6%,相对较低2.3%。

表 4-1-5 2001年顾客对上海联通手机话费评价情况表

满 意 程 度	比　　例
太高	5.8%
较高	41.3%
合理	50.6%
相对较低	2.3%

综合调查数据和用户反映,提出如下建议:1.加强硬件设施的建设,通过增设基站不断扩大信号覆盖面,尤其是提高130手机在城乡接合部的接通率和通话质量。2.改善客户服务中心设施,提高89133(1001)接通率,为顾客提供良好的客户服务设施,以不断满足顾客需要。3.为确保第三方评价的公正性,上海市质协用户评价中心调查评价中所获信息和数据经过分析整理后向上海联通提供,同时对满意度测评结果负责,保持第三方测评的科学性、客观性、公正性和权威性。

2011年11月9日,中国联通向上海联通通报服务质量情况。要求上海联通注重网络优化,在全市室外覆盖区域达98%的基础上,实施以全面覆盖为重点网络优化工程。同时,把工作重心转向改善室内覆盖和常规网络优化工作,提升网络运行质量。抓好市区、大用户区、大商业区和一些重要场所的盲点盲区扩容工程建设。

2004年,上海联通对照客户满意度评测报告,把报告反映出的问题作为行风建设和提高服务能力重要内容来抓;围绕信息产业部年初开展"畅通网络,诚信服务"主题活动,抓住契机进行精心组织,并以此作为系统化提升企业服务能力与整体形象最重要的载体之一。在努力打造畅通网络方面,建立起网络运行维护质量监督和控制体系;在诚信服务方面,承接上年开展"心系客户,倾情承诺"服务创优活动,继续履行"话费误差双倍返还,短信差错先行赔付"服务承诺,推行服务承诺制,主动接受社会监督。在一系列服务举措推出同时,以加强内控建设为主线,建立起前后台协作机制和更严密、规范的操作流程,加强基础管理工作,努力促进服务工作三个转变:事后查处责任向事前预测防范的管理转变;面向内部要求向面向客户需求的观念转变;消化业务矛盾向提升客户价值的目标转变。通过自我加压,集中解决服务短板问题,重视用户意见反馈,实行用户投诉100%回访机制,不断提升客户满意程度。

2004—2006年,上海网通率先成立客户满意度工作小组,建立客户满意度检视员制度,在KPI中明确客户流失率指标,进行故障100条案例整理,启用客户服务卡,实施定期代维单位工作会议制度等。同时,将客户满意度工程作为一项"跨部门工程"提出,并在直接影响客户满意度的职能部门设立客户满意度检视员。形成管理创新成果《建立满意度持续改进机制,增强企业市场竞争力》,获2006年第三届通信行业管理创新成果二等奖、2006年国家级创新成果二等奖。

2005年,上海联通丰富服务内容,充实服务层次,创新关爱模式。结合中国联通统一部署,开展"心系客户,倾情承诺"服务创优活动,向社会推出十项服务承诺。服务工作坚持以人为本,推出聋哑人服务专席等一系列特殊服务措施,差异化服务竞争优势进一步形成。网上营业厅(二期)建设着手进行,营业厅合理布局和部分营业厅传输方式、硬件设施得到优化调整,整体服务能力进一步加强。上海联通继续以服务质量分析例会制度为抓手,做到用户投诉重点、热点会上一揽子讨论、会后各部门积极协调配合解决,客服部门跟踪落实,服务质量分析工作取得实效,以用户为中心的处理流程和管理制度进一步优化,客户服务工作向广度深度推进。用户重大投诉回复率100%,

回复时限小于5个工作日,重大投诉0起,有理由服务投诉0起,上海联通客服工作在中国联通"满意在联通"活动评选中,一举囊括6项奖,其中包括"客户满意先进分公司"最高嘉奖。

2006年12月,上海联通启动客户服务满意度调查。此次调查通过10010热线展开,为确保调查有效性,客户服务中心专门制定调查外呼流程,并对客户样本和问卷内容进行多次修正和调整;为提高用户参与度,策划有奖调查开展形式。满意度调查从12月15日启动,历时两周。参与调查用户覆盖世界风、新时空、如意通、新势力4个客户品牌;调查内容包括网络质量、漫游、增值、资费、账单、营业厅、热线、投诉、品牌认知等十几个项目。

2007年,上海网通满意度评议位次前移。按照"内强素质,外树形象"要求,把持续不断改进服务质量作为提升企业品牌重要内容和重要手段。在建立完善三级客户服务保障体系基础上,持续加大客户关怀力度,大力推行"预约服务",强化对不同客户服务保障。对高端客户积极推行个性化服务提高服务品质;对商务客户着重提供事业化服务,提高忠诚度;对大众客户实施标准化服务,提高满意度。

是年,上海网通加大服务监督考核,将服务管理评价纳入考核体系,通过开展服务质量检查、召开服务联席会议等多种手段,DIA、小区宽带、固话开通时间分别缩短1到5个工作日,有效提高客户对售中环节服务满意度。

2009年7月,上海联通历经两个半月,完成二季度客户满意度测评工作。完善满意度测评方式、充实专项测评内容,与一季度历史测评结果进行对比分析,就满意度测评出现的问题与相关部门进行沟通。上海以49.98分(满分50分)在中国联通三季度服务工作评价中名列第一,其中KPI绩效考核部分排名全国第二。

2010年6月25日,上海联通举行年中满意度问题分析会,总经理、副总经理、高级业务经理以及网络公司、主体公司各部门、各中心、各区县分公司负责人及相关人员出席会议。

【"零容忍"行动】

2010年,上海联通结合实际情况,对影响客户感知的基础管理、服务规范管理和业务(销售)管理方面进行全面策划和部署基础上,在营业厅、客户热线、VIP客户经理、代维、SP五大窗口服务渠道中开展"零容忍"行动,并成立行动领导小组,下设执行小组,各服务渠道管理部门具体负责本渠道"零容忍"行动。上海联通结合客户满意度测评数据和日常监督检查中发现的问题,建立"零容忍"行动内容库,并制定《上海联通"零容忍"行动方案》,全面组织和积极推进五大服务渠道落实"零容忍"行动。

表4-1-6 2010年6月上海联通"零容忍"行动自查情况表

序号	问题类别	自查中发现问题	产生原因	整改措施
1	服务态度	10010客服代表服务态度引起用户投诉。	客服代表工作压力大,心理调节能力不强。	在客服代表中宣贯服务态度的重要性,对超长电话进行分析提炼,帮助客服代表减轻压力,同时实行班长关爱制度,加强团队文化建议。
2		10019服务起止语不规范。	前期有规范的服务起止语,为确保整个上海联通对外服务统一同时体现集团客户服务特色,借本次行动机会进一步规范。	10019热线服务起止语将借鉴10010执行统一标准;10019外呼起止语将结合集团客户服务内容不同,有针对性进行定制;制定最终服务起止语标准脚本。

〔续表〕

序号	问题类别	自查中发现问题	产生原因	整改措施
3	服务态度	营业人员在业务办理过程中出现推诿现象,未做到首问责任制。	首问责任制欠缺考核及要求。	强化首问负责制,杜绝营业厅服务推诿问题:严加考核,落实到责任人。
4		营业人员服务热情不够,主动服务意识不强。	对营业人员的服务意识、服务礼仪规范的培训不够。	组织服务意识教育、服务行为和服务礼仪培训,由各区分公司培训师及营业厅经理将培训内容复制到每一位营业人员。
5		个别 VIP 服务专员态度生硬。	沟通技巧及服务礼仪存在欠缺。	推行"12345 服务规范",加强沟通技巧、服务礼仪培训。
6		个别 VIP 服务专员未遵守首问负责制,存在推诿现象。	一方面服务技巧存在欠缺,让客户误解;另一方面,后续流程不清楚,责任不清。	推行"12345 服务规范",加强投诉电子流闭环管理。
7		代维服务态度不好的现象有反弹趋势。	代维人员服务水平参差不齐。	严格管理,推行规范服务。
8	咨询答复	客服代表回答问题机械化,一问一答,主动服务意识不强。	脚本欠灵活,缺少客户化语言,缺乏技巧培训和话术管理。	持续开展知识库客户化语言的编辑,突出业务要点;加强服务技巧培训,引入话术管理。
9		营账系统集团客户对应的"客户服务等级"字段未更新。	2010 年上海集团客户名单 4 月中旬最终定稿,营账系统对应字段需进行后台统一调整。	确认 2010 年最新名单客户;系统后台统一修改和更新。
10		在用户办理业务时不能快速、明确地进行业务介绍和业务办理。	业务政策繁多、受理复杂,营业受理操作缺乏统一培训,区县分公司缺少二级培训体系。	1. 整合培训力量,强化培训效果,提升营业人员的业务能力;2. 组织开展"迎世博"服务竞赛,借力世博全面提升营业窗口服务能力;3. 要求营业人员熟练使用知识树。
11		个别 VIP 服务专员业务咨询答复存在差错。	业务知识有所欠缺。	加强业务培训,提升业务能力。
12		个别 VIP 服务专员未遵守 24 小时待机规定,咨询答复不及时。	责任意识有所欠缺。	一方面加强责任意识教育,加强指导监督;另一方面开通手机呼叫等待、来电提醒功能。
13	业务宣传	10010 业务宣传更新不及时,造成服务人员回答客户咨询问题错误或不准确。	1. 公司业务内容传达不及时、不完善;2. 客服热线业务采编传达及时率、准确率未达到 100%;3. 客服代表对新业务的掌握程度不高。	1. 建立并完善业务信息流转机制(包括三大类型业务上线流程梳理,重大业务一线服务窗口会签等);2. 定期整理删除过期信息;3. 建立畅通的知识库意见反馈流程;4. 业务培训分级、业务拨测分级。
14		营业人员不善于利用面对面接触用户的机会,去向用户推荐公司业务。	营业员主动营销意识薄弱。	1. 充分利用知识库平台,快速提升营业人员对新产品的熟悉;2. 整合培训力量,强化培训效果,提升营业人员的主动营销意识。

〔续表〕

序号	问题类别	自查中发现问题	产生原因	整改措施
15		10010IVR、短信营业厅、网上营业厅、WAP营业厅的话费查询结果不一致、展示方式及单位不统一。	该问题涉及多产品多部门,缺乏统一的规范指导,也有系统未能支持的因素。	协调涉及部门共同解决"查询项目、名称、结果一致性""结果展示方式及单位一致性""套餐免费量的提醒和已使用量的提醒""积分信息""历史账单查询时间一致性"问题。
16	业务办理	固网用户已付费,作被叫时的语音提示欠费停机,造成用户不满。	由于固网的"代理商买单"模式,经常有用户已付费,而代理商在未核实准确的情况下申请将用户电话做欠费停机处理。	1. 跟踪代理商收费录入功能测试、上线,关注后续代理商买单用户付费情况查询效果和用户反映;2. 向市场部、销售部提出规范代理商录入、欠停行为的建议,账务部门要加强欠费停机规范和流程,严格审核、复查代理商提交的欠费停机申请,避免误停机造成用户投诉。
17		营业业务人员办理业务输入差错。	业务政策繁多、受理复杂,营业受理操作缺乏统一培训,区县分公司缺少二级培训体系。	1. 整合培训力量,强化培训效果,提升营业人员的业务能力;2. 组织开展"迎世博"服务竞赛,借力世博全面提升营业窗口服务能力;3. 要求营业人员熟练使用知识树。
18		营业人员服装不统一,仪容仪表不符合规范。	服装已陈旧,未重新制作。	服装重新制作,严格要求营业人员仪容仪表符合规范。
19	现场管理	业务高峰期,营业厅内秩序较差。	岗位设置不合理、未积极引导用户使用自助设备、未按照应急处理机制施行营业厅现场管理。	1. 公布营业厅忙时闲时;2. 科学合理排班。
20		代维服务预约不规范。		严格执行预约制度。
21		代维人员着装、仪容不规范。	管理不严,代维人员未按制度执行。	推行规范,严格检查。
22		上门工器具不全,延误业务开通。		加强培训,加强检查考核。
23	业务管理	SP乱扣费。	前期增值业务批开体验活动较多,在批开后有个别部分SP未将业务关闭,造成了用户非主动定制被扣费现象,影响了用户体验。	需要在日后业务体验中严格规范流程,避免违背用户意愿的定制行为和扣费行为。

是年,上海联通"零容忍"行动取得明显成效。一是五大窗口服务渠道"零容忍"行动全面展开,并不断完善和丰富。二是杜绝有章不循、有令不行的7类浅表性服务问题,在服务人员中形成共识,服务人员服务意识进一步提高。三是"零容忍"行动整改措施得到有效落实,五大渠道服务状况得到进一步改善:营业服务人员全部持证上岗,且由服务浅表性问题引发的用户投诉量明显下降;VIP客户经理服务满意度83.6分,较上半年提升3.6分;客户服务中心实现"服务态度零投诉""业

务宣传零滞后"和"话费查询零障碍"三大目标；本地 SP 乱扣费现象得到有效遏制，其投诉量较上年同比下降 56.6%；网络代维服务预约服务、延误开通用户投诉为零；四是"零容忍"行动落实情况由窗口单位自查、抽查、社会监督员暗访三种检查形式结合，"零容忍"行动进展情况定期在经营服务例会上通报，上下齐抓共管，"零容忍"行动检查监督机制得到进一步完善。

六、服务质量监督

2004 年 5 月，上海联通建立服务质量分析月例会制度，旨在了解用户关心的热点业务，以实现服务工作与其他专业工作全面无隙结合。通过对服务质量和用户流失互动分析，掌握用户流失率，挖掘公司管理、业务中深层次问题，完善管理制度和工作流程。截至 11 月 30 日，共 6 期服务质量分析会共提出涉及网络、增值、系统、业务政策、管理等内容重大或疑难问题 32 项，82% 的问题得到解决，18% 的问题在处理中；共形成 8 份管理制度、业务通知等文件，梳理管理流程 6 项，促使平台建设、系统功能完善 7 项；会议取得较好效果。质量分析会后开展老用户挽留、关爱工作，切实解决老用户普遍关心的问题，稳定用户队伍。

2005 年，服务质量管理分析会共提出各类疑难问题 50 项，其中 45 项得到解决。上海联通急客户之所急，想客户之所想，通过质量分析会，将不适应客户需求的业务流程集中讨论，进行改进。例如，在代理商管理方面，不仅解决 1001 电话营销、代理商假借联通名义业务推销、冒用身份证和坏账代理商赔偿等问题，作为长期系统工作，下发《关于用户投诉冒用身份和欠费诉讼中善后问题处理流程的通知》，制定笔迹鉴定等制度和流程，加强渠道管理，提高各部门风险防范意识。

2006 年，上海联通营业厅规模扩大，下发《营业网点营业款管理及核算办法》，并结合营业工作特点，初步设计与之配套的操作流程。成立报表稽核小组，做到营业厅报表制作审核专人负责，一级审一级，实时监控营业资金和报表制作每个环节。

2007—2010 年，对"10010"热线和 96032 自动语音系统、"大众卡"套餐转换、新世纪通业务套餐外转换功能接入自动语音系统等问题进行解决，形成《关于延长部分 165 本地拨号卡有效期的通知》《关于对电信固话大面积改号解决方案的申请》等文件，促进技术方案优化，提高客户满意度。

建立服务质量分析月例会制度，由客服部牵头成立由部门各级经理及"10010"热线员工组成的服务质量分析小组，搜集客服部各类统计数据，形成服务质量分析会材料。通过加强部门之间沟通，做好服务质量分析，加强跟踪考核，切实提高服务执行力。

2007 年，上海联通依据"谁接入、谁负责；谁经营、谁负责；谁收费、谁负责"原则，制定服务质量监督处理规则。服务质量监督责任方为服务质量监督部门（综合市场部）和增值业务管理部门（包括增值业务管理中心、数固业务中心、G/C 网经营部）。服务质量监督部门负责制定针对信息服务业务服务质量监督管理办法、标准和实施流程；对因提供方引发投诉、申诉、案件等情况按月跟踪和统计，进行服务质量监督。增值业务管理部门统一面对提供方，负责对相应提供方业务合作进行全面管理。提供方服务质量监督处理依据包括如下来源：一是被政府、行业主管部门及社会服务质量监督机构通报的信息服务业务事件；二是信产部申诉中心受理的重大案件及企业责任案件；三是媒体曝光信息服务业务事件；四是政府、行业主管部门及社会服务质量监督机构转办申诉案件、用户投诉案件；五是公司内部收集的用户对信息服务业务及提供方投诉数据；六是对客户利益或公司信誉造成严重侵害的其他案件。根据提供方责任及违规情节严重程度,将视事件严重程度,分别采取警告、阶段性中止结算、收取违约金和终止合作。其中警告是指对违规提供方给予警示告诫处罚;阶段性中止结算是指对违规提供方在整改期内暂停收入分成结算;收取违约金是指根据合同约定,向上海联通支付违约金,弥补由于 SP 原因给上海联通造成损失或成本增大;终止合作是指上海联通与 SP 提前终止合作。终止合作后,上海联通将收回分配给原 SP 的企业代码等网络资源。上海联通原则上两年内不再受理被强制退出 SP 重新递交的新合作申请。

2009 年 2 月 10 日,上海联通对《上海联通信息服务业务服务质量监督管理办法(2007 版)》进行修订。修改版主要内容一是增加营业厅管理、考核、整改、规范、奖惩。二是强调对营业厅形象、布置、规范、考核等作出规定。

七、信息公开

2007 年,上海联通落实"信息公开"工作情况。信息公开主要内容为上海联通各类业务、服务类信息,以及中国联通或政府监管部门规定,需向公众公开各类信息;通过上海联通及社会各媒介资源,使用户在公开、公平、公正环境中及时获取准确信息,实现"方便用户、明白消费"。新推出或变更业务时,上海联通第一时间制作海报、展架、单页、横幅、吊旗、视频广告片等各类宣传物料,在上海联通网站、网上营业厅、网上商城等,全市 167 家营业厅、各合作专营店及专柜,通过《世界风》VIP 专刊、《联通心声》《会员心声》、10010 服务热线、10013 聋哑人短信服务热线,以及报纸杂志、电视、电台、地铁灯箱等发布。上海联通定期刊发《就爱我》电子杂志,不定期组织用户俱乐部活动,及时向老用户介绍。此外,上海联通制作规范用户入网协议、账单和发票,明确所有收费项目和内容统一计费,确保各类电信服务明码标示。同时以短信提醒等方式使用户对手机预付费余额以及信用控制限额及时知情。为保证差错"有处可报",保障用户合法权益,专设 13310018315 服务质量监督举报电话。用户在遇到各级服务窗口对投诉问题不能按承诺解决,或服务质量有问题,可通过此电话进行举报。

八、投诉处理

1997 年,上海联通建立用户投诉处理制度。

2006 年,为更好处理用户投诉,维护用户正当权益,建立良好企业形象,有效地防止用户投诉升级,提高用户满意度,上海联通对用户投诉处理提出减免补偿标准。

2009 年 2 月 9 日,为规范客户投(申)诉处理工作管理机制,保障客户投诉得到及时有效处理,提高客户投诉处理结果满意率,加强对投诉处理各环节管控,根据国家、行业和中国联通相关规定,上海联通制定《客户投诉处理管理办法》。处理时限:一般投诉最长不超 24 小时,省级投诉最长不超 48 小时,全国级投诉最长不超 72 小时;内部处理时限,受理渠道填写工单时限≤1 个小时;客户服务部投诉处理审核,派发工单时限≤4 个小时;投诉工单处理,责任部门、区县上海联通处理时限≤48 个工作小时;回访客户的时限,投诉处理结束 7 日内进行。投诉流程见图 4-1-1。

2010 年,上海联通对客户投诉分级、升级处理作出规定。建立以客户为中心引导型智能客户服务平台,实现咨询投诉"一点受理、全程监督、闭环处理","充值复机不及时、计费查询不方便、欠费停机不通知、账单资费不准确"等服务短板问题明显改善,客户感知与满意度有所提升。

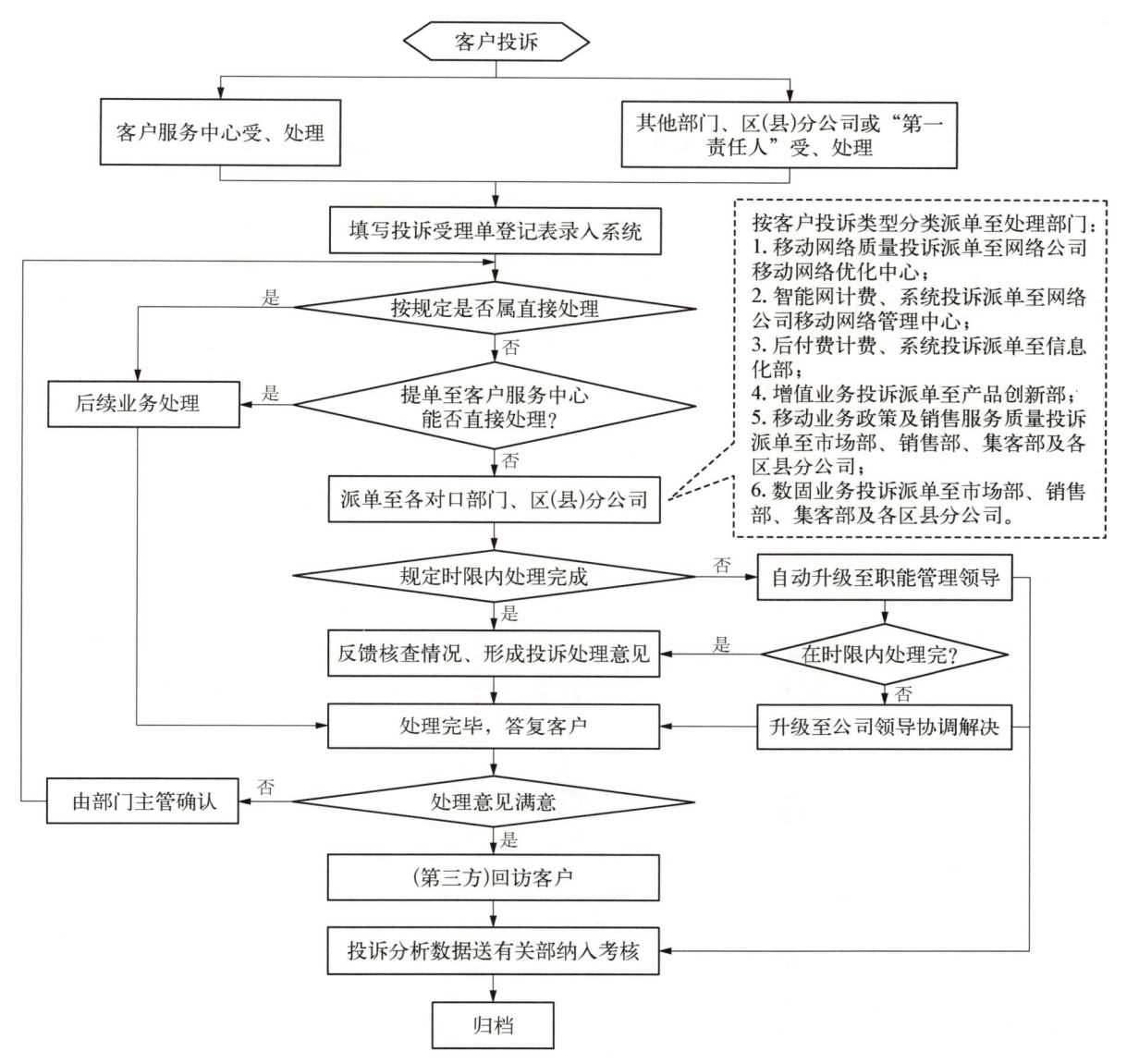

图 4-1-1 2009年上海联通客户投诉处理基本流程图

第二章　窗口服务及特色服务

窗口服务，包括大客户服务、营业网点建设、网上营业厅、租赁服务、客户服务保障、客服热线、自动语音、星级服务、沙龙俱乐部、通信外服务、销售缴费一账通服务、《联通心声》宣传页等，是上海联通对用户直接面对面沟通的重要工作，也直接关系到企业声誉。在窗口服务工作中，客户对技术、政策、服务态度等不理解会出现投诉。上海联通着力建立长效机制，一是对投诉处理中发现同类管理问题，固化在系统上进行闭环管理、跟踪和评估解决；二是持续推行日预警、周要情、月通报问题监控机制，根据投、申诉问题，实时通报、跟踪，重点关注及解决当期投申诉反映热点、难点问题，制定针对性措施，常抓不懈。上海联通服务窗口工作走在全国同行前列。2010 年起，上海联通每季都将当期用户投诉热点、难点案例汇集成册，一方面归纳总结，另一方面使之成为全体窗口服务人员教材。

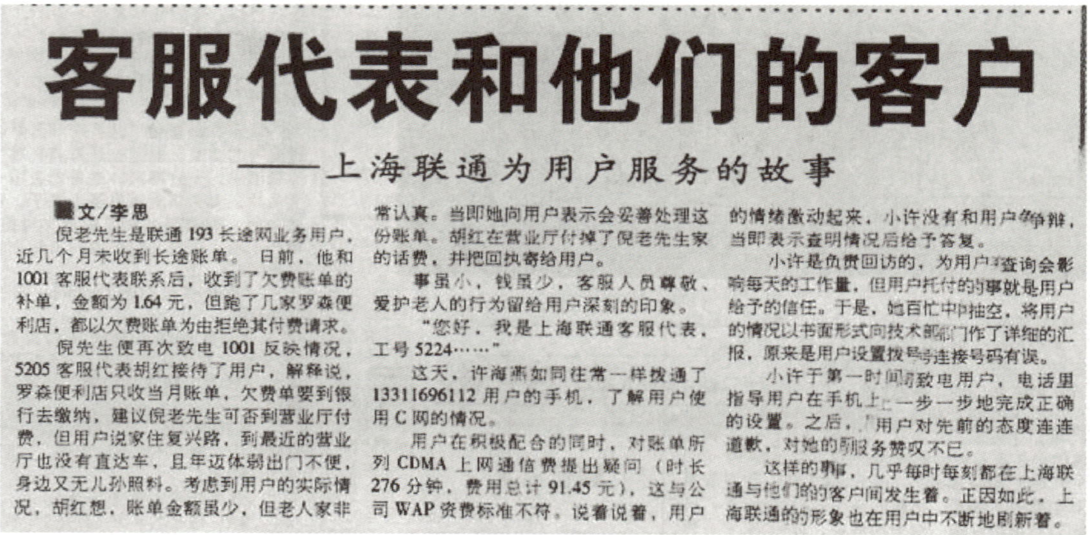

客服代表和他们的客户

——上海联通为用户服务的故事

文/李思

倪老先生是联通 193 长途网业务用户，近几个月未收到长途账单。日前，他和 1001 客服代表联系后，收到了欠费账单的补单，金额为 1.64 元，但跑了几家罗森便利店，都以欠费账单为由拒绝其付费请求。

倪先生便再次致电 1001 反映情况，5205 客服代表胡红接待了用户，解释说，罗森便利店只收当月账单，欠费单要到银行去缴纳，建议倪老先生可否到营业厅付费，但用户说家住复兴路，到最近的营业厅也没有直达车，且年迈体弱出门不便，身边又无儿孙照料。考虑到用户的实际情况，胡红想，账单金额虽少，但老人家非常认真。当即她向用户表示会妥善处理这份账单。胡红在营业厅付掉了倪老先生家的话费，并把回执寄给用户。

事虽小，钱虽少，客服人员尊敬、爱护老人的行为留给用户深刻的印象。

“您好，我是上海联通客服代表，工号 5224……”

这天，许海燕如同往常一样拨通了 13311696112 用户的手机，了解用户使用 C 网的情况。

用户在积极配合的同时，对账单所列 CDMA 上网通信费提出疑问（时长 276 分钟，费用总计 91.45 元），这与公司 WAP 资费标准不符。说着说着，用户的情绪激动起来，小许没有和用户争辩，当即表示查明情况后给予答复。

小许是负责回访的，为用户查询会影响每天的工作量，但用户托付的事就是用户给予的信任。于是，她百忙中抽空，将用户的情况以书面形式向技术部门作了详细的汇报，原来是用户设置拨号连接号码有误。

小许于第一时间致电用户，电话里指导用户在手机上一步一步地完成正确的设置。之后，用户对先前的态度连连道歉，对她的服务赞叹不已。

这样的事，几乎每时每刻都在上海联通与他们的客户间发生着。正因如此，上海联通的形象也在用户中不断地刷新着。

图 4－2－1　2003 年 5 月 26 日《文汇报》报道

第一节　营　业　厅

一、主要网点

1995 年 6 月，上海联通从社会上众多竞聘者中挑选 10 人为营业窗口岗位人选，强化对其培训，内容为公司概况前景介绍、手机的正确使用、营业发票的开发流程和注意事项等，为公司正式对外营业作好准备。11 月 10 日，上海联通第一个自办营业厅康定路营业厅正式开张。

1996 年 5 月，上海联通连续推出两家营业厅：一是大连西路营业厅，赶在 5 月 17 日第 28 届世界电信日来临之前开业。该厅位于大连西路16号,营业面积100多平方米,该营业厅是上海联通第二个受理综合电信业务的营业厅。二是浦东新区东方路营业厅,12月8日开业。该营业厅面积200平方米。开业当日,营业部临时团支部特地组织团员、青年在厅门前设摊,开展接受用户业务咨询便民活动。

1999年9月15日,上海联通在天目西路547号新址举行"联通国际大厦"命名揭幕、中心营业厅开业暨庆祝分公司成立五周年仪式。

2001年9月29日,首个郊区专业营业厅上海联通崇明营业厅揭幕,"联通亲和便民工程"启动。

2002年,上海联通营业网点从12处发展到18处,郊区各县都有营业厅,用户满意度从71%升至76%。

为便于西南和浦东地区的联通用户就近办理各类业务,徐家汇(华山路1885号)和周浦(上南路7998号)营业厅分别于2003年3月15日、28日对外营业,这是上海联通2003年首批建成投入使用的两处合作营业厅。

2003年,根据上海联通用户满意工程目标,新建安亭长江西路、广灵四路、泰兴路、龙华路、松江普照路、罗店、三林等合作营业厅15家,建设数量为前两年的总和。包括原有恒基、江苏路营业厅在内共建成20处营业厅,遍布上海17个区县,基本做到辐射全市。新建网点起到分流业务量、缓解主营业厅压力、减少用户来回奔波及户窗口排队等候时间等作用,解决了市区网点少、市郊结合部地区网点空白问题。12月2日,上海网通首家营业厅——徐汇自营厅在肇家浜路开业。

2004年年初,上海联通新增具有综合受理能力的营业厅15处,全市网点达50家,并新建CDMA手机一站式服务中心1—3处。12月,第47家营业厅——政立路营业厅在政立路807—809号开张营业。至年底,已建成34家合作营业厅,其中市区18家,郊县16家,营业总面积为5246.27平方米,遍布上海17个区县,基本实现辐射全市。郊县合作营业厅的建成改变了浦东用户办理联通业务"上天入地"(上大桥下隧道)、崇明用户"乘船过江"等局面,分流用户并缓解主营业厅压力,为联通创优质服务,提高用户满意率打下牢固基础。是年12月1日,上海网通临平路合作营业厅开张。

2005年,上海联通实行营业厅全业务销售,实现以服务促业务,服务增值的作用,形成"一点三中心"骨干营业厅为基础的网点布局。年初,以四川路营业厅为代表的5个合作营业厅被上海市通信管理局评为"文明示范点"。3月2日,沪上首个与部队合作开设的营业厅,第51个营业厅——新闸路军事新时空营业厅在新闸路1711号开张营业。年中,建成合作营业厅50家,自营营业厅1家。9月15日,举行长宁路旗舰营业厅开业暨"11周年乐翻天"积分开奖仪式,得奖用户喜获价值11万元的别克凯越RV轿车。10月20日,第56家营业厅——宜川路营业厅开张。该营业厅面积140平方米,内设服务受理柜台5个,销售柜台4个,收银柜台1个。

是年,上海网通加强营业网点管理和考核,做好营业厅建设工作,将合作营业厅与自营营业厅协调发展,作为整个客户服务中的重要环节,为合作模式积累经验。

2006年4月25日,上海联通首家校园店在上海交通大学闵行校区落成,公司副总经理出席开业典礼并剪彩。家庭客户部、市场部、产品创新部、业务支撑系统部、客户服务部等部门代表及各区县分公司领导共同见证开业仪式。开业当天,校园店对校园新势力、手机礼包产品进行展示销售,对上网卡业务、网上营业厅进行宣传。闵行分公司利用校园店举办现场促销、抽奖及有奖问答活动,吸引广大师生积极参与,仅开幕式期间销售新势力卡16张、手机礼包2个。

上半年,10家营业厅建成并投入运营,5家营业厅完成装修,5家营业厅装修中。随着直销队伍初步到位,截至7月,直销管理室累计发展用户1 201户。

2009年4月15日,浦东陆家嘴营业厅旗舰店(南泉北路营业厅)开业,上海联通总经理蔡全根参加开业仪式并视察工作。"5·17世界电信日"当天,长宁3G体验厅开幕。这是上海联通第一家3G业务体验厅。占地面积380平方米,是上海地区面积最大、功能设施最为完善的联通旗舰厅。是日受理用户80个,客户预约3G放号62个,咨询人流量达523人次。12月23日,由奉贤区分公司独家接入的上海应用技术学院校园店开幕。

2010年2月,浦东联洋营业厅开业。营业厅揭幕首日吸引众多用户前来参观咨询、办理业务,当天共接待用户约80余人次,办理iPhone套餐6个,宽带及固话开户各1个,无线上网卡2个,续费补卡等约40人次,总营业额达3万余元。4月29日,上海联通针对世博新设的浦东周家渡世博营业厅开业。8月8日,江苏路营业厅、天山路营业厅开业。截至12月10日,上海联通共有88家营业厅,其中自营厅58家,合作厅30家。市场部审批新建营业厅25家,其中自营厅14家,占100家自营厅建设目标的14%;合作厅11家,占80家合作营业厅建设目标的13.75%。是年,上海联通仙乐斯3G体验厅开业。

表4-2-1　2007年上海网通各营业厅情况表

名　称	地　址	店　面　情　况	主要服务区域	营　业　情　况
徐汇旗舰营业厅	徐汇区肇嘉浜路807号五洲国际大厦102室	1. 实际面积280平方米,6个柜台,建有宽带商务演示厅、网通奥运五环展示长廊; 2. 月租金9万元,物业费1 440元; 3. 2003年11月开业,2008年10月31日租约到期	周边有大同、乌中、瑞金、阳光巴黎等小区,覆盖用户近2 000户	1. 营业时间:9:00—18:00; 2. 同时负责代理商CPN、宽带电话变更、销户受理单传真件操作; 3. 日均营业收入2万元
临平路标准营业厅	虹口区临平路123号1—02单元	1. 实际面积75.58平方米,4个柜台; 2. 月租金3万元,物业费3 100元; 3. 2004年12月开业,2007年10月31日租约到期,开发商不再续租,需选址重建	地处瑞虹配套直销小区,用户2 000户,同时覆盖国贸、四季沙龙、恒声半岛等小区,用户近5 000户	1. 营业时间:10:00—19:00; 2. 日均营业收入2万元
商城路标准营业厅	浦东新区商城路666号乐凯大厦2楼	1. 实际面积100平方米,4个柜台; 2. 月租金1.66万元,物业费3 000元; 3. 2006年12月启用,租期3年	周边有竹园、潍坊、梅园等小区,覆盖用户数30 000户	1. 营业时间:9:00—18:00; 2. 日均营业收入1.7万元
东川路小型营业厅	闵行区东川路紫竹科技园3号楼1楼	1. 原营业厅被开发商2006年5月因故拆除3号楼1楼新址,预计7月底建成,使用面积80平方米; 2. 建成后免组1年,租赁协议待签; 3. 与同铮电子原合作协议2007年7月底到期	园区内均为知名企业	
浦驰路小型营业厅	闵行区浦江世博家园浦驰路318号	1. 建筑面积123平方米,4个柜台; 2. 月租金4 500元; 3. 2007年6月完成建设	浦江世博家园配套小区,用户3 000户	

图 4-2-2　2006 年上海联通恒基营业厅

二、网点管理

1995年5月5日,上海联通成立中国联合通信有限公司上海营业部。8月7日,撤销原业务处和市场拓展部,成立经营业务处,下设营业部、客户部、市场部、计费中心。

1996年,上海联通营业部推出"一米线"服务方式。在坚持走出柜台、低柜服务、综合受理、规范服务用语基础上,为用户提供静谧有序的环境。为更好地服务用户,在营业厅内推出"一米线"服务方式。在距营业柜台或营业窗口一米处划线,并在旁挂牌。此服务有助于维护用户个人隐私和营业场所秩序环境,改善用户体验。同时,尽力做好用户投诉接待工作,落实专兼职投诉接待人员。

1997年10月14日,上海联通组织力量对营销一线各个对外服务窗口服务质量进行全面检查。对照检查服务工作中薄弱环节要求及时整改,扬长避短,提高服务质量。

1998年3月,上海联通开展以"质量改进"为主题的金点子活动。营业部围绕质量贯标工作,以提高服务质量、改变服务形象为目标,在部内开展"假如我是用户"活动,并学习宣传北京分公司"谁得罪用户,就请他下岗"的做法,营造优化服务质量氛围。营业部全体员工积极投身这一活动,献计献策,人人从我做起,视用户为"上帝",使营业部面貌焕然一新,尤其是营业"窗口":在营业厅新设"引导"岗位,用户只要进入联通营业厅大门,"引导员"便笑脸相迎,针对用户提出的各类问题,引导其至不同业务窗口予以办理或解答,使用户有宾至如归之感;规范业务接待流程细节,避免衔接上脱节。理顺业务接待管理上环环紧扣关系,提高劳动效率,减少用户等候时间,把方便送给用户;在条件不足情况下,在营业厅调整开辟为用户 SIM 卡解 PUK 码服务和账务咨询等新业务项目,受到用户欢迎。

1999年9月,面积1 400平方米的上海联通中心营业厅开业。客户服务部开展营业窗口星级服务竞赛,通过3轮评比,评出二星级营业员6名,一星级营业员10名,营业服务质量得到较明显改善。

2001年1月21日,上海联通与上海联华便利商业有限公司合作协议签约仪式在锦江饭店小礼堂举行。3月25日,上海联通委托上海邮政局代扣移动电话费(邮政交费"快惠通"业务)签约仪式在上海邮电大厦举行。通过更广泛合作,上海联通在销售和缴费服务方面,实现各类通信产品24小时销售服务,在2001年底实现内环线内销售缴费网点服务半径不超过1公里,市郊每乡(镇)均有上海联通销售缴费网点。

2001年,形成以骨干营业厅为基础的区域性营业厅服务管理模式;开设自助营业厅,提供24小时不间断服务;开通10016电话营业厅和10018大客户服务热线;统一规范网上营业厅、短信营业厅、WAP空中营业厅等电子化服务渠道,在业务受理、咨询、查询、缴费充值等基本服务方面的功能,满足用户多渠道、多方位、多层次、全天候服务需要。

2002—2003年,制定大用户服务总体方案;成立上海联通用户俱乐部、开通机场联通会员绿色通道及贵宾休息室、组织"送礼送健康——体检活动"、电影首映式观摩等活动后,继续开展亲情便民工程;新建安亭等合作营业厅15家;与联通国脉合作建立手机维修中心;开发自动语音查询系统96831;进一步开展"服务零差错"和"服务零距离"专项建设,并通过各种活动实施老用户关爱计划。

2003年,上海联通建立完善《营业厅管理办法》《营业服务规范》《营业厅考核办法、考核细则》《营业员考评表》等多项制度,有效地保证服务质量稳步提高。营业中心根据运营中遇到影响服务质量一系列问题,调整流程,完善管理办法和规章制度,使之更具可操作性和公正性。

从2003年提高服务质量活动至2004年服务持续改进,营业厅持续改进工作纳入长效管理。营业厅执行多级检查制度在实施中不断完善,具体包括:营业厅负责人每天现场检查,营业中心基层管理人员定期检查、考核,客户服务部不定期抽查,社会监督员不定期随访、监督和市质量协会定点调查等。客服部对检查结果进行汇总、考核和评价,分析查找需要改进项目,制定新措施予以持续改进。

2004年,上海联通对合作营业厅加强监管。本着"营业厅开业一个、管好一个"管理要求,经过一年多不断摸索,形成"四统一"管理监督模式,即统一服务标识、统一运作模式、统一管理规范、统一考核标准。

9月15日,上海联通成立10周年纪念日,上海联通组织全体干部及员工参加"奉献在上海联通"的先进事迹报告。傅晓鸣获上海联通"优秀业务标兵"、全国联通"百名优秀营业员""全国用户满意服务明星"荣誉称号。会上,天目西路营业厅得到表彰。作为上海联通主营营业厅,该营业厅2002年获中国联通"十佳营业厅"称号,2003年初被评为"上海市通信行业文明示范点",年底被信息产业部授予全国"电信服务明星班组"。

2005年,上海联通大客户部成立后,8个营业厅先行开设绿色通道,完成客户维系和挽留系统招标,5月底上线后成立渠道管理小组。上海联通在细微之处抓成效,逐步明确细化关爱活动管理。营业厅关爱考核主要涉及物料管理、培训、操作规范、报表和拆户挽留五大类别,落实到一线操作细化为关爱海报及单页布置、关爱协议书规范填写、终端及时到位、关爱机价及时更新、关爱业务主动推介等28个评分栏目。从"关爱活动营业厅考核报表"到考察月报、战略转型分析报告、业务流程规范、手机管理办法、关爱活动合作营业厅考核管理办法等,大客户部关爱工作制度建设逐步走向规范。上半年,营业厅关爱情况总体呈上升趋势,拆户总人数、拆户比率逐步下降,续约比率上升。7月,32家营业厅协议用户拆户率较上月有不同程度下降;其中渠道小组进行关爱试点,永嘉路营业厅在关爱总量较大基础上拆户率下降24.05%。

上海联通营业厅经过2003—2004年制度完善和服务改进,积分兑换用户人数大幅增长,1—3季度为120 797人,是2004年全面兑换人数的4.45倍;兑换积分总数约为4.55亿分,是2004年的4倍。仅8个月内,用户参与数占符合积分兑换标准(积分≥1 500分)总人数比例15.04%,提前超额完成中国联通全年8%考核指标。

表4-2-2　2005年上海联通营业厅投资汇总表

营业厅地点	建设方式	面积（平方米）	计划费用（万元）			合计费用（万元）
			装修费用	设备费用	其　他	
浦东	自建	250	75	25	0	100
长寿路	合建	100	15	0	5	20
嘉定安亭	合建	100	15	0	5	20
五角场	合建	100	15	0	5	20
松江	合建	100	15	0	5	20
合　计		650	135	25	20	180

2006年,上海联通共有178家营业厅,以建设中心营业厅为标志,自有渠道建设取得实质性进展。上海联通成立专项营业厅网点建设领导小组,积极推进该项工作顺利进行。恒基、长宁、黄浦中心营业厅投入运营。中心厅经理及营业员人员招聘工作基本到位。B类营业厅寻址和建设进度进一步加快。直销队伍初步到位,直销管理室累计发展用户1 201户。中心营业厅由上海联通自建并直接进行管理,承担体现品牌形象和区域服务功能,成为区域化管理服务平台,实现对社会渠道直接管理和有效支撑。

是年,上海联通上下联动,召开专题会议,制定改进方案,在保证不中断营业厅原有营账三层的情况下,对CICS主机进行扩容。信息化中心维护人员从6月28日起到8月9日,主动安排工程实施路线,克服种种困难,在短短40天内,完成1 200多台外设营账终端配置文件的修改。通过此次扩容优化,前台终端忙时系统接入时间从30秒缩短至20秒,响应速度提高近35%。把营账终端的接入能力由扩容前1 000台改善到2 000台,从而进一步确保年底大量新建营业厅新增终端营账接入成功。

2007年,上海联通在天目西路恒基营业厅用户接待室专设面对面用户投诉争议调解接待中心。

2008年,融合后的上海联通、网通营业厅提前实现营账互联。根据集团关于中国联通与中国网通共享营业厅资源有关工作要求,发挥双方营业渠道整合优势,扩大服务范围,在双方自有营业厅内实现对方业务的受理。信息化中心积极协调上海网通和上海联通相关部门,6月28日完成有关营业系统支撑建设,提前2天完成任务。上海联通长宁营业厅、恒基营业厅和上海网通临平路营业厅、番禺路营业厅、徐汇营业厅实现营账互联,并可同时受理联通、网通业务。

2009年8月,综合营业中心流动服务车首次设摊促销。11日,在举办简短发车仪式后,20辆流动服务车投入运营。至此,上海联通打破"坐地行商"束缚,成为国内首家开展流动销售服务的电信企业。17日,综合营业中心组织19个中心营业厅经理赴北京分公司进行为期3天学习。

2010年7月1日,上海联通为改善营业厅一厅两制、销售与服务脱节现状,充分发挥区县分公司作为营销一线管理作用,建立整体营业厅业务模式,有效提升营业厅整体销售能力,对自有营业厅实施嵌入式管理。将现有营业厅业务受理区分区、分柜管理,调整为整体营业厅模式,即所有业务受理柜台均可办理移动业务及相关服务。

三、网上营业厅

1998年上半年,上海联通开拓思路,与沪上各大银行联系商谈,推出服务新举措,建立银企合作新关系,一如既往将满足用户需求放在首位,130网用户交费点从原上海银行网点扩大到中国银行、福建兴业银行。积极拓展上海市区及郊县营业网点,营业网点总数达350处。与中国建行开办代收款业务,委托中国银行和中国工商银行在上海700多处营业网点开办利用储蓄卡转账扣款业务,为130网用户提供便捷付款方式。

2008年6月20日,长三角信息通信发展论坛年会在上海国际会议中心举行,上海联通围绕"信息通信产业如何为金融行业更好提供服务"年会主题精心布展。展示向金融行业重点推介的"移动POS""指付通""企信通""移动OA""企业炫铃"等集团业务,"手机电视""手机钱包""掌上股市""股票小秘书"等增值业务,以及"网上营业厅""手机营业厅"等电子渠道,供参会人员试用。展会当天,上海联通展台共接待参观者500余人次。上海联通副总经理鲁东亮、魏炜出席会议。

2009—2010年,上海联通通知各部门按照网上营业厅管理办法和网上商城销售运营管理规范,明确各部门职责。总体思路:网上营业厅建设、运营、管理、维护和建设形象统一,网上营业厅是功能齐全、安全易用、技术先进的网络综合服务和营销窗口。依照国家有关法律、法规和计算机信息网络安全保护有关管理规定,以及中国联通关于网上营业厅各类相关管理制度和规范,结合上海联通实际:一是客户服务部负责指导和协助网上营业厅相关客户服务、客户俱乐部管理和服务质量监督管理等工作开展;负责提供网上营业厅中相关客户服务资源支持;负责网上营业厅中客户投诉、咨询和建议等工单处理和反馈;负责根据客户服务工作需要,向电子渠道中心提出相关功能需求;负责网上营业厅与本部门相关常见问题解答、营业厅、客服热线、服务公告等服务信息内容审核、提供和更新。二是网上营业厅要遵守网上营业厅各项规章制度;负责网上营业厅系统日常维护,处理有关网络问题,对相关人员进行技术指导和培训;负责网上营业厅版面及栏目重大变更,对各栏目设计和技术进行评定,负责落实相关部门所提出的业务功能需求;负责网上营业厅硬件设施和服务器等重大变更事项;负责分配和管理各类操作账号,严格控制用户账号权限,确保信息安全;负责定期提供网上营业厅各项统计指标数据。

四、一账通服务

【业务流程】

2003年9月,为体现综合业务优势,实现多项业务统一结算,上海联通在成立9周年之际,向综合业务用户推出"一账通"服务。在已包含用户使用的如意邮箱、165上网包月费等收费项目基础上,将193、IP账单进一步合并结算。

"一账通"将移动业务(C、G网)用户、193、IP、如意邮箱账号合并,全部在用户手机话费账单中体现,实现一份账单多项业务结算。在移动用户本人确认情况下,可合并不同用户名其他联通业务。

上海联通用户移动电话入网资料，并同时输入用户申请开通193或IP注册业务资料。将193或IP业务与用户移动电话号码作合并开账处理。操作步骤：一是输入用户193或17911资料（选择标准套餐）；二是将193或17911业务预约转套餐，选择"一账通"套餐；三是预约合并开账。

上海联通针对已登记移动电话和193或IP注册登记的用户要求开通"一账通"业务，可通过营业厅办理，同一户名或同一账址用户可通过"1001"电话及网上注册"一账通"业务，针对不能开通的用户客服部在48小时内与之联系。对营账系统已有移动电话资料但无17911或193注册业务资料用户要求开通"一账通"业务，移动电话用户可通过营业厅及"1001"客服热线，办理固定电话开通"193"或"17911"注册业务后，开通"一账通"业务。

【相关规定】

"一账通"业务免费提供，但需用户自行申请，并携带有效身份证件到营业厅办理。欠费移动用户和欠费193、IP注册用户，须将欠费全部结清方可申请开通"一账通"业务。

营业人员在为用户办理"一账通"业务前，须先将193或IP的套餐预约转为"一账通套餐"，再做预约合并账单操作。

用户申请"一账通"业务均为隔月生效，如用户10月份受理或取消"一账通"业务，首次体现合并或取消"一账通"业务是在12月份账单中（结算11月1—30日费用）。

申请"一账通"后，各业务单元均可办理停机、拆户、申请新功能等业务，但合并193或17911业务不可办理更改账户信息和单独打印账单。

新开通IP注册业务预置金额设置为300元。

17911IP注册业务在营账系统开通后，须至交换机同时进行开通操作。

用户通过电话或上网注册"193"或"17911"业务，只能开通国内长途功能，如用户需要开通国际长途功能，须携带有效证件至联通各营业厅办理。

193或17911注册用户申请国际长途及其他延伸业务，均须由用户出示双方有效证件办理。

代理商交接资料如因各种原因不能按规定受理，由客服部将用户资料退还给相关业务部门，由各业务部门通知相关代理商。

申请"一账通"业务后移动电话如被欠费停机，其合并193或17911业务产生费用仍寄往移动电话用户付费地址。

"193"和"17911"注册业务开通时限。营业厅和"1001"客服热线受理开通时限：24小时以内；网上受理：数据销售部确保用户在申请后24小时内将用户登记资料交客服部，客服部收到资料后确保在3个工作日内开通；联通移动业务代理商受理：客服部收到资料后确保在3个工作日内开通。如未出现用户资料，由客服部尽快输入"一账通"用户资料，确保用户及时使用该项服务。

第二节　1001/10010客服热线

一、1001诞生

【初期热线】

1995年7月，上海联通最早服务热线在静安区康定路319号开通，当时仅有一门直线电话，受理简单咨询和业务办理。

1996年5月,第28届世界电信日来临之际,上海联通推出"超哥大维修服务热线"。

1997年,上海联通客服热线由4台固话接入,主要回答用户关于售卡、基站覆盖等问题;服务时间8:30—20:30,节假日不断线,接线人员轮休。

1998年3月,上海联通营业部针对"热线"集用户咨询、查询、投诉为一体的混杂状况,细分热线业务,提出和解决"如何缓解咨询热线过饱和"问题,另外开辟一条账务热线方便用户,以提供全面优质售后服务。账务热线的推出,既受到用户欢迎,也缓解热线话务员超负荷工作压力。

1999年前,上海联通服务热线号为"62724301"。客户服务包含热线、投诉处理和维修,此客服体系结构一直维持到1999年。是年11月,上海联通启用"89133"服务热线。话房位于漕河泾,座席数仅有32个。服务热线和"89133"寻呼台合并,热线服务实现24小时全天候不间断服务。

【热线扩容】

2000年,上海联通客户服务系统得到进一步强化,扩大服务热线容量和功能,初步满足用户咨询和办理业务需要。

2001年,中国联通客服加强1001服务热线建设。上海联通在是年初的工作计划中提出:硬件建设要结合长安路局房装修抓紧到位。软件方面要根据新形势、新要求和业务新发展,开展对热线话务员培训,提高素质;要建立严格的热线受理作业流程和规范,确实把热线办成联通用户之家;要对热线受理用户反应和投诉实行跟踪,形成闭环,没有着落绝不放过。

4月1日,中国联通1001客服系统在全国同时开通。中国联通1001综合客户服务系统通过全国统一接入号码和多种接入方式,实现业务咨询、话费查询、投诉处理、话费催缴、业务预约等一体化服务与管理。11月,上海联通1001客户服务热线启用。年底,1001客服热线完成首次扩容,座席数由32席增至96席。

2002年,上海联通客户服务热线1001座席增加130个,年末座席共达180个;用户接听率由年初50%增加到90%以上。

2003年2月,上海联通1001客服热线进行第二次扩容,座席数增加至256席,话房搬迁至恒丰路610号工业园区。提出"打得通、讲得清、感觉亲"热线服务目标。引入ISO9000管理体系,实现热线投诉处理闭环,并制定新质检考核标准,将语音语调、标准用语、服务技巧、服务态度列入考核重点。

【热线外包】

2002年前,上海联通1001热线人工接通率在低位徘徊,主要原因是座席开通较少。为降低管理成本,提高服务效率,2002年3月9日,上海联通客服热线1001部分业务项目委托给上海电信"世纪新苑",双方在锦江小礼堂举行合作签约仪式。7月,1001客服热线人工接通率达83.7%,8月达90.2%,9月达92.5%,呈逐月上升趋势。座席外包后,1001热线平均人工接通率基本保持在90%以上。10月,上海联通热线管理逐渐步入规范化,执行中国联通统一服务标准。

2002年,上海联通引入对合作方运行服务质量质监要求,管理班组分为将培训、质检,现场管理运营职能分开,改变原先"一人统管"模糊模式。通过精细化管理,获中国联通"十佳百优"荣誉。

上海联通1001客服中心重新提升自身管理素质,力求从客服中心基础管理工作做起,从而带动1001客服中心整体服务质量不断上升和完善。

【服务规范】

2004年,上海联通先后出台《中国联通上海分公司管理规范》《标准规范用语》和《业务操作规程》等服务类规章制度。从服务用语、仪表仪容到服务纪律、操作规程以及工作场所布局设施、业务宣传、绿色通道措施等方面,对服务过程作出具体规定。为能使服务规范和服务标准得到有效执行,上海联通1001热线辅之以"首问负责制"和"一次申告下岗制",对服务进行规范,充分利用"大客户"专席、"CDMA"专席、"世界风"专席、"数据"专席和开通"SP专线"等服务举措,努力保持业务受理和用户投诉咨询渠道畅通。

二、10010升位

2004年8月以前,SP业务咨询占客服热线咨询总量较大比例,对1001热线人工接通率带来不小压力。虽然设置了SP服务专席"10109696",但因SP服务退订、查询均需人工受理,接通率低的现象并未从根本上改善。8月底,随着SP管理平台上线,SP各项业务受理得到有效分流,服务效率得以提高,受到用户好评。

报表系统。上海联通呼叫中心独具网络呼叫中心,虽在系统稳定性和容灾性上取得有利优势,但也为报表统计分析工作增加较大难度。根据实际业务需求,客服中心反复推敲制定全面报表需求书,并在信息系统部大力支持下,分别实现按平台、综合、技能组以及纵向统计等多种方式实现报表统计方式,并在此基础上进一步完成报表定制功能。

【系统界面】

考虑到知识树系统浏览结构单一、查询业务知识方式死板实际情况,围绕"在保证查询响应速度前提下,实现界面友好性,使用方便性,查询方式多样性和有效性",客服中心提出"新知识库系统"需求,结合表格、图片及色彩标示方法形象说明各类联通业务。是年10月,上海联通开发完成新知识库系统,新系统界面主次分明、直观,在很大程度上提高一次性问题解答率。

【号码升位】

2004年11月1日,上海联通1001客服热线号码升位到10010,当日呼入量保持平稳。

11月23日,上海联通执行中国联通1001升位广告宣传方案,原上海联通文件中规定暂用广告宣传内容随即取消。主标题:客服号码升位沟通更便捷;副标题:一切为了用户满意。平面广告分三人图案、单人图案两种。其中,三人图案为升位宣传的主形象画面,主要用于报纸、杂志、户外等平面广告发布;单人图案侧重于10010人工客户服务热线宣传。

2005年1月1日起,根据中国联通部署,上海联通原1001客服热线升位至10010(客户服务热线)及10011(话费查询专线),实现人工咨询服务和全自动话费自助查询服务分流功能。是日起,原1001号码停止使用,对联通本网移动用户拨打1001,继续给予号码升位语音提示至2005年1月底。12月1日,新增开通10016电话营业厅服务热线,主要用于"世界风"及其他各类增值业务等电话营销工作。

图 4-2-3　2005 年上海联通 10010 话房

【号码分配】

1001 升位后,具体号码分配方案为:10010——人工客户服务热线;10011——自助话费查询服务热线;10016——电话营业厅服务热线(电话营销将逐步启用"10012"缴费充值服务热线);10018——大客户服务热线;10019——集团客户服务热线;13010199999——国际漫游客服号码。

【体系建立】

2009 年 5 月 17 日,上海联通推出 10010 3G 视频客服热线、10198 视频秘书热线。上海联通 10010 客服热线新版 IVR 语音流程于 2010 年 6 月 25 日凌晨顺利完成割接,8 月设立 10018 VIP 客服专线,标志着 10010 客服热线分级服务体系建立,有效推进全业务服务下的 3G 专属服务模式。

【热线搬迁】

2009 年 12 月 19 日,10010 热线移动侧话房由恒基工业园区整体搬迁至文治路,之前数固侧话房于 7 月底由张江搬迁至包头路。至此,上海联通客服呼叫中心基本实现双话房、双客服系统运营模式,进一步推动呼叫中心专业化、规范化、集中化管理。

三、十种语言热线

2009 年,上海联通全面启动英、法、日等十个热门语种的"7×14 小时"10010 热线及营业厅远程保障服务。配备外籍客服团队,硕士学历代表超过 60%,全面提供专业通信服务。为提升外籍客户服务感知,上海联通精心打造"四服务体系",即主动服务、精准服务、协同服务和交互服务体系。主动服务,即提升服务人员主动意识,快速响应外籍客户通信需求,提供必要社区指引等便民服务;

精准服务,即运用大数据,满足外籍客户显性和隐性需求;协同服务,即实现服务热线、实体营业厅、在线服务等渠道协同,为外籍客户提供涵盖通信、交通、饮食、文化等全方位生活信息指南;交互服务,即根据客户评价及反馈,改进外籍服务标准及流程,提升客户满意度。

2010年世博会期间,上海联通接待大量外籍用户。为保障世博期间上海联通营业中心对外籍用户服务,自5月1日起到11月30日止,10010 3G视频专席为上海联通各营业厅提供英语在线翻译服务。3G视频热线为营业厅提供在线翻译服务流程。

四、3G视频热线

2009年5月17日,上海联通推出10010 3G视频客服热线、10198视频秘书热线。3G手机客户用手机视频拨打10010,可与客服代表"面对面"式互动交流,也可从手机视频上看到"可视化"IVR菜单。用户可通过3G视频客服查询话费、咨询3G业务、订制增值业务和使用一卡通充值。视频通信模式,可将个人账单、3G产品介绍直接推送到用户手机屏幕上,查看咨询更方便。

5月18日,上海市通信管理局发起、上海市老龄委召集100位老人,参观上海联通客服呼叫中心,体验上海联通客户服务全过程。现场浏览特色板报,欣赏"10010"热线特色服务文化——"感恩的心"手语表演,参观上海联通3G视频客服话房,观摩客户服务人员接听客户咨询电话服务场景。8月,上海联通建立3G信息反馈机制,紧密围绕"融合提升"主线,始终坚持以客户为中心、以服务促发展,结合3G业务试商用,建立3G用户信息反馈机制,实现客服热线由综合服务窗口向信息反馈中心转型。

9月,上海联通围绕企业发展战略,以服务促营销,多方面探索服务营销一体化新道路,力争实现从"单纯业务咨询投诉中心"向"服务营销中心、业务办理中心、信息反馈中心"转型。

12月18日,上海联通与上海市聋哑青年技术学校共同签订党支部"共建"协议,利用双方各自人才优势、智力优势,搭建双方共建互助平台,共同培育做好10010 3G视频手语服务,共同帮助聋哑朋友实现无障碍沟通。

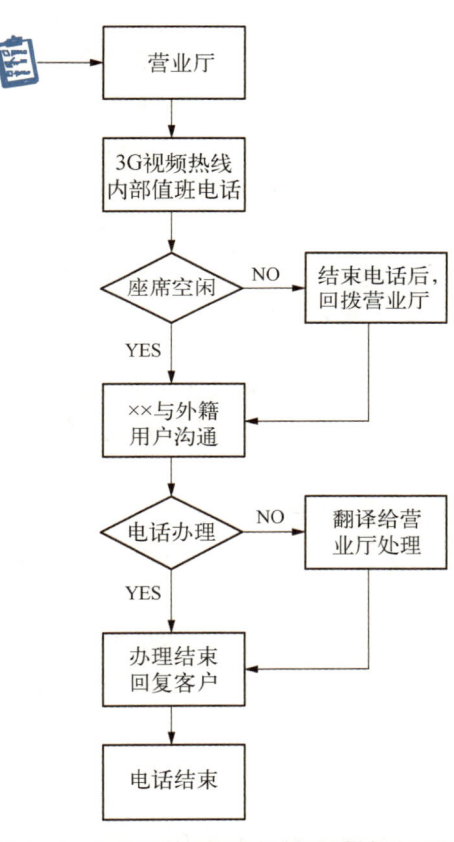

图4-2-4　3G视频热线在线翻译服务流程图

五、双频网

2000年5月10日,上海联通举行"联通双频网开通暨如意通用户突破15万"信息发布会,主要新闻媒体,西门子、诺基亚公司代表等80多人出席,拉开庆祝第32届世界电信日系列活动序幕。是年,世界电信日主题为移动通信。作为成立5年,以移动电话起步而今发展为国内唯一经营综合电信业务分公司,上海联通宣布移动电话发展两大突破:一是"如意通"迎来第15万名用户——全国劳动模范、华联商厦营业员王震;二是联通双频网顺利开通,这标志着上海联通移动网建设发展迈上新台阶。信息发布会上,上海联通总经理赵乐向王震颁发荣誉证书,西门子公司代表向王震赠送纪念品。以联华超市、上海银行、良友便利、华联超市、可的便利、柯达连锁、家乐福、罗森便利以及85818正广和销售网络等组成的"联通便民网",极大支撑了如意通业务发展。为顺应移动通信用户大幅增加,上海联通开通900/1800混合式双频网,为130手机用户创造更迅速、更畅通、更便捷的全新通信空间。

六、自动语音查询

2003年11月,上海联通推出"自动语音查询服务系统",用户可通过上海联通移动电话(130、131、133)或上海地区固定电话拨打"96831"自动语音查询服务系统。进入系统后,用户可了解近期推出的新业务、短信游戏新玩法等,还可查询当前本人已使用话费、已使用套餐免费分钟数以及用户停机原因等,查询便捷。此举不仅方便用户行使自己的消费知情权,同时也大大减轻1001联通客服热线话务压力,加大服务技术含量。

该服务系统资费标准为:上海联通移动用户(130、131、133用户)在本地用联通手机拨打"96831"实行免收本地通话费,用户在漫游时使用本业务均按现行资费计收相应费用。

第三节 大客户服务

一、大客户定义

2002年,上海联通明确大客户用户定义。一是移动电话月账单费用平均达500元及以上/设备号;10户(含10户)以上单位户名集团用户。二是193长途电话月账单费用平均达300元及以上/月/设备号;10户(含10户)以上单位户名集团用户。三是165注册用户月账单费用平均达200元及以上。四是IP注册用户月账单费用平均达300元及以上/设备号;10户(含10户)以上单位户名集团用户。五是各类租线和专线用户。六是连续三年及以上使用上海联通提供通信产品各类用户。七是使用上海联通提供的三种及以上业务的单位或私人用户(不包括为协作单位提供的公务或公免的业务种类)。八是经上海联通相关部门推荐且与上海联通有重要业务往来单位或私人用户。九是定义的大客户均为无欠费用户。

二、客户服务中心

上海联通在成立大客户部前已建立客户服务中心。

2001年8月6日,上海联通第25次总经理办公会议决定建设新的营销渠道。第一批在各区、县中心商业区设立17个统一名称、标识和运作方式的营业网点,名称为"中国联通×××客户服务中心"(×××为路名或地名)。

为体现中国联通客户服务网络整体形象,客户服务中心建设过程中,在对外形象、服务要求、日常管理上遵循"四统一"原则:统一VI形象、统一服务功能、统一服务规范、统一管理标准。客户服务中心建设从可持续发展及中短期战略考虑,先在整个上海地区中建立20处左右,原则上每行政区、县设立一处客户服务中心;市区40—50平方米/处,郊县70—80平方米/处。对正在大商店建立的联通专柜特约销售服务点,要求叠加服务功能,使其成为客户服务中心网络补充及业务延伸部分。在建设过程中,注重对已形成特色和社会认可、用户接受的"中国联通(上海)特约销售服务点"的整合,使之成为中国联通(上海)专营移动业务特约销售服务网点。自建启动与招商经营相结合。客户服务中心营业用房由上海联通向房产所有者办理租赁手续。客户服务中心营业注册登记,以上海联通名义向工商等部门申请办理。

2003年,为解决数据大用户售后服务与管理中的问题,经9月23日上海联通第30次总经理办公会议研究,同意成立数据大客户服务中心,负责数据、长途、互联网专线大客户售后服务支撑。主要职责:用户端设备综合维护与管理(含障碍历时数据);制订专线大客户代维管理办法,并对代维队伍进行日常管理;对大客户日常运维质量定期巡视,收集大客户对运维质量、服务质量意见,并要求相关部门提出整改措施;协调公司内部相关部门相关资源,实施专线大客户通信故障抢修开通,监督障碍处理过程;受理数据大客户障碍申告、服务质量投诉及其处理,负责有关数据大客户维护与服务质量统计、分析,提出对相关部门服务方面考核意见,参与有关服务条款制定并据实提出履行承诺或违约处理意见;制订专线大客户工程验收规范,对建设部门提交工程进行验收;制订重要专线大客户应急预案,并由各相关部门确认,供故障处理时使用;购买客户端设备固定资产管理;整理专线大客户资料;协助销售部门做好业务发展和服务工作等。原属相关部门的有关职责划归该中心。该中心为数据与固定通信业务部下设的三级正机构,正式员工人数6人。

2004年,上海联通推出客户经理制度,对钻石用户提供24小时全天候一对一服务,并根据用户合理要求完成"大用户新预存话费"等近10项方案设计和实施,通过主动营销服务,新增网内用户77户。此举构建差异化服务优势,有效提升用户满意度;10月中旬客户俱乐部向钻石、翡翠用户推出"3倍到期"活动,即总话费到达预存话费3倍俱乐部会员,通过建立特殊通道,帮助此部分办理预存话费用户选择合适的高月租资费套餐。截至11月30日,679户用户办理套餐,较好达到稳定用户群、实现个性化服务目的。

2月,上海联通将市场信息、用户需求、业务政策充分结合,逐步确立"关爱活动"三大原则:一是向大用户、老用户推出合适优惠政策;二是打破套餐转换瓶颈,续签老用户可在"预付话费/新预付话费、零首付、部分补贴、自购机"中自由转换;三是明确套餐审批流程实时更新手机机价,合理提取关爱用户数据。截至11月30日,已有9 805位用户至营业厅办理续签协议优惠购机,11 325位用户办理转自购机套餐业务,充分表明"关爱活动"深入人心。

2004年,上海联通根据用户套餐结构、话费用量、在网时间等因素,细化定位不同用户群。针对标准资费用户、高额话费用户、在网年限长的用户,引入特别积分、高额话费积分、网龄积分概念,建立新积分结构,对改善用户话费结构、稳定优质用户,挖掘用户通信潜力起到良好作用,同时也成为上海联通特色服务之一。

三、大客户部

为适应上海移动通信市场变化,加强对大客户服务工作统筹管理,落实经营战略调整,经2005年2月1日总经理办公会议研究,上海联通决定成立大客户部。9月,集团客户维系任务划归大客户部。大客户部是负责实施上海联通移动个人大用户产品售后服务及其管理的业务部门。其主要职责是:按业务发展需求,制定大用户服务管理实施细则和服务操作流程;制定大用户维系计划与方案,并组织协调公司内部资源加以实施;提高大用户满意度、忠诚度,控制和降低大用户离网率;

负责大客户俱乐部建设和运行;编印《新时空》;用户维系数据统计、分析、效果评估以及相关信息收集工作;协助CRM系统中涉及大客户管理的建设和维护工作;建立大用户服务"绿色通道",做好相关协调工作。

根据上海联通《关于成立大客户部的通知》要求和部门申报,是年2月21日党政联席会议研究决定,在大客户部内下设综合办公室、市场策划中心、大客户服务中心和技术支持中心四个三级正机构。员工20人,大客户经理32人。主要职责:1. 综合办公室负责内部各项行政事务管理包括公文流转、内部审批、档案管理、信息发布、资产登记、质量保证、安全保卫等工作;负责各项工作落实督办和部门内外协调工作;负责对内设机构和人员绩效考核和分配;负责部门各项预算编制和费用开支;负责制定并组织员工业务技术培训计划;负责内部管理制度制定;负责部门宣传策划组织和管理;负责部门综合经营数据统计分析工作等。2. 市场策划中心负责移动大客户维系和挽留业务情报搜集、市场调研、统计分析、产品设计、维系政策、资费定价;负责制订相关业务的业务规范和业务流程;负责相关业务和活动组织推广等。3. 大客户服务中心负责上海联通俱乐部组织、建设和管理;负责制定、组织和实施通信外服务内容;负责与联盟服务企业签约、监督;负责针对大客户消费特点、需求提出适合大客户需求建议,并根据营销政策,实施大客户关爱与挽留,做好预警、防范、劝阻和回网工作;负责俱乐部会员日常管理和建立客户档案,做好客户信息分析和客户资源挖掘工作;负责大客户服务人员日常管理;负责客户服务统计分析;参与相关业务活动组织管理等。4. 技术支持中心负责大客户部技术支持,根据业务发展规划和客户及市场需求,负责大客户关系管理系统(CRM)、客户经理管理系统和其他系统立项申报、系统选型、系统开发、系统建设和系统维护(包括与10018呼叫系统、165网站、经营分析系统、短信中心、积分系统、综合营账接口);负责相关系统和网络信息安全工作;负责对业务部门其他技术支持,如数据提取和初步分析、系统操作培训等。

四、用户资料中心

2003年5月7日,上海联通第15次总经理办公会议研究同意成立用户资料管理中心,负责各类用户资料全过程管理业务部门。主要职责:负责初入网、新注册用户、其他销售渠道发展用户以及各营业厅受理各衍生业务用户资料输入、核对;负责各类用户资料整理、扫描、归档以及扫描资料库和用户档案资料库维护工作;负责移动业务、数据固定业务初入网、新注册用户信用访问;负责移动业务、数据固定业务用户退信处理;负责用户资料修改和补打账单等善后处理工作等。二级部门原相关职责划归该中心。该中心为客户服务部下设三级正机构,正式员工人数3人。按照"岗(人)随事走"的原则,有关二级部门原相关岗位及人员划归该中心。

表4-2-3 2005—2008年上海联通大客户(客服)资料涉及部门情况表

文件名	涉及部室	出台年份
中国联通上海分公司营业厅管理与服务规范	营业管理室	2005年
中国联通用户资料管理办法	用户资料管理室	2006年
2006年上海联通积分管理办法	服务营销策划室	2006年
中国联通上海分公司营业厅综合管理办法(草案)	营业管理室	2007年

〔续表〕

文 件 名	涉 及 部 室	出 台 年 份
高额话费处理语言规范	客户信用管理室	2007年
电话催欠工作中的语言规范	客户信用管理室	2007年
客户俱乐部世界风会员分级服务内容	大客户管理室	2007年
大客户服务管理室信息安全管理办法	大客户管理室	2007年
大客户服务管理室业务处理规范	大客户管理室	2007年
大用户投诉处理流程	大客户管理室	2007年
大客户服务管理室优质号码申请办法	大客户管理室	2007年
大用户租借手机管理办法	大客户管理室	2007年
关于热线绿色通道的后续处理流程	大客户管理室	2007年
客户经理委托代办业务规则与流程	大客户管理室	2007年
客户经理上门服务规范	大客户管理室	2007年
欠费会员管理办法	大客户管理室	2007年
欠费任务回访要求	大客户管理室	2007年
会员月固定回访管理办法	大客户管理室	2007年
资料规范	大客户管理室	2007年
10018系统任务回访管理办法	大客户管理室	2007年
10018外呼回访质检办法	大客户管理室	2007年
上海联通2008年度积分业务实施方案	服务营销策划室	2008年
员工上岗手册	呼叫中心管理室	2008年
系统任务作业指导	大客户管理室	2008年

五、大客户维系

大客户维系工作是上海联通一项系统工程。市场营销部有关职责：提出用户维系总体目标，负责公司移动业务发展、维系、关爱、资费等方案政策平衡及审核；考核大用户服务及管理工作；负责大客户维系工作跨部门间协调。客户服务部有关职责：通过10010、营业厅和用户投诉等界面配合有关大用户维系方案实施；收集有关信息，提出维系大用户建议。移动通信业务销售部和集团客户部有关职责：从产品销售和大用户维系角度制定销售政策，规范代理商营销行为。移动通信业务部有关职责：按照大用户维系要求和实际需要对网络进行整体规划和优化。计费与信息系统部有关职责：负责相关系统技术支撑和用户数据提取工作。

大客户部为二级正建制，人员编制按上海联通下达年末计划人数控制，领导职数3名；原客户服务中心相关职责划归大客户部，该中心岗位和人员按"岗（人）随事走"原则一并划入，形成专业集中管理。

2001年,根据信息产业部关于"运营商可以依据地区经济情况及竞争情况灵活推出短期促销活动"的精神,为进一步做好GSM上海联通大客户工作,上海联通向中国联通上报《关于近阶段开展GSM大用户促销活动的请示》并获批同意。上海联通根据本地实际情况,结合大客户业务发展需要,大力开展GSM大客户促销活动。

2004年,为提升服务能力规范管理联通营业厅整体形象,上海联通实施客户经理制度,与1333位钻石卡用户建立一对一维系关系,分层差异化服务初步形成。建立高效畅通投诉机制,梳理一般、特殊用户投诉处理流程、建立媒体专线,高效处理投诉。

2005年初,随着电信市场发展竞争,上海联通构建中高端客户积极防御体系,全面加强大客户维系和挽留工作,解决大批协议用户到期、离网率居高不下问题。大客户部维系工作是全方位、多层次的。在实现有效发展基础上,稳定协议用户,降低离网率。大客户部力争形成上海联通维系与挽留用户的"上海模式",在系统支持、管理模式、营销模式(产品设计、渠道管理、活动推广)等方面打下基础,保持正确方向,维持可持续发展。

2005年,大客户部从五方面展开工作:一是尽快建成客户维系和挽留体系,"强体能高智商",尽早投入实际应用;二是加强渠道管理,探索新产品设计模式,整合通信内外资源,实现战略转型;三是整合用户接触点,注重包装宣传,政策执行、活动推广落到实处;四是正规化建设、规范化管理,全面、协调推进各项工作;五是开设绿色通道,打造大客户服务品牌,为大客户提供更优质到位服务。

2005年,大客户部为钻石会员配备一对一客户经理。大客户只需签订《服务关系确认书》,即与客户经理确认直接服务关系,可随时委托客户经理办理报停、开机、开通国际长途、国际漫游、更改账址、特服等一系列业务。大客户只要手持钻石会员卡和有效身份证件,经身份验证后即可在办理续签套餐、申请国际长途、国际漫游业务时享受独特的差异化服务,从而提高大客户在网率。

2007年,大客户创优服务小组成立课题组。小组成员先通过调查分析、现场验证、数据分析、满意度回访等手段找出导致信息收集率低的主要原因:服务模式、考核办法、收集渠道、服务资源。针对这些原因逐一制定改善措施:优化金卡会员服务模式,实行一对一客户经理服务;将信息收集率纳入日常考核;开辟俱乐部网站和会员活动等信息收集渠道;拓展法律绿色通道、健康绿色通道、全国车务服务等通信外服务资源。经过小组成员努力,信息收集率达80%,较以往提升29.1%。通过对上海联通高端客户群信息收集率,提升高端客户的满意率和忠诚度。

大客户服务管理室创优服务小组凭借优异研究成果,得到上海市综合工作党委、团市委相关领导及专家一致认同,继获2007年度全国通信行业优秀QC成果奖后,又获上海市综合系统青年创新创优大赛银奖。

2008年9月10日,上海联通大客户传输精品网一期工程开工,该工程解决融合后大客户业务需求,并结合业务流量流向以及WDM系统建设情况,新建一张用于承载大客户业务专属SDH网络,2009年8月20日完工。

2009年,受国际金融危机影响,持续恶化的外部经济环境给上海联通带来负面影响,发展集团客户困难重重,市场拓展受到严重制约,收入提升面临严峻考验。因此上海联通全面梳理、规范大量业务、政策、产品、流程和渠道。

年初,上海联通完成21个集团客户产品梳理,建立三级折扣审批体系,发布50余个规章制度。在此基础上,全面启动对社会渠道规划、整合工作,将大客户代理渠道从205家融合优化为159家;调整渠道佣金政策,为集团客户营销工作顺利开展做好组织体系及业务、产品和渠道等方面充分准备。以战略合作和精准化营销为突破,强化客户维系。一方面,由领导分头拜访大客户,主动为客户提供应对金融危机解决方案和举措,与客户"抱团取暖"。另一方面,主动出击,全方位建立大客户战略合作伙伴关系。按照"客户共享、客户维系、收益增加、改善服务"+"联合推广"的"4+1"合作模式,设定9大价值联盟合作项目,确立集团客户5大战略合作内容,从战略上实施客户维系,先后与平安保险、浦发银行、招商银行、携程、东航等老客户签订新合作项目。

2010年1月,上海联通举办"2009年度用户满意客户经理评选活动"。经客户经理业务知识技能竞赛、客户经理服务规范抽查、客户短信投票等环节综合评定,西区分公司VIP客户经理夺得满意服务奖,闵行分公司、南区分公司VIP客户经理获优质服务奖,宝山分公司、东区分公司、北区分公司、嘉定分公司、金山分公司VIP客户经理获用心服务奖,北区、东区、南区分公司获优秀组织管理奖。

六、大客户拓展

2004年,上海联通年利润增长率、收入利润率、GSM每分钟收入、利润绝对值等5项关键指标在中国联通排名第一,收入增长率在中国联通一类地区中排名第一。上海联通充分发挥综合业务优势,C网产品积极探索整合营销,将语音业务、增值业务和数据业务有机捆绑,改善用户APRU值同时,提高用户黏着度,依靠增值服务拉动用户发展;CDMA 1X数据业务营销推陈出新,借助银行信用消费模式,将笔记本、无线上网卡、CDMA 1X上网业务捆绑推广,得到市场认可;新产品设计继续推进,从年初如意133、新世纪133、如意大众卡到如意邻区卡、沪港通、世界风等,不断填补市场空白。

2005年,上海网通大客户战略取得突破。以"规模+效益"为着眼点,调整组织结构,建立健全大客户营销及管理体系,积极占领战略大客户和通信配套市场。截至11月,累计发展大客户763户(出账收入为1万元以上的客户),其中自网用户数达到588户,比1月份增长53%。全年大客户收入为3.17亿元,比2004年同期上升65%。

2006年,上海联通商务总机和掌中宽带入网企业用户2 800多家,开账终端用户10.5万余户;掌中宽带业务网内用户8万户;另有公安、军队、武警等行业用户2万余户;各类集团产品用户合计20余万,成为上海联通发展C网协议用户重要手段,净增用户数占到2005年C网净增用户数50%以上。

2007年,上海网通通过建立客户流失预警和快速响应机制、完善金色俱乐部活动、定期进行客户拜访等,促进大客户队伍相对稳定和收入不断增加,全年大客户收入达7.2亿元;针对商务和公众客户,借助"商务新世界——极速计划""低收入楼宇深挖""公众客户宽带升速计划""亲情1+"等活动,进一步巩固客户关系,全年商务客户收入达7亿元,公众客户收入达0.8亿元。

2009年,上海联通先后与中山医院、上证所、中国银行、上海大飞机制造有限公司、上海财经大学、上海理工大学等新客户达成重要战略合作协议,在高端客户中开辟新市场。是年,集团客户达25 936户,比上年增加3 348户,其中名单制大客户达1 172户,增加36户。

七、集团客户案例

2004年2月,电信行业增长幅度放缓,用户ARPU值逐渐下降,寻求新突破须变"粗放型"经营为"精耕细作"。上海联通成立集团客户部,以集团客户和行业客户为对象,依托CDMA 1X技术和综合业务优势,强调合作"关系营销"为营销理念,努力为客户实现价值最大化。完成一系列重大项目,全力拓展"五大市场",快速形成新增长点。进一步细分市场,强攻"集团用户、郊区市场、证券市场、校园市场和老年市场",成效明显。

【欧莱雅公司】

2004年7月28日,上海联通与欧莱雅公司签订CDMA 1X VPDN业务使用协议,首期有100位无线上网卡用户入网使用。根据合同相关条款,上海联通在合同签订后45天内完成全部工程。但由于欧莱雅公司所在的中华企业大厦并没有联通接入光缆。从光缆接入到用户电路开通一般需要60天,如按此进度,联通将面临违约。

上海联通全力配合该项目实施,特事特办,缩短电路开通周期,短短30天内完成相关物业协调、机房租用、管线施工、设备安装和电路调试等繁杂事项。在专线开通后一天内调通了路由,按时对欧莱雅开通项目必需专线。专线开通后,双方进行应用系统联调。9月27日,欧莱雅公司要求协助解决系统安全问题。上海联通及时提供连接方案。28日,完成应用系统调试,开始全国漫游测试。经云南、江苏等地漫游使用,欧莱雅公司认为完全满足办公通信需求,达到预期效果。10月中旬,欧莱雅在上海西郊宾馆召开公司全球信息系统年会,会上欧莱雅(中国)公司向其他地区的公司展示基于中国联通专线接入CDMA 1X VPDN无线数据接入方案,该方案得到欧莱雅全球同事高度评价。印度公司表示回国后立即参照中国模式建立无线接入网络。26日,欧莱雅公司外地漫游用户无法登录公司网络。经上海联通与中国联通联络,发现由于专网发生故障,导致用户异地漫游无法到归属地认证。在上海联通全力协调下,很快修复故障,欧莱雅公司对如此高效解决问题表示赞赏。

2005年,欧莱雅公司除计划新增移动办公用户200户以外,还采用上海联通上万个专柜销售数据进行采集。

【金茂君悦大酒店】

2007年7月,上海联通与五星级酒店金茂君悦大酒店签约,将该酒店发展为集团商务总机用户。作为大型跨国酒店管理企业,金茂君悦大酒店非常注重其通信服务提供商的网络和服务质量,在选择上海联通为其提供通信服务前,提出两点要求:一是为确保在整个金茂大厦有良好的CDMA信号覆盖,要求上海联通对该楼宇进行内部整体环境和局部无线环境(客户内、办公室内、附楼、电梯等)测试,完成后提交测试报告,并尽快解决发现的问题;二是要求与上海联通签署集团客户服务承诺(SLA),确保出现全阻或局部通话质量问题时能按承诺时限妥善解决。为此,集团客户中心为其度身定制移动通信解决方案和用户服务协议,为酒店的100多名员工提供商务总机和移动通信服务。

【汉庭连锁酒店】

2009年4月,上海联通与汉庭连锁酒店签约。汉庭连锁酒店是中国领先经济型酒店品牌,覆盖上海全市,门店40多家。此次签约,为双方在更广阔领域内长期合作创造条件,同时让上海联通在与多家通信公司中竞争连锁酒店业务探索出具有特色合作模式。上海联通也将借此契机与其他连锁酒店建立起类似合作,在连锁酒店行业内争取更多市场份额。

第四节　客户联谊

一、联通沙龙

1999年5月27日,上海联通为更好地建立"网络畅通、服务创优、让用户满意,是我们每天的追求"的品牌,成立上海联通沙龙。从1—4月累计话费额前30名和4月份话费额前25名中产生15名首批会员,此后人数逐步扩大。沙龙会员可享受联通温馨生日祝福、手机入网纪念日礼品赠送、与高层主管交朋友、联通服务监督指导、定期会员交流联谊、结识更多联通朋友等特殊服务。成立会上,向首批会员发放"联通沙龙情联络卡";上海联通领导分别与会员们建立直接交流通道;举行"用户付厚爱,联通不忘怀"以及"国脉为联通用户备双礼、惊喜龙年撞好远"抽奖活动。通过沙龙活动,稳定网内用户,鼓励和刺激消费,及时获悉用户需求和市场信息,掌握服务质量状况,达到"全力服务用户、共同建设联通"目的。

上海"联通沙龙"是联通俱乐部会员与上海联通面对面的多向信息交流和联谊活动,有定期活动时间和交流场所,为用户提供多方面社会需求和帮助。"联通服务联盟"是为服务用户而架构的各提供方组合体,是俱乐部服务承兑单位。同时通过俱乐部活动推进,为各服务联盟单位提供各类服务信息和各类商情、商机。"联通服务联盟"是潜在的各类用户群体,是庞大信息数据库的支撑,也是专业人员队伍的支撑。

二、《联通心声》

1999年,为进一步加强用户沟通,形成与用户有效交流载体,上海联通决定创办面向用户的《联通心声》。希望以此宣传上海联通品牌,介绍上海联通服务项目和网络功能,树立良好企业形象,从而形成上海联通的服务特色。《联通心声》不定期发行,16开两版形式。上海联通要求各部

图4-2-5　《联通心声》

门充分利用这一媒体,积极供稿。

试刊三期后,上海联通于5月17日邀请近20名星级用户参加沙龙活动,正式推出《联通心声》。首席代表刘振元参加首发启封,参加座谈会的用户被聘为《联通心声》特约通讯员。

《联通心声》随同账单附送用户,图文并茂,以"让声与声相联、让心与心相通"为宗旨,成为联通手机用户的精神家园;在宣传、推广上海联通通信网业务功能、辅导用户使用新业务新功能、介绍联通发展情况方面起到积极作用,得到网内用户肯定,反响良好。是年8月25日,《通信产业报》刊登《上海〈联通心声〉与用户见面》,介绍上海联通通信新业务和为用户服务举措。

三、客户俱乐部

【俱乐部成立】

2002年5月16日,经数月筹备,上海联通客户俱乐部在"5·17世界电信日"前夕成立。这是营造"用户满意工程"的一项重要举措,项目投资200多万元。俱乐部是非法人会员制组织,组建宗旨和服务理念为"以人为本、服务至上、便捷省力、用户满意"。俱乐部采用企业化组建运行模式,采取"有偿委托、合作开拓、职权明确、良性循环"运行原则。俱乐部自建立起为政府高层领导、社会名流以及对国家有特殊贡献的参与抗击"非典"医务人员等特殊身份的重要客户,提供在服务界面设置"钻石特殊"或"翡翠特殊"进行窗口特别服务,免除信用、欠费回访、不发欠费短信等差异化服务,邀请员工成为通信服务联系人和信用担保人,对其实施一对一个性化服务。

会员分金卡会员和普通会员,会员可凭会员卡分别享受由与俱乐部签约的"联通服务联盟"单位提供的各项特色服务、积分互动服务以及免费服务等,同时还能得到《联通心声》宣传页以及"百通"短消息业务信息服务。俱乐部为金卡会员定期举行"联通沙龙"活动。首批加盟"联通服务联盟"的单位有上海航空、美亚音响、友邦保险、安吉汽车俱乐部、招商银行、黄金假日等在内的1 000多个服务网点,全面覆盖用户的"衣食住行、吃喝玩乐"。上海联通总经理赵乐向首批俱乐部会员代表赠发金卡。

客户俱乐部对月平均通信费500元以上的中高端移动电话用户实施俱乐部会员式管理,发展钻石卡、翡翠卡会员共计78 700余户。

2006年,大客户部改为俱乐部,拥有30多名专业客户经理服务团队,5 000多名钻石会员、3万多名金卡会员以及10万多名银卡会员,俱乐部服务和活动从粗放型逐渐向精细化、系统化过渡。

客户俱乐部利用会员档案信息,通过电话联系、上门访问、短消息、俱乐部网站、大用户电子信箱与大用户进行沟通,其中电子信箱vipclub@unicom.sh.cn成为会员表达心声、咨询业务、了解信息、进行投诉的窗口。

【客户代表制】

2001年初,上海联通推出专为GSM高话务用户提供个性化服务的"客户代表"制度,对每月平均通话费800元以上的移动电话用户指定专人负责相应服务工作。这项制度进一步提升了GSM用户服务工作力度,在稳定大用户和树立联通服务品牌方面迈出新步伐。通过与用户面对面交流,客户代表收集到宝贵的第一手资料。

【分级活动】

2005年4月28日,以"相约春天、联通你我"为主题的大客户交流会在上海茗楼举行,约有30

多位钻石卡客户参加活动。除面对面沟通交流,现场分发问卷调查。上海联通向协议即将到期而未有明确续约意向者推荐套餐业务,介绍双模卡和掌中宽带业务。

7月,客户服务部用户投诉中心根据"用户投诉处理管理办法",将落实建立"大用户绿色服务流程",作为工作重中之重。"大用户绿色服务流程"将切实贯彻"用服务拉住用户"精神,派业务精、服务佳的员工专门受理接待大用户咨询和投诉。由专人对口受理大用户中心转来的大用户投诉,力争以最快速度解决大用户各类疑问,实现用户咨询、投诉资源共享。

2006年,客户俱乐部大胆创新分级活动,即以沙龙、户外活动、世界风论坛为不同级别的会员提供特色服务。其中沙龙活动举办的频率最大。沙龙活动面向钻石、金卡、银卡三类会员,利用俱乐部环境优雅场地,由俱乐部主持、会员用户赞助,用户选择自主报名参加。沙龙选择会员感兴趣的话题,并穿插上海联通业务介绍,以低成本运行维护,通过情感交流拉近联通与会员距离,搜集会员信息。

2006年,上海联通推出"尊贵服务"。客户俱乐部形成便利类、优惠类、亲情类、商务类及活动类5大板块30多项经典服务内容。便利类服务包括向客户提供通信内外方便,营业厅业务办理、手机维修、详单打印等绿色通道。予以20余个省市近万家商户5—9折优惠,免费补卡换卡,赠送会员专刊等服务。商务类服务,有如意邮箱、集团炫铃。活动类,有红酒文化、"宝宝才艺展示"等。客户俱乐部新增积分专享产品兑换、网站服务互动、服务短信贴士等10项会员服务项目。由俱乐部沙龙、主题活动和世界风论坛构成的分级活动形式日渐成熟。

2008年,除根据业务规定为钻石用户免费补SIM/UIM卡,为翡翠会员提供一年一次免费补SIM/UIM卡服务外,上海联通维修中心还为重点用户推出一站式维修服务。这些用户提出手机质量问题后,即由维修中心送相关厂商检测、修理,再安排送还,无须用户亲自出面。这一举措受到重点用户欢迎。

【回馈活动】

上海联通客户俱乐部定期组织反馈、回报大用户活动,进一步紧密与大用户联系,组织大用户进行"送礼送健康——体检活动"、观摩《英雄》首映式、参与"CBA拉拉秀"新天地晚会、观看中国上海艺术节"俄罗斯文化周"民族舞蹈等活动。俱乐部会员参与联通组织活动的出席率达80%。

2003年初,为更好地服务百强企业宝钢集团,客户俱乐部在宝山营业厅设立宝钢专柜。专柜累计接待宝钢用户6 000人次以上,提供诸如代修代测手机、上门手机升级、代客购买手机零配件等个性化服务。为乐星、摩托罗拉、西门子等集团用户设立大用户绿色通道,为其业务办理及售后服务提供方便。建立世纪通会员资料,通过主动联系达到会员标准、营账系统内不存有用户资料的世纪通用户,使他们及时享受大用户服务。

2003年,客户俱乐部推出"积分兑换,送货上门"人性化服务,期间结合"非典"时期特殊需要,及时调整策略,协调各个合作商户,把原本在营业有序服务发展到营业外服务。

2004年,客户俱乐部结合"满意在联通"中国联通服务质量年活动,引领中高端用户迈入通信服务新领域,体验俱乐部新服务新感觉。8月16日,客户俱乐部与中国太平洋财产保险股份有限公司联合向6万余名钻石及翡翠会员推出"回馈大用户,赠送大保护"个人财产保险放送活动。活动共收到会员回执15 000余封,回收率高达23.64%。上海联通有效结合会员关爱与赠送保险活动,使挽留用户、维系用户工作落到实处。俱乐部服务在大用户中赢得良好口碑。

9月10日,俱乐部邀请近百名会员参加在富豪环球东亚酒店举办的"中国联通世界风助学行动·上海"拍卖活动。拍卖结束后,俱乐部选派4位客户经理在第一时间为10位拍得手机客户提供24小时一对一会员服务,真正做到为客户提供个性化服务。13日,组织部分会员与客户经理观看庆祝联通10周年文艺晚会。15日,邀请部分会员参加"悉尼歌剧院首席男高音歌唱家丁毅上海独唱音乐会"。

第五节　通信外服务

2000年,上海联通在通信外服务中的规范服务主要有以下三个方面:一是贯彻信息产业部要求,组织开展"畅通网络、诚信服务"活动和"阳光·绿色网络工程",加强不良信息治理,倡导网络文明,构建和谐健康网络环境;二是治理社会反响强烈的服务热点问题,坚持通信服务以人为本原则,营造诚信放心的通信消费环境,包括大力治理信息服务类业务中消费陷阱问题、继续加强和巩固各类不对等电信服务协议清理与整治、巩固电信卡管理治理成果;三是继续开展"评优帮差"活动,推动形成电信服务工作学先进、争先进、"比学赶帮超"的积极健康行业风气。

2000年,上海联通为更好服务广大客户,接受客户对企业更直接监督。加强客户经理队伍管理和建设,建立客户经理与大客户"一对一"服务关系,逐步形成既有点又有面,既有深度又有广度的立体服务网络。同时重新整合资源,在部分营业厅开设俱乐部会员绿色通道、用户关爱专柜等,实施差异化、个性化服务和老用户特别关爱服务,努力提高服务效率和专业化程度,逐步形成高效运作服务体系。

2001年,上海联通在通信外服务中,落实首问负责、限时办结一站式服务要求,建立一点受理、全网联动服务保障机制。通过系统整合实现客户资料、客户信息、客户视图三统一,在各服务渠道实现咨询、投诉、业务办理等客户接触信息共享和服务管理信息通畅,建立统一的业务知识库,切实保障用户业务、服务和投诉及时、有效地得以处理和解决。加大服务基础设施投入,继续扩大和调整服务网点在通信外服务布局。

2002年2月,在上海市"两会"召开期间,上海联通首次获准在两会现场布点,并为两会代表、委员提供具有联通特色服务。就人们关心的CDMA特点、入网手续、手机销售等作详细宣传,给市人大常委会委员和与会代表留下深刻印象。

2003年3月,由上海联通冠名的上海浦东国际机场及虹桥机场专用安检通道、贵宾休息室揭牌。这是上海联通首度和上海国际机场强强联手,共创服务新模式。除了揭牌的机场特色服务全程通道,还推出移动通信亲情套餐、特惠购手机、国际漫游副卡、欠费提醒、手机维修美容、幸运大奖、积分活动等系列特色服务项目。后续陆续提供酒店优惠订房、出行优惠订票、联谊活动、健康体检、生日祝福等系列人性化、差异化服务。

2003年,上海联通开通"百信通"。以信息源快捷、高速、准确为特征,以短消息平台为基础,为用户提供具有信息时代特征的特色服务,是上海联通业内信息资源数据库与服务联盟资源信息数据互动交流的通道。上海联通与携程、艺龙旅行签约,利用1001免通信费接入方式预订酒店等。截至年底,上海联通初步建立服务联盟,全国性会员协议单位20家(不包括携程、艺龙旅行网),覆盖16个行业特商网点525家。上海联通通信外服务既提升了品牌知名度,又提高了会员卡含金量,开创了俱乐部通信外盈利模式。

2005年8月,市北营销中心、数固业务中心与合作伙伴深入同济大学校园,开展维系关爱活动。由学生会配合,组织成立上海联通校园用户俱乐部,利用合作方网上资源,开设同济大学新生专享平台,为学生提供聊天交友、资源共享、网络上传等网络服务。

2006年,上海联通俱乐部通信外服务中举办植树活动、"6·1"送书活动、世界杯完全观战手册等主题活动；世界风论坛邀请名家讲演,坚持"智慧增值、人文关怀"理念,引入不少知识型会员,受邀名家有靳羽西、曹景行、池莉、赵启正、葛剑雄等。下半年,上海联通推出"汽车俱乐部""健康俱乐部""高尔夫俱乐部"和"法律俱乐部"四大主题俱乐部,向会员传递更多关爱。健康俱乐部与国宾医疗合作,会员可定期享受优惠体检、专家免费预约等服务。精心为会员准备"健康管理卡",针对冬季阴冷天气举办专场健康沙龙。高尔夫俱乐部与汤臣高尔夫合作,为会员开辟专属场地。对于新手,推出为期一个月免费练球活动,提高个人兴趣。汽车俱乐部与永达合作,提供免费咨询,代办汽车保险、装潢、维修等服务。法律俱乐部与百律网合作,会员可享受专业律师电话咨询、法律资料查询等服务。

2010年,上海联通向中国联通市场部请示《关于提供申请制作个性化SIM卡》,10月11日获批。

第三章 行风建设与社会监督

第一节 行风建设

一、行风评议

2004年,上海联通开展行风评议自查活动,成立由领导挂帅,各相关部门参加的行风评议领导小组。按照市委、市政府关于纠风工作总体部署和政风行风测评工作要求,由市人大代表、政协委员、民主党派和群众团体代表18人组成的市政风行风测评第5组,在市纠风办指导下,从6月开始对上海电信、上海移动、上海联通、上海网通、上海铁通进行为期4个月的政风行风测评,重点对电信行业在"履行职责,办事规范,事务公开,办事效率,服务态度,清正廉洁"等方面进行测评。

2004年,上海联通注重规范格式合同,积极改善通信质量,不断提高客户服务工作,热心社会公益事业,塑造现代企业新形象。经过行风评议调查和广大用户评议,上海联通行风建设总体良好。

2005年,上海网通坚持"以客户为中心"服务理念,以"客户满意度"和"行风建设"为抓手改善服务品质。推出双客户经理制,组织广大员工开展行风评议活动,开展"品牌""服务链"和"忠诚度"三大工程建设。

2009年,上海联通成立行风建设工作领导小组,下设办公室。组建区县行风联络员,健全市、区二级行风迎评工作班子,制定行风评议实施方案,建立行风建设月月简报制度,开展"服务社会、服务民生"主题活动,为群众办实事好事,扎实推进各项"重点评"工作。细化行风测评专项指标,组织"行风测评指标自查自纠"专项行动,并对相关部门落实情况进行监督检查,促进行风建设6大指标25项评价内容全部达标。听取用户意见并解决突出问题,随同市区二级纠风办分别到19个区县参加行风"重点评"查访活动,了解窗口服务情况并参加行业用户座谈会,听取意见,对涉及上海联通23个实例进行全面调查,对其中7个需要改进的问题制定纠正和预防措施。在上海联通网站和营业厅公布服务承诺,并公开监督电话,自觉接受社会各界监督。

二、行风达标建设

2005年,上海联通对行风评议所反映问题,提出三方面重点整改措施:一是贯彻信息产业部要求,组织开展"畅通网络、诚信服务"活动和"阳光绿色网络工程",加强不良信息治理,倡导网络文明,构建和谐健康网络环境;二是坚持通信服务以人为本原则,营造诚信放心通信消费环境,包括大力治理信息服务类业务中消费陷阱,继续加强和巩固各类不对等电信服务协议清理与整治,巩固电信卡管理治理成果;三是继续开展"评优帮差"活动,推动形成电信服务工作学先进、争先进、"比学赶帮超"的积极健康行业风气。具体举措:一是针对电信卡余额方便处理、实名制推进和代理商管理中存在问题以及群众反映强烈的电信服务热点问题,认真贯彻落实信息产业部要求,以积极态度予以解决。二是电信卡余额方便处理体现人性化。采取发行低面值卡、延长各类卡的有效期限、规范余额转存,扩大营业厅余额转存受理点等措施;同时加强业务宣传,在各类预付费卡的包装宣传上明确告知用户电信卡余额处理方法和处理途径;运用网站和其他宣传手段指导用户合理选择和使用业务,预付费卡类使用将到期时提供到期短信或语音提醒,推出更多适合不同人群消费情况、更具灵活性的业务产品,倡导按需购卡,避免不必要浪费和麻烦,尽可能确保用户在知情的情况下理性消费。三是加大实名登记工作力度。把"实名制登记"作为建立社会诚信体系和企业维系良好客户关系的大事来抓,从资源配置、系统软硬件支撑和内部业务流程设计上加大"实名制"推进力度。

2005年,上海网通对行风重点评议互联互通、过期卡处理、电信服务质量报告和公告制度、捆绑促销活动和格式合同5方面进行自查,将服务规范、窗口服务、障碍修复和服务承诺等纳入自查范围。在用户收费渠道拓展方面,与光大银行及相关超市合作,在全市铺开1 000个左右代收费网点。积极与付费通合作,开通网上缴费、自助终端缴费,使业务具备开放条件。

是年,对客户满意度评测报告中服务短板问题,上海联通建立网络运行维护质量监督和控制体系。在诚信服务方面,承接2004年开展"心系客户,倾情承诺"服务创优活动,继续履行"话费误差双倍返还,短信差错先行赔付"服务承诺,并推出"取缔消费陷阱,投诉限时办结"等十大服务承诺,主动接受社会监督。在推出一系列服务举措同时,以加强内控建设为主线,建立前后台协作机制和更严密、规范的操作流程,加强基础管理工作,努力促进服务工作三个转变,由事后查处责任转变为事前预测防范,由面向内部要求转变为面向客户需求,由消化业务矛盾转变为提升客户价值。通过自我加压,集中解决服务短板问题,重视用户意见反馈,实行用户投诉100%回访机制,不断提升客户满意程度。

2006年,上海联通围绕"客户"和"服务",建立配套服务达标监督认证制度,设立服务标准,体现服务差异化,确保有限资源发挥最大效益。进一步完善用户俱乐部管理,提升个性化服务水平。落实首问负责、限时办结的一站式服务要求,建立一点受理、全网联动的服务保障机制。通过系统整合,实现客户资料、客户信息、客户视图三统一。在各服务渠道实现咨询、投诉、业务办理等客户接触信息的共享和服务管理信息的通畅,建立统一的业务知识库,切实保障用户业务、服务和投诉及时、有效得以处理和解决。

对质量控制测评报告不足的问题,上海联通深化服务质量分析会制度,做到"五个结合":服务质量分析与网络建设相结合,与业务产品销售政策相结合,与客户维系服务工作相结合,与内部流程和质量管理相结合,与客户主观感受相结合;系统地、有重点地反映网络运行状况、业务发展趋势、资源利用以及用户意见反馈和投诉等情况。将服务质量分析结果与业务产品推出、业务流程设计、服务途径和手段提供以及考核更紧密挂钩,更关注客户感受和问题跟踪解决,实施更有效的管理。

2009年4—10月,上海联通根据中国联通行风建设工作指导意见和"我服务、我精彩"活动方案,结合上海市通信管理局2009年行风"重点评"要求,成立行风工作领导小组和行风办公室,建立市、区两级行风联络员,在全公司范围内深入开展行风建设工作。上海联通以履行服务义务、解决服务问题为宗旨,为实现3G服务领先为着力点,以提升服务意识、树立企业新风为目标,分准备部署、组织实施、总结验收三个阶段有序开展行风建设。合作营业厅、俱乐部和热线10010达标,上海联通三季度服务评价排名全国第一,服务考核全国第二。

2009年,上海联通利用自建垃圾短信管理平台,有效屏蔽批量垃圾短信。至9月末,共清除5 672条有害信息,关闭25个违规网站,责令19家ISP整改,清理1 815个未备案网站,动态更新取消10 000余个网站,关闭12台涉嫌非法经营语音业务IP主机,对2个屡次严重违反互联网管理条款的客户采取停止互联网接入强制整改措施,提高备案准确率,极大净化互联网环境,效果显著。创新服务举措得力。建立20＋7上海3G服务领先指标体系,在营业厅试点推出"爱心无障碍服务",关爱弱势群体。行风工作深入区县和社区,在19个区县召开用户座谈会,到10个区县社区中心开展"服务进社区"宣传活动。重视客户诉求。推动解决17个疑难问题,1—3季度企业责任投诉量为0,增值业务强行定制申诉率达中国联通考核要求。加强对合作商资质审核和业务审核,督促增值服务合作商自查整改。

第二节 社会监督

1999年2月,上海联通召开1999年度工作会议。提出要以"效益、质量和管理"为工作重点和主要目标。进一步在全体员工中强化"用户至上""服务至上"理念,自觉、主动建立社会参与的服务质量监督机制。

2003年,上海联通客服部制订创建合作营业厅服务质量监督检查方式,加强监管力度。营业中心采取分层式(社会服务质量监督员、郊县特派代表、营业中心管理人员分别实施对管理岗位、服务岗位监督检查)、业务培训式(业务督导、营业员交叉检查)、突击检查式三种形式进行营业服务监督检查。客服部成功转型为1001热线专业管理部门,成为全方位业务咨询、受理中心。

2004年3月,1001热线成为上海联通连接用户的"空中通道"。在服务监督过程中,落实岗位责任制,建立服务质量社会监督员队伍,开展用户满意度调查。融合重组后,上海联通经过机构岗位调整,结合服务理念渗透、服务意识增强,从上到下、由里到外进行全方位服务监督。

一、社会监督员

1999年6月21日,上海联通召开服务质量监察员聘请仪式暨服务质量监察员工作会议,首次聘请市政府机关代表、新闻单位代表、用户代表和上海联通职工代表共8人为服务质量监察员。服务质量监察员在监察期内本着实事求是原则,认真履行监督检查职责,采用明察暗访形式,对经营服务和通信服务实施监督检查,汇总社会各界意见和建议,使经营服务和通信服务质量不断改善,做到让社会满意、用户放心。

2001年,以信息产业部《电信服务质量监督管理暂行办法》《电信服务标准(暂行)》要求以及上海联通对社会服务承诺为依据,聘请首批25位来自各行各业的社会监督员,持证检查上海联通服务情况,并对服务质量等提出批评和建议。

3月,上海联通召开"3·15消费者权益保护日"暨服务质量监督员授聘座谈会,向社会公告通信网络质量、销售和缴费服务方面新举措,努力提升服务品牌。9月27日,召开社会监督员座谈会,与用户代表共商开展"心系用户、服务创优"创"十佳""百优"活动。

2002年,借助"3·15消费者权益保护日"契机,上海联通召开社会监督员以及石化地区用户座谈会、上海电信企业格式条款的调研会议。9月,召开半年度社会监督员服务质量信息反馈座谈会,与会者参观漕河泾移动机房及计费中心,与上海联通部门代表现场座谈。安排参观移动局网络监控中心、交换机房和计费部计费中心机房,使监督员进一步了解网络监控和交换系统运行以及计费、出账流程等情况。

2003年12月26日,召开2003年下半年度社会监督员工作会议。上海联通总经理、副总经理和相关部门领导到会与20多位社会监督员座谈。上海联通总经理对社会监督员在网络质量、账务差错、一卡通充值及1001热线服务等方面提出的建议表示谢意,并强调网络质量是上海联通发展的关键,要用新理念、新观念、新智慧解决网络和服务问题。

2004年,上海联通继续抓好日常服务质量监督,办好《社会监督员工作信息》,要求社会监督员开展移动网络质量和窗口服务质量调研。要求客服部及时处理社会监督员反映的质量问题,重视解决部分社会监督员反映的焦点问题。

2005年1月,在2004年上海市电信行业行风评议活动中,上海联通召开社会监督员座谈会。会议形成专人汇总分析、专项整改回复、定期跟踪反馈机制,以保证社会监督员提议内容闭环处理,同时为提升服务质量找到良好参考点。

2008年5月,上海联通颁发《中国联通有限公司上海分公司社会监督员管理办法》,共6章14条。一是明确社会监督员聘用条件;二是社会监督员聘任范围、比例;三是社会监督员聘任方式、期限;四是社会监督员主要职责;五是社会监督员工作制度、联系制度、例会制度;六是社会监督员的意见、建议受理和办理。

2009年3月26日,上海联通召开融合后第一次社会监督员工作会议。上海联通领导、各相关部门领导与社会监督员就联通业务、服务及网络发展等话题进行座谈。社会监督员针对市场营销、客户服务与投诉、网络建设、品牌建设及广告宣传、保护第三者信息5方面问题,提出20余条合理化建议。

2010年4月,上海联通重新制定颁发《中国联合网络通信有限公司上海市分公司服务监督员管理办法(试行)》,共6章22条。主要涉及服务监督员的基本要求,工作制度,工作评价办法,权利和义务,聘用、聘期、津贴、解聘等。6月,上海联通组织召开服务监督员年中工作会议,总结服务监督员队伍自成立以来监督检查工作情况,并与近20位服务监督员及负责客服热线10010、营业厅等服务渠道监督管理相关人员进行交流和沟通。

二、质量改进

1998年4月,上海联通启动"质量改进工作"。4月15日至12月31日,质管办共收到质量改进建议244件。其中完成整改191件,落实中19件;质管办协调相关部门完成整改21件;其他建议13件。上海联通质量改进初见成效。

1999年,上海联通进一步动员全体员工和服务质量监督员参与质量改进工作,并推动社会监督员更有效参与,持续不断进行质量改进,以不断提高质量管理水平。

2000年,上海联通客服信息化支撑系统建成包括10010、10018热线IVR,人工话务接续、外呼营销Esale、多媒体服务、业务知识库、业务质检、培训考试、工单流转、实时监控等在内的全业务服务管理平台。在中国联通范围内首批启用统一客服热线知识库,建立热点知识库、搜索、排序、统计等功能更强,并具有"一地更新、全集团共享"的特点。上海联通梳理近3万条知识点,并按目录规范,逐一导入新版知识库。

2001年4月28日至5月7日,上海联通开展"寻我一点不足,还您十分满意"活动,有奖征集市内高架、高速公路上130移动电话网断话点。凡是反映上述区域内,130手机与固定电话之间的同一断话点的前三位用户,经测试核实后给予奖励。

上海联通"以建成国际一流电信企业"为目标,以"建精品网络、树企业品牌、对用户负责"为宗旨,在进一步完善室外覆盖基础上,以地铁、隧道覆盖和改善主要商务楼、星级宾馆室内覆盖为新一轮网络质量改进工作重点:争取年内实现100幢以上主要商务楼以及市内主要宾馆、主要公共场所室内信号覆盖;国庆前实现130移动信号覆盖地铁1、2号线全线;年底实现130移动网信号覆盖所有车行越江隧道,使上海联通移动通信网络成为名副其实的精品网络。

2002年,"用户满意工程"实施以来,上海联通客户服务部确立四项目标:一是建设一个勇于创新、开放合作、敢于负责的领导班子;二是建立一套完整有效的内部管理和考核体系;三是使客户服务部成为团结互助、沟通协调的学习型团队;四是强化各项培训,确保短期内员工素质及服务技能有明显提高。

2003年,针对用户投诉或流失现象,上海联通加强以下五项工作:一是增强合理布点,协调发展战略定位。技术部、移动部等相关部门从规划、技术上采取措施,解决G网信号覆盖问题多的状况。二是关注密集型小区(大片多层居民区、石库门居民区、被高层阻挡的居民区)基站建设,履行年内完成1 000幢高层楼宇室内覆盖的社会承诺。三是解决通信网络某些故障无法实时监控问题,由移动部对设备商提出限时改进要求和措施。四是重视通信网络通话质量问题,定期通过发短信等方式,了解手机用户切身感受的网络质量评价,并确定信息反馈渠道和主要处理部门。五是集成和利用用户网络质量投诉信息资源,分析、研究因此而引起用户投诉、隐性流失和对潜在用户影响,对营销策略和集团服务举措采取有效、针对性措施。

2003年,为建设"精品网络",留住老用户,发展新客户,赢得更多市场份额,上海联通组织社会监督员与公司员工组成移动通信网络质量课题组,专题调研上海联通移动通信网络质量状况。对普陀、浦东、黄浦、徐汇、闸北、杨浦、宝山、虹口、长宁9个区的大范围多层建筑、石库门、高层楼宇进行室外、室内进行信号测试,并形成调研报告。

2004年,根据社会监督员反馈意见,上海联通制定和完善《危机事件应急处理预案》。针对客服代表没有在承诺时限内给予用户回复的情况,上海联通逐步建立和完善"红黄牌投诉闭环考核系统",对首次派单正确率和逾时处理等进行考核,根据每一投诉分级分类规定相应处理。

2005年,上海联通梳理社会监督员提出主要问题。一是危机事件处理预案的设计与实施。二是完善投诉闭环系统,加强监督考核。三是完善SP短信退订流程。

第五篇
综合管理

概　　述

　　1994—2010 年，上海联通始终坚持"强管理、促效益"，坚持"市场为导向，用户为中心，效益为根本"经营理念，强化管理，不断创新。在全国省级电信运营商中率先通过 ISO9001－2000 质量管理体系转版认证，在提升企业核心竞争力上，取得显著综合效应。2002 年，上海联通业务收入 22.74 亿元，增长 52.3%；利润 7.5 亿元，增长 53.1%。上海联通实现发展模式从"规模主导型"向"规模效益型"转变，连续两年获中国联通综合绩效考核第一名。2008 年，上海联通和上海网通融合重组，带来新发展机遇。在积极开拓市场、建设精品网络的同时，继续倡导精心服务，强化精细管理，努力把上海联通建设成国际一流电信运营商。上海联通在发展中，从组织架构优化角度，对综合管理职能界面和人员配置不断进行调整，始终坚持"正规化建设、规范化管理"要求，狠抓管理、服务全局，集中主要力量，在企业制度管理、质量管理、法务管理、财务管理、安全管理、信息管理、策划管理、新闻宣传、办公事务、公关接待、保障服务、社会监督工作等方面，扎实推进，成效显著，为电信业务持续健康发展作出积极贡献。

第一章　企业基础管理

上海联通初创时期，企业基础管理着重从制度建设、绩效考核、质量把控、规划制订入手，坚持精简、高效原则，为长远发展打下坚实基础。至2010年，上海联通逐步建立健全管理制度体系。

第一节　沿　革

1994年，上海联通制定外事、人事、进出口管理，电信分支机构设立办法和规定，员工守则、公务手机管理等规章制度，并采用定期检查与不定期抽查相结合方法，确保规章制度落实执行。管理层加强制度建设力度，不断健全和完善各类规章制度，使企业管理制度建设逐渐完善。建立办公会议制度、办公标准化规定、文件收发、传阅、归档保管等制度。修订、完善通信工具使用规定。

1995年1月起，制定办公事务、行政等多项规章制度。3月起，督促、考核各处室具体执行办公标准化管理情况，对违反规定的当事人作出扣除一定比例当月奖金等相应处理。6月，制定《员工工资收入福利待遇实施的暂行办法》。7月，修改、完善《中国联合通信有限公司上海分公司考勤制度》，制定《联通上海分公司员工劳动防护用品发放管理的暂行办法》《联通上海分公司医疗费管理暂行办法》。针对销售回扣不规范问题，制定《关于加强回扣管理的暂行办法》和《在经营和公务活动中回扣管理的暂行办法》。8月，下发《关于调整中夜班等津贴标准的通知》和《关于员工加班加点若干问题处理意见的通知》等。《员工工资收入福利待遇实施的暂行办法》将岗位分为管理、技术、特殊工种、后勤服务等大类，对每一大类岗位再细分设置。技术大类里根据工程技术、经济三专业（经济、会计、统计）等系列，按国家规定的主任高级（教授级）、高级、中级、初级（助理员）设置。在确定员工岗位等级上，试用期满合格后重新确定岗位，定级工资标准，确定其相应工资等级。

是年，上海联通加强内部管理，切实贯彻执行经总经理办公会议审核确认的内容。相关职能部门落实检查，并将检查结果纳入考核内容；经营业务处完善相关业务管理办法，严格业务流程中各处理环节质量控制，杜绝用户资料流失等现象，以确保业务营账完整；公关部隶属行政办公室，对内外公关工作进行总体策划、组织实施及对各部门公关工作进行指导管理。各处室设一名公关联络员，由公关部指导管理。同时，设定三级以上管理人员的管理目标：对月度计划任务组织实施，贯彻各项规章制度并定期检查和考核，对通信质量、安全生产用户投诉实行控制，落实单项性综合管理工作。

1996年，GSM网前两期工程完成并全面投入运营，在网用户超2.8万户，并首次实现扭亏为盈。标志着上海联通从创立阶段步入创业发展阶段。基础管理工作开始发挥支撑保证作用，主要体现在：一是按需调整管理机构，充实人员力量。同时，新招收一批年轻员工，增强技术力量。二是加强管理基础工作。其中，计划统计管理、档案管理、工程管理、固定资产管理以及公文管理等都专门召开研讨会，建立相关程序。如统计工作设计400多项指标，21种表式；人事管理建立数据库，提高管理工作效率。三是抓好制度建设，在原《员工手册》修订基础上，各部门重新修订各类管理制度,并编印完成《管理制度汇编》。四是组织各类教育培训。较大规模培训有:GSM 运行维护、管理以及通信技术、工程等专项培训。五是落实安保和消防责任制,建立防火网络。六是做好公关、企业形象宣传策划、内外事接待及后勤服务工作。从协调广告宣传出发,成立宣传领导小组,定期研究广告策划及费用安排。筹备策划大型会议和活动 6 次,接待中国联通和各地分公司来沪人员 70 批次。车辆管理坚持统一调度合理调配,行车里程达 48 万公里。9 月 2 日,上海联通召开总经理办公会议,调整领导班子分工,确定工作目标规范管理,内部管理逐步走向制度化、规范化。

1997 年,上海联通完成编写分期付款、租号、国际漫游、通信费补贴等需求书,开发"SIM 卡库及预配号系统""国内漫游高额报告生成系统"等软件,制订《SIM 营账系统硬件平台升级方案》,保证 24 小时不间断工作。在经营业务上,完善 9 项管理制度,国内用户达 7 万多户,推广了来电显示业务和无线公用电话业务。加强安全保卫检查,落实责任制,全年无安全重大责任事故发生,安全行车 52 万公里。

1998 年,上海联通加强窗口服务硬件支撑工程建设和合同管理。一是营账系统得到全面提升,条形码销账、账单格式有新变化;各类信用卡、储蓄卡推广使用及计算机运用速度,设备配备基本适应当前业务需求。二是工程实施计划制订和修改考核;三是严格掌握合同执行时间、付款时间和清款时间;四是档案资料人员对原件和相关资料主动收集和整理。

1999 年,上海联通实施 ISO9002 贯标,健全管理制度,推进机制改革。一是以质量体系文件建立为主线,完善和健全管理制度和操作规章。确定"网络畅通、服务创优、用户满意是我们每天的追求"的质量方针。二是通过质量体系运行、内部审核、评审和第三方认证,建立并实行《质量手册》《岗位"五定"管理办法》《岗位聘任管理办法》《员工过失处理管理办法》等。三是强调管理体制、分配机制等方面改革要求,推动转变观念,提高认识,增强全体员工危机感和紧迫感,提高竞争意识、服务意识、质量意识和成本意识。在贯彻按劳分配、能上能下、精简高效以及分配向关键部门、关键岗位倾斜等方面有新起步。与此同时,结合 11 月新办公地点、新营业厅、新局房搬迁工作,对办公标准化、规范化进一步提高要求,安全生产、消防安保责任制得到更好落实。

2000 年,新增和修订制度 20 多项,充实完善企业基本制度,狠抓严格执行。结合 ISO9002 质量体系复审,修订增补 70 多份程序和流程文件。制定各类有价通信卡管理制度,加强审计和合同管理制度。

2001 年,上海联通将"用户满意"作为企业长期发展战略任务,并提出:一是推进全员化用户满意工程。无论是直接面向用户的部门,还是技术业务支撑部门,都要为用户满意出力。二是进行质量管理闭环控制,对用户提出的质量和服务需求,及时改进和调整。三是强化用户投诉部门职责和权力,加强用户服务工作监督。

2002 年,上海联通围绕中国联通"加大改革力度,完成从规模主导型向规模效益型发展模式转变"的工作方针,完成全年发展目标。是年,制定责任制考核评价办法,并重新制订和完善各类规章制度约 80 份,如《客服中心营业厅业务规范》《客服中心管理规范》《上海联通营业厅考评办法》《营业厅管理办法》《业务宣传品管理办法》《投诉处理办法》及相应的 9 个投诉处理工作流程等,并收集、修订、汇编《员工培训题库》。

2003 年,上海联通主营业务继续保持高速增长。各专业维护指标完成情况较往年都有不同程度提高。GSM 网络接通率相比 2002 年均提高 3％—4％,维护指标优于 2002 年。GSM 网络覆盖率达 99.9％,CDMA 网络覆盖率达 98.8％。通过管理制度、操作规范保证维护质量,通过考核机制激励提高维护水平。同时,接待任务日益繁重,制定《接待管理规定》。是年共承接 36 批接待任务,接待国内外宾客约300人次。理顺车队机制,全年数十万公里无故障。

2004年,上海联通发布关于《健全上海联通管理制度体系》的文件,从建设正规化一流电信企业高度出发,按照电信企业运作规范,编制《上海联通管理手册》。将2003年7月后新制定的管理制度直接纳入《上海联通管理手册》,采用电子化形式存入OA信息资源库,陆续在OA文档管理上海联通制度栏目内颁发,并实施电子化流程管理。

2005年,上海网通全面启动规章制度清理工作,完成128项制度清理和网上共享,并在学习中国网通相关制度和文件基础上,集中修订44项管理制度;制定并发布10项财务制度及6项审计制度。8月初,借开展党员先进性教育的东风,上海联通客服部投诉中心在部门内率先提出"感动服务"理念。9月16日,客户服务部召开"做一件感动的事"主题活动动员大会,实现服务模式转型,体现服务创造价值精神。10月29日,以"我的行动、您的感动"征文比赛为标志的上海联通"感动服务"系列活动面向社会公众推出。此次活动秉承年初提出的"服务就是经营、维系就是发展"经营理念,围绕"以客户为中心,一切服务工作围绕客户"的"向日葵"服务精神予以落实。

党的群众路线教育实践活动开展以来,上海联通紧密结合自身实际,提出"九个聚焦"改革发展课题,开展业务专项整治。每季度组织"回头看"检查,对14项制度进行梳理和修订,对36个整改项目、71条具体整改措施实施"台账式"管理。"九大聚焦"改革除个别任务成果在"十二五"末完成,其余均按照时间节点完成整改,取得初步成效。在全体干部员工中开展"四种意识"及"强队伍、提士气、硬作风"主题活动,开展"最美员工评比""身边的感动"微视频大赛、"深入一线,为民服务"等活动。

2008年,为树立良好对外服务形象,创建和谐文明环境,营造积极向上企业文化,提升企业品牌,上海联通作出员工上班着装规定:1.每周工作时间内(周五除外)着正装。2.代表上海联通或部门参加各类对外交流活动(含外事活动)时,遵循着装要求;无特殊要求的,比照第一条规定执行。3.营业场所、机房及其他现场管理另有要求的,按规定着标志服或劳防服。4.市场、客服、销售部门员工走访大用户和合作伙伴等,注意维护联通企业形象,比照第一条规定执行。5.工程管理人员在办公场所(工程作业现场除外)按规定着装。各部门应将此规定作为员工培训教育必修内容,在日常工作中检查执行情况,并纳入内部考核。

5月13日,上海联通从结构体系上把管理制度分为基本管理制度、业务管理制度两个层次,实行二级管理。企业管理部是管理制度建设和推进实施的管理部门。各职能部门按其职责划分,负责本部门职能或专业范围内制度建设工作。二级部门工作职责为:贯彻行业、中国联通、地方监管部门颁布的规章和制度及上海联通下发基本管理制度施行要求,根据生产、经营、服务实际需要,建立职能或业务管理制度工作体系和管理规范,制订或修订与职能或业务条线管理相符或本部门业务管理相关制度,参与企业管理部及相关职能部门组织制度体系建设及基本管理制度起草、修改和审查等工作,指导本部门实施基本管理制度及相关制度,组织本部门贯彻基本管理制度的宣传和培训,负责部门内各岗位人员实施基本管理制度及相关制度的检查和考评。上海联通内控制度管理由审计分部按照中国联通相关规定贯彻实施。

12月初,上海联通启动融合重组后的制度流程梳理重建工作。各单位及时根据中国联通有关文件精神,结合上海联通实际,对尚需完善的规章制度拟订修订计划,分批次对原联通、原网通有关制度进行修改、补充并发布。规章制度清理本着"是否适用"原则,对不符合企业现行需要、不适应生产经营制度予以废止。截至2009年12月31日,上海联通共发布各类规章制度293个,其中拟修订51个,无需修订221个,废止21个。

第二节　运　营　管　理

一、运营模式

【上海联通运营模式】

1994—2004年,上海联通重点采用"一级管理、一级运营、一级销售"运营模式。

2004年,上海联通强力推进区县分公司建设,初步建立市/区两级运营组织架构。针对长期直销力量不足、营销体制不完善状况,努力推进区县分公司建设。成立了闵行分公司和6个郊区(县)分公司,迅速完成人员调配、经营管理职能界定、业务流程理顺、指标分解等工作。区县分公司成立后,全面建立与各区域政府部门、重要客户工作关系,稳定核心代理商队伍,各项工作平稳过渡。

2008年初,开始组建市北、市南及浦东和各郊县营销中心。

【上海网通运营模式】

上海网通成立于1999年,由于人员规模、网络规模局限性,主要以经营他网业务为主。随着中国电信业改革深化和上海战略发展地位提高,上海网通网络规模得以扩大,业务不断丰富,特别是在大客户拓展上取得积极成效。上海网通实行操作职能与管理支撑职能完全合一的运营模式,除内设16个部门(中心)外,无一下设分支机构,所有销售均通过代理商向外延伸。从事一线直销正式员工仅38人,代理商收入占比高达80%以上。

2007年下半年,上海网通着手改革和创新运营管理模式,分别在市区设立东、西、南、北、中5个区域分公司及南汇1个郊县分公司,首次把区域定位成区县分公司。至此,上海网通一级管理二级运营模式初具雏形。

【融合后运营模式】

2009年,上海联通积极进行商业运行模式创新,打造价值联盟。按照"客户共享、客户维系、收益增加、改善服务"+"联合推广"的"4+1"合作模式,先后与招商银行、东方航空、平安保险等诸多知名跨界企业达成战略合作意向,形成渠道联盟。以与国美签订战略合作协议为标志,向社会主流渠道突破迈出新步伐。

2010年,按照中国联通关于省级分公司组织机构调整指导意见,上海联通进一步优化合并组织架构。此次优化调整遵循四个原则,即战略导向原则、高效集中原则、管理与操作职能分离原则、与中国联通要求相对应原则。优化调整主要内容:1.整合市场部、个人客户部和家庭客户部,成立市场部和销售部。2.成立行业应用与系统集成中心,归口集团客户部管理。3.成立业务支撑与稽核中心,由市场部归口管理。4.将信息传媒中心合并入产品创新部,产品创新部将集中对固网业务和移网业务自有平台进行开发管理。5.成立软件商城运营筹备中心,由产品创新部归口管理;合并管理信息系统部和业务支撑系统部,成立信息化部。6.合并法律事务部和风险管理部,成立法律与风险管理部。7.将财务共享中心合并入财务部。8.成立安全保卫中心,由综合部归口管理。9.成立员工培训中心,由人力资源部归口管理。10.将固网建设、运维部门和移动网络公司合并。

二、合作营业厅和代理商管理

2000年6月,上海联通与上海江韬通讯器材有限公司签约,同时举行"联通产品特约销售商"授牌仪式。江韬通讯器材公司成为上海联通最早的合作代理商,该公司旗下100多家零售网点成为上海联通特约销售网络的组成部分。双方充分运用对方资源,实现两个网络优势互补,打破传统行业、系统界限,开创市场资源优化配置新天地。上海联通销售网络在原有基础上更趋完备。

2004年,上海联通规范渠道建设,实现"以我为主、合作共赢",拓展渠道渗透能力,渠道、产品和品牌三大要素组成市场营销核心部分,制定《上海联通移动产品代理商管理办法》等一系列规章制度,在监督检查与奖惩机制基础上实现动态管理,增加渠道控制力度;制定新酬金发放办法,加强对代理网点监管检查力度,对违规代理商进行处罚并通报。

2005年,上海联通强化合作营业厅管理。1. 对合作方严格管理,对三次营业厅考评最差者取消合作资格。2. 打造营业厅标准服务,建设30家标准厅,引入"体验式营销"新模式。以提升"环境聚客能力、人员销售技能、销售组织能力"为核心,从优化厅内布局、开展体验活动、强化销售支撑、深化销售培训等方面强化体验式营销。通过以上措施,2006年多家合作营业厅取得"文明示范点"荣誉称号。

4月4日,上海联通总经理办公会议决定筹建代理商管理系统。在市场部、财务部、计费部及相关业务部门配合下,4月13日完成项目招标立项工作,5月11日代理商管理系统进入开发阶段。代理商管理系统主要功能有:代理商资料管理,酬金、押金、保证金管理,风险管理,评估管理等。系统6月底上线试运行。

2007年,为确保业务收入,上海联通根据市场竞争情况,调整193及IP业务酬金政策。调整各项业务资费和代理酬金政策,考核代理商结构及个性化指标。依据业务发展水平及实际收入情况,制定代理商个性化不同考核等级收入指标,充分调动代理商业务发展积极性。

2009年1月,上海联通修订《社会营销渠道代理商押金制度》。对押金收取、管理、返还及相关考核等做出明确规定。制定社会渠道代理协议签署规范,规定代理协议由框架协议和业务补充协议组成,各类业务补充协议中必须给代理商核定所代理业务的业绩发展指标,包括但不限于业务量、用户数等。

2010年,上海联通将"客户服务部"改名为"服务监管部",在保留客户服务管理基本职能同时,承担起对内各相关部门进行服务监管职能。按照"事前明确规范、事中加强管理、事后追求问责"三步方式,加强代理商管理。

三、客户响应机制

2010年,上海联通市场部业务管理模块更名为业务服务管理模块,销售部业务管理处更名为业务服务管理处,集团客户事业部经营管理处更名为经营服务管理处,产品创新部业务管理处更名为业务服务管理处,电子渠道部建设运营处更名为建设运营服务处。市场条线负责业务管理的三级部门,强化服务响应职责。

在机构设置上,强化服务管理格局和客户响应机制,在业务部门和支撑部门设置服务响应商,在网络管理中心设立服务响应处。通过对3个维度全程梳理、分类,整理出服务过程中119个关注点，30类重点问题。在形成共识后，全业务服务体系项目组开展不同层次培训。在14个区县分公司设立客户服务与销售支撑处，形成"客户⇔客户需求⇔需求保障⇔责任主体"四层体系架构。

客户层：对应问题分类，将客户群归为公众客户与集团客户两类。

客户需求层：梳理形成网络质量、窗口服务、业务产品、计费缴费四大客户接触点聚类。

需求保障层：对应客户需求形成网络保障、业务管理、渠道服务、系统支撑4个保障模块。

责任主体层：将保障模块与责任部门一一对应，明确各部门和区县分公司职责，保障任务落实执行。配备四层级体系架构，全业务服务体系对前期梳理出重点问题，明确涉及网络支撑、业务管理、渠道服务、系统资源保障4个模块共45个任务，由上海联通总经理签发任务单，明确执行要求。

全业务服务体系建设七条原则：

一是客户导向原则——所有工作以客户感知作为出发点和落脚点，产品、服务、网络从客户角度出发去思考和设计，在制订网络建设、业务产品、市场销售方案时，绝不能偏离客户需求。

二是系统设计原则——从组织架构、产品周期、业务管理、客户界面等多个维度进行系统性考虑和整体设计，形成客户服务体系闭环。

三是系统化推进原则——全业务服务系统必须系统化推进，须注重发挥网络、服务、支撑各条线协同作用，实行系统推进。

四是持续评价原则——在实践中不断得到检验、优化和持续的评价，并得到客户最终认可。

五是强化考核原则——把考核环节作为体系建设的重要组成部分，使各部门、各条线感受到责任和压力，保证体系建设顺利进行。

六是资源整合原则——体系建设是全公司各条线各部门共同责任，要整合、合理配置全公司资源，充分利用全企业内外一切资源为服务所用。

七是重在落实原则——体系建设重在抓落实，通过落实让客户感知上海联通的优质服务，通过落实让员工感知责任。

四、风险管理

【招投标管理】

1998年，上海联通制定采购规章制度，明确三大原则：一是决策者不参与对外谈判。二是技术谈判和商务谈判分别由分管副总经理负责，分管副总经理不单独对外谈判，至少由相关两个部门负责人共同参与谈判。三是项目采购款3 000万元以上需经总经理办公会议决定，3 000万元以下由正、副总经理集体商量而定。

2004年，上海联通引入基站代维转入制，培养核心代维队伍，有15个投标单位参与投标，7个单位中标，2个作为候选备用单位。

2005年，上海联通颁布《分公司招标管理办法》，加强对公开招标中各类设备的采购管理。

2006年，上海联通认真实施中国联通统一立项代维和佣金管理效能监察，自主立项"招投标管理办法执行情况""晓音公司违规操作校园卡""立好信集团用户欠费"3个效能监察项目，用大课题思维方式指导小题目"解题"。在"招投标管理办法执行情况"效能监察活动中，对2005年6 000多项合同进行排查筛选，10多次与相关部门交流沟通，核对情况，检查相关文档并听取意见。针对酬金发放和代理商在经营活动中违规操作的2个突出事件进行查办，为企业追回经济损失154万元。提出监察建议23项。

2007年1月，上海联通完成第一批框架招标工作，共6大类产品，包括机房专用空调、UPS、组合式高频开关电源、蓄电池、无线和光缆。此次招标不外包。财务部门牵头组成设备保险招标工作小组，招标前采用商务询价、厂商对比等方式。组织各专业部门对资产风险情况评估分析，明确资产保险范围和特殊附加条款（如设备搬迁、抢修及报损、虫蛀鼠咬等），拟定保险标书和费率目标，邀请人保、太保、平安、大众共4家保险公司进行公开招标。将保险费率降低到万分之三点五，节省保险费开支280万元。

2010年，上海联通为降低成本，优化程序、提升采购品质、加强廉政建设，对2009年采购实施办法进行修订，对各部门采购设备及货物在具体金额上职责权限做出更为明确的规定。

【库存、租金评估】

2007年7月16日，为尽快清理风险库存，降低跌价损失，保障公司正常运营，上海华盛根据联通《关于立即开展CDMA集采手机风险库存清理工作的通知》精神，向中国联通终端管理中心请示风险库存清理方案：结合上海市场情况，制订风险库存清库方案并积极组织开展风险库存清理活动，确保在中国联通下达时限前完成清库任务。

9月17日，上海联通总经理办公会议指出，为规避风险，应对基站租用方面的租金合同进行审核，规避因15年租金一次付清可能造成的风险。对租金涨幅较大的情形，开展评估，分析投入产出、合理控制价格，试点使用一体化基站，降低建设成本，提高设置灵活性。

【风险评估和报告制度】

2009年3月4日，融合后的上海联通对风险重新进行评估，确定风险管理类别、重大决策事项和风险报告制度。

风险管理类别 包括风险识别、风险评估、风险应对、风险报告和风险监督。风险识别是指查找各业务单元、各项重要经营活动及重要业务流程中可能存在风险过程；风险评估是指对识别出风险及其特征进行明确定义描述，通过分析和描述风险发生可能性高低、综合评估风险对实现目标影响程度，得出风险的重要性评级过程；风险应对是指可能对目标产生影响风险，根据风险性质和公司对风险承受能力而采取规避、降低、分担或承受等防范措施；风险报告是指对风险识别、风险分析、风险应对和风险监督结果进行定期或不定期汇报程序；风险监督是指确保风险应对措施得到有效执行而采取持续监控过程。

重大决策事项 重大决策事项包括但不限于：拟进行较大规模固定资产投资项目；拟进行业务资费（较大范围套餐资费）调整和推出新重大营销策略等变动事项；遇政府新颁法规、运营环境变化、业务经营异常变化等可能影响利益特殊情况；其他可能对生产经营产生重大影响事项。

风险报告制度 风险管理报告应包括但不限于：背景资料；风险识别，确定风险发生原因；预测风险存在领域、性质和后果；风险评估以确定风险大小和影响程度；风险级别；提出风险反应措施及可接受程度建议；采取风险控制目标及监督措施。

【信用管理】

2010年，与上海资信公司合作推出用户信用查询，防止对于有不良信用用户办理入网手续导致经营风险。同时，与上海普天合作，对用户身份证真伪进行系统验证，确保无欠费风险。是年，发布业务需求近200个，涉及BSS系统、客维系统、代理商管理系统等；顺利完成代理商支撑系统一、二阶段有关营业资源使用管理、账户资金管理功能、业务受理功能、营销业务通知、用户信息管理、施工过程管理、维系挽留等功能上线;完成在途款功能改造,防止代理商违规行为造成损失;完成现场写卡,包括2G、3G用户入网、补换卡和异地补换卡等8大场景业务验证工作;明确后付费、准预付费、OCS和预付费用户通过IVR、短信、网站进行业务查询一致性的需求。

五、市场动态管理

市场动态是关于竞争环境、竞争对手和竞争策略的信息研究,包括市场动态收集和市场动态分析。为及时掌握对市场经营信息需求,适应市场竞争环境,有效挖掘竞争机会,尽力避免市场风险,上海联通于2009年2月17日制定《上海联通市场动态工作管理办法(暂行)》。主要内容为:一是电信行业市场动态。包括电信行业政策导向与监管,上海移动、上海电信等主要竞争对手近期动态和国外运营商近期动态与分析;二是本地市场动态,包括近期上海通信市场动态和近期竞争对手动态两部分。

产业市场动态包括网络技术与设备发展、终端产业发展、增值业务产业发展和互联网四部分。具体有针对电信设备的新技术分析、设备商动态分析、终端的发展趋势、分析国外增值业务和互联网最新动态。

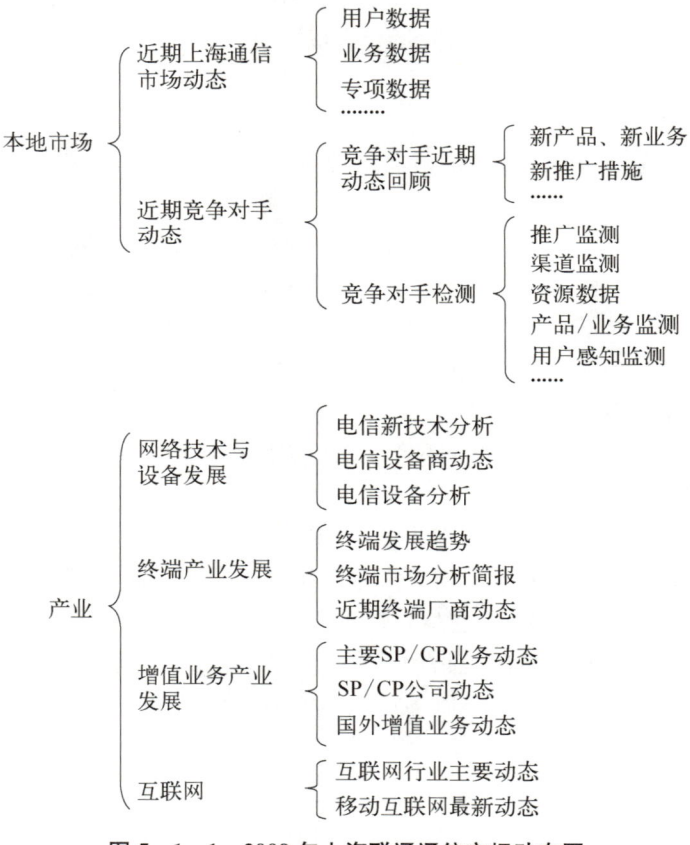

图 5-1-1　2009年上海联通通信市场动态图

市场部主要职责　负责制定市场动态收集管理办法,并督促个人客户部、家庭客户部、集团客户部、信息传媒中心、电子渠道中心、产品创新部和各区县分公司严格按照管理办法执行;负责市场动态信息收集工作,同时负责汇总、整理个人客户部、家庭客户部、集团客户部、信息传媒中心、电子渠道中心、产品创新部和各区县分公司报送的市场动态信息;负责根据本部门和相关业务部门收集市场动态,进行筛选后,撰写《市场动态简报》,简报每半月发布一次;负责根据收集市场动态信息,进行专题分析,形成相关可行性报告,供领导决策。

相关业务部门主要职责 包括个人客户部、家庭客户部、集团客户部、信息传媒中心、电子渠道中心、产品创新部等,负责制订所管辖电信业务的相关市场动态收集工作实施细则;负责根据市场部要求,及时、定时、定期报送市场动态信息至市场部;业务部门须在竞争对手市场举措开展3天内上报对应市场动态,并于每周一下班前将上周市场动态汇总至市场部;对于区县分公司报送的与本部门所管辖电信业务相关市场动态,第一时间回应并反馈意见。

各区县分公司主要职责 负责制订所管辖区域内竞争对手相关市场动态收集工作实施细则;负责及时、定时、定期报送市场动态信息至市场部;各区县分公司必须在竞争对手市场举措开展2天内上报对应市场动态,并于每周一下班前将上周市场动态汇总至市场部;各区县分公司之间实现市场动态信息共享,特别是将竞争对手针对性的市场营销活动,同时报送市场部及相关业务部门,以便市公司在第一时间作出反映。

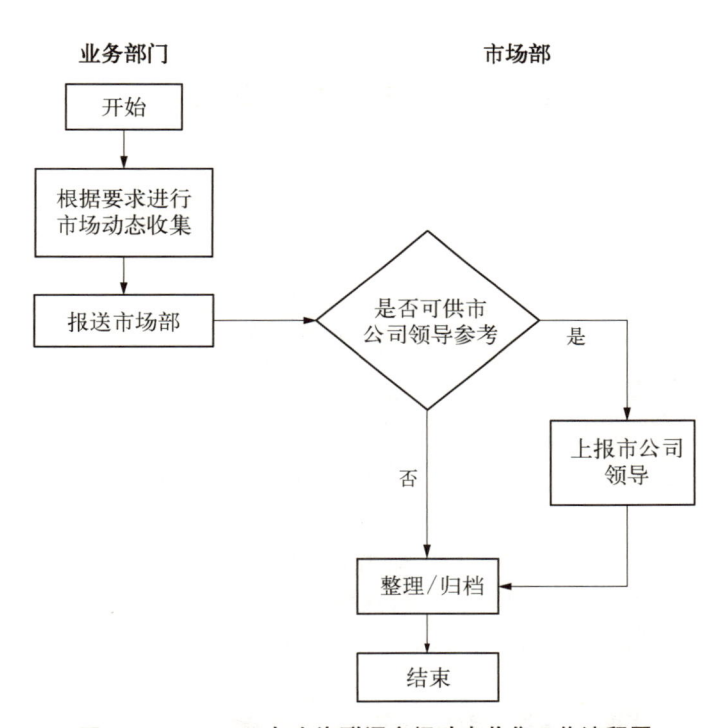

图 5-1-2　2009 年上海联通市场动态收集工作流程图

动态管理表将项目建设中需完成14个方面工作(归类于表中"分类目标"项下),即"小区总体规划""站点选址""换方案拟定""设计委托及协调实施""交换工程实施""基站工程""传输工程方案及实施""交换机房装修工程实施""基站装修工程实施""人员培训计划实施""市场拓展和业务宣传""营业计费管理系统""营业厅""配套服务"。每个分类目标又细分为若干项具体工作,如在"小区总体规划"分类目标上,具体工作为"定义覆盖及提供技术资料""拟定小区规划初步方案""场强预测""小区规划确定""制定频率计划""场强测试及优化"6项。

六、郊区管理

2004年3月,上海联通郊区业务发展部成立。至6月,郊区已有6家分公司及专营店开业,并与当地政府机构建立了良好的沟通基础。

2009年7月,上海联通从战略发展角度,组建"上海联通郊区发展推进办公室",按照郊区发展整体规划,负责对郊区发展策略具体指导和综合协调。其工作职责一是协助制定郊区三年滚动规划,牵头制定推进郊区发展的分阶段工作计划,并协调、督促各相关单位落实;二是协助郊区分公司形成全面运营能力,包括建设固、移有机结合,重点目标区域全覆盖的网络,建立有效市场销售渠道体系;三是建立有效支持业务发展网络维护体系;四是推进重大项目和重要客户拓展;五是拓展和维系政府等公共关系;六是建立健全公司内部管理体系和制度流程等;六是参与郊区分公司人事配置及人员编制核定、财务预算分解、投资预算分解、领导班子考核等工作,并提出相关建议。

2010年8月,在郊区发展推进办公室成立1周年后,郊区一级管理二级运营体系逐步形成,基本实现设立时拟定的工作目标,完成其在特殊时期的历史使命。经上海联通总经理办公会研究,撤销相应组织机构。

第三节　绩　效　管　理

一、概况

1996年,根据中国联通下达年度生产经营任务要求,上海联通实行年度预算、计划任务统一分解、集中下达管理方式,并将通信业务收入、收支差额、资产报酬率、劳动生产率及综合管理指标一并纳入部门绩效考核体系,按照部门职能分工、承担责任风险大小,设置不同考核权重和配分,进行月度、季度、年中、年终考核,强化对部门绩效和员工业绩考核力度。围绕经营战略目标、主营业务和新业务增长点,结合员工岗位任职条件及能力要求,建立以提高员工质量意识和工作能力为核心,提高员工综合素质为目标教育培训框架。考核评价主要采用书面考试、操作实践考试、部门主管及相关技术(业务)主管综合鉴定、工作绩效年度跟踪考核等方式,最终由人力资源部确认,纳入员工培训、考核档案,以此作为员工岗位任职、晋升、专业技术职称评审主要依据之一。绩效考核与激励等机制主要包括非工资性激励和岗位薪酬激励两大类。非工资性激励,是对工作业绩突出员工,专门设计奖励制度,除授予优秀员工、先进员工等称号,同时发给一次性奖金。岗位薪酬激励就是工效挂钩考核。

2002年,上海联通对移动通信业务销售部实行工资总额与净增用户数、移动通信业务收入、移动通信业务收支差额、综合绩效、ARPU值复合挂钩办法。应发工资总额计算公式:部门应发工资总额＝核定工资总额基数。

2003年,通信业务收入考核以计划财务部下达的业务计划、销售计划、部门目标责任完成情况考核表为依据。移动通信业务销售部根据计算的应提工资内容适用国家规定工资总额统计口径。凡属工资报表统计范围内所有发放内容均包含在内。为贯彻增人不增资、减人不减资原则,移动通信业务销售部人员增减一般不再结算工资总额。移动通信业务销售部根据工效挂钩办法原则,结合部门实际情况,对年内可使用工资额度进行测算并制订对下属机构内部考核与分配办法,报人力资源部备案。移动通信业务销售部根据核定工资总额基数和挂钩指标得分按月提取工资总额,留有余地使用,以丰补歉,年底清结算。

2005年,在管理指标基础上调整取消部分管理指标,突出工程建设、运维质量两类考核,增加内控专项工作考核指标。

2006年,考核指标设置分为经营效绩、管理、否决指标三大类。其中,经营效绩指标反映通信业务收入、利润总额、市场占有率等经营状况;管理指标反映业务发展、用户维系、经营效益、工程建设和网络质量、精细化管理要求、精神文明建设等;否决指标反映重大管理差错、重大通信服务质量问题、内控重大偏差、安全生产事故、违法违纪案件等。在考核期内,以经营效绩和管理指标得分加权求和,减去否决扣分,作为对各部门绩效考核量化结果。为激励年度重点任务完成,设有专项奖。考核分为月度预考、半年度和年度考核,直接考核对象为各两级部门及独立考核单位。

表 5-1-1　2006年上海联通考核体系表

类别	子类	权重	指标名称	配分	被考核部门	指标说明	组织考核单位
经营绩效类	无	60%—70%	A1 通信业务收入完成率	70	各部门	不同部门挂钩相关收入	计划部
			A2 利润总额完成率	20	各部门	不同部门挂钩相关利润总额	财务部
			A3 收入市场占有率	10	各部门	分公司收入与上海移动的收入比	计划部
			A4 收入贡献率		营销单元	各专业通信业务收入占总收入比	
管理类	B 经营管理	30%—40%	B1 用户发展和效益	100	营销单元/市场部	考核净增出账用户数,当年有效发展率及欠费率等	市场部/财务部
			B2 用户维护和服务质量		营销单元和相关部门	考核用户流失率/挽留率、服务质量、对投诉处理的回复等	市场部
			B3 网络建设和维护质量		工程实施和维护部门	包含工程建设进度完成率和网络维护质量两类指标	计划部/运营部
	C 精细化管理		C1 职能管理测评指标		各职能部门	职能部门配分指标,三级测评方式	考核领导小组
			C2 营销一线专业管理能力测评指标		营销和一线单元	三级测评方式。每季度考核一次	
			C3 基础管理考核指标		各部门	不达标时扣分	职能部门
			C4 精神文明建设考核指标	不配分	各部门		党群监察工会
			C5 内控制度建设		各部门		财务部
否决指标	无	100%	F. 否决指标	无	各部门	重大管理差错。重大通信服务质量问题,安全生产事故等	

为便于实施分类考核,将部门分为3类单元:营销单元(4+1个),即移动销售部、综合营业部、数据固定部、增值业务部、客服部。考虑到用户维系对经营目标影响重大,客服部经营绩效系数参照一线单元。一线单元(4个):信息化部、移动部、基础网络部、工程部。职能单元(11个):市场部、运监部、计划部、财务部、人力资源部、技术部、综合部、行政部、审计分部、党群部(工会)、监察室。根据部门和主要经营目标关联程度,设置经营绩效系数Q计分时。经营绩效系数Q与经营效绩指标得分结果相乘(收入贡献率加分除外)。经营绩效系数根据主营业务收入、利润总额期末累计完成情况取数浮动。经营效绩指标A(配分100),由经营指标(权重封顶计算)和经营绩效加分指标组成。管理指标(配分100)分为经营管理指标B和精细化管理指标C两大类。经营管理指标B分为:用户发展和效益(B1)、用户维系和服务质量(B2)、网络建设和维护质量(B3)三类。精细化管理指标C分为:职能管理测评指标(C1)、营销(一线)专业管理能力测评(C2)、基础管理考核指标(C3)、精神文明建设考核指标(C4)、内控制度建设(C5)五类。管理指标满分100分,有不合格项时减分。管理指标考核内容从专业量化指标、管理能力测评指标两方面考核。对专业管理量化指标考核由市场部、运监部、计划部、财务部4个职能部门负责,一般为月考指标。经营管理指标主要考核各营销、一线单元部门,个别指标考核到专业职能管理部门。

  2007年,上海联通制定绩效管理考核办法,对2006年考核办法进行修订。一是健全以收入为主导、其他配套关联指标为重点的绩效考核体系。二是将影响上海联通经营绩效的各项成本费用控制责任和目标通过考核予以落实。对G、C网两个经营部以及集团、数固、客服等一线营销部门90%考核其承担业务收入、利润(成本),同时兼顾净增出账用户数、营销费用占收入比、有效发展率、存量收入保有率等重点指标;对后台支撑和职能部门50%挂钩上海联通收入和利润,20%强调对一线业务发展支撑和服务情况评价,30%考核部门自身工作职责落实情况。三是精简考核结构,区分各部门在经营绩效上承担不同压力,并与经营业绩挂钩。将各部门考核配分统一改为单百分制,使考核体系结构更为直观明晰。在G、C两网分营的新形势下,为激励市场营销部门努力完成收入年度目标任务,实事求是考虑各部门在经营绩效上承担压力,对营销部门、技术支撑部门、后台与职能部门设置3类系数。系数取值随主营业务收入完成情况浮动设置,为两档。四是对主营业务收入除考核总额外,同时考核存量、日均收入增长率等收入质量指标。五是进一步营造内部上下道工序互为客户机制导向,将测评结果权重加大到占部门考核结果的20%,进一步营造"后台部门围绕前台转"良好氛围。在对营销部门考核中,增加对"存量收入"或"外部收入"(数据)考核配分,以引导其关注收入质量和结构。同时,增设"日均收入增长率"调节指标,若当月日均收入高于年度各月平均日均收入,每高1‰加1分,最高加分5分,以激励各专业收入止跌回升。反之则扣减,最多扣2分。六是将营销部门绩效考核和工效挂钩相结合上海联通各项专业营销费用,以及资本性开支、广告费用、维修成本、人工成本、折旧等成本费用全部制订预算控制目标值,并明确责任部门,作为该部门主要指标,体现"指标有人认、过程有人管、结果有人担"考核效果。

  2008年,上海联通对绩效考核作微调:一是对收入相关指标进行调整。二是新增CDMA交接考核内容纳入相关部门"否决指标"实施考核。三是对运维管理指标作微调,内容涉及投诉管理指标、相应支撑指标、故障管理指标、网络质量指标和业务响应管理指标。四是调整"骨干员工流失率",每流失1人(六职位层级以上员工以及连续两年度考核为优秀员工的七职位层级员工)扣1分。

表 5-1-2　2008 年上海联通"否决指标"考核表

考核内容	考核部门	被考核部门	考核细则
1. 防止 C 网业务收入出现下滑	市场部/企管部	C 网经营部、12 个区域中心、集团客户中心、增值业务中心	收入明显低于预算且发展速度低于 1—5 月份的，酌情扣减 1—5 分
2. 据实清查 CDMA 资产，严禁弄虚作假。按照时间进度提供资料，不得无故拖延	财务部	财务部、计划建设部、审计分部、综合市场部、综合部、增值业务中心、网络工程中心、运行维护部、信息化中心、网络管理中心、技术支持与网优中心、网络维护中心	对应中国联通实施扣分
3. 据实清查 CDMA 业务，严禁弄虚作假。按照时间进度提供资料，不得无故拖延	市场部	G 网经营部、C 网经营部、运行维护部、集团客户中心、客户服务中心、数固业务中心、网络管理中心、信息化中心、增值业务中心、财务部、计划建设部、综合市场部	
4. 严格按照标的资产进行核查，防止资产损失	财务部	（同第 2 项）	在资产清查过程中，对于资产管理不善、账实不符造成财产损失的，对应中国联通实施扣分

2009 年，融合后的上海联通重新制定员工绩效考核管理办法，提交考核领导小组讨论，并提交工会及员工代表审议通过。考核领导小组将 2009 年度员工绩效管理汇编成手册，分发到全体员工。

2010 年，上海联通综合绩效考核办公室根据《中国联通网络公司省级分公司 2010 年绩效考核办法》《关于调整集团客户部组织机构的通知》，重点对各部门指标权重、加分上限等考核指标设置及内容进行修订，形成《上海市分公司 2010 年度市公司各单位综合绩效考核实施细则（修订）》，以正式文件下发各部门执行。

二、组织考核

【领导小组】
上海联通考核领导小组　考核组长由总经理担任，成员由党委书记和副书记、副总经理、资深经理组成。主要职责为指导绩效考核工作，下达各部门绩效考核指标，审定考核办法、审核签发各部门绩效考核结果，仲裁有争议的考核问题。考核领导小组一般每季度首月中旬召开例会，审议上季度考核结果，仲裁部门书面提交考核争议。特殊情况临时召集会议。

部门考核领导小组　组长由上海联通分管领导担任，成员由各职能部门负责人组成。主要职责为制订和修订绩效考核办法，收集各部门对考核办法的建议和意见，向领导小组汇报考核执行情况。根据管理职责分工，组织业务分管范围内管理指标考核，负责制订相关管理指标，提供每期考核数据。其中计划部为绩效考核主要管理部门，负责考核办法编写、考核得分汇总计算以及其他日常工作。并负责考核各单位业务收入、项目投资、市场占有率等指标。

【考核工作流程】
从 2006 年开始，每年 1 月底前，由计划部在总结上年度考核办法执行情况和听取各方建议基础上,提出本年度绩效考核办法建议方案,提交考核工作小组讨论。3月底前,各考核分工归口职能部门负责制订相关单位、部门指标值及考核计分办法,交计划部汇总。计划部汇总平衡各职能管理部门提出的考核方案,提交考核领导小组。经考核领导小组审定后,发布本年度考核办法。考核工作流程按以下四步操作。

第一步 考核数据收集。根据考核分工,各职能部门每月(月考核指标)和每季(季考核指标)首月的10日前提交专业考核基础数据给计划部,财务数据在12日前提供。

第二步 考核结果计算。月考核时计划部根据考核数据计算,初步得出对各部门考核结果,并完成本次绩效考核结果通报,提交考核领导小组组长审核签发。该项工作一般在15日前完成。季考核时由计划部组织职能管理和营销一线专业管理能力测评指标打分。其他程序同月考。季考核一般在17日前完成。出现多头考核管理问题的处理流程,计划部汇总时按照"不重复考核、从重考核"的原则,与相关专业考核部门汇总后,只取最高一项扣分,并在通报中详细说明。

第三步 考核结果发放实施。考核结果由计划部交人力资源部,作为核发奖金依据。

第四步 考核结果反馈。考核结果以通报形式向各部门反馈,对月考核有争议的可向考评领导小组反映或投诉,由计划部受理,与分管领导、考核部门共同组成调查小组,将调查结论和建议报总经理审批后回复被考核部门或调整。

【精细化考核】

从2002年起,上海联通对销售部实行经济挂钩考核。2006年,制定"精细化"考核管理办法,之后每年修订"精细化"管理绩效考核指标,包括职能管理部门测评指标。各项"精细化"指标适用以考核各职能部门,具体根据其部门职责而设置,确定每个职能部门被考核指标名称和配分。

考核方式 分部门自评、分管副总经理打分、总经理打分3级测评。其中,部门自评结果作为"感受分",分管副总经理、总经理打分权重各为30%、70%。为简化操作,测评安排在每季最后一月进行,前两个月取上个季测评分为预考得分。对职能部门工作中有时限要求指标,在部门自评同时,下一环节部门打"感受分",提交分管副总经理、总经理打分时作参考。年度结算时,根据各月实际考核测评分予以结算。

基础管理考核指标主要考核上海联通各条线基础管理情况,由9个职能部门负责考核各部门或相应部门,以落实其职能管理范围内各项管理要求。党群部、监察室和工会每季度对各部门精神文明建设工作进行考核。财务部组织重点考核各部门内控建设执行和完成情况。指标不配分,发生问题则扣分。

管理得分计算 营销、一线单元:月考核得分＝量化管理指标得分之和×70%＋上季度专业管理能力测评得分×30%;季考核得分＝量化管理指标得分之和×70%＋本季专业管理能力测评得分×30%。职能单元:每个职能部门管理指标由其挂钩的相关量化管理指标和职能管理指标两大部分组成。月考核得分＝量化管理指标得分之和＋上季度职能管理能力测评得分;季考核得分＝量化管理指标得分之和＋本季职能管理能力测评得分。否决指标:在考核期内,出现重大管理差错、重大通信服务质量问题、安全生产事故、违法违纪案件等11类问题时,按否决指标扣分。考核期内若发生重大伤亡责任事故,每一起扣(责任部门)5分。发生重大伤亡事故的,从严处理。具体扣除分值由安全工作委员会研究确定,人力资源部牵头考核。

三、营销分配

2006年,为进一步理顺分配机制,调动部门和员工积极性,加强考核分配力度,确保完成中心任务,上海联通对移动通信业务销售中心、综合营业中心、集团客户中心、数固业务中心4个营销中心实行工资总额与绩效管理考核得分等综合绩效指标复合挂钩办法。加强主渠道考核,贯彻效率优先、兼顾公平原则,奖勤罚懒、鼓励多超多得。各营销中心对下设部门和员工亦应分别制订相关考核与分配办法。

【工资总额计提方法】
部门应发工资总额=核定工资总额基数(A)+效益工资(B)+按实列支工资(C)其中:A=该年度该部门人均岗位工资收入×该部门年度平均人数,B=核定绩效考核基奖×部门绩效考核得分,C指核给一次性工资额度(指统一加发一次性奖等非均衡性因素)。公式中A和B部分由人力资源部根据部门人员计划及计划部下达绩效得分逐月下达工资额度,该年度年末人数必须控制在上海联通下达年度控制数内,根据部门考核办法按月预提工资,年底结清。根据该办法计算应提工资内容适用国家规定工资总额统计口径,凡属工资报表统计范围内所有发放内容均包含在内。

【员工工资结构】
员工工资实行"基薪"+"奖励"工资结构,包括基薪、销售奖励、年中年终奖励、非均衡性按实列支工资。基薪由两部分组成,于每月5日发放。第一部分基本薪金每月1 000元;第二部分考虑员工工龄因素,对于8—20年工龄员工,增加基薪100元;20—30年工龄员工,增加基薪200元;30年及以上工龄员工,增加基薪300元。为贯彻增人不增资、减人不减资原则,各营销中心人员增减不再结算工资总额。各营销中心根据核定工资总额基数和挂钩指标得分按月提取工资总额,留有余地使用,以丰补歉,年底进行清结算。

四、外包规定

上海联通业务外包范围是:后勤服务(保安、保洁、物业、车辆、食堂、服务等)、网络代维、营销客服(直销、代销、分销、催欠、热线包括内外呼、资料整理、卡类包装、配送)及其他保障工作。执行层(实际操作部门)可以委托业务外包,职能管理层原则上不能委托业务外包。

业务外包合同内容包括完成数量(工作量)、质量标准、结算方式、风险控制、监察考核等。合同期限1—3年。业务外包合同由实际操作部门提出书面申请,经相关管理职能部门(人力资源部须事先审)审核同意后,通过招投标形式甄选。业务外包合同审批流程按照《合同管理办法》及相关规定执行。负责业务外包项目和任务的管理部门必须在相关人员进驻后一周内,将人员信息、岗位信息等人事信息报专业职能管理部门和人力资源部备案。

2000年,上海联通探索性开展外包呼叫中心业务,建立专业机构,积累市场运作经验,与联通国脉合作实行7×24小时全天候服务模式。

2007年,上海联通规定每项业务外包项目和任务须事先制订出详细、可控业务标准和考核办法。重要业务外包项目和任务须选派内部管理人员参与管理和指导。

2010年,上海联通对外包作出新规定,对市场销售类、服务账务支撑类、网络建设运维类3类人员进行公开招聘,共招聘派遣制员工和紧密型业务外包派驻人员20人。

五、职级划分

2008年,上海联通根据中国联通《关于确定第九、十职位层级岗位工资等级系数的指导意见》,提出《岗位序列职级划分办法》。一是建立和完善派遣员工、短期合同员工职位及薪酬体系,将短期合同员工和派遣员工纳入职位及薪酬管理体系中,在分配中强调按岗位价值确定薪酬福利分配标准,同岗同酬。二是根据上海联通发展战略及经营模式,按照职位性质和差异重新划分职位序列,将原管理、业务技术、营销和劳务4个岗位序列重新调整为管理、营销、技术、业务4个职位序列,每个职位序列划分为若干个职位层级。管理序列职位层级与非管理序列职位层级一一对应,便于员工职业发展及双通道转换。三是参考通行做法和市场价位,在薪酬总量不变的基础上,重新设计岗位工资等级表,通过对岗位工资结构性优化,调整固定薪酬在整个薪酬结构中比例关系,缩小各职位层级薪酬带宽差距,增强在同业中竞争力。由于薪酬总量保持不变,同一职位层级岗位工资差距缩小,岗位工资增减幅度不尽相同。四是为体现岗位工资地区差异,增加岗位工资地区调整系数,同时引入岗位工资基数。五是根据经营效益、薪酬总量承受能力以及员工职位层级,设立岗位津贴项目。六是进一步强化绩效导向,绩效工资依据岗位价值和绩效考核结果确定。员工薪酬调整从2008年4月1日起执行。

2010年,上海联通在中国联通内部率先实现干部职位薪酬体系统一,构建和实施新的基准岗位体系和职级动态管理机制,解决因历史原因形成员工岗位、职级管理不统一等实际问题,建成有岗位价值的、科学合理衡量员工贡献的、支持员工有序流动和长期职业发展的规范管理体系。该项目确立层级间、同一层级岗位间、岗位不变带常宽职级间三种员工晋升路径,明确以竞聘方式实现低层级到高层级,复合应用员工职级评估得分和年度绩效考评等,实现员工从低岗位到高岗位、从低职级到高职级动态管理;运用价值评估模型、职级常宽模型、职级评估模型、用工类型识别路径模型等创新管理工具,为管理内部公开性、合理性、激励性提供保障。形成优化完整复合激励体系,即:三纵一横员工职业发展路径、职级动态管理机制、岗位工资正常增长机制、弹性福利体系、多种薪酬分配模式。

第四节 质量管理

一、质量方针和质量目标

1999年初,经过7个月反复酝酿,上海联通完成质量方针和质量目标的制订。质量方针为"网络畅通、服务创优、用户满意是我们每天的追求"。质量目标为"我们追求高新尖技术、高质量网络、高标准服务和高效率管理"。短期目标:到2000年,在全国联通内处于先进行列;到2005年,在中国电信服务领域内处于先进行列;到2010年,在国际电信服务领域内处于先进行列。为实现上述中长期目标,上海联通制定年度目标,确保通信质量、服务质量、用户满意度年度目标均100%完成。

二、ISO9000 贯标工作

1998年初，上海联通对照质量管理体系标准，讨论完善《总管理手册》大纲修订。之后，将大纲发至各部门，要求各单位做好宣传贯彻工作；办公室负责制订《总管理手册》编制计划，各职能部门按要求落实《总管理手册》相关内容编制工作。同时启动质量认证工作，成立由三位副总经理参加的质量管理领导小组，日常工作由副总经理分管，质量管理职能由计划处负责。

2月9日，经总经理办公会议讨论，同意成立质量管理领导小组（简称"领导小组"）和质量管理办公室（简称"质管办"）。领导小组同意计划处提出的贯标工作计划，并要求确保1999年上半年一次性通过国际认证。

3月13—14日，上海联通举办首次ISO9000族标准贯标培训班，邀请QCCECCA赛宝质量体系认证中心主任审核员来上海联通讲课。二级副以上管理人员，质管办专职、兼职人员以及各处室贯标业务骨干44人参加培训。

3月底，质管办按照领导小组提出"提高质量、人人有责""进步从发现开始""重在及时解决问题"要求，起草开展质量改进活动通知。

4月14日，上海联通召开质量管理工作动员大会，全面启动ISO9000族标准贯标工作。会议邀请国家技监局上海国际培训中心主任授课。为配合质量改进和贯标工作，工会在会上宣读开展以"质量改进"为主题的金点子活动通知。由此，"质量改进活动"启动，持续到该年年底结束。

6月，计划处开始编写质量体系程序文件工作，10月底拿出初稿，11月中旬公布，年底前完成主要章节的编制，1999年2月完成手册全部内容。质量手册主要体现以下精神：1. 坚持管理者推动思想，以质量管理为主导，兼顾质量认证工作；2. 突出电信业特点，注重服务、软件、可信性、质量效益等要点，注意设计环节；3. 保持系统连续、稳定、有效运转，凡是程序文件规定，坚决按文件办。实施例外管理原则，例外管理也要有程序规定。

第一阶段试运行从1998年10月到年底，1999年1月到2月修改文件；第二阶段试运行为1999年3月到5月，6月实施认证。第一阶段质量体系试运行后，质管办于1998年11月10—20日进行大检查。12月10日，上海联通召开整改专题会议，明令要求各有关部门在17—25日期间进行整改检查；要求分管总经理带头从自身查起，并落实分管部门的整改情况。

1998年，质管办共收到质量改进建议244项。其中，各部门完成整改191项，质管办协调相关部门完成整改21项，13项因条件限制短时期内难以办到，另有19项在1999年初完成整改。

1999年初，上海联通"网络畅通、服务创优、用户满意是我们每天的追求"的质管方针应运而生，其内涵为：1. 用户满意是生存之本；2. 强化质量管理，坚持质管改进，做到每天发现问题，每天解决问题；3. 依靠科技进步，依靠高素质员工，学习创新。短期目标为：到2000年，在全国联通内处于先进行列。

1月11—13日，上海联通质管办组织各部门内审员对公司质量体系试运行情况作内部质量体系审核，赛宝质量体系认证中心（简称"审核组"）派员参加。审核组开出不合格项报告86份。上海联通各部门严格按报告要求纠错，从而进一步完善质量管理。

5月15—16日，审核组对上海联通进行第一次质量体系监督审核，对行政处、工程处、维护处、经营处、客服部和质管办6个部门进行抽样，审核组一致同意推荐继续保持认证证书，提出4项不符合项和 4 项观察项。

7月26—28日,上海联通内审组开展二次内审,审核组派员参加。第二次内审报告表明:"本公司质量体系文件基本符合 ISO9002 标准要求,并已开始正常运行,运行情况基本符合文件规定,质量体系实施是有效的,具备申请 ISO9002 认证条件,建议提交认证。"第二次内审只发现20项不合格。各部门负责制定纠正措施计划,完成实施工作和质管办组织的验证工作。

8月17日,上海联通召开第一次管理评审会议。管理者代表作质量体系建立和运行情况报告,党委书记、内审组长作内部质量审核总结报告。计划处作方针目标执行情况报告以及采取的预防措施;办公室作品牌和信誉度调查报告;工程建设处作 GSM 工程质量统计和分析报告;维护运行处作 GSM 网络通信质量统计和分析报告;经营业务处作服务质量统计和分析报告;质量管理办公室作用户投诉、质检情况和用户满意度调查报告。会议进行讨论和分析后认为:上海联通自1998年3月开始贯彻 GB/T 19002-ISO9002:1994 标准,1998年10月15日—12月30日进行模拟运行,1999年5月1日开始试运行,全体员工对贯标认识有很大提高。各部门按标准规定和本公司质量体系文件要求开展大量工作。实际运行表明,上海联通质量体系文件作为工作依据在指导各部门与质量有关工作中起到作用,较符合实际情况。用户满意度1998年68分,1999年75分,提高7分。上海联通质量方针和目标基本符合企业实际情况。

三、认证证书

1999年,上海联通把质量体系贯标通过作为目标。质管办牵头各部门配合,通过质管体系运行、内部审核、评审和第三方认证,出台《质管手册》。通过各部门配合,经过材料梳理、修改、

图 5-1-3　上海联通1999年质量体系认证证书　　图 5-1-4　上海联通2001年质量体系认证证书

补充、编辑等工作,完成75篇程序文件、72篇第三层次文件和269份质量原始记录,得到审核组肯定。9月,上海联通GSM系统ISO9002质量体系现场审核初步通过。9月7—9日,赛宝质量体系认证中心对上海联通进行质量审核。中国联通总经理、上海联通党政主要领导均参加审核。审核组认为:上海联通有实现质量目标能力和具体实施质量方针的承诺,质管体系文件制定全面,考虑到各类影响因素,体系符合ISO9002标准,整改问题在45天内完成后,发质量管理体系认证证书。10月21日,上海联通获得与国际接轨ISO9001-2000标准换版质量管理体系认证证书。

四、重点项目

1999年9月,中华人民共和国成立50周年前夕,上海多项重点市政设施建设相继完工并投入使用,如浦东国际机场、浦东国际会议中心、南京路步行街、外滩观光隧道等。为加大130网在此批重点市政设施的信号覆盖,上海联通及时与项目建设指挥部联系协商,制定覆盖技术方案,组织力量加班加点紧张施工。上海联通在浦东国际机场、浦东国际会议中心等重点客流密集区域布放的基站先后开通入网,在这批重点市政设施启用前成功解决信号覆盖。

2000年至2001年3月,上海联通在ISO9002贯标基础上,落实一系列新措施。在扩大网络容量同时,注重解决覆盖问题,积极解决盲点盲区问题,取得明显成效。地铁、隧道和室内覆盖也获得实际进展。建成开通双频网、完成GT寻址方式改造、全面开通7号信令网,使网络质量档次持续提升。加大网络优化力度,健全网络质量快速反应机制,对用户投诉及时查清原因,积极落实对策。互联互通进一步扩大成果,基本满足发展需要。在原有基础上,除扩容之外,开展移动、数据、长途等全方位互联互通工作,特别是130—139直联、165—163直联等,实现关键性突破。5月下旬,质量管理办公室对各部门在质量改进建议中落实质量问题整改情况进行追溯。4月15—30日两周内,上海联通以开展寻找质量问题为主题的质量改进工作启动,质量办收到来自各部门质量改进建议共17件,第一轮质量改进建议工作按时完成。

2001年2月,上海市副市长韩正听取上海联通工作情况汇报,充分肯定上海联通近两年来超常规发展所取得成绩,高度评价建设精品网络及取得实际成果。韩正特别关心上海联通移动信号地铁覆盖进展情况,批示有关部门完善法规,用好管好政府资源,使上海联通尽早完成地铁信号全面覆盖。9月25日,上海联通仅用1年时间建设完成上海地铁移动通信信号引入工程,地铁1、2号线移动通信信号实现全线覆盖。此项工程以创新设计思路,采用不同于国内外地铁普遍采用的分系统方法,将多种系统结合成一个综合性系统,达到节约投资和高效管理的目标。上海联通信号在地铁1号线和2号线站台、站厅相继开通,在各个地铁车站内乘客均可用手机通话。为满足市民通信需要,确保在APEC会议召开之前开通区间隧道手机信号,经有关各方面共同努力和密切配合,移动通信引入地铁1、2号线区间隧道工程顺利提前竣工,实现上海地铁内移动通信信号全线贯通。专业测试显示,区间隧道内信号优质可靠。通信质量除GSM网内去话接通率外,各项指标均达到中国联通考核要求,IP和长途质量指标也同时达到上海联通指标。9月25日,副市长严隽琪参加工程开通仪式。

上海联通130移动电话网基本实现在市内高架、高速公路基本无断话,上海联通的移动通信网络质量由此迈上新台阶。为检验这一成果,上海联通从2001年4月28日开始,在高架、高速公路上关注130移动电话网断话点。凡是反映上述区域内,130手机与固定电话之间同一断话点的前三位用户,经测试核实后给予奖励。这一举措很大程度上提升了用户对上海联通网络质量的认知和认可。

五、设备管理

1999年起,在中国联通支持下,上海联通网络关键硬件设备全部选用国际著名的西门子和诺基亚产品,工程建设采用"交钥匙"方式。网络维护和优化关键问题由设备供应商提供支持,网络技术水平上达到国际一流标准。上海联通设有专业部门负责新技术引进工作,各业务部门设有对应机构。上海联通引进的GSM移动智能网、VOIP技术、CDMA移动通信技术和CDMA 1X在国际上属于先进水平。

表5-1-3 1999—2001年上海联通引进设备一览表

项 目	引进、运用先进技术、设备	容 量	技术水平	通信覆盖
GSM	交换机,基站设备智能网、城域网	200万门 900基站	各种增值功能	双频网无M1 室外95% 室内85%
CDMA	交换机,基站台票	110万门 380基站起	提供数字语音、数据、电子商细值业务	双频网无M1 室外95% 室内85%
长途	交换中心传输	35 000路端	程控 交换,国内、国际长途及IP业务	市本地电话网165网汇标网标入网

2002年,上海联通引进当时最新CDMA 1X(2.5代)移动通信技术,以提供综合性视听、电子商务等通信服务。不断加强与合作方(包括设备供应商、代理商、战略合作伙伴等)合作过程的有效管理,逐步选择优化合作方队伍,并确立合作原则。对设备供应商、代理商识别、选择,制定有关制度和建立评价机制,经过推荐、考察、审查供方评价程序,合格入围,列入名录。与设备供应商、代理商建立业务关系后,定期对其进行评审,并坚持每年一次对价格、质量、服务、信誉等技术管理绩效优秀合作方进行表彰,对绩效差的合作方实行降级或末位淘汰。每年都按照国内外一流电信运营商对基础设施和关键设备管理先进指标进行对照,确定质量目标值指标。同时,相关部门注重收集、利用合作方(市通信管理局每年两次网络拨打测试资料和用户投诉反馈意见)作为网络优化和交换机关键设备扩容、软硬件升版依据,提高关键设备利用率和有效运行率。

第五节 发展计划与规划

一、"九五"发展计划

1996年,上海联通制定"九五"发展计划:一是依靠电子、铁道、电力三个部门,充分发挥三部门的已有基础和潜力,特别是发挥电力、铁道专网作用,挖掘专网潜力,把专网作为联通网有机组成部分;依靠电力部科研、生产力量,扶植民族工业、产用结合。二是以市场为导向,以追求高效益为目标,重点发展移动通信、国际长途、数据业务等市场潜力大、效益好、投资回收快的业务。同时,加速基础通信网建设。三是充分发挥新企业优势,坚持技术上高起点、一流服务和先进管理,树立良好企业形象,赢得用户信任和支持,为下一步发展创造良好环境。四是集中力量,形成较强竞争实力。

"九五"期间,上海联通电信发展基本方针:立足一个"快"字,如个人通信(PCS)、无线分组交换网、宽带业务。立足一个"争"字,如建设技术先进、运行高效、安全可靠和完整统一的现代化数据通信网。立足一个"新"字,开发新业务、新功能,如数据业务、中文短消息等,积极推广试用国际上初露端倪的新技术、新业务。立足一个"优"字,如移动电话就要尽快解决隧道、地铁内盲区问题,在主要商业中心、地下商场采用微小区基站进行覆盖。

"九五"期间,上海联通在建设本地电话网、移动电话网同时,重点发展国内、国际长途业务、数据业务、智能业务和各种增值业务。

二、三年发展规划

2004年,上海联通完成《管理三年规划》编制,形成系统全面覆盖管理制度体系;形成技术标准管理体系,完成重点技术标准制定;形成各条线管理框架体系;根据用户和市场需求及技术、管理、财力、人力资源等各方面优势,在中国联通和上海市通信管理局指导下制订滚动规划,通过年度计划加以落实。《规划》提出:上海联通移动电话将达30万门容量,市话交换达60万门容量,长话1.4万路端。并制订开发智能业务、数据通信、个人通信等新业务功能发展目标。

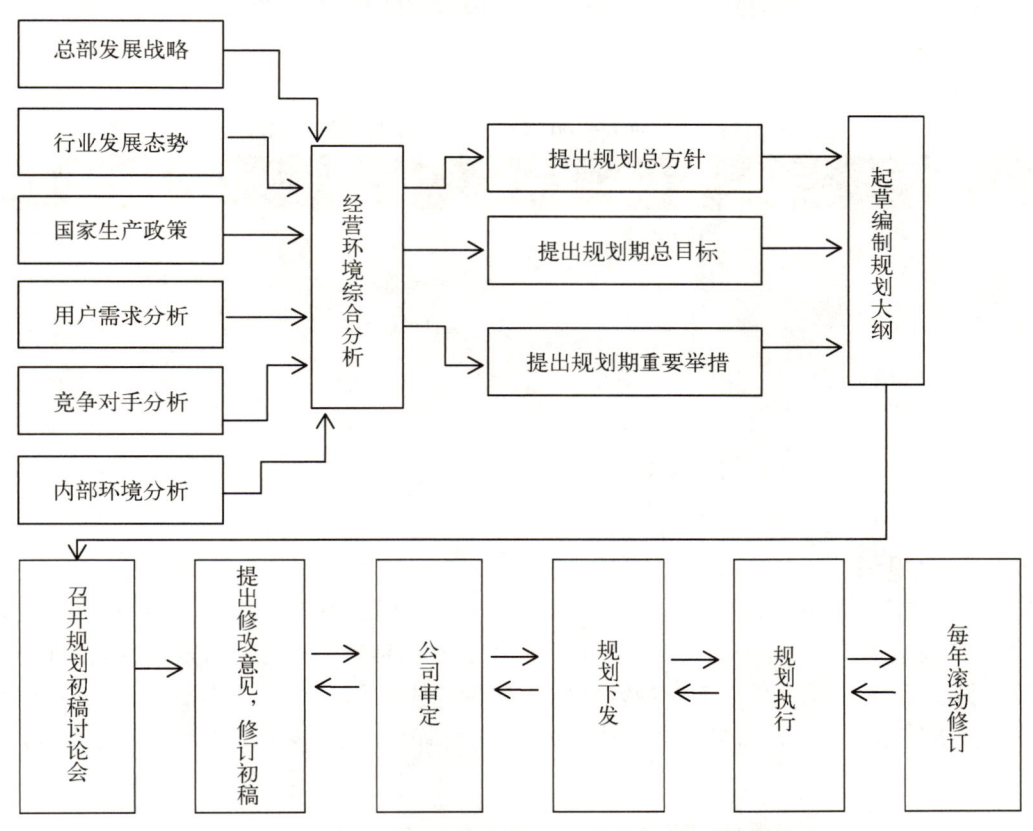

图 5-1-5 2004年上海联通《三年发展规划》流程图

三、滚动发展计划

【《1998—2002年滚动发展计划》】

为使《总管理手册》具有实用性、可行性、代表性和科学性,根据中国联通1997年计划工作座谈会精神,结合上海通信业状况、市场需求趋势及上海联通发展实际情况,上海联通精心编制《1998—2002年滚动发展计划》。该计划共分10章,将2002年"大力发展新业务"指标定为发展"智能业务""数据通信业务"等;2002年指标全部用具体数字或业务项目名称表示,如"业务收入9亿元""移动电话总容量56万门",新业务有"电话卡业务""声讯服务"等;将发展用户数和网络建设指标纳入规范化管理。

【2005—2007年滚动规划】

2004年,上海联通印发《关于启动中国联通2005—2007年滚动规划工作的通知》,要求各分公司在总体目标指导下,依据各自市场发展情况进行分析、预测,本着以效益为中心,自我加压原则,提出规划期内目标。为做好2005—2007年综合滚动规划制订工作,上海联通决定由计划部牵头做好2005—2007年滚动规划,并按专业成立3个规划制订工作小组。技术组:包括技术部、移动部、网络部、数据部、增值业务部;市场组:主要负责公司市场业务发展规划,包括市场部、增值业务部、移动销售部、数据部;综合组:包括计划部、人力资源部、局房建设规划部、综合部、财务部,派专人负责。按滚动规划提纲要求,结合本专业情况,做好滚动规划工作。2007—2008年滚动规划财务预算示例:

表5-1-4　2007—2008年滚动规划财务预算情况表　　　　单位:万元

内　容		滚动规划	财务预算
收　入	2007年	375 228	379 000
	2008年计划	390 620	389 720
	年增长率	4.10%	2.80%
利　润	2007年	47 318	44 920
	2008年计划	52 386	48 062
	年增长率	10.70%	7.00%

【5年滚动规划】

2010年,上海联通强化战略管理,以3年滚动规划及集团战略规划落地实施为主体,明确上海联通未来5年发展方向、目标与策略,实现市场、网络、投资、绩效目标之间有效衔接,促进公司整体资源有效配置。形成以年度重点工作为统领的目标管理体系和跟踪考评体系,以及与之相匹配的授权体系、问责体系、预算管控体系、制度流程体系、审计评价体系、风险与内控管理体系等。

第二章 法务管理

2007年以前，上海联通未设立法务部门及合同管理部门。法务工作由质检组负责。随着企业发展，法务管理工作逐步规范化。从资金募集到合同建立，法务管理工作被提上重要位置。2007年，中国联通要求各分公司建立法律事务部。8月8日，上海联通总经理办公会议研究决定，成立上海联通法律事务部，为二级正机构。主要职责是：负责合同法律审核、诉讼纠纷处理，负责与经营管理活动有关的法律风险控制及法律咨询论证；负责工商管理工作，开展法制宣传教育活动。法律事务部与企业管理部内部合署办公，对外单独履行职责。上海联通法务工作主要涉及企业登记管理、合同格式管理、普法宣传培训管理、外聘律师、法律纠纷、抗风险管理、市场动态管理等。

第一节 工商登记管理

一、企业登记

【上海联通登记】
1994年10月5日，上海联通获上海工商行政管理局核发营业执照。
名称：中国联合通信有限公司上海分公司
经济性质：国有企业
负责人：朱文豹
地址：浦东文登路837号
注册资本：人民币50万元
经营范围：代理母公司有关业务
经营方式：开发、维修、零售
营业期限：1994年10月5日起
隶属企业：中国联合通信有限公司
字号：150335299

【上海网通登记】
2000年1月4日，上海网通获上海市工商行政管理局核发营业执照。
名称：中国网络通信有限公司上海分公司
类型：有限责任公司（国内合资分公司）
负责人：徐家辉
地址：淮海中路381号3301—3317单元
注册资本：人民币30万元
经营范围：在本地电话网与中国网通公用互联网之间设立网关，进行电话机到电话机方式的IP电话业务，代理母公司有关业务

营业期限：2000年1月4日至2003年2月28日
隶属企业：中国网络通信有限公司
注册号：3100001006303—9000

【上海吉通登记】
1996年10月16日，上海吉通获上海市工商行政管理局核发营业执照。
名称：吉通通信有限公司上海分公司
负责人：陈建中
地址：桂林路418号1号楼7楼
经营范围：办理母公司在沪有关业务
隶属企业：吉通通信有限公司
注册号：3100001004404—8000

二、外资企业登记

2000年9月27日，经国家工商行政管理局企业注册局和对外贸易经济合作部批准，同意上海联通变更为外商投资企业，领取变更登记企业法人营业执照（企独国字第000846号）。
名称：中国联通有限公司上海分公司
类型：有限责任公司分公司（台港澳法人独资）
营业场所：上海市浦东新区严桥路410号
负责人：赵乐
成立日期：2000年11月28日
营业期限：2000年11月28日至2050年4月20日
经营范围：在公司的经营范围内从事经营活动
登记机关：上海市浦东新区市场监督管理局

三、股份公司登记

中国联通系依照《公司法》和其他有关法规、规定成立的股份有限公司，由中国联合通信有限公司、联通寻呼有限公司、联通兴业科贸有限公司、北京联通兴业科贸有限公司、联通进出口有限公司为发起人，并经国家经济贸易委员会文件批准，于2001年12月31日以发起方式设立。上海联通在上海市工商行政管理局注册登记，取得营业执照（执照号码为：310000000082463）。

2002年9月13日，中国联通经中国证券监督管理委员会核准，首次向社会公众发行人民币普通股500 000万股。是年10月9日，在上海证券交易所上市。

注册名称：中国联合网络通信股份有限公司
英文名称：China United Network Communications Limited
注册资本：人民币2 119 659.6395万元
中国联通上海分公司地址：上海市长宁路1033号25楼　邮政编码：200050
准予变更登记通知书：核准：15000022008102 10014；注册：310115500010298

四、重组变更登记

2008年10月27日,上海联通收到浦东新区工商局准予变更登记通知书:经审查,变更登记申请材料齐全,符合法定形式,准予变更登记。本通知书发出之日起第10个工作日领取营业执照,完成变更事项。

12月,中国联通与中国网通融合重组,更名为"中国联合网络通信集团有限公司"。随后,上海联通法律事务部在浦东新区工商局提交变更申请。

2009年5月25日,上海联通取得变更后的两份工商营业执照,即"中国联合网络通信集团有限公司上海市分公司"(集团公司层面)、"中国联合网络通信有限公司上海市分公司"(运营公司层面)。

第二节 合同管理

1994年5月10日,上海联通筹备组制定《合同管理办法》。

2001年,上海联通为贯彻上海市人大常委会于2000年7月颁发的《上海市合同格式条款监督条例》,修改1994年制定的《合同管理办法》。一是改掉不符合市场经济特点、对用户不公平的条款;二是增加《电信条例》等国家法规中对运营商约束条款。三是对能简化和方便用户内容做出修改。四是改变生硬、不合法或不合情理语句。删去所有宣传单、协议书上的"解释权归……"字样。修订格式合同优化服务条款,增加签订委托授权制、商业秘密保护、合同执行奖罚考核等条款,确保真正规范合同管理工作流程,有效避免法律纠纷,为规范生产、经营、管理活动起到保障作用。上海联通成为在上海公用事业单位中率先贯彻格式合同优化服务条款的单位,得到上海市工商管理局及新闻媒体好评。工商局将实施监督条例第1号格式合同报备管理书发上海联通"世纪通"业务。媒体进行正面报道。

2004年,下发《中国联通有限公司上海分公司合同管理办法(试行)》。主要内容为上海联通对其所签订合同进行订立、履行、变更和终止等全过程管理。包括资信调查、意向接触、技术谈判、商务谈判、合同条款审查和签订、合同履行、合同变更和纠纷处理、合同解除和终止以及合同信息和档案管理等内容。对外签订合同实行"授权委托制"和"签约人责任制"。合同管理实行综合管理和专业管理相结合,合同技术经济事项管理与法律事务管理相结合,合同承办与审核相结合,注重合同信息管理,强化合同监督与检查。是年,审核各类格式合同50余份,修订各类协议2 000余份。

2005年5月,上海联通本着"履行企业业务、保障用户利益"精神,以实际行动创建诚信企业,推出《上海联通用户界面格式合同管理实施细则》。《实施细则》涵盖所有用户界面入网协议、宣传单片、业务受理单据、通知、声明、店堂告示等格式合同,对用户界面格式合同中格式条款实施从拟稿、修改、审定、编号、报备、存档以及使用和履行中跟踪、监督全过程管理。

2006年1月,上海网通对合同存在风险防范进行自查和整改,重点对合同签订执行审批流程、代理商资质、合同条款、法律法规遵循性审查,包括对合同具体构成、合同有效期、合同续签等。制订代理商招募、培训、管理中情况、风险保证金、预付费、代理产品预付制度、回款周期、建立档案等具体防范措施。

2008年,上海联通为控制资金风险,落实中国联通关于合同签署付款条款及付款比例基本要求,制定规范合同付款条款及付款比例,重点对勘察设计、施工、软件开发、宣传活动等13项预付款合同项目作出比例规定。

2009年,上海联通制定《上海市分公司商务合同付款比例基本规则(暂行)》,重新明确商务合同付款比例。在合同管理制度建设方面,上海联通根据融合重组后新的组织架构,在分析运营体制以及合同审核流程特点的基础上,先后出台《上海市分公司合同管理办法》《上海市分公司合同专用章使用规定》《上海市分公司合同模板使用规定》《上海市分公司授权书管理办法》等合同管理制度。在合同管理系统建设方面,上海联通按照新的组织构架和管理体制,结合区县分公司发起合同涉及的立项、计划、财务审批需要相关职能部门审核的特点,通过整合、修改和完善,建立新合同管理系统。新系统按照合同分类设置7个合同审批流程,每个流程根据上海联通授权权限,按照合同发起部门、承办部门、专业主管部门、履行部门、综合管理部门职责设置不同审批节点。14个区县分公司通过系统提交合同,进行网上流程审核,提高工作效率。

4—5月,上海联通对合同管理系统7个流程进行整改优化,尤其简化业务合同审核节点,提高效率。年中,为加强合同档案管理,出台《上海市分公司合同档案归档办法(试行)》。

8—12月,为做好合同法律风险防范工作,加强对合同履行管控,有效防控未按合同及时付款和未及时对需续签合同实施续签所引发的法律纠纷及相关法律风险。

是年,上海联通审核合同16 583份,涉及金额31.20亿元。

上海联通围绕合同管理、合同法律基础知识开展一系列培训工作,包括合同管理及合同专用章使用管理培训、合同法律知识培训、合同管理系统操作培训、合同风险防范及欠费诉讼追缴管理培训、知识产权及网站侵权法律风险防范培训、合同签订和履行法律风险防范培训、合同归档工作要求培训等,培训816人次,累计60课时。

上海联通刻制合同专用章(编号),下发至各区县分公司,合同盖章数量为21 206份(不包括套红合同)。

是年4月至年底,在合同范本制作及使用情况方面,上海联通修订并发布代理商管理类、营业厅合作类、业务收入类、物资采购类、工程建设类、市场营销类、综合类共计88份合同范本。

第三节 法 律 事 务

一、规章与规划

2009年是电信重组后开展工作的第一年,与法律相关各项制度均需根据融合后组织架构重新建立。上海联通下发各项法律工作管理制度,在充分分析自身运营体制以及合同审核流程特点基础上,先后发布《分公司法律顾问管理办法实施细则》《分公司诉讼案件问责管理办法实施细则》《分公司法制工作三年目标规划》《分公司法律法规遵循性管理办法实施细则》《分公司知识产权管理办法实施细则》《分公司重大决策事项法律论证管理办法实施细则》《分公司工商事务管理办法实施细则》《分公司网站著作权管理规定》等共计12项管理制度。

1月16日,为规范上海联通法律纠纷处理工作,制定《分公司法律纠纷工作管理办法》。本办法所称法律纠纷包括诉讼和仲裁(诉讼和仲裁在此办法中统称诉讼)以及其他引诉纠纷,具体包括以下类型:与合同签订、履行、变更、终止等相关纠纷,与侵权行为相关纠纷,与劳动合同或劳动关系相关纠纷的其他类型。办法明确管理机构与职责,诉讼纠纷处理,引诉纠纷处理以及法律文书及相关事务管理。

5月,上海联通制定《分公司法制工作三年目标规划》,对中国联通文件明确各项相关要求进行本地化,细化实施进度,并规定相应具体保障措施。按照年度规划要求,完整有效开展各项法律制度重建工作。

10月,上海联通开始编撰《法律风险防范手册》,2010年完成。该手册分为经营业务管理、工程维护管理、设备采购管理、人力资源管理、客户服务管理条线、行政财务管理条线6个方面,涵盖主要经营条线,并采取风险描述、风险示例、防范措施、典型案例方式,深入浅出描述上海联通各类法律风险及防范措施。

二、法律培训

上海联通将法律知识培训列入每年基本知识培训范围。法务部建立后,在四五普法期间专门对上海联通员工进行普法培训500余人次。2009年2月7日,上海联通法律事务部联合人力资源部对各部门、各中心、各区县分公司以及移动网络分公司各部门、各中心业务人员开展法律知识培训,参训学员达106人,培训6课时,培训内容包括合同法基本知识及电信合同签订、履行法律风险防范,合同规范管理要求及法律纠纷处理流程以及合同纠纷典型诉讼案例分析。

第三章　资产与财务管理

1996年，中国联通在上海召开财务工作会议。会议明确各省分公司基建项目和财务开支要经过中国联通批准并统一安排；各省分公司财务部门都要按照中国联通要求做好财务管理工作；省分公司要制订好财务管理部门定岗、定员，明确分工、明确职责，并且严格按照职责考核财务管理干部。会议提出《分公司财务管理暂行规定（草案）》《公司财务预算（草案）》《营业款结算办法》《固定资产投资工程管理的若干规定》《固定资产投资工程会计核算的暂行规定》《固定资产投资工程财务计划》《固定资产投资工程竣工决算编制办法》《固定资产投资工程内部审计和财务会计检查办法》《总部支付设备等款项财务会计处理办法》《公司内部会计报表》10项内容。2000年，开始实行预算制。2001年是中国联通预算年，开始效能监察，上海联通财务和资产管理逐步走上正规化和规范化。

第一节　资　产　管　理

一、管理概况

1996年11月，上海联通确定由财务处牵头，就固定资产分类、计价、折旧、核算、增减变动、清查等问题进行协调；各责任部门要高度重视资产管理工作，担负资产管理责任，迅速盘清"家底"。变突击管理为有序管理，尽快将固定资产管理纳入规范化轨道；要增强企业资产管理意识，抓好基础工作，建立规章制度，经营督促检查，使资产始终处于受控状态；针对上海联通发展建设快，资产品种多、价值高、增速快的特点，各责任部门要不断提高资产管理水平，做到管理渠道畅通，网络安全，逐步将资产管理纳入办公自动化管理范畴。

2000年，上海联通大力压减闲置资产，提升在库资产管理水平，制定闲置物资再利用激励方案，在项目可研阶段即充分考虑闲置资产再利用，推行闲置工程资产置换工作，并配合工程扩容改造，积极消化闲置资产，使闲置资产管理做到规范化和常态化。强化成本有效管理，积极实施"腾笼换鸟"政策。调整低收益产品成本配置，将有限成本向重点产品、高效益产品倾斜，实现重点业务和高收益产品集约化发展，推动战略性业务成本优先。是年，修订通信工具管理办法并进行清理。

2001年，对分属不同专业机房UPS进行技术改造和资源整合，明确局房内UPS电源整体投资方案、工程处维护界面，将替换下来UPS电源调拨到办公室、营业场所，较好保护原有投资。

2002年，在重新清理原分属各专业项目传输资源基础上，结合城域网建设，提出整合传输网络资源改造方案，避免重复投资现象发生。是年12月，上海联通规定与物资有关部门应指定兼职物资管理员1名。物资分为ABC三类物资：A类物资是指供货合同按功能报价，设备以散件形式分类装箱到货，设备清单与实际到货设备核对困难，无法开箱检验，可按套数核算实物数量的，包括交换机、BTS、BSC等。B类物资是指供货合同按实物形态报价，设备以单位整体形式到货，设备清单与实际到货设备可逐一核对的，能按相应计量单位核算实物数量的，包括电源、空调、电缆等。C类物资是指种类多、数量多、单价小、总金额低、通用性强的安装材料，如尾纤、接头等。物资实物管理包括物资采购、保管、使用三方面内容。

2003年1月,上海联通成立物资管理中心,对工程建设和生产维护所需各类物资采购、保管进行实物管理。该中心为三级正建制,挂靠计划财务部,正式员工编制3人,综合部物资管理岗位、计划财务部综合采购岗位及人员按"岗(人)随事走"原则划归该中心。各使用部门设兼职物资管理员1名,报备物资管理中心,协助做好职责范围内工作。

是年,上海联通把"综合利用用户端资源,降低投资成本"作为工作目标,实行移动数据资源共享模式,即实行移动室内信号覆盖资源和数据大用户接入资源综合利用,对传输线路、传输设备、配线架、电源空调以及机房等采用统一设计,充分利用有限资源,节省许多投资成本。同时,在细分用户需求市场基础上,提出"简配""标配""高配"资源配置模式,使无限室内覆盖投资成本节省30%—40%。

2004年,上海联通同时运营GSM、CDMA数据与长途网,每年新增50%用户需进行大规模设备扩容和网络优化,存在一定投资风险。为提高经济效益、降低固定资产投资风险,上海联通制定"小步快跑"投资战略,即设定交换设备安全实装率为85%标准,无线扩容以小区话务溢出为依据,将年内用户发展计划数与安全实装率挂钩,同时要求技术部门制定出用户数迅猛发展应急方案。一方面降低投资风险,另一方面保证市场多变动态需求,上海联通资产报酬率在中国联通考核取得最高分。

2005年,资产管理进一步精细化。工程管理出台《工程建设招投标管理办法实施细则》《室内覆盖工程管理暂行办法》,组织合格供方评审工作,规范工程建设准入制度。物资管理加大力度,选择专业仓储管理合作方,规范仓储管理,取得一定经济效益;物资采购实行归口管理和操作,初步明确采购立项、招标、实施、付款、验收等环节职责划分,强化各部门物资管理网络作用。

2006年,针对资产管理上存在的问题,上海联通狠抓内控,对重点问题进行整改,做好相关工作,特别要解决好项目审批、会计账与实际业务不符、各类资金安全与支付保障、资产管理等关键风险控制点制度建设和流程健全。开展管理"双清"工作,通过抓管理、促发展,解决管理上、制度上存在的漏洞,举一反三,清除隐患。

2007年,为进一步提高企业运营效率,上海网通把资源管理作为提升管理水平的重要环节加以落实。先后完成电路网业务稽核,公众客户号线资源、下网报废资产和管线资源清查等工作。累计清查管道光缆469皮长公里,架空光缆205皮长公里;库存周转率达11.5次,库存余额同比下降800余万元;逐步扩大收入稽核覆盖面,稽核率达93%;同比提高46%,通过稽核挽回收入348万元。

2008年,上海网通加大收入稽核力度,开展佣金、电话卡、出租电路等清理核查工作。通过动态分级管理矩阵214个稽核点,挽回收入流失逾108万元,直接避免收入流失近30万元。加强采购与物流管理,以降低采购成本、加速物资流转为中心,以信息系统为依托,做到采购管理集中化、物资管理精细化、供应链协议化,采购及时率达98%以上。

二、物资管理专项效能监察

2001—2009年,上海联通每年进行常规性物资管理专项效能监察,全面开展固定资产清查工作。固定资产管理被考核单位有:移动通信业务部、基础网络部、数据与固定通信业务部、增值业务部、计费与信息系统部、客户服务部、运行监督部、工程部。考核实行扣分制。物资管理专项效能监察主要内容：建立并实施固定资产管理责任制，二级部门配置专职或兼职固定资产管理员，具体负责本部门固定资产管理工作。二级专业部门内三级部门配备兼职固定资产管理员，落实本部门固定资产管理工作。物资采购是否采用招投标方法进行；物资供应是否按期、按质、按量满足建设经营需要；散布在上海各处基站、用户点、合作营业厅、传输节点等固定资产的管理必须明确责任人。确需代维单位（或合作单位）承担固定资产保管责任的，应在代维（合作）协议中明确，或签订补充协议作明确规定。按照上海联通有关规定及降低成本、提高经济效益要求，采购质量合格、价格合理物资；经过验收手续和必要资信调查，对购货资金采取有效资金保全措施；及时检查合同履行情况，防止出现不必要损失；物资入库验收、保管、领用建立并执行严格规章制度，做到账实相符，物资储备合理、完好；杜绝浪费及损公肥私等行为。办理物资管理专项效能监察立项手续，成立领导小组，拟定工作计划。相关责任部门进行自查，找准存在问题，写出自查报告，自行开展整改。

表 5-3-1　2003 年上海联通固定资产清查考核扣分情况表

序号	项　目	扣　分　方　法
一	固定资产清查工作	按固定资产清查办确定的完成时间，当月未完成的，扣 1 分，次月未完成的再扣 1 分（并以此类推）
二	固定资产管理责任制	未配置的，扣 1 分
1	二级部门应配置固定资产管理员	以 7 月末为界限，未逐级落实的，每件固定资产扣 0.1 分
2	以"固定资产管理责任书"为依据，逐级落实责任人	按固定资产件数扣分，每件固定资产扣 0.1 分
3	由于维护在二级部门之间不清楚而造成无法落实固定资产管理责任人（被考核单位：运监部）	代维（合作）协议无此条款，按份数扣分，每份扣 0.5 分
4	固定资产实物管理责任应落实到代维（合作）单位的	未登记的按份数扣分，每份扣 0.1 分
三	固定资产基础管理	工程部当月未提供规范的固定资产清单及入网通知书，按工程实施项目扣 0.5 分，次月仍未提供，再扣 0.5 分，以此类推
1	工程完工交付使用	未按规定办理交接手续，提供交接清单的，按实施项目扣 0.5 分；次月仍未提供，再扣 0.5 分，以此类推
2	三个月内未办理交接清单	维护使用部门未将财务部提供的固定资产标牌于 30 天内粘贴在固定资产实物体上，按固定资产件数扣分。每件固定资产扣 0.1 分
3	固定资产的调拨	通信设备与部门之间调拨没有运监部的审批单，每件固定资产扣 0.1 分；部门内部调动没有报备运监部，每件扣 0.1 分；固定资产调拨没有填制固定资产调拨单（或固定资产变动登记表），每件固定资产扣 0.1 分；调拨单据上没有固定资产管理责任人签字，每件固定资产扣 0.1 分；固定资产调拨单据当月为交到运监部、财务部，每件固定资产扣 0.1 分
4	固定资产报废	未按照联通沪分财字〔2003〕352 号执行，擅自处理的，每件固定资产扣 0.2 分
5	设定固定资产名称及类项目节编号（被考核单位运监部）	未正确及时设定固定资产名称及类项目节编号，每件固定资产扣 0.1 分
四	毁损的责任认定	AAA，认定的固定资产毁损，发现一次扣 1 分

三、固定资产投资

上海联通成立后的第一批固定资产投资于1996年3月全部完成。

表5-3-2 1994年10月—1996年3月上海联通固定资产投资完成情况表 单位：万元

项 目 名 称	起始日期	完成日期	计划投资	完成投资
数字移动电话一期工程	1994年10月	1995年12月	1 273 360	1 049 618
数字移动电话二期扩容工程	1995年3月	1996年3月	2 100 000	35 705
接口汇接局交换机工程	1995年3月	1996年3月	539 000	3 293
合　计			3 912 360	1 088 616

上海联通1997年度工程建设投资重点基本放在网络建设上，中国联通将三期工程作为1997年重大任务下达给上海联通。

在投资区域选择上，上海联通2008年着重于市区及业务重点区域。全年市区投资占比达83.5%，市区环线内管线干道覆盖率达35%，比2006年增加5%；在郊区则集中在工业园区、新市镇等业务集中区域，建成2个汇聚机房并完成15个重点工业园区管线接入。在业务支撑方面，加大对客户接入投资力度，完成浦航新城等8个大型住宅小区签约，全年签约小区累计14万户。有限资金向改善网络质量方面倾斜，先后完成11个汇聚环和6个行政区接入环物理成环改造，增强基础网业务能力。

【世博投资】
2009年4月25日，上海联通加强信息化工作战略合作，为"两化融合""精彩世博"与上海市经济和信息化委员会签订战略合作协议。是年，上海联通在宽带提速、WCDMA网络建设等方面投入56亿元固定资产投资，主要用于优化NGN核心网架构，全力推进宽带提速，从驻地网、传输网、BAS、IP城域互联网、城域互联网出口等多个层面进行网络部署。增加IDC机架位400个，城域网出口从30 G扩容至120 G。实现100%用户升速至2 M，50%用户升速至4 M目标。在接入网建设中规模部署以PON等为主要光纤接入技术，为用户提供高品质信息服务，计划全年实现新增接入商务楼宇近500栋，覆盖住宅小区15万户。在宽带提速、WCDMA网络建设等方面投入56亿元固定资产投资。新建WCDMA基站2 000余座（包括新增物理基站549座），新建WCDMA室内覆盖近2 000栋楼宇。实现WCDMA无线终端下载带宽最高速度达14.4 Mbps（HSDPA），上传最高速度达5.76 Mbps（HSUPA）。

2009—2010年，上海联通共投入3.28亿元，部署管道33.59沟公里，10 617孔公里；建设1个10G和4个2.5G传输环；新建管道光缆85公里。为配合世博会的活动开展，在地铁、世博园区周围及全市30个4、5星级酒店和重要交通枢纽（包括虹桥综合交通枢纽、浦东机场、上海火车站、上海南站和长途汽车站）等区域增加宏站室内覆盖容量和安全性配置，全力保障世博通信。

2010年世博会通信保障，推出优惠资费套餐，把客户呼入业务量与固话中继业务呼出业务量进行捆绑，实施统一折扣政策，对中小企业实行资费优惠，适时提供免费信息化培训。对信息化能力和资源匮乏小企业,提供企业标准化行业短信服务平台,惠及近千家企业。帮助小企业小商户降低经营成本,提高小企业服务质量,促进创业;发展用户5 000座席。

【区县授权】

2009年,授权各区县分公司立项审批项目主要包括:立项金额在授权额度以下零星工程、小型工程、商务楼宇接入、小区接入、综合客户接入等项目。城域网(指汇聚层以上)项目及涉及跨部门实施(指项目提交部门与建设单位隶属于不同二级部门)项目不授权。授权至各区县分公司审批的项目须按照《中国联合网络通信有限公司上海市分公司固定资产投资管理办法(暂行)》管理要求,规范项目建议书编制及审批,加强投资效益分析,规避投资风险。授权项目审批完成后,由计划管理部统一进行项目编号,纳入项目全过程管理。计划管理部将定期组织对项目进行评估,对管理不规范、出现决策失误的区县分公司,降低或取消授权额度。

表5-3-3 2009年上海联通各区县分公司立项审批授权额度情况表 单位:元

项 目 类 别	授权至市区分公司审批额度	授权至郊区分公司审批额度
城域网项目立项	不授权	不授权
小区项目立项	立项金额≤30万	立项金额≤20万
商务楼宇立项	立项金额≤30万	立项金额≤20万
零星/小型工程立项	立项金额≤50万	立项金额≤40万
应急项目立项	立项金额≤50万	立项金额≤40万
综合客户接入立项	立项金额≤50万	立项金额≤40万
设计批复	立项金额≤50万	立项金额≤40万
项目变更	立项金额≤30万	立项金额≤20万
项目取消	立项金额≤30万	立项金额≤20万

第二节 财务管理

一、财务预算与报销

【财务预算】

2001年,上海联通对各部门开支实行预算上报、审核平衡、统筹安排;有条件部门试行部分成本项目包干;加强成本开支分析,严格各项预算支出动态管理。每年根据中国联通下达生产经营任务计划,对固定成本严格控制使用,对变动成本通过层层分解、分级管理方式,由计财部下达分配计划,实行预算包干。上海联通对主营业收入、收支差(税前)、APRU值、欠费、现金流量等影响预算质量的因素,每月召开经济分析会,专题进行分析,确定改进对策措施。每月对各部门主管通报各项业务完成中国联通财务预算指标情况。每半年召开工作会议,通报预算执行情况。上海联通注重生产经营质量成本控制,对工程建设、设备采购、运行、维护、营销出现的故障成本、预防成本,建立内部分析制度,由相关部门专题通报质量问题带来的损失。

2002年,经济考核指标即3+3指标考核有所改变,上海联通原来优势方面权数变小,如人均劳动生产力指标,而难度大权数变大。A、H股在上半年发行上市,需做大量财务测算工作。中国联通对各省分公司核算要求有较大改变,即实施收入按"谁收取、谁计收",支出按"谁支出、谁列支",资产实行属地化核算办法。绩效考核时按收支配比原则进行调整。中国联通规定2002年为财务制度规范年,特别强调对业务酬金、广告费、资产管理、在建工程物资管理等作为重点。一是要加强财务核算基础工作。基础工作要求要规范,监督要严格。二是以年度计划为中心,全面控制成本支出,要求对6个主要成本标准在1月底以前下达部门控制指标,即业务招待费、业务酬金、广告费、市内车费、办公费用及外埠差旅费。三是加强服务意识。在保证遵守各项财经纪律和财经法规的前提下,尽可能满足一线部门业务要求。四是落实预算管理办法,负责预算汇总编制及组织实施。

2007年,上海网通以收入保障计划为中心,加强预算资源合理配置,建立预算分析预警制度,提高资金计划编制和执行准确性;推动落实资产循环盘点制度,提高资产使用效率;创造性开展财务人员派驻制;加大欠费回收力度,逾期欠费率由2006年底4.3%降为2.7%,在南方21省排名由年初第14名上升到第6名,在A类省市中排名第一。

2009年3月25日,为加强对全面预算工作领导,保障公司各项预算工作顺利开展,确保公司各项经营战略目标顺利完成,经研究决定,成立上海联通全面预算管理委员会(简称"全面预算管理委员会")。总经理蔡全根为主任,副总经理赵乐、张承鹤、鲁东亮为副主任,成员为副总经理张成波、王林、沈洪波、李爽、李广聚、魏炜,以及主体公司财务部、市场部、人力资源部、计划管理部、运行维护部、综合部总经理,移动网络公司综合部、财务部、运行维护部总经理。设立全面预算管理办公室,作为常设机构,在全面预算管理委员会授权下负责预算日常管理,组织年度预算和经营计划制定,跟踪预算执行情况,提交预算执行分析报告及相关解决方案建议,并作为上海联通各单位预算管理工作唯一接口机构,在预算管理委员会批准年度预算框架内,具体负责各类资源统筹配置,其工作直接对全面预算管理委员会负责。全面预算管理办公室设在财务部。

全面预算管理办公室下设经营预算组、投资预算组、网运预算组、人力资源预算组、综合预算组、财务预算组、移网预算组等专业预算工作组。各专业预算工作组在全面预算管理委员会及全面预算管理办公室统一组织和领导下,依照确定预算原则和目标,负责各自专业相关预算编制、测算及分解工作,参与预算日常管理,跟踪分析并监控相关专业预算的执行情况,负责处理涉及本专业所有相关预算事宜。

全面预算管理委员会职责:组织预算编制、审核、汇总及报送工作,指导各单位年度预算编制和管理工作;组织对上海联通各单位预算目标草案审核及综合平衡,形成年度预算目标建议,报全面预算管理委员会审批确定;负责审核各单位年度预算分解方案,报全面预算管理委员会审批后下达执行;负责跟踪、监督各单位预算执行情况,定期通报相关预算执行及经营管理状况,协助各单位解决预算执行中遇到的问题;负责审核专业归口管理部门提出的预算调整申请,制订预算调整方案,报全面预算管理委员会批准;组织全面预算管理工作调研、培训、宣传及推广工作,落实全面预算管理制度及流程,及时向全面预算管理委员会反映全面预算管理中情况,并提出具体措施或建议;负责组织和召集全面预算管理工作会议并落实日常管理工作。

2010年,上海联通根据中国联通下达预算编制模型上报及确认2010年收入预算,并编制各营销单元收入及成本拆分原则,与各营销单元沟通确认后下达2010年收入及成本预算。同时,根据中国联通下达的KPI要求,制定各营销单元市场KPI考核指标,并于各季度末由企发部提供KPI考核结果。

【财务报销】

2000年,为有效控制非生产性成本支出,上海联通从管理成本控制入手,运用市场化价值评价机制,对车辆、电话费、办公经费、差旅费、招待费进行一系列改革。年初,确定各部门用额数,逐月核算,年终结算,超支自负,节余留用。通过有效预算成本财务管理,生产经营取得良好经济效益。

2003年,上海联通制定《接待管理办法》。明确规定:宿费、餐费、活动费等费用列入招待费。费用报销须由部门领导、综合部领导、上海联通主管领导签字后财务予以报销。

2008年3月17日,为加强和规范上海联通费用支付及报销管理工作,结合上海联通实际情况,制订《费用支付及报销的管理办法》,作出审批权限规定:一是费用使用部门。报销须通过业务归口部门审核。归口部门可选择不审核或审核超过一定金额付款,但需报财务备案。二是付款流程。只需部门主管审核付款的审批流程为:经业务部门主管审核后交财务部具体经办人办理付款手续;需分管副总审核付款审批流程为:依次由业务部门主管、财务部具体经办人、分管副总审核后交财务部具体经办人办理付款手续;需总经理审核付款审批流程为:依次由业务部门主管、财务部具体经办人、分管副总经理、总经理审核后交财务部具体经办人办理付款手续。

二、往来账款管理

2008年9月,上海联通对往来账款管理做出明确规定,主要内容为:

一是上海联通所属各个会计主体,包括应收票据、应收账款、营业款结算、其他应收款、预付账款、应付账款、其他应付款、应交上级利润等,但不包含用户界面的往来账款,如用户预存话费、押金、欠费及应缴税费等。往来款管理与清理应遵循业务部门与财务部相结合原则,并以业务部门为主,财务部门组织牵头落实。

二是业务部门与财务部门分工与合作,业务部门职责是建立必要业务往来台账,负责与客户之间往来账款的联系、核对与催缴,并负责办理相关财务手续。财务部门职责是负责按客户单位分类核算往来账款,组织牵头对往来账款管理和负责处理往来账款。

三是往来账核对与清理:对关联公司以及与中国联通之间、集团内各主体之间往来款项,各会计核算人员应每月报表结束前、后进行对账,确保核对一致;对客户单位往来账款核对,由财务部门提供往来账款明细表交业务部门与客户单位核对确认,并按时间要求返回财务部门;往来账款核对时间及方式:财务部门至少每年组织一次往来账款核对工作,由财务部门提供往来账款明细及询证函交业务部门,由业务部门交客户单位确认,在一个月内将确认、核实内容返回财务部门。

四是往来账款账务调整:财务部门核算人员发现往来账款核算有差错,具体核算人员应填写情况说明,交三级部门经理审核签字后作账务调整处理;与客户对账过程中发现往来账款有差错,由业务承办部门写出情况说明,并由业务承办部门主管签字交财务经理审核通过后,财务核算人员作账务调整处理。

五是往来账款处理条件及核销手续:应收余额超过约定期限,经催讨无效,且应收款项不能通过扣减方式解决,通过司法途径不能解决,由业务部门写明情况,经批准后交财务部门,审批权限同合同审批权限;应付款项能核实对方违约,按法律或合同规定没收,由业务部门提出,经财务部门批准;应付款项经业务部门核实,对方放弃应收权利,经会计核算人员申请,财务经理批转办理核销;应付款项账龄超过2年及以上,期间客户单位未向上海联通提出债权主张的,经财务经理批转办理核销。

三、考核检查

【财务考核】

2008年,财务部每季度末提出下季度财务信息失真风险管理考核关注重点事项。

一是工程建设项目暂估转固和正式转固。控制要求:建设项目达到预计可使用状态及时办理暂估转固,暂估6个月内完成决算和正式转固;防范因未及时办理签发开通通知书、资产交接、验收等手续,导致已完工程暂估、正式转固延迟而造成资产和折旧不实风险。控制标准:延迟暂估转固以涉及项目应暂估资产原值,或交付使用月到暂估月累计应补提折旧金额合计数为考核计量单位;延迟正式转固以暂估与正式转固或决算间资产差额合计数,或首次暂估月到正式转固月累计应补提折旧金额合计数为考核计量单位。要求影响资产金额不得大于1 000万元,或影响折旧金额不得大于100万元。被考核部门:计划建设部。

二是会业差异。控制要求:按月核对系统与财务账面记录的用户预收款、用户应收款、新增手机补贴原值和摊销金额、积分计提、核销和兑换等数据,对差异原因及时分析处理。控制标准:以单个部门各类差异的合计金额为考核计量标准,不得超过100万元。另外,差异调整直接影响损益的部分若以下第三部分考核则不再重复考核。被考核部门:所有相关部门。

三是佣金、手机补贴、客户维系成本、广告及业务宣传费、渠道补贴等营业费用。控制要求:严格实行预算管理,按权责发生制原则准确提供会计核算依据。控制标准:以单个部门上述费用项影响月损益的合计金额为考核计量标准,不得超过100万元。被考核部门:综合市场部、G网经营部、C网经营部、数固业务中心、集团客户部、客户服务中心、综合部等相关部门。

四是修理及运行维护费、电路及网元租赁费、基站房租及水电费。控制要求:严格合同及台账管理,按权责发生制原则准确提供会计核算依据。控制标准:以单个部门上述费用项影响月损益的合计金额为考核计量标准,不得超过100万元。被考核部门:运维部。

五是办公及营业厅的房租、水电等费用。控制要求:严格合同及台账管理,实行预算管控,按权责发生制原则准确提供会计核算依据。控制标准:以单个部门上述费用项影响月损益合计金额为考核计量标准,不得超过30万元。被考核部门:综合部。

【检查抽查】

根据《关于开展融合期间财务检查工作的通知》,财务部与风险管理部组成专项检查工作组,于2009年1月19日至2月16日,对各部门、各区县分公司2008年7月1日至12月31日期间执行国家财经法规、财务制度等相关规定情况开展财务检查。财务检查采取各单位自查和检查组重点抽查相结合方式进行,上海联通各部门、各区县分公司对照"通知"要求组织自查,检查组选取4个区县分公司,2个经营管理部门进行实地检查。各单位自查未发现存在账外小金库、虚列成本套取资金、截留或隐匿收入等不符合国家财经纪律和上海联通规定的问题。是年,实地抽查中,检查组重点关注业务促销用品使用管理、备用金使用管理、固定资产账实核对等方面情况,检查使用记录台账及相关财务资料,对价值较高或特殊库存促销用品实施抽盘。实地抽查工作得到被检单位配合。抽查结果显示,大部分单位对于业务促销用品领用、备用金的使用建有不同形式记录台账。其中浦东新区分公司建立仓库管理制度,对促销用品出入库情况进行序时记录,并按价值量反映,促销用品申领审批表附有用途说明和客户清单等。

第三节 审计管理

一、专职审计员

1998年7月,中国联通下发关于省分公司专职审计人员配置及管理意见通知。上海联通决定配备专职审计人员,并提出具体意见:一是专职审计人员分为专职审计负责人和一般审计人员。二是公司可根据实际需要,除配置一名专职审计负责人外,有条件的可以再配置一名一般审计人员。专职审计人员暂与办公室合署办公。三是专职审计人员在公司总经理领导下开展工作,主要行使对地市级分公司审计监督职能,在审计业务上接受中国联通审计室直接领导和监督,完成公司领导交办的审计任务。四是专职审计人员职责。制定审计室职责,确定审计工作目标,贯彻审计工作为经济建设、经营发展服务方针。

二、审计监管

1998年11月13日,上海联通完成漕河泾局房9项土建、安装、装饰项目委托审计工作和9项基站装修内部审计工作。工程送审决算总额822.35万元,经审计后核减67.15万元,核减率8.16%;基建装修9项工程,送审决算总额17.72万元,审计后核减2.26万元,核减率12.75%。通过审计,减少建设资金支出70万元。

2000年8月17—24日,上海联通进行财务收支审计。审计小组依据国家有关规章制度和中国联通各项管理制度规定,对1999年7月至2000年6月财务收支合法性、真实性进行审计。审计过程中,首先调查了解内部控制制度制订和执行情况,重点检查计费管理、库存物资管理、合同管理、资金使用等方面。对上海联通执行国家财经纪律和中国联通有关管理制度情况及经济指标完成情况进行检查。一是内部控制制度。上海联通成立以来,在财务、市场运营、工程建设等方面制订、修改并不断完善一系列规章制度。对财务管理制度作抽查。上海联通共制订15项财务管理制度,能够真实反映经济活动,较好发挥财务监督职能,对加强内部管理起积极作用。有些方面还需进一步补充完善,有些制度未严格按规定执行。二是审计评价。通过审计,上海联通能够执行国家和公司有关财务制度及规定,如实反映资产、负债和损益情况,1999年较好完成通信业务收入指标、收支差额指标和发展用户指标,2000年上半年收支差额、GSM业务发展用户指标完成较好。

2000年,审计各类工程项目7158万元,共节省资金554万元,核减率7.7%。

2001年,中国联通对上海联通进行审计,对2000年4月30日分账资产剥离、审计、资产评估情况调账分录进行检查。检查结果符合有关规定。审计1—6月固定资产暂估入账14 418 030万元,并计提折旧2 991 390万元。数据业务共提取折旧17.8万元。

是年,根据中国联通工作要求和上海市审计工作会议精神,上海联通确定审计工作重点:一是加强对财务资金审计监督保证资金有效使用;二是加强对资产审计监督,确保国有资产保值增值,杜绝流失;三是加强对工程审计,压缩不合理开支,节约投资;四是加强专项审计,努力使审计工作迈上新台阶。

2002年,上海联通落实"廉政勤政"和监督审计制度,发挥宣传、警示和约束、制约作用。其中,审计工作扩大范围,增加内容,督促制度流程严格执行,延伸事前、事中介入,全年审减率达5.41%。

2004年,中国联通撤销上海联通审计室,改为中国联通审计部上海联通分部。按照中国联通有关文件规定和上海联通领导要求,审计工作加强内控管理。

2004—2005年,中国联通审计部上海联通分部从工程项目入手,对上海联通和各分公司工程项目集中审计,共完成审计3 168项,送审金额3.72亿元,审减工程项目投资1 687万元。

2007年11月,中国联通审计部对上海联通原总经理进行离任经济责任审计。

是年,上海网通全年工程项目审计为节约项目投资1 088万元,有效降低工程造价。

三、审计融合管理

2009年,针对融合后内控经营风险,上海联通对经济责任人审计作出新规定。主要内容:适用于任职一年以上上海联通所属各分公司总经理或主要负责人(含主持工作的副职),经济责任包括直接责任、主管责任和领导责任。直接责任指领导干部对直接违反或通过授意、指使、强令、纵容、包庇下属人员违反国家财经法规和公司规章制度,以及失职、渎职等其他违反国家财经纪律和公司管理规定的行为应负直接责任。主管责任指根据内部分工,领导干部对其分管工作以及经营方面重大事项,因未履行或未正确履行职责,或由于决策失误而事后又处理不力以及违规操作等,造成经济损失或经济效益下降应负经济责任。领导责任指领导干部对其所在分公司应负直接责任、主管责任以外管理责任。

经济责任审计分为任期届中审计和离任审计。任期届中审计是指对领导干部在任期内进行的经济责任审计;离任审计是指对领导干部因调任、辞职、免职、解聘或退休等离开本工作岗位所进行的经济责任审计。

2010年6月,修订《中国联合网络通信有限公司上海市分公司工程审计实施细则》,对新版"量价系统"上线后提交送审资料的相关说明、结算、决算审计时限进行部分调整,编制结算、决算审计流程图,进一步明确建设部门在送审资料审核方面责任等。

四、内控管理

2006年,上海联通进一步加强内控制度建设,不断完善制度,优化流程,建立风险控制动态管理机制。深入研讨风险点、风险控制措施,责任明确到人。抓紧内控制度建设培训工作,使每位员工在内控建设方面应知应会,了解自己的风险控制责任。

2008年3月,为落实上海联通内控建设和风险管理目标和要求,明确各部门领导干部对内控建设和风险管理应负责任,按照谁主管、谁负责原则,将内控建设和风险管理纳入部门及主要负责人绩效考核,要求作为甲方上海联通、乙方部门,双方签订内控建设和风险管理责任书。一是内控缺陷的责任认定,中期和年度内控评审结果、并经相关风险评估专业小组讨论确定;二是导致财务信息失真的故意行为责任认定,源于财务部提供信息、并经"财务信息真实性风险评估专业小组"讨论确定。四方面考核内容:一是内控流程规范修订完善和有效执行。二是风险自我评估报告质量。三是中国联通年度内控重点问题关键控制措施落实情况。四是内控评审或检查中发现问题整改情况。

2010年,上海联通在内控管理方面:一是实行财务全成本统计,对市场线各项成本进行梳理及统计,要求每季度、每月填制财务全成本表;二是规范调账流程,对3万元以上调账进行责任部

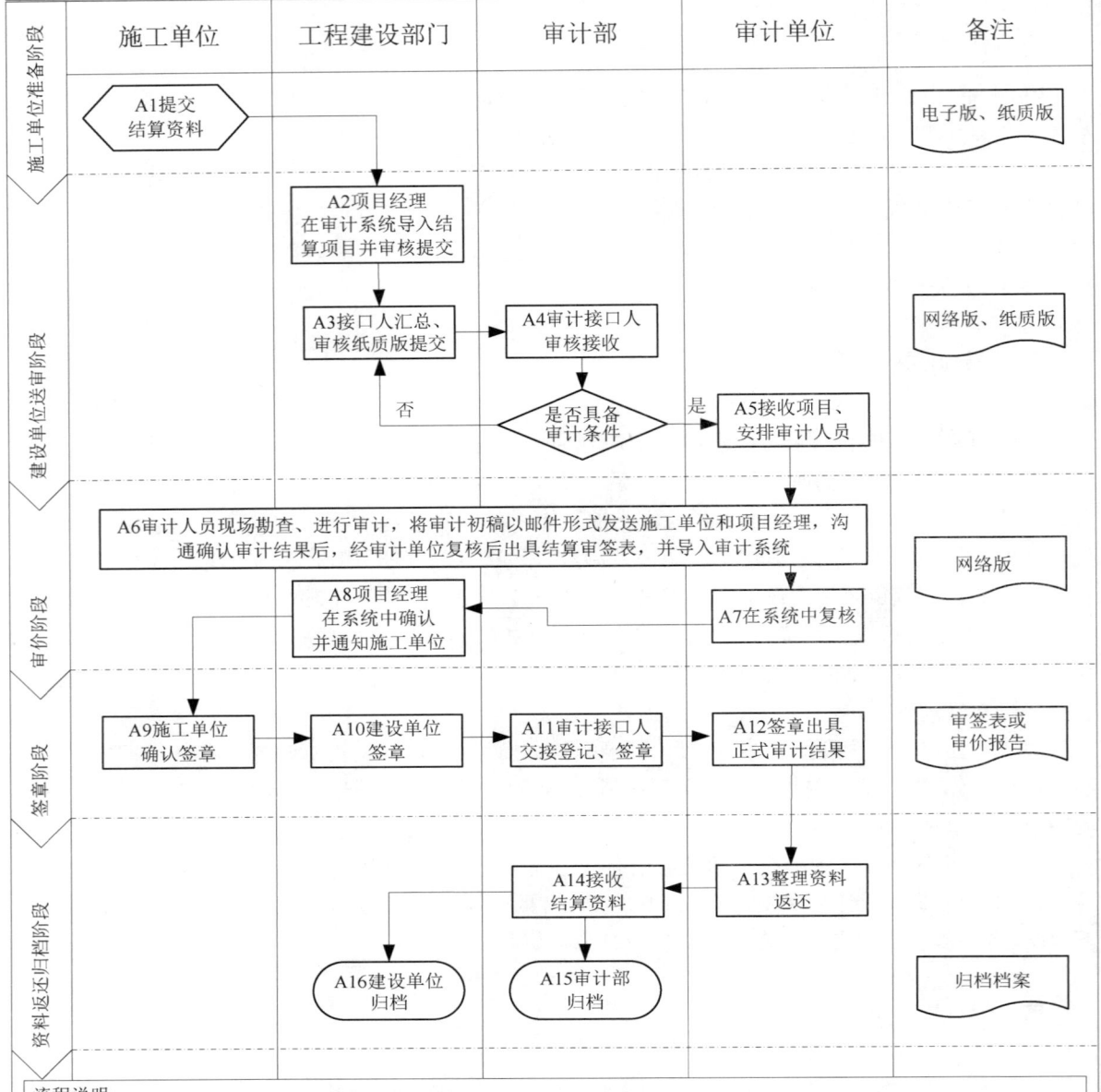

	施工单位	工程建设部门	审计部	审计单位	备注
施工单位准备阶段	A1提交结算资料				电子版、纸质版
建设单位送审阶段		A2项目经理在审计系统导入结算项目并审核提交 → A3接口人汇总、审核纸质版提交	A4审计接口人审核接收 → 是否具备审计条件（否→返回A3）	是→A5接收项目、安排审计人员	网络版、纸质版
审价阶段		A8项目经理在系统中确认并通知施工单位	A6审计人员现场勘查、进行审计，将审计初稿以邮件形式发送施工单位和项目经理，沟通确认审计结果后，经审计单位复核后出具结算审签表，并导入审计系统	A7在系统中复核	网络版
签章阶段	A9施工单位确认签章	A10建设单位签章	A11审计接口人交接登记、签章	A12签章出具正式审计结果	审签表或审价报告
资料返还归档阶段		A16建设单位归档	A14接收结算资料 ← A15审计部归档	A13整理资料返还	归档档案

流程说明：
A1：施工单位提交结算电子版、纸质版的送审资料（施工结算、竣工资料等）；
A2：项目经理在审计系统中导入网络版中并审核提交（报审表、审核后施工结算、竣工资料、设计、招投标文件及合同、监理报告、甲供材料平衡表、验收报告及相关会议纪要等）；
A3：建设单位接口人汇总网络版项目、核对纸质版资料后，一并提交审计接口人；
A4：审计接口人审核结算审计资料并分配项目，不具备审计条件的项目退回建设单位接口人；
A5：审计单位接收项目并安排审计人员；
A6：审计人员现场勘查、进行审计，将审计初稿以邮件形式发送施工单位和项目经理，沟通确认审计结果后，经审计单位复核后出具结算审签表，并导入审计系统；
A7：审计单位在系统中对审计结果进行复核；A8：项目经理在系统中确认并通知施工单位；
A9：施工单位确认签章；A10：建设单位签章后，由建设单位接口人提交审计部接口人；
A11：审计部接口人交接登记、签章后，交与审计单位；
A12：审计单位签章，或出具审价报告；
A13：整理结算资料并做好返还工作【审计单位每返还一批项目审计资料时，统一附汇总表（台账信息前加审计编号及送还日期），并发汇总表电子版在审计部接口人，其余所有结算送审资料全部返还审计部】；
A14：审计部接口人接收返回结算资料（审计人员与审计部接口人交接签收）；
A15：审计归档【审价报告（含结算审签表）、审定结算书、审计现场勘查记录表、工程项目结算报审表、施工单位报审结算书、其他需要归档的资料】；
A16：建设单位归档【资料包括：审价报告（含结算审签表）、审定结算书】。

图 5-3-1　2010 年上海联通工程结算审计流程图

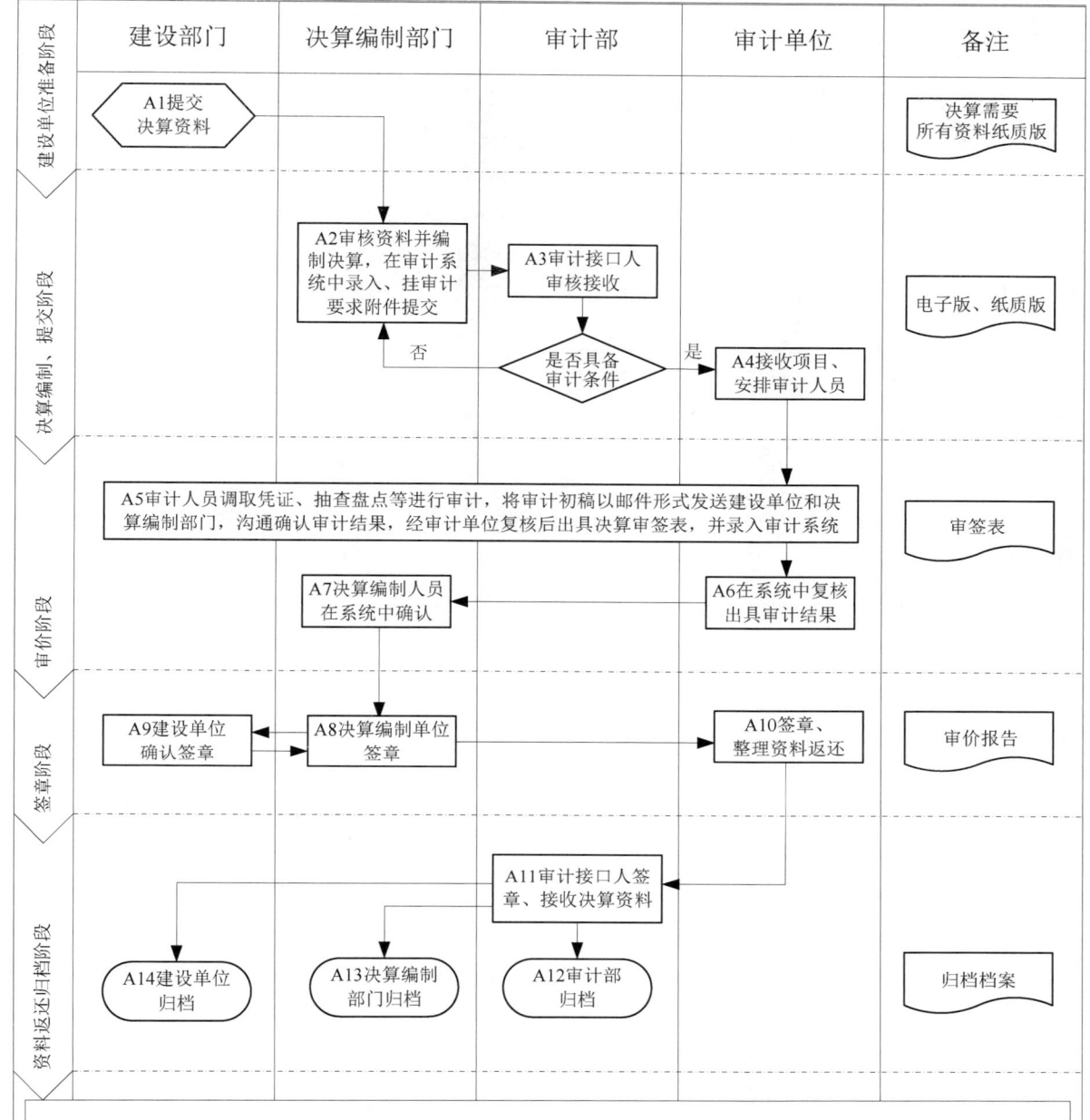

	建设部门	决算编制部门	审计部	审计单位	备注
建设单位准备阶段	A1提交决算资料				决算需要所有资料纸质版
决算编制、提交阶段		A2审核资料并编制决算，在审计系统中录入、挂审计要求附件提交	A3审计接口人审核接收 ← 是否具备审计条件（否→A2；是→A4）	A4接收项目、安排审计人员	电子版、纸质版
审价阶段		A7决算编制人员在系统中确认		A5审计人员调取凭证、抽查盘点等进行审计，将审计初稿以邮件形式发送建设单位和决算编制部门，沟通确认审计结果，经审计单位复核后出具决算审签表，并录入审计系统 / A6在系统中复核出具审计结果	审签表
签章阶段	A9建设单位确认签章	A8决算编制单位签章		A10签章、整理资料返还	审价报告
资料返还归档阶段	A14建设单位归档	A13决算编制部门归档	A11审计接口人签章、接收决算资料 / A12审计部归档		归档档案

流程说明：
A1：建设部门提交决算资料纸质版（决算需要所有的纸质版资料，包括竣工资料等）；
A2：决算编制人员审核、编制决算，录入审计系统中，并挂审计要求附件提交（包括决算审计费一并列入）；
A3：审计接口人审核决算审计资料并分配项目，不具备审计条件的项目退回决算编制单位接口人；
A4：审计单位接收项目并安排审计人员；
A5：审计人员调取凭证、抽查盘点等进行审计，将审计初稿以邮件形式发送建设单位和决算编制部门，沟通确认审计结果，经审计单位复核后，出具决算审签表，并录入审计系统；
A6：在系统中复核出具审计结果；
A7：决算编制人员在系统中确认；
A8、A9：决算编制单位与建设单位确认签章后，提交审计单位；
A10：审计单位签章或出具审价报告后，整理决算资料并做好返还工作【审计单位每返还一批项目审计资料时，统一附汇总表（台账信息前加审编号及送还日期），并发汇总表电子版在审计部接口人，其余所有决算送审资料全部返还审计】；
A11：审计部接口人签章、接收返回决算资料（与审计单位接口人交接签收）；
A12：审计归档【审价报告（含决算审签表）、审定决算表、其他需要归档的资料】；
A13：决算编制部门归档【审价报告（含决算审签表）、审定决算表、所有决算送审资料】；
A14：建设单位归档【审价报告（含决算审签表）、审定决算表、其他需要归档的资料】。

图5-3-2　2010年上海联通财务决算审计流程图

门归属认定,对调账申请流程电子化权限进行统一收口;三是降本增效,开源节流,制定方案,从佣金控制、欠费清理、异常流量控制等方面控制支出,提升收入质量;四是控制佣金,通过尝试"直供直销"模式、加强代理商考核等手段降低佣金支出;五是清理欠费,成立专项欠费清理小组,从不同客户类型、不同欠费原因等方面入手,加强新入网用户回访,加强资料审核、清查历史欠费等;六是原联通数固电路清理,召集各区县分公司、网运、客户群等多家单位,通过核查、清理、回访等手段将原无编码电路进行确认核对。上海联通在中国联通降本增效工作中排名第一。

第四章 安全管理

安全工作主要涉及责任管理、防范管理、安全保障、信息管理、内保管理等。上海联通主动密切与公安、消防、安保等部门配合,把安全管理放在生产经营中重要位置。上海联通制定详细的管理制度和应急预案,每年对员工进行培训、演习、考核。对每个部门提出安全要求,并依靠广大干部员工进一步加强安全生产工作,保障通信、经营正常开展,确保运转安全。2002年3月1日起,加强对下属重点部门基站安全管理,制定《基站管理办法》《基站安全制度》《进出基站记录》《基站临时出入证》,加强基站严格管理,确保通信安全。

第一节 安全责任

一、基础管理

【基站管理】

2002年3月1日,上海联通推出《中国联通上海分公司基站管理办法》《中国联通上海分公司基站安全制度》。基站管理办法内容主要有:各外来施工单位须携带《基站临时出入证》进入联通基站/POP点施工;施工、维护人员进入基站,须先与基础网络部动力维护中心联系,由动力维护中心确认外围告警,同时在基站内《进出基站记录》上登记。基站安全制度内容主要有:相关单位因工作需要与基站业主进行协调时,须注意文明,维护联通形象。不准在基站内抽烟,不准带食品和易燃易爆物品进入基站。施工期间不得擅自对与工程无关设备进行任何操作,严禁野蛮施工、恶意破坏基站设施。

【应急保障管理】

2003年4月,上海联通召开专题会议,防范非典型肺炎传播,确保通信安全问题,并按上级要求制定应急预案。预案确定运行维护人员分三个梯队做好准备。在3个局房分散安排值班,互为备用,一旦一处发现问题,保证机动力量。同时,对技术骨干重点加强防护,必要时采取远程维护方式。所有通信机房除安排消毒,严格控制外来人员进入。对确需进入机房的施工人员、技术服务人员,采取健康登记、测量体温、佩戴口罩等控制手段。

5月,上海联通根据信息产业部和上海市通信管理局要求,成立防汛领导机构工作小组,制定与防汛有关的12个应急预案:GSM交换系统应急预案、GSM无线系统应急预案、CDMA交换系统应急预案、CDMA无线系统应急预案、GSM智能网应急预案、短消息平台应急预案、长途交换系统应急预案、数据网应急预案、165互联网应急预案、传输网应急预案、动力系统应急预案和计费系统应急预案。

2007年,上海联通编制完成《中国联通有限公司上海分公司安全事故综合预案(试行)》,经中国联通审核通过并颁布执行。是年,制定各项安全生产专项和现场预案,如通信网络应急预案,办公楼、通信局房、10010火灾应急预案,信息安全应急预案和营业厅防盗抢应急预案等,形成一整套应急联动预案体系。为使各项应急预案在突发安全生产事故时发挥快速、有效处置事故作用,上海联通运维部、综合部和客户服务部对各项应急预案组织演练。上海联通全年共组织消防和防盗抢应急演练9次,近400人次参加。

2008年5月,为加强治安保卫工作,及时、有效处置措施,防止各类治安突发事件失控和恶化,经上海联通第16次总经理办公会议通过,制定《中国联通上海分公司处置治安突发事件应急预案》。主要内容:一是快速反应。建立健全快速响应机制。正确及时报警,通报信息,调动安保、消控和区域责任人采取果断措施,开展治安维护行动。向公安"110"紧急报警,请求公安部门支援,及时制止不法分子侵害,最大程度地减少危害和社会负面影响。二是分工负责。根据突发治安事件不同类型、严重程度、波及范围等,各相关部门相互配合,分工负责,同时取得所在区域物业人员支援,沟通协调,确保治安维护行动顺利实施。应急处置小组职责:甄别突发事件性质,决定是否启动与公安"110"联网报警装置和各楼层消防报警装置(适用通信局房,用消防警铃代替治安报警),以及配合组织人员疏散等职责。

2009年,按照中国联通部署,上海联通全面贯彻"横向到边,纵向到底,重在基层"要求:一是参加应急通信3年规划调研,修订2009应急通信保障预案。二是紧抓落实2010年世博会应急通信保障方案,8月启动世博通信保障应急通信方案制定,在市通管局部署下,建设应急通信保障平台。三是不断完善移动应急通信保障协调机制,共完成7项重点通信保障任务,20余次配合通信保障任务。

【"三电"专项斗争】

2006年,上海联通通信基站被盗案件同比2005年增加813%。2007年,上海联通基站被盗案件发生192起,光缆被盗28起,直接损失超过290万元,发案数和损失情况呈现上升趋势。上海联通成立打击盗窃破坏"三电"(电力、电信、广播电视)设施专项斗争领导小组和工作小组,制定适合自身特点的"三电"专项斗争工作方案,拨出专款,重点整治老基站和野外基站安全隐患,加强新建基站物防和技防措施。

在"三电"专项斗争工作中,网优中心为加强野外基站安全防范工作,对50个野外基站和案件频发地区基站进行加高围墙、更换不合格铁门、加装空调铁栏杆、蓄电池加喷联通标记等措施。自行开发声光报警器和环境监察报警系统,用于野外基站技防建设。在案件频发地奉贤基站安装与公安"110"报警联网装置,并逐步推广到其他基站。网优中心成立代维队伍夜间巡逻队,对个别频繁被盗基站,视情安排专人伏击。网络工程中心对在建基站完善安全防范措施,将原有落地空调室外机,尽量安装在机房楼顶,并采用加装防护罩或安放在机房墙壁孔洞里侧固定等方法,以减少空调室外机被盗风险。对新建基站安装国家标准防盗门,建设砖墙结构基站替代彩钢板基站。网维中心组织多次护线宣传,组织夜间光缆线路巡视,将937只铸铁井盖更换成其他材料,在2570个光缆上悬挂"光缆无铜,偷了无用"宣传牌。

【专项检查】

2007年,上海联通开展形式多样的安全生产检查。安全委员会办公室组织4次由总经理及领导班子成员带队的安全生产检查,有力督促各部门安全生产工作开展;运维部每月对机房、基站等进行重点检查,加强局房安全生产管理,确保通信安全;综合部加强对消防、治安管理、车辆安全专项检查,确保消防设施完好和公司内部治安安全;工程管理部门加强对施工单位安全管理和监督检查工作,全年与施工单位签订安全协议达百余份,检查整改通信建筑工程安全隐患20多起。此外,安全委员会办公室每季度根据安全生产情况和对检查发现问题都发文进行通报,提出整改要求,落实整改部门,并及时收集整改反馈情况。在防汛防台工作中,特别是防范"韦帕"台风时,各部门积极行动,启动应急处理机制,召开防汛紧急动员大会,各部门领导深入一线进行防汛防台检查,排除安全隐患,确保网络平稳度过危险期。

【安全生产月】

2008年,上海联通开展"安全生产月"活动,内容有安全知识竞赛、征文、板报等,先后组织部门安全员参加安监局专业知识培训、义务消防队员消防业务培训、10010话务员消防知识培训、新进员工安全生产培训、局房机务员气体灭火知识应急培训、营业员防盗抢等一系列培训。

2008年,先后制定《通信基站安全管理制度》《营业厅安全管理制度》等规章制度。建立安全生产事故和案件报告制度。按照《安全生产事故综合应急预案》,做到重大事故、案件立即报告,一般事故、案件24小时内上报。对发生事故认真进行调查处理,坚持"原因未查清不放过,责任人员未处理不放过,整改措施未落实不放过,有关人员未受到教育不放过"原则,吸取事故教训,严格安全管理。抓好特种作业人员安全培训、复训和持证上岗,使特种作业人员持证上岗率达100%。

【环境保护】

2006—2010年,上海联通重视工作环境对通信生产、服务影响,制定《设施和工作环境控制程序》,确保通信机房、营业环境符合国家邮电通信管理政策法规要求。无线发射基站建设,严格执行国家颁布《无线电管理条例》和国家技监总局下发《电磁辐射防护规定》(GB8702-88),取得市无委会颁发基站使用许可证。定期委托市环境辐射中心进行无线辐射测试,作为控制发射功率依据,做到辐射符合国家允许标准。针对基站选址难问题,通过媒体宣传消除居民对无线辐射顾虑,特别是要求政府部门开放办公大楼作为基站站址,起到积极倡导和示范作用。充分考虑居民心理感受,基站建设无线不针对居民楼房,保证足够距离,并严格执行环保法规。中国辐射标准远低于国际标准,联通实际控制标准远低于国家标准和必要安全限度。电磁波辐射及防治是根据环境电磁波卫生标准规定,环境电磁波容许辐射强度对于微波辐射强度而言,在安全区应小于10微瓦/平方厘米,在中间区应小于40微瓦/平方厘米。工程所选用设备必须符合上述规定。对安装备用发电机组机房专门进行降噪预防性设计、建设,使噪声不超过环境要求范围。对备用蓄电池污染实行专人负责处置管理制度。废气、废水及防治是根据"GBJ4-73"工业"三废"排放试行标准,"废水"硫化物控制为1毫克/升,"废气"硫酸雾根据排放口高度不同分为60毫克/立方米及600毫克/立方米。电力机房内使用UPS电源,使用时不散发硫酸雾,不产生废气;机房地面不水洗,不产生废水。上海联通对环保检测十分重视,无论是对新建还是已建成基站,每年都请具有权威性环保部门进行检测。

二、安保责任制

【多级责任制】

2002年10月,从一级到二级部门主管及安全员、总值班员、部门值班员、员工,制定有针对性治安、消防、保卫工作责任制,全面覆盖上海联通安保工作方方面面。

领导(一级责任人)责任制 全面负责治安、消防保卫工作。在思想、组织、措施上,并以行政、经济等多种手段加强日常管理,确保落实。明确治安、消防保卫工作职能部门和责任人,组织上落实,确保有人管,有人做。对重大建设项目中的安全设施,保证必要投入。

安全保卫职能部门责任制 制定治安、消防、保卫工作年度计划,明确各部门管辖范围,落实各项安全责任制,对安全保卫防范工作进行检查,做好工作总结。定期开展"四防"(防盗、防火、防爆炸、防破坏)安全检查,落实各项措施,配合公、检、法机关做好相关协查工作。

二级部门主管责任制 拟定具体管理制度和操作规程。切实履行安全保卫职责,把治安、消防保卫列为部门管理一项重要内容,与生产和经营管理同计划、同布置、同检查、同总结、同评比,使相关措施落到实处。健全逐级安全责任制,经常检查落实情况。建立本部门治安、消防保卫工作责任制,签订责任书,保证安全工作一级抓一级,一级管一级,严格对签约、主办、施工、维护、使用、保管等环节落实责任人。

各部门安全员责任制 部门新建、改建、扩建、装修等工程项目,在施工前、竣工后,上报各级公安、消防部门审核、验收,未经公安、消防部门批准、验收,不得擅自施工或使用。落实本部门使用范围内配置治安、消防保卫设施,有专人管理,确保定期检查、保养、维修、更换、报废,确保安全设施完好、使用有效,并做好完整记录。加强本部门使用范围内火源、电源、气源、水源等管理,执行易燃、易爆管理和审批制度。具有火灾危险性场所,在区域内要设明显禁火标志,火源定人、定点、定措施控制。

总值班责任制 认真接听、接收值班电话或传真,并酌情处理;及时传达上级指示,详细记录基层报告;对突发、重大事故及时传递信息,并按紧急、重大事项请示报告制度处理。执行交接班制度,将值班室钥匙及已办和待办事项或有关情况交代清楚,并认真填写值班日志。

各部门值班责任制 对本部门(包括办公区域、通信局房、基站、专业机房、施工现场、营业网点、各类业务库房等)日常安全负责工作。做好值班巡视、检查记录,发现隐患及时采取措施。发生各类事故,要保护好案件现场,采取有效措施防止事态扩大,并及时上报,不得迟报和漏报。

员工责任制 对本岗位日常安全工作负责,做到"一坚守、二做到、三勤快、四严格"。即:坚守工作岗位;做到设备清洁完好,做到环境清洁卫生、无杂物;维护保养勤快、检查勤快、处理隐患勤快;严格执行操作规程,严格现场交接班,严格巡回检查制度和严格遵守劳动纪律。熟悉安全器材使用和报警(110、119)方法。熟悉本岗位不安全因素、火灾危险性和发生火情扑救方法。

【三级责任管理】

2007年,经上海联通总经理办公会议研究决定,调整安全生产领导小组和安全生产办公室成员,安全生产办公室职责由原人力资源部调整至综合部。调整后,安全生产管理组织架构为三个层次:安全生产委员会全面负责网络、信息、消防、治安、道路交通及人身安全工作,对安全生产等重大事项进行决策。安全生产办公室具体负责落实安全生产委员会日常事务,牵头实施安全生产管理,监督各部门落实安全职责,研究解决安全生产工作中的有关问题。安委办下设三个专业小组,网络与信息安全专业组由运行维护部负责,主要管理通信网络、信息和通信安全;消防保卫与交通安全专业组由综合部负责,主要管理治安保卫、消防、道路交通与车辆的安全;人身安全专业组由人力资源部负责,主要管理劳动保护、环境监测和人身安全。上海联通建立部门安全员和义务消防员队伍,配备责任心强、业务能力强的兼职安全生产和义务消防人员,配合部门负责人,负责对本部门安全生产情况进行专业性和综合性安全生产检查、整改并提出处理意见。

2007年,实现全年无各类重大安全事故、无重大刑事案件及治安案件、无人员伤亡事故、无火灾事故,完成上海市安监局下达的死亡事故为零的指标。上海联通获"2007年上海平安单位"和"2007年上海市安全合格单位"称号,在中国联通年终安全生产大检查评比中获得较好成绩。

第二节 安全保障

一、基础保障

1997年5月27日,上海联通举办部门消防队长防火安全培训班,组织参观上海市闵行区莘庄国际卫星通信地面站防火安全设施和灭火实战。

上海联通积极做好布控防范,配合公安部门破案。1999年2月14日,上海港公安局刑侦支队向上海联通行政处和营业部赠送两面锦旗,感谢上海联通布控协查抓获嫌疑罪犯。1998年以来,上海联通安保及相关部门配合公安协查达千余次。

1997年,安全保卫部门多次进行防火安全检查,制定防火措施,并督促对火灾隐患整改;参加火灾事故调查处理。涉及电气、房屋等设备部门须严格执行各种设备安全操作规程,制订具体安全管理制度;定期组织检查设备安全运行状况,及时指导解决安全隐患,负责所管辖设备购置、更新、改造和报废审核鉴定工作;指导设备作业人员安全操作,并对特种作业人员按规定进行复训和考核。对新进员工、实习人员、劳动工及从事临时件生产各类作业人员进行安全生产二级教育(上海联通二级部门),按规定建立二级安全生产教育后,才准其进入操作岗位,否则视为违章作业。对调换新工种,采用新工艺、新技术、新设备员工,重新进行岗位安全操作教育。

2003年,上海联通重点落实通信生产安全、消防安全、治安、道路交通安全和资金安全等方面管理工作,加强安全综合管理工作。2003年第4次总经理办公会议决定成立上海联通安全工作委员会。职责为:全面负责安全管理,监督各部门安全职责落实,研究解决安全工作有关问题,对安全生产等重大事项进行决策。安全工作委员会下设办公室,由人力资源部、综合部、运行监督与互联互通部等有关人员组成,负责日常事务。

二、工程安全管理

2002年,为加强生产安全管理,避免生产事故,上海联通就规范安全协议管理有关问题作出规定:凡上海联通范围内进行土建、装修、安装、代维等工程,在签订合同时,须与乙方签订上海市劳动局统一印制的《上海市建设工程承发包安全管理协议》。由上海联通与分公司各部门签订的"交钥匙工程"项目,在施工前由项目负责部门与施工安装单位签订该协议。部门签订的安全管理协议,须报人力资源部备案登记,并加盖安全生产专用章后方能生效。安全管理协议应针对不同项目,涉及内容要具体,责任需明确。工程项目负责部门,要对施工建设单位施工安全进行监督检查,发现问题责令立即整改,确保各项工程无重大安全事故。

三、战备保障

2001年3月,上海联通成立战备应急通信领导小组,总经理担任组长,同时成立战备应急通信办公室和组建包括移动、传输、计费、数据以及动力等专业组成战备应急保障队伍。

2001—2002年，上海联通因市政改造基站动迁、移动网络优化和G网扩容，临时替代宏蜂窝基站，增加覆盖及吸收话务量；参加上海市通信企业联合战备应急通信演习，期间与上海市机动通信局进行卫星通信视频信号互联传送演习，模拟抗震救灾现场为指挥中心传送现场视频信号。新建2 000多平方米应急车车库，与汽车维修公司签署应急车日常维护保养合同，与集成商建立通信主系统、辅助系统以及配套系统现场技术支持和服务联系，确保应急车从底盘车到整个系统完好状态。上海联通综合部派专人负责进行车辆维修保养，选配5名有技术、有丰富驾驶经验驾驶员驾驶，同时将应急车出车任务优先级确定为最高级。

2001—2004年，上海联通完成制定《战备应急通信管理办法》《战备应急通信岗位职责》《战备应急车载通信系统使用维护管理规定》《战备应急通信保障预案》等基本制度。明确各级管理人员管理职责、调度权限、操作流程、传报联络、维护费用、维护界面以及对外联系等内容。结合上海市信息动员办公室和市通信管理局战备办公室要求，制定《国家一级重点目标防护方案》《上海市通信线路和通信设施受损事故应急处置预案》《上海市海底光缆受损事故应急处置预案》《战备应急通信实施方案》等。此外，根据上海联通通信网络状况，各专业部门分别制定应急通信保障预案。

2002年10月，上海联通配备2辆GSM BSS基站系统应急通信车和2辆卫星通信应急车，投入使用GSM交换系统（含BSS系统）应急车，定购2辆CDMA BSS系统应急车；配备可以随意组合无线通信系统集装箱3个和柴油发电车7辆等。可进行GSM系统独立组网，替代GSM BSS宏蜂窝基站，高话务地区临时增加话音信道吸收话务；可通过亚太IIR卫星传送视频信号；可与全国其他分公司组网；还可与其他运营商进行视频互通等。

上海市交通战备办公室举办上海市反恐海上搜救演习，定期举行应急演练，上海联通均积极参与。2003年，上海联通受到上海市通信管理局表彰。

2004年，上海联通向中国联通提交《关于上报上海分公司战备应急通信工作情况》，要求成立三级战备应急通信机构。上海联通战备应急通信领导小组由运监、计划、财务、综合、移动、基础网络等部门经理组成；战备应急通信办公室成员由以上部门分管经理或技术主管组成；专业保障队伍成员由各专业部三级部门负责人和2—3名技术骨干组成。

四、重大活动保障

1997年10月12—24日，第八届全国运动会（简称"八运会"）在上海举行。针对运行网中部分小区出现话务阻塞严重实际情况，上海联通采取紧急扩容措施，率先对漕河泾基站和植物园基站进行紧急扩容，使话务信道和信令信道阻塞时间由原2 200秒和190多秒分别降到14秒和0.73秒，有效改变小区话务紧张状况，通话畅通率得到明显提高；为保证"八运会"体育场馆通信，面对基站扩容工程设备到货滞后情况，紧急借调3个基站技术人员在规定时间里完成所有安装、调试工作。组织人员放弃假日休息，对上海市区内27个"八运会"场馆信号进行普查，保证每个场馆信号良好。

2001年10月，APEC会议在上海举行。上海联通积极参与会议通信保障任务，全面实施会议重点场所、四星级以上宾馆、地铁、隧道、机场等处的室内信号覆盖，运用应急基站车，提高网络质量等级，向会议提供1 000台移动电话，满足会务人员和来宾需要。

2002年5月8日,第35届亚洲开发银行年会在上海浦东召开,参会代表3 273人,来自世界各地记者400余人。上海联通是此次亚行年会通信保障单位,为年会筹备组提供500台手机及卡号;在国际会议中心、国际新闻中心分别设立服务区域,为参会代表和记者提供手机、SIM卡租赁服务。

2004年9月24—27日,F1一级方程式大赛在上海举行。上海联通完成GSM网和CDMA网各2个微蜂窝站、2个光纤直放站室内覆盖工程。5月以超常规建设速度,仅用72小时开通3个CDMA网、1个GSM网和1个DSC网共5个网的宏蜂窝基站,有效覆盖包括主看台、副看台、新闻中心、空中餐厅、比赛控制塔、行政管理塔、比赛工作组、地下通道及车队生活区整个F1赛车场区。9月24—26日,优化智慧结晶方案顺利通过考验。3天赛事总体指标较好,C网提供300 694次呼叫服务,产生业务话务4 951.94 Erl,接通率97.94%,掉话率0.26%;G网提供389 375次呼叫服务,产生业务话务4 951.64 Erl,接通率96.4%,掉话率0.95%。

2007年,上海网通完成党的十七大、女足世界杯、特奥会、嫦娥一号等74个重点通信保障任务。

2010年,上海联通以高度政治责任感完成长达半年的世博通信保障任务。高质高效地完成世博通信配套工程建设,整体建设进度超前于其他运营商。世博期间,共投入世博保障专项资金860万元,投入运维保障人员997人次,窗口服务人员2 000余人次,接待来访客人2 000余人次。推出手机"沃"导航等6大实用创新3G业务,其中海宝机器人、手机"沃"导航等产品受到市场广泛关注和好评。共推出24项服务新举措,116114产生订单金额60万元。因国际国内漫游因素,给上海联通带来收入1.23亿元。在世博网络、业务、服务、安保、接待5个专业组及全体员工共同努力下,做到世博网络通信保障"零事故"、治安事件"零发生",实现平安世博目标。

五、重大灾害保障

2008年,上海遭遇17年来最大雨雪灾害性天气。上海联通全力以赴抵御灾害性天气,确保通信网络安全,并向上海市政府专题报告。1月28日起,根据上级部署,上海联通进入应对灾害性天气应急状态,启动上海联通领导和运维人员24小时值班制度。1月29日,中国联通召开全国电视电话会议,通报全国雪灾受损情况,并专题部署应急防范工作。上海联通落实措施是:一是组织应对雪灾所需各类抢险、抢修物资和器材到位,做到可随时调用;二是检查突然断电状况应急预案,确保可操作性。发电设备全部处于待命状态;三是落实各部门各专业值班、维护、抢修(包括设备供应商的技术支撑)力量到位,切实准备好抢修手段;四是加强网络监护,启动重点通信保障短信传报程序;五是组织各外线维护单位,加强巡视检查,确保分布于全市包括市郊通信设施、设备安全运行;六是严格执行障碍传报制度;七是强化机房、基站安保监控,加强对人员、车辆安防管控措施;八是结合节前安全检查,上海联通领导带队冒雪分头对重点通信网络节点等进行检查,消除隐患。

第三节 信 息 安 全

一、联网管理

2003年,上海联通成立由运监部牵头,数据固定部、信息系统部、移动部及综合办公室参加的专职网络安全防范小组,职责为:负责制定防范指导规范和定期检查各部门各项防措施落实。了

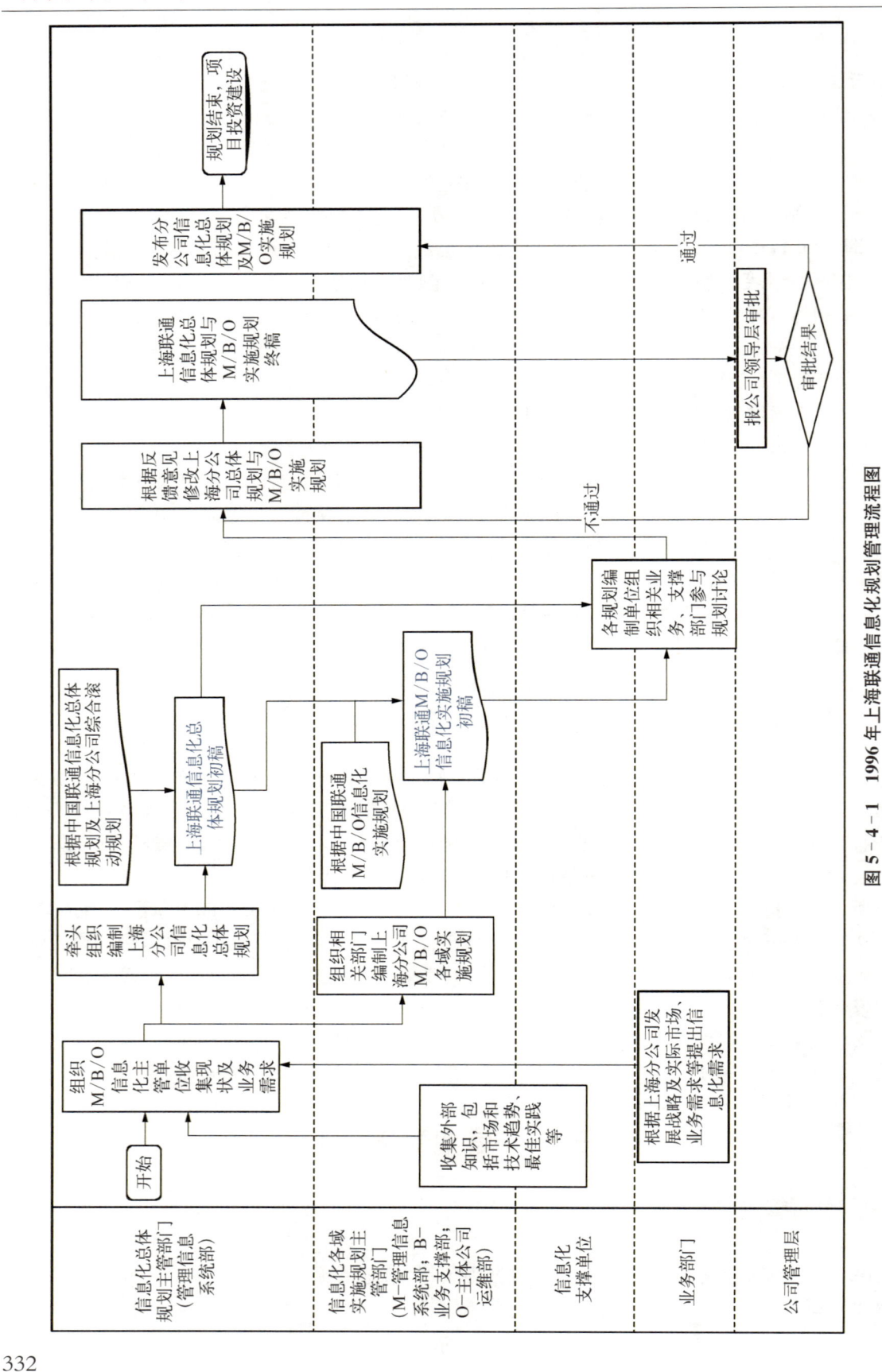

图 5-4-1 1996年上海联通信息化规划管理流程图

解相关部门网络情况，尤其重视各业务网络平台间连接点，结合上海联通网络情况连接各部门安全系统，形成以上海联通全网为基础的网络防护系统。定期交流网络安全方面新动态、新技术，不断更新上海联通网络安全策略，提出安全防范项目立项建议。负责指导各部门防范黑客或病毒攻击。

2003年，被中国联通列为重点工程之一的"分公司统一经营信息服务子系统"完成基础ODS层、DW层本地化建模，以及中国联通一二类报表、部分本地化20多个OLAP分析主题开发工作。根据上海本地实际情况，增加竞争对手分析、流失预警分析等特色分析功能。按照中国联通（一期）上线《测试规范》，计费部对系统组织进行详细自测工作，并通过中国联通上线测试。该系统有效实现上海联通上下级组织机构间、各部门间、各子系统间面向客户和业务，并以客户为中心经营管理信息的传递交流，完成内部统一经营信息管理的服务功能；在原以产品为中心进行分析基础上，逐步扩展提供客户信息统计和分析功能。

2006年，信息化中心上下联动，在保证不中断营业厅原有营账三层前提下，对CICS主机进行扩容。为使各营业厅能正常使用营账系统，信息化中心维护人员从6月28日起主动安排工程实施路线，在40天内，完成1 200多台外设营账终端配置文件的修改。通过此次扩容优化，前台终端忙时系统接入时间从原来的30秒缩短至20秒，响应速度提高近35%；营账终端接入能力由扩容前1 000台增加到2 000台，从而进一步确保年底大量新建营业厅新增终端营账接入成功。

二、终端管理

2003年6月，上海联通对业务操作系统权限控制管理作出规定，前台营业操作系统适用各营业窗口前台服务人员、投诉接待人员、资料输入人员等以查询或为用户办理部分延伸业务。"1001"客服管理系统适用接听"1001"客服热线相关人员。账务管理系统适用于上海联通进行内外催欠、诉讼、稽核等人员。计费系统适用于信息系统部相关技术人员。制卡管理系统适用于移动销售部相关制卡管理人员。大客户管理系统适用于客服部大客户中心相关管理人员。代理商管理系统适用于数据固定部、移动销售部相关管理人员。工号及密码管理严格执行部门主管负责制，密码设置严格与工号相区分，不可将工号等同于密码。各类对外单式上操作人员统一以工号形式出现，不显示营业员姓名（内部流转的单式及内部操作系统除外）。

2006年，上海联通成立网络与信息安全组，由运行维护部牵头，各维护部门安全员共同参与，每两周活动一次。小组负责通信网络信息安全和系统网络设备安全监督管理工作：组织开展账户密码权限管理梳理工作，清查系统匿名账户，并落实账户实名制、用户权限细分和用户密码期更新执行。

2006年，各系统平台维护部门对系统安全加大投入。3月，完成综合营账系统接入网防火墙系统改造，使上海联通所有营业厅接入支撑系统安全得到保障；4月，完成MSS系统内部终端管理系统版本升级，使管理系统可以对终端软件安装和补丁安装进行监控。是月，DCN网建立网络流量监控平台，实时监控各主要端口流量状况，进行24小时值班，定时对网络各项状态进行巡检，对各项安全值班归档登记，对异常告警及时反映。同时，在多个关键部门部署防火墙。7月，对所有UNIX、WINDOWS系统进行系统加固。8月，加强系统操作监控。10月，安装防黑客入侵和DOS攻击网络安全设备。11月，以综合营账系统为评估对象，进行为期一个月自评工作。通过此次自评，共发现综合营账系统13个风险点，使参与评估人员对风险评估有初步了解。是月，颁布《上海联通终端与数据信息安全管理规程》。该《规程》与《中国联通信息系统总体控制规范》配套使用，适用于对上海联通信息资产各要素(包括人员、数据、网络、终端等)安全管理。开展全网防病毒软件统一部署和运行工作。拟定上海联通远程接入系统方案。针对不同培训对象,组织开展两次信息安全培训。在关键网元和传输节点采用双备份、双路由机制,极大地降低设备宕机、系统冗余问题。

2007年4月,上海联通向上海市信息化委员会上报2006年网络和信息安全专业组具体工作及各专业维护部门信息化安全建设情况,撰写《上海联通基础信息网络安全建设情况汇报》。上海联通重要信息系统主要有综合营账平台、智能网平台、增值业务平台、办公OA网(MSS系统)和DCN生产平台,承载着用户数据录入、业务开通及变更、计费结算、内部公文流转及信息发布、网络集中监控等重要数据管理和业务操作工作,对于这些系统平台的安全建设也越来越成为关注重点。

三、内网安全

2009年2月20日,上海联通对内网及信息安全管理作出规定。

【网络安全】

各类信息系统建设和维护部门参照统一IP地址规划及安全策略进行系统建设和维护,以保证内部网络安全可靠。网络维护人员应严格执行用户账号和密码登记备案制度。操作系统、主机安全管理。操作系统本地和远程用户通过密码进行身份认证,并至少每季度更改一次系统密码,操作系统管理员应每月检查系统各项关键参数配置,与《主机设备信息表》进行比较,保证系统参数设置正确。检查结果记录在《维护作业记录表》中。员工不得在办公用、营销客服用、生产维护用终端设备上安装、使用盗版软件,未经过批准计算机设备不准接入内部网络。

【应用系统安全】

各信息系统维护部门系统管理员遵循最小授权和权限分割原则,为每个用户设置唯一识别码以区别身份,用户登录应用系统时,使用管理员分配账号进行登录。数据库管理员通过调整数据库配置参数,控制用户对数据库存取权限,经各信息系统维护部门主管审核并对数据文件设置加密后方可传输,数据库管理员通过设置账号权限严格限制数据直接访问,日常维护不允许直接登录数据库。

【防病毒安全】

如发生大规模病毒,需进行相应诊断、分析和记录,并联系中国联通SOC管理中心和防病毒软件厂商,及时配合完成病毒机查杀工作。机房维护人员需经各信息系统维护部门主管授权后方可进出机房;外来人员需值班人员或保安人员陪同方可进入机房。

四、信息化内控管理

2006年,在信息化内控管理实施过程中,重点需要解决IT管控问题和手工出账问题。中国联通下发ITGC管理规范文件,上海联通多次组织学习、培训,并对照找出差距,重点整改。实现系统对数固业务卡资源全面管理;建设完成代理商管理系统,主要包括代理商资料管理、合同管理、保证金/押金管理、佣金结算、佣金支付、代理商分析预警等;下发信用度管理细化需求,进行营业账务界面开发工作。

2007年,建立健全内控长效机制。中期内控评审发现,一些地区对租机业务管控不到位,存在较大风险,内控建设有待继续加强梳理和优化核心业务流程。适应组织结构优化和部门职责调整需要,组织制定核心业务流程2.0版本,提高IT系统对业务流程支撑力度,逐步在系统中加以固化。

2008年,上海联通信息化中心牵头各IT系统相关部门,严格遵守中国联通各项IT内控管理规范,通过2008年度信息系统外审、管理层测试及各项专项审计。

2009年,继续严格执行所有IT内控管理规定、规范,采取积极有效风险控制措施,确保所有IT风险有效防范。

五、信息管理

【信息保密】

2006年,上海联通明确保密工作第一责任人和信息安全管理主要工作机构,关键岗位和保密责任所属部门双重负责制,并发文明确涉密范围、公开与不公开文件资料内容。

2008年1月,上海联通学习国资委、中央保密委员会关于加强信息安全保障工作中保密管理若干意见精神,会同相关部门进行自查。对国家秘密级文件按级传阅、处理、归档,并严禁在互联网和MSS系统上发布,由专人管理。MSS系统由综合部负责管理,指定专人,并建立相关使用管理制度,信息部负责系统日常维护,对系统有严格访问隔离和监控措施。信息部对各营业窗口、连接营账系统的网络服务都有严格的工作流程和监控措施,确保用户信息符合公司业务规范。保密领导小组对《中国联通上海分公司保密工作规定》进行修订,进一步完善信息保密制度。

【信息查询】

2007年,上海联通制订信息查询管理办法,适用于上海联通范围内各部门所属员工及派遣制员工、业务外包工、实习等人员,包括用户手机户名、地址、联系电话、身份证号等个人资料及通信内容等。对各信息系统信息安全管理遵循"谁主管谁负责、谁申请使用谁负责"原则。通信网络中信息涉及商业秘密。有关部门和操作人员应严格依法按制度办事。上海联通任何员工不得利用职务便利,擅自查阅用户通信信息,更不得擅自向任何单位、个人提供通信信息。因业务处理和服务工作需要,涉及上述信息,严格执行国家和地方法规,并遵守本办法。

上海联通严格授权范围管理,对各岗位人员可涉及用户信息程度由市场营销售部和运行监督部予以规范,并组织相关教育和管理。超出授权范围或其他人员因特殊原因需查询有关信息一律报总经理批准。有关单位进行侦查或通信信息查询时,须两人以上并且出具上述机关(县以上)介绍信和工作证或警官证,由行政部归口接待和安排,涉及部门积极配合并做好详细记录。其他各部门、各服务窗口人员不得擅自接待。

【用户信息管理】

用户信息保障措施 2005年,上海联通颁发《用户信息安全保障措施相关规定》。

2008年6月2日,第17次总经理办公会议审议通过《中国联通有限公司上海分公司用户信息安全管理办法(试行)》。办法规定用户(含员工)信息包含用户资料和通信信息。用户信息查询指,经营部门对发展用户和挽留用户等业务需要查询;营业客服部门对所辖业务等需要查询。业务部门对发展用户和挽留用户业务需要,根据其工作性质、业务特点制定相应用户资料和通信信息查询管理制度和操作流程,各级管理人员、工作人员都要严格遵守业务规程操作。业务部门如需批量查询,应通过经营分析系统或由信息化中心协助操作方式实现;如仍不能满足需求,应向综合市场部提出书面申请,经审核后报分管领导批准。信息化中心将根据综合市场部批准的"数据提取需求申请表"进行查询,并建立档案。有查询权限的业务部门管理人员、工作人员在处理完查询业务后,应及时关闭电脑窗口退出界面,严禁将用户资料和通信信息暴露在电脑界面上。用户短信内容原则上不予查询;因特殊需要查询的,由综合部受理并报分管安全保卫工作副总经理或总经理批准,由专职人员受理用户短信内容查询。

无主户管理 2010年,制定并发布无主户管理办法系统独立管理,防止双方系统号码不一致导致用户投诉;完成业务需求在BPM系统申请和处理一体化功能上线;根据中国联通现场写卡工作安排,完成2G/3G开户、本地/异地补换卡等功能验证;准预付费余额提醒功能完善:增加5元、10元阈值提醒;7天内半停期服务。

实名制登记 从2010年9月1日起,全面实施电话用户实名登记工作。根据工信部和中国联通有关电话用户在入网和资料录入及保存环节中实名登记要求,市场部牵头销售部、集团客户事业部、电子渠道部、信息化部等相关部门分析上海联通电话实名登记工作现状、渠道受理能力、系统支撑功能,同时对比当地其他运营商实名登记工作方案,从业务、渠道、政策、支撑管理等环节全面部署上海联通有关实名登记工作具体要求。所有营业厅均已按要求进行实名制登记工作,具备二代身份证读卡器主流渠道也全部按要求进行实名制登记,其他渠道实名制登记比率逐步提升。

第四节 内 部 安 保

一、工作小组

上海联通成立初期即设立内保工作小组,分管经理负责、有关部门人员参与;设立局房应急小组,强化安保和消防责任制,指定42名防火责任人、86名义务消防员,配备灭火器290多个,建立防火网络、应急预案、安全制度等;同时在新设施安全、保护通信秩序等方面,采取积极措施,连续安全生产830天良好记录。在车辆管理上,采用统一调度、合理调配原则,规定车辆不得私用,夜停公司。

二、保卫措施

上海联通1996年第8次总经理会议将行政办公室所属行政处独立出来,内部明确要求加强安全保卫,并成立保安队伍。

1998年底,上海联通企业内部治安防范工作放上议事日程,与上海市公安局经保总队签订治安协议,参加市经保总队组织"内部治安目标承包责任制"考评活动。与建筑工程队签订《治安协议书》《防火责任协议书》,指定工程管理人员监督检查。每年对企业内部治安防范工作进行总结,回顾内部保卫工作情况。上海联通有6处办公场所,并有无人值守基站200多个,点多面广。根据上海联通特点,结合落实《上海社会治安责任制条例》,制定相应《公司内部治安目标责任承包协议书》

及考评表,由治安责任人与各处室负责人签约。同时明确"谁主管谁负责"。在每个处室和部门设立兼职安全员,平时自检自查,当安保部门发现有问题时,负责具体整改,形成内部有效治安消防网络。上海联通大厦安排4个专职人员,进行治安、治防管理工作,各办公场所设专职安保人员对场所进行24小时巡视。对安保消防人员通过有关部门进行业务培训,对保安公司人员配备相应器械。定期召开安全员会议,学习有关文件,将治安、治防工作列入竞争力指标,直接与各部门工作考评结合;将安全保卫制度列入总管理手册,消防制度、治安制度、要害部门出入制度、保密制度等都作为第三层次文件列入公司手册。上海联通大厦保卫部门修改和制定《联通大厦安保责任制》《联通大厦安保考核制》《联通大厦防火应急预案》等,治安、消防工作制度化,使公司治安、消防工作有据可依。是年,上海联通下发关于认真做好"两会"期间安全保卫工作的通知,确保要害部位和重要通信设施安全。

2001年,春节期间发文加强内部安全保卫工作,加强通信、网络用电、行车、防盗安全,并按要求进行安全检查,落实保卫责任制。

2004年,上海联通发文制定治安、消防、保卫工作责任制和治安管理办法、消防管理办法。3月8日,中国联通检查组分别对天目西路547号联通国际大厦(办公楼)、上海联通六里局房和北外滩局房进行检查。中国联通运监部总经理闫波在检查后肯定了上海联通在安全生产制度建设、组织落实、日常管理等方面所做的工作,同时提出需整改的问题。上海联通立即落实相关整改工作。

2007年,上海联通职能部门内设三级机构,综合部内设安全保卫室,负责安全保卫、安全生产管理及消防管理工作,对外使用上海联通安全保卫科。

2008年,上海联通出现外人盗窃现象。缘于有些办公楼层或区域与外界交流频繁,外来人员较多,甚至频繁出入办公区域,致使有人伺机混入作案。针对安全保卫松弛状况,上海联通要求加强办公区域安全保卫措施,严格控制各类人员出入。

第五章　人力资源管理

上海联通重视营造优秀人才施展才能文化氛围，建立以岗位职责为基础的人力资源开发和有利于人才脱颖而出的用人机制，提高员工整体综合素质；建立以工作业绩为主要依据的人才评价、绩效考核与激励等机制；激发员工潜能，提高人力资源整体效益，为上海联通快速发展提供高效人力资源保证。上海联通初创时期，人事管理可由各机构自行决定。1997年1月，中国联通规定各分公司干部聘任、员工管理权限、机构设置、编制和领导职数确定、员工录用及考核管理、劳动工资管理均需报批。

第一节　人才招聘与劳动合同

一、人才招聘

【用人原则】

上海联通用人原则：公开招聘企业管理、经营、技术人才，在内部建立并实施员工竞争上岗机制和中级管理人员竞聘、公示、试用、任期等多种竞聘机制；建立适应市场经济要求、吸引和留住人才的激励机制；在内部分配上，实行多种薪酬分配形式，留住优秀人才、紧缺人才，淘汰不合格人员。

【社会招聘】

上海联通成立时，扩大招聘范围，利用媒体向社会公开招聘各类专业人员。1994年10月GSM网络系统工程启动后，设计范围扩大，很多新工作应运而生。上海联通启动第二次公开招聘工作，重点引进各处室负责人和项目进展过程中急需业务骨干。人才招聘严格按程序实行：各处室填写所缺人员并做好推荐工作，各分管处室负责人会同人事部对应聘人员进行面试考核，最后由主管批准同意；为引入优胜劣汰的用人制度，管理岗位人员聘任期一年，其他岗位聘任期两年。随着员工队伍不断壮大，专业技术人才不断增加，进一步推进GSM项目建设已具备条件，需要建立专业化技术部门来管理。

1995年1月，上海联通成立电信工程筹建处，进行人员招聘，增加75名员工。其中，邮电部门人员占85%，专业类有无线、有线、交换、传输、业务经营、工程管理、工程设计、计算机开发。专业人员56名，其中高级工程师6名、工程师18名、在国外受过专业培训的8名；大专以上学历43名（包括4名硕士毕业生），占总人数的57.3%。

2004年，上海联通成立专业招聘考核小组，上半年选拔和录用各类技术、业务专业人员65人。一批年轻、学历高、业务能力强的社会专业人才充实到一线工作岗位，优化了员工队伍结构，基本满足各部门人员需要。上海联通加大员工考核力度，对干部实行"末位调整"；在加大引进急需人才的同时，把加强员工培训纳入基础管理工作。根据岗位任职条件及能力要求，组织"七个习惯""管理方法与艺术""通信项目管理""营业基本礼仪"等各类培训，提高员工素质。

2005年，上海联通向社会公开招聘人才，从上万名应聘人员中选拔198人充实员工队伍。

2009年，上海联通客服呼叫中心开展多语种服务人员招聘。

【内部竞聘】

2003年，上海联通通过竞争上岗、组织考核，考察、选拔、聘任二级缺编副职、三级部门经理，35人岗位竞升。

2007年11月，上海联通研究决定：2008—2010年度聘用二级部门高级业务主管岗位。是年，上海网通先后完成区县分公司主要负责人、各二级单位缺编副职、三级部门经理等主要岗位竞聘上岗和干部考察、选拔、任用工作，35人经过竞聘从原有岗位晋升；完成全公司范围内用工转换工作，63人转为正式员工，实现用工制度统一。

2008年，上海网通进行组织机构及人事制度改革。本着"小机关、大基层、多中心"原则，对机构进行优化。新成立6个操作类中心，实现管理与生产分离，市场、网络、管理人员比例达到5∶3∶2。完成各单位主管/三级经理竞聘、选聘、测评工作。通过民主测评、组织聘任方式，对缺编领导岗位人员进行竞聘上岗。

2010年，上海联通开展百名优秀人才选拔，确立年度最佳员工评选和奖励制度，实施优秀非合同制员工转正。内训与外聘相结合，干部员工素质稳步提升。

二、劳动合同

【全员劳动合同制】

上海联通对新招聘人员，实行3个月试工合同规定。在试工期间进行考核，辞退不合格者。1995年7月初，签订劳动合同制员工增加到144人，其中本科以上学历47人，中级以上职称38人，专业人员达129人。

1997年，上海联通一届二次职代会审议通过并经浦东新区劳动部门鉴证，下发《中国联合通信有限公司上海分公司全员劳动合同制管理暂行办法》，标志着上海联通开始实施全员劳动合同制。

1998年3月18日，中国联通同意在实行劳动合同制过程中向省级分公司、计划单列分公司总经理授权与转授权签订劳动合同事宜。经中国联通总经理授权，各分公司总经理有权向所辖地市级分公司总经理转授权与其所在地市级分公司员工签订劳动合同。

根据《上海市劳动合同条例》和中国联通下发的《中国联合通信有限公司总部劳动合同实施细则》精神，上海联通制定《中国联通有限公司上海分公司劳动合同管理办法》《中国联通有限公司上海分公司劳动合同》，并于2002年8月12日第20次总经理办公会以及9月20日职工代表组长扩大会议审议通过。

9月28日，上海联通印发《中国联通有限公司上海分公司劳动合同管理办法》，主要内容包括合同期限（包括试用期）、工作内容（上岗聘约）、劳动保护和劳动条件、劳动报酬、劳动纪律、劳动合同终止条件、违反劳动合同的责任、与员工经协商约定其他内容。劳动合同期限分固定期限和无固定期限。二级部门副经理及以上管理人员订立6年及以下期限劳动合同；资深业务主管、高级业务主管订立5年及以下期限劳动合同；三级部门经理、三级部门副经理订立4年及以下期限劳动合同；业务主管、业务主办订立3年及以下期限劳动合同；新进大、中专院校（应届）毕业生订立5年期限劳动合同；营销人员参照上述业务技术岗位人员订立劳动合同期限规定执行；其余员工订立2年及以下期限劳动合同。员工连续工作满 10 年，经协商同意续延劳动合同的，如果员工提出订立无固定期限劳动合同要求，应当与其订立无固定期限劳动合同。凡订立无固定期限劳动合同，双方应在协商条款中约定劳动合同终止条件。劳动合同试用期约定：一般新进员工，实行 3 个月试用期（含在合同期内）；新进大中院校（应届）毕业生实行 6 个月试用期（含在合同期内）；对招聘特需管理人员可不实行试用期。

【用工管理办法】
《中国联通上海分公司劳动用工管理办法》 规定劳动用工形式分正式员工和派遣制员工两种。新进本科及以上学历社会招聘人员、应届毕业生及派遣制员工经批准转为正式员工的，均签订短期劳动合同。新进担任高级业务主管及以上岗位人员和经总经理批准引进特殊人才可直接签订中长期劳动合同。中长期劳动合同员工指签订 2 年及以上有固定期限和无固定期限劳动合同正式员工；短期劳动合同员工指签订 1 年期劳动合同正式员工；派遣制员工指与第三方劳务公司签订劳动合同，并由该公司派遣至上海联通工作员工。

《中国联通有限公司上海分公司劳动合同管理办法》 该办法经修改，废除第十一条第六款"新进大、中专院校（应届）毕业生订立 5 年期限劳动合同"；废除第十三条第一款"一般新进员工，实行为期 3 个月试用期（含在合同期内）"和第二款"新进大、中专院校（应届）毕业生实行为期 6 个月的试用期（含在合同期内）"，增加"劳动合同试用期按《上海市劳动合同条例》第十三条的规定执行"条款。

《中国联通上海分公司短期劳动合同员工薪酬管理办法》 主要内容有：贯彻按劳分配、效率优先、兼顾公平原则，突出岗位贡献及市场价格决定作用，适度拉开薪酬差距；短期合同员工实行岗位动态管理，按照工作性质确定不同岗位系列，按照岗位责任确定岗位等级，按岗定薪，岗变薪变；建立健全短期合同员工绩效考核体系，实行个人薪酬与上海联通经济效益、本人绩效考核结果挂钩，能增能减。短期合同员工薪酬由岗位工资（基薪）、奖金、加班加点工资、福利和劳动保护、社会基本保险等构成。

相关配套劳动合同管理文件《中国联通上海分公司劳动用工管理办法》、关于修改《中国联通有限公司上海分公司劳动合同管理办法》部分条款意见以及《中国联通上海分公司短期劳动合同员工薪酬管理办法》经上海联通 2006 年 4 月 24 日第 9 次总经理办公会议、2006 年 5 月 19 日职工代表组长扩大会议讨论通过。

第二节　生活保障

一、养老保险

1996 年，上海市政府对养老保险改革做出统一部署，上海联通对此十分重视。1997 年 2 月 26 日，根据《关于中国联通公司员工基本养老保险参加社会统筹有关事项的通知》精神，上海联通为正式员工办理基本养老保险。

1998 年，上海联通为职工办理"职工补充养老保险""人身意外保险"。

2001 年，根据《中国联合通信有限公司补充养老保险暂行办法的通知》及相关文件精神，上海联通进行补充养老保险缴纳。

二、服务年金

2002年,中国联通批复同意上海联通《关于实施长期服务年金的请示》。上海联通制订长期服务年金实施细则,适用于签订两年以上劳动合同管理系列、业务技术系列及营销系列正式员工。员工服务5年以上且劳动合同期满离开公司时,可领取服务年金。员工服务不足5年,因以下原因终止劳动合同,可领取服务年金:员工达法定退休年龄,办理退休手续的;员工在职期间死亡,由其法定继承人或指定受益人领取年金。员工服务5年以上,但被解除劳动合同的,不能领取服务年金。

三、加班休假

1998年,中国联通公布《职工带薪年休假暂行办法》。由各部门根据工作实际情况,采取切实有效措施,制定员工带薪年休假实施计划,确保每位员工在当年年底前完成国家规定带薪年休假;因各种原因部门在当年年底前未完成员工带薪年休假计划的,员工未休年休假天数须支付工资报酬,并在部门(含二级部门正副经理)年终绩效考核奖或下一年度绩效考核奖中列支;各部门应于当年年底前将本部门员工应休未休年休假天数统计汇总后上报人力资源部,人力资源部按照本处理意见规定统一计算并发放员工应休未休年休假工资报酬;对于部门不安排员工休年休假又不依照本处理意见规定上报员工未休年休假天数的,一经发现或引发劳动争议的,须严肃处理,除二级部门主管及相关人员承担赔偿责任外,给予必要行政处罚。

2002年,上海联通工会与行政举行首次平等协商会议。工会主席与总经理作为双方首席代表,分别带领6位员工代表和6位职能管理部门负责人,就"严格控制员工加班加点"等问题平等协商。就加班管理程序、加班工资标准等达成基本共识,双方签订新协议文本。

2008年1月1日起,上海联通实施《职工带薪年休假条例》。为切实维护员工休息休假的权利,规范员工带薪年休假行为,对贯彻实施《条例》若干问题提出处理意见。

是年7月22日职工代表组长扩大会议及7月28日第23次总经理办公会议讨论通过《中国联通上海分公司员工加班加点管理办法》及《中国联通上海分公司贯彻实施〈职工带薪年休假条例〉若干问题的处理意见》。要求各部门严格控制员工加班加点,对确实需要通过加班加点完成工作任务的,须加强对加班加点人员的时间控制。加班加点工资实行标准工时制,公司按国家标准支付加班加点工资。

四、退休管理

2001年,上海联通认真贯彻党和国家关于主动、全面、重点关心退休职工政策,落实中国联通关于"妥善安排他们生活、学习和各项活动,使退休人员愉快安度晚年"要求,做好退休人员日常管理工作,建立和完善退休人员管理制度,并经2月5日第5次总经理办公会议讨论通过。主要内容有:一是关心退休人员精神生活。组织退休人员参加一定形式学习和交流;适时向退休人员介绍上海联通发展情况和有关问题,听取退休人员合理建议;鼓励、支持退休人员参加各种老年活动,并积极做好联系、协调工作。二是建立家访制度,做到重病住院必访、天灾人祸必访;倾听退休人员心声,对来电、来函做到有问必答;关心退休人员实际生活。三是建立慰问制度,做到"送关怀上门",即逢重大节假日(春节、国庆节、重阳节等)上门慰问;对确有困难、急需帮助的退休人员,从实际出发给予适当补助,做到"雪中送炭";适时、不定期地组织70周岁以内且身体健康退休人员与在职员工一起参加疗休养活动;定期组织退休人员参加体检。

第三节 考核与激励

一、竞聘考核

2005年,为推行薪酬体系改革,完善职位体系建设,上海网通先后出台《员工沟通管理制度》《培训与发展管理办法》等一系列规章制度。之后全面启动职位薪酬体系工作。按职务序列,为技术、管理、营销等不同专业人才搭建起成长渠道;按人岗匹配、薪岗匹配用工和薪酬分配形式,初步建立起岗位能上能下、岗变薪变劳动用工模式;通过建立干部选拔、培养、使用程序和制度,完善专业人才库,建立以管理层、二级正职、二级副职为主体多层次后备干部队伍,为人才学习、培养和岗位锻炼创造条件。两年内,有35人经过竞聘从原有岗位晋升;完成全公司范围内用人转换工作,63人转为正式员工,实现用工制度统一。上海网通从上万名应聘人员中选拔198人,充实员工队伍。按过程控制和结果考核相结合的办法,突出关键指标导向与激励作用,建立红、黄牌责任追究机制,不断优化考核内容,更新考核方式,保证考核公平、公正、公开,基本实现"机制管人"运营模式。

二、代维单位考核

代维是上海联通代理维护的一支队伍,是网络维护的重要力量。早在上海联通基站管理中心成立之初,就建立了代维单位定期考核制度,并在2006年2月底对代维单位进行首次年度考核。针对指标完成情况、日常管理、单位装备、综合素质等四方面进行综合评定,同时建立加分指标,对基站设备标准化整治、基站维系、线路成功预防事故发生等方面做得较好的单位予以适当加分,从而真实反映各家代维单位综合水平。

三、合作方考核

随着客服中心各项工作深化开展及新形势要求,上海联通对合作方补充考核办法是针对合作方制定补充考核管理办法。新的考核办法奖惩分明,进一步加大考核力度,要求更严格,标准更细致。在增加整个客服中心及合作方压力的同时,提高双方动力,更好地相互配合协调,提高客服中心整体服务质量。

2004年,实行考核排名制,连续上升或下降实行奖惩及末位淘汰。对于连续三次排名末位的营业厅,终止合作关系。

2005年,大客户渠道考核采取普通培训和专项培训考核相结合,集中培训与上门培训考核相结合,加大代理商培训力度考核;标准化指标与个性指标考核相结合,维系考核与发展考核相结合,加强代理商掌控力度考核,实现渠道良性发展。

2007年，上海联通加强信息服务市场重点整治，对"10176"业务所有80多家SP增值服务合作商实行以季度考核为节点，以市场收益、客服响应、日常管理等多个环节考核，对于连续两季度排名靠后的终止合作。

四、满意度考核

上海联通是联通内部较早引入KPI考核的省级分公司。2006年，上海联通将员工是否满意作为衡量和检验各项工作标准。先后在综合、人事、财务、支撑共享中心等部门KPI考核指标中专门设立满意度条款，通过全员参与测评，将后线服务部门工作进行标准化考核，大大提升员工整体满意度。截至7月，重大客户流失、重大投诉、严重网络故障、产品开发迟缓、员工违反劳动纪律等多项不足和问题，均有明显改善。

五、绩效考核

2009年，融合后的上海联通首次进行季度和年度员工绩效考核。

【考核程序】

一是确定计划。在考核办法发文之日起20个工作日内，各部门按照《绩效考核管理制度》要求，组织员工制定《个人绩效计划》，将部门KPI指标、年度重点工作和月度重点工作实施等内容逐层分解落实到员工岗位考核指标中。制定《个人绩效计划》要结合员工岗位职责和日常生产组织，充分反映管理目标与要求。二是个人考核指标要具体明确、量化可控、定性定量结合，应依据关键指标和任务重要程度进行排序并设置权重。员工季度考核指标一般不超5项，三级部门负责人季度考核指标一般不超8项。同时，配套制订评价标准。三是员工与部门负责人在深入沟通的基础上填写《个人绩效计划》并签字确认，作为绩效考核依据。《个人绩效计划》具有严肃性，一经确定原则上不得随意修改。

【考核方式】

员工季度考核以《个人绩效计划》为依据，年度绩效考核内容包括4个季度《个人绩效计划》完成情况和专业能力评价。专业能力评价主要评价员工年内能力素质、专业水平和工作态度等。季度绩效考核采取直接主管、部门分管领导和部门负责人三者相结合的考评方式。一般员工由直接主管（一般为三级部门负责人）、部门分管领导和部门负责人考评，三个评价主体评价分数权重按以下原则由各部门确定：直接主管在3个评价主体中考评权重应设置最大；部门负责人考评权重不超过40%；如前两个考评主体为同一个评价，三级部门负责人由直接主管（一般为部门分管领导）和部门负责人考评，两个评价主体评价分数权重分别为60%和40%。

员工年度考核结果由个人季度考核结果和专业能力评价结果构成，员工年度考核结果＝4个季度绩效考核得分的算术平均值×70%＋加专业能力评价结果×30%。如出现员工考核结果异常情况，部门领导班子有权对员工考核结果进行合理调整。考核等级、分布比例及绩效系数、员工考核等级按正态分布原理排序，排序等级分为优秀（A）、良好（B）、称职（C）、待改进（D）四个等级。

第四节　技术培训和职称

上海联通重视员工知识培训工作,把培训列入企业和员工发展的必要条件。规定各部门人员要按比例进行培训,包括新进入职、职级提升、技术职称、基础知识、岗位需要等情况都需安排相关培训。每年正常举办技术职称专业知识培训班,确保一定比例人员专业技术职称晋升。2004年,成立培训中心管理机构,为三级正建制,挂靠人力资源部。人员编制2人,其中部门主管1人。列入人事部管理,配备专职人员,制定工作职责。

一、培训历程

1994年12月23日起,上海联通建立初期,在内部举办系统性"企业基础管理知识讲座",确保规章制度实施。

1995年1月,上海联通向中国联通上报年度教育培训计划,除"职前教育"外,利用业余时间进行"在职不脱产"培训。教育培训对象涵盖全体员工,具体划分为三块:一是全员培训,主要内容为上岗培训(职前教育)和基础知识、技能培训,前者进行"树立企业精神方面的教育"和"安全、礼貌、纪律教育",后者进行"英语辅导"和传授"计算机运用"知识。二是管理人员培训,主要内容为"企业基础管理知识、领导科学、经济法规和市场营销知识"。三是各处室专业人员培训。根据技术业务部门"市场拓展处""规划技术处""工程建设处""维护运行处""业务管理处"各自不同工作性质、任务,进行相关专业知识教育培训。是年,短期培训182人次,送外地专业培训25人次,出国培训23人次。

1994—1996年,上海联通培训项目多、覆盖面广,人均培训达60小时。一是企业经营管理培训,主要结合公司经营理念和管理制度创新,对各级管理人员及时开展管理理念、方法、手段等知识更新相关专题培训。二是网络运营维护培训,主要根据公司通信业务发展,组织通信专业技术人员有针对性、分层次进行新技术、新业务专题培训,提高新技术应用能力、新业务开发能力、网络优化和运行维护能力、排除网络故障处理能力。三是市场营销、客户服务培训,主要从公司经营理念出发,对市场销售、客服人员进行电信业务知识、市场营销、服务规范等集中培训。对新录用和从事特殊岗位工作员工,安排质量管理知识专题培训。培训结束后,人力资源部会同培训单位和部门主管及技术(业务)主管对员工培训效果进行考核评价,做好记录。凡考核不合格员工,不能上岗或调离原岗位,给予二次培训,合格后方可上岗。

1996年3月7—17日,中国联通为提高GSM移动通信网络的运行维护水平,培养高水准维护队伍,在上海举办中国联通第一期GSM运行维护培训班。来自北京、天津、广州、福建、大庆、浙江、无锡、南通、上海等10家分公司28名专业人员参加培训。培训内容主要为移动通信系统基本概念、D900数字移动交换机、无线基站设备、操作与维护4个方面。上海联通总工程师周仁杰及邮电部邮电一所副总工程师丁怀远等执教。中国联通人教部副部长张国明、副处长张鹏参与指导并为学员颁发结业证书。

5月3日,上海联通举办管理知识培训班,三级以上管理人员及专兼职综合管理人员44人参加。上海联通对管理干部进行系统培训,首期安排7讲,包括协调指挥、会议组织、公文、目标及计划管理、规章制度等。

是年，上海联通再次开办管理基础知识培训班。下半年，组织各类规模的教育培训，包括 GSM 运行维护培训、通信技术培训等。

1997年，上海联通制定员工教育培训计划，组织员工进行通信业务技术、市场营销、人事管理制度、新进员工入职、安全生产、形势报告等各种基础培训，703人次参与。选送3位员工参加市委组织部、市干部教育培训中心举办的企业工商高级管理培训班，选送10位员工参加人事岗位、通信建设工程概预算岗位培训。

1999年，组织专业技术培训、工商管理培训、质量体系培训及各类讲座等，共1764人次参与，人均59.6小时，培训覆盖面83.4%，特殊工种持证上岗率达100%。

2000年4月20—21日，上海联通和摩托罗拉（中国）电子有限公司联合举办"现代企业管理""顾客完全满意与忠诚"专题培训班，由摩托罗拉公司通过理论与实际相结合方式，对客户需求普及性与深度咨询进行详细分析，介绍企业宗旨与策略、交流沟通与激励、发展潜在客户、情感储蓄等新观念和方法。上海联通领导、各处室负责人及市场经营、客户服务等部门相关人员38人参加培训。

2001年，为进一步提高管理人员综合素质、创新能力和管理水平，上海联通举办管理知识系列培训讲座，主要内容有领导干部修养、经济合同管理、企业组织结构、领导方法与艺术、现代企业制度激励机制、员工评价与考核的实用技术、市场营销创新理念与方法、企业财务报表分析等。

2002年，选送10名管理人员参加企业领导人员工商管理高级培训，参加 ISO9000-2000 版内审员培训21人次，出国进行技术、市场的专业交流、培训46人次。各类培训共1372人次参加，人均培训时间63.35小时。

2003—2008年，上海联通对新进员工入职培训。邀请劳模、服务质量评审专家为营业员和营业管理人员培训，内容包括服务理念等，不断加强服务人员的服务理念、服务技能和服务艺术。

2005年，上海网通根据不同岗位设定培训重点。截至11月底，共培训3435人次，内容涉及市场营销、企业管理、执行力、英语等14个门类，有效提升员工岗位胜任力，实现员工与企业共同发展；同时，加强以"执行力"为核心管理培训，管理能力得到普遍提高。

2007年，上海网通着重进行以创新转型为主题的专项培训和新员工入职培训，年内累计举办各类培训336班次，培训员工6300余人次，实现培训覆盖率100%。

2008年上半年，上海网通针对奥运、营销、服务等工作共计开展培训240期，培训员工2813人次，总课时数达3万小时。

2009年3月19日，上海联通举行财务相关知识培训专场，包括各区县负责人在内的20多人参加培训。培训采用 PPT 图文教学和会后答疑互动方式，主要讲解财务管理基本理念，介绍财务管理基本模式和组织架构，强调区县分公司财务人员管理职责及如何更好地参与经营管理，同时对可控 EBITDA、付现成本等主要 KPI 预算指标进行详细剖析。4月9—21日，上海联通组织4期营业厅、直销人员3G业务培训，4个部门、14家区县分公司580人次参加。

2010年，举办以客户感知导向服务理念为主题的二级以上管理参加的全员培训6次，覆盖各层级管理人员、业务骨干600余人；各模块、各层级落实全业务服务体系建设任务过程中的业务能力、窗口服务、投诉处理、系统操作等专项培训数量超过80个，覆盖全员，1500余人次参与培训。9月底，上海联通派员出席中国联通举办的第一期综合考评培训班。

上海联通以培训为抓手，努力提高干部队伍素质。对中层以上干部进行企业战略、企业管理、市场营销、企业文化及 ISO9000 国际质量标准等方面专门集中培训；重视技术、业务骨干培训，选派和委派生产业务部门大部分技术、业务骨干参加国内外进修或深造；对一线服务员工采取各种形式进行业务培训、考核;对一线窗口服务员工保证有足够时间培训。上海联通培养出一批忠于企业、服务用户、追求卓越、有事业心、责任心的高素质骨干。这批骨干掌握电信新技术和新观念,具备应变能力和知识技能,成为上海联通稳定发展的中坚力量。

二、专业技术职称

1997年5月7日,上海联通对申报工程系列对象进行评审动员,进行政策、评审材料辅导培训。组织内部各类评审专业技术职称人员培训703人次。完善专业技术资格评审管理,制定印发《中国联通上海分公司工程技术系列中、初级专业技术资格评聘工作的暂行规定》。中国联通批复上海联通同意建立"中初级专业资格评审委员会"。专业技术资格评聘对象为不同专业、不同系列专业技术人员,采用组织推荐和报名考试方式,进行相关专业辅导培训。人事教育处组织对申报对象进行外语考试、专业论文和考核、评审等工作。对不同专业技术人员组织推荐评审和报名考试工作,使上海联通专业技术资格评定工作经常化、制度化。

上海联通每年向中国联通选送高级职称人员进行评审。1994—2010年,共报送通过工程、电信、财务等各系列高级职称评审人员79人、中级各系列职称评审人员298人、初级各系列职称评审人员379人。

第六章　行政管理

上海联通办公事务管理工作主要特点为参谋性、机要性和服务性。参谋性指为领导当好参谋助手和公文写作；机要性体现在要做好文件管理、运用、保管、保密工作；服务性体现在会务、接待、用印、后勤保障等。办公事务具体工作任务主要有公文管理、印章管理、会议管理、督办管理、接待管理、档案管理、保障管理、新闻管理、外事工作等。

第一节　综合事务

一、公文管理

1994年，上海联通成立办公室，为公文办理管理机构，负责公文统一收发、分办、传递和用印等工作。

【基本规定】

1996年，上海联通对公文文件格式等提出统一要求。规定公文首页使用统一规范的拟稿纸，用钢笔或一次性碳素笔书写；"请示"与"报告"要分开，"报告"不得夹带请示事项，"请示"应一文一事，不能一文数事。根据报送密级文件公文内容，准确地标明秘密等级，分"绝密""机密""秘密"三级，密级公文传送须采取措施，确保公文安全，禁用传真机传送。向上级呈报的公文，送交办公室统一登记、分办，对外发文各部门应按其职责权限行文，涉及其他部门应在协商后组织会签；公文草稿签字后，由部门负责人对公文内容和文字进行审核、签字，送交办公室进行文字把关、编号并打印小样，起草人负责对小样进行校对、签字。

上海联通内部一般不用文字协调工作，特殊情况需要书面处理，承办部门应将成文送交办公室，由办公室登记、处理。设立收发室，隶属办公室，并有专人负责文件收取、登记、分发工作。为使文件分类清晰，便于管理，上海联通对部门发文文号作出统一规定。

【公文种类和办理程序】

上海联通正式文件有：上海联通文件、各部门文件、紧急事项采用的传真电报；文种有：指示、决定、公告、通告、通知、通报、报告、函、请示、批复、意见、传真、电报；上海联通专用文件有：任免通知、业务通知、调度单和调度令、会议纪要、签报。

收文办理程序，包括签收、登记、审核、拟办、批办、承办、催办等。发文办理程序，包括草拟、审核、会签、签发、复核、编号登记、打印、核对、用印、分发、立卷、归档等；对发文文号（函号）作出规定。制定《分公司公文限时办理暂行规定》，其中对公文签批、批复、转办、收发等作严格时限规定。

【公文管理办法】

2004年12月4日，为更好地规范公文行文，上海联通修订《中国联通有限公司上海分公司公文管理办法》并印发各部门。

2006年上半年,随着业务发展、机构变动及新版MSS系统上线,上海联通再次修订《中国联通有限公司上海分公司公文管理办法》,重申规定公文流转中存在问题。要求各单位严格按此办法第十条关于公文格式的规定,规范发文格式。MSS公文管理流程全部上线以来,发文均可实现系统自动套红功能。但在实际操作中,仍需各部门综合员在封发公文前,对公文格式进行部分调整。

【管理权限】

2006年,根据《中国联通有限公司上海分公司公文管理办法》规定,部门简函或部门文件仅限用于部门之间商请解决有关问题、部门向上海联通商请汇报重要问题、部门内部通知重要事项或向下级部门布置工作等。部门发函或发文由部门主管领导签发,仅限于部门主管职责范围之内。从职责权限上看,二级部门无权以部门名义制定上海联通级规范性文件;从程序规范上看,上海联通级别规范性文件,特别是涉及核心事务、部门之间职责权限划分、员工重大切身利益的,应经相应程序(如专题讨论、办公会议汇报审定等)后,由上海联通分管领导签发。

根据中国联通统一部署,上海联通进行机构调整,基本确立"大市场、大工程、大运维"三条线组织架构。原则上一线中心不直接对外发文,包括对中国联通上行文和对外单位行文,应报至相应主管职能部门,由职能部门统一对外行文。

【文件代字】

上海联通文件根据管理部门名称而设立相应代字和代号,机构调整后上海联通统一发布部门新代字和代号,各部门均作统一规定,不得自行设立和更改。2007年1月,根据上海联通《关于C、G两网实行专业化经营的通知》有关精神,重新调整后相关部门文件代字予以发布。组织机构调整后相关部门文件代字,以新成立的C网经营部和G网经营部根据各自职责范围以上海联通名义发布文件。涉及跨网及需职能部门协调事宜,需报综合市场部统一以上海联通名义发文。集团客户中心、数固业务中心、增值业务中心、客户服务中心、国际业务中心统一由综合市场部以上海联通名义发布文件。

表5-6-1　2006年上海联通相关部门文件代字情况表

字号	部门	部门代字	公司文件代字	部门简函代字	部门文件代字
1	综合市场部	市场	中国联通沪分市场字	市场函	市场文
2	C网经营部	C网营	中国联通沪分C网营字	C网营函	C网营文
3	G网经营部	G网营	中国联通沪分G网营字	G网营函	G网营文

表5-6-2　2009年融合重组后上海联通各部门发文代字情况表

序号	名称	部门代字	公司文件代字	部门函代字
1	综合部	综合	沪联通综合	综合函
2	企业发展部	企发	沪联通企发	企发函
3	人力资源部	人力	沪联通人力	人力函
4	计划管理部	计划	沪联通计划	计划函
5	财务部	财务	沪联通财务	财务函

〔续表〕

序号	名称	部门代字	公司文件代字	部门函代字
6	审计部	审计	沪联通审计	审计函
7	风险管理部	风险	沪联通风险	风险函
8	物资采购部	物资	沪联通物资	物资函
9	监管事务部	监管	沪联通监管	监管函
10	法律事务部	法律	沪联通法律	法律函
11	党群工作部	党群	沪联通党群	党群函
12	纪检监察室	监察	沪联通监察	监察函
13	工会	工会	沪联通工会	工会函
14	产品创新部	产品	沪联通产品	产品函
15	市场部	市场	沪联通市场	市场函
16	集团客户部	集客	沪联通集客	集客函
17	个人客户部	个客	沪联通个客	个客函
18	家庭客户部	家客	沪联通家客	家客函
19	客户服务部	客服	沪联通客服	客服函
20	信息传媒中心	传媒	沪联通传媒	传媒函
21	电子渠道中心	渠道	沪联通渠道	渠道函
22	运行维护部	运维	沪联通运维	运维函
23	网络建设部	网建	沪联通网建	网建函
24	网络管理中心	网管	沪联通网管	网管函
25	网络维护中心	网维	沪联通网维	网维函
26	管线维护中心	管线	沪联通管线	管线函
27	管理信息系统	信息	沪联通信息	信息函
28	业务支撑系统部	支撑	沪联通支撑	支撑函
29	中国联合网络通信有限公司上海市浦东新区分公司	东区	东区	XX
30	中国联合网络通信有限公司上海市中区分公司	中区	中区	XX
31	中国联合网络通信有限公司上海市西区分公司	西区	西区	XX
32	中国联合网络通信有限公司上海市南区分公司	南区	南区	XX
33	中国联合网络通信有限公司上海市北区分公司	北区	北区	XX
34	中国联合网络通信有限公司上海市南汇区分公司	南汇区	南汇区	XX
35	中国联合网络通信有限公司上海市闵行区分公司	闵行区	闵行区	XX
36	中国联合网络通信有限公司上海市宝山区分公司	宝山区	宝山区	XX
37	中国联合网络通信有限公司上海市松江区分公司	松江区	松江区	XX
38	中国联合网络通信有限公司上海市青浦区分公司	青浦区	青浦区	XX
39	中国联合网络通信有限公司上海市金山区分公司	金山区	金山区	XX

〔续表〕

序号	名 称	部门代字	公司文件代字	部门函代字
40	中国联合网络通信有限公司上海市奉贤区分公司	奉贤区	奉贤区	XX
41	中国联合网络通信有限公司上海市嘉定区分公司	嘉定区	嘉定区	XX
42	中国联合网络通信有限公司上海市崇明县分公司	崇明县	崇明县	XX

说明：XX表示区县分公司部门代字

【发文流程】

2009年，上海联通领导班子要求各单位熟悉并了解企业各项规章制度，掌握公务处理流程（电子流程及纸质流程）规范及原则，确保各类公文、电子流程规范性、严谨性。部门制发各类公文或制定电子流程，坚持少而精，注重实效。提倡各单位之间凡可采用电话、视频会议或其他形式解决的事项，不再发文。不允许未经审批程序，随意向区县分公司发文，也不允许通过非正式渠道向区县分公司布置工作任务。

严格各类电子流程处理时限：对收到的处理事项，特急应即收即办；急件应在3个工作日内办

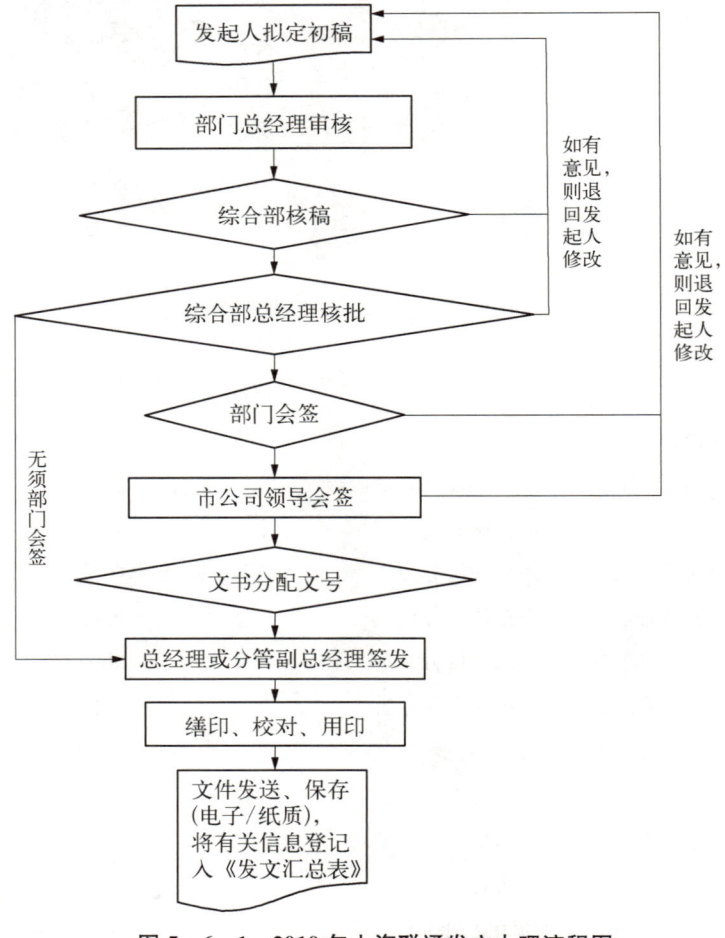

图 5-6-1 2010年上海联通发文办理流程图

复;一般件原则上不超过 5 个工作日内办复;或根据特定流程处理时限,在约定时间内办结。因某些原因不能按时限要求办复的,应书面或口头答复发起单位。会签时限:特急件即收即办;急件不超过 2 个工作日;一般件不超过 5 个工作日。因特殊情况不能按时限要求完成会签时,应及时向主办单位说明;无特殊理由而不在规定时间内完成会签的,视同意公文内容。对于区县分公司提交的请示性公文,收到部门原则上 3 个工作日内批复,并给出明确处理意见,确有特殊情况,在规定期限内不能解决,需向区县分公司讲明原因。

二、印章管理

【基本情况】

1994 年,上海联通成立并启用公章;1997 年,进行印章更改。上海联通制定下发《中国联通上海分公司印章管理规定》,对印章种类、式样、制发、名称、使用、管理等提出明确要求,使印章管理、使用更加合理、严肃和规范。2006 年 8 月 14 日,印发关于《中国联通有限公司上海分公司印章使用管理办法》。2009 年 3 月 4 日,印发关于《中国联合网络通信有限公司上海市分公司印章管理办法》。

上海联通成立初期,办公室负责印章管理;综合部成立后,由综合部负责印章管理。印章管理包括发放、回收印章,监督印章保管和使用情况等。

【用印管理】

融合重组后,2009 年 3 月 4 日,上海联通印发关于《中国联合网络通信有限公司上海市分公司印章管理办法》,对用印审批权限和保管等级做出明确规定。

审批权限 各单位使用上海联通印章(含领导签名章),须填写用印审批单,经部门总经理同意并报分管领导批准后方可使用。如有例行性用章需求,由主办单位书面提出申请,就用印原因、时间频次、用印样稿等内容进行说明,经分管领导批准并向综合部鉴印员报备后,由主办单位负责人审批。

各类印章管理范围:上海联通、党委、纪委、团委、工会及部门公文、便函、介绍信、请柬、协议书、合同、证书、申请、报表、奖状及其他文件资料等用印。各类型印章管理须严格遵守本办法,否则印章保管人不予用印。

印章使用审批权限:使用上海联通印章,必须根据用印件内容相应经总经理、副总经理或部门经理批准。使用党委印章,必须根据用印件内容经党委书记、副书记或党群监察部主管批准。总经理对公司印章使用有决定权,并可根据实际工作需要进行授权。严格控制上海联通和党委印章使用,凡能使用部门印章的,原则上不使用上海联通和党委印章。严禁在空白公文纸、介绍信、请柬、协议书、合同、报表、证书、证件、奖状上用印。

保管等级 印章保管分 3 个等级。其中,上海联通印章、合同专用章、领导签名章为一级印章;上海联通内设机构、各区县分公司印章为二级印章;上海联通业务专用印章(不含合同专用章)为三级印章。一级印章由综合部保管(合同专用章由法律事务部保管),二级印章由各单位保管,三级印章由负责该业务部门保管。

【启用停用】

上海联通 2006 年、2009 年印发印章启用、停用保管文件明确规定:严格办理所有印章刻制审批手续,并到当地公安机关指定刻章单位刻制;新设立的部门须依据正式批准文件,方可刻制和启用该部门印章。颁发印章时,应严格履行手续,详细登记颁发日期、制发依据、接收人姓名等并留下印模,同时填写"颁发印章登记表";停用保管,印章收回时,要严格履行手续,详细登记停用日期、停用依据、移交人姓名等并留下印模,同时填写"停用印章登记表",将旧印章及时上交档案室保管,并通知相关单位旧印章废止使用。已使用的《颁发印章登记表》《停用印章登记表》由档案室保存。

【管理责任】

2009年发文上海联通明确印章管理责任。上海联通印章由办公室专人保管,部门印章由各部门专人保管。平时随用随锁,假日加封条。印章管理人员不得随意委托他人代管、代盖印章,更不能随意将印章带出办公室或交给他人拿走使用。对于私自用印人员,将追究责任并给予必要行政处分,情节严重者移交司法部门追究法律责任。各部门印章,如因单位撤销、名称变更或换用新印章而停止使用时,要及时送交综合部封存,对不具有保存价值印章要定期销毁。印章如丢失,须立即上报综合部及相关部门,说明印章丢失时间、原因、地点及责任人,并通知相关单位。在办理印章丢失声明后,再按相关规定刻制新印,对于丢失印章责任人及部门领导要追究必要责任。

三、会议管理

【会议制度】

为使会议管理规范化、制度化,保证会议数量和质量,上海联通于2002年4月发布《上海分公司会议制度》。主要内容有:规范一级会议,有党委会、党政联席会议、总经理办公会议、年度工作会议、专题会议、现场办公会议、员工大会等。为进一步改变会风,切实减轻会议负担,提高会议效率和质量,按照"能协调不发文,能发文不开会,能开小会不开大会,能开短会不开长会,能合并召开会议不分头召开"原则。

2004年,上海联通对会议分类、会议时间、参加人员、主持人和主要内容作出规定。

2005年8月,上海联通重申加强会议管理,下发《中国联通上海分公司会议制度》《关于重申进一步加强内部会议管理的通知》。严格会议审批制度,上海联通层面重要会议需经分管领导审批后召开;各部门召开会议,需请分管领导参加的,须提前将会议通知交综合部,由综合部请示领导,并按领导指示安排;部门层面会议需经各部门主管同意后决定是否召开;严格控制会议数量,召集会议须考虑其必要性,注意统筹安排,协调好工作时间和会议时间,可开可不开的会议坚决不开;严格控制会议规模和规格,尽量控制和减少与会人员数量,坚决杜绝陪会现象;确保会议质量,务求紧凑、有效。

2009年3月12日,上海联通确定各类会议召开原则:每周一上午召开总经理办公例会;每月第一周召开月度重点工作布置会;每月12日召开生产经营分析会议;季度末次月18日前召开季度生产经营分析会;每季度召开一次经营业绩质询会;每年年中召开半年度总经理座谈会;每年12月下旬或次年1月上旬召开年度工作会议;年度工作会议后一个月内召开年度专业工作会议;专业工作例会,由各专业按需召开;其他各专业委员会、各专业部门可按需召开会议,并制订本专业会议制度;因工作需要可临时召开会议。

【各类会议】

党政联席会议 由党委书记、总经理、党委副书记、副总经理、资深经理、纪委书记、工会主席及党群工作部、综合部、团委等部门领导组成,由党委书记或总经理召集并主持,可视情指定相关部门负责人列席会议。党政联席会议不定期召开,主要内容为:全局性体制改革、机构变化方案、重要规章制度制定;涉及经营和发展带方向性、全局性、长远性、关键性等重大问题决策;干部任免、调整和奖惩事项，干部培养、教育、考察、监督的重要措施及后备干部队伍建设规划；涉及员工切身利益重大问题，以及其他党政共管需要党政联席会议讨论决定重要问题。会议组织工作由党群工作部负责，会议记录按年交综合部作机密材料归档。

总经理办公会议　由总经理、党委书记、副总经理、党委副书记、资深经理、综合部经理组成，必要时请相关部门领导参加，经济活动分析时各二级部门主管和相关负责人参加。会议由总经理（或总经理指定人员）召集并主持。总经理办公会议一般每周一下午召开。主要内容为：研究审议业务经营、市场拓展、技术改进、完善管理等重大方案，部署阶段性工作；听取相关部门汇报并协调有关工作，研究日常工作中的重要问题，明确处理意见；讨论决定二级部门请示解决的重大问题；讨论和审定有关规定或制度；讨论研究其他需要总经理办公会议决定事项；会议组织由综合部负责，印发会议纪要并负责督办，必要时向办公会议反馈落实进展情况。总经理办公会议题由会议主持人确定。除特殊情况外，由各部门提交需讨论议题，并填写《上海联通总经理办公会议议题申请单》交综合部登记，并准备好内容明确、文字简练的书面或电子版汇报材料。

年度工作会议　由党委书记、总经理、党委副书记、副总经理、资深经理、各二级部门正副经理、高级业务主管参加。会议由总经理召集，领导班子成员分别主持，一般每半年度一次，必要时可根据总经理提议临时安排。主要内容为：传达贯彻上级重要指示、会议精神或通报重要情况；总结或部署工作；研究讨论年度工作思路、目标和主要措施。会议组织工作由综合部负责，党群工作部或相关部门配合。

专题会议　由领导班子成员根据需要召集，或由相关专业部门申请召开。与会议研究专题相关的部门领导或相关人员参加。会议主要研究或协调专业方面的重要问题，或须经专业会议协调形成结论性意见提交总经理办公会议讨论的问题。会务工作一般由综合部专业秘书负责，亦可由会议召集人指定部门或人员负责。

现场办公会议　由总经理根据需要召集并主持，涉及的分管领导、相关职能部门、业务相关部门领导或有关人员参加。会议组织工作由综合部负责，相关部门配合。会议决定须形成纪要，综合部负责督促落实。

员工大会　由党委书记或总经理召集并主持，全体正式员工参加，一般每半年召开一次。会议主要向员工报告上阶段工作；传达上级重要指示和要求；通报重要情况；提出下阶段工作要求。员工大会组织工作由综合部和工会共同负责。

年度工作会议　每年在中国联通年度工作会议后召开一次。由党委书记、总经理、副总经理、总工程师、各部门负责人参加，由总经理或总经理委托副总经理主持。主要内容：贯彻上级精神，分解中国联通任务指标；审议工作报告；听取各部门工作汇报；研究确定有关重要事项；确定下年度工作思路和工作任务；研究决定下年度财务决算方案；表彰先进模范集体和个人。

为加强对会议或活动控制和管理，由综合部每周五11时半前印发下周《分公司一周会议和活动安排表》。各部门需召开重要会议或举行重要活动，应在周四17时前向综合部提出申请。凡未列入一周安排会议或活动，又需领导与二级部门主管参加的，须由综合部加盖"会议专用章"或由综合部通过OA系统发布通知，否则各部门可拒绝参加并向综合部反馈有关情况。各部门应按会议组织者要求作好相应准备工作；本人确实不能出席会议的，应向会议召集人或综合部请假，并指派代表参加。

四、督办管理

从1994年上海联通办公室成立之日起，将督办工作纳入工作职责范围，将总经理办公会决定事项以口头通知、电话通知等形式通知相关部门,质量方面督办工作由质检组负责督办。

2003年3月28日,上海联通第10次总经理办公会议研究通过督办工作管理办法(试行)。督办工作主要内容及遵循"突出重点、抓住要害、解决问题"原则,以切实保证上海联通决策和领导意图顺利贯彻落实,确保两个文明建设健康发展。督办工作适用范围为各部门和联通新时空上海分公司。

2006年,上海联通对督办管理办法进行修订,督办工作分重要和一般级。调整督办工作流程和考核。2009年,起草督办工作流程图。2010年,发布督办工作流程图。

五、接待管理

1994年,上海联通制定《内事接待暂行管理办法》。接待工作由行政办公室负责,要求坚持"热情周到、有利公务、节俭实用、杜绝浪费"和"明确分工、对口接待、各负其责、密切配合"原则。

1997年,上海联通下发《关于加强接待管理及开支审核工作通知》,再次明确接待管理标准及各项开支报销凭证审批手续。

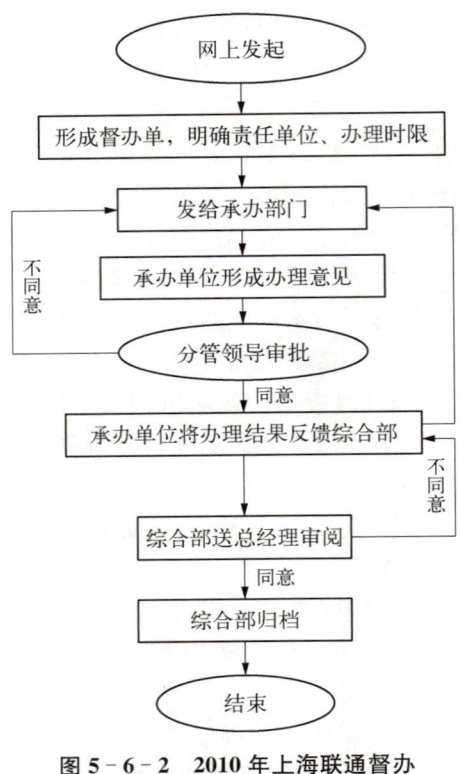

图 5-6-2 2010年上海联通督办工作流程图

2003年,上海联通第10次总经理办公会议讨论通过《中国联通上海分公司接待工作管理办法（试行）》。

2004年6月24日,上海联通发文,确定接待工作总体原则:接待人员安排本着级别对等、工作相关性原则,按来访客人级别及来访目的确定接待陪同人员,接待陪同人员要求少而精;综合部根据来访单位书面文件、传真为依据,以任务单形式向各部门安排接待任务。各部门本着认真细致、热情周到、廉政节约原则,做好接待工作。重大接待活动由综合部安排成立专门接待小组,抽调各相关人员负责;其他各类接待活动由综合部根据对等、相关性原则统一安排,相关部门配合。

2009年2月10日,上海联通进一步规范接待工作,统一接待流程,控制接待费用,提高整体接待水平。在原有接待工作总体原则基础上,增加接待工作礼仪要求及接待标准及费用列支报销。接待工作发生相关费用根据来宾的性质及来访目从相关单位预算费用中列支。涉及多个单位的,按人数或商定合理办法进行分摊。接待费用审核报销流程按照财务部相关规定执行。

第二节　档　案　工　作

一、档案室

档案室是上海联通的职能科室,工作职责是按照《档案法》做好公司档案监督、指导、收集、整理、保管、利用、编研,为生产和经营服务。2006年3月13日,第6次总经理会议决定在综合部设立档案室,作为上海联通档案管理机构,明确档案工作由分管综合部的总经理直接领导,综合部全面负责。

档案室配备两名专职档案人员,并建立档案管理组织网络体系,各部门有分管档案工作的领导和兼职档案员。档案工作坚持集中统一管理原则,建立健全规章制度,制订《档案分类方案》《档案管理办法》《档案工作实施细则》《文件材料立卷归档办法》等21项管理制度。

2006年,上海联通投资147万元在江场路局房建造档案用房,总面积423平方米,其中档案库房面积327平方米,安装多功能计算机控制密集架和智能化环境自控仪,保管条件符合"八防"(防盗、防光、防高温、防火、防潮、防尘、防鼠、防虫)要求。新建档案库房可容纳10年以上档案量,实现档案库房、办公、阅览三分开。

档案室依据上海联通管理职能,将档案分类设置11个一级类目,即党群工作类、行政管理类、经营管理类、生产技术管理类、产品类、科学技术研究类、基本建设类、设备仪器类、会计类、审计类、企业员工类。根据各分类特点,主动开发各类档案信息资源,以丰富内容、多样形式提供服务。

档案室库存档案总数22 811卷,档案归档率97%,完整率97%,准确率100%。汇编多种档案专题参考材料:《组织机构沿革(1994—2005年)》《大事记(1994—2005年)》《全宗介绍》《档案利用效果汇编》《档案制度汇编》《情系上海联通十年》《砺锋》等。

9月初,上海联通向上海市档案局提交《企业档案工作目标管理等级申报登记表》。9月19日,上海市档案局组成评审组对上海联通档案工作进行预评审,9月30日进行评审。10月8日,上海联通获得档案管理晋升市级先进认定。

2009年,上海联通为进一步加强档案工作,重新发布《文书处理办法》和《档案管理规定》。

图 5-6-3 2006年上海联通档案库房

二、档案统计

上海联通从1994年开始建立档案,上海网通从2000年开始建立档案。各部门每年预立卷后交给档案室,由档案室进行整理编目,因档案室保存的档案至2017年,故此次统计一并从2004年至2017年。

表 5-6-3 1994—2017 年上海联通档案数量统计表

档案数量 年份	工程档案				审计档案			会计档案			合同档案				文书档案				录音录像档案（盘）	照片档案（张）	实物档案（件）
	按卷整理的档案（卷）		按件整理的档案（件）		按卷整理的档案（卷）	按件整理的档案（件）		按卷整理的档案（卷）		按件整理的档案（件）	按卷整理的档案（卷）		按件整理的档案（件）		按卷整理的档案（卷）		按件整理的档案（件）				
	永久保管	长期(30年)	永久保管	长期(30年)	永久保管	永久保管	长期(30年)	永久保管	长期(15年)	永久保管	永久保管	长期(30年)	永久保管	长期(30年)	永久保管	长期(30年)	永久保管	长期(30年)			
1994	—	—	—	—	—	—	—	—	—	—	—	—	—	—	—	—	—	—	—	—	—
1995	—	—	—	—	—	—	—	—	13	—	—	—	—	—	11	11	—	—	—	—	—
1996	—	—	—	—	—	—	—	—	109	—	—	—	—	—	15	40	—	—	—	—	—
1997	—	—	—	—	—	—	—	—	167	—	—	—	—	—	18	56	—	—	—	—	—
1998	—	—	—	—	23	—	—	—	211	—	—	—	—	—	9	71	—	—	—	—	—
1999	—	—	—	—	76	—	—	—	256	—	—	—	—	—	12	50	—	—	—	—	—
2000	—	—	—	—	132	—	—	—	314	—	—	—	—	—	7	54	—	—	—	—	—
2001	—	—	—	—	159	—	—	—	320	—	—	—	—	—	29	65	—	6	—	—	—
2002	—	—	—	—	313	—	—	—	522	—	—	—	—	—	11	127	—	28	—	—	—
2003	—	—	—	—	375	—	—	—	996	—	—	—	—	—	7	159	3	4	—	—	—
2004	—	—	—	—	545	—	—	—	1 317	—	—	—	—	—	21	145	3	4	—	—	—
2005	—	—	—	—	773	—	—	—	1 480	—	—	109	—	—	—	—	380	635	—	—	—
2006	—	—	—	—	1 045	—	—	—	1 703	—	—	298	—	—	—	—	618	946	—	—	—
2007	—	—	—	—	2 075	—	—	—	2 976	—	—	353	—	—	—	—	595	1 041	—	—	—
2008	1 103	—	—	—	1 668	—	—	—	2 426	—	—	322	—	—	—	—	493	978	—	—	—
2009	1 103	1 954	—	—	2 806	—	—	—	3 337	—	—	364	—	4 284	—	—	294	997	—	—	—
2010	156	244	—	—	5 655	—	—	—	3 011	—	—	—	—	8 893	—	—	788	1 014	—	—	—
2011	18 867	32 634	—	—	9 504	—	—	—	3 361	—	—	—	—	8 873	—	—	486	894	—	—	—
2012	8 789	15 914	—	—	11 312	—	—	—	3 150	—	—	—	—	8 717	—	—	149	1 276	—	—	—
2013	2 650	5 019	—	—	11 871	—	—	—	3 660	—	—	—	—	4 626	—	—	162	1 590	—	—	—
2014	201	319	—	—	6 386	—	—	—	3 928	—	—	—	—	2 382	—	—	225	1 554	—	—	—
2015	—	—	—	—	11 300	—	—	—	3 744	—	—	—	—	2 059	—	—	208	1 944	—	—	—
2016	—	—	—	—	10 300	—	—	—	3 426	—	—	—	—	1 663	—	—	188	1 584	—	—	—
2017	—	—	—	—	11 000	—	—	—	—	—	—	—	—	999	—	—	265	1 122	39	3 999	355
	—	—	—	—	—	—	—	—	—	—	—	—	—	621	—	—	303	984	—	—	—

表 5-6-4 2000—2008 年上海网通档案数量统计表

年 度	永 久	长 期	短 期	合 计
2000	2	10	2	14
2001	2	30	2	34
2002	2	79	4	85
2003	4	82	5	91
2004	3	142	5	150
2005	6	200	6	212
2006	18	186	3	207
2007	4	138	1	143
2008	3	138	4	145
总 计				1 081

第三节 宣 传 推 介

一、新闻中心

2004年4月30日,上海联通设立新闻中心,隶属综合部,配备专职新闻宣传工作人员,负责日常新闻宣传工作。设立新闻发言人岗位,由新闻中心主任兼任。上海联通各部门设立新闻专岗,配备新闻联络员,负责各部门日常新闻信息采集和上报。新闻中心负责网站建设、信息发布与维护等管理工作,与综合部、市场营销部广告投放部门配合,使新闻宣传与广告投放、业务品牌宣传形成合力,最大限度整合资源,达到最佳宣传效果;负责统一对外披露新闻信息及诠释新闻背景,统一协调、接待与管理新闻媒体采访,组织各类新闻发布与策划活动,包括策划活动执行方案、起草新闻通稿、安排媒体采访公司领导、授权部门负责人接受媒体采访;负责编辑、出版《上海联通》和《联通心声》宣传页,建立并维护与新闻媒体良好关系,争取有利的舆论环境,协助投诉管理部门解决来自媒体投诉;加强对危机传播的控制协调,做好对媒体舆论及时监控,迅速采取得力措施处理各部门上报可能涉及公司层面的负面报道,并及时向中国联通新闻中心报告。

上海联通新闻中心每季度对各部门新闻联络员工作进行一次检查,每年评选出优秀新闻联络员和优秀集体,并给予相应物质奖励。对评为年度优秀集体部门将在当年年度考核中加分奖励。

二、新闻宣传

上海联通初建时对外宣传立足于树立中国联通企业形象,一切从用户出发。通过对GSM网进行多媒体多层次宣传,让社会各阶层认识联通、了解联通,以及联通的移动通信网。面上运用各大报刊、电台、电视台新闻报道、户外广告和邮寄宣传资料等方式,达到宣传声势大、公众知晓度广的目的;点上针对使用手机的目标公众和潜在公众,开展大型技术宣传咨询活动,从技术角度宣传联通GSM性能及其优越性。

上海联通成立最初几年,《解放日报》《新闻报》《劳动报》《消费报》《青年报》等都曾以整版篇幅刊登有关上海联通的文章,有通讯、人物专访、大特写、述评等,对上海联通服务等各项工作进行正面报道。

1994年8月16日,上海联通首席代表刘振元和常务副总经理朱文豹等与中共上海市委办公厅、市政府办公厅和市政府新闻办公室领导,上海电视台、东方电视台、上海人民广播电台、东方广播电台台长以及《解放日报》《文汇报》《新民晚报》总编辑举行恳谈会,就上海联通新闻宣传工作进行专题研究。与会者对国家在电信体制改革方面采取的重大措施深表赞同,对上海联通进展情况甚为关注。会议落实了建立对口记者联络制度等具体问题。此次活动新闻内容丰富,沪上各大媒体纷纷运用新闻报道、专访、背景分析、评论等对上海联通成立作多方面、多层次综合报道,引起各界强烈反响。

1995年5月17日,为配合庆祝第27届世界电信日,上海联通首次以直接面向社会宣传活动的方式登台亮相,在外滩陈毅广场举行大型咨询活动,推出新一代移动电话——"超哥大"。经预先精心策划,通过报纸、电台向公众作活动预告。活动当天,在10位荣誉用户的颁证仪式上,首席代表刘振元和市政府交通办领导陈振浩即席致辞。参加仪式的领导现场试拨手机与浦东新区领导通话场景吸引众多市民兴趣。此次活动引起上海新闻界广泛重视,电视台和电台于活动当天与次日播出专题采访报道,各大报纸纷纷推出独家新闻,连续报道上海联通"超哥大"消息。《解放日报》标题为《两强竞争比高下,你方唱罢我登场》,《文汇报》新闻副题为《"联通"抢滩沪上,"大哥大"之战又燃烽火》。是年,上海联通结合GSM工程建设情况及与邮电互联互通进展情况,不失时机组织新闻座谈会,持续不断开展新闻宣传。

1996年3月15日是上海联通GSM投入运营以来第一个"消费者权益日"。为确保用户通信权益,上海联通派出得力人员分3路参与东方电视台、上海广播电台等新闻媒体和消费者协会组织的投诉点接待、现场采访等活动。当天,新闻媒体投诉只发生1人次。

4月,上海联通成立业务宣传领导小组,由常务副总经理担任组长,两名副总经理担任副组长,办公室、营业部、经营业务处、广告公司参与。其主要职责为:制定宣传工作计划、目标,审核经费以及组织实施对内对外宣传工作。是年,筹备策划大型会议和活动5次。5月5日,记者唐宁在《新民晚报》"五色长廊"整版刊出长篇纪实报道《跨越世纪的空中大战》,对上海联通发展艰苦历程作翔实报道。是年,上海联通利用上海邮电方面8月份起对模拟电话网扩容暂作阶段性封网机遇,大力开展宣传营销活动。持续广告宣传突出联通网络在覆盖、漫游、国内长途来话等方面的改善情况,以此增强老用户的信心和信任感,吸引新用户。11月,在上海移动通信市场推出"联通超哥大,金秋大抽奖"活动。

1997年,上海联通一是抓住移动电话走近寻常百姓时机,在宣传策略上,用"130越打越灵"等简捷明快的广告语言,宣传自身优势,以树立联通在社会上的形象;二是继续宣传"来电显示",在上海火车站开办无线电话;三是针对代理促销宣传违规,展开调查,严惩违规代理商并向媒体澄清事实。第29届世界电信日主题是"电信与人道主义援助",上海联通将"再就业工程"和世界电信日主题结合,推出一系列举措:向上海市"再就业工程"管理和服务机构捐赠用作管理和信息服务电子计算机;与市"再就业工程"管理服务机构合作,组织待岗人员参与推广数字移动通信业务服务活动,为待岗人员提供增加收入、自立发展机会;进行其他以互利互补为原则的劳务合作,优先从待岗人员中挑选合格者到上海联通工作。

图 5-6-4　1996 年 5 月 5 日,《新民晚报》刊登长篇纪实报道《跨越世纪的空中大战》,对上海联通发展艰苦历程作翔实报道

10 月,第八届全国运动会在上海举行。上海联通参与通信保障活动,并将活动写成集中新闻稿系列,《新民晚报》《劳动报》、上海电视台、上海人民广播电台、东方广播电台等多家新闻媒体作了报道。其中《新闻报》以《电信开放带动再就业》为题发表新闻评论。

1998 年,上海联通参与和赞助上海电视台制作反映海峡两岸同胞亲情的公益广告电视片《凤还巢》。从 9 月 1 日起在上海电视台 8 频道、14 频道播出,在时间上正好与上海联通成立 4 周年宣传活动吻合。

1999 年 4 月 14 日和 20 日,上海联通办公室两次组织与沪上主要媒体通信专业条线记者及群工部主任会晤活动,上海联通领导及质量办相关人员参加交流。上海联通领导就上海联通发展、近期业务重点、因扩容引起一些网络问题等作介绍。沪上 3 家主要报纸的群工部主任向上海联通提出,希望进一步做好用户投诉工作,并表示将继续支持上海联通发展,协调处理好用户对上海联通的投诉事宜。

2000年,上海联通加大业务种类宣传力度,包括如意通、89135直拨、快惠通、WAP及长途租线等。推出的广告宣传方式有平面广告、电视广告、现场咨询活动、户外张贴海报、5·24联通沙龙及开奖活动、业务促销。所有广告中以促销类广告最多,包括业务种类如意通与手机捆绑销售、三八妇女节活动、抽奖活动,对于业务推广起到积极作用。

2002年9月,编辑创办《上海联通》报,4个版面,每月一期。至2010年12月31日,共出版了110期。

2004年,上海联通充分利用媒体展开政府公关。5、6月份"网内网外差别定价"掀起一轮媒体攻势,上海联通在全国性媒体、行业媒体以及地方媒体集中发布10余篇大文章,形成了一股抨击"网内网外差别定价"的舆论攻势,并在网上引起广泛关注,引起相关政府部门重视。

是年,利用上海联通成立10周年契机,进行多渠道宣传。精心制作《联通10年发展画册》《联通心声》《解放日报联通专刊》,重新开发上海联通网站,并且从《新时空》杂志、《文汇报专刊》《青年报专刊》等拓展新宣传渠道。是年,上海联通记者站在《人民邮电报》发稿数量、质量等业绩经过综合考核,被该报社评为优秀记者站站长和优秀记者。

表5-6-5　2004年上海联通成立十周年主要媒体相关报道情况表

刊登日期	报纸名称	标题
2004年8月9日—9月14日	解放日报	用户为本,谋求发展——上海联通成立10周年系列报道
2004年9月11—13日	文汇报	上海联通走出10年"破冰之旅"——3G临近联通借CDMA抢跑道
2004年9月14—15日	人民邮电报	上海联通成立10周年系列报道——上海联通10年发展纪实
2004年9月15日	青年报	上海联通10年发展纪实
2004年9月15日	上海经济报	上海联通10年发展纪实
2004年9月15日	信息时代	上海联通10年发展纪实
2004年9月16日	东方早报	创新转型　上海联通突围同质竞争
2004年9月16日	IT时报	上海联通从跨越式走向正规化

2008年,上海网通积极探索业务品牌宣传新形式,借助奥运题材,大力推进与政府机构合作。先后策划组织"5·17电信日宣传推广""2008北京奥运会倒计时500天""奥运倒计时一周年文艺晚会""普陀区信息化宣传月""奥运一家亲,我爱家园"等一系列宣传推广活动。

上海联通自建立新闻发布办法后,每年撰写大量新闻统稿提供给各新闻单位,尤其是各类纪念活动在各大媒体上进行集中宣传。

表5-6-6　2009年7—12月上海联通国内媒体报道情况表

主题	刊登日期	报纸名称	刊登版面	刊登内容
领导专访报道	7月7日	解放日报	第2版	奏好融合与发展的主旋律——访中国联通上海市分公司总经理蔡全根

〔续表〕

主　题	刊登日期	报纸名称	刊登版面	刊　登　内　容
领导专访报道	9月14日	通信产业报	第A26版	上海联通创新是3G的根本——访鲁东亮
	9月25日	人民邮电报	第A27版	上海联通服务精彩世博——访赵乐
	9月29日	文汇报	第2版	3G模式的竞争——上海联通副总经理赵乐、鲁东亮谈3G发展
	9月30日	人民邮电报	头版	上海联通3G时代新装上路
中国联通与上海市政府签署战略合作协议（7月6日）	7月7日	文汇报	头版	中国联通将在沪投入两百亿
	7月7日	新民晚报	头版	上海市与中国联通签署战略合作协议
	7月7日	第一财经日报	头版	与市政府签约战略合作
	7月7日	东方早报	第A11版	三年投入200亿，联通和上海签署战略协议
	7月7日	新闻晨报	第A36版	联通未来三年在沪投资200亿
	7月7日	时代报	第A5版	联通和上海签战略合作
	7月8日	人民邮电报	第12版	上海市政府与中国联通集团昨签战略合作协议
中国联通与招行、东航签署合作协议（7月6日）	7月6日	青年报	头版	200亿助推上海经济发展
	7月6日	上海金报	C05版	中国联通与招行、东航签署合作协议
	7月6日	人民邮电报	第7版	中国联通与招行、东航签署合作协议
	7月9日	人民邮电报	头版	中国联通携手招行、东航全方位开展应用类通信业务合作
GSMA大会（9月9—11日）	9月14日	通信产业报	第A24—25版	协力GSMA2009年亚太专题会议，中国联通欢唱3G国际圆舞曲
	9月16日	人民邮电报	第12版	创新是3G之本——上海联通创新全扫描
刷卡手机发布会	9月10日	人民邮电报	头版	上海联通刷卡手机批量上市
	9月11日	文汇报	第3版	联通刷卡手机即将上市
	9月10日	新闻晨报	第A22版	联通官方刷卡手机开始量产
	9月10日	东方早报	第A35版	联通刷卡手机五日批量上市
	9月10日	劳动报	第A4版	新一代联通刷卡手机将批量上市
	9月24日	上海金报	第A7版	联通刷卡手机上市销售
联通3G正式商用（10月1日）	9月29日	解放日报	头版	联通3G业务十一正式商用
	9月29日	东方早报	第A40—41版	联通3G 10月1号全国商用放号
	9月29日	新闻晨报	第A23版	联通版iPhone手机十月中旬上市
	9月29日	青年报	第14版	联通3G已实现单向收费
	9月29日	天天新报	第B07版	3G下月商用 iPhone后天起网上预约

(续表)

主　　题	刊登日期	报纸名称	刊登版面	刊　登　内　容
联通3G正式商用专题报道	10月20日	天天新报	第A03版	上规模调整值结构求效益——上海联通勾画3G时代创新路线图
	10月20日	劳动报	第B3版	
	10月21日	东方早报	第A33版	
	10月22日	人民邮电报	第7版	
	10月22日	青年报	第A07版	
	10月23日	新闻晚报	第B09版	
	10月23日	城市导报	第A2版	
iPhone沪上首销	9月29日	天天新报	第B07版	通话上网全国统一单向收费，联通3G下月商用。iPhone后天起网上预约
	10月12日	天天新报	第B06版	iPhone资费贵，申请遭质疑。上海联通和推地方三季优惠套餐
	10月12日	东方早报	第A21版	上海联通已预售近千部iPhone手机
	10月15日	新闻晨报	第A15版	联通iPhone手机本月30日发售
	10月15日	文汇报	第8版	iPhone本月底发售
	10月15日	解放日报	第2版	中国联通版iPhone本月30日发售
	10月15日	天天新报	第B10版	iPhone裸机价最低4 999元，本月底全国同时发售，上海预订量已近1 500部
	10月15日	东方早报	第A35版	联通30日开卖iPhone手机合约，用户实际月付一元话费
	10月30日	上海金报	第B7版	联通iPhone 3G沪上首发
	10月22日	新闻晨报	第A22版	iPhone裸机可预订、网上预售至29日止
	10月22日	东方早报	第A36版	上海联通：水货iPhone可入3G
	10月31日	新闻晨报	第A8版	联通iPhone今在沪发售
	11月2日	天天新报	第A24版	联通iPhone并未引起抢购
	11月2日	东方早报	第A21版	上海联通16家营业厅售iPhone设"玩家营"供高手切磋
	11月3日	人民邮电报	头版	沪上成立iPhone玩家营
其他报道	7月8日	文汇报	第2版	推进"校园E盾宽带"发展中国联通昨在上海召开推广会
	7月14日	东方早报	第A36版	联通年底前引入3G版iPhone
	7月14日	人民邮电报	头版	中国联通"校园e盾"全国推广
	7月15日	人民邮电报	第2版	上海联通外网全面升级
	7月17日	第一财经日报	第A11版	富士康携手3G iPhone入华，入网测试阶段

〔续表〕

主　题	刊登日期	报纸名称	刊登版面	刊　登　内　容
其他报道	7月22日	人民邮电报	第2版	上海联通全力提升热线服务质量
	7月28日	人民邮电报	第4版	"感恩于怀,服务在心"上海联通10010客服热线,创建全国工人先锋号纪实
	7月29日	第一财经日报	第A11版	联通否认与苹果达成iPhone协议
	7月29日	东方早报	第A36版	iPhone入华,联通苹果各让一步
	7月30日	东方早报	第A30版	联通下半年借3G打翻身仗
	7月31日	东方早报	第A35版	联通3G试商用城市明起再增168个
	8月5日	人民邮电报	头版	联通专营店入驻上海百思买
	8月7日	人民邮电报	第7版	上海联通经受暴雨考验
	8月12日	第一财经日报	第A9版	联通100亿买断500万部iPhone九月上市
	8月21日	东方早报	第A35版	3G资费拟降至0.12元/分
	8月24日	劳动报	第7版	联通3G技术助力新华社世博报道
	8月25日	人民邮电报	头版	联通3G力助新华社世博报道
	8月28日	每日经济新闻	第A5版	联通今公布业绩iPhone上市细节或敲定
	9月1日	东方早报	第A32版	联通28日卖iPhone"并非独家"
	9月7日	东方早报	第A19版	联通红筹和西班牙电信互购
	9月11日	天天新报	第B07版	联通iPhone捆绑两年套餐
	9月22日	劳动报	第B2版	联通提速宽带大战一触即发
	9月23日	东方早报	第A29版	联通市场地位,下半年迎拐点
	10月22日	人民邮电报	第3版	上海联通打造绿色环保网络
	10月23日	人民邮电报	第3版	"她踏在荆棘的路上,系青年成长榜样"上海联通移动网络建设部总经理刘彤
	10月27日	人民邮电报	头版	上海联通与华为合作部署全国OSS综合网管系统
	10月28日	人民邮电报	第2版	上海联通实现增值全业务接入
	11月12日	人民邮电报	第3版	上海联通3G"由你社区"服务
	11月10日	人民邮电报	第4版	视频导航打造专属导游
	12月2日	人民邮电报	第2版	联通信号贯通世博会交通大动脉
	12月9日	人民邮电报	第2版	上海联通全力以赴,以3G精品网络服务"信息世博"
	12月16日	人民邮电报	第2版	上海联通与上海世博芬兰馆签约
	12月23日	人民邮电报	第3版	上海联通将推"世博宝贝"

三、危机处理

2004年，上海联通就新闻危机处理作出规定，凡下述行为将在年度考核中予以扣分处理：未经新闻中心授权及统一安排，擅自接受新闻媒体采访并向外界披露内部保密信息而造成负面影响；未能及时发现、处理和上报有关负面报道，导致新闻危机发生并造成严重负面影响；新闻危机发生后处理不力或处理结果上报不及时，造成连续负面报道而严重影响上海联通形象。

为加强新闻工作管理，上海联通于2009年3月发布《新闻工作管理办法》，尤其对新闻危机处理发文，制定实施细则及处理流程。

2010年3月，上海联通再次修改颁布《新闻工作管理办法》。

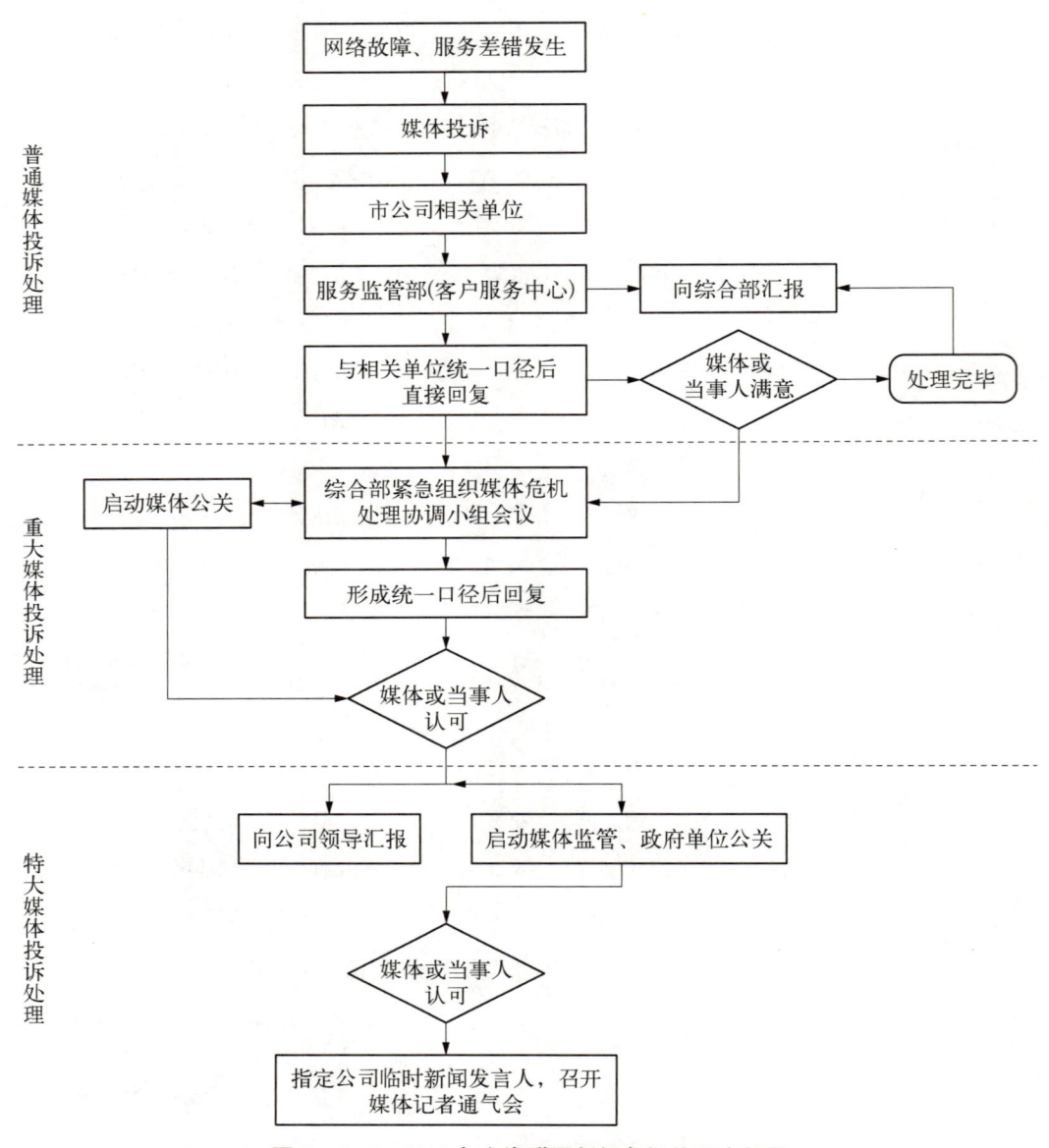

图5-6-5　2010年上海联通新闻危机处理流程图

四、广告宣传

【"八运会"入场券】

1997年10月"八运会"开幕式、闭幕式和三场彩排分别在上海体育场和上海体育馆举行,中国联通将形象广告印在35万张入场券背面。开、闭幕式票价高达500—1 000元/张,观众层次较高。入场券数量较大,影响面广,而且印刷精美,具有收藏价值,许多商家以票根作为促销优惠凭证,票面可长期留存。在中国联通运营部支持下,上海联通选择开、闭幕式入场券广告发布权这一适合联通宣传要求的形式,用较少的投入获得了宣传效果。

【广告创意】

1999年,上海联通加大力度施行联合战略,与邮政大范围合作,利用邮政网点代理联通业务、代收话费、代行账址情况。入围的10家广告公司各有特色,在广泛市场调研基础上,结合上海联通通信企业特点以及社会消费需求情况,就市场定位、广告策略创意构思、文案制作、公关活动组织开展等众多方面作出针对性讲解。

4月,上海联通广告宣传活动整体方案为联合传媒实体,注重形象宣传。由办公室牵头,组织上海部分广告公司举办广告创意策划介绍会。10—12月,上海联通参加并出资冠名上海市体委等单位发起组织的"上海联通130杯上海市双人桥牌锦标赛"。媒体、比赛场地、比赛用具,都醒目印着"上海联通冠名"字样,在上海市民心中留下深刻印象。

【推介活动】

为更好地向市民展示上海联通企业形象,宣传和介绍联通产品,上海联通于2000年5月13日在南京东路、淮海中路雁荡路、四川北路邮电俱乐部举行以庆祝第32届世界电信日、宣传移动通信为主题的大型业务咨询、介绍和推广活动。推介活动主会场吸引众多观众,"如意通"、IP卡及WAP技术应用引起用户关注。活动从8时30分持续到20时30分,共接受业务咨询数万人次,散发业务宣传资料5万多份。

【广告管理】

2010年7月,上海联通修订广告及宣传推广工作管理制度,调整管理部门及职责:品牌与产品管理委员会为广告宣传工作决策机构。负责广告宣传工作制度的制订并监督执行;广告采购申请、设计、发布及费用预算;负责自有宣传资源整合。广告发布工作须遵循"广告与新闻相结合""广告发布先内后外"原则。第一步,以新闻稿形式报送综合部;第二步,充分考虑内部媒体资源利用,至少提前于外部广告发布半个工作日发布相关广告内容,上海联通网站为必选媒体;第三步,执行精准化外部广告发布。

第四节 对外交流

一、出访交流

上海联通一贯重视学习国外先进电信技术,在中国联通、上海市通信管理局、上海市贸促会等上级主管部门和横向部门支持下,多次组团、参团,送技术人员去境外、国外培训、学习、考察先进经验和切实可行法规,赴境外、国外参展、参加国际会议等。至2010年底,共派出46人次,参展4次。

1997年2月,上海联通派周仁杰、倪简分别赴美国、法国参加技术研讨会。9月,上海联通组团赴德国考察学习。10月,上海联通组团赴比利时考察学习。

1998年,上海联通组团赴德国、意大利、美国考察学习。3月,上海联通派技术员出国培训,参加CDMA年会和GSM技术研讨会。7月,上海联通派许淳赴英国考文垂大学培训。

1999年3月,上海联通派技术员赴芬兰、法国、德国培训学习。

2001年,上海联通派技术人员赴法国参加GSM世界大会考察学习。

2003年,上海联通派潘冬民赴英国考察学习,王福生赴香港参加研讨会,吴伟赴日本招展,赵乐赴香港学习,张静星赴美国培训学习。2月,上海联通派王林等人赴韩国进行CDMA技术考察学习,姜起梅等7人分赴芬兰、英国进行新业务考察学习。3月,上海联通派季晓村随上海市深水港工程建设代表团赴美国、巴西进行港口通信建设工作考察学习。

2004年9月,上海联通派邵国强参加上海国际展览有限公司代表团赴英国、西班牙和爱尔兰招展。12月,上海联通派邵国强参加中国邮电器材集团公司代表团赴日本招展,派高翔等6人赴法国进行NGN技术考察学习。

2005年6月5日,上海网通党委书记李超赴美国芝加哥参加Supercom年会,又去硅谷访问络明网络公司总部。

2005年10月15—24日,上海市信息化委员会组团赴爱尔兰、西班牙进行电子商务法律制度考察,上海联通李逸夫随团,就《上海市电子商务条例》起草工作与国外同行交流。

2007年11月,上海联通派王林等6人赴芬兰、瑞典进行EDGE和AMR新技术研讨。

2008年4月,上海联通派李逸夫赴美国参加第62届世界质量与改进大会。

2009年6月,上海联通派张静星赴越南、澳大利亚友好访问。

二、来访接待

1994年12月12日、14日,上海联通邀请美国大西洋贝尔公司专家就客户管理和售后服务等方面内容进行专题研讨。为与国际通信业优质服务接轨,确立中国联通良好形象和提供一流售后服务,来自各方面中外专家详细讨论计费系统总体设计、计费系统基本要求及具体操作计费系统可能出现问题,并提出符合上海联通用户计费系统开发意见。12月14日,日本NCC公司主要股东日本三菱商事株式会社来沪与上海联通领导座谈。来宾介绍日本通信业自由化和民营化与日本NCC公司的关系。

1995年9月2—3日,美国斯普林特公司董事长William. T. Esrey、法国电信董事长Michel Bon和德国电信董事长Ron Sommery一行到沪。9月3日,市长徐匡迪会见三位董事长。市交办主任、上海市邮电管理局局长程锡元及上海联通首席代表刘振元、上海联通总经理霍长辉参加会见。

1996年2月,丹麦电信代表团来上海联通访问,上海联通领导和技术部门技术人员参加座谈。3月14日,三井物产株式会社林田博之、石森进等一行3人来沪,就上海联通发展建设、经营运作等问题了解情况。上海联通对日方人员提出有关财务、业务经营、业务发展等方面20多个问题详细答复。日方人员对上海GSM项目在工程建设、市场开拓、内部管理等方面所作出努力表示满意。

4月18日,上海联通首席代表刘振元、上海联通总经理霍长辉在花园饭店会见随同芬兰总统Martti Ahtisaavi访华的诺基亚集团总裁Jorma Oilila。双方对一年来合作成功互致祝贺。Jorma Oilila说,诺基亚能与联通合作,参与上海联通GSM移动通信网络建设项目,为上海电信业服务感到非常自豪,并表达继续合作愿望。上海联通介绍了企业发展及GSM网建设情况,希望继续得到诺基亚技术支持并长期合作。

2000年9月14日,上海联通与芬兰无线网络企业——诺德康上海有限公司举行合作签约仪式,共同拓展上海无线网上商务市场。诺德康公司是第一家在芬兰上市高科技网络公司,是专业无线应用方案提供商,在短消息应用开发方面有较丰富的经验和广大客户群,尤其以企业型用户使用手机短消息业务方面见长。此次双方主要在机场短消息应用系统和短消息平台彩票投注应用系统方面进行合作。

2003年,上海联通举办的第五届中国上海国际艺术节"俄罗斯文化周"于10月30日至11月4日举行。这是上海联通为提升企业形象、积极主动参与重要社会文化活动又一举措。上海国际艺术节提出"经典一流、探索创新"活动宗旨,与上海联通提出"建设一流精品网络,提供一流精心服务,实现一流精细管理"目标不谋而合。文化周期间,俄罗斯著名艺术团体与得奖艺术家为上海市民奉献精彩纷呈的演出。其中俄罗斯莫依谢耶夫国立模范民族舞蹈团在上海大剧院为上海联通大用户及重要合作伙伴带来了专场舞蹈晚会。

2009年12月4日,上海联通与上海世博芬兰馆在香格里拉大酒店签订通信业务合作意向书,芬兰驻上海总领事胡毅督、上海联通总经理蔡全根代表双方机构签署合作意向书。合作意向书约定上海联通在世博期间将会对上海世博会芬兰馆提供一揽子通信解决方案,保障上海世博会芬兰馆通信需求。

第六篇

党群工作和企业文化

概　　述

　　1994年11月7日,中共上海市浦东新区内联企事业单位工作委员会批复同意建立中共中国联合通信有限公司上海分公司支部委员会,党组织关系挂靠浦东新区内联企事业单位党工委,标志着党群工作在上海联通开始运转。

　　1995年,根据中央和市委精神,上海联通开始在全公司开展精神文明建设。提出"敬业奉献、务实创新"企业精神,制定企业标识,提出"面向市场、一切从用户出发";注重管理,形成一切从效率出发的行动宗旨。同时,利用一切机会宣传企业精神,统一队伍思想,形成企业文化主旋律。为保持和发扬团队精神,更好地关心和爱护员工,党组织在员工文化和物质生活方面尽可能做好工作。随着企业发展,上海联通注重党群机构完备,开始筹备组建工会、共青团组织。为搞好企业民主管理、发挥员工主人翁精神积极创造条件。

　　1996年1月12日,上海联通党支部改建为党委。是年,基层党支部建制为6个,临时党支部1个。2001年4月24日,党组织关系挂靠中共上海市信息化办公室委员会。2008年融合重组前,上海联通有16个党支部,党员220人;上海网通有15个党支部,党员226人。

　　2010年,上海联通有26个党支部,党员466人。党的基层建设全面而深度覆盖。在发展党员同时,加强建章立制,理顺组织关系,党的队伍建设不断发展壮大。

　　上海联通党委坚持党的领导,党群组织更加健全完善。领导干部带头加强作风建设,注重调研工作,听取职工意见。党委始终牢记党的宗旨,高举中国特色社会主义伟大旗帜;加强党的先进性教育,开展主题教育活动;认真学习和深入贯彻科学发展观,以社会主义核心价值体系为根本,以企业发展为中心,发挥党组织战斗堡垒作用,全面加强工会和共青团领导工作。注重企业文化,凝聚职工人心,加强思想政治教育工作。大力加强精神文明建设和创建文明单位及评选创优,获上海市精神文明建设"三连冠"。努力提高基层党组织、党员"立党为公"意识。通过开展劳模、青年榜样学习教育和技能比赛,培养更多优秀青年成才。开展塑造党员形象工程、党员培训等活动,进一步树立广大党员和职工的责任感与荣誉感。引导党员和职工献计献策,担当起社会责任,积极参与社会公益活动,争当"排头兵"。认真组织党委中心组成员、全体党员进行反腐倡廉学习,大力加强"廉洁文化"培育,开展效能监察,制定严厉"铁律",开展行风建设。

　　1996年,建立上海联通工会,挂靠浦东新区工会。2004年6月28日,中国联通上海工会组织关系挂靠上海市总工会。1996年,成立共青团上海联通委员会。1997年4月3日,上海联通团委组织关系挂靠上海市团委。

第一章 党　　委

上海联通自成立党组织起，注重加强党的领导，规范党建工作；重视建立健全党组织系统，扩大党的工作覆盖面；建立党的民主集中制制度，建章立制；加强政治理论学习和思想作风建设，提高党的创造力、凝聚力、战斗力。充分发挥党组织监督和保证作用。在组织建设、班子建设、宣传工作、纪检监察、重大活动和员工关怀等工作方面，发挥党委集体带头作用。

第一节　组　织　建　设

一、组织隶属

上海联通党组织实行垂直领导管理，党委接受中国联通党组和中共上海市委双重领导。干部管理以中国联通党组为主，中共上海市委组织部协管。党建工作以中共上海市委领导为主。二级和三级党组织、干部管理和党建工作都以上海联通党委领导为主，同时接受地方党委协助管理和领导。

1994年11月7日，中共上海市浦东新区内联企事业单位工作委员会批复同意建立上海联通党支部，组织关系挂靠浦东新区内联企事业单位党工委。11月29日上海联通举行全体党员会议，选举产生第一届支部委员会，施建东为支部书记。

上海联通党委成立于1996年1月12日，挂靠中共上海市浦东新区内联企事业单位工作委员会。为理顺关系以便更好地开展各项工作，2000年4月21日上海联通党委提出，把党的关系转挂到中共上海市信息化办公室委员会。2001年4月24日，获中共上海市委组织部同意。

二、组织工作

1994年11月29日，上海联通举行全体党员会议，选举产生第一届支部委员会。次年1月16日，中共上海市浦东新区内联企事业单位工作委员会批复同意。

1996年1月12日，上海联通党支部改建为党委。上海联通党委建制形成后，着重抓党委班子建设，增进团结和提高党员队伍素质，扩大党员影响，弘扬企业正气，突出企业精神文明建设。随着上海联通建设运行规模增大，职工人数和党员数也随之增加。抓好这支队伍思想建设，发挥党员先进模范作用，开展党内教育工作是党建工作重点。是年，上海联通共有党员40人，建制6个党支部，1个临时党支部。

1997年，上海联通党委以邓小平理论为指导，坚持党的基本路线，认真贯彻党的十四届六中全会和中国联通工作会议精神，站在全局高度抓党建，从政治角度抓两个文明建设。按照新时期对党组织建设要求，认真抓好党委班子、党支部以及党员队伍建设。党委建立党政领导参加中心组学习制度，召开民主生活会，开展批评与自我批评，重大问题决策提交党委集体研究。加强以弘扬"树正气、讲团结、干实事、从自己做起"为主题内容的企业精神文明建设。是年，上海联通党委相继完成3

位预备党员转正工作。同时,做好入党积极分子培养和培训工作,6位职工提交入党申请报告,并被派送至浦东新区党校学习。

1998年,上海联通党委加强思想政治工作,注重领导班子和干部队伍建设,做好中层班子调整和干部选拔工作;苦练基本功,为建立良好企业文化打基础;抓党组织自身建设,提高党建工作水平。是年,正式党员48名;入党积极分子从上年9名增加到21名,建立党员与积极分子联系人制度,定期组织入党积极分子理论学习和培训。发挥工会、职代会、共青团作用,增强职工凝聚力。

1999年,上海联通党委进行换届改选和党支部改选。每月一次党政班子中心组学习,学习十五大精神;举办干部学习班和理论辅导报告等,全面提高干部队伍素质。完成1年2次民主生活会以及年终民主评议和干部考评工作。

2000年,上海联通党委召开党政联席会议,贯彻党的十五届四中全会精神,坚持和加强党对企业政治领导,发挥党组织在企业的政治核心作用,党支部战斗堡垒作用和党员先锋模范作用,保证党的路线方针政策贯彻执行,保证改革健康、有序、稳步进行。上海联通党政联席会议通过讨论做出如下决定:一是企业党组织参与重大问题决策是一种组织行为。党政主要领导在重大问题决策前开展调查研究、广泛听取党员、职工及有关方面意见;党委会、党委扩大会或党政联席会议,集体研究讨论重大问题制度,并坚持民主集中制;党组织负责人参加总经理办公会议;决策后党组织发动党员、群众,保证决策实施。二是坚持党管干部原则。三是进一步健全和完善各项规章制度。四是坚持全心全意依靠全体员工方针,实行民主管理。五是加强思想政治工作。六是进一步解放思想、转变观念,加强企业精神文明建设,推动积极向上的企业文化建设。七是进一步加强党组织自身建设。合理设置党的工作机构和配备党务工作者,保证党组织活动经费从企业管理经费中列支。

2001年,上海联通积极慎重地做好新党员发展工作,6名新党员在"七一"党生日前夕参加集体宣誓;第二党支部被评为系统先进支部;上海联通评出10名先进党员。

2002年,上海联通确定党委会会议制度:原则上1—2个月1次。由党委书记、副书记、党委委员组成,党委书记召集并主持,各党群部门负责人根据需要列席。会议主要内容:研究贯彻执行党的路线、方针、政策及上级党组织决议的重要措施;研究确定党委年度工作计划、总结、重要请示或报告、党代会重要事项;党的思想、作风、廉政、组织、制度建设及思想政治工作、企业文化建设和精神文明建设中的重要问题;审批新党员及确定入党积极分子、党群组织干部任免、调整和奖惩;职工代表大会重要事项及工会、共青团、保密等工作重要问题。党群工作部负责会议组织工作,会议记录作为机密资料按年度归档。

1月31日,上海联通党委会议研究贯彻落实中国联通党组加强和改进党的作风建设意见,以"三个代表"重要思想为指导,全面贯彻落实"八个坚持、八个反对",大力推进领导班子和干部队伍、党员队伍作风建设。突出解决在思想作风、学风、工作作风、领导作风和干部生活作风方面的突出问题,努力使员工精神面貌有新转变,党群干群关系有新改善,企业创造力、凝聚力和战斗力有新提高。

2003年,上海联通党政班子认真学习党的十六大精神,落实"三个代表"要求,积极贯彻中国联通工作会议精神。为确保全局工作超越式发展,号召党员干部转变观念,解放思想,大胆创新,敢做超常规事。调动干部、员工积极性,提倡服务、合作、奉献精神。大胆引进人才,改善人员结构。

2004年6月18日,上海联通召开党员大会,选举产生新一届党委和纪律检查委员会,审议通过党委书记张健代表党委作的《求真务实、继往开来,为推进上海联通持续健康发展而努力奋斗》工作报告。是年,上海联通党委在OA上开设"创建文明园地",在上海联通报上设立"文明之苑""党员风采"专栏,下发"争创市级文明单位宣传提纲",抓好行风建设。以"满意在联通"等活动为契机,开展"营业服务规范"培训知识竞赛、"服务明星现身说"现场交流以及"文明示范岗"评比、交流等一系列活动,争创"客户满意先进分公司"。新一届党委成立后,党支部扩展到11个,原则上一线部门党支部设置与行政机构配套,党支部与行政主管"一肩挑"。12月8日,市信息委党组一行7人到上海联通调研,认为上海联通是非常有社会责任心的企业,在内部管理、党的建设、队伍建设及企业文化建设上不断取得新进步,希望再接再厉,创造新成绩。

2005年1月13日,上海联通党委召开党群工作会议,强调做好6方面工作:一是深入学习贯彻党的十六届四中全会精神,大力加强领导班子自身建设;二是深入开展创建文明活动,为上海城市的精神文明作出新贡献;三是建立、宣贯企业文化理念体系,全面推进企业文化建设;四是认真抓好党员先进性教育,进一步加强党的建设;五是坚持不懈地抓好党风廉政建设,效能监察力求实效;六是充分发挥桥梁、助手作用,工、团工作再上台阶。

2006年,上海联通党委继续抓好和深化廉政教育,始终把教育重点放在党员领导干部身上。以深入学习党章、遵守党章、贯彻党章、维护党章和社会主义荣辱观为主线,以领导班子思想、组织、作风建设为重点,突出进行理想信念、从政道德、党的优良传统和作风教育,督促党员干部严格执行"四大纪律、八项要求""五个不许"规定。全年组织中心组学习15次,全年学习出席率98.66%。组织全体党员参加党章知识竞答。组织观看党章学习辅导片、反腐倡廉警示片3次,约680人次参与。组织开展"党员的责任"征文和演讲活动,弘扬和表彰先进。收到征文21篇,推举8人在纪念建党85周年大会上演讲。组织专题报告会7次,约915人次参与。在上海联通网站上登载党风廉政建设各类文章、文件30余篇。布置党支部专题学习4次。依托党群、纪检、人力资源、各党支部以及公司信息化平台,形成"大宣教"格局,"以廉为荣、以贪为耻"的廉政文化氛围在企业内部得到加强,干部员工廉洁自律意识和遵守各项规章制度自觉性得到加强。

2007年,上海联通明确党委主要工作:在全体党员中开展"讲党性、重品行、作表率"主题活动。在党员中广泛讨论,找出突出问题,明确党员标准及应发挥的作用,并在民主评议中对照检查。调整社会治安综合治理领导小组工作机构组成人员,直属支部进行换届改选,向综合党委推报"向日葵服务"文化为精神文明建设品牌,将市文明办组织的清明节短信征集大赛中的收入捐给社会公益事业。

2008年,上海联通党委召开会议讨论:一是融合之初,建立健全党政领导班子,建立党政联席会议制度,涉及"三重一大"、涉员工利益重大事项均通过党政联席会方式进行审议决策。二是健全基层党组织,完善党建工作机制,开展党员标准讨论、民主评议。三是根据组织机构及人员变化调整实际,对基层党组织进行调整。四是开展文明单位创建考核指标,加强社会治安综合治理工作及民兵工作。五是开展社会公益,重阳节向南汇大团镇扶贫结对村70岁以上老人赠送价值3万元生活用品。上海联通资助3万元,与工程建设结合在一起,建设"路路通"。

2009年,上海联通共有党员469人,建有1个党总支,29个基层党支部,达到党的建设全覆盖,其中14个区县分公司全部建立党支部。每年初党委书记专项听取党群工作汇报,对全年党务工作进行专项安排,并指导制订年度党委工作要点,统领全年党的工作。在组织考核方面,建立健全党委会、民主生活会、三重一大、企务、党务公开等重要会议制度。党委积极探索,开展针对党支部的量化考核,制订《党支部、党员的量化考核办法和标准》,将党支部考核与支部所在部门年度考核业绩相挂钩,党员量化考核办法与党员本人年度KPI业绩考核挂钩,通过量化考核进一步规范党的组织建设工作。此创举得到中国联通肯定。为确保党员发展质量,党委始终严把党员入口关,从理想信念、岗位表率、服务群众、廉洁自律4方面建立针对入党积极分子"四维度考核",择优选拔,并通过党委会研究后公示,接受群众监督。

2010年,上海联通根据机构变化,及时完成基层党组织改选,建立党委民主生活会制度,完善党委议事规则;开展关键领域、关键岗位效能监察和审计评估工作,坚持"三会一课"传统制度,完善网上党建学习阵地等方式。是年,随着科学发展观活动深入发展,党委围绕"融合创造新优势、3G实现新发展、业绩取得新突破",推动突出问题解决和体制创新。

是年,上海联通根据组织机构调整和党员岗位变化,调整网络公司党支部和25个基层党支部。

表6-1-1 2010年上海联通党支部、党员情况表

支部名称	党员数	组成部门
浦东党支部	18	浦东分公司
南区党支部	12	南区分公司
西区党支部	18	西区分公司
北区党支部	13	北区分公司
中区党支部	12	中区分公司
宝山、崇明党支部	8	宝山分公司、崇明分公司
南汇党支部	7	南汇分公司
金山党支部	4	金山分公司
奉贤党支部	3	奉贤分公司
闵行党支部	3	闵行分公司
松江党支部	3	松江分公司
青浦党支部	3	青浦分公司
嘉定党支部	4	嘉定分公司
第一党支部	27	综合部(行政服务中心、安保中心)
第二党支部	14	人力资源部(员工培训中心)、郊推办
第三党支部	13	财务部
第四党支部	15	企发部、审计部、法律与风险部、监管事务部
第五党支部	23	计划管理部、物资采购部
第六党支部	12	工会、党群、纪检
第七党支部	19	服务监管部(客服中心)
第八党支部	33	集团客户部(行业应用与系统集成中心)
第九党支部	28	产品创新部(产创支撑中心、软件商城运营中心)、销售部、电子渠道中心
第十党支部	13	市场部(业务支撑与稽核中心)
第十一党支部	23	信息化部(计费结算中心)
离退休支部	14	离退休人员

〔续表〕

支部名称	党员数	组成部门
第一总支	120	网络公司各部门、各中心
合计	462	
A股公司党支部	4	A股公司（不调整）
总计	466	

三、党委(支部)负责人

1994年11月7日，中共上海市浦东新区内联企事业单位工作委员会批复同意建立上海联通党支部。2008年8月，上海联通与上海网通融合重组，建立新联通党委班子。

表6-1-2　1995—2008年上海联通党委(支部)负责人情况表

姓　名	职　务	任职时间
施建东	党支部书记	1994年11月—1996年3月
张永兴	党支部副书记	1994年11月—1996年3月
朱文豹	支部委员	1995年1月—1996年3月
蓝江群	支部委员	1995年7月—1996年3月
霍长辉	党委书记	1996年3月—1997年2月
施建东	党委委员	1996年3月—1996年8月
朱文豹	党委委员	1996年3月—1997年2月
蓝江群	党委委员	1996年3月—1997年2月
张士忠	党委委员	1996年3月—1997年2月
姜志明	党委书记	1997年2月—1998年3月
黄秉祺	党委副书记	1997年9月—1998年3月
黄秉祺	党委书记	1998年3月—2000年12月
张云高	党委委员	1999年10月—2001年9月
赵　乐	党委副书记	1999年4月—2000年12月
赵　乐	党委书记	2000年12月—2003年11月
吴一帆	党委副书记	2000年7月—2003年5月
姜起梅	党委委员	2001年9月—2004年2月
谢国庆	党委委员	2001年10月—2003年3月
张　健	党委书记	2003年11月—2007年8月
张静星	党委副书记	2003年5月—2008年11月

〔续表〕

姓　名	职　务	任 职 时 间
朱士钧	党委委员	2003年3月—2005年6月
陈　刚	党委委员	2004年2月—2005年3月
王　林	党委委员	2004年2月—2008年11月
薛金福	党委委员	2005年9月—2006年12月
王福生	党委委员	2005年3月—2008年11月
魏　炜	党委委员	2007年5月—2008年11月
赵　乐	党委书记	2007年8月—2008年11月
鲁东亮	党委委员	2007年11月—2008年11月

表6-1-3　2002—2008年上海网通党委负责人情况表

姓　名	职　务	任 职 时 间	备　注
王震东	党委书记	2002年2月—2003年7月	中国网络通信有限公司上海分公司 中国网络通信集团公司上海市分公司
张静星	党委副书记	2002年8月—2003年5月	
邹伟平	党委委员	2002年12月—2003年7月	
沈　彤	党委委员	2002年2月—2003年7月	
吕　旭	党委委员	2002年2月—2003年7月	
周仁杰	党委书记	2003年7月—2004年7月	
邹伟平	党委副书记	2003年7月—2004年7月	
李　爽	党委委员	2003年7月—2004年7月	
沈　可	党委委员	2003年7月—2004年7月	
皮晶洁	党委委员	2003年7月—2004年7月	
李　超	党委书记	2004年12月—2006年2月	中国网通(集团)有限公司上海市分公司
邹伟平	党委委员	2005年3月—2006年8月	
张成波	党委委员	2005年3月—2006年8月	
李　爽	党委委员	2005年3月—2006年8月	
李广聚	党委委员	2005年3月—2006年8月	
马学全	党委书记	2006年8月—2008年11月	
张成波	党委副书记	2006年8月—2008年11月	
张承鹤	党委委员	2006年8月—2008年11月	
沈洪波	党委委员	2006年8月—2008年11月	
李　爽	党委委员	2006年8月—2008年11月	
李广聚	党委委员	2006年8月—2008年11月	
苏卫国	党委委员	2006年8月—2008年11月	

表6-1-4　2009—2010年融合重组后上海联通党委负责人情况表

姓　名	职　务	任职时间
马学全	党委书记	2009年3月—2010年5月
蔡全根	党委副书记	2009年3月—2010年5月
赵　乐	党委副书记	2009年3月—
张成波	党委委员	2009年3月—
王　林	党委委员	2009年3月—
张承鹤	党委委员	2009年3月—2010年5月
沈洪波	党委委员	2009年3月—
鲁东亮	党委委员	2009年3月—2010年5月
李　爽	党委委员	2009年3月—
李广聚	党委委员	2009年3月—
魏　炜	党委委员	2009年3月—2010年5月
蔡全根	党委书记	2010年5月—

第二节　党内主题教育实践活动

一、重要学习教育活动

【"三讲"学习教育】

1996年，上海联通党委响应中央号召，共组织5次"三讲"（讲学习、讲政治、讲正气）学习讨论活动。先后组织党员参观"南京路上好八连"队史和"红岩魂"革命烈士事迹展览。对党员进行共产主义理想教育；邀请市委宣传部领导上党课，使党员加深理解学习内容和了解国家政治经济形势。通过一系列学习讨论和参观辅导，使党员基本了解时事政治，掌握基本要求，在自己岗位上发挥作用。各支部根据党委工作意见，开始独立开展活动。

1997年，上海联通组织员工认真学习中央《告全党全军全国各族人民书》《江泽民同志在邓小平同志追悼会上致悼词》和《邓小平伟大光辉的一生》三篇重要文献，学习邓小平思想和风范。通过学习讨论，以实际行动继承邓小平遗志，更加自觉坚持党的基本路线，坚定改革必胜信念，充分认识中国联通成立与发展是中国电信体制改革重要步骤，要以更大热情投身于联通各项工作中去。

10月16日，上海联通党委举办由全体党员、三级以上管理人员以及工会和团组织干部参加的学习十五大精神专题报告会，邀请上海工会管理干部学院培训部主任王连祥作《深刻领会十五大文件精神，加大改革、加快发展》专题报告，并对下阶段学习作动员，要求党员、干部认真学习十五大文件，从中领会精神，掌握实质。

1998年，上海联通党委加强思想政治工作，提升领导班子和干部队伍建设。利用大小会议对领导干部开展以"三讲"为主要内容的党性党风教育，选送部分干部到市、局、区党校和干部培训中心进行理论和业务培训。

1999年,上海联通党委加强思想政治工作,贯彻中央关于"三讲"学习、反对"法轮功"斗争精神,党委中心组认真组织学习讨论,并及时向全体员工传达,组织开展教育、培训工作。

2001年3月,上海联通成立"三讲"学习教育活动领导小组和办公室。5月16日,中国联通党组书记、董事长杨贤足进行"三讲"教育再动员。上海联通党委按此进行认真研究和部署,先后采取发放征求意见表、开设热线电话、设立征求意见箱,班子成员和中层干部进行个别谈话等形式,广泛听取群众意见,并对"三讲"中反映的问题认真制定整改措施,进行逐项整改。为搞好"三讲"学习教育活动,班子成员多次召开民主生活会,互相交换意见,开展批评和自我批评,在学习上普遍采取集中学习与分散学习相结合、自学与专题研讨相结合方式,学习中央关于国有企业改革与发展一系列重要批示精神,学习《国有企业"三讲"学习教育活动必读》,并各自撰写材料发言充分。6月中旬,"三讲"教育活动结束。

【"三个代表"重要思想学习教育】

2001年初,上海联通党委提出以"三个代表"重要思想为指导,发挥党组织政治核心作用,监督保证作用和党员先锋模范作用。上海联通党委结合实际,认真研究企业思想政治工作和文明建设部署,提出"爱联通、爱事业、爱同志"的"三爱"精神,以此统一思想,塑造新形象。一是坚持中心组和各级党组织学习。集中学习江泽民总书记"七一讲话"、党中央有关"三讲""三个代表"重要思想重要文献,组织党员主题教育活动;邀请市有关部门领导和党校教师开展法律、廉政、领导方法等讲座,提高党员、干部队伍思想素质。二是在党组织建设方面,积极慎重地做好发展工作。在党政工团和广大员工共同努力下,围绕企业中心工作,落实精神文明建设新措施。

2003年,上海联通党委学习贯彻"三个代表"重要思想,采取形式多样的活动,加强政治思想建设、党风廉政建设和精神文明建设,组织全体党员干部学习胡锦涛总书记"七一讲话"和《"三个代表"重要思想学习纲要》。坚持从严治党原则,认真做好党的建设与组织工作。结合个别领导及干部违法违纪案件处理,集中学习《中国共产党纪律处分条例(试行)》,开展用"身边事"教育"身边人"活动,通过讨论明辨是非、明确界限,增强党员干部执行纪律自觉性。

2004年,上海网通党委学习贯彻"三个代表"重要思想及党的十六届三中、四中全会精神,并按照中央纪委二、三次会议和中央企业纪检监察工作会议部署,以"加强理论学习,搞好党建工作,狠抓党风廉政建设"为中心开展工作。上海网通党委高度重视党员教育,与"爱岗敬业"联系,开展向优秀共产党员"全国自强不息模范"王树明学习活动。"七一"期间,组织党员参观沙家浜并开展党员知识竞赛活动。

【保持共产党员先进性教育】

2005年5月,上海联通党委召开先进性教育工作例会,党支部、工会、团委、党群工作部相关负责人参加。会议将先进性教育将党建工作与中心任务紧密结合,要求党员在日常工作中体现先锋模范作用,党支部要有意识给党员压担子,提供发挥才能舞台。对精神文明、企业文化建设、积极分子培养、派遣制员工关爱等工作提出要求。6月13日,上海联通党委发文,成立保持共产党员先进性教育活动领导小组,组长张健,副组长张静星,成员朱士钧、王林、王福生。班子建立后,领导小组开展系统主题活动。

2005年,上海网通以"提高党员素质、加强基层组织、服务人民群众、促进各项工作"为目标,按照制定方案、思想发动、学习培训、大讨论、双结对、先进性教育主题实践活动的流程,完成先进性教育活动,群众满意度达100%,得到上级组织充分肯定。

2007年3—9月,上海联通在全体党员中开展"讲党性、重品行、作表率"主题活动。充分发挥党委中心组学习所具有的学习理论、加强思想、政治建设功能,多次组织中心组成员学习主题活动。购买有关资料和书籍,参加市委党校、上海图书馆辅导讲座。通过活动,进一步坚定党员干部的理想信念,党性修养、思想境界都得到升华。5月23日,上海联通组织全体党员前往好八连驻地,通过听报告、看录像、参观连史、观看军事表演、连队内务等,接受革命传统和理想信念教育。8月26日,党委中心组成员专门就"讲党性、重品行、作表率"活动交流学习体会。各党支部通过党员组织生活会等形式认真学习、开展讨论,根据党委安排,组织党员开展"目前分公司党员队伍中的突出问题是什么""上海联通党员应该具备什么样的素质"大讨论。

2008年,为使"讲党性、重品行、作表率"主题活动进一步取得实效,党委组织开展"奉献在联通"党建主题月活动,要求各党支部为业务发展、为社会和谐做一件实事。基层党支部认真按照主题活动及党委要求,积极开展支部工作,并与电信重组、抗震救灾、奥运通信保障等重大政治任务紧密结合。网络维护中心党支部工作紧贴部门中心工作,组织开展"护线宣传"活动,收到实效。客户服务中心党支部通过"快乐员工计划""向日葵服务文化"等品牌建设活动,有效地促进服务提升,增强团队凝聚力。技术支持与网络优化中心党员积极带头,加班加点做好场馆和周边道路网络专项优化、基站重点保障工作,确保奥运比赛区域通信畅通,网络优化室被授予"办特奥、迎世博"上海市青年文明号优质服务示范集体称号。网络管理中心党支部通过"党建带团建""青年文明号"创建等工作,各项通信保障任务完成良好。"5·12"汶川地震发生后,上海联通2支应急通信分队、16名员工开赴重灾区茂县,抢通通信,为抗震救灾工作提供强大的通信保障和支撑。在茂县成立临时党小组,许多青年表达入党迫切心愿,1名员工火线入党,249名党员共缴纳特殊党费190 311元。

6月16—18日,上海联通党委开展先进性教育长效机制考核检查活动,考核《上海联通党支部工作考核办法》中的基础性10项指标。党群监察部组织2个检查小组对16个党支部进行实地走访和调研。

【深入学习实践科学发展观】

2009年3月10日,中国联通召开学习实践科学发展观启动大会。上海联通班子成员、全体党员、群众代表共400余人收看大会视频实况。

是日,上海联通党委召开2009年度第一次党委会。一是明确学习实践活动领导机构和工作机构。党委书记为领导小组组长,总经理、党委副书记,副总经理、党委副书记为副组长,其他领导为小组成员;领导小组办公室下设综合组、材料组,具体负责学习活动,组织召开相关会议,进一步明确工作职责,细化工作项目,落实责任人。二是就深入学习实践科学发展观活动工作方案进行讨论,确定学习实践活动时间。根据中国联通活动要求,结合实际,确定学习实践科学发展观活动载体为"融合创造新优势,3G实现新发展,业绩取得新突破"。同时要求紧密联系工作实际开展活动,避免形式主义,将此这次活动作为推动各项工作的载体和发展动力,尤其要切实抓好领导班子民主生活会、调研工作、解放思想大讨论等关键性工作。三是党委制订《学习实践活动工作方案》《学习实践活动工作流程表》,明确每个阶段学习实践活动要求、时间节点及责任人。在企业融合重组关键时期,上海联通党委在最短时间内积极稳妥完成基层党组织建立和各支委会选举,确保活动顺利开展。为方便广大党员及时学习中央、市委有关材料和精神,了解上海联通科学发展观学习实践活动动态,党群工作部在上海联通内网上开设"深入学习实践科学发展观"专栏,上传学习资料、活动动态、《学习实践活动简报》等。

3月10日开始,上海联通全面启动学习实践活动。各支部按照3个阶段、6个环节的总体安排,有序推进学习实践活动开展。3月17日,上海联通举行党委中心组学习,学习胡锦涛等领导同志有关科学发展观的重要讲话。3月18日,党委组织召开党(总支)支部书记会议,就学习实践活动、近期党建工作等作进一步布置。在全体党员中开展"迎战危机渡时艰,困难面前有党员"主题实践活动,引导党员在3G网络建设、业务发展、管理优化等方面发挥"领头羊"作用。

3月24—27日,中国联通学习实践"科学发展观"上海调研组一行7人对上海联通进行为期3天调研。调研组召开综合座谈会、IT支撑系统专题座谈会、基层座谈会及代理商座谈会,实地走访区局、营业厅、BSS机房等,并与上海联通部分领导班子成员及干部员工20多人次进行一对一访谈。调研组充分肯定上海联通融合重组后所做大量工作,许多工作亮点和经验值得借鉴和推广,学习实践科学发展观活动与经营发展实际紧密结合也取得实在成果。

5月14日,党委召开民主生活会,结合前期工作调研实际,进行深刻自我剖析,提出下一步工作打算,并形成高度共识。

上海联通党委不断丰富学习实践活动形式,先后组织领导赴中国商用飞机有限责任公司学习参观,党员和入党积极分子参观中共一大会址等。各党支部组织专题学习,撰写学习体会,加深广大党员对学习实践科学发展观活动认识和理解。

二、特色学习教育活动

【融合成果】

上海联通网通融合时,正值全党深入开展学习实践科学发展观之际,上海联通党委借此活动,围绕"融合创造新优势、3G实现新发展、业绩取得新突破"主题,通过解放思想大讨论、深入实际调查研究、深刻剖析查找问题、制订整改落实方案、接受群众评议和监督等多种方式,使全体干部员工对形势和任务的判断分析更加科学合理、对成绩和不足的认识更加客观到位、对企业中心任务把握更加深刻全面。全面启动并完成3年发展规划,明确"发展什么"和"怎样发展"重大课题,为融合后企业发展指明方向,奠定战略基础。融合后的上海联通迅速统一广大干部员工思想,步入发展正轨,2009年即取得中国联通综合绩效考核排名第一。

【"全业务、大服务"新理念】

2009年初,结合科学发展观学习,上海联通领导班子联系实际提出,"要坚持客户导向,强化品牌经营,建立以客户为主线的品牌及产品体系,着力打造面向集团客户优势品牌、面向个人客户个性化品牌、面向家庭客户全业务品牌和面向校园客户时尚品牌",并第一次提出以服务促营销,以营销"倒逼"服务的"营服一体"发展思路。

2010年7月,上海联通召开服务工作座谈会,启动以客户感知为导向的全业务服务体系建设。来自客服、市场、营销、网建、网维、网优、信息化支撑、综合管理部门负责人同时出席会议。会议采用"头脑风暴",会后"全业务、大服务"的新理念在上海联通各级经理人员中逐渐形成:服务不是面向上级、不是面向企业管理,而是面向用户,要将客户服务融入每个人的灵魂中。自此,上海联通

"服务"开始向着"全业务、大服务"方向演进。这是上海联通在同行业中第一次提出打造全业务服务体系的概念。

【争先创优】

2010年,在为世博服务活动中,上海联通党委以"为民服务创先争优"教育实践主题活动为契机,围绕"让客户满意消费,让信息服务民生"宗旨,细化、落实中国联通"两项服务承诺、两大便民举措、三项保障工作",确定19项重点工作任务、142项具体举措,提出"网络感知领先、业务感知领先、应用感知领先、服务感知领先"的挑战性目标,并组织开展以网络优化为重点的"网络琢器行动",推出8项创新应用和100余项主动提醒告知服务,与新华社上海分社共同举办"微博红段子大赛"等,得到国资委检查组和社会各界好评。

第三节 纪检监察

一、机构设置

1995年,上海联通行政机构内设置监察室。1998年9月,上海联通成立9个职能部门,监察工作列入党群监察部;8月4日,上海联通发文聘贾润亮兼任监察室主任。1999年4月26日,中共上海联通党委发出关于成立纪检监察室的通知。为维护党的纪律,加强党风教育和检查工作,同时为适应当前工作需要,保持机构精简高效,上海联通撤销原监察室,成立纪检监察室,纪检与监察合署办公,纪检监察室由党政主要领导按职责管理。2009年,融合重组纪检组、监察室作为15个职能部门之一。

表6-1-5 1998—2010年上海联通纪委、纪检监察室历任负责人情况表

姓 名	职 务	任 职 时 间
贾润亮	纪检监察室主任(兼)	1998年8月—2001年10月
张静星	纪委书记(兼)	2004年8月—2008年11月
周 骏	纪检监察室副主任	2005年8月—2009年3月
刘 青	纪检监察室主任	2008年12月—2009年3月
贾润亮	纪检监察室主任	2009年3月—2010年1月
赵 乐	纪委书记(兼)	2009年7月—2013年4月
谢远明	纪检监察室主任(兼)	2010年1月—2014年1月

表6-1-6 2003—2008年上海网通纪委负责人情况表

姓 名	职 务	任 职 时 间
邹伟平	纪委书记	2003年7月—2004年7月
张成波	纪委书记	2006年8月—2008年11月

二、廉政建设

【制度建设】

1998年,上海联通党委学习中国联通党委扩大会议精神和有关文件,抓廉政建设和国有资产保值增值,组织各支部专题学习讨论。召开党政联席扩大会议,传达党组《关于开展资产清查的通知》《关于对业务往来中收受回扣自查的通知》《党员领导干部廉洁自律十条规定》,并进行广泛讨论。认真部署清查工作,做到组织领导落实,指导思想明确(爱护干部、保护干部)。党委提出,领导干部是否廉洁,是经济问题,也是政治和道德问题。政治和道德标准应成为企业理念和企业文化的灵魂。

2001年,上海联通在全公司贯彻《切实加强思想政治工作意见》,并以书面形式印发全公司。是年,在二级副以上干部中开展廉政自查工作,建立廉政建设信息网和廉政建设信息员工作制度。

2002年,上海联通印发《纪检监察工作实施意见》,并结合本地情况制订具体细则。一是建立干部廉政档案,建立干部廉政档案计算机信息库,包括干部廉政自查表、劝诫谈话记录、来信来访书面解释、勤政廉政教育培训考勤记录、监督部门和党委评定等。二是继续推行工程维护经营、采购、广告工作与承包商、代理商、厂商、广告商等协作单位签订廉政建设责任书制度,加强相互监督、相互制约力度,把廉政建设落到实处。三是进行效能监察工作。检查各部门与协作单位签订廉政建设责任书落实情况,并对部分合同、协议执行情况进行抽查。

2003—2005年,上海联通把自身建设工作作为廉政建设常态化、制度化有效的方法。坚持与党支部和部门签订党风廉政建设责任书,并制定《考核实施细则》《责任追究实施细则》,形成测评、自查、考核监督体系,坚持每半年一次干部廉政自查。对《中国联通上海分公司重大问题决策程序》《中国联通上海分公司领导干部个人重大事项申报制度》《中国联通上海分公司谈话提醒实施办法》《中国联通上海分公司党的民主生活》4项制度进行修订。

2004年,在规章制度、流程改造中,上海联通提出"正规化建设,规范化管理"要求,贯彻条例和中央有关廉政建设各项规定,从制度和体系上增强长效机制。在干部员工年度考核述职中强化述廉、评廉内容,以提升全方位规范和防范力度。

是年,上海联通纪检委强化对党员干部日常工作行为、政治行为、生活行为、作风行为监督与约束。完善"一人一案"廉政档案,为二级副职以上干部新建廉政档案,所有区县分公司完成对基层管理人员和敏感岗位人员建档。建立上海联通干部纪律执行清单,出台《上海联通干部权力"负面清单"若干规定》,对党员干部特别是各级领导干部的权力运用、职责履行等进行更严格约束,对有可能出现问题、引发腐败的关键点提出57条具体规定。在"划小责任单元"改革中,明确市公司部门权力清单,设计"定规则不配资源,配资源不动现金"制衡机制,在基层单元推行"去现金化"管理,基层单位日常物品和大部分生产物资采购集中在网上商城进行比价采购。通过统一、透明的资源配置平台及各个层面的制度完善和约束,降低引发不廉洁行为的可能。选人用人机制做到公正、公平、公开、透明。上海联通已有一整套完善、规则明确的干部职位和薪酬分配体系。

2006年,上海联通廉政监察通过开展效能监察以及干部述职述廉、个人重大事项报告、专项调查、设立部门党风廉政建设监督员、召开不同层面员工座谈会等措施和手段,拓宽信息来源渠道,加大检查监督力度,形成有效监督网络和体系。高级业务主管以上所有参加2005年度考核,干部100%述职述廉,组织289人参加对干部民主评议,根据考核和民主评议情况对3名干部职务调整。

坚持一年两次干部重大事项报告制度，掌握和了解干部家庭、收入、子女、出国、兼职等变化情况，把对领导人员监督延伸至8小时以外，报告率为100%。加强对重点环节和重点部位权力行使监督。按照内控制度建设工作要求，组织全体员工学习中国联通颁布《反舞弊暂行规定》和《舞弊举报受理、调查、处理办法》，并制定上海联通《举报信息及查办工作保密制度》。

2007年，根据中国联通开展治理商业贿赂专项工作实施方案，上海联通治理商业贿赂办公室从制度、规定、程序上入手，进一步完善内控机制，用制度管人、管事、管权。拟定治理商业贿赂具体方案。

2008年，上海联通党政班子将构建惩防体系纳入企业改革发展总体目标和战略规划，列入领导班子议事日程。一是"抓"党风廉政建设责任人，把任务、责任分解落实到人，在签订经营考核责任书同时，签订党风廉政责任书，明确一岗双责；二是"抓"落实责任人，通过检查督促领导干部，把本责任区域内党风廉政建设工作和内控制度建设落实到位。

2010年，上海联通把"集体领导、民主集中、个别酝酿、会议决定"原则作为议事和决策基本制度。围绕"三重一大"，先后制定《中国联通上海分公司重大问题决策程序》等一系列重要文件。规定重大事项申报、审批和决策流程。以效能监察为抓手，强化监督，推进制度落实。以程序监督为重点，按照权力运作有序和公开透明原则，大力规范企业经营管理者权力运作程序，通过效能监察，有效促进和强化部门"三重一大"制度执行力，增强办事"按规矩、走程序"意识。坚持任人唯贤、德才兼备，注重业绩、择优聘用和结构合理、整体优化、公开选拔原则。干部任前推荐、考察、公示，广泛听取群众意见，严格按照相关组织程序进行，由党政联席会议集体讨论决定干部聘任。

【廉洁教育】
2002年2月，上海联通开展廉洁自律教育。为传达贯彻中纪委七次全会精神，落实中国联通纪检监察工作会议要求，邀请闸北区反贪局领导作报告。党委书记赵乐发言，要求各级干部牢记并执行中国联通领导干部廉洁自律十条规定，遵纪守法，从小处着手，自觉接受组织和群众监督。

2002—2007年，上海联通每年层层签署党风廉政建设责任书，做好常规性教育，同时不断创新教育形式，做到每年定期向所有二级副职以上干部发送廉洁宣传，警钟长鸣，时时提醒；建立领导干部任前廉洁教育管理制度，将各项管理制度及纪检规定进行汇编作为"见面礼"赠送给新提拔干部，既规范干部权力，也是一次任前培训和警示。

2004年3月，上海联通党委在宣传贯彻《中国共产党党内监督条例（试行）》和《中国共产党纪律处分条例》学习活动中，联系实际，抓深抓实，强化四方面举措：一是广泛深入宣传，形成声势和氛围。上海联通不少支部和党员主动撰写学习体会文章，在内部媒体上进行宣传。二是认真研究学习贯彻方法。党委领导对宣传贯彻《条例》提出具体意见，要求组织各支部、部门认真学习；纪检监察、党群等部门领导深入基层，扩大受教育面，使学习更贴近实际。三是在学习中通过理论联系实际，举一反三。党委中心组学习两个条例，对重要内容逐条研读，联系企业实际进行讨论。四是贯彻条例精神和提高管理水平相结合，在完善纪检组织网络方面狠下功夫。

2008年，上海联通党委每季安排一次党委中心组学习。党委书记作为党课学习第一责任人，亲自备课讲课。班子每年一度党委民主生活会，由党委书记带头，认真撰写个人剖析材料，班子成员开诚布公，开展批评与自我批评，成为制度化、常态化工作。组织参观上海市廉政教育基地，参观大飞机，赴南京路上好八连参观学习，到监狱接受警示教育等活动。

2008年，上海联通党政领导班子成员认真学习中纪委和市纪委有关开展"七个不准"专项工作文件，制定工作方案，成立相应工作班子。纪委利用内部信息化系统，在网上登载"七个不准"相关文件和文章,使广大员工了解党风廉政建设和反腐倡廉工作进程,积极主动参与监管,帮助党组织共同做好对党员领导干部监督管理工作。

2009年1月8日,上海联通纪检监察室组织召开党风建设和反腐倡廉员工座谈会。计划管理部、物资采购部、网络建设部、运行维护部、移动网络公司运行维护部、移动网络公司网络建设部等单位15人参加座谈会。与会者紧密结合工作实际,分别从完善纪检监察规章制度和工作流程、从源头预防腐败、加强反腐倡廉宣传和教育、发挥基层党组织作用等几个方面提出宝贵意见和建议,同时交流员工思想动态。

2月2日,上海联通融合后召开首次党风廉政建设干部大会,总结上海联通、网通2008年党风廉政建设主要工作,部署2009年反腐倡廉任务。会上,筹备组领导传达胡锦涛总书记在十七届中纪委三次全会上的讲话精神,并作题为《深入贯彻落实科学发展观,努力推进党风建设和反腐倡廉工作》纪检监察工作报告,对党风建设和反腐倡廉工作进行具体部署。筹备组组长蔡全根讲话,对进一步加强党风廉政建设,增强干部廉洁自律意识提出要求。

4月23日下午,上海联通组织开展"关键岗位人员廉洁文化教育"培训活动。移动公司网络建设部总经理和主体公司网络建设部总经理及两个部门60多名干部员工参加。

【监督检查】

2005年,上海联通党委在干部、员工中通报个别二级经理涉嫌受贿案件,组织干部和党员讨论吸取教训,敲响警钟,要求全体干部强化自律,吸取教训,亡羊补牢。

2006年,上海联通加强对重点环节和重点部位权力行使监督,对145人进行与分公司有业务合作的代理商、SP、CP中任职情况登记,预防和警示职务舞弊可能。全年参与招投标27项。年内共受理各类举报信访12件,调查处理12件,做到有案必查,件件落实。强化干部谈话制度,全年共实行任职谈话157人次、戒勉(提醒)谈话6人次,同期相比谈话人次增加3.7倍。进行专题调查2项。干部员工自觉上交各类礼品礼金48人次,折合51 240元。

2007年,上海联通继续始终围绕企业中心工作,发挥党组织政治核心作用,勇于探索,不断进取,把党风廉政建设工作做实、做深、做好,推动企业发展。技术支持与网优中心在全体员工中进行关于"不正当交易行为"问卷调查,回收82份调查表,回收率达97.6%,受到合作单位充分肯定。

2008年,上海联通党委、纪委以责任制为抓手,在党风建设和反腐倡廉建设中紧扣责任分工、责任考核和责任追究三个关键环节。对各级干部坚持实行"一岗双责"考核评价体系。要求领导干部不仅要努力完成经济考核指标,促进业务发展,更要抓好党风廉政建设工作,承担起本责任区域党风建设和反腐倡廉重要责任,带好队伍凝聚员工。在党委统一领导下纪委组织协调,坚持党风廉政建设与业务发展以及其他工作协调共进;坚持主要领导总负责、分管领导、部门领导各司其责的工作机制和考核原则,着重抓好三项工作:一是在党委领导下由纪检监察部门牵头细化任务,把党风廉政建设和反腐倡廉目标任务逐项分解到部门。二是不断加大工作任务落实同步监督和完成情况考核力度,把考核重点放在领导干部身上。监察部门结合对各个支部调研工作了解和监督党员干部自觉履行职责勤政廉政情况,跟踪部门落实党风廉政建设工作进程;实行按月对部门党风廉政建设工作考核。三是强化责任追究。抓住典型事例对党风廉政建设工作落实不力本责任区域发生问题干部进行责任追究。完善规章制度,注重机制建设。重新修订《干部重大事项报告制度》等规定,细化条款,使制度规定进一步适应党风建设和反腐倡廉工作要求,监督和管理变得操作性更强,效果更好。

【十项铁律】

2009年6月23日,上海联通以急件形式向全公司发布《中国联合网络通信有限公司上海市分公司十项铁律》。要求各单位在认真组织学习贯彻的基础上,对照十项铁律开展自查。这十项铁律是:1. 严禁各单位设立各类性质、各种名目小金库;2. 严禁利用与供应商、合作商、代理商、代维商等合作机会,为个人、部门或其他团体谋取利益;3. 严禁虚报、冒报成本费用、营业收入和建设投资,为个人、单位或其他团体谋取利益;4. 严禁内外勾结,利用手中权力或公司政策漏洞,套取分成费、手续费、佣金等,损害企业利益;5. 严禁未经批准进行预算外成本费用列支;6. 严禁擅自进行计划外项目立项和施工;7. 严禁未经人力资源部门同意,向社会招聘任何形式用工;8. 严禁未按干部管理权限和程序,随意提拔干部或超职数配备干部;9. 严禁玩忽职守、不负责任,对企业利益和信誉造成损失;10. 严禁其他违反明令禁止的规定和制度,使企业利益和信誉受到损害。

【大额资金规定】

2010年发布"三重一大"决策事项,对大额资金使用做出规定。凡金额在500万元及以上的年度投资计划、融资、担保项目,计划外追加投资项目;应当向上级报告的重大投资管理事项(对于中国联通规定的项目需报审批,其余项目由上海联通审批);重大、关键性设备引进和重要物资设备购置等金额达到500万元及以上重大招投标管理项目;重大工程承发包项目500万元及以上。超过由企业或者履行国有资产出资人职责机构所规定的企业领导人员有权调动、使用的资金。日常业务资金调度和使用5 000万元及以上;对外大额捐赠、赞助按金额不同分别处理。累计不超过当年利润总额千分之一,报总经理办公会议审批后报中国联通备案;现金(含有价卡)单笔5万元(含)以上,除现金外单笔10万元(含)以上,累计超过当年利润总额千分之一以上,经总经理办公会议审议后报中国联通审批。采取党政联席会议、党委会议或总经理办公会等会议形式进行决策。

三、自查自纠

2006年,上海联通依托党群、纪检、人力资源、各党支部以及公司信息化平台,形成"大宣教"格局。加强以廉为荣、以贪为耻的廉政文化氛围,加强干部员工廉洁自律意识和遵守各项规章制度自觉性。加大检查监督力度,促进全面履行职责。按照内控制度建设工作要求,转发中国联通《反舞弊暂行规定》和《舞弊举报受理、调查、处理办法》两个文件并组织全体员工学习,制定《举报信息及查办工作保密制度》。公布举报受理电话、邮箱,并组织全体员工学习,提高员工对举报热线、举报程序知晓度,举报受理渠道更加畅通,监督体系更为完善。

2007年初,按照中国联通专项效能监察统一部署,上海联通组织实施佣金管理和代维管理专项效能监察。确立4项工作目标,一是自有营业厅专项监察;二是通信基站(宏站)管理专项监察;三是车辆管理专项监察;四是"山西—地铁"光缆通信故障应急处理专项监察。对12项突出问题进行原因分析和提出整改建议。

5月,上海联通按照开展对不正当交易行为自查自纠工作自查评估。一是落实组织领导,明确工作职责。明确继续以总经理、党委书记和党委副书记、纪委书记分别担任组长的治理商业贿赂领导小组和工作小组,对此专项工作进行领导和组织协调。二是自查评估情况。采用"看""听""查"的方法,对不正当交易行为进行自查自纠评估工作。围绕自查自纠工作主要内容和重点工作设定15项指标,对22个部门中15个部门发放"群众意见征求表",部门覆盖率达71.42%,共有48名基层员工参与自查评估工作。经测评,综合满意度达96%。对照自查自纠5项主要内容和不正当交易行为6种具体表现形式,采用查看相关工作记录、清查合同、座谈了解、设立举报通道、发放问卷、实地调查等方法开展与落实自查自纠工作。各部门治理商业贿赂专项工作,落实检查项目21个,举办培训5次,现场检查32次,清查各类合同89 700余份,提出整改措施18项,建立制度18项,建立和完善工作机制12项,召开各类会议近30次。

2007年,上海联通在中层以上领导干部中开展自查自纠,要求逐条对照、逐点检查、逐一明示。对领导干部的自查自纠表在专题组织生活会上进行评议,并在内部网上公示,接受广大员工共同监督。

表6-1-7 2007年上海联通自查自纠工作自查评估表

项目	检评项目	检评内容
组织动员	制定实施方案情况	是否制定了实施方案,方案是否有针对性;是否对工作认为进行了分解;是否明确了工作进度、方法步骤。
	专项工作部署情况	是否召开动员会对专项工作进行了部署,部署工作是否不留死角。
		自查自纠、查办案件、建立长效机制等三方面工作是否同步部署、整体推进。
	成立组织机构情况	是否成立领导机构及其工作机构。
		有无专职工作人员;职责是否明确、工作制度是否健全。
		有无工作措施、具体工作计划和记录。
	对专项工作宣传情况	有无运用报刊、信息简报、网络等媒介对专项工作进行宣传报道,营造良好舆论氛围。
		员工是否认识到商业贿赂的危害性。
	自查自纠工作安排情况	自查自纠时间进度、工作步骤和方式方法是否具体明确;是否符合总部要求。
		时间安排是否不少于6个月。
		自查自纠的目标任务是否明确具体;工作发动是否全面到位;部署覆盖是否充分。
查找问题	不正当交易行为调查摸底情况	是否对单位自身进行全面调查摸底,调查摸底的方式方法是否深入到位;是否取得翔实调查结果。
	不正当交易行为掌握情况	是否掌握了本单位不正当交易行为的主要手段、方法和特点;以及所涉及的单位、岗位、环节、人员、资金等方面情况。
	不正当交易问题查找情况	是否组织查找了2001年发生的不正当交易问题;查找出的问题是否准确到位。
		对重点环节、岗位、人员和存在的突出问题是否进行了分析归纳。
		查找问题的工作资料、统计数据是否齐全。
	拓宽投诉举报渠道情况	是否设立了专门举报电话、开通了网络举报信箱、公布了办公地址。
		对有投诉举报的,是否进行了处理并做了记录。
	查找制度漏洞情况	是否发现制度建设上存在的漏洞,是否列入工作计划中。

〔续表〕

项　目	检评项目	检评内容
分类处理	查找不正当交易问题情况	是否查出了不正当交易问题。
		对查出的不正当交易问题是否根据事实、情节、后果以及认错态度等，依法依纪、实事求是地作出处理。
		把握法律政策界限是否得当。
	案件线索处理情况	有无相关工作记录和工作制度。
		是否及时、认真地调查核实了有关线索。
		是否对情节严重地案件线索向司法机关进行了移送。
		涉案人员情节严重地重大案件线索是否及时上报。
	对检查中发现问题的处理情况	对检查中发现的问题是否进行了处理，是否有针对性地制定了预防措施。
	对拒不自查自纠和弄虚作假行为的处理情况	是否做了处理。
	有关人员主动上缴所获不正当利益情况	是否采取了措施加以督促。
整改情况	针对问题制定整改措施情况	是否针对问题制定了整改措施并落实整改责任。
		进行整改的问题，是否彻底、到位。
	围绕权力运行的关键环节和部位，对工作人员的管理和监督措施情况	对有明显管理漏洞的，是否加强了管理和监督措施。
	重点环节管理和监督情况	是否制定了相应的制度措施，加强对其的监督。
	建立完善从业人员自律机制情况	对自律机制不健全、完善，经营运作和监督管理制度明显薄弱、存在漏洞的，是否解决。
其他	完善监督制度、工作进展督查情况	是否制定了检查计划。
		对重点方面、重点环节的是否进行了检查，是否有督查工作记录或督察报告。
	工作上报情况	对宣传动员、调查摸底情况是否及时上报。
		查找问题、分类处理、整改情况是否及时全面上报。
		对查办案件、长效机制建设等情况上报是否全面、及时。
	调研情况	是否根据工作进度和发展的需要，积极开展调查研究，全面掌握情况，探索商业贿赂的特点和规律，研究搞好治理的有效途径。

四、群众监督

2004年5月24日，中国联通发布上海联通党委书记接待日制度和总经理信箱制度。党委书记接待日每月2次，党委书记、副书记轮流值班接待来访干部职工，并特设党委书记接待日联系电话。

为提高接待工作效率,欲访单位和个人须在接待日前两天与党群部预约,以便有针对性地安排接待事宜。为便于员工反映情况,鼓励干部职工对企业发展献计献策,对企业管理进行民主监督,在恒基、西安路和漕河泾3处局房设总经理信箱,每月15日和30日分别由综合部机要秘书开启时送达总经理,对署实名信件进行回复。

五、考核处分

2007年1月,上海联通党委、纪委对党风廉政建设责任制作出新规定。有以下情况,党风廉政建设责任制考核为"不合格",如发现以下情况,精神文明建设考核一票否决处理:1. 对所属部门发生明令禁止的不正之风不制止、不上报,对上级交办的党风廉政责任范围内的事拒不办理,对严重违法违纪问题隐瞒不报、压制不查。2. 所属部门发生严重问题或违法违纪案件,致使国家、企业财产遭受重大损失或造成恶劣影响。3. 违反中共中央《党政领导干部选拔任用工作条例》和中国联通及上海联通有关规定选拔任用干部,造成恶劣影响,授意、指使、强令下属人员违反国家法律法规和中国联通及上海联通规章制度,弄虚作假。4. 授意、指使、纵容下属人员阻挠、干扰、对抗监督检查或案件查处,或对办案人、检举控告人、证明人打击报复。5. 对配偶、子女、身边工作人员严重违法违纪知情不管、不报。

对党风廉政建设问题负领导责任的领导班子和领导干部,根据不同情况,可从轻或者减轻处理:1. 重大事项及时向中国联通报告,并采取得力措施,有效地减轻、避免或挽回损失。2. 态度端正,积极配合组织调查处理。3. 有其他可从轻或减轻处理情节。

对党风廉政建设问题负领导责任的领导班子和领导干部,根据下列情况,从重或者加重处理:1. 认识问题不深刻或者拒不整改。2. 重大事项不及时报告或者推诿责任。3. 瞒案不报,压案不查或者阻挠案件查处。4. 不及时采取补救措施,致使影响扩大、损失加重。5. 责任范围内多次发生严重问题或违法违纪案件。

第二章 工 会

1997年，上海联通召开首届工会会员代表大会（简称"工代会"），并成立职工技术协会（简称"技协"）和女工委员会。融合重组后，2009年成立新联通工会。上海联通工会对涉及员工切身利益事项均由职工代表扩大会议审议通过或经平等协商后实施。每年制订企业经营目标或进行薪酬制度改革、岗位聘任改革、车辆管理改革以及制订住房补贴管理办法、绩效考核管理办法、员工考核办法和上海联通奖惩办法及长期服务年金实施办法、内部离岗退养管理办法等。凡涉及员工切身利益，均向职代会或职工代表组长扩大会议报告并审议通过后再付诸实施。上海联通工会在组织建设、职工权益、厂务公开、生活保障、职工文化体育、职工技协等方面做了大量工作。

第一节 组织建设

1997年，上海联通成立工会。按照工会章程，每5年召开1次工代会，确定工作目标；每年召开1次职工代表会议（简称"职代会"），讨论工会具体工作。上海网通2005年成立工会，2006、2007年召开2次职代会。2008年，上海联通和上海网通融合重组。2009年4月，成立上海联通工会筹备组；7月，召开上海联通第一届工代会，选出新一届工会领导班子。8月17日，中国联通工会批复同意。

1997年1月7日，上海联通工会委员会聘朱文豹为主席；陈景达为副主席，主持日常工作并负责工会组织、职工技协、民主管理等工作；汤国荣委员负责宣传文体、劳动保护、安全生产等工作。上海联通工会委员会职工技协委员会由朱文豹、陈景达、潘冬民、林以杨、于道拥组成，朱文豹任主任委员，陈景达、潘冬民任副主任委员。上海联通工会委员会女职工工作小组由包菊芬、乐燕华、穆宏、邱薇华、殷英、王伟、张卫组成，包菊芬任组长，乐燕华任副组长。职工民主管理小组由黄淑萍、吴慧兰、金震华、刘燊、王震霆、许淳组成，黄淑萍任组长。

2000年7月5日，上海联通工会委员会决定技协委员会由蓝江群、华逸生、潘冬民、林以杨、徐群、韩辉勇、张伟村等组成。

2001年11月22日，上海联通工会委员会增补吴一帆为工会主席。

2003年9月8日，中国联通同意张静星当选工会主席，蓝江群当选专职副主席，包菊芬当选经费审查委员会主任。11月3日，上海联通第三届工会女职工委员会由马芩、吴瑞燕、张秀虹、赵丽、石粟、李俊、陈慧萍组成，马芩当选委员会主任。

2006年10月11日，张静星当选上海联通工会主席，于东平当选副主席，杨九英为经费审查委员会主任。

一、融合前的工代会、职代会

1996年3月25日，上海市浦东新区工会工作委员会组织部同意上海联通工会筹备组由朱文豹、张伟村、陈景达三人组成，朱文豹任组长。4月15日，上海联通向工会筹备组批转《关于召开上海联通首次工会代表会议暨首次职工代表会议以及代表产生有关问题请示》。2004年6月28日，上海市总工会同意上海联通工会组织关系挂靠上海市总工会。

5月30日，上海联通召开首届工代会，选举产生工会委员会和经费审查委员会组成人员。浦东新区工会批复同意，上海联通第一届工会委员会由朱文豹、陈景达、汤国荣组成，朱文豹为主席，陈景达为副主席；工会经费审查委员会由钱伟国、华逸生、王惠敏组成，钱伟国为主任。

1997年4月18—19日，上海联通召开一届二次职代会，会议审议总经理所做行政工作报告和工作筹备组长所做的工会工作报告，审议通过上海联通《全员劳动合同管理办法》。会议收到代表提案39份，经审查立案9项。会议围绕全年发展3.5万用户和年内分两阶段建成GSM三期工程两大目标进行审议和讨论。会议通报涉及职工利益劳动合同管理、改善职工住房工作等情况。

1998年3月10日，上海联通召开一届三次职工代会，会议通过行政工作报告，陈景达作工会工作报告和工会经费审查报告。会议就提案情况和重点提案执行情况作介绍。会议通过注重消费者权益实施"用户满意度"活动方案。

2001年，上海联通工会围绕中心工作开展活动。完成6个部门工会委员会换届改选；召开2次专题职代会。

2005年1月23日，上海网通召开首届工代会，大会执行主席宣读中国网通和市信息委《关于同意召开〈中国网通集团工会上海市委员会第一次会员代表大会的批复〉》和中国联通工会贺信。上海网通总经理致辞，副总经理、筹备组组长作《工会筹备组工作报告》。会议审议通过《工会筹备组工作报告》《选举办法》、第一届工会委员会委员候选人和经费审查委员会委员候选人建议名单、上海网通工会全体会员代表各组召集人名单、《中国网通集团工会上海市委员会经费审查委员会工作细则》和各区会议细则，《中国网通集团工会上海市委员会经费使用管理办法》《中国网通集团工会上海市委员会委员、经费审查委员会委员替补、增补办法》；会议发出《提议书》。大会差额选举产生上海网通工会第一届委员会委员、经费审查委员会委员。

二、融合后的工代会、职代会

2009年4月，中国联通工会批准上海联通成立工会筹备组，张承鹤任筹备组长。

5月4日，上海联通工会筹备组召开基层工会和直属工会小组筹备负责人会议，启动基层工会组建工作。经党委会讨论同意，决定组建移动网络公司、上海联通机关、专业部门和区县分公司14个基层工会和9个直属工会小组。5月21日，上海联通14个基层工会和9个直属工会小组全部完成选举工作。至此，上海联通基层工会筹建工作全部完成。7月22日，上海联通各基层工会按照民主程序选出121名上海联通第一次工代会暨上海联通第一届职代会，并分两批对"两会"代表进行"民主管理与职工代表的职责"培训。

8月11日，上海联通工会委员会第一次工代会暨上海联通第一届职代会召开，121名正式代表、29名列席代表及1名特邀代表参加大会。大会选举产生上海联通工会第一届委员会、第一届经费审查委员会和第一届工会女职工委员会；选举产生职代会3个专门委员会及上海联通职工爱心互助基金管理委员会；审议并通过《中国联合网络通信集团工会上海市委员会工作条例》等3个工会委员会文件以及《中国联合网络通信集团上海市分公司职工代表大会实施办法》等8个职代会相关文件。中国联通工会副主席姚琼到会表示祝贺。

2009年8月17日，上海市总工会下发《关于中国联合网络通信集团工会上海市第一届委员会领导班子选举结果的批复》,同意 11 人组成上海联通工会第一届委员会;张承鹤为工会主席,谢远明、于东平为副主席;5 人组成上海联通工会第一届经费审查委员会,刘少培为主任。工会委员会和经费审查委员会任期 5 年。

表 6-2-1　1996—2009 年上海联通历届工会负责人情况表

姓　名	职　务	任职时间
朱文豹	工会筹备组组长	1996 年 3 月—1997 年 1 月
朱文豹	工会主席(兼)	1997 年 1 月—1997 年 9 月
陈景达	工会副主席	1997 年 1 月—2003 年 9 月
吴一帆	工会主席	2001 年 12 月—2003 年 9 月
张静星	工会主席(兼)	2003 年 9 月—2006 年 11 月
蓝江群	工会副主席	2003 年 9 月—2006 年 11 月
包菊芬	经审委主任	2003 年 9 月—2006 年 11 月
张静星	工会主席	2006 年 11 月—2009 年 8 月
于东平	工会副主席	2006 年 11 月—2009 年 8 月
杨九英	经审委主任	2006 年 11 月—2009 年 8 月

表 6-2-2　2002—2008 年上海网通历届工会负责人情况表

姓　名	职　务	任职时间
张静星	工会工作委员会主任	2002 年 11 月—2003 年 9 月
康　迪	工会工作委员会副主任	2002 年 11 月—2006 年 2 月
张春梅	经审委主任	2002 年 11 月—2006 年 2 月
邹伟平	工会主席	2006 年 2 月—2006 年 11 月
张承鹤	工会主席	2006 年 11 月—2008 年 11 月
谢远明	工会副主席	2006 年 2 月—2008 年 11 月
王　辉	经审委主任	2006 年 2 月—2008 年 11 月

表 6-2-3　2009—2010 年融合后上海联通工会负责人情况表

姓　名	职　务	任职时间
张承鹤	工会筹备组组长	2009 年 4 月—2009 年 8 月
谢远明	工会筹备组副组长	2009 年 4 月—2009 年 8 月
于东平	工会筹备组副组长	2009 年 4 月—2009 年 8 月
张承鹤	工会主席	2009 年 8 月—2010 年 7 月
谢远明	工会副主席	2009 年 8 月—

〔续表〕

姓　名	职　务	任职时间
于东平	工会副主席	2009年8月—
刘少培	经审委主任	2009年8月—
赵　乐	工会主席	2010年7月—

第二节　权益维护

一、劳动争议

2004年，上海联通工会颁发劳动争议调解工作暂行规定。包括开除、除名、辞退员工和员工辞职、自动离职发生的争议；因执行国家有关工资、保险、福利、培训、劳动保护规定发生的争议；履行劳动合同发生的争议；法律、法规规定应当调解的其他劳动争议。发生争议单位与员工为劳动争议案件当事人。劳动争议发生后，当事人应协调解决；不愿协商或者协商不成的，可向劳动争议调解委员会申请调解。调解委员会办事机构设在工会。调解委员会职责：调解本单位内发生的劳动争议；检查督促争议双方当事人履行调解协议；对员工进行劳动法律、法规宣传教育，做好劳动争议预防工作。当事人申请调解。应当自知道或应当知道其权利被侵害之日起30日内，以口头或书面形式向调解委员会提出申请。调解委员会接到调解申请后，应征询对当事人意见，对方当事人不愿调解的，应做好记录，在3日内以书面形式通知申请人。调解委员会应在4日内作出受理或不受理申请决定，对不受理的，应向申请人说明理由。对调解委员会无法决定是否受理案件，由调解委员会主任决定是否受理。发生劳动争议的，员工一方在3人以上，并有共同申诉理由的，应当推举代表参加调解活动。调解不成的，可向劳动争议仲裁委员会申请仲裁。

二、劳动保障

2007年，上海联通加大维护职工合法权益、规范和协调劳动关系。一是职工民主管理制度得到进一步健全、完善和落实。在涉及企业改革、生产经营和职工切身利益等重大事项上做到信息通报及时与公开透明，公开内容、形式和程序得到不断完善，广大员工知情权、参与权和监督权得到落实。二是劳动用工及分配制度逐步健全和完善。上海联通按照国家有关规定，规范企业和员工劳动关系，录用员工按照平等自愿、协商一致原则签订劳动合同，处分员工和解除员工劳动合同，能事先将理由通知工会，听取工会意见。三是遵循按劳分配、效益优先、兼顾公平分配原则，生产经营遇到困难时期，尽可能为员工争取切身利益，保障员工收入。四是工作时间和休息休假方面。实行每天工作8小时，每周40小时工作制，同时实行综合计算工时并存工时制。对于因生产经营需要加班加点，按《关于员工加班加点若干问题处理意见》给予调休或支付相应劳动报酬。五是教育培训方面。全年上海联通和工会组织各类培训共130多项，员工参加培训1 000多人次，使用培训费用近100万元（包括报刊、书籍费）。六是劳动保险、福利方面。严格执行法定员工养老、住房、医疗、失业等基本保险规定，按时足额交纳各项基金，并继续为员工办好补充养老保险、团体人身意外伤害保险。七是劳动安全和卫生方面。对从事特殊工种员工进行专门培训,严格持证上岗。做好防暑降温和防寒保暖、员工健康检查以及女职工"四期"特殊保护规定。

2008年2月21日,上海联通根据《中国联通上海分公司推行厂务公开暂行办法》要求,对上海联通2007年《集体合同》和《厂务公开》履行情况进行监督检查。《集体合同》于2006年3月23日签订,合同期限两年,截至2008年3月31日届满。根据集体合同规定,工会向行政提出重新签订《集体合同》要求,并按规定结合企业实际,起草新版《集体合同》。

2008年,上海联通工会汇总问题与建议:一是带薪休假。上海联通及部门在员工带薪休假落实方面,应结合生产经营情况和个人意愿统筹安排员工休假时间,以保证员工充分享受休假权益。二是安全教育。对员工进行劳动安全与卫生知识的宣传教育和培训方面,各部门开展参差不齐,要求各部门增强员工自我保护意识,严格遵守安全操作规程,确保人身和企业财产安全。三是奖金管理和分配。部门内部要进一步完善分配办法和规范集体讨论程序,充分体现分配公平、公正和公开原则。

2010年,上海联通工会将职务消费等重要事项列入职代会,听取职工代表意见。

第三节　厂务公开

2002年7月22日,中共上海联通党委和上海联通联合印发《中国联通上海分公司推行厂务公开暂行办法》。实行谈话提醒制度,提出全面推进和深化民主管理是落实"三个代表"重要思想的需要,是调动职工群众积极性、强化内部管理要求,特别是在深化改革过程中,更应加强民主管理,推进厂务公开,通过员工民主参与、民主决策、民主监督,不断增强各级管理人员勤政、廉政意识,提高管理人员科学决策水平,增强企业参与市场竞争能力。

2002年,上海联通成立由赵乐为组长,姜起梅、吴一帆为副组长,华逸生、吴中宜、蓝江群、丁伯成、季晓村、许建文、包菊芬为组员的厂务公开领导监督小组。设立工作小组和监督评议小组,分别由工会和监察室负责组织,职代会民主管理小组和代表参与。厂务公开工作在领导监督小组领导下严格按照程序进行。

领导小组职责:负责研究制定推行厂务公开制度,协调有关部门落实厂务公开各项工作,研究解决遇到的重要问题。工作小组职责:协助领导小组,拟定关于推行厂务公开各项制度,调查研究,了解掌握全系统推行厂务公开制度情况,及时向领导小组提出指导工作意见和建议。监督评议小组职责:协助领导小组拟定监督评议方面各项制度,负责监督评议厂务公开内容是否真实、全面、公开,是否及时、有效,公开程度是否符合规定,员工反映的集中意见是否得到落实,并对厂务公开中反映的违纪问题提请有关部门调查核实。厂务公开工作在党委统一领导下进行,党委主要领导对厂务公开负总责,是第一责任人;行政是厂务公开主体,是第一执行人;纪检监察部门对厂务公开实施监督检查,是第一监督人;工会是厂务公开工作机构,是第一实施人。

上海联通厂务公开主要内容:1. 关系职工群众切身利益的重大问题。包括集体合同签订和履行情况;安全生产和劳动保护措施;职工提薪、晋级和工资、奖金分配方案;职工购房、售房的政策、条件和结果;住房公积金管理、企业公积金和公益金使用方案;职称评聘;困难职工群体的帮扶救济;职工养老、医疗、工伤、失业保险基金缴纳情况等。2. 领导干部党风廉政建设。包括领导干部廉洁自律规定执行情况;业务招待费使用情况;领导干部兼职、补贴、住房、用车、通信工具配备和使用,出国(境)费用支出,是否为配偶、子女经商办企业提供便利条件情况;中层以下干部、重要岗位人员选聘和任用情况以及民主评议企业领导干部结果。3. 企业改革中重点难点问题。包括企业改革、改制方案；职工下岗、转岗、安置、提前退养措施以及协议解除劳动合同等。4. 生产经营管理中重大问题。包括企业生产经营方针和发展战略；年度和中长期发展规划；财务预决算和经营情况；重要规章制度建立和企业经济责任制修订与落实情况；企业重大投资、工程项目及物资、原材料招标采购方案及执行情况；市场销售及其企业面临困难、盈亏及对策；重大事件、重大通信事故及其调查处理情况等。

2002年，上海联通工会组织成立民主管理小组，依靠全体员工开展工作；各有关职能部门按厂务公开职责和范围，组织相关文件和资料，做好厂务公开工作。厂务公开形式，根据实际情况选择适用方法：向职工代表大会或员工大会报告；设置定点公开栏定期或不定期公布有关情况；定期召开党政工联席会议或职工代表组长会议，通过职工代表组长会及员工座谈会、咨询发布会、恳谈会、对话、网站和电子信箱等多种形式开展厂务公开；利用内部宣传刊物及通过书面材料通报有关情况。对需要职工代表大会和职工代表组长会议审议内容由行政部门提出，采用以下程序：责任部门提出需审议项目（制订方案的原则、依据和条件）；审议项目提前5—10天发给代表，在规定范围内组织审议，提出意见。组织专题恳谈会、沟通会，行政领导直接听取员工代表意见，面对面解释方案中有关问题，取得共识；责任部门和行政领导分析代表提出意见和要求，吸纳合理意见要求，修改和完善决策方案。

上海联通紧密结合厂务公开与改进工作，认真听取广大员工的意见和建议，及时发现和解决问题，推动各项工作改进。党群工作部、综合部、人力资源部、监察室、计财部、工会等部门按照各自职责提供公开内容并进行解释，由工会负责组织具体工作事项。监察室负责组织监察和检查评议厂务公开工作实施情况，确保公开效果。

2003年开始，上海联通工会对企业经营业绩需要公开的情况及集体合同、劳动保护、医疗保险、养老金等职工福利——列出并进行检查。

表6-2-4　2003年上海联通厂务公开检查评议表

序号	内　　容	检查评议结果
一	企业经营管理和改革发展方面的内容	
1	企业改革、重组等方案	无内容
2	年度和中长期发展规划及经营业绩	2003年1月15日分公司工作会议上予以公开；2003年1月22日全体员工大会上予以公开
3	分公司涉及职工利益重要规章制度的建立和修订	职工代表组长扩大会议讨论通过"分公司2002年度员工考核办法"和"分公司补充养老保险实施细则"
4	经济责任制考核办法修订与落实情况	2003年1月15日分公司工作会议上予以公开（二级以上干部参加）
5	企业面临的困难、问题、盈亏及对策	无内容
二	涉及职工切身利益方面的内容	
1	集体合同的签订和履行	2002年12月27日，召开工会会员代表大会审议通过并签订集体合同
2	关于劳动合同的规定及集体劳动合同文本	职工代表组长扩大会议审议通过劳动合同管理办法

〔续表〕

序号	内　　容	检查评议结果
3	安全生产和劳动保护措施	正在修订
4	职工住房(货币)分配方案修订	无内容
5	职工住房公积金、医疗保险金、养老金、失业保险金的缴纳办法及执行	2003年6月13日，职工代表组长会议上审议通过了"分公司补充养老金保险实施细则"
6	工资制度改革实施细则修订	无内容
7	职工奖惩办法的修订	拟定中
8	帮困基金管理办法及使用情况	尚未进行
9	职工培训计划、安排及落实情况	实施中
10	工会工作报告	2003年3月12日工代会暨职代会上审议通过工会工作报告
11	工会经费审查报告	2003年3月12日工代会暨职代会上审议通过工会经费审查报告
12	工会技协经费审查报告	2003年3月12日工代会暨职代会上审议通过工会技协经费审查报告
三	领导人员党风廉政建设方面的内容	
1	民主评议中、高级管理人员	2003年4月上旬，对高级业务主管以上干部进行了民主评议
2	业务招待费使用情况	2003年3月12日工代会暨职代表会通过业务招待费使用情况报告
3	领导干部及中、高级管理人员个人廉洁自律的情况(办法中内容第二条部分)	组织填写2002年下半年领导干部廉政自律自查表；2003年1月16日签订党风廉政建设协议书
4	中、高级管理人员执行党纪政纪的情况	尚未召开民主生活会
5	中层以上管理人员、重要岗位人员的选聘、解聘和任用、免职情况	2003年上半年人力资源部将7人任职予以公开
四	企业发生的重大事件、重大通信事故及其调查处理情况	1. 2003年6月在第6次总经理办公会议通报相关重大事件； 2. 2003年6月召开三级以上干部大会，对重大事件进行通报
五	分公司必须认真执行有关中国联通明确规定的重大问题	
1	执行中国联通或市住房分配改革的方案及结果	无内容
2	职称评审的结果	2003年4月已将职称评审的相关文件张榜公布
3	评先创优的条件和结果	评先创优的条件及结果均进行了公式
4	其他执行中国联通明确规定的重大事项	无内容
六	企业职工群众普遍认为应当公开的其他方面的重要内容	希望尽快制定员工奖惩办法，避免各部门在实施奖惩中出现不平衡的情况

　　2004年7月，上海联通党委对落实《工会法》厂务公开五大类22个方面主要内容进行检查并向中国联通党组织作汇报。

　　2005年6月25日，上海联通厂务公开监督评议小组根据当年检查评议主要任务，对实施厂务公开情况进行检查评议。监督评议小组认为：厂务公开工作起步后，由于领导重视，职代会和工会组织积极努力，同时得到职能部门积极配合，厂务公开有良好开端，基本工作开展正常、健康，并取得一定成效。但由于上海联通各项业务快速发展，管理及制度建设还存在滞后。

2006年，上海联通发文明确厂务公开领导小组组长由党委书记担任，副组长由党委副书记担任，组员由综合部、党群监察部、工会、人力资源部、计划建设部、财务部负责人担任；厂务公开工作监督小组由党群监察部负责，工会、人力资源部和职工代表组成；厂务公开工作小组由工会负责。厂务公开工作在厂务公开工作领导小组领导下严格按照程序进行。

8月7日，《建立健全上海联通厂务公开工作责任制实施意见》公布，健全组织，明确职责，强化厂务监督职务检查具体方案。

2008年，上海联通工会进一步促进厂务公开内容、程序和方式制度化、规范化。工会积极主动围绕企业发展，进一步强化职代会民主管理，特别是加强企业重大改革事项预告制、涉及员工切身利益重大方案表决制和职代会民主评议领导干部制等职代会3项刚性制度建设。

第四节　职　工　活　动

一、竞赛活动

【技能竞赛】

2004年，上海联通各部门工会根据各自特点开展一系列岗位技术练兵活动和技术创新活动，提高员工素质。移动部工会开展"网络创优质应从我做起"活动，在部门领导带领下，全体员工放弃节假休息日进行寻找网络质量问题网络监测活动。

是年，上海联通工会组织开展技术创新活动、QC小组活动，共组建成立20个QC小组，17项形成课题成果并发布，其中2项被评为上海市优秀发明奖，6项被评为上海市职工技术创新成果奖和优秀技术成果奖。无线优化QC小组获2004年全国通信行业优秀质量管理小组。客户服务部开展"服务窗口有奖征求意见活动"和业务技术知识竞赛等活动。

2002—2005年，上海联通工会为配合企业提高网络质量中心工作，在公司范围内开展一系列技术创新活动。基础网络部工会举行线路维护操作技能竞赛，安排维护人员参加在建工程项目设备调试、开通等技术技能演练活动。有针对性开展现场技术培训和新建设备技术交流活动。客户服务部开展"服务窗口有奖征求意见活动"和业务技术知识竞赛等活动。开展全员销售、网络监测、推广新业务和催讨欠费等全员劳动竞赛活动，"我为联通献一计""为新年新开局献计出力"和以提高经济效益为中心等合理化建议活动。工会每年发文推荐各部门科研小组参加市技协组织的QC小组活动，多次获上海市职工技协经济技术创新活动优秀技术成果奖。

2009年，工会与移动网络运行维护部、网管中心和网优中心联合开展"3G护航"劳动竞赛。围绕经营收入指标，结合执行中心"宽带飓风""沪港快线"等活动。6月，全面启动服务技能大赛，600多名客服人员踊跃报名，共组织38场比赛。经过海选、初赛、复赛、16人培训、9人集训、6人备战集训6个阶段，充分调动员工积极性，全面提升客服人员全业务服务技能水平。8月起，开展"促进驻地网宽带签约与开通拉力赛和促进宽带开户率及用户数提升拉力赛"。配合网络运维部开展"提升网络资源准确率百日劳动竞赛"与市场部联合开展"奋战150天，誓夺3G任务指标"活动。

【劳动竞赛】

2005年4月26日至8月30日,为实现提升网络质量,建设精品网络目标,针对当时网络故障多发,工程监护、随工验收漏洞较多,人员安全意识不到位问题,工会与运监部决定开展"百日无严重通信故障"劳动竞赛。

2008年,上海联通工会抓住全国总工会及国资委组织开展"工人先锋号"和"红旗班组"创建活动契机,结合"创先锋、树红旗、迎奥运"活动主题,组织广大员工积极参与以"推进分公司发展,提高业务收入"为主线的营销劳动竞赛活动。以办实事办好事为宗旨,丰富各部门工会组织开展"创争""建家"活动,努力造就一批服务明星、技术标兵、管理骨干、业务能手和营销状元,不断提升员工业务技能和综合素质队伍整体水平。

2009年,上海联通开展为期2个月的"危中寻机,共克时艰"劳动竞赛。

2010年,为提升窗口营销服务水平,塑造良好企业形象,上海联通工会和服务监管部牵头于4月底组织开展涵盖各窗口服务渠道"感知用户需求,实现服务创新"创意大赛,10月28日落幕。创意大赛共收到24个创意方案,其中22个创意方案进入实施阶段,经由社会监督员和用户代表组成大众评审团感知评分,以及由工会、市场部、销售部、集团客户事业部、服务监管部等部门组成的专家评审团现场打分,评出一等奖1名、二等奖3名、三等奖5名和优秀奖13名。

二、文体活动

1998—2010年,上海联通工会举办歌咏比赛、文艺联欢会、拔河比赛、乒乓球比赛、羽毛球比赛等活动,并成立5个体育健身俱乐部。

表6-2-5 1998—2010年上海联通、网通公司工会文体活动统计表

时间	文体活动内容
1998年春节前夕	上海联通组织职工迎春联欢会,邀请协作单位参加
2004年1月6日	上海联通2004年新春联欢会
2004年3月4—11日	上海联通举办以"关爱健康"为主题的首届员工运动会。内容有球类、游泳、棋牌、拔河、摄影等
2005年2月1日	上海网通2005年新春联欢会
2005年5月30日—6月10日	上海联通员工子女才艺作品展
2005年9月16日	"花好月圆 联通你我"中秋联谊会
2005年12月9—10日	上海联通与上海电信公司长途通信部联合组织前往东方绿舟举行为期两天的单身员工"交友联谊"活动
2005年12月28日—2006年1月31日	"才艺之作 精彩共赏"——上海联通员工艺术风采展
2006年1月24日	2006年上海联通新年联欢会(全体职工)
2006年6月8日	零距离"无线—联通"青年交友联欢会(上海联通、上海无线通信研究中心)
2007年11月22日—12月12日	上海网通第一届职工健身月活动。包括乒乓球、中国象棋、"大怪路子"和"80分"4项比赛

〔续表〕

时　　间	文体活动内容
2008年1月22—31日	上海网通2008职工迎春摄影展
2008年4月25日—6月30日	上海网通"强身健体迎奥运,上海网通齐喝彩"第二届职工健身月活动。包括:乒乓球团体比赛、羽毛球团体比赛、"大怪路子"比赛、拔河比赛、跳绳比赛、踢毽子比赛
2008年8月20日	上海联通员工迎奥运登高比赛——"百万通信职工迎奥运"上海分公司活动
2009年6月15日—11月30日	"迎世博,助健康"上海联通职工健身系列活动。团体比赛:拔河、羽毛球、乒乓球、"大怪路子"。个人比赛:斯诺克、中国象棋、跳绳、踢毽子
2009年9月25日	上海联通"迎国庆60周年,展联通新风采"歌咏比赛
2010年6月19日	上海联通第一届职工钓鱼比赛

2004年,为庆祝上海联通成立10周年,弘扬联通员工"拼搏"精神,讴歌联通人艰苦奋斗的创业历程,推动员工文化活动开展,工会举办员工书法、绘画和摄影作品展览,推荐优秀艺术作品到中国联通参加评审及展览。在中国联通员工摄影书画作品大赛中,上海联通的"惊雷印痕"获书法三等奖,"风卷芳草舞残阳"获绘画三等奖。

三、职工关爱

【职工之家】

2006年,为规范职工之家验收范围及标准,工会制定《上海联通职工之家建设工作考核标准(试行)》。一是积极参与厂务公开民主管理工作和支持各项制度改革。二是正确维护职工合法权益,妥善处理员工劳动纠纷和劳动争议问题,做到件件有落实;积极参与开展岗位练兵、技术/业务比武、劳动竞赛等活动。三是做好劳动保护、组织员工开展合理化建议、技术革新、技术创新、发明创造、QC小组活动和劳动安全、劳动竞赛等。四是配合行政落实安全生产及劳动保护工作制度和完成献血等各项任务,完成率100%。五是积极开展创建学习型班组活动,参加上海联通或部门组织的学习培训,各项学习、培训任务完成率达90%以上;落实国家和企业有关女工保护措施,开展女工工作。六是发挥工会"桥梁"和"纽带"作用,开展送温暖活动,经常与员工沟通,了解员工思想动态和积极参加上海联通组织各类捐助活动。七是关心员工生活,及时探望生病住院员工,履行帮扶困难员工的职责,开展送温暖活动和员工对部门工会工作的满意度达80%以上;加强"职工之家"建设工作,开展形式多样文体活动,推动企业文化建设。八是有规划、有总结和组织开展员工文体活动,活跃员工文化生活,推进企业文化建设和企业精神文明建设发展。

【送温暖活动】

上海联通工会每年将职工养老金、补充养老金、公积金、医疗保险金、失业金缴纳情况列入职代会专题报告,接受职工代表监督,保障职工代表知情权,维护员工利益。开展"实事工程",为员工办好事、办实事,增强企业凝聚力。工会为每个员工办理"上海市在职职工住院补充医疗互助保障计划"和"特种重病团体互助医疗保障计划"。每年开展元旦、春节送温暖活动,对困难和重病员工进行帮困送温暖活动。

1998年,上海联通工会先后为员工办理提供家庭饮用水、体检、疗休养等,改善职工住房分配,为一职工女儿"献爱心"募捐2万元。

2007年,上海联通工会对正式和派遣制困难员工进行23人次帮困补助,补助金额为42 532元。

2008年,根据《中国联通上海分公司女职工权益保护专项集体合同》规定,进一步维护女职工的特殊利益,上海联通工会继续组织女职工广泛深入开展"巾帼建功"活动。对长期在一线部门工作表现突出但家庭生活存在实际困难的员工,坚持"四必访"制度,实施帮困送温暖等活动。

第五节 职工技协

一、机构成立

1996年9月14日,中国联通同意组建上海联通职工技术协作委员会。11月18日,技协获营业执照。

1997年1月7日,上海联通职工技协委员会由朱文豹、陈景达、潘冬民、林以杨、于道拥5人组成,朱文豹任主任委员,陈景达、潘冬民任副主任委员。1月10日,上海联通工会召开1997年度职工技协工作会议。这是技协成立后召开的第一次工作会议,3位副总经理到会并讲话。技协负责人就技协成立过程、技协有关管理办法和技协工作意义作发言。会议提出年内技协要实现"四个一"目标,"内协项目一个不漏,外协项目一门不空,兴办一个实体、为职工办好一件实事"。

2000年7月5日,上海联通工会委员会决定技协委员会由蓝江群、华逸生、潘冬民、林以杨、徐群、韩辉勇、张伟村等组成。

二、服务企业

1997年,上海联通职工技协组织会员开展多种形式群众性技术攻关、技术交流、技术培训、技术咨询等活动,以促进员工技术素质提高,增强企业凝聚力。配合GSM三期扩容方案制定、市政动迁传输网络优化,为用户提供信息服务等方面相继实施多个项目。项目实施除有少量经济收益"输入"外,主要是依靠参加项目技协会员利用业余时间和自身优势进行技术"输出"。通过这些项目开展,一方面给员工们提供更多锻炼机会,以更强技术素质服务于自己岗位;另一方面为网络优化和服务功能延伸提供载体。技协在承接虹桥路朱梅路口的市政迁移工程技术服务项目时,正值三期传输工程经过该处,技协项目组主动与工程处联系,在实施该项目的同时为三期网络传输预埋管道,确保三期传输工程在该处顺利实施。

1997年,第八届全国运动会在上海举行。《解放日报》社为提高新闻宣传时效,希望利用移动电话无线数据传输技术来将现场照片传回报社。职工技协获悉后,主动担此重任。技术人员连续熬夜钻研苦干,经反复试验,利用130网具有国际水平技术装备和具备较强网络功能优势,挖掘出网络原所具备的数据传输功能。记者可直接用便携电脑或数码相机连接手机,将现场照片传送报社电脑排版网络中心直接编辑制版,其简洁、方便、快速的图片传输方法,受到编辑和记者欢迎。10月24日全运会闭幕当天,《解放日报》刊登通过联通130网无线传输的闭幕式照片。此次尝试,开创了中国联通利用130网移动电话创新彩色照片进行数据传输的先河。《解放日报》于10月25日和11月2日进行专门报道。

图6-2-1 1997年10月25日《解放日报》报道

1999—2003年,上海联通工会职工技协对外共签订技术安装合同162个,其中1999年32个、2000年32个、2001年59个、2002年32个、2003年7个。

第三章 共青团

上海联通共青团委员会自1996年成立以后，在组织建设、思想教育和社会活动方面取得很大成绩。上海联通组织团员青年开展各项有利于企业发展的活动，积极投入公益活动，带头帮困支教，抗震救灾抢在第一线，设摊参与上海联通街头宣传活动。2009年新一届团委成立后，紧紧围绕企业发展，深入学习实践科学发展观，投身上海联通改革事业中去；树立服务意识，努力建成一个有凝聚力的共青团组织。

第一节 组织建制

一、筹备成立

1994年9月上海联通成立以来，随着公司不断发展，青年员工比例随之增加。为更好组织全体团员青年积极投身公司各项工作，发挥在企业两个文明建设中的作用，经党委研究决定，1996年7月，上海联通团委筹备组成立。7月23日，经征求有关方面意见，确定陈景达、俞志发、赵量、王政、刘旻旻为筹备组成员。

1997年3月24日，上海联通党委同意团委筹备组在1997年五四青年节之际召开上海联通首届共青团代表会议，并同意选举产生首届共青团委员会有关问题的请示。同时，对会议召开提出以下要求：听取团委筹备组工作报告及明确下阶段团委工作任务；酝酿、选举产生首届团委；酝酿产生首届团委候选人以及团代会代表产生等有关问题。根据团组织实际工作需要，建议首届团委由5人组成，按照团组织选举要求，实行差额选举。根据《中国共产主义青年团章程》规定和团员实际人数，代表人数拟定42名，占团员总人数70%左右，其中女代表15名。

4月25日，上海联通召开首届共青团员代表会议。选举产生共青团上海联通第一届委员会，周熙为书记。浦东新区团工委及上海联通党政领导出席代表会议，并向上海联通首届团委和团员青年提出希望和要求。

二、组织建设

上海联通团委筹备组在筹备工作中，得到共青团浦东新区委员会大力支持。经党委研究决定，并报浦东新区团工委同意，1997年4月3日，上海联通团组织关系挂靠至共青团上海市委员会。

2003年9月2日，根据团委工作会议精神，上海联通成立8个临时团支部并确定负责人：第一团支部邓云岚，第二团支部李以宁，第三团支部朱奕健，第四团支部王方珉，第五团支部白洁桦，第六团支部郑慧萍，第七团支部丁志琪，第八团支部傅晓鸣。

2004年9月28日，上海联通第三次团代会审议通过第二届团委书记陈旭所作工作报告。新班子提出，要在基层团组织和团员中开展创先争优活动，带动广大青年学先进、争先进，立足岗位作贡献,发挥党的助手和后备军作用,落实党对共青团要求,发扬"党有号召、团有行动"的光荣传统,切实把行动落实到具体实践中去,扎扎实实开展好创先争优活动。第三次团代会选举产生上海联通第三届团委委员:毛禹琼、庄元、刘志斌、陈荃、罗丽娟、胡晓萍、唐勇。11月2日,上海联通党委同意刘志斌、胡晓萍、唐勇、陈荃、毛禹琼、罗丽娟、庄元等组成团委,刘志斌任团委书记,胡晓萍任副书记。

2007年11月30日,上海联通党委增补陈扬帆为上海联通第三届团委委员,任书记。

2009年4月9日,上海联通召开融合后第一次团代会,48名团员代表参加大会。大会选举产生上海联通第一届团委,由李叶捷、杨柳、胡晓萍、展欣、黄璿、董晓、鲁艳组成。随后,上海联通第一届团委第一次全体会议对团委委员进行分工,胡晓萍担任团委书记,黄璿、董晓担任副书记,杨柳担任组织委员,李叶捷担任宣传委员,展欣担任文体委员,鲁艳担任学习委员。

4月13日,上海联通党委同意选举结果。要求团委在党委领导下,围绕中心工作,进一步夯实团组织基础建设,团结带领广大团员青年,为实现联通又好又快发展而努力。

表6-3-1　1997—2008年上海联通团委负责人情况表

姓　名	职　务	任职时间
周　熙	团委书记	1997年5月—2002年11月
胡　萍	团委副书记	1997年5月—2002年11月
陈　旭	团委书记	2002年11月—2004年11月
陈扬帆	团委副书记	2002年11月—2004年11月
刘志斌	团委书记	2004年11月—2007年11月
胡晓萍	团委副书记	2004年11月—2008年11月
陈扬帆	团委书记	2007年11月—2008年11月

表6-3-2　2002—2008年上海网通团委负责人情况表

姓　名	职　务	任职时间
顾树青	团委书记	2002年7月—2007年11月
钱　刚	团委副书记	2002年7月—2007年11月
黄　璿	团委书记	2007年11月—2008年11月
董　晓	团委副书记	2007年11月—2008年11月

表6-3-3　2009年上海联通、上海网通融合重组后团委负责人情况表

姓　名	职　务	任职时间
胡晓萍	团委书记	2009年4月—
黄　璿	团委副书记	2009年4月—
董　晓	团委副书记	2009年4月—

第二节 主要活动

一、活动引领

1997年6月11日,上海联通团委召开第一次团委扩大会,团委委员和各团支部委员参加。会议明确上海联通共青团和青年工作主要工作目标,具体安排下半年工作任务,包括开展"建设企业文化,增强凝聚力"座谈讨论、"树榜样、学模范"活动等。对后期举行"庆七一、迎回归"诗会具体内容、举办方式进行详细探讨。是月,团委班子进行调整后,上海联通团委工作全面展开。团委组织参与"支持再就业工程""对外窗口服务质量全面检查"等各项活动。上海联通进入发展时期,各项经营业务发展离不开团委号召下青年队伍发挥出的积极作用。

2004年4月29日,团委召开座谈会,团委委员和各支部代表共24人参加。获"全国用户满意服务明星"称号的客服部傅晓鸣介绍做好服务工作感受和体会;移动部优化中心侯文军介绍创建学习型组织的做法和成效;客服部团支部、基础网络部团支部等介绍开展有特色的活动经验。党委副书记张静星作总结讲话,要求团委和党群工作部制订团委工作计划,大力推进团的工作,加强团组织的建设,组织好团的活动。要求广大团员青年发扬主人翁精神,主动围绕上海联通中心工作,抓住机遇,在上海联通事业舞台上施展才华,锻炼成长,多挑重担。

2005年,上海联通10010号位升级。时值五四青年节,团委按之前制定的详细活动方案,开展"为联通服务品牌提建议活动"。活动以团员青年为主体,通过各种形式咨询和营销活动,对联通营业厅及10010热线的服务和营销提出合理化建议。通过这种与企业中心工作紧密结合活动,体现团员青年在上海联通改革与发展中的生力军作用。团委根据各个团支部特点与专长,在活动安排上做具体分工和要求:客户服务部等窗口一线团支部主要职责是深入移动、电信或外地省分公司,与自身服务进行对比,提出合理化建议;移动部等后台支撑部门团支部主要以体验联通服务为主,提出改进意见。各团支部采取电话访谈法、观察法、访谈法、问卷法、暗访法、办业务法等多种活动方式,力求用事实说话。同时各团支部在调研中互动沟通、加强交流、相互促进,丰富活动内涵。共计有62名团员青年参与活动,走访上海联通营业厅28家、外省市联通营业厅4家、上海移动营业厅15家、上海电信营业厅1家、外省市移动营业厅4家,拨打10010及1860共232次。

2008年3月1日,团委、客服中心、市南营销中心联手长宁区华阳街道,在中山公园开展"消费请客户放心,服务让社会满意"社区设摊活动。打出"携手华阳街道,共建和谐社区"横幅,以服务进社区为突破口,有效提升人气。现场设摊人员统一着装并佩戴工作证件,充分展现上海联通良好企业形象。

2009年4月14日,上海联通召开学习实践科学发展观活动团员青年座谈会。团员青年在座谈会上提出一些影响企业发展的问题,如营业厅存在多头管理、产品发布缺乏统一管理、大客户内部争夺等问题;同时就3G业务的销售策略、售后服务出谋划策,还对管理制度、网络建设、员工福利等提出积极建议。党委领导对团员青年高度关注企业发展态度表示肯定和赞赏,并要求广大团员青年在企业发展中起带头作用,发扬奉献精神,为创造企业和谐贡献力量。

二、榜样教育

2003年5月21日,上海市副市长杨晓渡会见随中国登山队成功登上珠穆朗玛峰的勇士——上海联通员工陈骏池,称赞他为上海人民树立了不畏艰险、顽强拼搏、勇攀高峰的榜样,既是上海联通的自豪,也是上海人民的自豪。上海市信息化系统各单位党委与党群部门、团组织相关领导及团员青年代表举行座谈会,陈骏池在会上畅谈登顶过程的感受。上海市信息化办公室党委副书记、上海联通党委书记在会上发言,号召党团员及全体员工学习陈骏池精神,并落实在各自的岗位中。

2008年11月,中央企业团工委组织开展中央企业青年成长成才"身边的榜样"评选活动,上海联通高度重视此次评选活动组织推荐工作,团委、党群工作部按照中国联通要求,从营销、建设、服务等工作中作出突出贡献的青年典型中遴选出推荐人选,积极准备申报材料。2009年8月,遴选产生100名青年典型,57名青年典型提名奖。上海联通移动网络公司网络建设部总经理刘彤,以忘我的工作精神带领员工投入3G网络架构确定、技术谈判和开工建设中,创造54个自然日开通1812个3G基站的建设目标,获中央企业青年成长成才"身边的榜样"称号。

2009年,上海联通副总经理鲁东亮获第8届"上海IT青年十大新锐"称号。鲁东亮大胆创新3G业务,提出"一对一营销""定制化营销""四位一体"营销和商业模式,在全国首推"刷卡手机"业务和"我爱疯"玩家营,推动3G产业链健康发展。

三、青年文明号

2004年,上海联通创建青年文明号领导小组成立,分管青年工作的党委副书记任组长,各二级部门主要负责人任组员。领导小组下设工作小组,日常办公室设在党群部(团委)。创建"青年文明号"成为共青团工作主线,以树立优秀青年标杆为重要载体,团结和带领广大团员青年积极投入企业业务发展。上海联通"创号"工作有制度、有计划、有执行、有落实。工作小组每半年度召开例会,组织实地检查和审核,成熟一家、申报一家、创建一家。"创号"工作注意点面结合,在已取得称号的青年文明号集体中,既有窗口一线营业厅、呼叫中心,又有后台网络优化部门。通过创建活动及"青年文明号手拉手"活动,前后台之间关系更融洽,沟通更顺畅,协作更紧密,对窗口服务、网络建设起到很好推动作用。10月,上海联通青年文明号创建实现零的突破,共有全国青年文明号2家,省(市)级青年文明号4家,全国青年文明号争创单位1家。

2004年,"全国青年文明号"网络优化室以"飞鹰"优化品牌为创建主题,通过分区优化形式,为全上海500万联通用户提供网络支撑。共获取全市范围412 725组室内测试数据,发现并解决GSM网络问题点4 817个和CDMA网络问题点2 233个。在分区优化中,网络优化室将优化人员分市局、东、南、西、北、郊区局共6个区域,分别与全市19个中心营业厅一对一直接对口。

2005年3月5日,上海联通"青年文明号"成员与南京路上"好八连"指战员一同走上街头,提供便民咨询活动。7月,上海联通团委组织青年参加上海市"迎世博"青年统一行动。

2006年3月5日及4月28日,上海联通连续举行2次"青年文明号"服务社会活动。广大团员青年和"青年文明号"成员积极投入"联通你我·关爱未来""关爱农民工子女"行动,带领小朋友参观科技馆、东方明珠、少年宫、少儿图书馆,建立"自由连通"图书馆。活动在社会上引起较大反响。是年,"全国青年文明号"天目西路营业厅提出以"微笑、温馨、真诚、练达、智慧"为核心的"向日葵"服务文化理念,把客户比作太阳,营业员比作向日葵,时刻围着客户需求转。该营业厅注重服务模式创新,在上海通信企业中,第一个推出"低柜式服务",拉近营业员与客户的距离。在营业厅设立"引导"岗位,开展"多说一句话""微笑天使"评比等活动。

"全国青年文明号"争创单位10010客户服务中心,以"联通10010"为创建口号,以"真诚、进取、完美"为创建主题,为广大客户提供"迅速准确、全面周到、贴心方便"的电信服务。

2007年是中国联通"优质服务年"。上海联通团委组织客服中心开展以"体验客户需求,铸就服务品牌"为主题的服务质量提升系列竞赛活动,开展"微笑口号""便民服务流程"征集等活动,真正做到"我们微笑让您听到",使客服热线用户满意度有切实提高。据6月统计数据显示,新时空用户满意度达98.5%,世界风用户满意度达97.6%,新势力、如意通用户满意度均在90%以上。

2008年6月27日,上海联通团委对"全国青年文明号"网络优化室、天目西路营业厅及2008年度"全国青年文明号"争创单位10010客户服务中心进行检查。严格按照《中国联通"全国青年文明号"考核标准》,重点查看台账资料、现场环境等。检查结果显示,三家集体创建工作深入扎实,台账资料清晰完整,围绕中心成效明显,完全达到"全国青年文明号"标准。

四、技术比赛

2005年,上海网通3G测试QC小组获上海市总工会、上海市团委、上海市质量协会颁发的上海市"地铁杯"QC小组青年成果擂台三等奖。

2006年,上海联通举行第二届青年创新创意大赛,历时近半年。50多位青年团员围绕业务创意推广、管理流程优化、技能技术革新等方面设计项目,经过网上海选、现场预赛等多个环节,7位选手进入决赛。9月29日进行决赛。党委副书记、副总经理、资深经理及部分二级部门主管并担任评委。大赛决出金、银、铜奖。党委副书记对比赛给予充分肯定。

2006年,网络优化室为每位青年人才量身定制职业规划和措施,每周固定时间组织业务培训,并不定期开展业务考核、岗位练兵、技能比武、创新创效等活动。全年人均学习88小时,出席率100%。网络优化室获"2006年度中国联通学习型班组"称号,室内共29人次获全国、市级、中国联通、上海联通各类先进称号。天目西路营业厅通过定时学习、定期业务考核、定期技能比赛三项制

图6-3-1 2006年上海联通第二届青年创新创意大赛优胜者

度,使营业员养成对自身服务水平、工作状态进行反思习惯。10010客服中心提供不同展现平台,挖掘青年员工潜能,对青年员工加以重点培养,安排到更适合岗位,受到青年员工极大欢迎。10010呼叫中心获"2006年全国质量信得过班组"称号。上海联通客服中心青年员工组成的Smile微笑QC小组"提高知识树利用率"课题获上海市QC小组成果擂台赛二等奖。上海联通呼叫中心开展"我有金点子"系列活动,并纳入绩效考核体系,员工结合工作建言献策,提出很多有价值的建议。

五、社会公益

1997年,上海联通通过各种宣传途经和传播形式,将企业推向社会、公众和市场,进一步提高公司社会知名度。香港回归期间,上海联通特制两面印有白玉兰、紫荆花和中国联通标志的红旗,联合国家新闻出版署和复旦大学,推出沪港两地爱国青年签名活动。活动得到社会肯定和支持,被上海市政府列入迎香港回归重大活动事项之一。中国联通的名字也随之传遍千家万户。

2007年1月19日,上海联通10013聋哑人短信服务热线率先在全国开通上线。10010呼叫中心团员青年加班加点,总结并整理一系列以聋哑人为服务对象的客服理念及操作规范,以实际行动迎接"特奥会"在上海举行。6月1日,上海联通团委相关人员赴浦东新区民办寿春学校进行爱心捐书捐赠仪式。寿春学校是一所九年一贯制学校,共有师生2000多名,学校办学条件差、硬件设施简陋,学生们没有课外读物。团委发动各团支部进行爱心捐赠,共赠送图书500册、文具用品3箱。寿春学校对上海联通关爱社会、热心公益义举送来感谢信。10月1日,上海联通团委组织30名团员青年参加"2007上海特奥会执法人员火炬跑"活动。

2008年3月,上海联通团委配合综合市场部做好"服务进社区"3·15咨询宣传活动。举办五四青年节团员青年才艺展,为青年员工搭建施展才华、展示风采舞台。综合市场部开展3G业务调研活动。与武警九支队团委签约共建,举行联谊活动、足球比赛等,在共建中实现业务发展。与浦东区域中心联系,为军营提供信息化服务。积极引导团员青年支援抗震救灾工作,为上海市青年志愿者赴川服务队提供通信保障,开展爱心关爱应急通信队队员家属活动,组织442名团员青年缴纳特殊团费21 485元。

10月,上海联通团委组织"联通杯"上海市肢残人运动会志愿者服务,组织单身青年参加团市委"益友圈"活动,参加系统单位"遇见爱情海"活动,组织部分团员青年参加奥运会后"赛跑全人类"活动。是年,上海联通团委创建工作得到上海市团委、创建检查小组充分肯定,获"上海市五四特色团委"称号。上海联通有13个集体、9人获全国、市级、综合系统、信息化系统荣誉,16人获上海联通优秀团员称号,5人获优秀团干部称号。

2009年,第十届上海市青年联合会第一次全会在上海展览中心召开,近800名青联委员出席大会。上海联通团委为大会提供现场展台服务。在产品创新部、集团客户部、个人客户部、客服中心、松江分公司等部门大力配合下,上海联通在展会现场推出3G产品演示、新业务介绍、靓号登记,个人客户部为大会制作祝贺宣传单,并为青联委员开发相应套餐,吸引众多委员前来咨询。

3月6日,党群工作部、团委牵头组织,在客户服务部、呼叫中心大力支持下,团员青年参加文明共建单位长宁区华阳社区主办的"学雷锋"服务活动。活动以"迎世博,献爱心"为主题,上海联通10010移动业务和10060数固业务能手在中山公园服务现场,向公众解答有关手机、宽带等各类问题。活动体现联通全业务经营特点,有效提升"新联通"品牌知名度。

第四章 精神文明建设

上海联通注重思想作风教育,结合形势,紧抓思想改造不放松,强调要弘扬正气,自觉抵制不良风气,保持清醒头脑,做到自爱、自律、自强,在行业内和上海争做排头兵企业。上海联通广泛深入开展精神文明建设,参与上海行风建设活动,积极投身社会公益,涌现出许多感人事迹。在抓好干部思想作风建设的同时,不放松对员工队伍的思想改造。除日常教育外,结合生产、经营、服务实践,专门邀请先进人物传经送宝。制定精神文明创建规划和考核标准,连续获第12、13、14届上海市文明单位称号。2009年,推出3年创建工作目标。

第一节 创建文明单位

1996年10月,党的十四届六中全会后,上海联通特邀专业理论工作者宣讲《中共中央关于社会主义精神文明建设若干问题的决议》,使全体员工对精神文明建设在市场经济建设大潮中的重要性有更深认识。

是年,上海联通为一名普通员工身患重疾的女儿开展"献爱心"活动,中国联通总经理李慧芬获悉后,提笔在《员工月刊》上写道:"我也参加上海分公司员工献爱心活动,寄去1000元表示爱心,望尽快恢复健康,好好学习,快快长大。"中国联通工作组和到上海筹备财务会议的中国联通审计室人员闻讯也主动捐款。此次"献爱心"活动,不仅为该员工解决急难,而且增强了队伍凝聚力,闪烁出上海联通精神文明建设光彩。

2002年2月,为加强精神文明建设和思想政治工作,推动企业两个文明建设取得新成果,上海联通制定精神文明建设考核内容及指标。

表6-4-1 2002年上海联通精神文明建设考核表

	序号	考核内容	检查办法	考核标准	分值	完成数	审核得分	备注
思想政治工作和精神文明建设(部门)	一	宣传教育及思想政治工作			4			党群工作部审核意见
	1	按布置落实分公司的学习计划	党支部记录、计划	重要内容未按上级布置组织学习扣0.2分,未落实扣0.2分	1			
	2	定期召开部门会议(全员或逐级),检查会议效果	党员会议记录	≥2次/单,未召开扣0.2分/次	1			
	3	干部、党员、员工遵守法纪、职业道德	发生违纪事件	受纪律处分1人次扣1分,通报批评1人次扣0.5分	1			
	4	为《上海联通》等媒体投稿	投稿数、见报数	见报1篇/单,未投稿扣0.5分,未见报扣0.5分	1			

〔续表〕

	序号	考核内容	检查办法	考核标准	分值	完成数	审核得分	备注
思想政治工作和精神文明建设（部门）	二	转变工作作风			3			党群工作部审核意见
	1	组织开展合理化建议活动	普及率	80%人次参与/半年。<60%扣0.8分,<30%扣1分	1.5			
	2	部门内外团结、协作、配合良好	是否有重大内部投诉	由于部门责任或内部投诉0.1分/件,有后果每项扣0.5分/件	1.5			
	三	围绕中心工作抓好精神文明活动			4			
	1	发挥党、工会、团委等作用,支持开展活动,取得成果	每半年不少于1项活动	未落实扣0.5分,参加人数<60扣0.5分	1			
	2	积极参与分公司党、政、工组织的培训、教育活动	无故缺席为0	出席率<80%扣0.1分,<60%扣0.5分	1			
	3	维护公司形象,维护用户利益		发生影响形象事件,一般扣1分,重大扣2分	2			
工会（部门）	1	劳动竞赛（4分）	销售统计（3分）	完成部门销售指标数90%,每低10个百分点扣0.3分	3			工会意见
			网络监察（1分）	网络监测参与人数90%以上,每低10个百分点扣0.1分	1			
	2	工会工作（1分）	月度例会评价	积极支持工会、部门工会落实完成工会年和月工作计划	0.5			
				工会组织活动部门会员参与率50%	0.5			
纪检监察（部门）	一	廉政建设执行情况			3			监察室意见
	1	半年度干部廉政自查填写按时上交	见上交率	100%,未按时上交扣0.2分	0.5			
	2	廉政教育培训出席率	签到记录	无故缺席率0,缺席1人扣0.1分	0.5			
	3	廉政信息员会议出席率	签到记录	无故缺席率0,缺席1人扣0.1分	0.5			
	4	廉政规章制度学习体会上交率	按布置统计	完成100%,少完成1次扣0.2分	0.5			
	5	与协作单位、合作伙伴在签订经济合同时签订廉政建设责任书	见责任书	100%,未签订1次扣0.1分	1			
	二	廉政信息反馈情况			1			
	1	廉政信息反馈（结合实际,有价值、有针对性）	按收集信息统计	每个部门每两个月上报1条廉政信息。少报1条扣0.1分	1			

2004年，上海联通成立精神文明创建工作领导小组，党委书记、总经理挂帅，党委副书记具体分管，各部门正职经理参加。领导小组定期开会，研究创建工作，制订创建工作计划，并做好总结。上海联通明确把精神文明创建列入全年绩效考核，每季考核一次，形成创建工作、经营任务同考核、同规划、同发展的局面。

2004年，为庆祝上海解放55周年，上海联通利用手机区域定位功能，向上海武警总队老干部提供手机定位呼叫服务，进一步实现科技以人为本的理念。与上海警备区合作开通"军事新时空"，有效改善驻沪部队机动通信能力，增强国防通信安全保密性。上海联通以通信网络和优质周到的服务，为驻沪部队和民兵、预备役部队信息化建设贡献力量。

上海联通在成立10周年之际，举办"世纪风"助学活动，资助华东师范大学学生。上海联通和上海市虹口区残疾人联合会合作，开展主题为"联通携手全社会，共同推进信息交流无障碍"手语培训，为上海近17万聋哑人提供手语服务，中央电视台、《解放日报》等多家主要媒体作报道。

2004年，上海联通聘请全国劳动模范徐虎为服务顾问。徐虎结合亲身经历讲课，使干部、职工获益匪浅。营业部代表向全体员工发出倡议，学习"辛苦我一人，方便千万家"的徐虎精神，把参加交通邮电系统文明窗口评选活动列入目标。

2005年，上海联通营业厅推行"向日葵"服务文化。形成"以微笑，带给客户愉悦；以温馨，带给客户温暖；以真诚，递给客户信赖；以练达，沟通客户心灵；以智慧，保护客户权益"的服务文化价值观。在全市通信行业中，上海联通第一个推出"免填单""低柜台"服务；第一个承诺移动电话"即买即通"；率先在上海推出无需入网手续、免月租费的移动电话预付费业务"如意通"。是年，四川路营业厅等5个合作营业厅被上海市通信管理局评为"文明示范点"。

1996—2005年，上海联通把创建文明工作连续纳入两个5年规划，每年提出创建目标。以"四大理念"（发展是硬道理，走竞合共赢之路，关爱用户、回报社会是企业的生命之源，内部和谐也是生产力）为抓手，为文明创建工作奠定扎实基础。

2005年5月25日，上海市精神文明建设工作会议召开。6月14日，上海联通获第12届（2004—2005年）上海市文明单位称号，标志着上海联通文明建设跨上新台阶。上海联通在创建文明单位过程中形成宝贵经验：在构建社会主义和谐社会思想指导下，坚持把"四大理念"作为公司的价值观和方法论，"四大理念"涵盖于企业发展、经营、管理、服务的各个方面，并始终贯穿在创建文明活动之中。"四大理念"是上海联通实现向上海市文明单位跨越的"推进器"。

2007年4月12日，上海联通召开"和谐上海·真诚连通"精神文明建设大会暨服务品牌推进会。是月，上海联通冠名支持"联通杯"交通文明征文大赛。5月，获第13届（2005—2006年）"上海市文明单位"称号。10月，在市文明办、市公安局联合召开的"文明在脚下——'两乱'交通宣传整治工作阶段总结推进会"上，上海联通作"扬交通文明新风，建和谐社会环境"交流发言。

12月，上海联通利用自身网络优势和资源整合优势，做好部队服务工作，与上海警备区、陆军预备役高射炮兵师合作共建"申武国防教育信息站"项目，为提高预备役部队和民兵建设质量进行有益尝试。"申武国防教育信息站"建成后，上海联通行业短消息平台可为广大预备役官兵和市民提供及时、准确的国防信息，有助于增强全民国防观念，完善国防动员体系，有效提升上海陆军预备役高射炮兵师的信息化水平。签约仪式上，总经理赵乐和师长谢德志分别发表讲话。中国联通客户中心负责人代表上海联通签署合作协议。

2008年7月，根据市委《迎世博加强精神文明建设600天行动》精神，上海联通积极宣传、落实市委精神，各项工作取得实效。制订《上海联通迎世博加强精神文明建设600天行动纲要》，同时通过《联通报》、办公网络系统等进行宣传报道,做到人人知晓,营造"迎世博、讲文明、树新风"良好氛围。9月8日是世博倒计时600天,上海联通向500万联通用户发送公益短信,在全社会营造"精彩世博,文明先行"氛围。该项工作得到市委领导充分肯定,特别批示表示感谢。上海联通积极开展"迎世博、讲文明、树新风"活动,在上海市"文明在脚下"宣传整治活动中表现突出,被列入首批交通法规考试白领考点,得到市文明办、市交警总队肯定。是年,上海联通获"迎世博贡献奖"。该奖由上海市精神文明建设委员会、上海市迎世博600天行动社会动员指挥部等单位联合评选。10月25日,上海市交通安全文明宣传日活动举行。上海联通作为全市100家市级文明单位代表,认领市级交通文明示范路口。

在2008年度上海信息服务行业先进评选中,上海联通获"上海市信息服务行业杰出贡献奖"。作为上海市信息服务行业会员单位和理事单位,上海联通积极配合上海信息服务行业协会开展内容采编、业内咨询、信息服务等专项工作,为营造健康、和谐、有序的网络环境贡献力量。是年,上海联通在"宽带我世界——上海站点"门户网站获"最具潜力大奖"。

2009年,上海联通大力加强精神文明建设,营造"以人为本、业绩至上、敢于创新、正德和谐"的主流价值文化。

2009年,上海联通网络维护中心获"上海市重点工程立功竞赛优秀集体"荣誉称号。上海联通作为基础电信运营商之一,长期积极参与上海市重大工程建设。尤其在奥运保障封网期间,许多干部员工放弃休息,共加班120余人次、1 000余工时。

2009年,上海联通围绕创建工作,相继完成机构、人员、办公场所及制度流程融合,建立14个准利润中心的区县分公司,基本形成一级管理、二级运营体系架构。以科学发展观学习为统领,深入推进企业思想文化建设,建立健全党、工、团组织,建立职代会制度。以"沟通、理解、融合"为主题,开展多形式的企业文化主题活动。

2009年,上海联通被评为第14届(2007—2008年)"上海市文明单位"。

第二节 阳光·绿色网络工程

2006—2007年,为落实上海市通管局《关于进一步开展打击出境赌博和网络赌博活动有关工作的通知》,上海联通数固业务小组连续3次对互联网发展的网站、服务器托管用户进行检查,核查上海联通网内网站496个IP地址情况,剔除其中200余个非联通网内域名,杜绝不良信息在联通网内传播。

2007年,上海联通开展信息产业部组织发起的"阳光·绿色网络工程"系列活动,并将此活动作为行风建设工作的重要内容之一。

上海联通强化组织领导,认真部署研究治理垃圾短信和不良移动信息内容相关办法和手段,重点针对如意邮箱、彩E邮箱系统做好垃圾邮件清理和防范工作;实施对互联网虚拟主机托管专项治理和清理;治理违法不良信息,倡导绿色手机文化,开展优秀科普活动,争创中国联通"绿色邮箱"品牌。引导用户享用内容健康、有特色和发展潜力的国家主流媒体移动增值业务。进一步完善和加强SP合作管理及相关办法,开展拨打10109696举报SP违规行为话费返还活动,充分保护用户合法权益,加强SP社会责任心,履行运营商管理义务,凸显企业社会责任。上海联通借助于"5·17"世界电信日"让全球网络更安全"主题纪念活动,进一步向社会公众宣传"阳光·绿色网络工程"。

上海联通高度重视清理垃圾信息工作。一是及时跟踪、分析总结垃圾邮件的各种表现形式,研究治理垃圾邮件方法,加强和完善垃圾邮件过滤功能和垃圾邮件处理功能,加大邮件系统管理和病毒防范功能,依托如意邮箱、彩E邮箱系统做好垃圾邮件清理和防范,实现反垃圾邮件过滤、防火墙设置。二是加强和互联网协会沟通协调,提高垃圾邮件处理效率,配合协会开展反垃圾邮件网络调查,从源头清查垃圾邮件。三是严把互联网接入服务关,加强IDC业务中虚拟主机、主机托管等互联网接入服务监管,逐一统计每个IP所做网站。同时完善接入服务管理流程和接入业务规范,关闭提供有害信息的互联网接入服务提供者。及时与市公安局和通信管理局沟通,严格控制"黑名单"服务提供者接入服务。四是针对网络安全隐患,健全安全管理制度,增加安全手段,如防火墙、入侵检测工具、漏洞扫描工具等,建设网络安全监测平台,及时发现网络安全事件,检测和查找网络安全漏洞并进行整改。五是引导客户使用上海联通邮箱业务,争创上海联通绿色邮箱品牌。在相关产品主题促销活动中,所涉及的对外宣传海报、单页等平面宣传物料上,增加"阳光·绿色网络工程系列活动"标识,扩大上海联通在用户层面的影响力。

上海联通结合"打击网络淫秽色情"等专项行动,积极完善监控手段和业务管理措施。设立专职业务拨测监控人员,加大拨测频度和范围,加强对文字、声音、图像和视频等信息日常动态拨测,有效监督运行中出现的淫秽色情和不健康信息。加大违规违约处理力度,从严从重从速查处提供淫秽色情不良信息及进行诱导用户行为的合作商,杜绝互联网接入服务提供者、信息服务提供者侵害消费者权益和提供淫秽色情不良信息行为。一经发现,按照公安部"属地管理"原则,及时移交公安机关依法查处。

2008年,上海联通设定10010客户服务平台为全市统一短信投诉举报号码,及时收集、汇总、跟踪各类涉黄、诱导等不良信息。

上海联通积极宣传"联通超信""联通手机音乐""优秀短信大赛"等文明健康、有特色和发展潜力业务和内容,通过邮箱、群发形式推广欧美流行音乐和古典音乐,有效隔绝盗版,保证音乐版权,倡导正版消费观念。

第五章　企业文化与社会责任

上海联通在初创时期就关注企业文化建设,每年行政与工会工作报告都要提及企业文化工作,并邀请复旦大学进行策划。随着企业发展,上海联通将企业文化建设与精神文明建设融合发展。1998年,党委工作报告中明确提到企业文化发展设想。2000年,酝酿企业文化发展规划大纲。融合后的上海联通将打造和谐统一的文化体系作为企业发展重中之重,逐步建立文化体系雏形。上海联通企业文化建设有方针、有目标,更有具体实施方案;有点、有面,更有制度保证。上海联通企业文化发展,不仅成为企业增添活力的助推器,同时在担当社会责任方面发挥重要作用。

第一节　企　业　文　化

作为全业务电信运营商,上海联通的企业规模、电信业务不断发展,网络与服务质量不断提升的同时,一直十分注重企业文化建设。

2003年,上海联通提出企业文化建设的指导方针:以党的十六届三中全会精神和"三个代表"重要思想为指导,坚持以人为本和全面、协调、可持续发展观,从实际出发,立足于培育,立足于改进,稳扎稳打,不断深入,有计划、有步骤地全面推进企业文化建设。企业文化建设目标是:整合价值理念,明确企业目标;实施人性管理、规范企业行为;强化激励机制,提高工作效率;提高全员素质,培育卓越团体;打造名牌文化、树立企业形象;健全服务体系,扩大社会美誉;从而整体上进一步提升综合竞争力,全面促进企业持续、健康、快速发展。

2004年,上海联通处于快速发展时期,需要在文化建设上逐渐建立起一套价值、观念体系,整合出价值理念基本要素,探讨和提炼出上海联通作为以科技为本、服务社会的电信运营商,其企业核心价值观、企业精神、企业使命、企业目标、企业作风的精髓所在,继而以此为核心,在网络质量和服务质量以及人力资源管理等方面根据实际需要推出单项价值理念,如经营理念、服务理念、管理理念、危机理念、质量方针、人才观、分配观、诚信观等。在重新设计上海联通企业理念时,注意切合实际情况、突出企业特质,注重开发企业内外存在的一切理念资源,最终形成具有实际性、独特性、感染性的上海联通理念。

在此基础上,通过企业家领导和专家指导,上海联通发动企业全体员工参与,对公司价值理念基本要素进行一系列发掘、筛选、梳理、创新,建立适应现代企业发展并为上海联通所接受的价值观。培育企业精神文化,是此后三年企业文化建设的重要工作。领导层、管理层身先士卒,用人格魅力诠释上海联通企业精神文化,为员工作表率;各级组织在员工中不断宣贯理念、强化意识,用身边事教育身边人,让员工明确奋斗目标,增强工作干劲,树立争当先进意识,呈现积极向上风貌;上海联通通过弘扬体现企业精神典型事例,让员工不断从身边先进中吸取上进的养料,潜移默化地接受企业精神文化洗礼。

【企业文化】
2004年,上海网通逐步加强企业文化建设。

2005年上半年,上海网通出台《上海网通企业文化大纲》,并积极推广和宣传企业精神。通过确立"打造一流电信运营企业,成为上海地区商业客户首选的电信综合服务提供商"的企业发展定位,使"主动、信任、学习、创新"企业文化理念深入人心。

2005年,上海联通建立行为规范系统,通过企业文化实践化、教育化、制度化、活动化,形成体现价值理念的运作模式、行为准则和习惯风气。

表6-5-1　2004年1月—2005年1月上海联通企业文化实施规划表

目标	内容	实施	完成时限	主办	协办
建立企业文化建设的组织机制和工作机制	组建企业文化建设的组织结构和机制	1. 建立重大决策由党政联席会议决定和日常事务由双月例会讨论的工作机制; 2. 确立由党群部、工会、人力资源部、综合部、计划部、市场部、财务部等部门经理参加的工作小组	2004年1月	党群部	相关部门
导入企业文化的初步概念和认知	开展企业文化导入阶段的宣贯	1. 开展中国联通《企业文化纲要体系》的问卷考试,让分公司全体员工对联通的大文化有所认知; 2. 通过OA、内部报纸或集中培训等途径,介绍企业文化内涵,形成共识; 3. 改版《上海联通》报,开辟《文明之苑》《管理论坛》《他山之石》《企业文化之窗》等专栏,宣传企业文化典型,营造气氛	2004年10—12月	党群部、新闻中心	各部门
制定上海联通企业文化纲要	考察公司当前的企业文化现状	1. 在员工中开展问卷调查,总结企业现有的观念意识、传统习惯、行为方式中的积极和消极因素; 2. 在对中层和高层领导间开展专题座谈,了解其对公司发展的思考,捕捉思想理念	2004年10—11月	党群部	综合部、工会、团委
	设计企业文化的基本理念和单项理念	1. 结合内外因素的考虑,对企业理念基本要素进行提炼、筛选、整理、加工、创新; 2. 设计出初稿,由领导、员工代表、咨询公司组成的班子进行探讨、提炼	2004年11—12月	党群部	综合部、咨询公司
	定稿《上海联通企业文化宣言》	结合中国联通大文化,确定上海联通的企业价值观、管理理念、经营理念、质量方针及人力资源管理理念等	2004年12月—2005年1月	党群部	综合部、人力资源部、市场部

上海联通注重健全完善企业文化网络,发挥特色团体和载体作用,让企业理念润物无声、潜移默化。坚持文化阵地建设,办好《上海联通》《上海联通信息》《每日动态》《内部参考》等报纸,充分发挥各自的宣传喉舌或文化建设作用。积极营造企业文化生态环境,提倡良好风气,实现"触目皆文化"。工会精心策划各种文体活动,提升员工身心健康,增进员工间感情、增强企业凝聚力。积极发挥小乐队、踢踏舞队、合唱团、乒乓队等文体团体功效,让企业活跃起来。

党群部负责宣传企业文化理念;工会开展各种文体活动,提高员工对企业精神认同感;综合部合作制定企业文化纲要,共同策划实施措施;计划部负责制定企业发展使命和愿景;市场部策划对外广告宣传,树立产品形象、企业形象;人力资源部负责人事制度建立和人员培训;财务部提供所需资金支持。

2005年,上海联通已拥有50家营业厅。营业中心提出完整而系统的营业厅企业文化纲要,即"向日葵文化建设纲要"。内涵包括:一是营业厅工作使命。一切工作围绕客户,客户是我们心中的太阳。二是营业厅核心价值观。我快乐,常给客户愉悦;我阳光,送给客户温暖;我真诚,赢得客户信赖;我智慧,引导客户消费;我团结,创造客户价值。营业厅在开展文化建设时较好解决业务工作与思想意识整合,做到同步发展,把"向日葵文化"建设渗透到日常服务每一个细节,激发营业员工作激情,以文化手段调整自身思想和行为,使营业中心产生较强向心力。从外部来讲,树立以客户为中心的上海联通营业厅服务品牌,取得良好社会反映。

表6-5-2 2005年上海联通企业文化活动责任表

目 标	内 容	实 施	完成时限	主办	协办
以刊物和网站为平台,大力宣贯公司企业理念	组织学习企业文化手册和行为手册	采取知识竞猜、答卷考试的方式组织员工深入学习企业文化纲要	2005年3月4日	党群部工会	
	借助《上海联通》和公司网站宣传	开辟专题论坛,进一步诠释公司理念体系	2005年1—6月	新闻中心	党群部
		跟踪报道弘扬企业精神的动态情况			
		生动介绍优秀企业的建设成果和经验			
以用户满意为宗旨,提升公司的服务水平	提升对外服务的形象和质量	启动"投诉效能管理机制"	2005年初	市场部	各部门
		将客服部的"首问责任制"扩大到公司全员;统一各营业厅的员工服饰和礼貌用语			
		规范各种资费套餐,提倡让消费者明白消费;规范代理商和代收点的行为活动;完善《营业厅管理细则》			
	强调"正规化建设规范化管理",提倡"无界服务"	结合《企业管理三年纲要》,逐步完善公司层面和部门内的制度管理体系	2005年上半年	综合部、人力资源部	各部门
		建立客服部、移动部、市场部等各相关部门之间的《质量一线牵》报刊,将客户投诉和网络维护有机结合			
从以人为本出发,凝聚人心,激昂士气	为员工提供充分发展空间	提倡领导干部"三看"(看会不会培养员工,看会不会管理员工,看会不会关心员工)	2005年6—7月	人力资源部	各部门
		推出"员工职业生涯设计卡"			
	促进员工身心健康,解决员工后顾之忧	举办羽毛球、游泳、踢踏舞等活动	2005年	工会	各部门
		开展"创学习型组织"等活动,开展合理化建议技术创新活动			
		实行派遣制员工关爱计划,创建"职工之家"			
	宣扬典型,用身边事教育身边人	在管理创新、技术开发、客户服务、优化维护等方面弘扬一批先进典型	2005年	工会	

〔续表〕

目标	内容	实施	完成时限	主办	协办
美化企业形象，提升企业美誉	完善视觉系统，参加公益活动	推出"科技为本、关爱社会"为主题的一系列公益活动	2005年	市场部	
		完善公司对外接待和面试制度，提倡"您好""请讲"等礼貌用语	2005年初	综合部	
		将写有企业精神和各项理念的匾额、壁画悬挂于公司各显目位置，力求"触目皆文化"	2005年公司搬入新大楼后	行政部	
		统一公司员工上班着装			

上海联通结合培训教育、制度规范、绩效考核等措施，力求将企业理念充分付诸于企业运作和职工行为，让制度管理和文化管理相辅相成，并逐渐向文化管理转变。弘扬一大批在企业文化建设中涌现的先进个人和事迹。发展具有特殊意义的典礼仪式，如干部任免仪式、新员工加盟仪式、感恩家属仪式，增加员工归属感和自豪感。努力将《上海联通》做成"立足企业、声誉在外"的报纸。拍摄一部以上海联通企业文化建设为主题的电视片。

2010年，上海联通明确企业文化建设办公室（以下简称"办公室"）属精神文明及企业文化建设委员会（以下简称"委员会"）下设常设性机构。办公室设在企业发展部，构成部门为企业发展部、综合部、党群工作部、人力资源部、工会、纪检监察室。办公室主要职责：在中国联通企业文化总体思路指导下，确定企业文化及实施大纲；牵头落实企业文化实施大纲。上海联通将以"以人为本、业绩至上、敢于创新、正德和谐"为指导思想，在企业内部大力弘扬"四种文化"：以绩效为导向的执行力文化、以精确化管理为基础的管理文化、以与时俱进为特征的创新文化、以诚信感恩为内涵的服务文化。为扎实有效地开展企业文化建设工作，企业文化办公室各成员单位进行责任分工，见表6-5-3。

表6-5-3　2010年上海联通企业文化建设办公室成员部门任务表

核心价值观	对应工作内容	责任部门
以人为本	建立员工职业发展通道	人力资源部
	完善员工福利体系	人力资源部、工会
	开展帮困、送温暖活动	工会
	形成员工沟通机制	工会、人力资源部
	员工生日、婚育祝贺	工会
	员工体检、医疗保障计划	人力资源部、工会
	开展休假计划	人力资源部、工会
	员工专业培训、读书计划	人力资源部、工会
业绩至上	修订、完善各单位考核制度并严格执行	企业发展部
	修订、完善各级员工考核制度并严格执行	人力资源部

〔续表〕

核心价值观	对应工作内容	责任部门
业绩至上	开展岗位练兵与技能比赛	工会、党群部、人力资源部
	开展先进班组评优活动	工会、党群部、人力资源部
敢于创新	积极组织分公司各单位参与集团管理创新评比活动	企业发展部
	建立分公司内部管理、技术创新奖励制度	人力资源部
	组织管理、技术创新竞赛活动	工会、企业发展部
正德和谐	编写员工手册、职业道德规范	人力资源部、党群部
	形成员工沟通机制,设立领导接待日	工会、党群部、人力资源部
	定期组织员工家属活动和单身员工活动	工会、党群部、团委
	开展员工健身、健康咨询	工会
	利用短信提醒、警句格言征集活动、廉政报告会、廉政录像等,增强员工守法自律意识	监察室、综合部

为逐步统一员工思想,实现企业文化融合平稳过渡,融合重组后的上海联通新一届领导班子将打造和谐统一的文化体系作为重中之重,把价值理念当作上海联通文化体系雏形。在随后一年多,上海联通不断提炼总结这一核心理念,最终形成"人为本、绩为先、责为重、和为贵、变为通"的15字核心价值观和"以绩效为导向的执行力文化、以精确化管理为基础的管理文化、以与时俱进为特征的创新文化、以诚信感恩为内涵的服务文化"四种文化体系。上海联通是中国联通首家打造文化体系、具有自有核心价值观的省级分公司。

第二节 社 会 责 任

一、回馈社会

【"98"希望工程】

1998年,上海联通团委响应团市委号召举行"98"希望工程献爱心大行动,团员青年踊跃捐款。6月25日结束,捐款额4670元。

【向高校学生献爱心】

2002年,在上海市教委、文汇新民报业集团共同组织的"文汇报、新民晚报与大学生心连心"活动中,上海联通向上海高校学生宿舍赠阅3.5万份《文汇报》。6月5日,《文汇报》赠报仪式在松江大学城进行,市教委、文汇新民联合报业集团领导及上海联通总经理等与全市10多所高校近2 000名学生参加。赞助公益事业,关注学生健康成长,体现上海联通对用户的热情回报,也表达了上海联通对教育事业的关注与支持。为进一步方便高校学生通信,特别是解决外地学生打长途电话经济负担较重问题,上海联通与市教委继续合作,在大学校区设立联通193长途和IP超市,推出学生专用长途电话服务。

【保护母亲河·绿色希望工程】

2002年,为纪念上海联通成立8周年,更好地回报社会,上海联通举行"用绿色手机、献一片爱心——社会名流共享联通CDMA"活动。将绿色CDMA手机赠送给为上海城市发展作出贡献的全国劳动模范、中科院院士、享受国家特殊津贴的科学家、特级教师、世界冠军运动员、杰出青年以及文化、艺术、影视界知名人士代表,携手上海市"保护母亲河·绿色希望工程",与社会名流代表共同签订捐赠协议,将前两个月的通信费以社会名流个人名义捐献给上海市"保护母亲河·绿色希望工程"。捐款用来改善上海母亲河的生态环境,使黄浦江、苏州河水更清,上海更绿,为造福子孙后代献一片爱心。

【抗"非典型性肺炎"】

2003年,上海市信息化党委专门发出通报,表彰上海联通为抗"非典型性肺炎"(以下简称"非典")所做的积极努力与贡献。上海联通党委认真贯彻市委、市政府和中国联通关于抗"非典"一系列重大决策和重要指示精神,积极投入这场没有硝烟的战斗。充分利用综合电信运营商优势,积极提供多种通信技术和业务,满足抗"非典"通信需求。"五一"前夕,上海联通向市抗"非典"总指挥部赠送价值100万元的CDMA手机及话费,并送去全体员工向白衣天使的问候;向市卫生局赠送两套"宝视通"电视电话会议设备,该设备可与卫生部直接连通;针对CDMA WAP用户,在WAP网站免费增开抗"非典"专栏,使用户能及时了解政府及有关部门抗"非典"最新信息;与《新闻晚报》合作,开展"非常短信5月非常行动"活动,积极发动联通用户参加非常短信评比。5月11日17—20时,上海联通与形象代言人姚明协作,在上海电视台体育频道和上海卫视频道直播"超G明星、超G爱心——抗'非典'互动访谈节目",宣传联通新时空CDMA品牌与全国人民一道同心抗击"非典"形象。开通联通13301660043捐款热线和9580短信捐款号码,3小时内为上海市抗"非典"基金筹措到约370万元(含企业捐赠)。

【赞助世界中学生运动会】

2003年11月和2004年8月,上海联通分别承办第18届世界中学生足球锦标赛和第7届全国大学生运动会,并出资150万元赞助世界中学生体育联合会。

【联通阳光敬老卡】

2004年1月,上海联通和上海阳光助老服务中心合作开发,联手推出"联通阳光敬老卡"活动。该卡增加"电子保姆"功能。老年人遇到紧急情况,只要按下手机预先设置的"救助键",即可解决定位、互动等问题,并通过和120、110联网及时提供救助。推出"区域定位求助服务",进一步拓展定位服务范围。功能方便,在受理、资费等方面也充分考虑老年人实际情况。此卡可在上海联通营业厅、市老龄委指定社区服务点、上海阳光助老服务中心和永乐各门店办理,60周岁以上老人在联通各营业厅享有优先服务权。每月话时60分钟内可享受0.25元/分钟优惠资费,超过部分0.28元/分钟,并免费赠送"移动秘书"和来电显示功能。市委副书记、市老龄委主任刘云耕对此项活动给予充分肯定,并希望全市企业向上海联通学习,共同创造爱老敬老的良好社会风尚。

【助残帮困】

2004年,上海联通与上海市虹口区残疾人联合会合作,开展主题为"联通携手全社会共同推进信息交流无障碍"手语培训,为上海有语言障碍的17万聋哑人提供手语服务。是年开展"捐一日工资、献一份爱心"活动,部分捐款用于支援南亚、东南亚海啸受灾国家。

【助学拍卖】

2004年,为配合中国联通"世界风"通信服务并结合上海联通成立10周年庆典活动,上海联通联合高通公司进行爱心助学拍卖活动,活动所得款捐给华东师范大学,成立"联通助学基金",用以帮助该校师范类专业困难学生。拍卖会拍出10部世界风手机,每部手机配有上海联通精心挑选的幸运号码,拍卖后颁发证书。9月10日,拍出9组手机和号码;9月13日,上海联通10周年庆典上拍出最后1部手机和特别号码。华东师范大学困难学生收到"联通助学基金"后,专门给上海联通写信表示感谢。

【"双结对"活动】

2007年起,上海联通党委与南汇镇南村开展"双结对"活动,并不断深入。每年重阳节向该村330名老人每人赠送一桶食用油;除为当地农民销售桃子外,还为该村修建水泥马路,改善村民出行。各党支部也积极奉献爱心,开展"双结对"活动。运维国际党支部向第一福利院408寝室老人提供多项服务,关心老人生活起居,解决老人各种困难,赢得老人们一致赞誉。综合市场部党支部为上海武警九支队提供通信服务,加深军民情谊。数固业务中心除与天马通信支队开展业务交流外,还与黄浦区图书馆联手在部门内设立"书局",为党员和员工送上精神食粮。

二、支援灾区

【支援汶川】

2008年5月12日,四川汶川发生里氏8级地震,灾区绝大部分通信设施陷入瘫痪。中国联通在汶川县的GSM及CDMA两网通信全部中断,甘肃甘南地区4个县通信中断,陕西及四川阿坝地区共700个基站瘫痪,西安至成都2条长途光缆1条中断。5月13日,上海联通成立由网优中心技术骨干和综合部车辆驾驶员组成的应急通信分队,随即筹备设备和生活物资。5月14日,应急通信分队紧急集结,驾驶卫星应急通信车、移动应急通信车和通信指挥车各1辆,日夜兼程奔赴四川灾区参加通信保障工作。5月16日晚9时,应急分队跋涉2 500多公里抵达成都。整修车辆及设备后,根据中国联通和四川联通统一调度,应急通信分队冒着随时发生的余震和塌方、山体滑坡、山路崎岖泥泞等危险,取道雅安、小金、马尔康、黑水,绕行1 000多公里,5月21日15时抵达茂县重灾区。在极端艰苦和危险的条件下,迅速架设、安装、调试设备,投入当地通信保障工作。上海联通参加应急通信分队的9位成员在支援灾区的过程中,表现出忘我无畏的境界、高度的责任心和优异的专业水平。

第一批出征后,上海联通要求全体干部员工:第一,时刻准备,听从召唤,做好后续赴川参与通信保障工作的轮换梯队准备;第二,尽己所能,奉献爱心,用各种方式为灾区人民重建家园而积极努力;第三,增强团队精神,团结互助,自觉关心奔赴一线人员及其家属,给予他们精神和工作上的支持,尽力解除他们的后顾之忧。

为表彰应急通信分队人员在抗震救灾中作出突出贡献,根据上海联通员工奖惩办法第5条第5款的规定,经2008年第19次总经理办公会议研究,给予宋淳、顾斌、曹建华、王震霆、王川、曲继海、陈克俭、康成军、王成林、杨桂生、卢侃、康伟、陈俭、俞福均、朱永康、徐庭成 16 人通报表彰,并发放一次性奖金。

【公益支教】

2009 年 5 月,上海联通启动与《东方早报》合作主办的"雪域童年"公益支教活动。10 名志愿者奔赴四川茂县叠溪小学,进行为期 10 天的支教。在汶川大地震重灾区,孩子们坚持在简易板房内认真学习,夜深人静时老师们还在不辞辛劳地批改作业。志愿者们将这些动人画面,通过网络快速传递到上海联通,震撼了所有员工,一场爱心接力迅速展开。党员们纷纷献出爱心捐款,短短几天募集 7 万多元。上海联通用这笔爱心捐款,成立"雪域童年"专项奖学金,对口捐助叠溪小学。从此,上海联通与叠溪小学结下不解之缘。

"雪域童年"成为上海联通志愿活动的一个闪亮品牌。从 2009 年开始,每年 6 月 1 日,上海联通志愿者一定会出现在叠溪小学。前后五年,"雪域童年"奖学金总计颁发 6 万多元,奖励 100 多人次。

2010 年 8 月 8 日,8 位羌族小朋友来到上海,参加上海联通特别举办的"世博夏令营"活动。"雪域童年"活动引起社会各方广泛关注。

第七篇
人物·荣誉

概　　述

　　上海联通成立以来，历届党、政领导带领全体员工，坚持以"艰苦创业、开拓创新和奋力拼搏"的企业精神，克服白手起家时的重重困难，不断进取，砥砺前行，诚信经营，推进上海联通快速发展和不断壮大，赢得社会各界的认可和赞誉。17年来，上海联通涌现出许多优秀企业领导、业务骨干和员工，获得大量荣誉称号。本篇分人物和荣誉记述：介绍历任党、政主管领导简要履历和荣誉，先进个人主要事迹和贡献；记录获得全国性、上海市、集团及行业内荣誉称号的个人和集体。

第一章 人物简介

上海联通属中央企业,享受行政厅、局级待遇,高层领导人受央企和属地双重领导管理,上海联通历届党、政主管都由中国联通任免。人物简介以生年为序,简要叙述历任党政主管领导人主要履历;以生年为序,介绍先进人物简要事迹和贡献。

第一节 公司领导

刘振元 1934年2月出生,江西萍乡人。1956年7月加入中国共产党。1955年,就读中南矿冶学院(现中南大学)冶金系有色金属专业;1956—1960年,就读苏联科学院巴依可夫研究所研究生半导体专业,获技术科学副博士学位。1960—1983年,在中国科学院上海冶金研究所工作,历任助理研究员、副研究员、科技处长、副所长、国务院大规模集成电路专家组组长、高级工程师(研究员级)。1983—1993年,任上海市副市长、中共上海市委武装委员会常务副主任、上海市政府通讯领导小组组长。1993—2000年,任上海科技投资公司董事长;中国联通董事、中国联通驻上海联通首席代表,负责组建上海联通;上海麦可通讯投资公司董事长。

黄秉祺 1940年7月出生,上海川沙人。1964年9月参加工作,1984年6月加入中国共产党,高级工程师(研究员级)。1993年,被国务院授予"政府特殊津贴证书"。1959年9月—1964年7月,就读于哈尔滨工业大学电机系电气测量专业(本科)。1964年9月—1994年7月,在工业与信息化部电子第五研究所工作,历任计量中心工程师、试验中心副主任、研究所副所长、高级工程师(研究员级)。1994年8月—1997年7月,任河北省秦皇岛市副市长(干部交流)、市政府党组成员。1997年7月—2000年12月,任上海联通副总经理、总经理兼党委书记。2000年12月,从上海联通退休。

姜志明 1945年2月出生,辽宁朝阳人。1967年9月参加工作,1985年1月加入中国共产党,高级工程师,中国通信学会网路专业委员会委员,享受政府特殊津贴专家。1984年,获河北省科技成果四等奖;1994年,获邮电部科技成果二等奖。1962年9月—1967年9月,就读北京邮电学院电信工程系。1981—1991年,曾三次赴德国、加拿大受训16个月。1967年9月—1987年10月,在河北省衡水地区、保定市邮电局任工程师、总工程师;1987年10月—1994年7月,任河北省邮电管理局任副总工程师、处长;1994年7月—1997年2月,任中国联合通信有限公司市场计划部部长、寻呼有限公司执行董事、总经理;1997年2月—1998年3月,任上海联通党委书记、总经理。

霍长辉 1951年4月出生,江苏阜宁人。1968年3月参加工作,1969年10月加入中国共产党,高级工程师。1986年,南京邮电学院高等函授本科毕业。1971年初,从部队复员进入上海长途电话局工作;1983年,任机务一站站长;1985年6月—1994年7月,历任上海市长途电信局副局长、代局长、局长;1995年9月—1997年2月,任上海联通党委书记、总经理。

朱文豹 1951年10月出生,浙江绍兴人。1968年3月参加工作,1971年10月加入中国共产党,主任经济师。1977年就读复旦大学历史专业(本科),1996年在职就读上海旭日工商管理学院管理工程专业(研究生)。1977年10月—1994年4月,历任上海市邮电干部学校教师、市内电话局秘书、市邮电管理局办公室电信专业秘书、政策法规处主任经济师、电信业务部主任。1994年4—8月,任上海联通筹备组组长;1994年8月—1997年9月,任上海联通常务副总经理、党委委员、副总经理、工会主席。

马学全 1951年11月出生,辽宁昌图人。1969年3月参加工作,1971年8月加入中国共产党,高级经济师。1987年,毕业于黑龙江电视大学(大专);1995年,毕业于中共中央党校函授学院(本科);2004年,毕业于澳大利亚国立大学,获国际工商管理硕士学位。1985年,被评为优秀青年企业管理者标兵;1986年,被评为佳木斯市劳模;1993年,被鸡西市政府授予一等功奖励;2002年,被评为黑龙江省劳动模范;2004年,获全国"五一"劳动奖章;2006年,被评为辽宁省劳动模范。2002年,当选黑龙江省第九次党代会代表;2003年,当选为黑龙江省第十届人民代表大会代表;2007年,当选为上海市第九次党代会代表。1969年3月—1988年7月,历任黑龙江省富锦县邮电局工人、组长、公司经理、副局长、局长,黑龙江集贤县邮电局局长;1988年7月—1995年1月,历任黑龙江省大庆市邮电局副局长、黑龙江鸡西市邮电局局长、党委书记;1995年1月—2000年5月,历任黑龙江省邮电管理局副局长、党组成员、局长、党组副书记、党组书记;2000年5月—2002年8月,任中国电信集团黑龙江省电信公司党组书记、总经理;2002年8月—2004年7月,任中国网通集团黑龙江省通信公司党组书记、总经理;2004年7月—2006年8月,任中国网通集团辽宁省通信公司党组书记、总经理;2006年8月—2008年11月,任中国网通集团公司总经理助理,上海市分公司党委书记、总经理;2008年11月—2010年5月,任中国联合网络通信有限公司上海市分公司筹备组副组长、上海联通党委书记。2010年5月,任上海联通二级资深经理。2011年11月,从上海联通退休。

张　健 1955年5月出生,山东肥城人。1972年11月参加工作,1975年1月加入中国共产党。1983年,上海工业大学企业管理工程系全日制大专毕业;1994年12月,中央党校函授学院经济专业本科毕业。1994年,被评为上海市首届优秀青年企业家标兵和上海市十大杰出青年;1995年,被评为上海市优秀企业家、邮电部全国劳模、邮电部优秀青年知识分子;1997年,被评为邮电部有突出贡献中青年科学技术、管理专家。1972—1992年,任上海市内电话局四川路分局测量员、上海市内电话局团委副书记、中华路分局副分局长、营业室副主任、上海市电话局局长助理、副局长;1992年8月—1997年2月,任国脉通信股份有限公司总经理、党委副书记、副董事长;1997年3月—2003年11月,任上海市电话局局长(副局级);1999年6月,任上海市邮电管理局副局长;2001年3月,任上海市通信管理局党组书记、局长;2003年11月—2007年8月,任上海联通党委书记、总经理;2007年5月,当选为上海市第九次党代会代表。是年8月至2013年3月,任中国联合通信股份有限公司(A股)副总裁、董事、财务负责人。2015年5月,从中国联合通信股份有限公司(A股)退休。

施建东 1955年8月出生,江苏淮阴人。1972年参加工作,1976年加入中国共产党。1981—1984年,就读于华东政法学院法律专业、上海金融学院金融专业。1972—1979年,任上海南洋电机厂团委书记;1979—1990年,任上海市黄浦区人民法院副院长;1990—1995年,任上海市人民政府办公厅处长;1995年1月—1996年8月,任中共上海联通支部委员会书记、上海联通副总经理;1996年,任上置控股集团董事局副主席;2003年,任海展集团董事长。2005年,被任命为上海市贸易促进会名誉会长。

赵　乐 1955年11月出生,江苏宜兴人。1974年12月参加工作,1979年9月加入中国共产党,高级工程师。1978年12月—1982年12月,就读上海市第二工业大学计算机应用专业;1986年

9月—1989年7月,在职就读清华大学经济管理学院管理工程专业。曾赴英国考察、培训。工作期间被评为上海市劳动模范、上海市新长征突击手、邮电部优秀青年知识分子、上海市邮电管理局先进工作者。1981年,当选第五届全国青年联合会委员;1982年12月,当选为第十一届共青团中央委员。1974年12月—1978年12月,任上海市无线电管理处海缆登陆局机务员;1980年12月—1995年4月,历任上海市长途电信局助工、计划科副科长,上海国际卫星地球站站长、引进办主任、副总经济师;1995年5月—1999年4月,任上海市邮电管理局计划处副处长、处长,副局级助理巡视员,上海市邮政局副局长;1999年4月—2003年11月,任上海联通党委副书记、常务副总经理、党委书记、总经理;2003年10月—2007年8月,历任中国联通(香港)公司执行董事、副总裁,中国联通总部移动通信业务部总经理、网络建设部总经理、计划部总经理;2007年8月—2008年11月,任上海联通党委书记、总经理;2008年11月—2013年4月,历任中国联合网络通信有限公司上海市分公司筹备组副组长、党委副书记、副总经理、纪委书记、工会主席。2018年1月,从上海联通退休。

李 超 1956年6月出生,江苏宿迁人。1974年7月参加工作,1976年5月加入中国共产党,教授级高级工程师。1977年3月—1980年2月,就读于南京邮电学院有线通信专业;2002年2月,复旦大学在职管理硕士研究班毕业;1994年2月—2004年3月期间赴德国、瑞典、挪威、英国短期受训。2004年4月,被授予预备役大校军衔。2012年,被评为安徽省劳动模范。1980年2月—2000年5月,先后任江苏省淮阴市邮电局机务员、江苏省邮电管理局农话处技术干部、副科长、引进办主任科员、副主任、主任、计划建设处副处长、运维部主任、副局长、党组成员;2000年5月—2002年7月,任江苏省电信公司副总经理、党组成员;2002年7月—2003年9月,任江苏省通信股份有限公司(网通)总经理、党委书记;2003年9月—2004年7月,任中国网通集团南方通信有限公司副总经理、党组成员;2004年7月—2006年1月,任中国网通(集团)有限公司上海市分公司筹备组副组长、上海分公司党委书记;2006年2月—2010年1月,任中国联通云南省分公司党委书记、总经理;2010年1月—2013年3月,任中国联通安徽省分公司党委书记、总经理;2013年3月,任中国联合通信股份有限公司(A股)副总裁、财务负责人、董事会秘书;2016年3月,任上海联通资深经理;2016年6月,从上海联通退休。

蔡全根 1957年11月出生,浙江黄岩人。1977年9月参加工作,1979年6月加入中国共产党,高级工程师、高级政工师。1977年9月,毕业于浙江省邮电学校报务专业;1998年9月—2001年1月,在职就读中央党校成教学院企管政工本科专业;2004年9月—2006年12月,在职就读香港大学工商管理硕士专业。1997年,被评为浙江省"优秀企业思想政治工作者";2002年,被评为浙江省电信公司"优秀管理者";2007年,被评为陕西省"西部强省 时代先锋——2007陕西十大杰出经济人物""陕西省厂务公开民主管理工作先进个人";2007年,当选陕西省第十届政协委员。2002年,被授予预备役中校军衔。1977年9月—1993年5月,任浙江省嵊泗县邮电局报务员、邮政管理员、副局长、局长兼党委书记;1993年5月—1998年9月,历任浙江省舟山市普陀区邮电局局长兼党委书记,舟山市邮电局副局长(主持工作);1998年9月—2000年7月,历任浙江省舟山市电信局副局长兼党委副书记,局长兼党委书记;2000年7月—2003年4月,历任浙江省电信公司舟山市分公司党委书记、总经理,台州市分公司党委书记、总经理;2003年4月—2004年2月,任浙江省通信股份有限公司副总经理、党组成员;2004年2—7月,任中国网通集团南方通信有限公司浙江分公司筹备组副组长;2004年7月—2006年5月,历任中国网络通信集团公司浙江省分公司筹备组副组长、副总经理、党组成员;2006年5月—2008年11月,任中国网络通信集团公司陕西省分公司党组书记、总经理；2008年11月—2016年12月，历任中国联合网络通信有限公司上海市分公司筹备组组长、总经理、党委副书记、党委书记。

周仁杰 1959年12月出生，浙江绍兴人。1983年2月参加工作，2002年3月加入中国共产党，高级工程师。1979年1月—1983年1月，就读于上海科技大学分校计算机系计算机应用本科专业，获学士学位；1999年9月—2001年4月，就读于北京大学光华管理学院工商管理专业，获工商管理硕士学位；2003年1月—2005年12月，就读于香港理工大学工商管理专业，获工商管理博士学位。1990年，被评为上海市新长征突击手；1991年，被评为上海市邮电管理局先进科技人员（一等奖）；1992年，被授予上海市市内电话局突出贡献专业人才奖。1983年2月—1984年12月，在上海市市内电话局教育科工作；1984年12月—1990年1月，任上海市市内电话局维护中心S-1240负责人；1990年1月—1993年7月，任上海市市内电话局S-1240软件中心主任；1993年7月—1994年4月，任上海市邮电管理局浦东新区电信运行部总工程师；1994年4月—1995年3月，任上海市电话局浦东新区电话局副局长兼总工程师；1995年3月—2001年3月，任上海联通副总经理兼总工程师；2001年3月—2004年7月，任中国网络通信有限公司上海市分公司党委书记、总经理；2004年7月—2005年12月，任中国网通（集团）有限公司上海市分公司筹备组组长、总经理；2006年8月—2008年11月，任中国网通（集团）有限公司副总工程师、副总工程师兼技术部总经理；2008年11月起，任中国联通监管事务部负责人、监管事务部总经理。2019年12月，从中国联合网络通信集团有限公司退休。

王震东 1962年5月出生，上海崇明人。1982年8月参加工作，1987年10月加入中国共产党。1982年7月，上海市邮电学校市话通信专业中专毕业；1989年7月，南京邮电学院函授通信技术专业大专毕业；1999年8月—2001年9月，亚洲（澳门）国际公开大学工商管理硕士毕业。1982年8月—1993年10月，任上海市内电话局周家渡分局机务员、机务长，维护中心网管组负责人。1993年10月—1999年11月，任上海邮电管理局电信处运维部国际网络主管、电信总局国际卫星操作代表、中日海缆维护联络主任。1999年12月—2005年8月，任中国网通国际业务部总经理、国际网络部总经理、国际事业部副总经理、国际分公司上海中心总经理。2002年2月—2003年7月，任中国网通上海分公司党委书记。2005年8月—2008年11月，任上海网通国际网络维护中心总经理、运维部总经理兼南汇分公司总经理、运维部总经理、中区分公司总经理。2008年12月—2010年12月，任上海联通网络管理中心负责人、网络管理中心总经理、郊区发展推进办公室常务副主任、郊区推进办总经理、IDC及云计算运营中心总经理。

第二节 先 进 人 物

刘彤 女，1970年2月出生，山西五台人。硕士研究生学历，中共党员，中国通信学会会员，2010年任上海联通计划建设部总经理。她长期从事网络技术及管理工作，在通信网络规划、建设以及运行维护、质量管理、技术创新等方面均取得成果，为打造上海联通特色精品网络、推动网络及运维转型做出了贡献。2008年12月，刘彤主动要求到移动网建部工作。在她带领下，移动网建部投入到3G网络架构确定、技术谈判、开工建设中，使上海联通提前2天完成中国联通下达的"5·17"开通1 812个3G基站的建设目标，创造了54个自然日平均每天开通33.7个基站的纪录。先后获全国"三八红旗手"、全国信息系统劳动模范、中国联通劳动模范、中央企业优秀共产党员、中央企业"巾帼建功标兵"、中国联通优秀共产党员、"中央企业青年成长成才身边的榜样"等称号。

高　岚　女,1972年11月出生,江苏南通人。中共党员,研究生学历。2009年12月,被任命为上海联通"世博现场保障组"负责人。该组人员涉及部门多、专业广,她根据人员组成情况,制定详细保障计划,确定保障人员培训;快速恢复中断站点;加强世博基站工程验收及整改;及时落实解决厂商设备等问题。2010年4月16日,世博园区遭遇风雨冰雹恶劣天气,她提前到现场指挥,克服诸多困难,一天之内将多种专业的几百件备件转运到安全存放点;世博试运行期间,她每天早来晚走,理顺现场组工作流程、后勤保障、各场馆协调、处理工程遗留问题等。世博会开幕后,她每天审阅值班日志,每周到值班现场了解员工的思想和工作情况,及时协调保障工作中的各种问题。直至2010年10月31日,世博"现场保障"圆满结束。先后获得全国巾帼建功标兵、上海市文明岗称号。

侯文军　1976年2月出生,湖北天门人。中共党员,硕士研究生学历。2002年11月入职上海联通,全身心投入在500万用户的"G、C"两张大网的网络优化事业上。2003年,主持研发高层楼宇信号增强系统,获第十七届上海市优秀发明选拔赛成果奖,研发团队获"全国优秀质量管理小组"称号;主持研发的"飞鹰"无线网络优化管理系统获2005年中国联通科技进步二等奖、无线网络海量测试数据管理系统获第十九届上海市优秀发明选拔赛二等奖;他提出的WCDMA BBU＋双RRU取得了媲美GSM 900M信号的效果,为企业节约大量新站建设投资。先后获中央企业劳动模范、中国联通劳动模范、上海市信息化工作系统十佳青年等称号。

第二章 个人荣誉

在上海联通的发展历程中，基层和公司各部门涌现出很多充满激情与活力、团结协作、攻坚克难、勇于开拓、敢于担当的先进人物。本章主要采录获全国性、省部级、上海市级、联通集团和通信行业获得荣誉的先进个人分节列表。

第一节 全国性先进

表 7-2-1 2004—2010 年全国性先进荣誉一览表

姓 名	单 位	授予称号	授予时间	颁奖单位
刘 彤	上海联通	全国三八红旗手	2007 年 3 月	中华全国妇女联合会
高 岚	上海联通	全国巾帼建功标兵	2010 年 12 月	中华全国妇女联合会
侯文军	上海联通	中央企业劳动模范	2010 年 4 月	人力资源社会保障部、国务院国资委
彭炜泓	上海联通	全国用户满意服务明星	2004 年 2 月	中国质协用户委员会
傅晓敏	上海联通	全国用户满意服务明星	2004 年 2 月	中国质协用户委员会
施跃全	上海联通	全国优质服务月先进个人	2004 年 5 月	中国质协用户委员会
张国华	上海联通	全国优质服务月先进个人	2005 年 10 月	中国质协用户委员会
俞峥益	上海联通	全国优质服务月先进个人	2005 年 10 月	中国质协用户委员会
张 宾	上海联通	全国知识型职工先进个人	2007 年 6 月	中华全国总工会
张 宾	上海联通	中央企业知识型先进标兵	2007 年 6 月	国防邮电工会
黄晓瑾	上海网通	全国用户满意电信服务明星	2008 年 1 月	信息产业部行风建设指导小组、全国电信用户委员会

第二节 上海市先进

表 7-2-2 2003—2010 年上海联通上海市劳动模范一览表

姓 名	授予时间	颁奖单位
李 兵	2003 年 7 月	上海市人民政府
邹 琼	2007 年 4 月	上海市人民政府
陈扬帆	2010 年 7 月	上海市人民政府

表7-2-3　2007—2010年上海联通上海市三八红旗手一览表

姓　名	授予时间	颁奖单位
俞朱瑾	2007年2月	上海市妇联
戴　苓	2009年3月	上海市妇联
魏　欣	2010年12月	上海市妇联

表7-2-4　2005—2009年上海联通团市委先进个人一览表

姓　名	授予称号	授予时间	颁奖单位
刘志斌	上海市新长征突击手	2005年5月	共青团上海市委
周亚君	上海市新长征突击手	2005年5月	共青团上海市委
胡晓萍	上海市新长征突击手	2007年5月	共青团上海市委
姚赛彬	上海市新长征突击手	2009年5月	共青团上海市委
张　军	上海市新长征突击手	2009年5月	共青团上海市委
阮　韬	上海市优秀青年突击队员	2008年5月	共青团上海市委
邵　丹	上海市青年岗位能手	2009年5月	共青团上海市委
刘　彤	中企身边100位榜样青年	2009年8月	共青团上海市委
鲁东亮	上海市IT青年十大新锐	2009年11月	共青团上海市委

表7-2-5　2010年上海联通上海世博工作先进一览表

姓　名	授予时间	颁奖单位
秦培顺	2010年7月	上海市人民政府
胡德望	2010年7月	上海市人民政府
戴擎宇	2010年7月	上海市人民政府
丁和青	2010年7月	上海市人民政府
廉　平	2010年7月	上海市人民政府
姚赛彬	2010年10月	上海市人民政府
姜爱礼	2010年10月	上海市人民政府
杜丽红	2010年10月	上海市人民政府
虞绍俊	2010年10月	上海市人民政府
李冬梅	2010年10月	上海市人民政府
沈　茹	2010年10月	上海市人民政府

表7-2-6　2007年其他先进一览表

姓　名	单位	授予称号	授予时间	颁奖单位
马　震	上海网通	优秀工会积极分子	2007年4月	上海市信息化工作系统工会工作委员会
焦海军	上海网通	优秀工会积极分子	2007年4月	上海市信息化工作系统工会工作委员会

〔续表〕

姓　名	单位	授予称号	授予时间	颁奖单位
戴　顺	上海联通	上海市知识型员工	2007年6月	上海市总工会
蒋蔚蔚	上海联通	上海市知识型员工	2007年6月	上海市总工会
戴倩翌	上海联通	上海市文明岗	2007年6月	上海市总工会
高　岚	上海联通	上海市文明岗	2007年6月	上海市总工会

第三节　集团先进

表7-2-7　2003—2010年中国联通、中国网通劳动模范一览表

姓　名	授予时间	颁奖单位
张云高	2003年7月	中国联通
邹　琼	2003年7月	中国联通
李　兵	2003年7月	中国联通
张　中	2003年7月	中国联通
俞雁群	2003年7月	中国联通
刘　彤	2004年4月	中国联通
侯文军	2007年4月	中国联通
刘志刚	2007年4月	中国联通
张国华	2007年4月	中国联通
唐　静	2008年10月	中国网通
何　睿	2010年11月	中国联通
徐育寅	2010年11月	中国联通

表7-2-8　2008—2010年中国联通"巾帼建功标兵"一览表

姓　名	授予时间
王秀萍	2008年10月
费景芝	2010年10月
顾　华	2010年10月

表7-2-9　2008年中国网通迎奥运、塑形象、添光彩劳动竞赛优秀标兵一览表

姓　名	授予称号
周洁磊	劳动竞赛优秀标兵
柯贞平	劳动竞赛优秀标兵

〔续表〕

姓　名	授予称号
高　洁	劳动竞赛优秀标兵
徐　洋	劳动竞赛优秀标兵
黄　宏	劳动竞赛优秀标兵

表 7-2-10　2008 年中国网通奥运工作先进一览表

姓　名	授予称号	颁奖单位
陈　通	奥运工作先进个人	中国网通、中国网通工会
赵堂忠	奥运工作先进个人	中国网通、中国网通工会
陈　晟	奥运工作先进个人	中国网通、中国网通工会
耿向东	奥运工作先进个人	中国网通、中国网通工会
吴征栋	奥运工作先进个人	中国网通、中国网通工会
楚丙健	奥运工作先进个人	中国网通、中国网通工会
茅　勇	奥运工作先进个人	中国网通、中国网通工会
董　晓	奥运工作先进个人	中国网通、中国网通工会
魏文海	奥运工作先进个人	中国网通、中国网通工会
杨　晓	奥运工作先进个人	中国网通、中国网通工会
夏　钦	奥运工作先进个人	中国网通、中国网通工会
周　敏	奥运工作先进个人	中国网通、中国网通工会
颜寅申	奥运工作先进个人	中国网通、中国网通工会
许高翔	奥运工作先进个人	中国网通、中国网通工会
徐　洋	奥运工作先进个人	中国网通、中国网通工会
邵　宁	奥运工作先进个人	中国网通、中国网通工会
蔡志伟	奥运工作先进个人	中国网通、中国网通工会
钱映茹	奥运工作先进个人	中国网通、中国网通工会
周　炜	奥运工作个人贡献奖	中国网通、中国网通工会
黄　昳	奥运工作个人贡献奖	中国网通、中国网通工会
戴　翩	奥运工作个人贡献奖	中国网通、中国网通工会
叶秋中	奥运工作个人贡献奖	中国网通、中国网通工会
贺洁铭	奥运工作个人贡献奖	中国网通、中国网通工会
宋玉丽	奥运工作个人贡献奖	中国网通、中国网通工会
张建平	奥运工作个人贡献奖	中国网通、中国网通工会
秦泽智	奥运工作个人贡献奖	中国网通、中国网通工会

〔续表〕

姓　名	授 予 称 号	颁 奖 单 位
陆允立	奥运工作个人贡献奖	中国网通、中国网通工会
陈庆文	奥运工作个人贡献奖	中国网通、中国网通工会
骆吴君	奥运工作个人贡献奖	中国网通、中国网通工会
马文忠	奥运工作个人贡献奖	中国网通、中国网通工会
熊　坤	奥运工作个人贡献奖	中国网通、中国网通工会
桂卫健	奥运工作个人贡献奖	中国网通、中国网通工会
盛宇路	奥运工作个人贡献奖	中国网通、中国网通工会
蔺增强	奥运工作个人贡献奖	中国网通、中国网通工会
解　轩	奥运工作个人贡献奖	中国网通、中国网通工会
戴泉沁	奥运工作个人贡献奖	中国网通、中国网通工会
杨光耀	奥运工作个人贡献奖	中国网通、中国网通工会
柏友旺	奥运工作个人贡献奖	中国网通、中国网通工会
张忠林	奥运工作个人贡献奖	中国网通、中国网通工会
张传传	奥运工作个人贡献奖	中国网通、中国网通工会
蒋国新	奥运工作个人贡献奖	中国网通、中国网通工会
李　朝	奥运工作个人贡献奖	中国网通、中国网通工会
李风华	奥运工作个人贡献奖	中国网通、中国网通工会
虞嘉伟	奥运工作个人贡献奖	中国网通、中国网通工会
张海军	奥运工作个人贡献奖	中国网通、中国网通工会
沈文岗	奥运工作个人贡献奖	中国网通、中国网通工会
张晓佟	奥运工作个人贡献奖	中国网通、中国网通工会
高　巍	奥运工作个人贡献奖	中国网通、中国网通工会
李　荣	奥运工作个人贡献奖	中国网通、中国网通工会
戚　瑜	奥运工作个人贡献奖	中国网通、中国网通工会
朱　敏	奥运工作个人贡献奖	中国网通、中国网通工会
林　月	奥运工作个人贡献奖	中国网通、中国网通工会
倪海震	奥运工作个人贡献奖	中国网通、中国网通工会
许晓峰	奥运工作个人贡献奖	中国网通、中国网通工会
李锡堂	奥运工作个人贡献奖	中国网通、中国网通工会
康　华	奥运工作个人贡献奖	中国网通、中国网通工会
赵晓明	奥运工作个人贡献奖	中国网通、中国网通工会
蔡俊靓	奥运工作个人贡献奖	中国网通、中国网通工会
左珺珺	奥运工作个人贡献奖	中国网通、中国网通工会

〔续表〕

姓　名	授予称号	颁奖单位
杜　勤	奥运工作个人贡献奖	中国网通、中国网通工会
郑　林	奥运工作个人贡献奖	中国网通、中国网通工会
廖春赟	奥运工作个人贡献奖	中国网通、中国网通工会
俞　恺	奥运工作个人贡献奖	中国网通、中国网通工会
严　域	奥运工作个人贡献奖	中国网通、中国网通工会
许荣中	奥运工作个人贡献奖	中国网通、中国网通工会
张从威	奥运工作个人贡献奖	中国网通、中国网通工会
黄　河	奥运工作个人贡献奖	中国网通、中国网通工会
汪志强	奥运工作个人贡献奖	中国网通、中国网通工会

表7-2-11　2006—2007年中国联通、中国网通工会工作先进一览表

姓　名	授予称号	授予时间	颁奖单位
康　迪	中国网通优秀工会工作者	2006年12月	中国网通
蓝江群	中国联通优秀工会干部	2007年12月	中国联通
乐燕华	中国联通工会积极分子	2007年12月	中国联通
王　瑛	中国联通工会积极分子	2007年12月	中国联通
任韶琪	中国联通工会积极分子	2007年12月	中国联通
张士忠	中国联通工会积极分子	2007年12月	中国联通
郑乐民	中国联通工会积极分子	2007年12月	中国联通
李　静	中国联通工会优秀信息员	2007年12月	中国联通

表7-2-12　2002—2007年中国联通、中国网通客服先进一览表

姓　名	授予称号	授予时间	颁奖单位
张　敏	全国百名优秀营业员	2002年9月	中国联通
包　敏	全国百名优秀营业员	2002年9月	中国联通
康　岚	全国百名优秀营业员	2002年9月	中国联通
傅晓鸣	全国百名优秀营业员	2002年9月	中国联通
杜英莹	优秀客服代表	2004年5月	中国联通
赵　琪	优秀客服代表	2004年5月	中国联通
彭炜泓	优秀客服代表	2004年5月	中国联通
龚娅婷	优秀客服代表	2004年5月	中国联通
邵　琳	优秀客服代表	2004年5月	中国联通

〔续表〕

姓　名	授予称号	授予时间	颁奖单位
贾润亮	优秀客服经理	2004年5月	中国联通
周洁磊	星级服务明星	2007年12月	中国网通、中国网通工会
汪雯嫣	星级服务明星	2007年12月	中国网通、中国网通工会
蔡俊靓	星级服务明星	2007年12月	中国网通、中国网通工会

表7-2-13　2000—2007年中国联通、中国网通其他先进一览表

姓　名	授予称号	授予时间	颁奖单位
周仁杰	解决计算机2000年问题先进个人	2000年9月	中国联通
张　蕴	运行监督工作先进个人	2004年3月	中国联通
胡　勇	运行监督工作先进个人	2004年3月	中国联通
顾　青	中国联通基础网络维护优秀管理者	2004年2月	中国联通
胡泽民	中国联通基础网络维护先进个人	2004年2月	中国联通
范纪明	中国联通基础网络维护先进个人	2004年2月	中国联通
廖春裕	中国联通基础网络维护先进个人	2004年2月	中国联通
张　蕴	中国联通基础网络维护先进个人	2004年2月	中国联通
潘冬民	2004年度互联互通先进工作者	2005年2月	中国联通
陆彩霞	2004年度互联互通先进工作者	2005年2月	中国联通
白　云	中国联通基础网络维护先进个人	2005年1月	中国联通
范纪明	中国联通基础网络维护先进个人	2005年1月	中国联通
王　军	中国联通基础网络维护先进个人	2005年1月	中国联通
袁　炜	中国联通基础网络维护先进个人	2005年1月	中国联通
张建平	岗位成才能手	2006年6月	中国网通、中国网通工会
欧大春	中国网通技术创新奖	2007年12月	中国网通

第四节　行业先进

表7-2-14　2004—2007年上海网通上海市行业先进一览表

姓　名	授予称号	授予时间	颁奖单位
邵　帅	全国用户满意电信服务明星	2004年8月	上海市通信管理局
张俊杰	全国用户满意电信服务明星	2004年8月	上海市通信管理局
计国方	互联互通监测系统工作先进个人	2006年1月	上海市通信管理局
吕洪涛	洋山深水港通信建设工程先进个人	2006年3月	上海市通信管理局

〔续表〕

姓　名	授　予　称　号	授予时间	颁　奖　单　位
杨　岭	洋山深水港通信建设工程先进个人	2006年3月	上海市通信管理局
李锡堂	洋山深水港通信建设工程先进个人	2006年3月	上海市通信管理局
隋蔚力	洋山深水港通信建设工程优秀建设者	2006年3月	上海市通信管理局

第三章 集体荣誉

本章收录上海联通在经营管理、服务用户、社会活动中所获奖项，按照"融合前上海联通""上海网通"和"融合后上海联通"分节列表。

第一节 融合前上海联通

表 7-3-1　1997—2008 年上海联通荣誉一览表

获奖单位	部门/项目	荣誉名称	颁奖单位	颁发日期
上海联通		国内协作优秀企业	上海市人民政府协作办公室、市经济委员会、市商业委员会	1997 年 1 月
上海联通		数字移动电话网工程建设和运营工作特殊贡献一等奖	中国联通	1997 年 7 月
上海联通		数字移动电话网运营工作突出贡献一等奖	中国联通	1998 年 2 月
上海联通		1997 年度统计工作先进单位一等奖	中国联通计划市场部	1998 年 3 月
上海联通		1998 年浦东新区国内协作先进企业	上海市人民政府协作办公室、市经济委员会、市商业委员会	1999 年 2 月
上海联通		首届中国上海国际艺术节演出交易会活动的荣誉证书	中国上海国际艺术节组委会	1999 年 11 月
上海联通		全国质量效益型先进企业	上海市质量管理协会	2000 年 2 月
上海联通		解决计算机 2000 年问题先进集体	中华人民共和国信息产业部	2000 年 9 月
上海联通		全国用户满意企业	中国质量管理协会、全国用户委员会	2000 年 9 月
上海联通		第三届中国国际园林花卉博览会的大力支持的荣誉证书	第三届中国国际园林花卉博览会组织委员会	2000 年 9 月
	数据网项目组	2000 年度优秀集体	上海市重点工程实事竞赛领导小组	2001 年 1 月
	第二党支部	上海市信息化工作系统先进基层党组织	中共上海市信息化办公室委员会	2001 年 6 月
	移动固定电话数据电信服务	2001 年度全国用户满意服务奖状	中国质量管理协会、全国用户委员会	2001 年 9 月
上海联通		全国用户满意企业	中国质量管理协会、全国用户委员会	2001 年 9 月

〔续表〕

获奖		荣誉名称	颁奖单位	颁发日期
单位	部门/项目			
上海联通		2001年上海市用户满意企业	上海市质量管理协会	2001年9月
上海联通		移动、固定电话、数据、电信服务全国用户满意服务	中国质量管理协会、全国用户委员会	2001年9月
上海联通		APEC会议通信保障工作突出贡献奖	中共上海市信息化办公室委员会	2001年10月
上海联通		筹办2001年APEC会议中所作贡献奖	2001年APEC会议中国筹委会	2001年11月
上海联通		第三届"上海国际工业博览会"大力支持和积极参与荣誉证书	第三届上海国际工业博览会组委会办公室	2001年11月
上海联通		2001上海亚洲音乐节大力支持荣誉证书	上海亚洲音乐节组织委员会	2001年11月
上海联通	上海信息港主体工程	上海科学技术进步奖一等奖	上海市科学技术奖励委员会	2001年12月
上海联通		2000年全国质量效益性先进企业	中国质量管理协会	2001年12月
上海联通		名人群体CDMA入网活动优胜奖	中国联通	2002年2月
上海联通		2002年上海桃花节活动中给予大力支持资助的荣誉证书	上海桃花节组织委员会办公室	2002年3月
	数据与固定通信部	2001年度工程管理先进单位	中国联通	2002年3月
	互联网与电子商务部	2001年度工程建设管理工作先进奖	中国联通	2002年3月
	数据与固定通信部	2001年度运行维护工作先进单位	中国联通	2002年3月
上海联通		上海市重点工程实事立功竞赛架空线整治工作2001年度先进集体	上海市重点工程实事立功竞赛架空线整治赛区领导小组	2002年3月
	数据与固定通信部	2001年度超额完成任务先进单位	中国联通	2002年3月
上海联通		筹备第35届亚洲开发银行理事会年会工作中所作贡献荣誉证书	2002亚洲开发银行理事会年会上海筹备办公室	2002年5月
上海联通		上海市人民政府、经济委员会工业经济信息网网络会员荣誉证书	上海市经济委员会信息中心	2002年5月
上海联通		全国用户满意企业	中国质量管理协会、全国用户委员会	2002年9月
上海联通		"希望工程"捐赠人民币玖万伍仟贰佰玖拾玖元伍角肆分的荣誉证书	上海市希望工程办公室	2002年9月

〔续表〕

获奖单位	部门/项目	荣誉名称	颁奖单位	颁发日期
上海联通		中国联通CDMA百日销售竞赛突出贡献奖	中国联通	2002年10月
上海联通		首届"联通博路杯"神奇宝典大奖赛最佳活动组织奖	中国联通	2002年10月
上海联通		全国质量效益型先进企业	中国质量协会	2002年10月
	数据固定部QC小组	2002年琼沪QC小组成果交流会发表奖	上海市质量协会	2002年12月
上海联通		中国联合通信有限公司第一届乒乓球比赛组织奖	中国联通工会	2002年12月
上海联通		2002年优质服务月先进单位	中国质量协会	2002年12月
上海联通		"奋斗者的足迹"组织奖	中国联通工会	2002年12月
上海联通		红十字会人道救助支持荣誉证书	上海市红十字会	2002年12月
上海联通		2002年上海市质量管理奖	上海市质量管理奖审定委员会	2003年5月
上海联通		首届《信息杯》手机品牌评选活动特别支持荣誉证书	上海手机品牌评选组委会	2003年6月
上海联通		2003年优质服务月先进单位证书	全国用户委员会	2003年6月
	移动部无线网络优化QC小组	2003年度上海交通邮电行业优秀质量管理小组	上海市质协交通委员会	2003年6月
	移动部无线网络优化QC小组	2003年度QC优秀成果交流三等奖	上海市质协交通委员会	2003年6月
上海联通		公司系统知识竞赛组织奖	中国联通	2003年8月
上海联通		2003年上海市用户满意企业	上海市质量协会	2003年9月
	移动部无线网络优化QC小组	2003年上海市"联通杯"QC小组成果擂台赛荣誉证书	上海市总工会、共青团上海市委员会、上海市质量协会（代章）	2003年9月
上海联通		2003年上海市质量管理小组活动优秀企业	上海市质量协会	2003年12月
上海联通	《注重效益创新管理》	2003年度中国联通企业管理现代化创新成果二等奖	中国联通	2003年12月
上海联通		2003年全国质量效益性先进企业	中国质量协会	2003年12月
	新时空QC小组	2003年全国通信行业优秀质量管理一等奖	中国通信企业协会	2003年12月
	新时空QC小组	上海市优秀质量管理小组	上海市群众性质量管理活动领导小组	2003年12月

〔续表〕

获奖单位	部门/项目	荣誉名称	颁奖单位	颁发日期
	新时空 QC 小组	2003 年全国优秀质量管理小组	中国质量协会、中华全国总工会、共青团中央、中国科学技术协会	2003 年 12 月
	基础网络部电力 QC 小组	上海市优秀质量管理小组	上海市群众性质量管理活动领导小组	2003 年 12 月
	电信互联互通费用结算数据固定部 QC 小组	上海市优秀质量管理小组	上海市群众性质量管理活动领导小组	2003 年 12 月
上海联通		2003 年度上海市信息化工作系统法制宣传先进单位	上海市信息化工作系统法制宣传教育领导小组办公室	2004 年 2 月
上海联通		2004 年优质服务月先进单位	全国用户委员会	2004 年 6 月
上海联通	《优化 CDMA 营销模式实现多方合作盈利目标》	2004 年度中国联通企业管理现代化创新成果一等奖	中国联通	2004 年 7 月
上海联通	《探索社会化合作模式创建上海联通一流客户服务》	2004 年度中国联通企业管理现代化创新成果评比优秀奖	中国联通	2004 年 7 月
上海联通		2004 年市政府实事项目"市民信箱"合作单位	上海市信息化委员会	2004 年 8 月
	无线优化 QC 小组	2004 年上海市交通通信行业优秀质量管理小组	上海市质协交通工作委员会	2004 年 8 月
上海联通		中华人民共和国第七届大学生运动会荣誉赞助商	中华人民共和国第七届大学生运动会组委会	2004 年 9 月
上海联通		全国用户满意企业	中国质量协会、全国用户委员会	2004 年 9 月
上海联通		全国质量效益性先进企业（2003 年）	中国质量协会	2004 年 9 月
上海联通		中国联通 2004 年度企业管理现代化创新成果一等奖	中国联通	2004 年 10 月
上海联通		帮困助学工作的荣誉证书	华东师范大学	2004 年 10 月
上海联通		2004 年度客户满意先进分公司	中国联通	2004 年 10 月
上海联通		2004 年度客户满意十佳精品网络城市	中国联通	2004 年 10 月
	客服中心"Smile"微笑 QC 小组	2004 年上海市优秀质量管理小组	上海市群众性质量管理活动领导小组	2004 年 10 月
	客服中心"Smile"微笑 QC 小组	全国优秀质量管理小组	中国质量协会、中华全国总工会、共青团中央、中国科学技术协会	2004 年 12 月

〔续表〕

获奖单位	部门/项目	荣誉名称	颁奖单位	颁发日期
上海联通		大众汽车第48届世界乒乓球锦标赛指定电信服务运营荣誉	第48届世界乒乓球锦标赛组织委员会	2005年1月
上海联通		2003—2004年度闸北区慈善先进单位	上海市慈善基金会闸北区分会	2005年1月
上海联通		2004年度法制宣传先进单位	上海市信息化工作系统法制宣传教育领导小组	2005年2月
上海联通		上海市信息化工作系统2004年度"双文明"双十佳好事荣誉证书	中共上海市信息化委员会党组	2005年3月
上海联通		第五届上海国际质量研讨会组织贡献奖	第五届上海国际质量研讨会组委会	2005年3月
	网络优化中心 天目西路营业厅	上海市青年文明号	共青团上海市委	2005年5月
上海联通		2003—2004年上海市文明单位	上海市人民政府	2005年5月
上海联通		2005年优质服务月先进单位	中国质量协会	2005年6月
上海联通		2004年度"满意在联通"服务质量年活动"客户满意十佳精品网络城市"	中国联通	2005年6月
	数据固定部ATM QC小组	2005年上海市"地铁杯"QC小组成果擂台赛一等奖	上海市总工会、共青团上海市委员会、上海市质量协会	2005年6月
	短消息实时监控系统研发QC小组	2005年上海市"地铁杯"QC小组成果擂台赛二等奖	上海市总工会、共青团上海市委员会、上海市质量协会	2005年6月
	无线优化QC小组	2005年上海市"地铁杯"QC小组成果擂台赛一等奖	上海市总工会、共青团上海市委员会、上海市质量协会	2005年6月
上海联通	《多网合一短信流量&拦截综合实时监控系统》	2005年度中国联通企业管理现代化创新成果评比优秀奖	中国联通	2005年7月
	1001热线	2005年上海市用户满意服务	上海市质量协会	2005年9月
	1001热线	全国用户满意企业	全国用户委员会	2005年9月
	客服中心工会	2005年度上海市模范职工小家	上海市总工会	2005年12月
上海联通	《对派遣制员工实施管理现状的调研报告》	2005年优秀调研报告	中国联通工会	2005年12月
上海联通	《联通上海分公司对派遣制员工实施管理现状的调研报告》	2005年度全国国防邮电系统工会优秀调查报告和论文	中国国防邮电工会全国委员会	2005年12月

〔续表〕

获奖单位	部门/项目	荣誉名称	颁奖单位	颁发日期
	人力资源部	2005年度人力资源统计工作优秀奖	中国联通人力资源部	2005年12月
上海联通		"服务他人 奉献社会"上海市志愿者活动优秀志愿者	上海市文明办上海市志愿者协会	2005年12月
	移动部网络优化中心	无线网络测试数据分析管理系统二等奖	上海市优秀发明选拔赛组委会	2005年12月
上海联通		上海市信息化工作系统"四五"普法先进单位	上海市信息化工作系统法制宣传教育领导小组办公室	2005年12月
	数据部语音产品中心工会	2005年度上海市模范职工小家	上海市总工会	2005年12月
	基础网络部青年突击队	上海市优秀青年突击队	共青团上海市委	2006年1月
	临港新城通信中心	上海市信息化优秀项目（2003—2005）	上海市国民经济和社会信息化领导小组	2006年2月
上海联通		2006年度上海工会财务竞赛二等奖	上海市总工会	2006年3月
上海联通		中央企业法制宣传教育2001—2005年先进单位	国务院国有资产监督管理委员会	2006年4月
上海联通		上海市五一劳动奖状	上海市总工会	2006年5月
	网络优化中心	全国青年文明号	共青团上海市委	2006年5月
	10010呼叫中心	上海市青年文明号	共青团上海市委	2006年5月
	GSM无线优化QC小组	2006年上海市优秀质量管理小组	上海市群众性质量管理活动领导小组	2006年12月
	长途传输网安全优化QC小组	2006年上海市优秀质量管理小组	上海市群众性质量管理活动领导小组	2006年12月
	VOIP QC小组			
	"Smile"微笑QC小组			
	"Smile"微笑QC小组	2006年全国质量信得过小组	中国质量管理协会、中华全国总工会、共青团中央、中国科协	2006年12月
上海联通		获全民健身与奥运同行——"联通杯"全国职工乒乓球大赛贡献奖	全国职工乒乓球大赛组委会	2007年1月
上海联通		先进集体	中国联合通信有限公司	2007年1月
上海联通		2006年上海市质量管理小组活动优秀企业	上海市质量协会	2007年1月

〔续表〕

获奖单位	部门/项目	荣誉名称	颁奖单位	颁发日期
	轨道交通管线搬迁推进小组	2006年度上海轨道交通建设管线专项立功竞赛先进集体	上海轨道交通建设立功竞赛管线专项赛区领导小组	2007年3月
	网络工程中心建设支撑室	2005—2006年度上海市文明班组	上海市总工会、上海市精神文明建设委员会办公室	2007年3月
上海联通		2006年度专线业务贡献奖	中国联通数固业务部	2007年3月
上海联通		2006年度注册业务贡献奖	中国联通数固业务部	2007年3月
上海联通		2006年度联通商务增值贡献奖	中国联通数固业务部	2007年3月
上海联通		2006年上海市质量管理小组活动优秀企业	上海市群众性质量管理活动领导小组	2007年3月
上海联通		2006年度数固业务贡献奖	中国联通数固业务部	2007年3月
上海联通		先进集体奖	中国联通	2007年3月
上海联通		2006年上海市质量管理小组活动优秀企业	上海市质量协会	2007年3月
上海联通		2005—2006年度上海市文明单位	上海市人民政府	2007年4月
	长宁路营业厅	共青团号	共青团上海市委	2007年4月
	长宁路营业厅	上海市青年文明号	共青团上海市委	2007年5月
	天目西路营业厅	全国青年文明号	共青团中央	2007年5月
	客户俱乐部	上海市新长征突击队	共青团上海市委	2007年5月
上海联通	"掌上股市"	2007年度商务信息化应用优秀成果金奖	第七届中国信息港论坛组委会、中国信息化应用优秀成果评委会	2007年6月
上海联通		全民健身与奥运同行"联通杯"全国职工乒乓球大赛	中华全国总工会国家体育总局	2007年6月
上海联通		联通集团企业管理系统荣誉证书	中国联通	2007年9月
	客户服务中心	上海市"一团一品"先进	共青团上海市委	2007年12月
	客户服务中心	上海市五四特色团支部	共青团上海市委	2008年1月
	网优中心			
	C网经营部	上海市综合系统特色团组织	共青团上海市委	2008年3月
	数固业务中心			

〔续表〕

获奖单位	部门/项目	荣誉名称	颁奖单位	颁发日期
	技术支持与网优中心	全国工人先锋号	全国总工会	2008年4月
	财务部工程资产室	上海市工人先锋号	上海市总工会	2008年4月
	技术支持与网优中心	上海市五一劳动奖状（班组）	上海市总工会	2008年4月
	网管中心支撑系统室	上海市青年文明号	共青团上海市委	2008年5月
	客户服务中心、长宁营业厅	全国青年文明号	共青团中央	2008年5月
	网优中心	"办特奥 迎世博"上海市青年文明号优质服务示范集体	共青团上海市委	2008年5月
	网络工程中心	中国联通模范职工小家	中国联通工会	2008年10月
	网络工程中心团支部	上海市综合系统特色团组织	共青团上海市委	2008年10月
	客户服务中心团支部			
	网络管理中心团支部			
	网络维护中心团支部			
	集团客户中心团支部			
	G网经营部团支部			
	10010客服热线	上海市用户满意服务明星班组	上海市总工会、共青团上海市委、上海市质量协会	2008年12月
	客户服务中心	上海市模范职工小家	上海市总工会	2008年12月
	网优中心无线技术室			
	网络工程中心			
	移动网络建设室			
	大客户俱乐部	上海市用户满意服务明星班组	上海市总工会、共青团上海市委、上海市质量协会	2008年12月
	大客户俱乐部	全国用户满意服务明星班组	工业和信息化部	2008年12月
	技术支持与网络优化综合办公室	上海市五一巾帼奖（集体）	上海市妇联	2008年12月
	工会	中国联通工会信息工作先进单位	中国联通工会	2008年12月

〔续表〕

获奖单位	部门/项目	荣誉名称	颁奖单位	颁发日期
	工会	中国联通"巾帼建功"先进集体	中国联通工会	2008年12月
	网络维护中心GSM交换维护室	中国联通"巾帼建功"先进集体	中国联通工会	2008年12月
	团委	上海市五四特色团委	共青团上海市委	2009年1月
	网优团支部	上海市五四特色团支部	共青团上海市委	2009年1月
上海联通		2007—2008年度上海市文明单位	上海市人民政府	2009年3月
	网维中心线路组	上海市青年文明号	共青团上海市委	2009年5月
	南泉北路营业厅	上海市青年文明号	共青团上海市委	2009年12月

第二节　上　海　网　通

表7-3-2　2002—2008年上海网通荣誉一览表

获奖单位	部门/项目	荣誉名称	颁奖单位	颁发日期
上海网通		"亚太地区城市信息化论坛"荣誉证书	亚太地区城市信息化高级论坛组织委员会办公室	2002年6月
上海网通		《2002上海信息化年鉴》编辑出版工作先进集体	上海市信息化办公室	2002年9月
上海网通		"不辱使命、奥运先锋"	中国网通	2004年7月
上海网通		第三代移动通信技术试验中作出巨大贡献奖	中国网通	2004年10月
	3G测试QC小组	2005年上海市"地铁杯"QC小组成果擂台三等奖	上海市总工会、共青团上海市委、上海市质量协会	2005年6月
上海网通		"热心科普公益事业"荣誉证书	上海科普教育发展基金会	2005年12月
	3G测试QC小组	2005年上海市优秀质量管理小组	上海市群众性质量管理活动领导小组	2005年12月
	语音网络优化QC小组	2005年上海市优秀质量管理小组	上海市群众性质量管理活动领导小组	2005年12月
	临港新城通信中心	上海市信息化优秀项目（2003—2005年）	上海市国民经济和社会信息化领导小组	2006年2月
上海网通		洋山深水港通信工程贡献奖	上海市通信管理局、上海市深水港工程建设部通信建设管理部	2006年3月
上海网通		2005年度信息报送先进集体	中国网通综合部	2006年9月

〔续表〕

获奖单位	部门/项目	荣誉名称	颁奖单位	颁发日期
上海网通		2006年度上海信息化媒体特别荣誉奖	《上海信息化》杂志社	2006年
	网络运维部	2006年度轨道交通建设管线专项立功竞赛先进集体	上海市轨道交通建设立功竞赛管线专项赛区领导小组	2007年3月
上海网通		中国网通内控工作先进单位	中国网通	2007年9月
上海网通		2007年度先进集体	中国网通、中国网通工会	2007年12月
上海网通		2007年度文明单位	中国网通	2007年12月
	服务监管部	2007年度文明单位	中国网通	2007年12月
	网络运维部网管中心集中监控部	2007年度青年文明号	中国网通	2007年12月
	市场经营部	先进集体	中国网通、中国网通工会	2007年12月
	徐汇营业厅	星级服务窗口称号	中国网通、中国网通工会	2007年12月
	客户服务中心	星级客户服务中心	中国网通、中国网通工会	2007年12月
上海网通		2007年度信息报送先进集体	中国网通综合部	2008年4月
	徐汇营业厅	"迎奥运、塑形象、添光彩"劳动竞赛优秀团队	中国网通	2008年7月
上海网通		奥运工作先进集体	中国网通、中国网通工会	2008年9月
	奥运指挥部	奥运工作组织奖	中国网通、中国网通工会	2008年9月
	网络维护中心	奥运工作先进集体	中国网通、中国网通工会	2008年9月
	网络运行维护部			
	南区分公司			
	市场经营部			
	奥运通信驻地保障团队	上海市工人先锋号	上海市总工会	2008年10月
	网络运行维护部	北京奥运会残奥会上海地区通信保障工作先进集体	上海市通信管理局	2008年10月

第三节　融合后上海联通

表7-3-3　2008—2010年融合后上海联通荣誉一览表

获奖单位	部门/项目	荣誉名称	颁奖单位	颁发日期
	网络工程中心	国防邮电系统"工人先锋号"	中国国防邮电工会	2008年12月
	团委	上海市五四特色团委	共青团上海市委	2009年1月

〔续表〕

获奖单位	部门/项目	荣誉名称	颁奖单位	颁发日期
	网优团支部	上海市五四特色团支部	共青团上海市委	2009年1月
	10010客服热线运行维护部 浦东新区分公司 网络维护中心	上海市工人先锋号	上海市总工会	2009年2月
	10010客服热线	全国工人先锋号	全国总工会	2009年2月
	工会	上海市职工互助保障先进工作委员会	上海市总工会	2009年2月
	工会经审会	上海市工会经审工作规范化建设标准考核一等奖	上海市总工会	2009年2月
上海联通		2008年全国打击盗窃破坏电力电信广播电视设施违法犯罪专项斗争先进集体	全国电力电信广播电视设施安全保护工作部	2009年2月
上海联通		技术领先服务优质军民携手共建国防	中国人民解放军上海警备区	2009年3月
上海联通		迎世博优质服务贡献奖	上海市精神文明建设委员会	2009年4月
	网维中心线路组	上海市青年文明号	共青团上海市委	2009年5月
上海联通		上海世博会世博园区服务保障先进集体	上海世博园区运行保障立功竞赛组委会	2009年8月
	工会	国防邮电系统工会信息工作先进单位三等奖	中国国防邮电工会	2009年8月
	产品创新部产品研发室	第二届上海市职工科技创新优秀团队	上海市总工会	2009年10月
上海联通		全国职业安全健康知识竞赛优秀奖	上海市总工会	2009年11月
	市场部、信息化部需求与系统建设处	中国联通巾帼文明岗	中国联通、中国联通工会	2009年12月
	南泉北路营业厅	上海市青年文明号	共青团上海市委	2009年12月
	中区分公司金陵路营业厅	上海市用户满意明星班组	上海市质量协会、上海市总工会、共青团上海市委员会、上海市妇女联合会	2010年1月
	客户服务部营业管理部 投诉集中处理组 资料与催欠管理部电话催欠小组	"迎世博600天"上海市巾帼文明岗	上海市妇联	2010年1月

〔续表〕

获奖		荣誉名称	颁奖单位	颁发日期
单位	部门/项目			
	南泉北路营业厅	"迎世博600天"巾帼文明示范岗	上海市总工会	2010年1月
	长宁营业厅	全国用户满意明星班组(复评)	中国质量协会、中华全国总工会、中华全国妇女联合会、全国用户满意工程	2010年2月
	10010客服热线	全国安康杯劳动竞赛优秀班组（上海赛区）	上海市总工会	2010年2月
	产品创新部产品开发部	第三届上海市五一巾帼奖	上海市妇联	2010年3月
	10010客服热线	全国模范职工小家	全国总工会	2010年3月
	上海联通记者站	2009年度先进记者站	人民邮电报社	2010年3月
	网络运行维护部维护管理班组	学习型班组	中国联通、中国联通集团工会	2010年6月
	西区分公司志丹路营业厅			
	信息化部需求与系统建设部			
	西区分公司	上海市工人先锋号	上海市总工会	2010年7月
	产品创新部			
	网络建设部			
	西区分公司志丹路营业厅	中央企业红旗班组	国家安全生产监督管理总局	2010年9月
	浦东新区分公司周家渡营业厅	上海市工人先锋号	上海市总工会	2010年10月
	世博园区通信建设项目小组	上海世博工作优秀集体	上海市政府	2010年10月
	网络优化中心			
	计费结算中心	上海市三八红旗集体	上海市妇联	2010年11月
上海联通		上海市五一劳动奖状	上海市总工会	2010年11月
	市场部	巾帼文明岗	中国联通、中国联通集团工会	2010年12月
	信息化部需求与系统建设处			
上海联通		2009—2010年上海市文明单位	上海市人民政府	2011年3月

专 记

一、建设南汇登陆局

1972年中国和日本恢复邦交后不久,启动了国家重点通信建设项目中日海底电缆建设工程。1973年6月和12月,上海电信局与日本国际电信电话公司两次举行海底电缆工作会议并签署会议纪要,确认两国共同建设海底同轴电缆,电路容量480路(每路频宽4 000赫,最高传输频率5兆赫)。海缆登陆点,中方选定上海南汇,日方选定九州熊本县苓北町。

海缆工程分共建与自建两部分。共建部分投资由中日双方各半负担(总投资折合人民币3 500万元),包括双方登陆局的海缆传输与辅助设备、海缆与海缆增音设备。上海市电信局负责的自建部分,包括南汇登陆局局房和登陆局至市区泰兴大楼间的传输通道。登陆局局房实际征地7.96亩,房屋建筑面积2 877平方米。

【China—Japan ECSC 中日海底电缆】

1976年10月25日,中国大陆第一条国际海缆China—Japan ECSC中日海底电缆,在长江口与杭州湾结合部的南汇嘴渔港——芦潮港东侧登陆。该海缆为模拟同轴电缆系统,容量为480路语音通道,日方登陆点在九州苓北。1998年7月2日,该系统正式退役。

【C—J FOSC 中日海底光缆】

1993年12月15日,由中日美三国共同新建的C—J FOSC中日海底光缆,分别在上海南汇及日本宫崎登陆,在宫崎连接通往美洲的太平洋海底光缆和贯穿东南亚的APC等4条光缆。该光缆定名为China—Japan Fiber Optic Submarine Cable,简称C—J FOSC。该光缆系统共有2×560M容量,四芯海底光纤,可开通国际电路2×7560路。1994年底,上海电信大楼至浙江嵊泗建成开通1个140 Mb/s传输系统,电信大楼至南汇登陆局为140 Mb/s光缆系统,采用AT & T公司光电设备。该系统于2006年3月31日正式退役。

【FLAG 环球光缆】

FLAG(Fiber optic Linked Around the Globe)环球光缆系统是一条连接英国、西班牙、意大利、埃及(亚历山大与苏伊士)、约旦、沙特阿拉伯、阿联酋、印度、马来西亚、泰国(沙墩与宋卡)、中国(香港与上海)、韩国、日本(三浦与二宫)13个国家17个登陆点的海底光缆系统,在上海南汇登陆。该系统于1997年7月开工建设,1998年底投入运行,全长27 000多公里,贯穿大西洋和太平洋,系统容量为20 Gbit/s。

【C2C 国际海缆】

2001年7月,C2C(CITY TO CITY)国际海缆正式开工,该海缆从上海南汇芦潮港人工半岛海堤出发,向东南至中国台湾淡水,向西北至韩国釜山,在中国管辖海域内总长度约1 517公里。光缆系统采用密集波分复用技术,设计容量达7.68 Tb/s,初期带宽容量为320 Gb/s。一期工程于2001年12月23日竣工。2002年11月27日,C2C国际海光缆延伸段(南汇C2C海缆登陆站—浦东乐凯大厦ITMC机房)1+1线路保护40GDWDM传输系统开通使用。

随着国际业务需求持续攀升,C2C海缆系统持续扩容。截至2010年12月,开通总容量达820G。

二、3G 网络建设与试商用

"3G"（3rd-generation）又称"三代"，是第三代移动通信技术的简称，指支持高速数据传输的蜂窝移动通信技术。3G 服务能够同时传送声音（通话）及数据信息（电子邮件、即时通信等），其代表特征是提供高速数据业务。

2000 年 5 月，国际电信联盟正式公布第三代移动通信标准，中国提交的 TD－SCDMA 正式成为三种国际标准之一。2001 年和 2002 年，日本、韩国先后开通 3G 运营；2003 年，欧洲和美国开通 3G 网络。

为学习借鉴国外 3G 技术成功的运营经验，做好向 3G 网络过渡的规划方案，以提高联通网络上海地区市场竞争能力，2005 年 11 月，上海联通委派公司领导和专业人员 5 人赴香港参加"2005 年 3G 世界大会"。

2008 年 12 月 31 日，国务院常务会议同意启动第三代移动通信（3G）牌照发放工作。2009 年 1 月 7 日，工业和信息化部批准中国移动、中国电信和中国联通 3G 业务经营许可，标志着中国正式进入 3G 时代。中国联通获发 WCDMA 3G 牌照。WCDMA 制式是当时全球技术最成熟、产业链最全面、使用最广泛的主流标准，全球 WCDMA 用户数达 2.9 亿，占 3G 用户总数的 78%。

WCDMA 3G 业务是中国联通进入 3G 时代的一项核心业务和主要优势，是中国联通在 3G 时代迅速改变企业形象、提升企业品牌、扩大市场份额的一个重要筹码。而由于 3G 业务在中国刚刚起步，正处于产品导入期，为确保业务有序推进，中国联通在全面总结以往在 C 网、G 网经营得失，积极借鉴国内外 3G 发展经验的基础上，从品牌入手，加大了对 3G 品牌渗透力度。2009 年 4 月 28 日，中国联通在北京发布全新 3G 品牌及标识，定名为"沃"，英文为"WO"。2009 年，"5·17 世界电信与信息社会日"之际，中国联通在上海等 55 个城市启动 3G 业务的试商用友好体验活动。

上海的通信事业长期居全国前列。上海联通力争在 3G 网络覆盖、业务品牌推广、用户发展等方面发挥龙头效应，走在行业前列。然而在 3G 业务发展初期，受市政规划、集约化建设等制约，网络建设速度和质量不尽人意，上海联通在竞争中处于相对弱势的不利地位。如何克服困境，准确地定位企业发展战略，尽快寻找到适合企业自身实际的 3G 发展模式，树立 3G 良好品牌，做大 3G 市场规模，实现 3G 领先，成为融合后上海联通的首要任务。

上海联通 3G 业务开办之初，网络整体覆盖能力较弱，无论是在网络布局、业务布局、信息化手段的支撑等多个方面都还没有做好充分的准备，如果立即大规模地进行放号，必将会带来种种隐患，也会使原本高端的 3G 品牌形象受到影响。为此，上海联通按照中国联通总体战略部署，围绕打造精品网络、树立 3G 品牌形象开展了一系列活动。

【"百日会战"】

早在 2008 年 6 月，融合重组前的上海联通就开始筹划 3G 业务的发展，成立 3G 业务推进项目组，并以 9 月底提供 3G 网络服务为目标制定推进时间表，在网络部署上抢得先机。11 月 8 日，上海联通以"i 联通，i 生活，3G 让生活更精彩"为主题参展 2008 年国际工业博览会，展示 3G 时代的精彩生活和联通全业务运营商的崭新形象。11 月 14 日，上海联通召开融合重组后第一次干部大会，对3G网络建设和业务发展进行部署,并强调提出:上海联通必须在3G网络建设上体现超强性、先进性,要有率先开通3G业务的目标和决心;及早做好3G网络建设和业务发展的一切准备工作,确保在牌照发放后抢得市场先机。

2009年1月,上海联通成立3G业务发展督导组和3G网络建设督导组,副总经理鲁东亮、王林分任组长。1月5日,上海联通召开"3G网络建设百日会战"动员大会。总经理蔡全根在动员大会上强调,"3G网络质量是上海联通未来发展的生命线,树立良好的用户感知和口碑是公司赢得未来电信市场竞争的基础;上海联通必须利用好WCDMA产业链成熟的先天优势,加快推进工程建设,尽早建成覆盖良好、技术先进、业务多样的3G移动网络,形成竞争优势,构建企业新的核心竞争力。"1月25日,正式打响"百日会战"。

在此之后的100天里,公司成立3G会战项目组,并下设资源录入、现场保障、网络优化、业务保障、业务协调等五个项目小组;制定详细的工作计划进度,把工作任务落实到每个站、每条电路;确定会战主攻目标——2009年5月17日WCDMA-3G放号试商用。在会战项目组组织指挥和5个项目小组协同配合下,制定每个阶段主攻方向:3月底前,全面完成基站寻址、网络设备安装调试等;4月17日前,WCDMA-3G进行网络开通测试;5月17日前,完成WCDMA-3G网络优化;5月17日,WCDMA-3G业务进入放号试商用。

经过全体干部员工努力奋战,"百日会战"获得丰硕成果:共开通2 735个3G基站,其中1 921个宏站,814个微站,一张覆盖上海市绝大部分区域、质量较为完善的WCDMA网络基本建成。顺利完成"5·17"既定目标,创造单日开通基站120套的新纪录,完成2009年第一批H码暨186(3G)号段的网间测试工作,为3G业务试商用奠定较好的网络基础。

【友好体验】

2009年初,在中国联通统一部署下,上海联通通过多种媒介、多种形式的3G业务宣传和针对各个层次、各个群体形式多样的用户体验活动,为3G业务试商用直至正式商用进行全面预热。上海联通采取"限量放号、友好体验"的营销策略,即不公开放号,只针对特定友好客户群开放。如:现网2G用户中的友好用户、VIP用户、俱乐部会员等,集团大客户、家客固网用户中的友好用户,紧密合作关系的行业合作伙伴(SP、代理商、厂商人员等)。由这部分体验用户对网络覆盖、业务质量、服务水平等各方面,尤其是3G数据业务进行全面体验,填写友好体验报告。

在声势浩大的3G宣传活动中,上海联通市场营销部门别出心裁地借助名人示范效应。首先在时尚、金融、媒体、通信业界人士中,精心挑选一批"知性人物"进行访谈,请他们畅谈对3G的印象和感觉,然后将他们的所见所闻所感所悟集结成文。自2009年3月17日开始,陆续在上海各主流报纸媒体上推出"186知性人物访谈录"专栏。这些经过遴选的"186"知性人物,既是本行业精英,又是或多或少接触过3G业务的"尝鲜人士",是一个对3G既熟悉又陌生的人群。其中尚雯婕、吴晓波、王玮、简昉、毛剑等,都是"知性人物"的代表。他们以平常人的视角,从各自所处的领域、熟悉的生活,多角度地畅谈自己的3G经历,谈3G融入事业和生活后将带来的改变,以及对3G业务的期待等。借名人之口从他们的生活状态、生活态度、对WCDMA的认知等多个角度,佐证WCDMA"漫游范围更广、手机终端更全、业务功能更强"三大卖点。同时,借助互联网优势,充分利用新浪、搜狐、网易、中关村在线、中华网、太平洋电脑网等知名网站在内的超过50余家网站对3G业务进入植入式宣传,起到扩大业务品牌知名度的目的。而限量放号的试商用政策,营造商品的稀缺和神秘氛围,吸引大量客户主动要求入网体验,尤其是一部分高端客户成为上海联通的首批3G用户。

2009年3月31日至4月6日,上海联通在社会上开展的另一项3G宣传活动——"好网络大家评"网络标准征集活动,也一度吸引公众关注。此次活动由用户主动参与、自下而上地在广大用户中征集网络质量的评判标准。通过这次活动,创立了一套3G时代好网络的标准,在上海联通网站和部分媒体上公布,使社会各界对"待字闺中"的WCDMA-3G业务有更多了解。为鼓励更多用户积极参与,上海联通提供网站(上海联通官网和开心网)投票、短信投票、电话投票三种方式。活动7天内,有近5万用户参与,选出自己心目中的好网络标准,分别为:1. 全球通用网络,国际漫游区域广;2. 接通迅速,一拨即通不延时;3. 高速行走/密闭空间,信号一样畅通;4. 通话质量高,不掉线、不串线、无回音、无噪声;5. 手机可实现的功能多,看电视、听音乐、收邮件、上网等;6. 手机品种多样随心选;7. 手机上网速度快,浏览/上传/下载无阻塞;8. 无线上网随时随地高速使用。通过这些反馈意见的梳理,经过热烈讨论和积极评选,上海联通提炼出了人们心目中对于3G时代的好网络标准——3S标准,即Smooth、Service、Speed(通话好、业务全、速度快)。这些都成为上海联通3G品牌宣传的关键词,并以此打动数万消费者的心。

上海联通开展的"热身运动"取得3G业务市场推广初步成效。与此同时,完善支撑系统的业务受理、咨询、计费、结算、售后服务等各项业务支撑保障的工作也有条不紊地进行着,并相继完成3G业务资费套餐设计、增值产品虚科目配置。

预存话费分月解冻配置、GPRS双封顶功能上线、OCS上网卡异地业务受理支撑改造等支撑3G业务的各项准备工作。2009年4月17日至5月5日,由中国联通市场部、个人客户部、集团客户部、业务支撑系统部、客户服务部、产品创新部、电子渠道中心、财务部、移动网络公司网络建设部、移动网络公司运行维护部及联通兴业(省分公司除外)、联通华盛等部门组成的联通集团3G业务测试组来到上海,对上海联通28个3G业务场景进行测试验证。上海联通3G业务试商用以"零问题"的优异表现通过测试。而在此之前,测试组已在全国55个开展WCDMA业务试商用的地区测出各类问题1 099个。有了前期的预热和网络铺垫,上海联通3G业务于5月17日正式试商用。9月28日,中国联通举行3G业务商用新闻发布会。全国285个城市自10月1日起开通3G业务。上海联通同步提供3G商用服务,揭开3G业务大发展的序幕。

三、2010年上海世博会通信保障工作

2010年上海世博会期间,为保障通信,上海联通共投入运维保障人员997人次(其中联通自有人员619人次,合作单位保障人员378人次),成立保障指挥部和7个专项工作组;窗口服务人员2 000余人次,接待来访客人2 000余人次;投入世博保障专项资金860万元,与8家设备厂商、4家代维单位签订世博服务保障合同;投入5辆应急通信车,3辆长期设置在世博园区内,另外2辆由浙江、山东分公司支援,在重点保障日驻守在园区及上海火车站;租用海上巡逻船3艘,对FLAG、C2C海光缆沿线路由进行巡航维护,驱赶或劝离在海光缆路由500米范围内进行渔业作业及锚泊的各种船只53艘,及时消除对海光缆的安全威胁。

整个世博运营期间,共进行园区内机房巡检(包括固网接入机房、宏站机房、室内覆盖信源及拉远机房)2 530站次,园区网络信号测试(包括园区道路、展馆、停车场)5 291次,配合后台分析部门现场优化测试61次,每月线路巡检206.38皮长公里;其次,对园内停放的应急通信车共巡检467次,确保应急通信车工作正常,每日吸收话务达到300 Erl左右。

世博期间,园区内联通用户数总量达1 006.87万人次,其中国际漫入活跃用户数达95.43万人次,国内漫入和本地活跃用户数分别为471.63万和439.81万人次;在世博园区内产生的通话量1 132 417 Erl,产生的无线数据流量17 259 520 MB,产生的短信量6 266万条(注:其中小区短信发送总量为1 753万条),彩信发送总量为2.05亿条。除4月30日开幕庆典活动以及10月16日人流量突破百万时,由于局部区域人流密集导致部分GSM扇区拥塞外,其他时间段上海联通世博园区网络均运行稳定,日均GSM忙时系统接通率达96.8%,GSM掉话率维持在0.1%至0.82%之间,WCDMA忙时系统接通率达99.53%,WCDMA掉话率控制在0.3%以下,两网数据业务PDP激活成功率始终保持在99.5%以上,彩信端到端成功率为99.23%。世博期间,共受理世博相关投诉78起,其中世博园区投诉26起,国际漫游入访投诉52起,全部在规定时间内处理解决。

上海联通高度重视世博通信保障工作,成立由总经理挂帅的世博工作指挥部,副总经理担任副总指挥。下设办公室和世博通信保障、世博业务服务、世博会务接待三个工作组,形成由市公司统

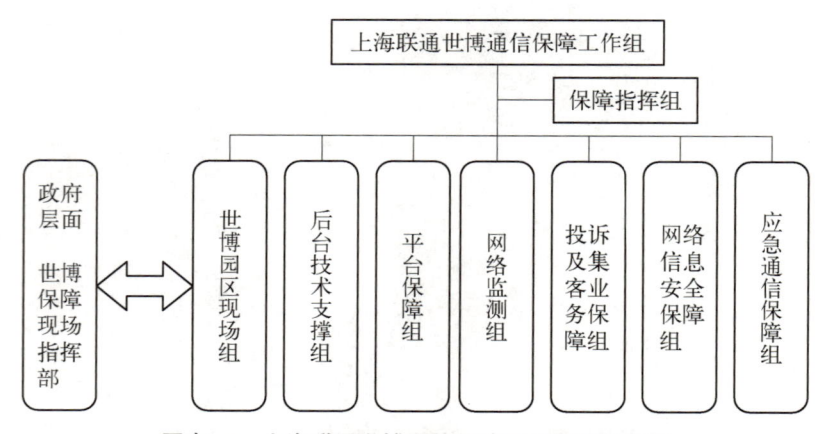

图专-1 上海联通世博通信保障工作组组织结构

一指挥、领导小组组织协调、各专业保障团队分工负责、各部门具体实施的工作机制。其中,世博通信保障工作组由分管运行维护的副总经理挂帅,组员由各维护部门二级经理组成,承担世博期间通信网络运行保障工作。下设保障指挥组、世博园区现场组、后台技术支撑组、平台保障组、网络监测组、投诉及集客业务保障组、网络信息安全组和应急通信保障组8个工作小组。

上海联通在世博园区的网络建设上投入7亿元资金,网络建设部门在世博园区设立临时办公点,组建网络建设项目团队,确保世博网络建设进度全面推进,其中由上海联通负责承建的芬兰馆室内覆盖系统成为继中国馆之后第一个开通移动网络信号的国家级场馆。

【建设内容】

1. 移动网宏站。在世博园区内共建设14个宏站,其中13个由世博局信息化部牵头、各运营商共同参与的集约化基站建设(注:由上海移动负责牵头建设),并对现网上钢基站G网扩容并增补W网基站设备。室内覆盖:对世博园区规划的210个场馆,共参建193套室内分布系统(其中芬兰馆、挪威馆由上海联通牵头建设,其他场馆分别由移动、电信牵头),其中永久性建筑61个,试点组团等临时场馆132个。共设置37个近端机房(注:3个与宏站共机房),176个远端机房。街道站:为弥补室外宏站的弱覆盖区域,同时解决主要交通路口、广场或大型展馆群出入口的人群引起的话务拥塞,在世博园区内规划设置29个街道站,主要覆盖世博轴、高架步道、出入口、停车场等区域。均通过室内分布基站拉远方式进行覆盖。

2. 传输网。在世博园区内建立一个固网接入机房,与三林世博边缘机房、六里核心机房、新金桥核心机房4个节点组成一个10G汇聚环;其次,世博园区内的园二机房以光缆双路由、设备1+1保护的方式接入三林世博边缘机房,作为新建汇聚层设备的扩架,以实现世博园区业务上联需求及环路保护。浦东建设3个2.5G、浦西建设1个2.5G世博专用接入环。

3. 数据网。在世博园区内设置上海联通汇聚机房一处,三林世博汇聚机房位于浦东新区高清路、新浦路口,面积400平方米。构建城域互联网,承载的主要是宽带互联网及专线业务等;构建NGN承载网,承载NGN固话业务;构建以太环网,承载固网宽带业务、专线业务以及基站数据业务等。在此基础上,通过区县分公司的努力,上海联通承接芬兰馆、挪威馆、西班牙馆等自建馆的数固专线业务。提供业务类别有:为芬兰馆提供50M DIA宽带业务以及9门语音业务(电话、传真);为挪威馆提供动车20M DIA宽带业务、10M国际专线业务以及26门语音业务(电话、传真);为西班牙馆提供IPTV网络电视专线;为位于日本企业馆的国誉商业(上海)有限公司提供数据专线。

4. 管线。园区内所有通信管道均由市信息管线公司负责建设,上海联通共计购买管道51沟公里,涉及世博园区路面管道、永久场馆接入管道两个项目。此外,对于世博园区外部沟通管道进行容量扩容,可满足世博期间光缆引入需求。临时场馆接入管道需根据无线系统建设计划,对所需接入管道进行购买。光缆线路部分,均为联通自建光缆。其中汇聚层光缆4条,接入层光缆234段(涉及4个接入环),其中由浦东区局和集成商布放的共59段,由网建负责实施的共175段。

5. 核心网络。针对世博区域相关核心网设备均进行加固,主要加固内容包括:对移网核心网元(MSS/MGW/SGSN/RNC/BSC)设立跨局备份、DNS系统扩容、移动承载网优化改造、骨干核心节点间带宽扩容至40G等。

6. 园区外热点区域。"世博"7 000万的参观游客莅临上海,其中包括350万境外游客和5 250万外地游客,这对上海交通口岸和旅游景点等场所的话务承载能力带来巨大挑战,其中主要涉及浦东机场、虹桥机场、新客站、上海南站、国际港客运中心、酒店和旅游景点等。对于上述场所,上海联通根据话务预测情况进行W网建设、GSM设备替换和扩容以满足高话务需求。

7. 网络隐患整治。发现网络安全隐患,及时落实整改措施。具体内容有:网络公司开展遗留故障集中清理工作,对移动网1 447张遗留故障单和14 848条无效告警进行统计分析,并开展基站退服、FE中断两个专项整治工作。截至4月30日,794张未恢复故障单顺利闭环,告警清除率达77.1%,至5月17日解决80%以上基站退服故障处理;提前完成长途PTSN扩容,缓解长途局至汇接局话务负荷较高的问题(达到每线0.8 Erl以上的预警阀值),也为应对世博大客流话务冲击打下基础;针对城域网进行整体结构优化,建立超级核心网出口路由器,实现城域网带宽整体扩容,出口带宽从40 G扩容至90 G,核心节点间的带宽大幅增加,提高网络安全性与稳定性,极大地保障了大流量的平稳运行;对DNS系统安全加固,完成DNS的Anycast集群服务器部署与软件升级工作,将DNS服务能力提升10倍;此外,针对世博重要合作伙伴客户,如交通银行等,部署防DDOS系统,为其在世博期间提供电信级的网络安全防护。对Gblink链路进行GboverIP技术改造,改造后这些链路的割接时间由4个小时缩减为5分钟,大大提高了应急预案的实施效率;对马可尼设备进行替换,通过对55个客户节点进行现场查勘、电路梳理,克服销售合同丢失、维护资料缺少、客户现场不配合、内部物料调拨流程不畅等诸多困难,按期在世博开幕前一个月完成马可尼设备替换工作,共计清理11个无业务节点、转网割接9个节点、替换35个节点268条电路。持续推进大客户电路接入段双路由优化工作,在2009年大客户接入段优化成果的基础上,对56家钻石客户的130个接入点、194套接入设备、2 978条电路逐一进行业务梳理、隐患分析,对其中存在隐患的73套接入设备拟定优化改造方案,组织网建部、区县分公司实施。截至4月底,共完成53套客户接入设备的优化改造;对受世博影响未能实施完毕的剩余20套接入设备,则提前落实冷备光纤资源,并制定应急预案。新建省际垃圾短信拦截平台1套,并升级本地垃圾短信拦截系统1套,两套系统联动后可有效拦截外省联通、本地网内、本地异网用户对上海联通用户发送垃圾短信。对使用时间较长的端局核心板卡进行升级替换,杜绝设备老化在世博期间造成故障的可能性;对备品备件进行清查,紧急采购补充一批世博保障必需的备品备件,并对备品备件存放进行重新部署,以优先满足涉博核心网局房(漕河泾、六里、西安路)的应急响应需求。

8. 无线网络优化。移动网优中心根据世博园区的建设特点,以及上海城区布局、景点分布、酒店设施、交通设施建设情况,对世博园区、出入上海的交通枢纽及市内交通设施、主要星级酒店、世博周边酒店、重要旅游景点等进行详细测试及优化,并对存在覆盖问题的场所及时提出优化方案及建设需求。此外,在世博园区网络建设工程基础上,再次对园区D1800基站进行扩容,以保证园区内高话务量需求。另外,对于演艺中心、浦西出入口等热点地区,采用增加第四扇区、调整天线方位角等优化措施,使覆盖效果达到最大化。通过天馈调整,共计对WCDMA网26个小区,GSM网15个小区天线(G/W共天线)进行天馈系统的变动、调整、优化工作;通过邻区优化,梳理开站阶段的设计邻区,对WCDMA/GSM网各小区相邻关系进行调整,涉及300多条WCDMA网邻区、100多条GSM网邻区。

9. 国际漫入业务测试。为确保世博会期间各国来宾能够正常使用上海联通的移动通信网络,在世博前对上海联通持有的全部国际漫游测试卡(已涉及与中国联通开通漫游协议的全球各主要运营商)进行2G、3G业务测试。本次验证测试共分为三个阶段进行测试,首先是在10月25日前完成漫游入访总收入83%的21家境外运营商验证测试,其次在11月25日前完成其他220余家其他运营商的测试。

【应急预案的编制和演练】

2009年10月,上海联通启动应急预案的完善和修订工作,进一步深化固移融合,完善指挥体系,明确职责分工。针对本此世博保障工作,共编制全网应急预案31个,世博重点保障区域及重点保障用户应急预案18个。

【支撑系统建设】

上海联通基于移动综合网管及七号信令分析系统,建设世博移动服务质量管理系统。该系统整合了移动综合网管、信令统一采集平台、电子运维等系统的内容,将世博相关的话务统计、故障情况、用户数统计、投诉处理情况等信息集中呈现,实现全网、世博园区、世博场馆各项业务服务质量的实时监控,特别是世博区域各基站移动业务服务质量的实时监控。此外,移动网优中心在网优平台上构建世博无线网优模块,通过对Abis口和A口信令的分析,及时掌握世博园区无线网络的质量和运行情况。

【世博专项工作制度】

上海联通为世博工作专门制定《加强值班制度》《点名制度》《网络运行情况短信通报制度》《世博园区故障升级处理制度》《世博园区拨打测试制度》五项世博保障专项工作制度。

【世博保障体系建立】

1. 建立世博核心区重点监控体系。
2. 建立世博园区一线保障团队。
3. 组建后台保障值班梯队。
4. 建立投诉处理专项小组。
5. 建立应急通信大队。

【获得荣誉】

在世博通信保障工作中,上海联通共有13个集体、75名个人获得上海市和世博局表彰。另外,有13个集体、68名个人在上海联通世博100天阶段性总结暨表彰大会上获得光荣称号。此外,上海联通共有4个课题申报由世博局信息化部临时党委举办的"技术攻关、岗位创新、技能登高"主题活动,其中"上海联通世博移动服务质量管理模块"及"有效缩短世博无线设备抢修时限"两个课题在比赛中分获特别奖和优秀奖。

附 录

一、重 要 文 件

中国联合通信有限公司
关于上海分公司管理工作若干问题的请示

1994年7月15日

联通公司总部：

为了使联通网路和业务发展项目能尽早进入实质性启动阶段，随着公司总部的正式成立，加快分公司的正式运作已成为一项十分重要的措施，根据公司总部领导的要求，现就确保上海分公司正式运作亟须明确的若干问题汇报如下：

一、关于工商营业登记工作

上海分公司虽然不作为一级法人，但仍须在上海地区进行营业登记注册，因此希望公司总部在七月下旬能正式下达关于成立联通上海分公司的批复，以便办理正式营业登记注册。

二、关于拟成立的机构和首期人员配备

上海分公司的组织机构拟设三个准事业部，即通讯业务部、网路运行部、工程建设部；四个职能处室，即行政综合办公室、财务预算处、人事教育处、规划技术处。考虑公司发展初期，现暂设一室两部，即行政综合办公室（10人）、通讯业务部（10人）、网路工程部（15人）。

行政综合办公室主要职责是：

1. 文书、秘书、档案管理工作。
2. 公共关系协调及内外事接待工作。
3. 财务预算计划编制。
4. 会计核算及统计工作。
5. 劳动工资及人事调配工作。
6. 安全保卫工作。
7. 教育培训工作。
8. 总务后勤保障工作。

通讯业务部主要职责是：

1. 市场拓展和促销工作。
2. 业务的受理和处理工作。
3. 营收及账务管理工作。
4. 用户终端设备的安装。
5. 用户代办工程的实施。

网路工程部的主要职责是：

1. 通讯网路发展规划及技术政策和技术管理工作。
2. 新技术开发和应用工作。
3. 引进设备的选型和商务洽谈。

4. 工程项目的立项及组织实施。

5. 工程项目的"三算"管理。

6. 工程项目的设计委托或自行组织设计。

7. 网路的组织调整及在用设备的维护管理。

8. 设备更新计划的编报。

9. 受理用户的障碍报修及派修。

三、关于分公司领导班子人员的安排

为有利于开展工作,分公司拟设总经理一名,行政副总经理一名,技术工程副总经理一名(兼网路工程部经理),业务副总经理一名(兼通信业务部经理),总经理助理一名,总工程师一名,总经济师一名(兼总会计师)。

四、关于开展社会招聘工作

为确保网路和业务发展项目的启动,迫切需要一批能直接胜任岗位工作的通信技术业务骨干和一批有发展潜力和实干精神的大专学生,拟招聘范围是:上海市区的电信系统和非电信系统(含铁路、电力、电子工业等部门)的通信专业人才,以达到广开门路、择优录用的目的。鉴于目前通信人才竞争的态势,拟在录用待遇上适当从优考虑。

建议以略高于目前上海邮电公众网电信技术业务人员的年平均收入的标准作为参照系数。

五、关于对邮电辞职人员的吸纳形式

为突破邮电部门对人才流动的限制,拟对上海分公司筹建中的首批邮电人员的到位作特殊处理,即以辞职形式离开邮电,联通将以商调的形式予以录用,所缺的手续和材料待今后适当时间补齐。此事须请人事部门作专项批办。

中国联合通信有限公司关于同意成立上海分公司的批复

1994年8月5日

中国联合通信有限公司上海分公司筹备组:

拟筹备组中联通沪分(筹)字〔1994〕2、3、4号文收悉。按照1994年7月8日联通公司与上海市领导的会议纪要,经研究,现批复如下:

一、同意成立中国联合通信有限公司上海分公司(以下简称上海分公司)。

二、公司性质及隶属关系:上海分公司是非独立法人单位,隶属联通公司。在接受公司总部统一管理的前提下,开展经营活动,并享有合法权益。

三、公司经营范围:负责本地区内的长话、市话、无线通信和增值业务。

四、任命刘振元同志为联通驻上海首席代表。朱文豹同志为常务副总经理,主持日常工作(有关人事文件及其他任免文件另发)。

五、上海分公司的人事、财务、电信规划、计划、工程项目、进出口业务等纳入公司总部统一管理。具体管理办法,在公司总部征求各分公司意见后,制定下达。

六、分公司成立仪式,务请遵照勤俭节约的原则。成立会所需支出报总公司核定、批准。

希望你们抓紧分公司的登记,并严格按照公司章程和有关规定积极开展工作。

中国网络通信有限公司董事会决议

1999 年 9 月 28 日

根据公司业务发展的需要,决定在全国各地陆续设立中国网络通信有限公司非独立法人分支机构(分公司)。首批设立分公司的城市有:上海,广州,深圳。

董事长:严义埙

董事:江绵恒　　　　　　　　　　　董事:张海涛

董事:杨　雄　　　　　　　　　　　董事:盛光祖

上海网通工商注册申请书

1999 年 11 月 1 日

中国网络通信有限公司根据业务发展的需要,决定在上海市设立非独立法人的分支机构:中国网络通信有限公司上海分公司,特此申请设立分公司登记。请予以协助处理。

谢谢合作!

中国网络通信有限公司

法定代表人:严义埙

中国网通集团关于对吉通通信有限责任公司融合重组的实施方案

2003 年 6 月 11 日

为加快中国网通集团融合重组步伐,根据国务院《关于电信体制改革方案》(国发〔2001〕36 号)的精神要求,集团公司研究决定对吉通通信有限责任公司(以下简称吉通公司)实行整体融合重组。总体实施方案如下:

一、融合重组工作的必要性

中国网通集团成立一年来,在党中央、国务院的领导下,在信息产业部等政府部委的直接指导下,正确处理改革发展稳定的关系,在集团三方融合重组工作方面做了大量工作,取得了一定进展,为当前网通集团融合重组工作的顺利进行创造了条件。但是,我们也应该看到,集团三方在内部还存在着程度不等的同业竞争,整个集团的资源配置和优化利用还不够充分,吉通公司目前还面临着严重的财务亏损的经营困境,集团公司与吉通公司、网通(控股)公司还没有建立起资本纽带关系。

国务院《关于电信体制改革方案》(国发〔2001〕36 号)指出,电信体制改革的目标是破除垄断,引入竞争,通过电信企业的重组整合,优化资源配置,建立现代企业制度,推动和支持电信企业上市融资,促进电信业健康发展。根据国务院 36 号文件精神,按照日前国务院召开的"关于尽快实现网通集团融合重组有关问题"汇报会的要求,集团公司将先由纯粹的国有独资企业发展为国有控股的股份有限公司,进而选择合适的时机在境外或境内上市。在网通集团融合重组、转制、上市的总体发展计划中,首先要重点解决好对吉通公司的融合重组。加快对吉通公司的融合重组,是贯彻落实国务院36号文件精神的需要，也是网通集团近期实施总体发展计划的重要步骤，它有利于推动集团的规模化运作，谋求更长远的发展；有利于优化资源配置，减少集团内部同业竞争；有利于解决吉通公司目前经营上的困境，使整个集团较快地扭转亏损的被动局面，从而防止国有资产流失，实现国有资产保值增值。集团和各级企业都要从贯彻党和国家有关政策的高度，讲政治、讲大局、讲团结，把思想和行动统一到国务院36号文件精神上来，统一到集团融合重组工作部署上来，心往一处想，劲往一处使，切实把对吉通公司的融合重组工作抓紧抓好。

二、融合重组工作应坚持的原则

1. 统筹规划的原则。对吉通公司的融合重组涉及面广，政策性强，事关重大。集团所属各通信企业和部门必须在集团公司的总体要求下，按照集团公司的统一部署，结合各自实际，有组织、有计划、有步骤地认真组织实施，确保完成各阶段的融合重组工作。

2. 整体融合的原则。对吉通公司的融合重组工作在集团公司的统一领导下，上下联动同时展开，并采取整体融合的方式，实施包括网络、业务、人员、财务等方面的全面融合重组融合重组后，吉通公司完全并入属地通信企业（包括北方10省通信公司、南方各通信股份有限公司和网通（控股）公司5省1市分公司），实现从资本到网络、业务、人员等各方面真正意义上的融合。

3. 保证对用户服务的原则。在融合重组过程中，各通信企业要从有利于业务发展和维护用户权益的角度出发，妥善做好业务衔接工作，保持业务平稳过渡，尽量减少对原有客户的影响，避免客户出现流失。

4. 依法办事的原则。对吉通公司的融合重组工作要严格遵守《公司法》《劳动法》《合同法》以及国有资产管理办法等有关法律法规，按照集团公司确定的具体实施方案，完成对人员、网络、资产、业务等方面的融合重组。

5. 保持稳定的原则。融合重组工作必须在确保稳定的前提下进行，尤其人员融合是整个融合重组工作的重中之重，要细致周到、公平合理、满腔热情地解决好，尽量保持融合过程中吉通公司员工队伍的稳定，使融合重组工作得以顺利进行。

三、融合重组工作的重点内容

1. 网络融合

（1）对吉通公司现有的ATM/FR、VOIP、CHINAGBN等网络设备进行全面融合，纳入集团网络管理范畴。

（2）对吉通公司租用的其他运营商的中继电路，根据南北方不同情况实施退租或调整。

（3）吉通公司租用的机房根据产权及南北方的实际情况进行处理。在北方，除拥有产权的机房外原则上全部退租，并将设备搬迁至通信公司机房；在南方，由各通信股份公司或网通（控股）公司所属分公司牵头根据实际情况进行处理。

2. 业务融合

（1）从2003年6月2日集团启动融合重组开始，吉通公司立即停止发展新的客户和业务，停止发行新卡，并封存全部库存卡。

（2）根据融合和业务发展的需要，融合后不再使用吉通公司品牌开展业务，吉通公司原有接入码号资源由集团公司统一安排。考虑到吉通公司原IP电话卡、上网卡的有效期大部分在2004年底前，为了保证对这部分用户的服务，集团公司决定将吉通业务融合过渡期延长到2004年12月31日。过渡期内吉通公司原来已发行的IP电话卡、上网卡的接入码可以继续使用，各地通信公司要会同现有吉通公司各分公司的相关人员保证对这些用户在过渡期内的正常服务。

此外，吉通公司还有一些业务及对外的合作项目需要个案处理，由集团公司经营部牵头，会同吉通公司及相关联的省通信公司制定方案，在保证用户权益、保护集团利益的前提下，原则上要在过渡期结束前妥善处理完毕。

（3）吉通公司所有客户服务合同由集团公司或所属企业继承，在未达成新的合同前保持吉通对客户（含合作伙伴、渠道）的承诺，在原合同有效期内继续履行；也可通过协商，在征得客户同意的情况下与客户重签合同。要重视与客户的沟通，做好解释、协调以及合同变更工作，维护客户权益，避免客户投诉。同时更要避免因融合重组引起吉通公司现有大客户的流失，各省公司从融合开始就要会同吉通公司各分公司大客户工作人员抓紧做好这方面。

（4）吉通公司所有省内业务由当地分公司交由属地通信企业，全国业务由吉通公司总部交由集团总部管理，国际业务由集团总部统一接收。

（5）考虑到吉通公司现有业务过渡期到2004年底结束，为保证过渡期间业务正常运转，将吉通公司总部现有业务支撑体系（包括网络管理、计费结算、客户服务部门）成建制划到北京市通信公司相应部门和集团全国电信卡业务中心归口管理。部分地区吉通分公司在省内开展了一些业务，并有相应的计费结算、认证系统和客户服务部门，为了保证省内业务在过渡期内正常运转，这些职能也应成建制划归相应通信企业的对口部门管理。

（6）融合重组开始后，原吉通公司用户的欠费由当地通信企业负责追缴，吉通公司有关人员要积极配合，尽最大努力减少集团损失。

3. 人员融合

（1）吉通公司各分公司员工选择到当地通信公司工作的，由各通信公司全部接收、统一安排；5省1市的吉通公司员工由网通（控股）公司所属的分公司全部接收、统一安排；吉通公司总部员工由北京市通信公司接收，集团总部部分空缺岗位按择优聘用的原则，优先从吉通公司总部人员中选聘。吉通公司领导班子成员由集团公司根据工作需要统筹考虑。

（2）对融合到当地通信企业的吉通员工根据岗位需要进行安排，可暂不通过竞聘上岗的程序安排岗位，并保持一年内相对稳定。一年后与所在通信企业员工一同参与竞争上岗，双向选择。

（3）融合员工的工资待遇、福利和社会保险按照当地通信公司的薪酬体系和保险制度执行。

4. 财务融合

（1）吉通公司应立即冻结银行账号，在省内的资产、负债原则上由属地通信公司和网通（控股）公司5省1市分公司接收。

（2）按照国家有关规定，吉通公司应认真进行全面财产清查，属地通信企业应尽早参与和配合，并按规定办理资产交接手续，确保国有资产不流失。

四、融合重组工作的总体要求

1. 切实加强组织领导。融合重组事关全局，责任重大，各企业和部门要高度重视，加强领导，精心组织，主要领导负总责。集团公司决定成立吉通融合重组工作领导小组，组长由张春江总裁担任，冷荣泉副总裁任副组长，小组成员由集团公司计划财务部、人力资源部、市场经营部、网络运维部、互联网业务部、监管事务部总经理组成。融合工作领导小组负责融合工作的整体部署和协调，下设网络、业务、人力资源和财务4个专业工作小组，负责融合重组的日常工作。北方10省通信公司，南方各通信股份有限公司和网通（控股）公司及所属5省1市分公司、吉通公司及所属分公司也要成立相应的领导小组及工作小组，确保融合重组工作按计划进行。

2. 切实做好人员的融合重组工作。人员融合是整个融合重组工作的关键，各相关单位和部门要严格按照政策办事,积极稳妥地做好人员安置工作,保证人员融合的顺利进行。在人员融合中,当地通信公司与吉通分公司要妥善协商人员安排,并注意搞好与网络、业务、资产等方面的衔接配合,对一些岗位的人员要保持一定时期的相对稳定性,以保证现有吉通公司用户、业务和服务的连续性,保证网络维护的正常进行。

3. 认真做好财产清查工作。吉通公司应按照国家关于企业合并或兼并等有关规定,对其资产、负债进行全面清查,编制清查日资产负债表、财产清册和债权债务清单,并按规定办理交接,严防出现国有资产流失。尤其要认真清查网络、设备等资产,并按规定办理移交手续,纳入属地通信企业网络中,充分加以利用;整合后不能利用确需报废的资产,应按照有关资产管理办法,履行相应程序,保证国有资产不浪费、不流失。

4. 高度重视互联互通工作。自融合重组开始之日起,原吉通公司所承担的互联互通工作将由集团和各省级通信公司、网通(控股)公司5省1市分公司负责。各通信企业要针对吉通公司与其他运营商的互联互通情况积极与对方协商,妥善解决其互联互通中的问题,防止融合重组期间吉通公司各项业务通信质量尤其是网间通信质量的下降,并尽快恢复被其他运营商关停、闭塞的中继电路,保证IP及互联网接入等各项业务的正常开展。

5. 认真贯彻落实各项廉政建设规定。吉通公司经营班子和地方分公司领导要加强管理,高度负责,严肃纪律,严禁借融合重组之机突击提拔干部、调入人员,严禁滥发钱物,一经发现,要严肃处理。

6. 重视档案资料的移交工作。为保证融合重组后各项工作的开展,各通信企业和部门要加强对吉通公司资产、财务、人员、网络、业务、客户档案、合同、权属证明等资料的收集、移交和保管,并由专人负责。

7. 融合重组工作的进度要求。为加快对吉通公司的融合重组步伐,要本着积极稳妥的精神,实事求是地推进融合重组工作人员的融合重组工作,要求在6月20日前完成;网络的融合重组工作,从6月11日开始6周内完成;资产、负债的清理以及吉通公司的工商变更登记工作要在6月30日前完成;业务的融合重组工作要在明年年底前全部完成。

8. 做好深入细致的思想政治工作。融合重组工作时间紧、任务重,政策性强、难点问题多。各通信企业和部门要充分发挥党组织的战斗堡垒作用和党员的先锋模范作用,党政工团齐抓共管,及时了解和掌握有关员工的思想动态,有针对性地做好思想政治工作,保证员工队伍稳定,确保融合重组工作顺利进行。同时,要建立有效的沟通渠道,做好对媒体和客户的沟通工作,避免恶意新闻炒作,争取客户的理解和支持,共同为融合重组工作的顺利进行营造良好的环境。

附件:

关于对吉通通信有限责任公司网络融合重组的方案

2003年6月11日

目前吉通公司拥有ATM/FR网、VOIP网、CHINAGBN网、卫星网等网络,经与吉通公司技术管理人员多次讨论,制定了吉通公司网络融合原则及具体实施方案。

网络融合原则:

1. 对吉通公司的网络进行全面整合,并根据各种网络的不同情况采用业务电路全面倒接(主要为 ATM/FR 电路)或网络租用中继调整等方式,将吉通公司的网络整体纳入集团公司骨干网络范畴管理。

2. 网络融合工作根据南北方实际情况,进行网络调整及业务电路倒接等工作,以达到全面融合的目标。

3. 吉通公司目前租用的网络承载电路(传输、数据电路)全部倒接到集团公司网络上,暂时无法倒接的待集团公司网络具备条件后再进行电路倒接。其中吉通公司租用的省际和北方十省内的中继电路全面倒接至集团公司网络上,租用的南方各省电路根据实际情况倒接至集团网或网通控股传输网络上。

4. 吉通公司租用的机房根据产权及南北方的实际情况处理,在北方建议除拥有产权的机房外全部退租并将设备搬迁至通信公司机房,在南方建议由各通信股份公司或网通控股公司牵头根据实际情况进行处理。

5. 网络融合期间吉通公司的码号资源等保持不变,用户转网实行平稳过渡。

6. 组织吉通公司相关部门进行设备清查,并列出详细清单。

根据以上原则所有的网络融合方案均从业务电路、设备(骨干、省内,本地)、租用电路(骨干、省内,本地)、网管系统、机房及其他等。

中国联合通信有限公司
关于合并期间有关工作合规性问题的通知

2008 年 7 月 23 日

各省、自治区、直辖市分公司,总部各部门:

目前,中国联通与中国网通正在准备双方红筹公司的合并工作,双方的分支机构为发挥协同效应,也正在筹划多方面的业务合作,为使有关工作符合双方红筹公司上市地监管规则的要求,并顺利获得双方股东大会的批准,现就合并准备期间,中国联通总部及分公司有关宣传、广告、业务合作、信息披露等工作的合规性问题通知如下:

一、加强宣传方式、内容、口径的合规性审查

应充分重视对外宣传的合规性,建立相应的审查程序和机制,确保宣传内容、口径和方式符合监管规则的要求。总部和分公司在对外宣传方式上应避免与中国网通联合宣传,宣传材料(包括网站页面)中应避免将两公司企业标识并列排列,宣传内容、口径应以总部新闻发言人和联通 A 股公司、联通红筹公司的公告为准。

二、严格规范对外广告发布工作

应按照监管规则要求,严格对外发布广告的管理。不刊登与合并交易有关或可能有关的广告;总部和分公司暂不与中国网通联合发布广告;拟新发布的企业形象宣传广告,除原审批渠道外,还需按本通知规定,征求总部董事会办公室意见。

三、进一步加强和规范与中国网通之间的业务合作

由于受到香港收购守则和上市规则的严格限制,北方 10 省和南方 21 省分公司的合作,须严格遵守以下规定:

1. 北方 10 省分公司的合作

双方分公司 6 月 2 日前已签署协议的可继续执行。6 月 2 日后的新合作,根据双方总部业务主

管部门的指导进行。双方的合作要保持低调,对合作内容可分别进行一定的业务宣传,但不应进行过度的媒体宣传,不应发布过度的产品广告,避免外界认为双方已经合并为一家公司。业务合作中要做好规范管理,确保合作进程符合相关制度和要求。

2. 南方21省分公司的合作

双方分公司在今年6月2日前已签订业务合作协议的,可继续执行协议。6月2日之后,不要签署任何新的合作协议,但可以进行拟在合并之后开展的业务合作的准备。无论是已有合作,还是合作的准备,都要全力避免媒体报道,不联合或单独做任何产品广告。

四、对外信息披露的合规性问题

对外披露信息应严格遵守公司内部管理规定,履行批准程序。对外界和投资者披露的信息,不应在实质上超过联通A股公司、联通红筹公司已在上海交易所、香港联交所以及公司网站上对外公开发布信息的范围,以避免产生选择性披露以及其他可能对重组交易产生不利影响的问题。

五、进一步加强保密工作

目前,中国联通正处在改革重组的特殊时期,参与合并、C网出售交易的有关工作人员要进一步加强保密意识,做好保密工作。对通过合并、C网出售交易的联合工作机制获得的各项资料、信息,要严格保密,杜绝资料、信息的泄露。

六、关于审核流程问题

有关上述宣传、广告、业务合作、信息披露等项工作,明确审核流程如下:

1. 与合并、C网出售交易有关的新闻宣传材料对外发布前,总部有关职能部门应征求董事会办公室意见,报公司领导审定后对外发布。分公司需根据总部的口径,必要时进行配合宣传。

2. 除产品广告外的其他广告(特别是不能确定是否与合并、C网出售交易有关的广告)对外发布前,应征求董事会办公室意见,确认不会产生不利影响后再对外发布。

3. 各联合工作组在推进重组改革工作过程中,如有可能对C网出售、合并交易产生重大影响的行动,应事前征求董事会办公室意见。

中国联通股份有限公司章程

2000年4月

目　录

第一章　总则
第二章　经营宗旨和经营范围
第三章　投资总额和注册资本
第四章　公司行政和董事会
第五章　财务会计
第六章　劳动管理
第七章　期限、终止与清算
第八章　保险
第九章　适用法律
第十章　附则

第一章 总　　则

第一条　根据《中华人民共和国外资企业法》及其他有关法律、行政法规的规定，中国联通股份有限公司（以下简称"投资方"）经中华人民共和国有关主管部门批准独资经办。

第二条　公司的中文名称：中国联通有限公司

公司的英文名称：China Unicom Corporation Limited

住所：北京市建国门内大街18号恒基中心办公楼一座12层　邮政编码：100005。

第三条　投资方的中文名称：中国联通股份有限公司

投资方的英文名称：China Unicom Limited

住　所：香港中环皇后大道15号置业广场爱丁堡大厦21层。

法定代表人：杨贤足

职　务：董事长

第四条　国　籍：中国。公司的董事长为公司的法定代表人。

第五条　公司的组织形式为有限责任公司。投资方以其认缴的出资额为限对公司承担责任，公司以其全部资产对公司的债务承担责任。

第六条　公司根据业务需要，可申请设立分支机构。

第七条　公司为中国法人，受中国法律的管辖和保护。公司的经营活动，必须遵守中国的法律和行政法规。投资方不直接参与公司境内电信业务的经营和管理。

第二章　经营宗旨和经营范围

第八条　公司的经营宗旨：遵守国家法律、行政法规和政策，根据国家通信行业发展规划、产业政策和市场需求，依法自主从事通信生产经营活动。建立新机制，建设新网络，采用高技术，实现高增长，发展综合业务，推进中国通信事业的发展。

第九条　公司的经营范围：国际、国内长途通信业务；北京、天津、上海、辽宁、河北、山东、江苏、浙江、福建、广东、湖北以及安徽12个省市的移动通信业务、无线寻呼业务；互联网业务和IP电话业务；技术咨询和技术服务。

第三章　投资总额和注册资本

第十条　公司的投资总额为650 248.95万元人民币，注册资本为650 248.95万元人民币。

第十一条　投资方以现金及实物出资。投资方在公司完成工商变更登记后的三个月内缴付出资。

第十二条　投资方缴付出资后，公司应当聘请中国的注册会计师验证，并出具验资报告，报审批机关和工商行政管理机关备案。

第十三条　公司在经营期内不得减少注册资本。

第十四条　公司注册资本的增加、转让，须经审批机关批准，并向工商行政管理机关办理变更登记手续。

第四章　公司行政和董事会

第十五条　公司投资方依照法律、行政法规的规定，负责对公司合并、分立、变更公司形式、解散、增加注册资本、修改公司章程、委派和更换董事、确定有关董事的报酬等事项作出决定。除本章程另有规定外，其他重大事项授权董事会决定。

第十六条　公司设董事会。董事会由七名董事组成。董事由投资方按照董事会的任期委派或董事会设董事长一人。董事长由投资方从董事会成员中指定。

第十七条　董事每届任期三年,董事任期届满,可以连派连任。

第十八条　董事会对投资方负责,行使下列职权。

(一)向投资方报告工作;

(二)决定公司的年度财务预算方案、决策方案;

(三)决定公司的利润分配方案和亏损弥补方案;

(四)拟订公司增加注册资本的方案;

(五)拟订公司合并、分立、变更公司形式、解散的方案:

(六)拟定修改公司章程的方案;

(七)决定公司内部管理机构的设置;

(八)根据投资方的提名,聘任或者解聘公司总经理,根据总经理的提名,聘任或者解聘副总经理、财务负责人,决定其报酬事项;

(九)制定公司的基本管理制度;

(十)投资方授予的其他职权。

第十九条　董事会会议至少每半年召开一次,由董事长召集和主持。董事长因特殊原因不能履行职务时,由董事长指定的其他董事召集和主持。三分之一以上董事可以提议召开董事会会议。

第二十条　召开董事会会议,应当于会议召开的十日以前通知全体董事。但遇紧急事由时,董事会会议可随时召开。

第二十一条　董事会会议应由二分之一以上董事出席方可举行。董事会决议实行一人一票记名表决制度。董事会作出决议必须经全体董事的过半数同意方为通过。

第二十二条　董事会会议,应由董事本人出席。董事因故不能出席,应书面委托其他董事代为出席。委托书应载明授权范围。

第二十三条　董事会会议应对所议事项的决定作成会议记录,出席会议的董事应当在会议记录上签名。

第二十四条　董事应对董事会会议的决议承担责任。董事会会议的决议违反法律、法规或者公司章程,致使公司遭受严重损失的,参与决议的董事对公司负有赔偿责任。但经证明在表决时曾表示异议并记载于会议记录的,该董事可以免除责任。

第二十五条　公司设总经理一人,由董事会根据投资方的提名聘任或者解聘。

(一)主持公司的生产经营管理工作,组织实施董事会决议;

(二)组织实施公司年度经营计划和投资方案;

(三)拟订公司内部管理机构设置方案;

(四)拟订公司的基本管理制度;

(五)制订公司的具体规章;

(六)提请聘任或者解聘公司副总经理、财务负责人;

(七)聘任或者解聘除应由董事会聘任或者解聘以外的管理人员;

(八)公司章程和董事会授予的其他职权。

非董事总经理列席董事会会议。

第二十六条　董事可以兼任总经理等高级管理职位。

第二十七条　未经投资方同意,董事、总经理不得兼任其他有限责任公司、股份有限公司或者其他经营组织的负责人。

第二十八条　董事、总经理及其他高级管理人员应当遵守法律、法规及公司章程,忠实履行职务,维护公司利益,不得利用在公司的地位为自己谋取私利。

第五章　财　务　会　计

第二十九条　公司应当依照中国法律、法规和财政机关的规定,建立财务会计制度并报其所在地财政、税务机关备案。

第三十条　公司的会计年度自公历年的 1 月 1 日起至 12 月 31 日止。

第三十一条　公司依照中国税法规定缴纳所得税后的利润,应当提取储备基金和职工奖励及福利基金。储备基金的提取比例不得低于税后利润的 10%,当累计提取金额达到注册资本的 50% 时,可以不再提取。职工奖励及福利基金的提取比例由公司自行确定。

第三十二条　公司以往会计年度的亏损未弥补前,不得分配利润;以往会计年报未分配的利润,可与本会计年度可供分配的利润一并分配。

第三十三条　公司的自制会计凭证、会计账簿和会计报表,应当用中文书写;用外文书写的,应当加注中文。

第三十四条　公司应当独立核算。

公司的年度会计报表,应当依照中国财政、税务机关的规定编制。以外币编报会计报表的,应当同时编报外币折合为人民币的会计报表。

公司的年度会计报表,应当聘请中国的注册会计师进行验证并出具报告。

第二款和第三款规定的公司的年度会计报表,连同中国的注册会计师出具的报告,应当在规定的时间内报送财政、税务机关,并报审批机关和工商行政管理机关备案。

第三十五条　投资方可以聘请中国或者外国的会计师事务所查阅公司账簿,费用由投资方承担。

第三十六条　公司应当向财政、税务机关报送年度资产负债表和损益表,并报审批机关和工商行政管理机关备案。

第三十七条　公司的外汇事宜,依照中国有关外汇管理的规定办理。

第六章　劳　动　管　理

第三十八条　公司的劳动管理依照中国有关法律、行政法规的规定办理。

第七章　期限、终止与清算

第三十九条　公司的经营期限为 50 年,自公司的外商投资企业营业执照签发之日起计算。

第四十条　公司有下列情形之一的,应予终止:

(一) 破产;

(二) 违反中国法律、行政法规而被依法撤销。公司的终止与清算事宜,依照中国有关法律、行政法规的规定办理。

第八章　保　　　险

第四十一条　公司的各项保险,应当向中国境内的保险公司投保。

第九章　适　用　法　律

第四十二条　本章程的订立、效力、解释、履行和争议的解决均受中国法律的管辖。

第十章　附　　　则

第四十三条　公司章程未尽事宜,按中国有关法律、行政法规的规定办理。

第四十四条　本章程用中文书写。

第四十五条　本章程的修改,必须经投资方通过,并报原审批机构批准。

第四十六条　本章程中所称公司"总经理""副总经理"以及"财务负责人",其含义与公司"总裁""副总裁"以及"财务总监"相同。

第四十七条　本章程经中国对外贸易经济合作部批准后生效。本章程生效后,公司原章程即行废止。

中国网络通信有限公司公司章程

1999年5月25日

第一章　总　则

第1条　根据《中华人民共和国公司法》(下称"《公司法》")及其他相关法律法规的规定,中国网络通信有限公司(下称"公司")的各股东经友好协商,共同制定本公司章程(下称"本章程")。

第二章　公司名称和住所

第2条　公司名称：中国网络通信有限公司。

公司的英文名称为：China NetCom Co.,Ltd.

第3条　公司住所为：北京市海淀区白石桥路3号友谊宾馆。

第三章　公司的目的与公司的组织形式

第4条　公司将体制创新和科技创新相结合,在市场经济的原则下充分利用和发挥各方股东的网络与科技资源的优势,经营公司章程中所规定的业务,为全体股东寻求最大的利益,使他们的投资获得最满意的回报,为中国的国企改革、电信体制改革和知识创新战略服务,将公司建设成为具有国际先进水平和竞争力的新一代电信企业。

第5条　公司的组织形式为有限责任公司。公司股东以其出资额为限对公司承担责任,公司以其全部资产对公司的债务承担责任。

公司应当按照《公司法》及其相关法律法规的规定和现代企业制度进行经营和管理。公司股东会、董事会和公司经营管理机构应严格按照法律和本章程规定的职权和职责范围行使对公司的管理权,并履行其义务。

第四章　公司经营范围和存续期限

第6条　公司的经营范围为：经营基于IP的电信业务,包括IP带宽批发、无线IP、国际国内IP电话和IP传呼、电子数据传输、交换及发布等IP承载的和与网络传输相关的电信业务。

第7条　公司存续期限为国家主管部门规定的最长期限。经代表公司3/4或3/4以上股权的股东同意,股东会可以对公司的存续期限进行修改。

第五章　公司的注册资本以及注册资本的增加

第8条　公司设立时的注册资本为人民币壹亿贰仟万元。该注册资本可以按照本章程规定的程序予以增加或减少。

第9条　公司增加注册资本的情况下,公司既有股东对公司新增的注册资本有优先认缴的权利。除非届时公司股东另有协议,股东对于新增的注册资本应当按照增资前股东之间的股权比例进行认缴。

本章程的第12条,也适用于公司增加注册资本。

公司增加注册资本时，应当符合本章程第50条的规定。

第六章　股东的名称、出资额、出资比例、出资方式和出资期限

第10条　股东的名称及其出资额和占注册资本的比例如下：

甲方：中国科学院，出资人民币3 000万元，占公司注册资本的25％；

乙方：国家广播电影电视总局广播影视信息网络中心，出资人民币3 000万元，占公司注册资本的25％；

丙方：中铁通信中心，出资人民币3 000万元，占公司注册资本的25％；

丁方：上海联和投资有限公司，出资人民币3 000万元，占公司注册资本的25％。

第11条　公司各方股东均应以人民币现金出资的方式于工商登记部门指定验资账户起十天内将其认缴的出资汇入该指定的验资账户中。

公司股东（包括既有股东以及将来新增的股东）根据本章程第9条的规定认缴公司新增加的注册资本时，出资方式可以采取现金出资或法律允许的其他出资方式，并应按照法律的规定办理验资手续以及实物或无形资产出资的所有权或其法律规定的权利的转移手续，新增注册资本的出资期限由股东会届时以股东会决议的方式确定。

第12条　任何一方股东不按本章程的规定缴纳其所认缴的出资的，其应当按照各方股东于1999年5月签署的《中国网络通信有限公司股东合同》（以下简称"《股东合同》"）的规定向已经足额认缴出资的其他股东承担违约责任。

如果这一未按时出资的行为持续30日未能得到纠正，已经足额认缴出资的公司股东有权认缴该出资不足的部分并相应降低该未按时出资股东在公司的股权比例，或由已足额认缴出资的股东同意的第三方来认缴该出资不足的部分，而未按时出资的股东应被视为同意上述第三方认缴该出资不足的部分。

第七章　股东的权利和义务

第13条　公司股东按照出资额享有资产收益、重大决策和选择管理者等权利，具体包括：

（1）出席或委托代理人出席股东会并行使表决权；

（2）查阅股东会会议记录和公司的财务会计报告；

（3）监督公司的经营，提出质询或建议，公司董事会或总裁有义务对股东的质询进行口头或书面的答复；

（4）按出资比例分取红利，公司新增资本时，股东有权优先认缴出资（但本章程第50条另有规定的除外）；

（5）依照法律和本章程的规定优先受让公司新增的或其他股东拟转让的股权；依法转让、质押或以其他合法形式处分其所拥有的公司股权的权利；

（6）对股东名册的记载或变更的请求权；

（7）依照本章程的规定召集临时股东会的权利；

（8）按照市场经济的原则，在同等条件下股东有权要求公司优先使用股东的网络资源及其他资源；

（9）法律或本章程规定的其他权利。

第14条　公司成立后，公司应当向股东签发由公司盖章的出资证明书。该证明书应当载明下列事项：公司名称、公司登记日期、公司注册资本、股东的姓名或名称、缴纳的出资额和出资日期、出资证明书的编号和核发日期。

第15条 公司置备股东名册,股东名册的主要内容包括:股东的姓名;股东出资额;出资证明书的编号等。

第16条 股东应承担以下义务:

(1) 遵守本章程;

(2) 按时足额缴纳本章程中规定的各自所认缴的出资额,包括公司设立时认缴的出资以及根据本章程第9条增加注册资本的情况;

(3) 以其认缴的出资额为限对公司承担责任;

(4) 在公司登记后,不得抽回其出资或以任何形式转移公司的资产;

(5) 遵守本章程第59条非歧视条款的规定;

(6) 公司股东应当尊重法律和本章程规定的公司总裁及经营管理机构的经营管理权;

(7) 按照本章程的精神在所有必要的情况下尽最大努力维护或争取公司的最大利益;

(8) 按照市场经济的原则,在同等条件下股东有义务优先将网络资源及其他资源提供给公司使用;

(9) 法律和本章程规定的其他义务。

第八章 股权的转让

第17条 股东之间可以相互转让其全部或部分股权。

第18条 股东向股东以外的人转让其股权时,必须经全体股东过半数同意。不同意转让的股东应当在股东会后一个月内购买该转让的股权,否则视为同意转让。

经股东同意转让的股权,在同等条件下,其他股东对该拟转让的股权有优先购买权。除非届时公司股东另有协议,股东对于该转让股权应当按照届时同意购买的股东之间的股权比例进行认缴。

同意转让或依本条被视为同意转让而不购买该转让股权的股东,视为放弃优先购买权。

第19条 股东转让其股权,必须于转让合同签署后的15日内到公司办理变更登记手续。公司经审核符合本章程的规定后,须将受让者的姓名(名称)、住所及受让的股权额等记载于股东名册,并依法向公司的工商登记管理机关办理变更登记手续。

第20条 股东的股权因质押而产生转移时适用股权转让的规定。

第九章 强制收购

第21条 任何股东如发生下列行为中的任何一项:

(1) 违反本章程第59条非歧视条款规定的义务;

(2) 违反《股东合同》第一条规定的陈述与保证义务;

(3) 未按照本章程的规定认缴其出资;

(4) 其他严重违反本章程及《股东合同》规定的义务并严重损害公司利益、或侵害公司财产权或妨害公司正常经营管理的行为,则其在接到公司总裁的书面通知后应当立即纠正该行为。如果在接到通知后3个月内没有纠正,股东会有权以代表2/3或2/3以上表决权的股东的同意通过决议,要求该方股东将其持有的全部或部分公司股权按照决议时该股权所代表的公司净资产账面价值或有权机构确认的其他价值(取两者中较低者)转让给愿意收购该股权的股东或其他第三人,该方股东应被视为同意上述股东或第三人认缴或收购该出资不足的部分。如因没有买方导致强制收购最终没有完成,则该违约方应赔偿由于其违反本章程的规定而给公司造成的损失。

因根据本条的收购而成为公司新股东的第三人应当接受并遵守本章程的规定,除非该违反本章程的股东以外的其他股东与该新股东就本章程的规定达成新的一致,并履行必要的法律手续。

本条上述规定不影响其他股东对该违反本章程的股东给其他股东带来的损失进行索赔的权利。

第十章 股东会

第22条 股东会由全体股东组成,是公司的最高权力机构。

第23条 股东会依照法律及本章程的规定,行使下列职权:

(1) 修改公司章程;
(2) 选举和更换董事,决定有关董事的报酬事项;
(3) 选举和更换由股东代表出任的监事,决定有关监事的报酬事项;
(4) 根据董事会的提议批准增减公司的注册资本以及增减的具体方案;
(5) 决定公司的经营方针和投资计划;
(6) 对公司的合并、分立、变更公司形式、解散和清算等事项作出决议;
(7) 审议批准董事会的报告;
(8) 审议批准监事会的报告;
(9) 审议批准公司的利润分配方案和弥补亏损方案;
(10) 对股东转让股权作出决议;
(11) 审议批准公司的年度财务预算方案、决算方案;
(12) 对公司发行债券作出决议;
(13) 对公司的经营管理情况向公司董事会或总裁提出监督意见、质询等;
(14) 法律或本章程规定的其他职权。

上述各项经代表51%以上表决权的股东同意即可通过决议,但对本章程的修改、公司增减注册资本、分立、合并、解散、变更公司形式作出决议的,须经代表3/4或3/4以上表决权的股东通过。本章程对其他事项的表决要求另有规定的,从其规定。

第24条 股东会会议由股东按照股权比例行使表决权。

第25条 股东会的首次会议由甲方股东召集和主持。

第26条 股东会会议分为定期会议和临时会议,定期会议每年至少召开一次,由董事会召集,董事长主持,董事长因特殊原因不能履行其职务时,由董事长指定的董事主持。代表1/4以上表决权的股东,1/3以上董事或监事,可以提议召开临时会议。

第27条 召开股东会会议,公司董事会应于会议召开15日之前通知全体股东。该通知应当说明会议地点、日期和时间以及会议将审议并决议的所有事项。凡未列入通知书中的事项不得在本次会议上讨论及作出决议,但各方股东均有代表出席会议并一致同意进行讨论和表决的额外事项除外。股东会应当对所议事项的决定作成会议记录,出席会议的股东或股东代表应当在会议记录上签名。

第28条 股东会必须有各方股东代表的参加方得举行并通过决议。无故不出席股东会视为弃权。

第29条 经股东各方代表传阅并签字同意而作出的股东会决议视为与一个按照股东会议事程序实际举行的股东会会议所通过的有效决议具有同等效力。

第十一章 董事会

第30条 公司设立董事会。董事会自公司成立之日起成立。董事会由三至十三名董事组成,第一届董事会由五名董事组成,第二届起的董事会人数由股东会决定。公司可以聘请外部董事。

总裁作为列席董事(无表决权)列席董事会。

第一届董事会中的董事由甲方委派二名,乙方、丙方和丁方各委派一名。

董事任期三年,连选可以连任。

公司董事必须以股东全体的一致利益为行为准则,并对股东负有勤勉尽责的义务。董事可以对公司的经营管理活动或行为进行监督或提出建议或质询,但任何董事均不得以个人名义干预公司的经营管理活动,包括但不限于干预公司的人事、财务及具体业务活动。

董事会下设立一个战略发展委员会,委员由各方股东推荐一名代表组成,并可根据需要增加其他外部委员。战略发展委员会由公司总裁组织召集会议,为公司长期发展战略和重大经营策略提供咨询和建议。

第31条　公司设董事长一名。董事长由董事会选举产生。

董事长是公司的法定代表人。董事长负责召集和主持董事会会议。

董事长因故不能履行职务时,由董事长指定其他董事召集和主持会议或履行其他职务;如董事长因故未能指定其他董事代为履行其职务,应由董事会选举一名董事代为履行其职务;如董事会未能在董事长不能履行其职务后的一个月内就指定该名董事作出有效决定,则应当由其他董事共同推举一人临时代行董事长的职责,直至董事长恢复履行其职务或董事会选举出新的董事长。

董事会可决定设立专家咨询委员会和/或科学顾问。专家咨询委员会的候选人和科学顾问人选应由董事长向公司提名,由董事会聘任。

第32条　董事会对股东会负责,并行使下列职权:

(1) 负责召集股东会,并向股东会报告工作;

(2) 执行股东会决议;

(3) 决定公司的经营计划和长期或重大的投资方案;

(4) 制订公司的年度财务预算方案、决算方案;

(5) 制订公司的利润分配方案和弥补亏损方案;

(6) 制订公司增加或者减少注册资本的方案;

(7) 拟订公司合并、分立、变更公司形式、解散的方案;

(8) 决定公司内部管理机构的设置;

(9) 聘任或者解聘公司总裁并决定其报酬事项;根据总裁的提名,聘任或解聘公司副总裁、财务负责人;

(10) 决定公司对外借款和提供担保以及授予总裁决定对外借款和提供担保的权限;

(11) 批准总裁提议的设立公司子公司或分支机构的方案;

(12) 审查批准由总裁拟定的公司高级管理人员等的认股方案;

(13) 根据本章程第67条的规定对公司与任何一方股东或股东的关联公司之间进行的关联交易作出决议;

(14) 法律或本章程规定的其他职权。

董事会就上述事项作出决议须经出席董事会人数的简单多数通过。但就上述第(3)(4)(5)(6)(7)(9)(11)项作出决议时,须经出席董事会人数的2/3以上多数通过。本章程另有规定的,从其规定。

第33条　公司董事和战略发展委员会委员不是公司的职员,不得从公司领取薪金,但董事和战略发展委员会委员可以从公司取得津贴。公司还可以根据现代企业制度以及董事和战略发展委员会委员对公司发展的重要作用,为他们作出其他非薪金方式的报酬安排,具体制度由股东会根据本章程第 23 条第 1 款第(2)项制定。董事及战略发展委员会委员参加董事会会议和战略发展委员会会议的费用(差旅费等)由公司承担。

第 34 条　董事会举行会议的法定最低人数为 2/3 以上董事,不足 2/3 以上董事出席的董事会会议所通过的决议无效,但本章程另有明文规定的除外。董事应亲自出席董事会,董事不能亲自出席的,可书面委托公司其他董事或其他人作为其代理人参加会议并行使该董事的权利。该书面委托应当附随该次董事会决议在公司存档。

公司董事无正当理由不出席公司董事会,又不委托他人出席并表决的,视为其已经出席并对表决事项投弃权票。

第 35 条　董事会会议分为定期会议和临时会议,定期会议每年召开二次,上下半年各一次。

经 1/3 以上董事或公司总裁提议,应召开临时董事会。

第 36 条　召开董事会会议,应当于会议召开 15 天以前通知全体董事。该通知应说明会议的时间、地点及拟审并表决的事项。未列入通知书中的事项不得在本次会议上讨论及表决,但董事会全体成员均出席会议并一致同意进行审议和表决的额外事项除外。

董事会应对所议事项作出决议或作成会议记录,出席会议的董事应当在决议或会议记录上签名。对董事会决议通过的事项持不同意见的董事有权在董事会会议记录中以书面形式表明自己的意见。

第 37 条　董事会召开时,如果在预定的董事会会议时间过后一小时,仍未有法定人数到场出席会议,该次会议应顺延至下一周的同一时间、同一地点或由董事长指定的其他时间和地点举行。在顺延后举行的董事会中,如因部分董事无正当理由不出席并且不授权他人代表其出席董事会而使董事会会议无法构成法定最低人数,则按照本章程第 34 条第 2 款的规定办理。

第 38 条　董事会决议可以用传阅签署的方式作出。采用这一方式时拟审议的董事会决议文本必须按照通知公司董事参加董事会会议的方式送达公司的全体董事。经举行董事会会议法定最低人数以上数额的董事签字同意而作出的董事会决议视为与一个按照董事会议事程序实际举行的董事会会议所通过的有效决议具有同等效力,并且通过传阅方式签署并作出的董事会决议不受本章程第 36 条关于进行董事会会议通知要求的规定约束。

第 39 条　如果一个事项需要由公司董事会作出决议,而由于赞成和反对该事项的董事人数相等而无法作出决议,并且导致公司无法继续其经营的,则董事会应当在随后的二个月之内再次开会予以协商并表决,如果仍然未能就该事项达成有效决议,则该事项应当提交公司的股东会解决,如果公司的股东会亦无法达成一致,股东会应该决议公司终止经营,并依法进行清算。

第十二章　经营管理机构

第 40 条　公司设总裁,总裁由董事会聘任,对董事会负责。总裁有权列席董事会。

第 41 条　总裁行使下列职权:

(1) 主持公司的日常经营管理工作,列席董事会会议并组织实施董事会决议;
(2) 拟订公司的年度财务预算方案、决算方案并在董事会和股东会批准后组织实施;
(3) 组织实施公司年度经营计划和投资方案;
(4) 拟订公司内部管理机构设置方案;
(5) 拟订公司的基本管理制度;
(6) 制定公司的具体规章;

（7）提请聘任或解聘公司副总裁、财务负责人；
（8）任免或奖惩公司高级管理人员；
（9）任命和调配公司下属部门负责人；
（10）代表公司对外处理业务；
（11）在董事会的授权范围内决定公司的对外借款和对外担保；
（12）根据公司经营的资金情况向董事会提议增加公司的注册资本或其他融资方案；
（13）提议设立子公司或分支机构并报董事会批准；
（14）法律或本章程规定的、或董事会授予其他职权。股东会和董事会应当尊重公司总裁经营管理公司业务的职权。

第42条　总裁对公司负有下列义务：
（1）勤勉尽责地负责公司的日常管理和业务经营；
（2）促使公司的经营符合通讯高科技领域的发展潮流，并争取在市场竞争中处于领先地位；
（3）根据公司的经营情况向董事会提出业务经营、技术发展等方面的建议或提议；
（4）负责组织公司全体职员实施公司董事会批准或确定的经营方针和投资计划或方案；
（5）负责编制公司每季度的总体经营报告，并在每季度结束后的15天内提交公司董事会审阅。该报告内容通常应包括公司本季度的财务状况、财务报表、业务经营情况和市场开拓情况、公司在技术开发或发展方面的状况以及在市场竞争中所处地位的评估等。

第43条　公司聘请财务总监一名，为公司的财务负责人，负责公司的财务工作。
公司设总工程师一名，负责公司的技术工作。
公司的经营管理人员不得兼任其他公司的经营管理职务。

第十三章　监　事　会

第44条　公司设监事会，由三名监事组成。监事由股东代表和职工代表按照2∶1的比例组成。其中，股东代表由股东会选举，职工代表由公司职工民主选举产生。
董事、总裁和财务负责人不得兼任监事。监事任期三年，连选可以连任。

第45条　监事会行使下列职权：
（1）按照监事会财务监督条例检查公司财务，该条例由董事会制定并由股东会批准；
（2）对董事、总裁、部门经理执行公司财务时违反法律、法规或者公司章程的行为进行监督；
（3）当董事、总裁、部门经理的行为损害公司利益时，要求其予以纠正；
（4）提议召开临时股东会。
监事会行使本条规定的职权时，应当经过监事会成员简单多数同意。

第十四章　劳动管理与工会组织

第46条　公司总裁根据有关法律规定自主决定公司职员聘用条件、方式、数量、时间及待遇。
公司股东、股东会或董事会不得以任何方式或名义向公司派遣或要求公司聘用任何职员。

第47条　公司的职员聘用实行劳动合同制。

第48条　公司招收职工实行试用制，试用期结束后，公司和试用人员签订劳动合同。

第49条　公司职工的雇佣、辞退、工资、劳动保险、生活福利、奖惩、安全、劳动纪律和其他制度，由公司总裁根据中国劳动法的有关规定制订。

第50条　为在公司推行现代企业管理制度和增加管理人员的责任感和敬业精神，公司建立公司高级管理人员股权认购制度。

为此目的,公司的高级管理人员包括:公司总裁、副总裁、财务负责人、总工程师以及公司各部门经理。具体股权认购制度由公司总裁负责制定方案,由股东会授权董事会批准后实行。

公司还可根据需要并在符合法律规定的情况下,建立股份选择权制度。公司的高级管理人员、董事和公司各委员会的成员均可参与。

第十五章 公司的财务会计

第51条 公司根据中国有关法律、行政法规和国务院财政主管部门的规定建立本公司的财务会计制度。

第52条 公司会计年度采用公历制,自公历每年一月一日起至十二月三十一日止。

第53条 公司按照法律规定的期限,向有关主管部门和税务部门报送报表。

第54条 公司在每一会计年度终了时制作财务会计报告。财务会计报告应包括下列财务会计报表及附属明细表:

(1) 资产负债表;

(2) 损益表;

(3) 现金流量表;

(4) 财务情况说明书;

(5) 利润分配表。

第55条 年度财务会计报表应在次年3月31日之前送交各股东。

第56条 公司的税后利润,按下列顺序进行分配:

(1) 弥补亏损;

(2) 提取利润的百分之十作为公司的法定公积金;

(3) 提取利润的百分之五至百分之十作为公司法定公益金,具体比例由董事会决定;

(4) 根据股东会决议提取任意公积金;

(5) 按照股东出资比例分配红利。

第十六章 审计与独立财务检查

第57条 公司应当聘请国际一流的、具有中国注册会计师资格的会计师事务所对公司的财务会计报告进行审计。审计报告正本应当送董事会审阅并在公司存档,审计报告副本应在审计报告出具后十天内连同财务会计报告向各方股东报送一份。

第58条 经董事会同意,任何股东可分别和/或联合以自担费用的方式,在任何时间委托其财会人员或聘请中国注册会计师查阅并审计公司之任何财务记录。行使财务检查权之股东应于检查和/审计之前三天通知公司和公司总裁。

第十七章 非歧视条款

第59条 公司股东承诺在公司存续期间尽自己之最大努力对公司的经营进行扶持,并在市场经济的基本原则下,使公司获得不低于市场竞争的其他参与者的待遇和机会。

如果股东向市场提供资源或商业机会时,公司和非任何一方股东具有直接投资的竞争者参与竞争,则该股东在同等条件下,应当优先将该资源和商业机会提供给公司。如果竞争者中有公司任何股东直接投资的实体,则该股东应根据市场经济的原则进行选择。

如果一方股东有其他与公司营业相同或相似的投资(下称"其他同类投资"),则该一方股东不对公司实行低于其他同类投资的歧视性措施,包括但不限于:

(1) 股东一方给予其他同类投资的待遇、优惠、许可、资源投入、转让或租赁的条件,均不应低于或优惠于其给予公司的待遇或条件；

（2）如果一项资源或待遇只能给予某一主体，则给予该项资源或待遇的股东应当给予公司和其他同类投资相同的机会，由出价较高者取得；

（3）同等条件下，如果一项资源或待遇没有给予公司，则该项资源或待遇也不应给予股东的其他同类投资；

（4）其他具有歧视性的行为或措施。

因国家的公益性事业或国家特殊政策导致股东对特殊行业以优惠条件或价格提供资源或商业机会时，有关股东应向股东会提供正式的省部级以上政府文件并向股东会加以说明。经出具上述文件并作出说明的，不受本条的限制。

如任何一方股东违反本条的规定，该方股东应在接获本公司书面通知后的合理时间内采取措施消除此种违反本章程的情况。如在合理期间内，该股东未能消除这一情况，则其他股东有权依照本章程第 21 条的规定处理。

如果由公司向市场提供资源或商业机会，公司也应遵守本条关于股东向市场提供资源或商业机会时所应遵循的原则和规定，按照市场经济的原则不得歧视股东。

第十八章　公司的解散和清算

第 60 条　以下情况出现时，公司可以解散：

（1）股东会决议解散；

（2）出现本章程第 39 条规定情况而需要解散清算；

（3）公司因合并、分立需要解散。

第 61 条　因营业期届满或股东会决议而解散并进行清算时，应当在作出决议后或届满后 15 日内成立清算组，清算组由全体股东组成。清算组可以聘请会计师、审计师、律师参与清算。

第 62 条　清算组在清算期间行使下列职权：

（1）清理公司资产，编制资产负债表和财产清单；

（2）通知或公告债权人；

（3）处理与清算公司未了结的业务；

（4）清缴所欠税款；

（5）清理公司债权债务；

（6）处理公司的清偿债务后的剩余财产；

（7）代表公司参与民事诉讼活动。

第 63 条　清算组应当自成立之日起 10 日内通知债权人，依法进行公告，对债权应进行登记。

第 64 条　清算组在清理公司财产、编制资产负债表和财产清单后，应当制订清算方案，并报股东会或者有关主管机关确认。

公司财产能够清偿公司债务的，分别支付清算费用、职工工资和劳动保险费用，缴纳所欠税款，清偿公司债务。

公司财产按前款规定清偿后的剩余财产，按股东的出资比例分配。

清算期间，公司不得开展新的经营活动。

第 65 条　清算组发现公司财产不足清偿债务的，应当立即向人民法院申请宣告破产。公司经人民法院裁定宣告破产后，清算组应当将清算事务移交给人民法院。

第 66 条 公司清算组织应当在公司清算后制作清算报告,并报送公司登记机关,申请注销公司登记,公告公司终止。

第十九章 股东关联交易

第 67 条 对公司与股东或股东的关联公司之间进行的任何交易,包括但不限于贸易、投资、或资产的买卖、租赁或转让,公司总裁应向公司董事会通报。董事会认为必要时,可作出有关决议。

第二十章 股东对公司秘密信息的保密

第 68 条 为本章程之目的,公司秘密信息一词指的是任何与公司经营有关的公司不公开对社会公众发布的带有秘密性质的信息,包括但不限于公司商业秘密、经营计划、发展计划、市场调研信息、市场开拓渠道、公司内部经营管理制度、有关公司经营情况的资料、公司股东会或董事会的会议纪要或记录或在此会议上提交讨论或表决的任何资料或其附带资料或说明资料、公司的任何财务记录或财务会计报告的全部或任何部分内容或信息,或公司的任何技术性资料,包括软件、电脑程序、网络的设计或建设图纸和资料,工程设计或施工图纸或资料、设备的安装图纸和方案、所有技术参数或指标或标准以及由一方或若干方股东单独或共同向公司提供的任何信息资料并且在提供时未说明是公开信息的。

第 69 条 除非得到公司的事先同意,任何一方股东不得将公司秘密信息泄露予任何第三方(包括新闻媒介)。

各方将采取任何必要之措施,将其知悉的公司秘密信息限制在其有关职员、代理人或顾问的范围内,并要求他们严格遵守本条款,不将有关公司秘密信息泄露予任何第三方(包括新闻媒介)。股东各方承诺不将该信息透露或披露或泄露给其无关的职员。

第 70 条 以下情况下,任何一方均不被视为披露、透露或泄露公司秘密:

(1) 所泄露的资料已为公众所知(但以违反本条款方式泄露的除外);

(2) 经其他各方及公司事先书面同意;

(3) 应政府主管部门或法律法令的强制性要求,但政府主管部门的要求必须是以正式书面文件出具的,否则股东一方应当加以拒绝并不得披露或泄露公司的任何秘密信息;

任何一方股东如果依据本条规定对外披露公司的秘密信息,其应当在披露之前通知公司,如果公司对此持有异议,该方股东应当先就此与公司进行协商。

第 71 条 任何一方股东违反本章的规定,应当赔偿对公司造成的损失,如果赔偿公司损失不足以弥补其他各方股东因此而遭受的损失的,还应赔偿其他各方股东的损失。

第二十一章 通 知 与 送 达

第 72 条 任何与本章程有关的由一方股东发给其他股东和/或公司,或公司发给股东的通知或其他通讯往来(以下简称"通知")应当采用书面形式(包括传真、电传、电报和电子邮件),并按照下列通信地址或通讯号码送达被通知人,并注明下列公司的各联系人构成一个有效的通知。

甲方:中国科学院

乙方:国家广播电影电视总局广播影视信息网络中心

丙方:中铁通信中心

丁方:上海联和投资有限公司

公司:中国网络通信有限公司

第 73 条 第 72 条规定的各种通讯方式以下列方式确定其送达时间:

(1) 任何面呈之通知在被通知人签收时视为送达,被通知人未签收的不得视为有效的送达;

（2）任何以邮寄方式进行的通知均应采用挂号快件或特快专递的方式进行，并在投邮后72小时视为已经送达被通知人；

（3）任何以电传、传真方式或电子邮件的方式发出的通知在发出并取得传送确认时视为送达，但是，如果发出通知的当天为节假日，则该通知在该节假日结束后的第一个工作日内视为已经送达；

（4）任何以电报方式发出的通知在发出后24小时视为送达。

第74条 任何一方的通信地址或通讯号码上述通信地址或通讯号码，如果发生变化，应当在该变更发生后的7天之内通知公司和/或其他各方股东。

第二十二章 附　则

第75条 本章程自各方股东签章之日起生效，如须经国家主管部门批准，则本章程自该批准之日起生效，并自生效之日起即成为规范公司的组织行为、公司与股东、股东与股东之间权利义务关系的，具有法律约束力的文件。股东可以依照本章程起诉公司；公司可以依据本章程起诉股东、董事、监事、总裁和其他高级管理人员；股东可以依据本章程起诉股东；股东可以依据本章程起诉公司的董事、监事、总裁和其他高级管理人员。

第76条 公司总裁可以根据本章程的规定，制订本章程的实施细则和/或与之相关的各项规章制度，并在报董事会批准后实施，该实施细则和/或相关的规章制度不得与公司章程相抵触。

第77条 本章程中各章的名目仅为方便阅读查询之用，而不代表或说明该章或条款的内容含义。各章或各条款的含义以其具体条款规定为准。

第78条 本章程的解释权属于公司董事会，但董事会必须经2/3或2/3以上多数同意方可对本章程条款进行解释。本章程的解释应当按照有利于本章程整体精神的原则进行。

本公司各方股东谨此由其法定代表人或授权代理人签署此公司章程，并同意受其约束。

本公司各方股东谨此由其法定代表人或授权代表签署此公司章程，并同意受其约束。

吉通通信有限责任公司章程

1996年4月28日

第一章 总　则

第一条 吉通通信有限责任公司（以下简称公司）是经国家经贸委批准，并在国家工商行政管理局登记注册的企业法人。

第二条 公司中文名称为：吉通通信有限责任公司。

英文名称：JITONG COMMUNICATION CO., LTD.

第三条 公司注册地址：北京市海淀区万寿路27号。

邮政编码：100846。

第四条 公司宗旨：适应我国社会主义市场经济的需要，贯彻"统筹规划，联合建设，统一标准，专通结合"的方针，建设和运营我国计算机信息网络，为推进国民经济信息化、促进四化建设作出贡献。

第五条 公司是国有企业出资组建的有限责任公司。公司出资人（股东）以其所认缴的出资额对公司承担有限责任。公司以其全部资产对其全部债务承担责任。

第六条 公司是自主经营、自负盈亏、自我发展、自我约束、具有企业法人资格的经济实体。公司享有由股东投资形成的全部法人财产权,依法享有民事权利,承担民事责任。

公司应遵守中华人民共和国的法律、法规及有关政策规定,维护国家利益和社会公共利益,接受国家有关部门的依法监督。

第七条 公司不得成为其他经济组织的无限责任股东。公司作为其他经济组织的有限责任股东时,对其他经济组织的累计投资额不得超过本公司净资产的百分之五十。在投资后,接受被投资公司以利润转增的资本,其增加额不包括在内。

第八条 公司由中华人民共和国电子工业部归口管理。

第九条 公司设立股东会、董事会和监事会。

董事、监事和总经理应当遵守公司章程,忠实履行职务,维护公司利益,不得利用在公司的地位和职权为自己谋取私利。国家公务员不得兼任公司的董事、监事和总经理。

第二章 经营范围和经营方式

第十条 公司的经营范围:

主营:承接国际、国内通信、广播电视和信息系统工程开发、经营;通信、广播电视、信息产品与系统的开发,产品的生产、销售;电子产品、仪器仪表、通信设备、电子计算机及配件的销售;技术转让、服务、咨询(以上国家有专项规定的除外)。

兼营:五金交电、化工产品、建筑材料、机电产品、农副产品、针纺织品、日用百货、工艺美术品(金银饰品除外)、家用电器、文化办公用品的销售;餐饮服务;信息服务;家用电器维修。

第十一条 公司的经营方式:开发、经营、生产、批发、零售、转让、咨询、服务。

第三章 注 册 资 本

第十二条 公司注册资本为 7 884 万元人民币。由 27 家股东共同出资,各股东名称及出资额如下:

中国电子信息产业集团公司出资 1 600 万元,占注册资本的 20.294%

北京经济发展投资公司出资 1 000 万元,占注册资本的 12.684%

深圳国晔贸易有限公司出资 600 万元,占注册资本的 7.610%

东莞信鸿电信工业总公司出资 600 万元,占注册资本的 7.610%

中国电子进出口总公司出资 500 万元,占注册资本的 6.342%

熊猫电子集团公司出资 408 万元,占注册资本的 5.175%

天津光电通信公司出资 360 万元,占注册资本的 4.566%

北京有线电总厂出资 306 万元,占注册资本的 3.811%

广州市联合通信公司出资 300 万元,占注册资本的 3.805%

中国电子器件工业总公司出资 300 万元,占注册资本的 3.805%

中国振华电子集团公司出资 300 万元,占注册资本的 3.805%

珠海东大集团股份有限公司出资 300 万元,占注册资本的 3.805%

常州国光电子总公司出资 200 万元,占注册资本的 2.537%

深圳桑达通信联合有限公司出资 180 万元,占注册资本的 2.283%

北京康讯电子公司出资 120 万元,占注册资本的 1.522%

电子部五十四所出资 120 万元,占注册资本的 1.522%

常州无线电总厂出资 100 万元,占注册资本的 1.268%

中信贸易公司出资 100 万元,占注册资本的 1.268%

电子部三十四所出资100万元,占注册资本的1.268%

中国电子器材总公司出资60万元,占注册资本的0.761%

天津通信广播公司出资60万元,占注册资本的0.761%

电子部七所出资60万元,占注册资本的0.761%

电子部一所出资60万元,占注册资本的0.761%

武汉国营中原无线电厂出资60万元,占注册资本的0.761%

中国电子系统工程总公司出资30万元,占注册资本的0.381%

中国通广电子公司出资30万元,占注册资本的0.381%

国营七三四厂出资30万元,占注册资本的0.381%

第十三条 出资人在规定期限内缴清所认股金,即成为公司股东,股东单位在缴清出资额后三十天内,由国家法定的验资机构验证并出具验资报告。公司依据上述验资报告并完成公司注册登记后,发给各股东单位出资证明书。

出资证明书应载明如下事项:(1)公司名称;(2)公司登记日期;(3)公司注册资本;(4)股东的姓名或名称,缴纳的出资额和出资日期;(5)出资证明书编号和核发日期。

出资证明书由公司盖章后生效。

第十四条 公司根据业务发展,需要增加注册资本时,应由股东会作出决议,其新增股本,股东有优先认购权。

公司确因需要减少注册资本时,应当自减少注册资本决议之日起十日内通知债权人,并于三十日内在报纸上至少公告三次,债权人在接到通知书之日起三十日内,未接到通知书的自第一次公告之日起九十日内,有权要求公司清偿债务或者提供相应的担保。

公司增减注册资本,须修订公司章程,并向原登记机关办理工商注册变更登记。

第四章 股东和股东会

第十五条 股东是公司的出资人。除国家有禁止或限制的特别规定外,有权代表国家投资的政府部门或机构、企业法人、具有法人资格的事业单位和社会团体均可为本公司股东。

第十六条 股东享有下列权利:

(一)参加或委托代理人参加股东会并根据其出资份额享有表决权。每十万元股本金为一个表决权;

(二)查阅股东会会议记录和公司财务会计报告;

(三)股东按照出资比例获取股利,依照国家法律、法规及公司章程的有关规定转让出资;

(四)优先购买其他股东转让的出资;优先认购公司新增的注册资本;

(五)公司终止后,依法分得公司的剩余财产;

(六)公司章程规定的其他权利。

股东行使权力时不得违反国家法律、法规和公司章程的规定。

第十七条 股东负有下列义务:

(一)按时足额缴纳所认缴的出资;

(二)依其所认缴的出资额承担公司的债务;

(三)公司注册登记后不得抽回出资;但可以转让出资;股东向股东以外的人转让出资时,须经其他股东同意;

(四)维护公司的权益,对公司财务有关内容负保密责任;

（五）公司章程规定的其他义务。

第十八条　公司设立股东会，并由全体股东组成。股东会是公司的权力机构，行使如下职权：

（一）决定公司的经营方针和投资计划；

（二）选举和更换董事，决定有关董事的报酬事项；选举和更换由股东代表出任的监事，决定有关监事的报酬事项；

（三）审议批准董事会的报告，审议批准监事会的报告；

（四）审议批准公司的年度财务预、决算方案；审议批准公司的利润分配方案和弥补亏损方案；

（五）对公司增加或者减少注册资本、发行公司债券作出决议；

（六）对股东向股东以外的人转让出资作出决议；

（七）对公司合并、分立、变更公司形式、解散和清算等事项作出决议；

（八）修改公司章程。

第十九条　股东会的决议须经代表二分之一以上表决权的股东表决通过，但作出属于第十八条第五、六、七、八项的决议，应由股东会代表三分之二以上表决权的股东表决同意。

第二十条　股东会由董事会召集，董事长主持。董事长因特殊原因不能履行该项职责时，可委托副董事长或其他董事主持。股东可以委托代理人出席股东会，代理人应当向公司提交股东授权委托书，并在授权范围内行使表决权。

第二十一条　股东会每年召开一次。有下列情形之一的，应当在两个月内召开临时股东会：

（一）董事缺额达三分之一时；

（二）公司未弥补亏损达实收股本总额四分之一时；

（三）代表三分之一以上表决权的股东请求时；

（四）董事会认为必要时；

（五）监事会提议召开时。

第二十二条　股东会应于召开十五日以前通知全体股东，并通告股东会议程。临时股东会不得对通知中未列明的事项作出决议。

股东会应当对所议事项的决定作成会议记录，出席会议的股东应当在会议记录上签名。

第五章　董事会

第二十三条　董事会为公司的常设权力机构。

董事由出资额在500万元以上（含500万元）的股东推荐，由股东会选举产生。董事会设董事九名，其中一名职工代表由公司职工民主选举产生。董事每届任期三年，任期届满，可连选连任。董事在任期届满前股东会不得无故解除其职务。

第二十四条　董事会设董事长和副董事长，由董事会选举产生，每届任期三年，可连选连任。

董事长为公司的法定代表人。

第二十五条　董事会对股东会负责，行使下列职权：

（一）负责召集股东会，并向股东会报告工作；

（二）执行股东会的决议；

（三）决定公司的经营计划和投资方案；

（四）制订公司的年度财务预、决算方案；制订公司的利润分配方案和弥补亏损方案；制订公司增加或减少注册资本的方案；

（五）拟订公司合并、分立、变更公司形式及解散的方案；

（六）决定公司内部管理机构的设置；制定公司基本管理制度；

（七）选举和罢免董事长和副董事长；

（八）聘任或解聘公司总经理，根据总经理提名，聘任或解聘公司副总经理（含总工程师和总会计师，以下同），决定其报酬和奖惩事项。

第二十六条 董事会会议每年至少召开二次，会前十日应将会议议程书面通知董事。三分之一以上董事可以提议召开临时董事会议。

董事会会议由董事长召集和主持。董事长因特殊原因不能履行该项职责时，可委托副董事长或者其他董事召集和主持。董事因故不能出席董事会，可以书面委托全权（或指定权限内）代表，代理出席董事会。

第二十七条 董事会的决议须经二分之一以上董事同意方可作出。董事会表决时如争议双方投票数相等，董事长有两票表决权。

董事会的决议可采用传真签字方式表决通过。

第二十八条 董事会应当对所议事项的决定作成会议记录，并由出席董事（包括未出席董事委托的代表）和记录员签字，委托书做为记录附件保存。董事应依照董事会议的记录承担决策责任。

第六章 总 经 理

第二十九条 公司设总经理和副总经理。总经理经董事长提名，董事会聘任。公司副总经理由总经理提名，董事会聘任。

总经理、副总经理和其他高级职员任期为三年，可连聘连任。

第三十条 总经理对董事会负责，行使下列职权：

（一）主持公司的生产经营管理活动，组织实施董事会决议；

（二）提出公司经营方针、发展规划、年度经营计划和投资方案，报董事会批准后组织实施；

（三）拟订公司内部管理机构设置方案及基本管理制度，报董事会批准后组织实施；

（四）制定公司的具体规章；

（五）聘任或者解聘公司副总经理以下的干部员工；

（六）公司章程和董事会授予的其他职权。

总经理列席董事会会议。

第七章 监 事 会

第三十一条 公司设立监事会，对董事会及其成员和总经理等高级管理人员行使监督职能。监事会成员五人，由四名股东代表及一名职工代表组成。股东代表出任的监事由股东会选举产生，职工代表出任的监事由公司职工民主选举产生。监事会应在其组成人员中推选一名召集人。

董事、正副总经理及财务负责人不得兼任监事。监事的任期每届为三年。监事任期届满，可连选连任。

第三十二条 监事会行使下列职权：

（一）检查公司财务；

（二）对董事、总经理执行公司职务时违反法律、法规或者公司章程的行为进行监督；

（三）当董事和总经理的行为损害公司的利益时，要求董事和总经理予以纠正；

（四）提议召开临时股东会；

（五）列席董事会会议；

（六）公司章程规定的其他职权。

第三十三条 监事会决议应由三分之二以上(含三分之二)监事表决同意。

第三十四条 监事会行使职权时聘请律师、注册会计师、执业审计师等专业人员的费用,由公司承担。

第三十五条 监事不得干扰公司的正常业务活动,不得阻碍董事、总经理正常行使职权,不得向监事会成员以外的部门和个人透露公司秘密,如因监事违反规定使公司受到严重损失时,则违反规定的监事对公司负赔偿责任。

第三十六条 监事行使监督权力的程序是:

(一) 向监事会报告,并形成监事会决议;

(二) 委托注册会计师或政府授权机关对可疑事件进行审查;

(三) 根据审查结果决定是否有必要召开临时股东会;

(四) 建议召开临时股东会。

第八章 日常经营管理

第三十七条 公司实行董事会领导下的总经理负责制,公司经营管理决策机构是总经理办公会议,在总经理主持下决定公司有关经营管理事项。

公司按照精简、高效的原则,设置和变更内部管理机构。

第三十八条 公司对全体员工实行合同制,按国家有关规定调配和招聘。招工和录用均需由公司进行考核、审定、择优录用。对中层干部实行聘任制。

第三十九条 公司制订重要的规章制度,及研究决定有关员工工资、福利等涉及员工切身利益的问题时,应事先听取工会和员工的意见,并邀请工会和员工代表列席有关会议。

第四十条 公司员工按国家和地方政府的有关规定参加所在地区社会保障所规定的各种保险。

第九章 财务会计与审计

第四十一条 公司依照国家法律、法规和北京市有关规定建立本公司的财务会计、审计制度。并接受上级主管机关的监督。

第四十二条 公司的会计年度采用公历制,自公历一月一日起至十二月三十一日止为一个会计年度。

公司每半年应向股东单位提供当期财务会计报表。

公司年度财务会计报告应于会计师事务所(或审计事务所)年检结束后 20 日内报送各股东单位,报送上级主管部门的财务会计报告按主管部门要求报送。

第四十三条 公司年度财务会计报告应包括下列财务会计报表:

(1) 资产负债表;(2) 损益表;(3) 财务状况变动表;(4) 财务情况说明书;(5) 利润分配表。

公司财务会计报告应在股东会召开二十日前备置于公司住所,供股东查阅。年度会计报告须经注册会计师验证。

第四十四条 董事长、总经理换届、离任时要进行审计。

第四十五条 公司的税后利润,应按下列顺序分配:

(一) 弥补亏损;

(二) 提取法定公积金 10%;

(三) 提取公益金 10%;

(四) 经股东会决议可以提取任意公积金;

（五）股东股利。

第四十六条　公司在弥补亏损、提取法定公积金和公益金前，不得分配股利。股东会或董事会违反本条规定，向股东分配利润的，必须将违反规定分配的利润退还公司。

第四十七条　下列收入应列入公司资本公积金：（1）接受赠与；（2）资产重估增值；（3）国家规定应列入的其他款项。

第四十八条　法定公积金按照税后利润的10%提取，当公积金已达注册资本的50%可不再提取。公司的公积金用于弥补公司的亏损，扩大公司生产经营或者转为增加公司资本。

公司经股东会决议将公积金转为资本时，按股东原有出资额比例相应增加出资额。但法定公积金转为资本时，所留存的该项公积金不得少于注册资本的25%。

第四十九条　公司在税后利润中提取的公益金用于本公司职工的集体福利设施。

第五十条　公司应按照国家的有关法律法规和地方政府规定，缴纳税收和其他费用。

第十章　章程修改

第五十一条　公司章程的修改应按照下列程序进行：

（一）由董事会提出修改章程的议案；

（二）把修改内容通知股东，并召集股东会，由股东会通过修改章程的决议；

（三）依股东会通过修改章程的决议，拟定公司章程的修改案。

修改后的章程不得与法律、法规相抵触。

第五十二条　修改公司章程必须经代表三分之二以上表决权的股东通过。章程变动后，属工商行政管理机关备案登记范围内的，公司应直接向工商行政管理机关申请备案登记，属工商行政管理机关变更登记范围内的，公司应直接向工商行政管理机关申请变更登记。

公司应将变更登记后的修改条款通告股东。未经工商行政管理机关核准变更登记或备案登记，任何对公司章程的修改不得生效。

第十一章　期限、解散与清算

第五十三条　公司经营期限十五年，自营业执照签发之日起计算。如需延长经营期限，股东会应在经营期满前六个月作出决议，并向原审批部门提交书面申请。经批准后，方能延长，同时向原登记机关办理变更手续。

第五十四条　公司发生下列情况之一时，应予终止

（一）经营期限届满，未获股东会批准延长经营期限；

（二）遭受不可抗力的事故，导致公司无法继续经营；

（三）股东会决议解散；

（四）公司破产。

依照上述第一、第二、第三项规定解散的，应按国家有关规定成立清算组，清算组由股东选举组成。

第五十五条　清算组成立后，应在十日内通知债权人并在报纸上至少公告三次。债权人应当自接到通知书之日起三十日内，未接到通知书的自第一次公告之日起九十日内向清算组申报其债权。

债权人未在规定期限内申报债权的不列入清算之列。

第五十六条　清算组在清算期间行使下列职权：

（一）清理公司财产，分别编制资产负债表和财产清单；

(二) 通知或者公告债权人；

(三) 处理与清算公司未了结的业务；

(四) 清缴所欠税款；清理债权、债务。发现公司不能偿还债务时，向法院申请破产，并在法院裁定宣告破产后，将清算事务向法院移交；

(五) 支付拖欠员工工资，安排遣散公司员工；

(六) 按出资比例分配公司的剩余财产；

(七) 代表公司参与民事诉讼活动。

第五十七条 清算组在清理公司财产、编制资产负债表和财产清单后，应当制定清算方案，并报股东会或有关主管机关确认。

公司在清算期间不得开展新的经营活动。

第五十八条 公司财产能够清偿公司债务的，应首先支付清算费用、支付所欠员工工资和劳动保险费用、缴纳所欠税款、清偿公司债务。最后按股东出资比例分配剩余财产。

第五十九条 清算结束后，清算组提出清算报告并造具清算期内收支报表和各种财务账册，经注册会计师或审计师验证，报股东会及有关主管机关确认，并报送公司登记机关，申请注销公司登记，公告公司终止。

第十二章 附 则

第六十条 本章程用中文书写，未尽事宜，依照国家有关法律、法规办理。

第六十一条 本章程解释权属于公司董事会。

第六十二条 本章程自公司注册登记之日起生效。公司登记事项以公司登记机关核定的为准。

吉通通信有限公司上海分公司章程

1996 年 9 月 18 日

第一章 总 则

第一条 吉通通信有限公司上海分公司（以下简称公司）是经过吉通通信有限公司（以下简称总公司）董事会批准，并在上海市工商行政管理局登记注册的不具有法人资格的企业。

第二条 公司宗旨：适应我国社会主义市场经济的需要，贯彻"统筹规划，联合建设，统一标准，专通结合"的方针、建设和运营我国计算机信息网络，为推进国民经济信息化、促进四化建设作出贡献。

第三条 公司应遵守中华人民共和国的法律、法规及有关政策规定，维护国家利益和社会公共利益，接受国家有关部门的依法监督。

第四条 公司设在上海。

第二章 经营范围和经营方式

第五条 公司的经营范围：

主营：计算机信息网络互联和国际联网业务，计算机信息服务业务，电子信箱服务业务；承接国际、国内通信、广播电视和信息系统工程开发、经营；通信、广播电视、信息产品与系统的开发，产品的生产、销售；电子产品、仪器仪表、通信设备、电子计算机及配件的销售；技术转让、服务、咨询（以上国家有专项规定的除外）。

兼营：五金交电、化工产品、建筑材料、机电产品、工艺美术品（金银饰品除外）、家用电器、文化办公用品的销售；信息服务。

第六条　公司的经营方式：开发、经营、生产、批发、零售、转让、咨询、服务。

第三章　组建方式和组织机构

第七条　组建方式：

由总公司派出上海分公司的总经理与总公司在当地选定的分公司主要筹建人共同进行组建工作，会计主管由总公司财务在当地选派，分公司其他人员采用在当地招聘的方法解决。

第八条　组织机构的设置。

公司设置分公司负责人及三个部门，即综合部、市场部、技术部，其中综合部中的财务工作和技术部的网络运行工作，将受分公司和总公司双重领导。

第四章　经营管理

第九条　公司经营管理决策机构是总经理办公会议、在总经理主持下决定公司有关经营管理事项。

公司按照精简、高效的原则，设置和变更内部管理机构。

第十条　公司对全体员工实行合同制、按国家有关规定调配和招聘。招工和录用均需由公司进行考核、审定、择优录用。对中层干部实行聘任制。

第十一条　公司制订重要的规章制度，及研究决定有关员工工资、福利等涉及员工切身利益的问题时，应事先听取员工的意见，并邀请员工代表列席有关会议。

第十二条　公司员工按国家和地方政府的有关规定参加所在地区社会保障所规定的各种保险。

第十三条　公司实行严格的科学管理，不断提高企业素质，竭诚为广大客户提供优质服务。

第十四条　公司定期向上级主管部门报送计划、财务、统计报表等有关资料。

第十五条　公司之各项业务均按国家法定程序和有关规定办理，依法纳税。

第五章　附　则

第十六条　本章程用中文书写，未尽事宜，依照国家有关法律、法规办理。

第十七条　本章程经总公司董事会批准后生效，修改时亦同。

关于印发《中国联通上海分公司劳动争议调解工作暂行规定》的通知

2004年4月19日

第一章　总　则

第一条　为了妥善处理分公司劳动争议，切实维护分公司和员工的合法权益，维护正常的生产经营秩序，发展良好的劳动关系，根据《中华人民共和国劳动法》和《中华人民共和国企业劳动争议处理条例》等相关法规，制定本规定。

第二条　本规定适用于分公司与员工之间的下列劳动争议：

（一）分公司开除、除名、辞退员工和员工辞职、自动离职发生的争议；

（二）因执行国家有关工资、保险、福利、培训、劳动保护的规定发生的争议；

（三）履行劳动合同发生的争议；

(四)法律、法规规定应当调解的其他劳动争议。

第三条 发生争议的单位与员工为劳动争议案件的当事人。

第四条 劳动争议发生后,当事人应当协调解决;不愿协商或者协商不成的,可以向分公司劳动争议调解委员会申请调解;调解不成的,可以向劳动争议仲裁委员会申请仲裁。当事人可以直接向劳动争议仲裁委员会申请仲裁。

劳动争议处理过程中,当事人不得有激化矛盾的行为。

第二章 调解组织

第五条 分公司调解委员会由下列7位同志组成:

调解委员会主任:张静星;

委员:丁伯成、华逸生、蓝江群、乐燕华、应燕、王瑛。

第六条 调解委员会的办事机构设在分公司工会。

第七条 调解委员会的职责:

(一)调解本单位内发生的劳动争议;

(二)检查督促争议双方当事人履行调解协议;

(三)对员工进行劳动法律、法规的宣传教育,做好劳动争议的预防工作。

第八条 调解委员会应建立必要的工作制度,做好调解的登记、档案管理和分析统计工作。

第九条 兼职的调解委员会参加调解活动,需要占用生产或工作时间,分公司应予支持,并按正常出勤对待。

第十条 分公司应支持调解委员会的工作,并在物质上给予帮助。调解委员会的活动经费由分公司承担。

第三章 调解程序

第十一条 当事人申请调解,应当自知道或应当知道其权利被侵害之日起30内,以口头或书面形式向调解委员会提出申请。

第十二条 调解委员会接到调解申请后,应征询对当事人的意见,对方当事人不愿调解的,应做好记录,在3日内以书面形式通知申请人。

调解委员会应在4日内作出受理或不受理申请的决定,对不受理的,应向申请人说明理由。

对调解委员会无法决定是否受理的案件,由调解委员会主任决定是否受理。

第十三条 发生劳动争议的员工一方在3人以上,并有共同申诉理由的,应当推举代表参加调解活动。

第十四条 调解委员会调解劳动争议应当遵循以下原则:

(一)当事人自愿申请,依据事实及时调解;

(二)对当事人在适用法律上一律平等;

(三)同当事人民主协商;

(四)尊重当事人申请仲裁和诉讼的权利。

第十五条 调解委员会按下列程序进行调解:

(一)及时指派调解委员会对争议事项进行全面调查核实,调查应做笔录,并由调查人签名或盖章;

(二)调解委员会主任主持召开有争议双方当事人参加的调解会议,相关部门和个人可以参加调解会议协助调解,简单的争议,可由调解委员会指定一至二名调解委员会进行调解;

（三）调解委员会应听取双方当事人对争议事实和理由的陈述，在查明事实、分清是非的基础上，依照有关劳动法律、法规，以及依照法律、法规制定的分公司规章、集体合同和劳动合同，公正调解；

（四）经调解达成协议的，制作调解协议书，双方当事人应自觉履行，协议书应写明争议双方当事人的姓名、职务、争议事项、调解结果及其他应说明的事项，由调解委员会主任（简单争议由调解委员）以及双方当事人签名或盖章，并加盖调解委员会印章，调解协议书一式三份（争议双方当事人、调解委员会各一份）。

第十六条　调解委员会调解劳动争议，应当自当事人申请调解之日起30日内结束。到期未结束的，视为调解不成。

第十七条　调解委员会成员有下列情形之一者，当事人有权以口头或书面形式申请，要求其回避：

（一）是劳动争议当事人或者当事人近亲属的；

（二）与劳动争议有利害关系的；

（三）与劳动争议当事人有其他关系，可能影响公正调解的。

调解委员会对回避申请应及时作出决定，并以口头或书面形式通知当事人。调解委员会的回避由调解委员会主任决定；调解委员会主任的回避，由调解委员会集体研究决定。

第四章　附　则

第十八条　劳动争议案件涉及及分公司机密或者个人隐私的，当事人和调解委员会应当保守秘密。

第十九条　本规定由分公司工会负责解释。

第二十条　本规定自颁布之日起施行。

中国联合网络通信有限公司上海市分公司重大决策事项法律论证管理办法实施细则

2009年5月7日

第一章　总　则

第一条　为落实国资委和集团公司关于企业重要决策法律审核把关的目标要求，构建企业法律风险防控体系，推进企业决策的合法性和科学性，加强重大决策事项的法律可行性分析与论证，有效防范法律风险，切实维护企业合法权益，根据《国有企业法律顾问管理办法》和集团公司《中国联通重大决策事项法律论证管理办法》的要求，制定本实施细则。

第二条　本实施细则所称法律论证，是指由专业法律工作人员根据法律法规对企业重大经营管理决策进行合法性、法律可行性分析，发表法律意见，提出论证建议的制度。

第三条　本实施细则所称重大决策，是指配合集团公司实施的涉及企业合并、分立、破产、解散、增减资本以及重组改制等经营管理决策，以及市公司涉及的对其分支机构的合并、分立、解散、重大招投标，重大资产购买和处置，重要经营决策、方案、政策的制定和调整，重要项目合作，企业形象、业务宣传整体方案的制定，重大工程建设、设备采购，知识产权等对企业发展有重大影响、容易引发重大法律风险的经营管理决策。

市公司法律部门可根据市公司实际情况，确定和调整重大决策事项的范围。

第四条　本实施细则适用于市公司各部门、各中心、各分支机构（以下简称"各单位"）。

第二章　职责分工

第五条　重大决策法律论证实行法律部门与决策事项主办部门分工负责、相互配合的工作机制。

决策事项主办部门是指提出或实施重大决策事项的专业职能部门。

第六条　法律部门负责组织或参加重大决策事项的法律论证工作，重大决策事项主办部门及相关专业职能部门应积极参加并配合法律论证的相关工作。

第七条　重大决策事项主办部门根据本实施细则规定并结合实际情况判断具体事项是否属于应提交市公司管理层决策的重大事项。主办部门难以确定时，可事先与法律部门沟通确认。

法律部门也可根据前期参与情况和掌握的信息主动对重大事项进行法律论证。

第八条　重大决策事项主办部门应及时提供与重大决策事项有关的详细信息，包括但不限于：

（一）重大决策事项的背景、目标和内容；

（二）对方当事人的资信情况；

（三）主办部门对重大决策事项的意见；

（四）企业内与重大决策事项相关的规章制度；

（五）对重大决策事项进行的调查、可行性研究；

（六）法律部门论证所需的其他信息和资料。

第九条　重大决策事项主办部门和相关专业职能部门确保在法律论证过程中提供的数据、信息和资料的真实性、准确性和完整性。

第三章　法律论证的内容、方式和程序

第十条　重大决策事项法律论证的主要内容应包括：

（一）评估提交决策的事项的合法性，提供决策的法律依据；

（二）法律可行性分析，对法律障碍或法律风险进行判断，指出风险存在的领域、性质、大小、后果等；

（三）提出有效法律建议，最大程度避免法律风险，实现企业权益最大化。

第十一条　重大决策法律论证主要采用会议论证和书面论证等方式。

本实施细则所称书面论证，是指采用电子或纸质的书面形式进行的法律论证，主要包括法律意见书、签报或重要文件的法律会签、法律部门函等形式。

第十二条　会议论证的程序：

（一）会议主办部门在会议召开前的合理时间内向法律部门通知需要法律论证的重大决策事项，并提供相关资料。必要时，主办部门应协调重大事项相关的其他部门对材料进行补充；

（二）法律部门根据会议主办部门、重大决策事项相关的其他部门提供的资料，对拟提交决策的重大事项进行法律论证，必要时可事先撰写法律意见提纲或者书面法律意见；

（三）法律部门结合会上获知的重大决策事项的新情况，对重大决策事项涉及的法律问题在会上进行论证，陈述法律意见。法律部门可根据实际情况在会后向主办部门提交补充法律意见；

（四）会议主办部门应在会议纪要中准确记录法律部门陈述和补充的法律论证意见，并在会议结束后及时将会议纪要抄送法律部门审核。

第十三条　出具法律意见书的程序：

（一）重大决策事项的主办部门针对拟提交决策的重大事项提出书面申请，将拟提交决策的重大事项的相关背景资料、内容、过程、主办部门以及相关专业职能部门的意见以书面形式提交法律部门；

（二）法律部门应在重大决策事项的主办部门和相关专业职能部门提供论证所需信息和资料后及时完成论证工作，并出具书面法律意见；

（三）在论证过程中，决策事项主办部门或相关专业职能部门提供新的信息或资料的，法律部门可视情况适当延长论证时间或另行召开法律论证会议。

第十四条　法律部门出具法律意见前，应与主办部门和相关专业职能部门积极沟通，充分了解与重大决策事项相关的详细信息。

主办部门和相关专业职能部门应按照法律部门的要求全面、及时地提供有关数据、信息和资料。

第十五条　重大决策法律论证可以聘请外部法律专业人员参加。参加重大决策法律论证的外部法律专业人员由法律部门负责选定。

第十六条　法律部门认为必要时，可请外部法律专业人员就决策事项出具独立的专业法律意见，该意见可由法律部门审核确认后作为重大决策事项的法律论证依据。

第十七条　法律部门对决策内容中的事项，可以根据法律规定做出否定性评价，并说明理由，为决策提供依据。

主办部门对法律部门的论证意见存在分歧且不能达成一致的，法律部门与主办部门应共同向市公司分管领导报告。

第十八条　法律部门可根据企业经营状况和内外部法律环境的变化，对企业重大事项主动进行法律风险分析和评估，向分管领导报告企业经营管理存在的重大法律问题或缺陷，并提出防范和化解法律风险的建议。

第四章　法律论证程序的适用

第十九条　市公司管理层召开决策会议对重大事项进行决策或者重大决策事项的主办部门召开专题会议对重大事项进行提交决策前的讨论，适用会议论证程序。

第二十条　重大决策事项的主办部门通过签报、印发文件等方式，请求市公司管理层对重大事项进行决策，适用书面论证程序。

第二十一条　除本实施细则第二十二条所述情形外，下列情形适用书面论证程序：

（一）市公司管理层认为重大决策事项涉及法律关系复杂，通过会议论证的方式提供法律论证意见不能充分支撑管理层的决策；

（二）重大决策事项的主办部门在筹划重大决策事项时，认为有必要在提请决策之前进行书面法律论证，降低决策风险；

（三）重大决策事项的主办部门落实已经决策的重大事项时，认为需要对影响重大决策事项执行的具体问题进行法律论证，且该具体问题属于重大决策事项范围。

法律部门应当根据市公司管理层或者重大决策事项主办部门的要求进行法律论证，出具书面法律意见。

第二十二条　各单位应逐步规范法律论证方式，妥善保存记载法律论证意见的会议纪要、法律意见记录、文件会签记录、书面法律意见和其他法律论证书面材料及工作底稿。

第五章 监督检查

第二十三条 各单位应严格按照本实施细则的要求,对属于重大决策范围的事项主动提请法律部门进行法律论证。根据本实施细则的规定,主办部门应将重大决策事项提交法律论证而未提交的,给公司造成损失的,根据公司相关规定追究直接责任人和相关管理人员的责任。

第二十四条 法律部门负责对各单位重大决策事项法律论证管理执行情况进行检查,发现重大情况或问题的,向公司分管领导报告,并做出通报。

第六章 附 则

第二十五条 本实施细则由市公司法律部门负责解释和修订。

第二十六条 本实施细则自发布之日起施行。

中国联合网络通信有限公司上海市分公司
关于印发《分公司法律法规遵循性管理办法实施细则》通知

2009年5月7日

第一章 总 则

第一条 为保障上海市分公司经营管理行为合法合规,加强对企业法律风险的识别、评估、预防和控制,提高市公司法律风险管理能力,根据《国有企业法律顾问管理办法》《中央企业全面风险管理指引》和集团公司《中国联通法律法规遵循性管理办法》(中国联通〔2009〕140号)的要求,制定本实施细则。

第二条 本实施细则所称法律法规遵循性,是指企业经营管理行为应符合国家法律、法规、规章、规范性文件、资本市场监管规则和企业内部规章制度的规定和要求。

第三条 市公司经营管理活动遵循合法、合规性与效率、效益性相统一,在合法、合规的前提下追求效率和效益。

第四条 法律法规遵循性管理工作贯穿于企业经营管理的主要环节,专业职能部门应把法律法规遵循性管理要求融入企业经营管理过程之中。

第五条 本实施细则适用于市公司各部门、各中心、各分支机构(以下简称"各单位")。

第二章 职责分工

第六条 法律法规遵循性工作实行法律部门与专业职能部门管理相结合、业务部门积极配合的原则。

第七条 法律部门是法律法规遵循性工作的综合管理部门,其他专业职能部门是法律法规遵循性工作的专业管理部门,业务部门是法律法规遵循行工作的配合实施部门。

第八条 法律部门的法律法规遵循性工作职责是:

(一)建立和更新企业法律事务管理规章制度数据库;

(二)组织宣传贯彻企业经营管理相关的法律法规;

(三)审核企业重要规章制度;

(四)组织落实法律法规遵循性目标;

(五)建立健全法律法规遵循性风险管理机制;

(六)监督检查市公司其他专业职能部门和分支机构的法律法规遵循性工作情况;

(七)法律部门职责范围内的其他相关事项。

第九条 专业职能部门的法律法规遵循性工作职责是：

（一）组织贯彻落实本专业线相关的国家法律法规、政府规章和规范性文件、企业规章制度；

（二）建立和更新本专业线相关的企业规章制度；

（三）自查本专业线法律法规遵循性工作情况；

（四）在法律部门的指导和协助下建立健全本专业线法律法规遵循性风险管理机制；

（五）专业职能部门职责范围内的其他相关事项。

第十条 业务部门的法律法规遵循性工作职责是配合法律法规遵循性工作的综合管理部门和专业职能部门落实相关的国家法律法规、政府规章和规范性文件、企业规章制度，以及自查本部门法律法规遵循性工作情况。

第三章 法律法规遵循性目标落实

第十一条 市公司法律法规遵循性的整体目标是：企业经营管理行为有章可循，企业规章制度符合法律规定，经营管理活动遵循法律法规和企业规章制度进行，对违法违规的经营管理行为追究责任。

第十二条 法律部门负责建立健全合同、法律纠纷、知识产权、对外授权、工商事务、重大决策法律论证、企业法律顾问管理、外聘律师管理等法律事务管理制度，逐步完善企业法律风险管理机制。

第十三条 专业职能部门负责建立健全本专业线职责相关的企业规章制度。

第十四条 专业职能部门制定企业规章制度时，可能引发企业外部法律责任的，应事先以书面形式提交法律部门对规章制度的合法性、合规性、规范性等进行审核。是否可能引发外部法律责任是判断企业规章制度是否应提交法律审核把关的核心标准。

第十五条 法律部门对企业规章制度进行审核时，除承办部门提交的规章制度文本外，还可以要求承办部门或专业职能部门提供以下信息和资料：

（一）规章制度的制定依据，包括国家法律法规、规章或规范性文件和企业其他规章制度；

（二）规章制度制定过程中参考的相关资料；

（三）其他需要提供的信息和资料。

第十六条 法律部门负责在市公司网站设置法宣专栏，供市公司内部查阅使用。

第十七条 专业职能部门应加强本专业线法律法规遵循性工作情况的自查，记录违法违规行为的详细情况、反映出的问题和处理结果，并通报法律部门。业务部门应加强本部门法律法规遵循性工作情况的自查，记录违法违规行为的详细情况、反映出的问题和处理结果，并通报法律部门。

对于尚未引发诉讼、仲裁或行政处罚的违法违规行为和已经引发行政处罚的违法违规行为，专业职能部门应及时纠正违法违规行为，对违法违规行为反映出的企业规章制度和管理流程缺陷进行补救，并将相关情况通报法律部门。

对于已经引发诉讼、仲裁的违法违规行为，法律部门应结合法律纠纷工作管理要求，会同专业职能部门分析查找企业规章制度和管理流程中存在的缺陷，并向相关部门提出改进建议，协助相关部门进行补救。

第四章 法律法规遵循性风险的管理

第一节 一般规定

第十八条 本实施细则所称法律法规遵循性风险（以下简称法律风险），是指公司经营管理行为不符合（或未遵守）法律规定或者未按合同（含具有法律约束力的备忘录、承诺函、确认函）等法律文件有效行使权利、全面履行义务而对公司造成负面法律后果的可能性，主要表现为违法、违规、违约、侵权和怠于行使权利等。

第十九条　根据法律风险引发的法律责任性质，可将法律风险分为民事法律风险、行政法律风险和刑事法律风险。

第二十条　根据专业管理职责分工，可将法律风险分为业务经营、客户服务、人力资源管理、财务运作与管理、网络运维、采购物流、通信项目建设、知识产权管理、房地产、印章与文档管理、行政后勤、组织管控、涉诉事项管理、电信资源、投诉举报的受理与查处等专业线法律风险。

第二节　法律风险识别

第二十一条　法律风险识别是指搜集法律风险信息，分析引发法律风险事件的原因和性质，对法律风险因素进行系统认识和归类，判断风险可能对公司产生负面影响的活动，包括风险信息搜集、风险认知和风险分析。

第二十二条　各单位应广泛搜集与本单位相关的以下信息：

（一）影响本单位的新法律法规和政策；

（二）本单位专业线管理制度和流程；

（三）本单位签订的重大重要合同；

（四）本单位发生重大法律纠纷案件的情况；

（五）员工道德操守的遵循情况。

第二十三条　法律部门负责搜集与本企业有关的国家基本法律法规的制定和调整情况，市公司自身及同类企业法律风险失控致损的案例，以及国内电信运营企业涉及法律风险管理的其他重要信息。

第二十四条　专业职能部门负责搜集和掌握与本专业线相关的当地政府监管政策、规范性文件的制定和调整情况，本专业线签订的重大重要合同，本专业线管理制度和流程，与本专业线职责相关的企业自身及同类企业法律风险案例，以及其他电信运营企业涉及本专业线法律风险管理的重要信息，并将以上法律风险资料数据提交法律部门。

第二十五条　法律部门对自行收集以及其他专业职能部门提交的法律风险资料数据进行分析研究，按照专业线、风险领域和风险点三个层次对法律风险因素进行归纳汇总。

第三节　法律风险评估

第二十六条　法律风险评估是指对企业已发生或潜在的法律风险进行系统梳理，对风险在一定时间内可能发生的次数、每次发生的影响（包括经济损失和商誉损失）、发生后所造成的不利后果等进行分析研究，以确定风险的影响大小、程度高低、严重性，并对其进行分级定性的过程。

第二十七条　法律风险评估由法律部门依据自行收集以及其他专业职能部门提交的法律风险资料数据组织进行。

第二十八条　专业职能部门可根据实际情况在法律部门的协助下对本专业线法律风险进行评估，并将评估报告等工作成果与法律风险资料数据一并提交法律部门。

第二十九条　法律风险评估方法以定性分析为主、定量分析为辅，主要从法律风险发生的概率、损失程度、法律责任性质等方面展开评估，可采用"低""中""高"进行判断。

第四节　法律风险防控

第三十条　各单位应通过提高领导和员工的法律风险意识，制定各项规章制度，规范管理流程,完善管理措施,逐步实现对法律风险的有效预防与控制。

第三十一条　市公司加强企业法律风险防控机制建设,通过企业决策层主导、分级负责、专业线落实、法律部门提供支撑、员工共同参与,逐步建立"事前预防、事中控制、事后补救"相结合的法律风险管理体系。

第三十二条　法律部门对自行收集以及其他专业职能部门提供的法律风险资料数据,结合诉讼案件分析梳理工作,形成法律风险分析报告等成果,通过通报、问责等多种方式指导各单位的法律风险防控工作。

第五章　监督检查

第三十三条　法律部门负责对市公司各单位的法律法规遵循性工作情况进行检查,对存在的问题提出改进建议,督促整改,并定期进行通报。

第三十四条　专业职能部门负责对本专业线的法律法规遵循性工作情况进行自查或检查,对发现的问题进行整改,并书面通报法律部门。业务部门负责对本部门的法律法规遵循性工作情况进行自查或检查,对发现的问题进行整改,并书面通报法律部门。

第六章　附　则

第三十五条　本实施细则由市公司法律部门负责解释和修订。

第三十六条　本实施细则自发布之日起施行。

中国联合网络通信有限公司上海市分公司知识产权管理办法实施细则

2009年5月7日

第一章　总　则

第一条　为加强上海市分公司知识产权管理工作,保护自有知识产权,防范和化解知识产权风险,维护市公司合法权益,根据国家有关法律法规和集团文件《中国联通知识产权管理办法》(中国联通〔2009〕152号)的要求,结合市公司实际情况,制定本实施细则。

第二条　知识产权管理工作遵循统一管理、分工负责、规范使用的原则。

第三条　本办法所涉及的知识产权,主要包括商标权、商号权、著作权(含基于计算机软件、集成电路布图设计等产生的著作权)以及基于商业秘密等产生的合法权益。

第四条　本办法适用于上海市分公司各部门、各中心及其分支机构(以下简称"各单位")。

第五条　市公司对知识产权实行统一管理。

第二章　管理机构与职责

第六条　知识产权管理由综合管理部门、职能管理部门和承办部门分工负责。

第七条　市公司负责法律事务的部门为知识产权综合管理部门,其主要职责是:

(一)宣传、贯彻执行国家知识产权法律法规和政策;

(二)建立知识产权管理体系,制定知识产权管理的基本制度、规范和流程;

(三)办理知识产权注册登记、异议、复审、续展等法律事项;

(四)保存知识产权权属证书或其他权利证明文件;

(五)登录企业知识产权信息,建立企业知识产权信息数据库;

(六)参与起草、审查、修改与知识产权有关的合同;

（七）负责知识产权许可管理工作；

（八）负责知识产权的价值评估工作；

（九）开展知识产权法律培训；

（十）处理知识产权法律纠纷；

（十一）办理与知识产权综合管理相关的其他工作。

第八条　市公司负责知识产权标的策划、实施和使用的部门为知识产权职能管理部门，其主要职责是：

（一）制定职能范围内与知识产权相关的管理制度；

（二）制定知识产权使用政策、宣传推广规范；

（三）策划知识产权标的；

（四）参与处理知识产权法律纠纷；

（五）向知识产权综合管理部门报送职能范围内的知识产权信息及相关材料；

（六）分析知识产权标的市场应用前景，提出保护建议；

（七）办理与知识产权职能管理相关的其他工作。

第九条　市公司负责知识产权标的创作研发，承办知识产权交易和使用的部门为知识产权承办部门，其主要职责是：

（一）挖掘整理工作过程中形成的作品和工商业标记；

（二）组织创作开发知识产权标的；

（三）起草、签订、履行知识产权合同；

（四）承办知识产权交易和使用等事务；

（五）参与处理知识产权纠纷；

（六）办理与知识产权承办职能相关的其他工作。

第三章　自主知识产权管理

第十条　中国联合网络通信集团有限公司是中国联通集团知识产权的权利人，市公司各项知识产权均以中国联合网络通信集团有限公司的名义申请。

第十一条　各单位以委托开发、合作开发、项目合作等方式产生的知识产权，根据合同约定确定权利归属。

第十二条　职务作品或职务发明的知识产权归集团公司所有，主要包括：

（一）为本职工作所完成的智力成果；

（二）为市公司及其分支机构分配指定专项工作任务所完成的智力成果；

（三）主要利用市公司的资金、设备、材料、资料等所完成的智力成果；

（四）来市公司及其分支机构学习、进修、实习或合作研究的客座研究人员或临时聘用人员，在市公司及其分支机构学习或工作期间完成的智力成果，另有协议的除外；

（五）员工在退职、退休或者调动工作离开市公司及其分支机构后1年内作出的，与其在市公司及其分支机构承担的本职工作或者市公司及其分支机构分配的任务有关的智力成果。

市公司及其分支机构员工非上述范围内的智力成果，集团公司在同等条件下享有优先受让权。

第十三条　各单位应积极挖掘工作成果，采取法律措施获取知识产权：

（一）策划使用商业标识、标记、业务品牌，应及时申请注册商标；

（二）开发完成计算机软件，应及时进行计算机软件著作权登记；

（三）工作过程中产生的著作，可通过发表论文、鉴定、展览等方式向社会公开；

（四）对有商业价值且不为公众知悉的技术信息或经营信息，可考虑作为商业秘密予以保护。

第十四条　各单位拟申请注册登记、变更、续展知识产权，按下列程序报批：

（一）知识产权承办部门在报批材料中写明知识产权事项名称、知识产权来源或取得方式、申请理由等，提交知识产权综合管理部门；

（二）知识产权综合管理部门对报批材料进行审核，如有必要，送交知识产权职能管理部门会同审核；

（三）审核同意后，知识产权综合管理部门报公司领导审批；

（四）公司领导审批后，由知识产权综合管理部门上报集团公司办理注册登记、变更、续展等法律手续。

第十五条　政府主管部门准予登记或注册的知识产权，由知识产权综合管理部门负责保管权利证明法律文件。

第十六条　各单位申请使用集团公司所有的知识产权，按下列程序报批：

（一）申请单位在报批材料中写明申请单位名称、知识产权事项名称、申请理由、使用期限及范围，提交市公司知识产权职能管理部门；

（二）市公司知识产权职能管理部门审核同意后，送交市公司知识产权综合管理部门审核；

（三）市公司知识产权综合管理部门审核同意后，报送市公司领导审批；

（四）市公司领导审批后，由市公司知识产权综合管理部门向集团公司知识产权综合管理部门办理许可使用的法律手续。

第十七条　各单位对外许可他人使用知识产权，应签订书面合同，并按下列程序报批：

（一）市公司知识产权承办部门在报批材料中写明申请部门名称、知识产权事项名称、对方当事人名称、申请理由、使用期限及范围，加盖公章后，提交知识产权职能管理部门审核；

（二）市公司知识产权职能管理部门审核同意后，送市公司交知识产权综合管理部门审核；

（三）市公司知识产权综合管理部门审核同意后，报市公司领导审批；

（四）市公司领导审批后，由市公司知识产权综合管理部门向集团公司知识产权综合管理部门办理许可使用的法律手续。

第四章　对他人知识产权法律风险防范

第十八条　各单位应合法合规地获取或使用他人知识产权，加强对他人知识产权法律风险的防范。

第十九条　各单位可以通过转让、许可使用、投资、质押等方式，获取或使用他人知识产权。

第二十条　各单位通过上述方式获取或使用他人知识产权，应严格遵守国家有关法律法规和集团公司有关规定，签订书面合同并及时办理相关登记备案手续。

第二十一条　各单位通过上述方式获取或使用他人知识产权，如有必要，应对他人知识产权进行价值评估，确定合理的支付对价。

第二十二条　各单位订立书面合同时，应明确获取他人知识产权的类型、许可使用的形式、地域范围和期间等事项。

第二十三条　各单位获取或使用他人知识产权，应审查对方知识产权的真实性与合法性，确保无权利瑕疵。

第二十四条　各单位对于符合法定条件的他人知识产权,可以依法申请强制许可使用。

第二十五条　各单位应建立相关信息数据库,登录已获取和正在使用的他人知识产权类型、性质、权属范围和权利期限。

第二十六条　各单位应加强对正在使用的他人知识产权信息的追踪管理,防止超范围、超期限行使权利,及时停止向已经失效的他人知识产权支付对价。

第五章　知识产权的保护

第二十七条　各单位申请知识产权注册登记前,应进行预检索,避免发生权利冲突,保障知识产权申报质量。

第二十八条　各单位预检索发现有他人在先权利或权利申请的,可以根据市公司实际情况,决定是否请求其转让。

第二十九条　各单位发现有任何侵犯公司知识产权的行为,应及时将有关情况书面通知知识产权综合管理部门,并提供相关事实和证据材料。

第三十条　各单位应监控与公司相关的知识产权使用信息,及时发现并上报侵犯公司知识产权的行为。

第三十一条　各单位应采取有效措施,保护商业秘密:

(一)意向接触、商务谈判、合同签订或履行等环节涉及商业秘密的,应事先与对方签订保密合同或在合同中约定保密条款;

(二)与涉及或可能知悉商业秘密的相关人员签订保密合同;

(三)离休、退休、停薪留职、辞职或调离的员工办理工作交接时,应将其从事工作的全部技术资料、试验材料、试验设备、产品等交回单位;

(四)其他符合国家规定和企业实际情况的保密措施。

第三十二条　各单位应重视对公司名称的保护。

经集团公司批准,市公司及其分支机构在其名称中可以加挂"中国联通集团"字样。

未经集团公司批准,各单位不得许可他方使用"中国联通集团""中国联通"或"联通"等称谓。

第三十三条　各单位应根据市公司诉讼管理办法的相关规定,及时处理知识产权法律纠纷。

第六章　奖惩与监督检查

第三十四条　市公司鼓励自主形成知识产权并对其进行申报、推广和实施。对智力成果创造者的奖励政策按照国家有关法律法规和市公司相关规定执行。

第三十五条　市公司将定期或不定期对各单位的知识产权管理工作进行监督检查,对知识产权管理工作中表现突出的单位或人员给予相应的精神、物质奖励。

第三十六条　各单位每年应对本单位的知识产权管理工作进行自查,将自查报告报市公司知识产权综合管理部门。

第七章　附　则

第三十七条　本办法由市公司法律事务部负责解释。

第三十八条　本办法自发布之日起施行。

中国联合网络通信有限公司上海市分公司网站著作权管理规定（试行）

2009年9月8日

第一章 总 则

第一条 为进一步加强公司网站著作权管理，根据《中华人民共和国著作权法》和《信息网络传播权保护条例》等法律法规，结合上海联通实际，特制定本规定。

第二条 本规定所称网站是指上海联通及所属各区县分公司直接经营管理的、向有线和无线用户提供服务的网站（以下简称网站）。

第三条 网站著作权管理工作应当遵循以下原则：

（一）依法经营与维护企业合法权益相结合的原则；

（二）分级负责和齐抓共管的原则；

（三）网站作品实行谁上载谁负责，谁审查谁负责，谁批准谁负责，谁管理谁负责的原则。

第四条 本规定适用于上海联通及所属各区县分公司（以下简称各单位）。

第二章 管理职能

第五条 公司网站管理部门和法律事务部是本规定的责任单位和归口管理部门。

第三章 管理内容与要求

第一节 管理职责

第六条 公司网站管理部门负责其所建设和管理的网站著作权的管理工作，职责为：

（一）按照著作权法等法律法规及公司规章制度，建设网站内容；

（二）负责公司相关网站作品的组织、提供等管理工作，包括CP、SP的选择、谈判、签订协议，审查著作权许可文件并保存相关资料等；

上述著作权许可文件包括但不限于：权利证明、转让证明、许可使用授权书、再授权许可同意书等；

（三）负责其经营网站与第三方相关网站、媒体签订转载协议；

（四）对本单位管理的网站管理工作，定期或不定期地进行监督检查和指导，并对发现问题进行督促整改；

（五）配合法律事务部处理网站著作权诉讼；

（六）负责与合作网站或第三方网站、媒体著作权引诉纠纷处理；

（七）其他应由其承担的职责。

第七条 法律事务部职责：

（一）负责制定网站著作权管理制度，及时提示法律风险；

（二）为网站内容建设和管理中遇到的著作权问题，提供咨询意见；

（三）负责处理网站著作权诉讼和相关协议的审核；

（四）配合网站管理部门对网站著作权管理制度的执行情况进行监督检查；

（五）负责对网站管理部门业务人员进行著作权法律知识培训；

（六）其他应由法律事务管理部承担的职责。

第八条 网站管理部门设兼职网站著作权审查员，负责对上载到网站的作品（包括所有著作权利)进行日常审核检查,形成检查记录的台账并保存著作权许可文件的复印件等所有与相关合作方之间书面并经双方确认的资料及文件。

第二节 自建栏目

第九条 内容完全由网站管理部门自行组织的栏目,为自建栏目。

自建栏目的作品必须取得著作权人或其授权人的授权许可并签订协议,方可以上载到网站;相关授权文件的复印件应当留存备查。法定许可和合理使用的情况除外。

公司员工为网站建设创作的作品,可以直接上载到网站,同时应履行第十条规定的程序。公司创作员工应承诺对其作品拥有完整、排他的著作权。

对于已超出著作权保护期限的任何作品,如古典文学作品等,各网站均可上载而无须征得他人批准并付费,但不得侵犯出版者的版式设计权。

对于法律、法规、国家机关的决议、决定、命令,时事新闻、历法、通用数表、通用表格和公式等不属于著作权法保护范围的作品,各网站均可上载而无须征得他人批准并付费。

第十条 除第十七条规定的作品和已签订协议的作品外,作品的上载应当履行以下程序:

(一)工作人员填写《上载作品申请表》;

(二)网站著作权审查员审查并签字;

(三)网站管理部门领导审批;

(四)作品上载。

第十一条 栏目内容系链接其他网站的,不得对被链网站页面做任何改动或加注我公司任何标识,并严格执行本办法第二十一条规定的通知、断开、反通知手续。

第十二条 作品的转载应取得著作权人许可,指明作者姓名,并按协议支付报酬。

凡与其他网站、媒体签订转载协议的,应选择具有一定经济实力且符合国家相关管理规定资质要求的网站或媒体作为合作方,并应在协议中明确约定转载范围,同时约定因我方转载导致的著作权纠纷一律由对方承担责任。

第十三条 网站的新闻发布,应严格遵守国务院新闻办公室和信息产业部联合发布的《互联网新闻信息服务管理规定》。

各网站的新闻,除具有独立新闻登载资质或拥有宣传部门批准的采编权的以外,严格执行新闻登载制度,不得自行撰写新闻稿件或登载来源于其他渠道的新闻。

第十四条 影视作品的片源一律由市公司互联网业务管理部门统一组织,各网站按照市公司相关规定统一使用。

互联网业务管理部门自 SP 处购买片源应严格审查其资质,审查内容包括:SP 是否具有著作权人出具的授权书、授权使用的范围、授权有效时间、是否允许转授权等事项,并对授权书的复印件或者扫描件归档留存。

第十五条 对于网络用户自发上传至 BBS 区域的影视、音乐等作品,各网站一律不得进行分类、整理和编辑,应始终保持其原始状态;一旦接到权利人的侵权通知书,应当立即予以删除。

第十六条 各单位为扶助贫困,通过网络向农村地区免费提供中国公民、法人或者其他组织已经发表的种植养殖、防病治病、防灾减灾等与扶助贫困有关的作品和适应基本文化需求的作品,应当事先公告拟提供的作品及其作者、拟支付报酬的标准。自公告之日起 30 日内,著作权人不同意提供的,不得提供;自公告之日起满 30 日,著作权人没有异议的,方可以提供,并按照公告的标准支付报酬。提供以上作品后,著作权人不同意的,应当立即删除该作品,并按照公告的标准向其支付报酬。

依照前款规定提供作品的,不得直接或者间接获得经济利益。

第十七条 网站使用他人作品,属于下列情形的,可以不经著作权人许可,不向其支付报酬,但应指明作者姓名、作品名称:

(一)为介绍、评论某一作品或者说明某一问题,在向公众提供的作品中适当引用已经发表的作品;

(二)为报道时事新闻,在向公众提供的作品中不可避免地再现或者引用已经发表的作品;

(三)向公众提供在信息网络上已经发表的关于政治、经济问题的时事性文章,但作者声明不许提供的除外;

(四)向公众提供在公众集会上发表的讲话,但作者声明不许提供的除外。

第三节 合建栏目

第十八条 内容系通过合作分成、对外承包等方式建设的栏目,为合建栏目。

合建栏目内容的建设,必须签订合建协议,明确双方的权利义务。

第十九条 网站栏目系采用合作分成的方式与SP合建的,比照自建栏目进行管理,应在合同中约定因发生著作权法律纠纷造成的一切后果一律由SP承担,并视情况收取对方一定数额的保证金。

第二十条 栏目内容承包给其他单位建设的,由于对外法律责任仍然由网站所属单位首先承担,所以应选择经济实力较强、信誉较好的单位作为合作方;应在合同中约定因发生著作权法律纠纷造成的一切后果一律由承包方承担,并收取对方一定数额的保证金;同时对栏目内容应严格把关,严格审查作品的许可使用文件。

第四节 搜索、链接等网络服务的提供

第二十一条 网站提供信息存储空间(如博客、电子相册等)或者提供搜索、链接服务的网络服务的,如果权利人认为服务所涉及的作品、表演、录音录像制品,侵犯自己的信息网络传播权或者被删除、改变了自己的权利管理电子信息,按以下程序办理:

(一)权利人向该网站提交书面通知,要求删除该作品、表演、录音录像制品,或者断开与该作品、表演、录音录像制品的链接。通知必须包含构成侵权的初步证明材料;

(二)网站接到权利人的通知书后,应当立即删除相关作品或者断开链接,并同时将通知书转送提供作品的服务对象;服务对象网络地址不明、无法转送的,应当将通知书的内容同时在信息网络上公告;

(三)服务对象接到网络服务提供者转送的通知书后,认为其提供的作品、表演、录音录像制品未侵犯他人权利的,可以向网站提交书面说明,要求恢复相关作品或链接。书面说明应当包含不构成侵权的初步证明材料;

(四)网站接到服务对象的书面说明后,应当立即恢复被删除的作品、表演、录音录像制品,或者可以恢复与被断开的作品、表演、录音录像制品的链接,同时将服务对象的书面说明转送权利人。

第二十二条 网站为提高网络传输效率,自动存储从其他网络服务提供者获得的作品、表演、录音录像制品,并根据技术安排自动提供给服务对象的,必须具备下列条件方能不承担赔偿责任:

(一)未改变自动存储的作品、表演、录音录像制品;

(二)不影响提供作品、表演、录音录像制品的原网络服务提供者掌握服务对象获取该作品、表演、录音录像制品的情况;

（三）在原网络服务提供者修改、删除或者屏蔽该作品、表演、录音录像制品时，根据技术安排自动予以修改、删除或者屏蔽。

第二十三条 网站为服务对象提供信息存储空间，供服务对象通过信息网络向公众提供作品、表演、录音录像制品，须具备下列条件，方能不承担赔偿责任：

（一）明确标示该信息存储空间是为服务对象所提供，并公开网络服务提供者的名称、联系人、网络地址；

（二）未改变服务对象所提供的作品、表演、录音录像制品；

（三）不知道也没有合理的理由应当知道服务对象提供的作品、表演、录音录像制品侵权；

（四）未从服务对象提供作品、表演、录音录像制品中直接获得经济利益；

（五）在接到权利人的通知书后，根据本规定或相关法律法规删除权利人认为侵权的作品、表演、录音录像制品。

第五节 著作权纠纷的处理

第二十四条 著作权人发现侵权信息向相关网站要求提供侵权行为人在其网络的注册资料，并出示身份证明、著作权权属证明及侵权情况证明的，相关网站应予以提供。

第二十五条 因网站内容导致著作权纠纷的，各单位应当在查清事实的基础上，积极与权利人协商解决。应注意以下六个方面问题：

（一）立即删除确无合法权利来源的涉嫌侵权的作品；

（二）相关人员在接到对方的电话及电子邮件、传真等文件时，应慎重答复。书面回复必须事先经过法律事务部的审核；

（三）核实对方的著作权证明文件、被授权人的授权文件、代理律师的委托授权书，确保其真实性；

（四）查看对方证据，对存在瑕疵的证据和非公证取证的一般不予认可；

（五）赔偿金额的确定通常参照对方的经济损失或我方获得的收益，因此应尽量保存好每部作品盈利情况的证据；

（六）一旦对方提起诉讼，应按相关规定由市公司法律事务部处理。

第二十六条 主机托管（IDC）业务应根据国家法律法规及政府主管部门有关规定开展。凡因被托管服务器所承载网站发生著作权侵权纠纷，一方当事人或其委托的律师发函或其他方式要求我方中止托管服务的，一般应予拒绝；但行政执法部门、司法部门出具法律文书，提出上述要求的，一般应予以配合。

第二十七条 使用我方接入服务的用户发生著作权侵权纠纷，一方当事人或其委托的律师发函或其他方式要求我方中止接入服务的，一般应予以拒绝。

第二十八条 著作权人发现上海联通网站传播的内容侵犯其著作权，向公司或下属单位发出的任何书面通知，至少应保留 6 个月；并且应当在接到著作权人的通知后，记录互联网内容提供者的接入时间、用户账号、互联网地址或者域名、主叫电话号码等信息，前述信息至少应当保存 60 日，以便在著作权行政管理部门查询时予以提供。

第四章 检查与考核

第二十九条 本办法由市公司互联网业务管理部门和法律事务部负责检查与考核。

第三十条 各单位应严格按照本规定的要求，做好网站著作权管理工作。凡违背本办法规定，侵犯他人网络著作权，给企业造成损失，情节严重的，按规定扣减相关单位绩效分数，并视情况追究直接责任人和相关管理人员的责任。

第三十一条 市公司互联网业务管理部门根据工作需要，会同法律事务部定期或不定期组织对网站著作权检查，并对检查情况进行通报。

第三十二条 各网站管理部门每月对本单位网站内容的著作权情况进行一次检查，并形成检查记录备查。

第三十三条 著作权审查员除对上载到网站的作品进行著作权审查外，应随时对网站内容进行监督检查，防止违规上载情况的发生。

第五章 附 则

第三十四条 本规定由市公司互联网业务管理部门和法律事务部负责解释和修订。

第三十五条 本规定自印发之日起施行。

中国联合网络通信有限公司上海市分公司"三重一大"决策制度实施细则（试行）

2010年11月25日

第一条 为全面贯彻党的十七大和十七届四中全会精神，切实加强上海市分公司反腐倡廉建设，进一步促进公司领导人员廉洁从业，规范决策行为，提高决策水平，防范决策风险，保证公司科学发展，根据中共中央办公厅和国务院办公厅印发的《关于进一步推进国有企业贯彻落实"三重一大"决策制度的意见》和集团公司的相关要求，结合上海市分公司（以下简称市公司）的实际，现制定本实施细则。

第二条 指导思想是以邓小平理论和"三个代表"重要思想为指导，深入贯彻落实科学发展观，根据《建立健全惩治和预防腐败体系2008—2012年工作规划》部署，按照《国有企业领导人员廉洁从业若干规定》要求，明确决策范围、规范决策程序、强化监督检查和责任追究，进一步推进市公司"三重一大"决策制度的贯彻落实。

第三条 "三重一大"事项坚持集体决策原则。市公司要健全议事规则，明确"三重一大"事项的决策规则和程序，完善群众参与、专家咨询和集体决策相结合的决策机制。市公司党委和管理层班子等决策机构要依据各自的职责、权限和议事规则，集体讨论决定"三重一大"事项，要坚持务实高效，保证决策的科学性；充分发扬民主，广泛听取意见，保证决策的民主性；遵守国家法律法规、党纪党规和有关政策，保证决策合法合规。

第四条 本实施细则所称"三重一大"决策事项是指市公司重大事项决策、重要人事任免、重要项目安排及大额资金的使用。

第五条 重大决策事项，是指凡涉及市公司发展战略和改革计划，关系公司和员工切身利益的重大问题。

（一）企业的发展方向、经营方针，中长期发展规划等重大战略管理事项；

（二）企业改制重组、兼并、破产、合并、分立或者变更公司，国（境）外注册公司、投资参股、重大收购或购买上市公司股票，国有产权转让等重大资本运营管理事项；

（三）内部机构设置、职能调整、企业薪酬分配，以及涉及职工重大切身利益等重大利益调配事项（其中涉及员工切身利益的，需经工会及职工代表组长扩大会议集体决策，并报备集团总部）；

（四）年度生产经营计划、企业年度工作报告、财务预算、决算、重大经营活动等事项；

（五）公司管理层认为应当集体决策的其他事项。

第六条　重要人事任免事项。

重要人事任免事项，是指市公司党委直接管理的中层干部职务调整等事项。

（一）市公司中层干部、重大项目负责人和重要管理岗位人员的选聘、任免；

（二）后备干部的管理和其他干部管理的重要事项；

（三）涉及市公司中层干部的重要奖惩；

（四）其他干部管理的重要事项。

第七条　重大项目安排事项。

重大项目安排事项，是指对企业资产规模、资本结构、盈利能力以及生产装备、技术状况等产生重要影响的项目的设立和安排。

（一）凡金额在500万及以上的年度投资计划、融资、担保项目，计划外追加投资项目；

（二）应当向上级报告的重大投资管理事项（对于集团规定的各类项目需报总部审批，其余项目由市公司审批）；

（三）重大、关键性的设备引进和重要物资设备购置等金额达到500万及以上重大招投标管理项目；

（四）重大工程承发包项目金额500万及以上。

第八条　大额度资金运作事项。

大额度资金运作事项，是指超过由企业或者履行国有资产出资人职责的机构所规定的企业领导人员有权调动、使用的资金。

（一）日常业务资金调度和使用5 000万元及以上；

（二）对外大额捐赠、赞助按金额不同分别处理：

1. 累计不超过当年利润总额的千分之一以内，报市公司总经理办公会议审批后报集团公司备案；

2. 现金（含有价卡）单笔5万元（含）以上、除现金外单笔10万元（含）以上、累计超过当年利润总额的千分之一以上，经市公司总经理办公会议审议后报集团公司审批。

（三）其他大额度资金使用。

第九条　决策机制市公司"三重一大"事项主要采取党政联席会议、党委会议或总经理办公会等会议形式进行决策。市公司党政联席会议、党委会议、总经理办公会等会议范围和规则按照《中共中国联合网络通信有限公司上海市分公司委员会工作规则（试行）》和《上海市分公司会议管理办法》执行。

第十条　民主决策程序。

依照国家法律、法规和中央文件，凡属"三重一大"事项，在提交市公司集体决策机构决策之前，应当认真调查研究，经过必要的研究论证程序，充分吸收各方面意见：

重大投资和工程建设项目，应当事先充分听取有关专家的意见；重要人事任免，应当事先征求市公司纪检监察室的意见；研究决定市公司经营管理方面的重大问题、涉及职工切身利益的重大事项、制定重要的规章制度，应当听取市公司工会的意见，并通过职工代表大会或者其他形式听取职工群众的意见和建议。

第十一条　市公司党委委员、管理层班子成员应当以会议的形式，对职责规定的"三重一大"事项作出集体决策。不得以个别征求意见等方式作出决策。紧急情况下由个人或少数人临时决定的,应在事后及时向党委、管理层班子报告;临时决定人应当对决策情况负责,党委、管理层班子应当在事后按程序予以追认。

第十二条 议事决策程序。

(一)确定议题。党政联席会议、党委会议、总经理办公会议题由市公司党委书记或总经理根据副职或市公司所属部门或直属单位的建议,确定研究议题;

(二)准备材料。会议所需文件、材料由市公司分管领导组织相关单位提前准备;

(三)会前准备。议题应在会议召开前,提前告知所有参与决策的人员,并向所有参与决策的人员提供相关材料。必要时,可事先听取意见。与会人员要认真熟悉材料,酝酿意见,做好发言准备;

(四)充分讨论。会议由党委书记或总经理主持,议题由市公司分管领导或相关部门或单位负责人汇报,与会人员就议题内容要进行充分讨论,并分别发表意见。主持人应在充分听取意见后发表结论性意见。会议决定多个事项时,应逐项研究决定。若存在严重分歧,一般应当推迟作出决定;

(五)逐项表决。一次会议有多项议题应实行逐项表决。根据不同内容,表决可采取口头、举手、无记名投票等方式进行;

(六)作出决策。会议主持人根据表决结果,作出最后决定;

(七)形成纪要。会议应当指定专人负责会议记录;对会议决定的事项、过程、参与人及其意见、结论等内容,应形成会议纪要,经主持人审核签发,会议记录要存档备查。

第十三条 会议在讨论与参会者本人及亲属有关的议题时,本人应主动回避。对尚未正式公布的会议决策和需保密的会议内容,与会人员不得外泄。需要上级审批或备案的事项,要按规定及时履行相关手续。

第十四条 市公司总经理是本公司实施本细则的主要责任人。

第十五条 纪检监察室承担对市公司贯彻落实"三重一大"决策制度执行情况的监督检查责任。

第十六条 经党政联席会议、党委会议和总经理办公会议决定的重大问题,应严格按照会议决策组织实施并明确落实责任部门和责任人;参与决策的个人对集体决策有不同意见,可以保留或者向上级反映,但在没有作出新的决策前,不得擅自变更或者拒绝执行。如遇特殊情况需对决策内容作重大调整,应当重新按规定履行决策程序。

第十七条 "三重一大"决策制度的执行情况,应当作为党风廉政建设责任制考核的重要内容和公司领导人员经济责任审计的重点事项;作为民主生活会、公司领导人员述职述廉的重要内容;作为厂务公开的重要内容,除按照国家法律法规和有关政策应当保密的事项外,在适当范围内公开。

第十八条 市公司纪检监察室依照《国有企业领导人员廉洁从业若干规定》的要求,对领导人员执行"三重一大"决策制度的情况进行监督检查。

第十九条 市公司领导人员违反"三重一大"决策制度的,应当依照《国有企业领导人员廉洁从业若干规定》和相关法律法规,凡属下列情况造成重大经济损失和严重不良影响的,根据其事实、性质及情节,依法依纪追究责任人的责任:

(一)不履行"三重一大"制度决策程序,对于不遵守、不执行集体决定的,或未能按照集体决定和分工履行自己的职责,给工作造成损失的,应当追究责任;

（二）对于应当集体讨论决定的事项而未经集体讨论，由个人或少数人决定的，除紧急情况外，应当区别情况追究责任人或主要责任人的责任；

（三）对于重大事项未做调查研究，盲目决策，造成损失的，或未向组织提供真实情况而导致决策失误的，应当追究主要责任人的责任；

（四）虽经集体研究，但其决策有悖国家法律法规、党纪规定和干部选拔任用条例的，应追究主要责任人的责任；

（五）决策执行过程中，发现继续执行将会造成损失，未及时报告或未采取补救措施，造成损失的，应视情节追究相关人员的责任。

中国联合网络通信有限公司上海市分公司效能监察项目管理办法（暂行）

2010年3月4日

第一章 总 则

第一条 为进一步规范市公司效能监察项目管理，促进项目管理理论和方法在效能监察工作中的应用，不断提高效能监察工作水平，根据国资委《中央企业效能监察暂行办法》《中央企业效能监察优秀项目评价操作指南（试行）》及集团公司《中国联通效能监察项目管理暂行办法》的相关规定，特制定本办法。

第二条 本办法所称效能监察项目是指市公司纪检监察室按照项目管理的基本原则和要求，针对市公司内部相关单位管理活动及其经营管理者履行职责行为的正确性进行的专项效能监察工作。

效能监察所针对的单位及其经营管理者称为监察对象。

第三条 监察对象的管理活动或者其履职行为的正确性应符合以下标准：

（一）合法性：必须符合国家相关法律法规以及中央的路线、方针、政策；

（二）合规性：必须符合公司的各项规章制度、技术规范及相关管理和业务流程；

（三）合理性：必须是在职责权限内的合理裁量，符合降低成本增加效益、持续经营等管理原则；

（四）时限性：对有明确时限要求的管理事项不得擅自延长或缩短时限。

第四条 效能监察项目实施的基本程序包括项目立项、实施准备、检查或抽查、拟定监察报告、做出监察处理、跟踪落实、总结评审和归档立卷八个环节。

第二章 组织领导与责任分工

第五条 依据"统一要求、分级负责"的原则，建立健全效能监察项目的工作责任体系，形成市公司主要经营管理者负总责、纪检监察室组织协调和实施、相关业务职能部门积极参与、监察对象密切配合的工作领导体制和工作机制。

第六条 效能监察项目组包括项目领导小组和项目检查组。

第七条 效能监察项目领导小组的职责是：研究部署市公司开展效能监察项目的工作，协调工作中的各方关系，审批与监察项目有关的工作方案、报告、监察建议和监察决定等重大事宜。

领导小组由市公司的主要经营管理者、分管纪检监察工作的公司领导以及相关部门领导组成。领导小组的组长由公司主要经营管理者或分管纪检监察工作的领导人员担任。

第八条　效能监察项目检查组的职责是：制定效能监察项目工作方案并负责具体组织实施；对市公司所属各单位开展的效能监察项目进行检查和指导；向项目领导小组报告工作情况等。

检查组由市公司纪检监察室牵头组织，组长由纪检监察室主任担任。检查组成员以纪检监察人员为主，相关部门派人参与。检查组中，纪检监察人员主要负责项目的组织、协调和实施；市公司其他相关业务职能部门人员的职责是利用各自的专业优势，积极配合市公司纪检监察室开展效能监察工作。

第九条　效能监察对象的主要职责是：根据检查组要求，如实提供情况和资料，为项目开展提供必要的条件，认真落实市公司纪检监察室提出的效能监察建议和监察决定等。

第三章　项目启动

第十条　效能监察项目一般通过以下方式确定：

（一）上级主管部门统一组织开展的效能监察项目；

（二）市公司主要经营管理者直接指定的效能监察项目；

（三）市公司纪检监察室通过调查分析、研究拟定并报市公司主要经营管理者同意开展的效能监察项目。

项目立项应填写《上海市分公司×××效能监察项目立项表》；同时，报上一级纪检监察部门备案。

第十一条　项目的实施准备一般包括以下内容：

（一）成立项目领导小组和检查组。领导小组和检查组成员本人或者其近亲属与项目有利害关系的，应主动申请回避。对于专业性和技术性较强的效能监察项目，可聘请公司内外部专家帮助检查组工作。涉及公司核心秘密的项目，不得聘请外部专家；

（二）制订项目实施方案。方案的主要内容包括项目的指导思想、目的要求、项目内容、方法步骤、法规依据、组织领导、人员组成和时间安排等。在正式开展效能监察前，可以选择有关单位试点；

（三）安排项目经费。市公司纪检监察室应根据项目的规模和复杂程度，合理编制项目预算，并将该项目预算纳入市公司纪检监察室效能监察项目专项经费总体预算管理；

（四）组织人员培训。项目实施前，组织项目检查组成员认真学习有关法律、法规以及相关业务知识，熟悉实施方案以及监察对象的基本情况等；

（五）向监察对象下发《上海市分公司效能监察通知书》，通报实施效能监察的目的、要求和相关事宜，要求相关单位做好准备工作并提供必需的工作条件。

第四章　项目实施

第十二条　项目检查组应按照实施方案对监察对象的管理活动或履职行为进行实地检查或抽查，其主要内容是：

（一）依据项目实施方案规定的方法和步骤对监察对象管理活动或履职行为的正确性进行检查，收集与项目相关的文件资料和事实材料；

（二）向监察对象通报检查情况，征求其意见；

（三）会同相关部门对发现的行为偏差和管理缺陷进行分析，查找其在体制、机制和制度等方面存在问题的原因，研究提出监察建议或决定意见。

第十三条　检查组工作中享有下列权限：

（一）要求监察对象报送有关的文件、资料，或要求其对相关情况做出解释和说明；

（二）查阅、复制、摘抄相关文件、资料，核实效能监察事项的有关情况；

（三）经项目领导小组批准，责令监察对象停止损害国家、企业利益和员工合法权益的行为；

（四）建议相关单位暂停涉嫌严重违法违纪违规人员的职务；

（五）列席与效能监察事项有关的生产经营会议；

（六）效能监察工作涉及市公司内部其他单位人员的，可以请求有关单位协助检查，有关单位应当予以协助；涉及市公司外部其他单位人员的，可以提请上级纪检监察部门或地方纪检监察机关予以协助；

（七）有关法律、法规、规定授予的其他权限。

第十四条　检查或抽查工作结束后，检查组应实事求是、客观公正地拟定项目监察报告，并报项目领导小组批准。报告内容包括监察依据、检查过程、发现的行为偏差和管理缺陷、管理控制制度分析、取得的经验和教训、监察建议或决定意见等。

第十五条　经项目领导小组批准，市公司纪检监察室可以向监察对象发出《上海市分公司效能监察建议书》或《上海市分公司效能监察决定书》。监察建议和监察决定应当以书面形式送达监察对象。对于监察建议，监察对象如无正当理由应予采纳；对于监察决定，监察对象应当执行。对于无正当理由拒不采纳监察建议的，市公司纪检监察室可以下达监察决定。

监察对象应及时落实监察建议或决定，并将落实情况于收到建议或决定之日起30日内书面回复市公司纪检监察室。对监察建议或决定有异议的，监察对象可在收到建议或决定之日起30日内向市公司纪检监察室申请复审。复审应在收到申请之日起60日内完成。复审期间，不停止监察建议或决定的执行。

第十六条　市公司纪检监察室应当对监察建议或监察决定的执行情况进行跟踪检查，督促整改意见的落实，及时将效能监察结果及整改情况抄送市公司领导，并提供给人力资源部等管理部门使用。

第十七条　项目实施过程中，市公司纪检监察室应按要求及时向上级纪检监察部门报告项目实施进展情况以及遇到的问题。

第十八条　对于在项目实施过程中发现的违法违纪问题，依照党纪或市公司的规章制度处理，涉嫌犯罪的，移送有关司法机关。

第五章　项目结项

第十九条　效能监察建议或决定落实后，由市公司纪检监察室写出项目总结报告。报告主要内容包括：选题立项、组织准备、监察过程、问题及整改、效益评估、项目开展中的经验和不足等。

第二十条　项目完成后，市公司纪检监察室应在项目总结报告中对相关业务和职能部门参与项目的工作情况作出评价。同时，市公司纪检监察室应对参加检查组的其他部门人员参与项目工作的情况作出书面鉴定，并向其所在单位反馈，作为对其绩效考核的参考依据。

第二十一条　已完成的效能监察项目资料，由市公司纪检监察室负责收集整理，并立卷归档，妥善保管。卷宗应包括立项报告（表）、实施方案、会议记录、查证记录、查证资料、总结报告、《效能监察建议书》或《效能监察决定书》等全部原始资料。效能监察项目档案保管期限为永久。

第六章　项目经费管理

第二十二条　市公司纪检监察室根据上级部门的总体部署和本部门的工作计划，依据市公司的整体预算编制安排编制效能监察项目专项经费预算方案，报财务部门审核。财务部门审核后组织预算报批。

第二十三条　专项经费主要用于项目相关的检查取证费、咨询费、评选优秀项目的奖励及其他管理费用。

第二十四条　项目完成后,市公司纪检监察室应配合财务部门编制项目财务决算。

第二十五条　专项经费的使用应公开透明,严禁挪作他用,并严格接受审计部门的监督。

第七章　附　　则

第二十六条　本办法适用于中国联通网络公司上海市分公司、中国联合网络通信有限公司上海市分公司各部门、各中心、各区县分公司。

第二十七条　本办法由市公司纪检监察室负责解释。

第二十八条　本办法自发布之日起施行。

二、管理制度统计表

表附-2-1　1996—2009年上海联通基础类管理制度一览表

序号	文件名称	发文时间
1	关于印发《中国联通上海分公司计算机及相关设备暂行管理办法》的通知	1996年
2	关于印发《中国联通上海分公司统计管理制度(暂行)》及内部定期报表表式(暂行)的通知	1996年
3	关于印发《中国联通有限公司上海分公司效能监察暂行办法》的通知	2001年
4	关于实行《中国联通上海分公司基站管理办法》《中国联通上海分公司基站安全制度》的通知	2002年
5	关于印发《中国联通上海分公司物资管理办法(试行)》的通知	2002年
6	关于印发《中国联通上海分公司移动通信业务销售部工效挂钩分配办法》的通知	2002年
7	关于印发《中国联通上海分公司岗位管理办法》的通知	2003年
8	《关于实施管理制度一体化》的通知	2003年
9	关于印发《上海联通业务操作系统权限控制管理办法(试行)》的通知	2003年 2004年
10	关于印发《中国联通上海分公司劳动争议调解工作暂行规定》的通知	2004年
11	关于下发《中国联通上海分公司新闻宣传工作管理办法》的通知	2004年
12	关于印发《联通上海分公司配合市政建设项目专项规划管理暂行办法》的通知	2004年
13	关于印发《中国联通上海分公司营业网点建设管理办法》的通知	2004年
14	关于下发《固定资产调拨实施细则》《固定资产报废实施细则》的通知	2004年
15	关于印发《联通上海分公司通信生产用电管理制度》的通知	2004年
16	关于印发《车辆及交通费使用管理办法》的通知	2005年
17	关于印发《中国联通上海分公司建设单位管理费管理暂行办法》的通知	2005年
18	关于印发《中国联通上海分公司通信网络信息查询管理办法》的通知	2005年
19	关于印发《中国联通有限公司上海分公司用户界面格式合同管理实施细则(试行)》的通知	2005年
20	关于印发《中国联通上海分公司人事档案管理办法(试行)》的通知	2006年
21	关于印发《中国联通有限公司上海分公司档案管理制度汇编》的通知	2006年
22	关于印发《中国联通有限公司上海分公司印章使用管理办法》的通知	2006年
23	关于印发《中国联通上海分公司督办工作管理办法》的通知	2006年
24	关于印发修订后的《中国联通上海分公司公文管理办法》的通知	2006年
25	关于建立健全上海联通厂务公开工作责任制的实施意见	2006年
26	关于印发《上海联通用户资料档案管理办法(暂行)》的通知	2006年

〔续表〕

序号	文 件 名 称	发文时间
27	关于印发《中国联通上海分公司劳动用工管理办法》等相关配套文件的通知	2006年
28	关于印发《中国联通有限公司上海分公司违反信息安全规定处罚管理办法(试行)》的通知	2006年
29	关于印发《中国联通上海分公司内控制度规范(试行)》的通知	2006年
30	关于印发《中国联通有限公司上海分公司综合网站业务管理规范(试行)》的通知	2006年
31	关于颁布《内部控制管理制度的通知》	2006年
32	关于下发《中国联通上海分公司办公用计算机报废、调拨技术鉴定细则(试行)》的通知	2007年
33	关于印发《中国联通有限公司上海分公司外聘律管理办法》和《中国联通有限公司上海分公司法律纠纷管理办法》的通知	2007年
34	关于下发《上海联通信息服务业务服务质量监督管理办法(2007版)》的通知	2007年
35	关于印发《中国联通上海分公司管理制度的管理办法(试行)》的通知	2008年
36	《档案管理规定》	2009年
37	《法律顾问管理办法》	2009年
38	《备用金及借款管理办法(暂行)》	2009年
39	《差旅费管理办法(暂行)》	2009年
40	《资金管理实施办法(暂行)》	2009年
41	《财务规范化管理实施评估管理办法(暂行)》	2009年
42	《代理佣金财务管理暂行规定》	2009年
43	《业务招待费管理办法(暂行)》	2009年
44	《电子门禁卡管理办法》	2009年
45	《中共中国联通通信网络集团上海分公司委员会工作规则(试行)》	2009年
46	《流程管理办法》	2009年
47	《党风廉政建设责任制实施细则(试行)》	2009年
48	《党风廉政建设责任考核办法(试行)》	2009年
49	《党风廉政建设责任追究办法(试行)》	2009年
50	《公务用品领用管理办法(试行)》	2009年
51	《全面预算管理办法(试行)》	2009年
52	《文书处理管理办法》	2009年
53	《往来账款管理办法(暂行)》	2009年
54	《行风建设实施方案》	2009年
55	《建设项目工程财务管理办法(暂行)》	2009年
56	《单位作风建设实施方案》	2009年
57	《结算支付管理办法(暂行)》	2009年

〔续表〕

序号	文　件　名　称	发文时间
58	《民主评议行风工作实施方案》	2009年
59	《员工绩效管理制度》	2009年
60	《关于加强企业廉洁文化建设的实施方案》	2009年
61	《员工因私事出国(境)管理暂行规定》	2009年
62	《消防安全管理实施办法(试行)》	2009年
63	《中国联合网络通信有限公司上海市分公司铁律》	2009年
64	《机房管理制度》	2009年
65	《中层干部管理办法(暂行)》	2009年
66	《治安管理实施办法(试行)》	2009年
67	《滚动规划管理办法(暂行)》	2009年
68	《员工招聘录用管理办法(试行)》	2009年
69	《各级安全责任制实施细则》	2009年
70	《员工离职管理办法(试行)》	2009年
71	《保密工作管理办法》	2009年
72	关于印发《中国联合网络通信有限公司上海市分公司服务质量监督管理办法(暂行)》的通知	2009年
73	《风险管理实施细则》	2009年
74	《内部控制实施细则》	2009年
75	《工程建设项目验收管理办法(试行)》	2009年
76	《信息化规划工作管理办法》	2009年
77	《工程项目施工管理办法(试行)》	2009年
78	《信息系统定级管理办法》	2009年
79	《工程项目设计管理办法(试行)》	2009年
80	《信息系统应急保障管理办法》	2009年
81	《内网及信息系统运行维护管理制度》	2009年
82	《社会监督员管理办法》	2009年
83	《工程项目监理管理办法(试行)》	2009年
84	《合同管理办法(试行)》	2009年
85	《固定资产管理办法(暂行)》	2009年
86	《固定资产投资管理办法(暂行)》	2009年
87	《经营系统数据管理办法(试行)》	2009年
88	《信息化系统项目管理办法》	2009年

表附-2-2　2002—2009年上海联通业务类管理制度一览表

序号	文件名称	发文时间
1	关于印发《中国联通上海分公司移动通信业务销售部工效挂钩分配办法》的通知	2002年
2	关于印发《上海联通业务操作系统权限控制管理办法(试行)》的通知	2003年
3	关于印发《中国联通上海分公司新技术新业务试验项目管理办法》的通知	2004年
4	关于印发《联通上海分公司配合市政建设项目专项规划管理暂行办法》的通知	2004年
5	关于印发《中国联通上海分公司营业网点建设管理办法》的通知	2004年
6	关于下发《固定资产调拨实施细则》《固定资产报废实施细则》的通知	2004年
7	关于印发《联通上海分公司通信生产用电管理制度》的通知	2004年
8	关于印发《中国联通上海分公司通信网络信息查询管理办法》的通知	2005年
9	关于印发《中国联通有限公司上海分公司用户界面格式合同管理实施细则(试行)》的通知	2005年
10	关于印发《中国联通有限公司上海分公司用户界面格式合同管理实施细则(试行)》的通知	2005年
11	关于印发《中国联通上海分公司内控制度规范(试行)》的通知	2006年
12	关于印发《中国联通有限公司上海分公司综合网站业务管理规范(试行)》的通知	2006年
13	关于颁布《内部控制管理制度》的通知	2006年
14	关于印发《中国联通有限公司上海分公司外聘律管理办法》和《中国联通有限公司上海分公司法律纠纷管理办法》的通知	2007年
15	关于下发《上海联通信息服务业务服务质量监督管理办法(2007版)》的通知	2007年
16	关于印发《中国联合网络通信有限公司上海市分公司服务质量监督管理办法(暂行)》的通知	2009年
17	《风险管理实施细则》	2009年
18	《内部控制实施细则》	2009年
19	《工程建设项目验收管理办法(试行)》	2009年
20	《信息化规划工作管理办法》	2009年
21	《工程项目施工管理办法(试行)》	2009年
22	《信息系统定级管理办法》	2009年
23	《工程项目设计管理办法(试行)》	2009年
24	《信息系统应急保障管理办法》	2009年
25	《内网及信息系统运行维护管理制度》	2009年
26	《社会监督员管理办法》	2009年
27	《工程项目监理管理办法(试行)》	2009年
28	《合同管理办法(试行)》	2009年
29	《固定资产管理办法(暂行)》	2009年
30	《固定资产投资管理办法(暂行)》	2009年

〔续表〕

序号	文件名称	发文时间
31	《经营系统数据管理办法(试行)》	2009 年
32	《信息化系统项目管理办法》	2009 年

2009年是企业融合后的第一年,上海联通于2008年12月初启动制度流程梳理重建工作,各单位分批次对原联通、原网通有关制度进行修改、补充并发布。截至2009年12月31日,上海联通共发布各类规章制度293个。其中,拟修订51个,无需修订221个,废止21个。规章制度清理本着"是否适用"原则,适时对不符合企业现行需要、不适应生产经营制度予以废止。根据工作实际需要,敦促相关部门对尚需完善的规章制度拟订修订计划,保证制度的有效性和可行性。敦促相关部门及时根据中国联通有关文件精神,结合上海联通实际,制订适应本公司发展的规章制度。通过清理使现行各项规章制度更加明确,有助于日后为相关单位文件查询提供准确依据。

表附-2-3　2009年12月上海联通规章制度更新统计表

部　门	拟修订	无需修订	废　止	总　量
综合部	9	27	3	39
企业发展部	2	3	0	5
人力资源部	2	20	0	22
计划管理部	0	19	2	21
财务部	0	20	0	20
审计部	1	1	0	2
风险管理部	3	0	1	4
物资采购部	1	3	0	4
监管事务部	0	2	1	3
法律事务部	0	13	0	13
市场部	12	16	1	29
集团客户部	0	2	0	2
个人客户部	0	1	0	1
家庭客户部	0	2	0	2
客户服务部	3	26	1	30
信息传媒中心	0	5	2	7
电子渠道中心	0	2	0	2
运行维护部	8	24	8	40
管理信息系统部	1	15	1	17

〔续表〕

部　门	拟修订	无需修订	废　止	总　量
业务支撑系统部	9	9	1	19
党委	0	11	0	11
合计	51	221	21	293

表附-2-4　2008—2010年上海联通规章制度更新一览表

序号	现行制度名称	发文时间	是否需要修订或废止	拟完成修订时间
	综合部(39个)			
1	筹备组议事规则	2008年	废止	
2	筹备组期间干部工作规则	2008年	废止	
3	档案管理规定	2009年	需修订	2010年3月30日前
4	办公大楼火灾应急处置预案	2009年	无需修订	
5	总部员工餐厅管理制度	2009年	需修订	2010年1月30日前
6	综合信息管理办法	2009年	需修订	2010年3月31日前
7	督办工作制度	2009年	无需修订	
8	印章管理办法	2009年	无需修订	
9	规章制度更新管理办法	2009年	无需修订	
10	对外发布公告管理办法	2009年	无需修订	
11	新闻危机管理实施细则	2009年	无需修订	
12	行政物资采购管理办法	2009年	需修订	2010年1月30日前
13	会议管理制度	2009年	需修订	2010年1月30日前
14	车辆管理办法(暂行)	2009年	无需修订	
15	单位作风建设实施方案	2009年	无需修订	
16	车辆安全管理办法(试行)	2009年	无需修订	
17	2009年度安全生产工作方案	2009年	需修订	2010年2月28日前
18	应对人感染猪流感防控工作方案	2009年	无需修订	
19	消防安全管理实施办法(试行)	2009年	无需修订	
20	中国联合网络通信有限公司上海市分公司铁律	2009年	无需修订	
21	治安管理实施办法(试行)	2009年	无需修订	
22	世博期间新闻突发事件应急预案	2009年	无需修订	
23	各级安全责任制实施细则	2009年	无需修订	
24	保密工作管理办法	2009年	无需修订	

〔续表〕

序号	现行制度名称	发文时间	是否需要修订或废止	拟完成修订时间
25	应对恐怖事件应急预案	2009年	无需修订	
26	世博期间防范控制内部治安保卫工作方案	2009年	无需修订	
27	重大事件分级上报制度(试行)	2009年	无需修订	
28	通信费用管理办法(试行)	2009年	废止	
29	新闻发布会和专题采访管理办法	2009年	无需修订	
30	新闻发言人制度	2009年	无需修订	
31	社会监督员管理办法	2009年	无需修订	
32	电子门禁卡管理办法	2009年	需修订	2010年3月30日前
33	政府协查管理办法	2009年	需修订	2010年3月30日前
34	公务用品领用管理办法(试行)	2009年	无需修订	
35	接待工作管理办法	2009年	无需修订	
36	公文处理办法(试行)	2009年	需修订	2010年3月30日前
37	世博期间突发安全事件应急处置预案	2009年	无需修订	
38	安全生产管理实施办法(试行)	2009年	无需修订	
39	世博期间突发性信访事件应急预案	2009年	无需修订	
企业发展部(5个)				
40	组织机构职责(试行)	2008年	无需修订	
41	区县分公司内设机构职责指导意见	2008年	无需修订	
42	2009年度综合绩效考核办法	2009年	需修订	集团公司考核办法印发后一个月内
43	2009年度移动网络公司综合绩效考核实施细则	2009年	需修订	集团公司考核办法印发后一个月内
44	流程管理办法	2009年	无需修订	
人力资源部(22个)				
45	职位体系套改实施细则	2009年	无需修订	
46	薪酬体系套改实施细则	2009年	无需修订	
47	内部培训师暂行管理办法	2009年	需修订	2010年一季度前
48	员工教育培训管理办法(试行)	2009年	无需修订	
49	2009年区县分公司工资总额管理办法	2009年	需修订	2010年二季度前
50	2009年度员工绩效考核实施办法	2009年	无需修订	
51	2009年区县分公司管理团队成员薪酬管理办法	2009年	无需修订	
52	2009年市公司本部绩效工资分配管理办法	2009年	无需修订	

〔续表〕

序号	现行制度名称	发文时间	是否需要修订或废止	拟完成修订时间
53	员工绩效管理制度	2009年	无需修订	
54	2009年度市管干部绩效考核办法	2009年	无需修订	
55	员工因私事出国(境)管理暂行规定	2009年	无需修订	
56	防暑降温管理办法(暂行)	2009年	无需修订	
57	工资支付办法	2009年	无需修订	
58	补充医疗保险管理办法(暂行)	2009年	无需修订	
59	员工假期管理办法	2009年	无需修订	
60	中层干部管理办法(暂行)	2009年	无需修订	
61	本部各部门管理团队成员2009年度综合考评办法	2009年	无需修订	
62	各区县管理团队成员2009年度综合考评办法	2009年	无需修订	
63	2010年度专业技术人才选拔工作实施方案	2009年	无需修订	
64	员工招聘录用管理办法(试行)	2009年	无需修订	
65	员工离职管理办法(试行)	2009年	无需修订	
66	2009年度员工综合考评实施细则	2009年	无需修订	
	计划管理部(21个)			
67	工程项目监理管理办法(试行)	2009年	无需修订	
68	在建工程形象进度确认办法(试行)	2009年	无需修订	
69	工程项目施工管理办法(试行)	2009年	无需修订	
70	工程项目设计管理办法(试行)	2009年	无需修订	
71	固定资产投资项目后评价管理办法	2009年	无需修订	
72	固定资产投资项目命名及编号方法	2009年	无需修订	
73	工程建设项目验收管理办法(试行)	2009年	无需修订	
74	2009年计划管理工作指导意见	2009年	无需修订	
75	通信局房建设标准	2009年	无需修订	
76	汇聚机房建设标准	2009年	废止	
77	接入机房标准	2009年	无需修订	
78	固定资产投资管理办法(暂行)	2009年	无需修订	
79	本地网光缆线路工程验收规范	2009年	无需修订	
80	75定额使用标准(暂行)	2009年	废止	
81	技术试验管理办法	2009年	无需修订	
82	接入网建设指导意见	2009年	无需修订	

〔续表〕

序号	现行制度名称	发文时间	是否需要修订或废止	拟完成修订时间
83	市政重大通信工程、建设管理办法	2009年	无需修订	
84	信息化系统项目管理办法	2009年	无需修订	
85	滚动规划管理办法(暂行)	2009年	无需修订	
86	PON网络建设指导意见(试行)	2009年	无需修订	
87	汇聚机房建设标准(修订)	2009年	无需修订	
财务部(20个)				
88	业务招待费管理办法(暂行)	2009年	无需修订	
89	结算支付管理办法(暂行)	2009年	无需修订	
90	统计信息工作管理办法(暂行)	2009年	无需修订	
91	备用金及借款管理办法(暂行)	2009年	无需修订	
92	差旅费管理办法(暂行)	2009年	无需修订	
93	资金管理实施办法(暂行)	2009年	无需修订	
94	财务规范化管理实施评估管理办法(暂行)	2009年	无需修订	
95	代理佣金财务管理暂行规定	2009年	无需修订	
96	发票管理办法(暂行)	2009年	无需修订	
97	营收资金收款、稽核、对账操作办法(暂行)	2009年	无需修订	
98	广告宣传费用财务核算管理办法(暂行)	2009年	无需修订	
99	全面预算管理办法(试行)	2009年	无需修订	
100	往来账款管理办法(暂行)	2009年	无需修订	
101	电信有价卡财务核算办法(暂行)	2009年	无需修订	
102	商务合同付款比例基本规则(暂行)	2009年	无需修订	
103	建设项目工程财务管理办法(暂行)	2009年	无需修订	
104	固定资产管理办法(暂行)	2009年	无需修订	
105	移动和固网专业间核算操作细则	2009年	无需修订	
106	会计档案基础工作规范(暂行)	2009年	无需修订	
107	资产损失责任追究办法(暂行)	2009年	无需修订	
审计部(2个)				
108	工程项目审计实施细则	2009年	需修订	2009年1月10日前
109	经济责任审计暂行规定	2009年	无需修订	
风险管理部(4个)				
110	内控与风险管理年度工作要点	2009年	废止	
111	风险管理实施细则	2009年	需修订	待集团发布相关办法后再细化

〔续表〕

序号	现行制度名称	发文时间	是否需要修订或废止	拟完成修订时间
112	内部控制实施细则	2009年	需修订	待集团发布相关办法后再细化
113	2009年度内部控制与风险管理工作考核办法（暂行）	2009年	需修订	待集团发布相关办法后再细化
物资采购部(4个)				
114	物资出入库管理规定（暂行）	2009年	无需修订	
115	评标专家库管理实施办法（暂行）	2009年	无需修订	
116	采购实施办法（暂行）	2009年	需修订	2010年1月31日前
117	区县分公司物料管理系统管理办法	2009年	无需修订	
监管事务部(3个)				
118	网间结算管理办法（试行）	2009年	废止	
119	网间租赁管理办法	2009年	无需修订	
120	网间结算管理办法	2009年	无需修订	
法律事务部(13个)				
121	合同管理办法（试行）	2009年	无需修订	
122	合同专用章使用管理规定	2009年	无需修订	
123	合同模板使用管理规定	2009年	无需修订	
124	法律纠纷工作管理办法	2009年	无需修订	
125	法律顾问管理办法	2009年	无需修订	
126	工商事务管理办法实施细则（试行）	2009年	无需修订	
127	法制工作三年目标实施方案	2009年	无需修订	
128	知识产权管理办法实施细则	2009年	无需修订	
129	诉讼案件问责管理办法实施细则	2009年	无需修订	
130	法律法规遵循性管理办法实施细则	2009年	无需修订	
131	授权书管理办法实施细则	2009年	无需修订	
132	重大决策事项法律论证管理办法实施细则	2009年	无需修订	
133	网站著作权管理规定（试行）	2009年	无需修订	
市场部(29个)				
134	经营系统权限管理办法（暂行）	2009年	需修订	2010年3月前
135	营销活动管理办法（暂行）	2009年	需修订	2010年3月1日前
136	楼宇/小区地址信息管理办法（试行）	2009年	无需修订	
137	域名管理办法（暂行）	2009年	需修订	2010年3月1日前
138	业务需求管理办法（试行）	2009年	无需修订	

〔续表〕

序号	现行制度名称	发文时间	是否需要修订或废止	拟完成修订时间
139	社会营销渠道代理商押金制度(试行)	2009年	需修订	2010年3月1日前
140	市场动态工作管理办法(暂行)	2009年	无需修订	
141	码号资源管理办法(暂行)	2009年	需修订	2010年3月1日前
142	通信费用调账管理办法(暂行)	2009年	废止	
143	2009年渠道销售代理商招募管理办法(试行)	2009年	需修订	2010年3月1日前
144	产品折扣管理办法(暂行)	2009年	无需修订	
145	2009年收入统计规则	2009年	需修订	2010年1月1日前
146	社会营销渠道佣金管理办法(暂行)	2009年	无需修订	
147	广告及宣传推广工作管理办法(试行)	2009年	无需修订	
148	用户欠费管理办法(试行)	2009年	需修订	2010年1月1日前
149	电信业务公务免费、公务纳费、员工公务卡管理规定(暂行)	2009年	需修订	2010年3月1日前
150	2009年度积分业务管理办法(试行)	2009年	无需修订	
151	产品管理办法(试行)	2009年	需修订	2010年1月1日前
152	经营系统数据管理办法(试行)	2009年	无需修订	
153	ICT业务评估管理办法(试行)	2009年	无需修订	
154	资费管理办法	2009年	需修订	2010年3月1日前
155	通信费用调账管理办法	2009年	无需修订	
156	客户个人信息安全管理办法(试行)	2009年	无需修订	
157	社会渠道代理商新增、变更及终止管理办法	2009年	需修订	2010年3月1日前
158	电话营销管理办法(试行)	2009年	无需修订	
159	ICT业务实施管理办法(试行)	2009年	无需修订	
160	融合业务收入计收分摊管理办法(试行)	2009年	无需修订	
161	营业厅新增、变更及终止管理办法(试行)	2009年	无需修订	
162	收入稽核管理办法	2009年	无需修订	
集团客户部(2个)				
163	集团客户业务受理流程	2009年	无需修订	
164	数字中继类码号资源管理实施细则	2009年	无需修订	
个人客户部(1个)				
165	移动业务连锁渠道管理办法(试行)	2009年	无需修订	
家庭客户部(2个)				
166	家庭客户销售管理指导意见(暂行)	2009年	无需修订	
167	家庭业务受理流程	2009年	无需修订	

〔续表〕

序号	现行制度名称	发文时间	是否需要修订或废止	拟完成修订时间
客户服务部(30个)				
168	服务质量监督管理办法(暂行)	2009年	需修订	待集团发布相关办法后再细化
169	营业厅工号管理细则(试行)	2009年	无需修订	
170	客户投诉处理管理办法(暂行)	2009年	无需修订	
171	特殊会员卡管理办法(暂行)	2009年	无需修订	
172	营业厅相关人员培训管理细则(试行)	2009年	无需修订	
173	营业服务质量管理实施细则(试行)	2009年	无需修订	
174	营业服务质量考核管理细则(试行)	2009年	无需修订	
175	服务工作联席会制度(试行)	2009年	废止	联席会制度将纳入修订后的《分公司服务监督管理办法》中,于2010年3月发布,不再作为单独制度
176	移动业务用户资料交接、查阅实施细则	2009年	无需修订	
177	客户投诉减免补偿处理实施细则(暂行)	2009年	无需修订	
178	数固业务催欠操作实施细则(试行)	2009年	无需修订	
179	行风建设实施方案	2009年	无需修订	年度行风工作实施方案,2010年需据管局和集团行风工作要求按需制定
180	2009年区县分公司服务工作评价办法	2009年	需修订	2010年3月根据集团发布的《2010年省级分公司服务评价办法》,结合分公司实际修订
181	客服信息采编管理办法实施细则	2009年	无需修订	
182	营业厅服务质量考核管理细则	2009年	无需修订	
183	营业服务质量管理实施细则	2009年	无需修订	
184	10010下行短信规范使用管理办法(暂行)	2009年	无需修订	
185	营业厅宣传物料摆放指导意见	2009年	无需修订	
186	多用户申告预警及升级实施细则(暂行)	2009年	无需修订	
187	民主评议行风工作实施方案	2009年	无需修订	年度行风实施方案,2010年需根据管局和集团行风工作要求按需制定
188	自有营业厅经理责任制指导意见	2009年	无需修订	
189	示范营业厅建设方案	2009年	无需修订	
190	营业厅营业人员培训管理实施细则	2009年	无需修订	

(续表)

序号	现行制度名称	发文时间	是否需要修订或废止	拟完成修订时间
191	迎世博窗口服务300天行动实施计划	2009年	无需修订	
192	客户积分管理办法	2009年	无需修订	
193	2009年下半年服务提升保障工作实施方案	2009年	无需修订	阶段性服务提升工作实施方案，2010年将根据服务工作要求按需制定相关专项服务实施方案
194	营业厅电脑电视一体机使用及维护管理办法	2009年	无需修订	
195	"迎世博，金牌示范营业厅评选"活动方案	2009年	无需修订	
196	爱心无障碍实施方案（暂行）	2009年	无需修订	
197	集团客户分级服务管理办法	2009年	需修订	2010年6月前
	信息传媒中心(7个)			
198	广告传媒业务管理实施细则（试行）	2009年	废止	
199	2009年信息传媒产品资费及产品折扣政策	2009年	废止	
200	2009年宽带我世界门户网站广告价格政策	2009年	无需修订	
201	信息导航业务产品手册V1.0	2009年	无需修订	
202	信息导航业务管理办法V1.0	2009年	无需修订	
203	2009年信息导航业务产品价格及佣金政策	2009年	无需修订	
204	2009年信息导航业务销售指导意见	2009年	无需修订	
	电子渠道中心(2个)			
205	网上营业厅管理办法	2009年	无需修订	
206	电子渠道信息管理办法	2009年	无需修订	
	运行维护部(40个)			
207	IDC机房及维护管理办法	2009年	无需修订	
208	固网业务订单实施流程（修订）	2009年	需修订	2010年2月1日前
209	网络运行维护安全生产管理制度	2009年	废止	
210	通信网络账号密码管理办法	2009年	无需修订	
211	运维重大事件汇报制度	2009年	废止	
212	信息安全应急预案	2009年	无需修订	
213	通信设施防范强降雪灾害应急预案	2009年	无需修订	
214	通信机房防汛防台应急预案	2009年	无需修订	
215	互联网网络安全应急预案	2009年	无需修订	
216	网络割接分级管理办法	2009年	废止	
217	故障分级管理办法	2009年	废止	

〔续表〕

序号	现行制度名称	发文时间	是否需要修订或废止	拟完成修订时间
218	重要通信保障分级管理办法	2009年	废止	
219	通信设施防震抗灾应急预案	2009年	无需修订	
220	网络故障及申告责任追究制度	2009年	需修订	2010年2月1日前
221	便携式汽油发电机管理办法	2009年	无需修订	
222	上海城域网本地电路编码规范	2009年	无需修订	
223	管线资源命名规范	2009年	无需修订	
224	线路代维管理办法	2009年	废止	
225	接入网代维管理办法	2009年	需修订	2010年3月1日前
226	网络维护用备品备件管理办法	2009年	无需修订	
227	通信设施大修理、日常维修实施细则	2009年	需修订	2010年3月1日前
228	机房进出及施工管理办法	2009年	废止	
229	线路迁改管理办法	2009年	无需修订	
230	仪器仪表管理办法(试行)	2009年	无需修订	
231	通信机房固定资产管理操作细则	2009年	无需修订	
232	固网客户申告故障处理管理办法(修订)	2009年	无需修订	
233	外租网络资源管理办法	2009年	需修订	2010年3月1日前
234	网络运维成本管理办法	2009年	需修订	2010年3月1日前
235	动力环境监控系统管理办法	2009年	无需修订	
236	生产用电管理办法	2009年	无需修订	
237	固网网络资源管理办法(修订)	2009年	无需修订	
238	固网客户响应工作管理办法	2009年	无需修订	
239	固网网络服务经理工作实施细则(试行)	2009年	无需修订	
240	固网故障分级管理办法(修订)	2009年	废止	
241	固网网络资源预警实施细则	2009年	需修订	2010年2月1日前
242	固网差异化网络服务实施细则(试行)	2009年	需修订	2010年2月1日前
243	固网网络服务行为规范实施细则	2009年	无需修订	
244	线路代维管理办法(修订)	2009年	无需修订	
245	机房管理制度	2009年	无需修订	
246	固网运维值班与交接班制度	2009年	无需修订	
管理信息系统部(17个)				
247	内网及信息安全管理办法	2009年	无需修订	
248	电子表格管理办法	2009年	无需修订	

〔续表〕

序号	现行制度名称	发文时间	是否需要修订或废止	拟完成修订时间
249	电视会议系统使用维护管理办法	2009年	无需修订	
250	敏感信息、数据管理办法	2009年	无需修订	
251	信息化规划工作管理办法	2009年	无需修订	
252	信息系统定级管理办法	2009年	无需修订	
253	信息系统应急保障管理办法	2009年	无需修订	
254	内网及信息系统运行维护管理制度	2009年	无需修订	
255	办公用IT类设备维修及低值易耗品申领管理实施细则	2009年	废止	
256	MSS应用系统需求管理办法	2009年	无需修订	
257	管理信息系统用户服务支撑管理实施细则	2009年	无需修订	
258	办公用IT类设备维修及低值易耗品申领管理实施细则（修订）	2009年	需修订	2010年2月前
259	管理信息系统账号权限管理办法（试行）	2009年	无需修订	
260	管理信息系统固定资产实施细则（试行）	2009年	无需修订	
261	信息系统IP地址规划方案	2009年	无需修订	
262	信息化系统支撑维护成本管理办法	2009年	无需修订	
263	通用软件资产管理办法	2009年	无需修订	
业务支撑系统部（19个）				
264	账单打印、发放的管理办法（修订）	2009年	无需修订	
265	一卡充系统运行维护管理实施细则（试行）	2009年	无需修订	
266	网间结算出账核对操作流程实施细则（试行）	2009年	需修订	2009年12月30日前
267	集团客户特殊账务服务实施细则	2009年	无需修订	
268	营业费用退款稽核实施细则（试行）	2009年	废止	
269	网间结算参数配置操作流程实施细则（试行）	2009年	需修订	2009年12月30日前
270	合作伙伴结算出账核对操作实施细则（试行）	2009年	需修订	2010年1月20日前
271	营业收入销账与稽核实施细则（试行）	2009年	无需修订	
272	银行托收补托、银行卡转付补扣实施细则（试行）	2009年	需修订	2010年1月30日前
273	催款账单打印管理办法	2009年	无需修订	
274	佣金结算出账核对操作实施细则（试行）	2009年	需修订	2010年1月10日前
275	佣金规则配置操作实施细则（试行）	2009年	需修订	2010年1月10日前
276	业务支撑系统批量数据提取实施细则	2009年	无需修订	
277	业务支撑系统后台数据修改实施细则	2009年	无需修订	

〔续表〕

序号	现行制度名称	发文时间	是否需要修订或废止	拟完成修订时间
278	代理商账务管理办法	2009年	无需修订	
279	合作伙伴结算规则配置操作实施细则(试行)	2009年	需修订	2010年1月20日前
280	计费参数维护流程实施细则(试行)	2009年	需修订	2010年1月30日前
281	业务支撑系统需求开发测试发布管理办法(试行)	2009年	需修订	2009年12月30日前
282	营业厅营业报表编制规范	2009年	无需修订	
	党委(11个)			
283	委员会工作规则(试行)	2009年	无需修订	
284	党风廉政建设责任制实施细则(试行)	2009年	无需修订	
285	党风廉政建设责任考核办法(试行)	2009年	无需修订	
286	党风廉政建设责任追究办法(试行)	2009年	无需修订	
287	关于各级领导人员报告个人重大事项的规定(试行)	2009年	无需修订	
288	关于各级领导人员廉政档案的管理办法(试行)	2009年	无需修订	
289	对外交往收受礼品登记上缴管理办法(试行)	2009年	无需修订	
290	开展"三重一大"集体决策制度执行情况效能监察工作	2009年	无需修订	
291	关于对领导人员进行诫勉谈话和函询的暂行办法	2009年	无需修订	
292	建立健全惩治和预防腐败体系2012年前工作任务分工方案	2009年	无需修订	
293	关于加强企业廉洁文化建设的实施方案	2009年	无需修订	

三、业务表选辑

表附-3-1　2007年上海联通增值业务产品汇总表

业务名称	业 务 简 介	业务资费（分）	用户数（户）	合作单位	备 注
"报信鸟"邮件提醒	主要功能：邮箱短信提醒管理网站个人服务；多邮箱邮件到达短信即时提醒；短信关闭（禁止）某个地址邮件到达提醒功能；发件人邮箱过滤；免打扰时间设置。详情拨打10109588	800	322	卫通国脉	联通30% SP 70%
声控宝	以声控拨号技术替代手动拨号，用户只需先将个人通讯录的资料录入系统平台，就可以拨打10196直接进行声控拨号。每个用户的电话簿名单可无限量录入，每个姓名可以同时拥有6个不同的电话号码，如手机、办公室、住宅等。详情拨打10196	500	20 512	卫通国脉	联通30% SP 70%
手机杂志（包月）	包含新闻版、娱乐版、体育版、生活版、教育版、经济版等7大版块75个栏目。详情拨打10109898	1 000	79 048	卫通国脉	联通30% SP 70%
QQ加油站	提供好友QQ上线通知、QQ密码保护和其他QQ会员增值服务，全方位满足用户需求	1 000	42 479	深圳腾讯	联通30% SP 70%
超级QQ	不仅提供手机短信与QQ用户聊天交友的功能，还增添笑话、占卜测试、天气预报、免费铃声等增值功能，为超级QQ用户打造一个功能完善的聊天娱乐类短信产品，满足用户一站式消费体验	1 000	14 063	深圳腾讯	联通30% SP 70%
家装顾问	国内外最新最全的家装资讯服务	1 000	45 636	深圳腾讯	联通30% SP 70%
今日头条	重点报道全球范围内军事、财经、娱乐、科技、社会等各个领域重大突发新闻，要点、热点新闻，第一时间将全球局势、国际风云、政坛轶事发送给用户	1 500	61 274	深圳腾讯	联通30% SP 70%
时尚顾问	国内外最新最全的时尚资讯服务	1 000	25 394	深圳腾讯	联通30% SP 70%
"娱"音绕梁	娱乐类包月业务。用户每天都可以收到一条娱乐圈、流行音乐界的最新动态消息。通过本产品，可时刻掌握娱乐圈和流行音乐动态	1 000	11 355	深圳腾讯	联通30% SP 70%
游戏秘书	每月为用户发送15条游戏新闻、游戏秘技	1 000	27 121	深圳腾讯	联通30% SP 70%
财经快递	及时发送国内外财经要闻	1 500	256 649	上海掌景	联通30% SP 70%

〔续表〕

业务名称	业务简介	业务资费（分）	用户数（户）	合作单位	备注
出行指南	为用户提供第一手天气信息和出行建议	700	113 677	上海掌景	联通30% SP 70%
关爱新闻	委托上海热线向CDMA用户定期发送新闻	0	41 642	上海在线信息	联通30% SP 70%
气象短信	每天早晚两次向订制用户发送上海市两天气象预报	300	132 626	上海新气象	联通30% SP 70%
有声短信（包月）	将短信文本转换成语音传递给用户，并可根据用户需求，配上各种不同的背景音乐。该业务突破文字表述力限制，便于用户接收信息	500	62 913	上海然诺	联通30% SP 70%
今日头条	定时或即时发送当日国内外重大新闻	500	61 274	上海然诺	联通30% SP 70%
出行指南	用户可以发送起始地点、目的地，或只输入目的地，或发送任意一段包含目的地的文字到约定特服号，从而获得两点间通行路线的参考信息	50	113 677	上海摩天移动定位	联通30% SP 70%
移动校园	针对电大学员生源分散、流动性大、课程变动等临时性通知多等解决方案，提供短信群发教务通知。信息传递及时准确，易于互动，丰富教务管理手段，提高管理效率；增加了相应的校园娱乐内容	300	38 092	上海蓝卓	联通30% SP 70%
晚报便民	除了通常便民短信中天气和生活常识外，新增彩票信息，服务面更广	100	13 256	上海蓝卓	联通30% SP 70%
新华掌天下	针对聋哑人接收的新华社新闻	0	783 540	上海蓝卓	联通30% SP 70%
解放日报报业集团i-news早点新闻	为联通用户提供专业新闻的信息类产品。汇集《解放日报》《新闻晨报》《新闻晚报》《申江服务导报》等13家报纸的精粹要闻，统揽沪上最有影响力的媒体新闻	300	116 328	上海激动通信	联通30% SP 70%
生活万花筒	为用户度身策划的信息类产品。在低资费高信息量前提下，用户能够享受实用信息、各类新闻、娱乐信息、黄页信息等超值服务	200	214 225	上海激动通信	联通30%
上海浮生记	一款短信游戏。以上海为背景城市，用户扮演一位外来打工者，通过不断奋斗，最终获取财富的生动故事	600	11 906	上海鼎旭数码	联通30% SP 70%
短信查号	通过短信查询电话号码	0	229 256	上海电信百事应	联通30% SP 70%
掌上资讯	上海联通与上海《人才市场报》合作开发的一款短信服务，为求职者提供更全面的招聘信息和职场技巧推荐	200	12 017	上海大头	联通30% SP 70%

〔续表〕

业务名称	业务简介	业务资费（分）	用户数（户）	合作单位	备注
短信麻将	短信麻将游戏	500	11 857	上海安申	联通 30% SP 70%
燃情同城约会社区	当时功能最强、理念最新的大型短信互动服务社区，让用户体验前所未有的震撼。由系统自动分配用户1个身份，包括昵称和性别，并提供多种多样的游戏功能：短信聊天、同城约会、征友征婚等	800	17 226	上海足威	联通 30% SP 70%
命运神机	新增的包月版本。用户只要发送 SJ 指令即可订阅，在每月第一天发送 2—3 条月度运势，同时可免费使用命运神机原有的 23 款游戏，包括：桃花情缘 TH、人生传奇 CQ、工作理财 GZ、断易神数 SS、每日运势 MR 等	600	16 495	北京掌中万维	联通 30% SP 70%
逍遥岛	一个功能强大的短信服务社区，浪漫美丽的爱情都城，涵盖了最流行的短信聊天、同城约会、征友征婚等爱情主题，使用户体验神秘的情感交流。同时为用户提供免费手机铃声下载服务	500	17 569	北京掌中万维	联通 30% SP 70%
闪电新闻	新闻播报快如闪电，每天第一时间获知全球重大突发事件	0	11 130	北京搜狐	联通 30% SP 70%
多号通 A	多号通业务	1 000	71 915	北京森泰克	联通 30% SP 70%
智力大挑战	竞猜答题，开发脑筋，挑战智力，益智、搞笑，茶前饭后娱乐消遣	600	25 312	北京空中信使	联通 30% SP 70%
媒体互动、娱乐、彩票、实用、教育类信息	媒体互动、娱乐、彩票、实用、教育类信息	950000＊＊—950005＊＊ 免；960006＊＊ 2元/分钟；950007＊＊—950010＊＊ 免；950011＊＊—950012＊＊ 950015＊＊ 950016＊＊ 950018＊＊ 950019＊＊ 2元/分钟；950013＊＊—950014＊＊ 950017＊＊ 1元/分钟	平台上无数据	鸿联九五	联通 30% SP 70%

注："备注"栏中主要填写分成比例等需说明的内容。

表附-3-2 2007年上海网通固网增值业务一览表

业务名称	业务子项	业务描述
800		支持省内、全国、国际，被叫付费电话
4006/4000		固话和移动号码都能拨打，400接通费由主/被叫。分摊付费电话，支持单机和小交换机接入
语音信箱		开通语音信箱后在关机或忙时自动对打入的电话进行录音，空闲时提示收听
电话会议		通过电话会议系统，企业可以随时随地召开国内或国际电话会议，无论员工身在何处，只需拨打事先约定的电话会议号码和密码，即可参加公司会议
固网短信		采用TTS技术，将短信以语音方式发送给用户，使用户通过普通电话实现短信收发
家庭被叫付费		用户可在网通指定范围内任何一部电话终端上（公用电话和专用终端除外）拨打特定的一个服务号码；通过账号和密码鉴权后，可拨打授权范围内的电话号码，发生的所有通话费用计入用户预先登记的付费电话号码上
一号通		可将用户办公电话、手机、家庭电话等多个号码通过自由转移的设置，简化为一个一号通号码，当别人拨打该用户一号通号码时，用户可通过身边其中一部电话随意接听到每一个来电，号码唯一，沟通简单
程控新功能	缩位拨号	将位数较多的电话号码用1—2位自编代码来代替的一种功能。此项服务可用于拨叫市内（本地）电话，也可用于拨叫国内、国际长途直拨电话。使用缩位拨号功能可以减少拨号时间，便于记忆，减少差错
	热线服务	使用该项服务时，摘机后的规定时间（5秒）内不拨号，就会自动接通预先设定的"热线"电话号码。客户所登记的热线号码只能有一个，但可随时改变。已登记了热线服务的电话，照常可以拨叫和接听其他电话，只是在拨叫其他电话时，须在摘机后5秒钟内拨出第一位号码
	呼出限制	呼出限制，又叫"发话限制"。使用该项服务性能，可根据需要，限制话机的某些呼出。呼出限制的类别有三种：限制全部呼出（k=1），包括市内电话的呼出；限制呼叫国际和国内长途自动电话（k=2），不限制市内电话；只限制呼叫国际长途自动电话（k=3）
	免打扰服务	又称"暂不受话服务"。在某一段时间里不希望有来话干扰时，可以使用该项服务。注：登记免打扰服务不能同时登记转移呼叫服务、缺席客户服务、遇忙回叫服务
	闹钟服务	电话机可按预定的时间自动振铃，起到"闹钟"作用
	遇忙记存呼叫	当被呼叫的电话号码占线时，该号码会被记存。再次呼叫该号码时，只要拿起听筒，不必再拨号，等待5秒钟，如果这时对方空闲，即可自动接通电话
	呼叫转移	也称为"电话跟踪"，可以将所有呼叫本话机的电话自动转移到预先指定的话机上。分为无条件前转、无应答前转、遇忙前转三种
	缺席客户服务	当外出而有电话呼入时，可由网通公司提供语音服务，替机主代答，以避免对方反复拨叫
	呼叫等待	通话过程中有第三方打来电话，可以听到受话器中有"嘟嘟"提示音。此时可以让正在通话的一方稍等，转而接入新打进的电话；当第三方接通后，先可让第三方稍等，再切换回原来的通话

〔续表〕

业务名称	业务子项	业务描述
程控新功能	遇忙回呼	使用此项服务,当拨叫的电话占线时,可以挂机等待,不用再拨号。一旦对方电话空闲时,即能立即回叫接通
	三方通话	与一方通话时,如需要另一方加入通话,可在不中断此次通话情况下,拨打第三方电话,实现三方共同通话或分别与两方通话
悦铃	个人悦铃	中国网通集团统一规定的个性化回铃音定制业务品牌,是一项由被叫用户定制,为主叫用户提供一段音乐或音效来替代普通回铃音的增值业务。被叫用户申请开通这项功能后,可以为某一位或某一组主叫用户按不同的时段设定不同的回铃音,从已有悦铃平台中选择悦铃,从而取代传统的"嘟,嘟……"回铃音
	集团悦铃	该业务也面向企业用户。企业可以利用播放回铃音插入公司的广告信息,也可以针对不同的客户播放特定的回铃音
移机不改号		用户在同城内固话移机号码不变
电话导航(116/114)	查询转接	该业务面向行业客户提供。公众用户可以根据语音提示,选择将通话转接到该电话号码,方便用户继续和被查询对象通话
	优先报号	行业首查类,扩展用户使用114进行查询的条件,允许用户根据行业、品牌等多种条件进行精确或者模糊查询
	多名称注册	行业首查类,扩展用户使用114进行查询的条件,允许用户根据行业、品牌等多种条件进行精确或者模糊查询
	品牌报号	行业首查类,扩展用户使用114进行查询的条件,允许用户根据行业、品牌等多种条件进行精确或者模糊查询
	短信报号	客户通过114查询到所需号码后,如果客户当时不方便记录号码,114平台即可将用户查询的号码及企业信息(企业可定制该信息内容)以短信形式发送到客户的小灵通上
	企业名片	企业客户可将本单位介绍、商业信息、产品信息、广告语放到114平台进行发布。在客户拨打114座席查询该单位电话号码时,在播报电话号码之前或之后,114平台播放录制好的客户信息录音
	企业冠名	公众用户使用114业务时,在播出查询结果前播出企业的冠名信息,例如"**企业为您报号……"
	代查服务	延伸查询类,拓展114查询范围,提供除号码信息之外的应用和交易服务
	随身号码	企业客户或公众用户可以将其通信资料(固话、手机、小灵通、传真等号码信息)交由116114代为存储,建立一个专有号簿,并可随时通过拨打116114(用户需要输入查询密码)对号簿中的号码信息进行查询使用
	总机服务	114平台帮助有需求的商户设置虚拟呼叫中心。用户拨打116114号码查询办理了该业务的商户,系统通过IVR和人工辅助方式转接到相关分机号码
	热线预定	延伸查询类,拓展114查询范围,提供除号码信息之外的应用和交易服务
	座席服务	延伸查询类,拓展114查询范围,提供除号码信息之外的应用和交易服务

〔续表〕

业务名称	业务子项	业 务 描 述
互联网平台（IDC）	主机托管	指客户的主机托管在中国网通的标准机房环境中（包括空调、照明、湿度、不间断电源、防静电地板、机架机位等），采用带宽独享或共享方式通过高速数据端口接入互联网。用户可以通过远程方式维护主机，并根据与局方签定的代维协议委托局方完成指定的维护工作。包含集中式和分布式，集中方式是存放在一个机房中，分散方式是存放在多个分布机房中，主机间做镜像
	虚拟主机	在数据中心的标准机房环境中提供与互联网相连的服务器磁盘空间和带宽出租服务，包括独享主机（Dedicated Hosting）和共享主机（Shared Hosting）
	增值业务	主要包括防火墙、入侵检测、漏洞扫描、系统加固、流量清洗、服务器证书服务、安全管理服务
		主要包括数据存储、数据备份恢复、异地容灾备份
		主要包括内容分发、缓存加速、电子商务加速服务、负载均衡
		主要包括用户流量监控、网络（主机）监测
	域名服务	为客户提供互联网域名注册，收取注册费
	应用外包	主要包括有PS虚拟专用主机、网站一站式服务、企业电子邮箱、网站行为分析等服务
	网络穿透服务（IP-Transit）	基于专线链路为企业提供高速稳定的国内、国际访问解决方案
DNS业务		为客户提供域名纠错，重定向等服务
宽频空间应用（IPT）		交互式网络电视，是以电信宽带网络为传输通道，以电视机为终端，集互联网、多媒体、通信等多种技术于一体，向家庭用户提供包括电视内容在内的多种交互式服务的崭新技术。终端设备包含电视机＋机顶盒＋遥控器
宽视界		面向政府和大型企业，在宽带网上为客户提供跨地域的图像、声音、各种报警信号的远程采集、传储、储存、处理与传播服务
神眼		基于宽带网面向中小企业及家庭的视频监控业务
可视电话		基于视频通信网，向用户提供集视频、通话、数据业务为一体的点对点、点对多点的交互式综合业务，用户可采用专线、ISDN、NGN、互联网等多种接入方式接入视频通信网进行沟通和交流
虚拟呼叫中心		面向企事业单位，出租一部分或者全部呼叫中心系统资源（接入码号、自动语音、外拨、座席）

表附-3-3　2003年上海联通网络建设投资计划（第一批）与新增能力情况表　　　　单位：万元

	项　　目	投　资	责任部门	新增能力	备　注
移动	G网室内覆盖	25 000	移动部		1 000栋
	G网扩容	36 700			含2002年G9缺口，容灾系统，智能网扩容等
	小计	61 700			
增值业务	GSM移动增值业务	4 810			

〔续表〕

项 目		投 资	责任部门	新 增 能 力	备 注
数据长途	前置交换机五期	1 600	数据部	1 000 E1	ATM项目暂不下达（ATM结转新增能力824端口）
	IP电话（VOIP）五期	1 000		220 E1	
	3.5G无线接入一期	800		45个POP点	
	接入网三期	2 200			
	长途交换五期	1 500		1万路端	
	会议电视二期	600			
	小计	7 700			
互联网	165四期	2 330	互联网部	165拨号服务器660个E1，接入路由器80	含汇接层、省内两部分
	小计	2 330			
计费与客服	客服二期	2 800	计费部		
	远程营业系统	300			
	综合结算二期	1 000			
	缴费卡二期	500			
	经营分析系统二期	260			
	大客户系统二期	250			
	综合营账三期	500			
	专业计费优化	200			
	ERP	500			
	小计	6 310			
基础网络	2003年本地网扩容（一）	26 000	基础网络部	本地网1 672公里	含传输网络优化，接入工程，电源改造
	省际干线	917			
	小计	26 917			
其他	综合楼二期	2 530	基础网络部		江场局
	小计	2 530			综合接口局，监测系统项目暂达

表附-3-4 2003年上海联通投资计划（第二批）与新增能力情况表　　　　单位：万元

序号	项目分类	计划投资	项目名称	可研投资	责任部门	规模和新增能力	备 注
	项目投资总计	118 007		251 051			
	不含C网投资总计	73 007		83 126			

〔续表〕

序号	项目分类	计划投资	项目名称	可研投资	责任部门	规模和新增能力	备 注
1	GSM 网	21 000	GSM 十期	41 229	移动部	交换扩 32 万达 342 万户,无线扩 20 万达 274 万户,SCP 扩 74 万达 384 万户	含交换、基站扩容、智能网六期、综合网管一期、智能网扣费平台一期、GSM 网室内覆盖三期、综合配套三期、各分项单独批复
	小计	21 000		41 229			
2	CDMA 网	45 000	CDMA 三期	167 925	移动部	扩容交换 80 万,新增 HLR 容量 120 万,新增无线容量 66 万	含交换无限扩容、CDMA 1X 分组网二期、综合配套一期、C 网室内覆盖三期、各分项单独批复
	小计	45 000		167 925			
3	移动增值业务	1 200	语音短信一期	208	移动部	新建语音短信平台一套	
			C 网短信二期	492		扩 96 万 BHSM 到 150 万 BHSM	
			G 网短信三期	850		新增 300 万 BHSM 处理能力	
	小计	1 200		1 550			
4	ATM	500	ATM 五期	1 000	数据部	新增路由器 1 台,ATM 交换板卡扩容	
	前置交换机	1 600	前置交换机五期	1 000		前置交换机 1 900 个 E1,升级智能平台硬件设备	
	VOIP	1 000	VOIP 五期	1 600		承载网扩容,网关扩容 64E1	
5	会议电视	600	会议电视二期	882		视频网关设备、语音网关扩容、新增会议电视终端、新增关守和视频交换设备	
	长途交换	1 500	长途交换六期	1 126		1 万路端	
			长途智能网五期	598		新建 SCP 设备一套	

〔续表〕

序号	项目分类	计划投资	项目名称	可研投资	责任部门	规模和新增能力	备注
6	接入网设备	3 000	3.5G无线接入一期	699	基础网络部	5个中心站,42个远端站	
			城域综合业务网三期	1 955		新建综合业务呼叫控制管理平台和用户点44个	
			综合配套二期	336		数据工程的电源、土建、空调等工程	
	小计	8 200		9 196			
7	互联网	1 800	互联网四期汇接层网络工程	1 275	数据部/互联网部		
			IP承载网四期	469		新增互联网应用系统1套	
	小计	1 800		1 744			
8	电子商务	530	电子商务二期	527	数据部/互联网部	应用系统扩容	
9	省际干线	917	上海—无锡—南通传输设备上海工程	628	基础网络部		此项为总部工程,总体投资情况由总部确定
	小计	917		628			
10	本地传输网	19 000	本地传输M优化一期	17 038	基础网络部	新建10G骨干环2个,2.5G汇聚环6个622M接入环25个。263.21公里,新建3孔通信管道125沟公里	含大客户接入1 300万元
	接入传输网	1 300					
			综合配套五期	642			
	小计	20 300	17 680	17 680			
11	客服系统	1 920	客服三期	1 011	计费部	座席扩容160个,IVR 512路,外部中继扩1 320路	
			综合配套四期	387	基础网络部		
	小计	1 920		1 398			
12	客户关系系统	3 300	大客户管理二期	542	计费部	满足700万用户	
			综合结算二期	1 298		结算系统扩容	
			缴费支付上海二期	379		满足420万用户统一缴费	
			综合营账及统计三期	805		满足700万用户	

〔续表〕

序号	项目分类	计划投资	项目名称	可研投资	责任部门	规模和新增能力	备注
12	数据计费	175	193/17911 计费二期	237	计费部	满足530万用户	
	长途计费	175					
	互联网计费	240		0			
	管理信息系统	500		418		功能完善	
	小计	4 390		3 679			
13	通信局房	7 550		2 785	基础网络部	4 280平方米	
14	监测应急	200		200	运监部/移动部	新增移动测试设备9套	
15	综合接口局	2 000		2 000	运监部/移动部	移动综合关口局一对,单局7万中继线	
				180	基础网络部	关口局配套工程	
	小计	2 000		2 180			
16	零星购建合计	3 000		300	数据部	扩容IP网关48个E1	
				30	计费部		
	小计	3 000		330			

表附-3-5　2003年上海联通网络投资项目汇总表　　　　　　　　　　　　　　　　单位:万元

项　　目		投　资	责任部门	新增能力	备　注
数据长途	ATM五期	1 000	数据部	新增路由器1台,ATM交换板卡扩容	
	长途智能网五期	598		新建SCP设备1套	
	小计	1 598			
基础网络	综合配套一期	10 288	基础网络部		
	综合配套二期	336		CDMA三期的综合配套	
	综合配套三期	4 626		3个数据网工程的综合配套	
	综合配套四期	387		GSM十期的综合配套	
	综合配套五期	642		客服二期的综合配套	
	综合配套六期	180		2003年本地传输网一期的综合配套	
	小计	16 459			
其他	无线网络监测三期	200	运监部/移动部	新增移动测试设备9套	江场局房
	综合接口局一期	2 000		移动综合关口局一对,单局7万中继线	
	小计	2 200			

〔续表〕

	项　目	投　资	责任部门	新　增　能　力	备　注
零星购建	2003年VOIP网关增补工程	300	数据部	扩容IP网关48个E1	
	省际误漫游计费工程	30	计费部		
	小计	330			
总计		20 587			

四、行业用语、缩略语中英文对照表

表附-4-1 行业用语、缩略语中英文对照表

序号	英文缩略语	英文全称	中文全称
1	APRU	Average Revenue Per User	每个用户平均收入
2	BBU	Building Base band Unite	基带处理单元
3	BITS	Building Integrated Timing System	大楼综合定时系统
4	BSC	Base Station Controller	基站控制器
5	BTS	Base Transceiver Station	基站
6	CICS	Customer Information Control System	客户信息控制系统
7	CNCNET	—	CNC网通NET网络
8	CPN	Closed Private Network	专用闭环网络
9	CWDM	Coarse Wavelength Division Multiplexing	稀疏波分复用
10	DDN	Distributed Data Network	分布式数据网
11	DID	Differences-in-Differences	双重差分法
12	DPLC	Domestic Private Leased Circuit	国内专线电路
13	DSLAM	Digital Subscriber Line Access Multiplexer	数字用户线路接入复用器
14	DWDM	Dense Wavelength Division Multiplexing	密集波分复用
15	Erl	—	爱尔兰,话务量单位
16	FTTB	Fiber to The Building	光纤到楼
17	GSM-R	Global System for Mobile Communications-Railway	铁路通信及应用的国际无线通信标准
18	GSR	Gigabit Switch Router	千兆位交换路由器
19	HLR	Home Location Register	归属位置登记器
20	IDC	Internet Data Center	因特网数据中心
21	IMS	IP Multimedia Subsystem	IP多媒体系统
22	IPLC	International Public Leased Circuit	国际公用出租线路
23	ISP	Internet Service Provider	互联网服务提供商
24	ISUP	ISDN User Part	ISDN用户部分
25	IVR	Interactive Voice Response	互动式语音应答
26	LAN	Local Area Network	局域网
27	License	—	许可证
28	LPR	Local Primary Reference	区域基准时钟

〔续表〕

序号	英文缩略语	英 文 全 称	中 文 全 称
29	Luminous	—	光通量
30	MESH	—	无线网格网络
31	Metro	—	地下铁路
32	MGC	Media Gateway Controller	媒体网关控制器
33	MPLS-VPN	Multi-Protocol Label Switching—Virtual Private Network	多协议标记交换技术的虚拟专用网
34	MSC	Mobile Switching Center	移动交换中心
35	MSTP	Multi-Service Transmission Platform	多业务传送平台
36	NFC	Near Field Communication	近距离无线通信技术
37	NGN	Next Generation Network	下一代网络
38	N-ISDN	Narrowband Integrated Services Digital Network	窄带综合业务数字网
39	OADM	Optical Add-Drop Multiplexer	光分插复用器
40	ODBC	Open Database Connectivity	开放数据库连接
41	OLAP	On-Line Analytical Processing	联机分析处理
42	OMC	Operation & Maintenance Center	运行维护中心
43	OMSP	Optical Multiplex Section Protect	光复用段保护
44	PDH	Plesiochronous Digital Hierarchy	准同步数字系列
45	PSTN	Public Switched Telephone Network	公共交换电话网
46	RPR	Resilient Packet Ring	弹性分组环
47	SDC	Subscriber Data Center	用户数据中心
48	SDH	Synchronous Digital Hierarchy	同步数字系列
49	SIP	Session Initiation Protocol	会话启动协议
50	SLA	Service Level Agreement	服务级别协议
51	STK	Sim Tool Kit	用户识别应用发展工具
52	UPS	Uninterruptible Power Supply	不间断电源
53	VCPVC	Virtual Circuit Permanent Virtual Circuit	虚拟电路-永久虚拟电路
54	VISP	Virtual Internet Service Provider	虚拟的互联网服务提供商
55	VLR	Visitor Location Register	访问位置寄存器
56	VOIP	Voice over IP	基于IP的语音传输
57	VPDN	Virtual Private Dial Network	虚拟专有拨号网络
58	WAP	Wireless Application Protocol	无线应用协议
59	WDM	Wavelength Division Multiplexing	波分复用
60	WEB	World Wide Web	全球广域网
61	ZXIN	—	中兴设备类型统称

索　引

说明：
　一、本索引采用关键词分析索引法，按关键词首字的汉语拼音字母顺序排列（同音字按声调）；首字相同，按第二字音序排列，以此类推。
　二、索引主题词后面的数字表示词条所在页码。
　三、表格索引按在正文出现顺序排列并置于本索引末尾。

关键词索引

10010　7,26,27,30,32,34,35,37,38,41,42,44—46,60,242,245,248—252,261,263—265,269,279,281,325,327,363,403—406,411,441,443,446,447,526

10060　122,167,170,171,174,176,240,244,245,406

10064　170,171,176,244

10069　244

10109696 PS　243

10158 短信听　24

10198　33,34,206,207,264,265

116311　31

12345　37,237,249

123G　160,211

130—139 直联　303

1355　85,157

165—163 直联　303

165 电子商务　22

165 互联网　17,119,160,325

169 骨干网　39,120,129

169 网　127

17910　167,191

17911　19,167,168,190,191,200,226,261,540

17969　25,168

196　64,73,150,167—169,171,216,218,219,423,424,426,527,531,539

1步单车　48

3G　3,5,6,20,24,33—40,42—44,79,85,94,99,101,104,105,127,150,156,157,161,188,191,203,204,211,236,237,243—245,256,264,265,279,280,292,331,336,345,360—363,374,379,380,396,403—406,426,444,453—455,458

4006 业务　186,187

5·17　16,256,274,360,410,426,453,454

62724301　262

800 业务　73,133,185,186

89133　246,247,262

96032　251

ADSL　120

ANC　120,121

APCN2　4,110,137

AT＆T　451

ATM　37,76,119,121,124—126,215—218,220,225,236,440,466,468,469,537,538,540

BSC　113—116,118,312,457,542

BSS　45,79,90,91,243,291,330,380

C＆W　121

C2C　4,67,110,134,137,152,153,451,452,456

CDMA　4—6,15,19—26,28,30,33,53,60,78,79,110,111,116—118,160,161,188,193,195,196,198—202,205—207,209,212,214,222,228,236,239,241,242,255,263,271,272,276,286,291,296,297,304,313,325,330,331,360,366,404,417,418,437—439,532,538,540

Centrex　130,167,169,179—181

China169　119,120,128,129

CHINANET	18,122,129
CHT	121
CICS	259,333,542
CJ	110,137
CNCNET	22,119—121,128,129,542
CNUNINET	18,122
COGENT	120
core	117,118
CPN	20,21,24,73,127,128,256,542
Dacom	121
DATA CALL	26
DCN	143,333,334
DCS	17,112,113,118,155
DDD	167,184
DDN	121,216,542
DNS	116,125,457,458,536
DPLC	110,127,542
EAP	27,40,41,49
Edge	116
EMME	117
ERP	70,239,537
Esale	281
eSIM卡	49
e本万利	30
FLAG	110,134,136,137,153,154,451,456
FR	76,110,119,121,216,236,466,468,469
FT	120,121,133
FTTB	129,157,542
FTTH	157
Gb	115,121,122,126,137,451,458
Gb over	116
Gb over IP	116
Gblink	458
GPRS	29,192,193,201,208,209,212,221,222,455
GSM	3—5,11—18,23,24,26,30,33,34,37,49,53—56,59,110—117,119,124,155,156,160,188—190,192,194—196,205,211,215,221,222,236,238,242,270,271,274,285,286,302—304,313,320,325,330,331,338,344,345,357,358,361,366,367,390,399,404,418,427,441,444,456,458,536,538,540,542
GSR	121,124,142,542
Hanaro	121
Hinet	120,121
HLR	16,112—114,117,538,542
HLR/AUC	113
HLR2	23,117
ICANN	22
IDC	18,22,23,35,37,39,41,92,94,95,98,110,120,122,123,127,129,153,315,411,426,507,527,536,542
IDD	110,167,184
IP over DWDM	120,121
IPCC	120
iPhone	35,36,39,42,49,98,256,361—363
IPIC	110
IPVPN	110,215
IP超市	22,160,163,225,416
IP电话	6,16,18,19,110,119,123—126,167,168,191,197,215,307,466,471,474,537
IP公网	215
IP宽带	119
ISDN	162,167,169,182—184,536,542,543
ISO9001	6,284,303
ISP	18,119,122,167,176,181,194,229—231,279,542
ISUP	131,542
IT	24,45,93,137,142,146,148,334,335,345,360,380,404,429,451,452,484,529,542
i-Shanghai	40
i-news	29,208,532
JT	120,121
KB	201,203,206,212,220,223—228
KT	120,121
LEVEL	120
License	118,542
LTE	38,42—49,123
MCI	120
MGW	116,457
MMC	5,13,192
Mobile Office	4
MPLS	38,117,120,121,127,128,215,543
MSC Server12	116
MSS	79,91,152,333—335,348,457,529

NB-IoT	48,49	UPS电源	122,123,312,327
NFC	6,34,543	UUNET	121,122
NGN	5,25,48,73,128,131—133,162,172—175,177,215,315,366,457,536,543	VCPVC	218,220,543
		VISP	127,229—231,543
NTT	121,137	VOICE	110
OCS	116,292,455	VOIP	76,119,131,132,304,441,456,468,537,538,541,543
OMC	113,114,543		
OSS	20,60,91,239,363	VPDN	26,201,228,236,272,543
OUT	121	VPN	38,46,117,119—121,127,128,132,160,181,182,213,215,543
PC2Phone	226		
PCCW	120,121	WAP	17,18,22,27,117,160,201,205,206,208—212,215,216,221,222,250,258,360,365,417,543
PCS	305		
PCU	115,116	WCDMA	6,33,37,41,42,46,127,150,155,204,315,427,453—456,458
PDH	139—141,143,147—150,543		
PH41	118	Wireless LAN	124
PHE2	118	Wi-Fi	42
PHV6	118	WLAN	22,36,41,42,73,224
PMS	21,239	WOShanghai	45,47
PPPOE	223,225	"九五"发展计划	304
PSTN	119,131—133,179,543	"三电"专项斗争	326
PSU	117	安保监控	331
PUK码	257	安保责任制	286,327,337
QC	234,241,270,301,396,398,405,406,438—441,444	安全系统	122,123,333
		八大承诺	7,31
QOS	120	八运会	235,330,365
REACH	121	百日会战	33,453,454
SD	112,117,121,130,133—135,138—142,146,148—150,169,204,270,315,543	百日竞赛	19,239
		宝视通	215,225,236,417
SGSN	116,457	保密管理	335
SIEMENS	114	保质补贴	235,238,242
SingTel	121	闭环	60,239,249,252,254,262,281,282,286,290,458,542
SINGTEL	120		
SMW	110,136,137	哔哩哔哩	48
SPRINT	120,121	波分系统	121,134—136,138
SSP	116	补丁	96,333
STM	117,146,147,216,218	产品周期	290
TC	38,115,117,143	长江隧桥	110,136,155,156
TD-SCDMA	453	长途传输	23,134,135,137,138,241,441
TE	18,120,122,129,216,222	长途局	131—133,137,458
Telematics	37	长途网	110,119,123,132,133,313
UNI	201,207,215,333,484	畅听包	198,202,240
UNI联盟	160,204	超哥大	3,5,12,13,53,235,262,358

车载信息服务　36
诚信服务　239,240,247,276,278,279
城域网　4,18,20—22,24,31,39,73,110,120,124,125,127—129,139,148—150,160,304,312,315,316,458,528
充值卡　191,192,226,236,238
储值电话　164,167,169,172,174—177
传输环　24,127,150,315
传输网　20—22,60,61,94,98,119,127,134,138—150,312,315,325,399,457,469,537,539,540
大众卡　6,188,195,198,251,271
党委书记接待日　387
登陆站　30,33,95,98,110,134,136,137,153,154,451
低柜式服务　404
地线排　116
第三代移动通信　3,444,453
电话会议　78,191,192,236,331,417,534
电视会议　23,125,127,529
电子渠道　39,60,62,70,78,79,84,90,91,93,94,161,243,260,289,292,293,336,349,374,455,519,527
电子商务　17,18,57,61,119,120,127,216,222,225,304,366,437,536,539
定位之星　24,222
短信　5,7,16,24,29,31,32,40—42,98,156,160,194,196,200—208,210,211,213,222,228,240,243,245,247,250,252,258,266,268,271,274,275,279,282,292,316,331,336,373,410,411,416,417,440,455,456,458,459,526,531—535,538
短信俱乐部　32
短信战役　160
多媒体　39,41,94,125,202,203,205,208,211,212,214,215,222,281,357,536,542
防火墙　123,333,411,536
蜂窝　111,113,115,141,149,209,211,330,331,453
服务创优　6,19,234,235,238,239,247,273,279,280,286,300,301
服务质量　7,16,25,32,59,60,69,70,90,91,93,96,111,120,160,210,234—239,242—245,247,248,251,252,257,258,260,262,263,267,272,273,275,279—281,295,296,298,300,302,316,342,345,363,403,405,412,440,459,516—518,526
付费通　236,279
附加业务　165,173,174,177,181,183—185
改频　16,26,30,34,114
感动服务　7,29,287
高速互联网　3,67
高速中继电路　120
割接　15,16,18,20—23,25,26,30,31,35,37,42,44,46,48,96,113,114,117,127,128,143,150,152,155,210,240,264,458,527
工人先锋号　8,35,363,397,443,445—447
公话超市　163,170
公益支教　419
骨干环　137,139—141,149,150,539
骨干网　35,40,47,91,92,119—122,129,236,469
光缆　4,12,13,40,67,82,103,104,110,112,113,117,118,124,127,134—138,140,150,155—157,272,291,313,315,326,330,385,418,451,456,457,522
光纤　35,48,67,117,121,127,129,134,137,157,162,192,315,331,451,458,542
光纤宽带　73,110
滚动规划　4,88,89,294,305,306,517,523
国际漫入　456,458
国际通信展　18,29,160
国际以太互联中继　38
国信寻呼　3,194
海缆　30,33,40,48,60,95,98,110,134,137,153,425,426,451,452
海事卫星　33,168,169
号码升位　16,263
合作专营店　252
核心汇接　124
核心机房　4,73,82,138,149,457
核心网　20,35,42,95,96,98,116,122,127,149,156,315,457,458
宏站　4,26,36,43,46,82,115,116,156,157,315,385,454,456,457
虹桥枢纽　5,110,155,156
呼叫保持　195,235,242
呼叫等待　172,174,183—185,235,242,249,534
呼叫转移　172,183,184,207,215,221,242,534

互动宝宝	43,47
互动视界	5,24,160,201,204,212,222
互联互通	12—16,18—20,24,57,60,61,68,80,88,119,124,127,133,134,139—141,146,206,216,236,279,303,329,358,434,439,468
互联网＋	45—47,50
汇接局	53,112,133,188,315,458
汇聚层	128,129,134,140,144,145,148—150,316,457
汇聚机房	4,73,82,134,149,150,153,157,315,457,522,523
会议电视	160,537,538
会议通	19,160,192,326,330,352,372,390,395,437,479
基站	4,5,11—14,16,18,19,22,23,25—27,32—35,37—40,42—45,49,57,60,61,78,97,98,106,110—118,127,141,149,150,153,156,209,210,236,242,247,262,282,290,291,293,303—305,314,315,319,320,325—328,330,331,336,342,344,379,385,404,418,426,427,454,457—459,515,538,542
集团短信	236
集团虚拟网	181,182
集中式用户交换机	179—181
集中用户交换机	162,167,169,179
计费账务中心	21
寄存器	117,543
家庭宽带	6,44,80,85
假期直通车	224
交换机	5,13—16,60,73,111,112,115—118,122—126,131—133,149,152,165,177,179,185,192,205,236,241,261,280,293,304,312,315,344,534,537,538
交换机中继线	165,166
交换容量	15,16,112,113,188
交换中心	12,15,22,111,304,543
交通向导	210
接入层	21,124,127—129,134,140,142,148—150,160,457
金桥数据中心	39,119
精细化	7,50,157,239,262,274,295,296,298,313
局域网	73,125,143,223,225,542
卡式公话	171

抗震救灾	33,330,379,401,406,418
可视电话	6,8,20,25,202—204,225,536
客服热线	7,19—21,23,26,27,37,38,44,92,206,245,249,254,260—266,281,333,363,405,443,446,447
客户代表制	238,274
客户服务卡	247
客户响应机制	289
空中营业厅	27,258
快惠通	18,238,258,360
宽带	4,6,20—22,24,26—28,30,32,34—38,43,44,48,67,73,80,85,99—107,110,119—121,123,125,127—129,131,140,141,150,157,160,202,203,215,222—227,236,248,256,271,305,315,362,363,396,406,410,457,527,536
宽带电话	22—24,73,128,133,163,256
宽带商务	22,24,30,31,128,157,227,256
宽带视讯	225,226
来电显示	165,172—174,177,181,183—185,197—199,235,286,358,417
理财热线	19
联名信用卡	44
联通报	14,372,388,410
联通服务联盟	21,273,274
联通国际大厦	17,64,255,337
联通丽音	160
联通秘书	33,206,207
联通沙龙	273,274,360
联通心声	7,16,238,239,252,254,273,274,357,360
联通在信	24,160,210,211
联通掌中网	17,215,221
廉政勤政	320
临港新城	26,28,80,127,128,133,155,441,444
零差错	6,235,242,258
零距离	6,235,242,258,397
零容忍	242,248,250,251
零售网点	289
流动服务车	29,30,259
流量	22,39,42,44,46—48,116,120,121,194,195,201—203,206,209,212,228,243,245,256,270,316,324,333,440,456,458,481,536

流量荟	42
流媒体	31,207,214,410
聋哑人短信	7,31,189,194,237,252,406
路由器	60,120—126,142,149,241,458,537,538,540,542
绿色通道	240,258,263,268—270,275,276
绿色希望工程	21,237,417
满意度	70,93,168,216,234—236,238—241,243—248,250—252,255,265,267,270,278—280,300,302,343,379,386,390,398,405
漫入	112,456
漫游	5,13,22,38,60,112,113,117,124,160,167,168,187,189—193,195—197,199—201,203,204,206,212,224,228,229,238,242—244,248,264,266,270,272,276,286,331,358,454—456,458,541
盲区	188,247,303,305
门户网站	28,30,32,243,410,527
模拟直线	163,178,180
模拟中继线	163,167,169,177—179
普通公话	163,169,170
旗舰店	38,256
旗舰营业厅	28,98,100,152,255,256
企业传真	73
企业邮箱	30,236
企业之芯	160,207
企业专线	236
全业务市场准入	23,162
冗余备份	120,132
如意妙笔	27
如意通	17,18,160,188,193,195—198,200,208,213,238,240,242,245,248,265,266,360,365,405,409
三个便捷	243
三级责任管理	328
三年发展规划	305,306
三网融合	36,89
三重一大	7,373,383,385,508—510,530
商旅卡	197,240
商务新世界	73,271
社会监督员	24,59,234,242,251,258,280—282,397,517,518,521
神奇宝典	24,160,201,206,212,438
十佳百优	262
十项服务	29,32,247
十项铁律	385
实名制登记	279,336
实时连机	16,236
世博会	5,6,36,37,98,110,155—157,265,315,326,363,367,427,446,456,458
世界电信日	12—14,16,17,235,254,256,262,265,274,358,365,410
世界风	6,26,161,188,193,196,199,200,237,240,248,252,263,269,271,275,277,405,418
视频导航	32,208,363
视频点播	20
视频电话	30,215
视频会议	25,215,350
视频聚合	40
视频通信	162,183,265,536
室内覆盖	4,60,61,97,98,114,139,140,143,155—157,247,282,303,313,315,331,456,457,536,538
手机报	6,29,208,243
手机电视	6,31,32,243,260
手机钱包	41,210,260
手机沃导航	6,36,37
手机营业厅	33,243,260
手语服务	35,237,265,409,418
首问负责	7,93,235,239,240,243,249,263,276,279
售后服务	11,60,92,210,236,262,267,275,366,403,455
数据网	18,22,94,98,110,119,122—126,142,215,216,241,325,436,457,540,542
数据中心	4,18,39,41,45,110,119,122,123,127,153,160,536,542,543
数据专网	215
数字移动通信网	3,142
数字中继线	163,167,169,177—179,184
双电	115,116
双结对	379,418
双频网	17,112,265,266,303,304
双语服务	240
四大理念	236,409
四服务体系	264

四统一	258,266	无线上网卡	5,6,26,38,203,228,243,256,271,272
随身OA	205	无线数据	5,160,191,205,207,210,221,222,236,
特奥e家	31		272,399,456
体验式营销	289	无线网	18,61,95,96,114,116,127,155,206,222,
天地通	160		241,367,427,438,441,458,459,540,543
天馈	115,156,458	无线寻呼	193,194,471
停机保号	164,165,172,173,175,178,180,182,183	五大市场	272
通信配套	38,47,73,110,155—157,271,331	物联网	36—38,45,47—49
通信外服务	6,254,268,270,276,277	向日葵	287,373,379,404,409,414
投币公话	170	小区定位	160,209,210
网关	42,124—126,129,130,162,307,538,540,	校校通	20,21
	541,543	校园网	21
网管系统	96,117,122,125,143,363,469	校园用户俱乐部	276
网络扁平化	132	新会场	133
网络电话	4,226	新商务总机	77
网络监护	331	新时空	18,20,21,25,28,78,152,188,207,248,
网络时延	121,137		255,268,354,360,405,409,417,438,439
网络协议	120	新世纪	6,27,128,188,210,271
网络支撑	46,91,95,290,404	新世纪通	24,242,251
网络自愈	120,121	新势力	26,30,188,193—196,198,200,248,255,
网上商城	38,252,260,382		405
网通新会场	73	信令	14,124,132,133,303,330,459
网元	96,133,143,150,319,334	信息港	4,18,119,124,127,160,437,442
网苑	26,225	信息公开	252
微波	117,118,121,139,140,146,147,150	信息系统	24,57,61,62,69,76,84,88,89,91,171,
微波辐射	327		207,240,241,263,269,272,288,313,331,333—335,
微峰窝	26		349,426,485,491,517—519,528,529,540
微信沃业务	43	行风建设	70,90,247,278,279,370,373,407,410,
微站	4,36,82,157,454		428,516,526
文明示范点	255,258,289,409	行风评议	70,278,281
沃3G慧卡	40	虚拟交换机	179
沃4G+	46	虚拟网	215
沃·家庭	195,202,203	虚拟运动会	39
沃电台	44	虚拟专网	127,236
沃购	41	炫铃	115,118,160,200,205,206,260,275
沃惠购	42	雪域童年	34,419
沃商店	37,41	阳光·绿色网络工程	194,276,410,411
沃校园	38	阳光敬老卡	8,25,237,417
沃行天下	38	洋山深水港	127,434,435,444
沃阅读	41	业务支撑系统	61,70,79,84,88,90—92,94,255,
无线E-mail	19,204,205,211		288,349,455,520,529,530
无线公用电话	172,286	一次申告下岗制	263

一键导航　41
一米线　7,257
一账通　254,260,261
医联云健康　43,45,47
移动彩票　18,208,211,216,222
移动气象　214
以太网　122,124—126,143,149
应急通信车　19,20,33,330,418,456
营服一体　8,237,380
营销模式　239,270,439
营账互联　77,259
营账系统　16,27,60,236,239,249,261,275,286,333,335
用户满意工程　239,241,245,255,274,282,286,447
优惠包　193,198,200
语音导航　45,160,207,208
语音透传　118
语音信箱　13,16,194,195,235,242,534
载频　4,34,110,112—118,209
在线支付　236
增值服务　5,70,110,122,127,160,195,204,210,211,271,280,343,531
窄带　47,48,120,543
战备应急　63,329,330
掌上股市　160,209,260,442
掌上商城　160,210
掌中宽带　24,201,204,212,222,228,229,271,275
掌中网　17,215,221
支撑系统　60,78,79,91,244,281,291,333,380,443,455,459
支援灾区　418

职工之家　398
质量监督员　7,280,281
质量体系认证　17,301—303
智慧城市　38,40,42,44—46,48,50
智慧高地　38,40
智慧工厂　50
智慧公益平台　43
智慧教育　43,50
智慧乐园　39
智慧屋　43
智慧物流装备　50
智慧云　39
智能网　6,48,50,61,98,119,124,133,163,186,214,304,325,334,536,538,540
中国通　3,38,47,155,160,423,426,438,471,486
中继　33,48,119,120,129,131—134,137,141,148,149,162,164,165,177—179,185,188,215,231,315,466,468,469,525,539,540
终端管理　93,291,333
重大灾害保障　331
主环　139—141
主机托管　127,215,236,410,411,507,536
助学拍卖　418
专网　20,119,177,179,272,304
专线　27,36—38,110,119—122,150,160,163,168,178,179,207,215,216,225,244,263,264,266,267,270,272,442,457,536,542
专营店　25,26,57,105,294,363
总经理信箱　387,388
组播　120

人 物 索 引

Jorma Ollila　13
Martti Ahtisaari　13
Michel Bon　15,366
Paul Jacobs　28
Ron Sommer　15,366
Vint Cerf　22
William T. Esrey　15
白洁桦　401

白　云　434
柏友旺　432
包菊芬　389,391,393
包　敏　433
蔡俊靓　432,434
蔡全根　33,35,44,79,81,82,98,256,317,361,367,377,384,425,454
蔡志伟　431

曹建华	418	杜丽红	429
曹景行	28,277	杜　勤	433
曹燕华	28	杜英莹	433
曹援农	75,76	范纪明	434
陈才敏	11,13,14,55	范希平	21
陈　策	25	费景芝	430
陈　刚	63,376	封国荣	75,76
陈　豪	30	封金章	103
陈慧萍	389	傅晓敏	428
陈　俭	419	傅晓鸣	258,401,403,433
陈建中	75,76,308	干观德	15
陈景达	389—391,399,401	高　洁	431
陈骏池	404	高　岚	427,428,430
陈克俭	418	高　巍	432
陈庆文	432	高　翔	366
陈　荃	402	耿宏图	50
陈　晟	431	耿向东	431
陈天桥	26	龚学平	26,28
陈　通	431	龚娅婷	433
陈　旭	401,402	顾　斌	418
陈扬帆	402,428	顾　华	430
陈一平	28,32	顾嘉禾	31
陈振民	31	顾　青	434
陈正兴	53,55	顾树青	402
陈宗礼	56	桂卫健	432
程锡元	15,366	韩辉勇	389,399
楚丙健	431	韩　正	16,17,26,37,303
戴　苓	429	何非常	53
戴　翩	431	何　睿	430
戴倩翌	430	贺洁铭	431
戴擎宇	429	侯文军	403,427,428,430
戴泉沁	432	胡德望	429
戴　顺	430	胡锦涛	378,380,384
丹尼斯·D.罗百迪	14	胡　萍	402
邓小平	3,371,377,508	胡　炜	11
邓云岚	401	胡晓萍	402,429
丁伯成	393,493	胡毅督	35,367
丁和青	429	胡　勇	434
丁怀远	344	胡泽民	434
丁志琪	401	华逸生	389,390,393,399,493
董　晓	402,431	黄秉祺	15,16,63,375,423
董秀骐	53,55,56,62	黄　昳	431

黄 河	433	李广聚	68,79,82,103,317,376,377
黄 宏	431	李慧芬	14,407
黄 菊	52	李 静	433
黄淑萍	389	李 俊	389
黄晓璀	428	李 荣	432
黄 璿	402	李 澍	14
黄肇达	31	李 爽	34,50,68,79,82,103,317,376,377
霍长辉	12—14,63,366,367,375,423	李锡堂	432,435
计国方	434	李显阳	12
季晓村	366,393	李晓霞	31
贾润亮	381,434	李学谦	12,13
简 昉	454	李叶捷	402
江嘉良	28	李以宁	401
江绵恒	465	李逸夫	366
江泽民	377,378	李正茂	15,26
姜爱礼	429	廉 平	429
姜起梅	27,63,79,366,375,393	廖春裕	434
姜 崧	56	廖春赟	433
姜志明	14,15,17,63,375,423	林 健	76
蒋国新	432	林田博之	366
蒋蔚蔚	430	林夏福	15
蒋以任	11,26,28,53	林以杨	389,399
焦海军	429	林 月	432
解 轩	432	蔺增强	432
金 巍	56	刘旻旻	401
金震华	389	刘 青	381
靳羽西	28,277	刘少培	391,392
康成军	419	刘 燊	389
康 迪	391,433	刘 彤	25,363,404,426,428—430
康 华	432	刘云耕	25,417
康 岚	433	刘振元	11—16,53,54,62,274,358,366,367,423,464
康 伟	419		
柯贞平	430	刘志斌	402,429
蓝江群	375,389,391,393,399,433,493	刘志刚	430
乐静宜	30	卢 侃	419
乐燕华	389,433,493	鲁东亮	63,79,82,260,317,360,361,376,377,404,429,454
李 兵	428,430		
李 超	26,27,68,366,376,425	鲁 艳	402
李 朝	432	陆彩霞	434
李冬梅	429	陆允立	432
李凤华	432	吕洪涛	434
李福申	99	吕建国	20

吕学锦	34	沈 茹	429
罗丽娟	402	沈文岗	432
骆吴君	432	沈祖炜	31
马 芩	389	盛光祖	465
马文忠	432	盛宇路	432
马学全	30,33,68,79,81,82,376,377,424	施建东	11,53,55,62,371,375,424
马 震	429	施跃全	428
毛 剑	454	石森进	366
毛禹琼	402	石 粟	389
茅 勇	431	宋 淳	418
穆 宏	389	宋玉丽	431
倪海震	432	苏卫国	68,376
倪 简	366	隋蔚力	435
钮卫平	28	孙子强	26
欧大春	434	谭星辉	14
潘冬民	366,389,399,434	汤国荣	389,390
彭景先	15	唐 静	430
彭炜泓	428,433	唐 勇	402
皮晶洁	376	陶依嘉	27
戚 瑜	432	田溯宁	67
齐心荣	14	佟吉禄	25
钱 刚	402	汪雯嫣	434
钱伟国	390	汪志强	433
钱 炜	53,56,62	王成林	419
钱映茹	431	王 川	418
钱云龙	15	王方珉	401
秦培顺	429	王福生	63,366,376,378
秦绍德	14	王 辉	391
秦泽智	431	王惠敏	390
邱薇华	389	王建宙	20,25
曲继海	418	王金城	16
任韶琪	433	王 军	434
阮 韬	429	王励勤	31
尚 冰	28,29,32	王连祥	377
尚雯婕	454	王 林	63,79,82,317,366,376—378,454
邵 丹	429	王树明	378
邵国强	366	王 伟	389
邵 琳	433	王 玮	454
邵 宁	431	王秀萍	430
邵 帅	434	王 瑛	433,493
沈洪波	49,68,79,82,317,376,377	王颖沛	20
沈 可	45,47,376	王 震	27,266

王震东	376,426	闫兆亮	63
王震霆	389,418	严隽琪	19,21,303
王 政	401	严义埙	22,465
魏 炜	63,79,82,260,317,376,377	严 域	433
魏文海	431	颜寅申	431
魏 欣	429	杨昌基	13
吴慧兰	389	杨光耀	432
吴基传	18,19,29	杨桂生	419
吴建宜	56	杨九英	389,391
吴念祖	16	杨军日	50
吴瑞燕	389	杨 岭	435
吴 伟	366	杨 柳	402
吴晓波	454	杨贤足	17,20,28,378,471
吴一帆	375,389,391,393	杨 晓	431
吴征栋	431	杨晓渡	27,403
吴中宜	393	杨 雄	25,465
奚国华	21,34	姚 明	23,417
奚鹏华	53,62	姚慕贤	14
夏克强	11—14,55	姚 琼	390
夏 钦	431	姚赛彬	43,429
谢德志	409	姚士成	30
谢国庆	63,375	叶秋中	431
谢远明	381,391	殷一民	28
熊 坤	432	殷 英	389
徐 枫	30	应 燕	493
徐 虎	13,409	于 晨	28,31
徐家辉	17,67,68,307	于道拥	56,389,399
徐匡迪	15,366	于东平	389,391,392
徐 群	56,389,399	于英涛	30
徐庭成	419	余晓芒	12,13,17
徐 洋	431	俞福均	419
徐寅生	28	俞 恺	433
徐育寅	430	俞雁群	430
许 淳	366,389	俞峥益	428
许高翔	431	俞志发	401
许建文	393	俞朱瑾	429
许荣中	433	俞卓伟	28
许晓峰	432	虞嘉伟	432
薛金福	63,376	虞绍俊	429
薛沛建	28	郁建良	76
燕 爽	44	袁 炜	434
闫 波	337	袁 欣	27

曾　轶	27	张忠林	432
展　欣	402	赵　乐	16,18,19,22,23,32,37,63,78,79,82,266, 274,308,317,360,361,366,375—377,381,383,392, 393,409,424
张　宾	428		
张成波	68,79,82,317,376,377,381		
张承鹤	68,79,82,317,376,377,390,391	赵　丽	389
张传传	432	赵　量	401
张春梅	391	赵　琪	433
张从威	433	赵启正	11,53,55,277
张　范	26,103	赵堂忠	431
张国华	428,430	赵维臣	12,52
张国明	344	赵晓明	432
张海军	432	郑昌幸	67
张海涛	465	郑慧萍	401
张建平	431,434	郑乐民	433
张　健	18,20,21,24—28,30,63,372,375,378,424	郑　林	433
张　杰	46	周洁磊	430,434
张静星	26,68,79,82,366,375,376,378,381,389, 391,403,493	周　骏	381
		周　敏	431
张　军	429	周仁杰	12,14,15,17,19,22,24,26,27,55,56,62, 67,68,344,366,376,426,434
张俊杰	434		
张　敏	433	周　炜	431
张　鹏	344	周　熙	401,402
张汝信	56	周亚君	429
张韶涵	30	朱　敏	432
张韶韵	16	朱士钧	63,376,378
张士忠	375,433	朱文豹	11,12,53,54,62,63,307,358,375,389— 391,399,423,464
张维华	78		
张伟村	56,389,399	朱奕健	401
张　卫	389	朱永康	419
张晓佟	432	庄　元	402
张秀虹	389	邹　琼	428,430
张永兴	375	邹伟平	68,82,376,381,391
张云高	18,63,375,430	左焕琛	18,29
张　蕴	434	左珺珺	432
张　中	430	左迅生	30

表　格　索　引

表1-1-1　1994—2008年融合重组前上海联通行政负责人情况表　62

表1-1-2　1994—2008年上海联通员工数量统计表　64

表1-1-3　2004—2008年上海联通资深经理、业务高级经理、高级业务主管统计表　64

表1-1-4　1994—2008年上海联通固定资产原值统计表　65

表1-1-5　1994—2008年上海联通营业收入统计表　65

表1-2-1　1999—2008年上海网通行政负责人任职情况表　68

表1-2-2　2003—2007年上海网通固定资产原值一览表　74

表1-2-3　2002—2008年上海网通营业收入一览表　75

表1-2-4　1996—2003年上海吉通行政负责人任职情况表　76

表1-3-1　2010年上海联通、上海网通融合重组后行政负责人情况表　81

表1-3-2　2008年融合后上海联通组织机构汇总及新旧机构对应表　84

表1-3-3　2009—2010年上海联通固定资产原值统计表　85

表1-3-4　2009—2010年上海联通营业收入统计表　86

表1-3-5　2008—2010年上海联通员工人数统计表　86

表1-3-6　2009—2010年上海联通员工结构统计表　86

表1-3-7　2009—2010年上海联通资深经理、高级业务经理人数统计表　87

表1-3-8　2010年上海联通移动网络公司二级单位情况表　97

表1-3-9　2009—2010年东区分公司用户数量和网络规模统计表　99

表1-3-10　2009—2010年西区分公司用户数量和网络规模统计表　99

表1-3-11　2009—2010年南区分公司用户数量和网络规模统计表　100

表1-3-12　2009—2010年北区分公司用户数量和网络规模统计表　101

表1-3-13　2007—2010年中区分公司用户数量和网络规模统计表　101

表1-3-14　2009—2010年闵行分公司用户数量和网络规模统计表　102

表1-3-15　2009—2010年宝山分公司用户数量和网络规模统计表　102

表1-3-16　2009—2010年南汇分公司用户数量和网络规模统计表　103

表1-3-17　2009—2010年嘉定分公司用户数量和网络规模统计表　104

表1-3-18　2009—2010年青浦分公司用户数量和网络规模统计表　104

表1-3-19　2009—2010年松江分公司用户数量和网络规模统计表　105

表1-3-20　2009—2010年奉贤分公司用户数量和网络规模统计表　106

表1-3-21　2009—2010年金山分公司用户数量和网络规模统计表　106

表1-3-22　2009—2010崇明分公司用户数量和网络规模统计表　107

表2-2-1　2002年中国联通互联网数据中心（IDC）上海一期工程一阶段设计与可行性研究报告批复对照表　123

表2-2-2　2003年中国联通IP电话业务网上海市四期工程第一阶段设计与可研批复对照表　124

表2-2-3　2001年中国联通上海数据网一期ATM及公众IP网等工程基本情况表　125

表2-2-4　2001年中国联通数据网上海ATM二期工程建设规模和概预算一览表　126

表2-2-5　2001年中国联通ATM网三期工程上海市设备配置表　126

表2-2-6　2005年上海网通提供FTTB+LAN、独享LAN、独享银牌和独享金牌等各个等级互联网宽带产品情况表　129

表2-2-7　2005年中国联通城域综合业务网上海三期工程规模投资表　130

表2-4-1　1997—2008年上海联通城际光缆基本情况表　136

表2-4-2　1999年上海联通本地传输系统情况表　139

表2-4-3　2001年上海联通本地传输系统情况表　139

表2-4-4　2002年上海联通本地传输系统情况表　140

表2-4-5　2003年上海联通本地传输系统情况表　141

表2-4-6　2004年上海联通本地传输系统情况表　141

表2-4-7　2005年上海联通本地网传输优化项目表　143

表2-4-8　2005年上海联通传输网综合网管配置表　143

表2-4-9　2005年上海联通传输网骨干层情况表　144

表2-4-10　2005年上海联通传输网汇聚层情况表　144

表2-4-11　2005年上海联通传输网汇聚层节点统计表　145

表2-4-12　2005年上海联通传输网互联互通情况表　146

表2-4-13　2005年上海联通传输网主设备情况表　146

表2-4-14　2005年上海联通传输网微波设备情况表　146

表2-4-15　2005年上海联通大用户在用微波统计表　147

表2-4-16　2005年上海联通传输网PDH设备情况表　147

表2-4-17　2005年上海联通传输网电路情况表　147

表2-4-18　2007年上海联通本地网传输优化项目表　149

表2-4-19　1999—2010年上海联通、上海网通光缆建设统计表　150

表2-5-1　1994—2008年上海联通局所建设情况表　153

表3-1-1　2005年1月固定电话用户统计表　162

表3-1-2　2008年9月固定电话用户统计表　163

表3-1-3　1998年上海市固定电话装、移机手续费情况表　164

表3-1-4　1998年上海市固定电话装、移机工料费情况表　164

表3-1-5　1998年上海市固定电话变更手续费情况表　164

表3-1-6　1997年上海市固定电话分类分地区月租费情况表　165

表3-1-7　2007年上海网通普通电话月租费情况表　165

表3-1-8　1997年上海市内电话资费情况表　166

表3-1-9　2008年9月上海网通固定语音业务平均单价统计表　166

表3-1-10　2010年12月上海联通本地固网语音业务量（按去向分）统计表　166

表3-1-11　2010年上海联通固定电话资费情况表　167

表3-1-12　2007年上海网通普通长途电话资费情况表　167

表3-1-13　2005年上海联通IP长途电话资费情况表　168

表3-1-14　2007年上海网通IP长途电话分地区话费情况表　168

表3-1-15　2007年上海网通196长途电话分地区话费情况表　169

表3-1-16　2007年海事卫星话费情况表　169

表3-1-17　1997年上海市普通公话通话费情况表　170

表3-1-18　2007年上海网通投币公话分类资费情况表　170

表3-1-19　2007年上海网通公话超市通话费情况表　170

表3-1-20　2007年上海网通卡式公话通话费情况表　171

表3-1-21　1996年上海联通无线公话统一计费标准情况表　172

表3-1-22　2007年上海网通NGN新市话装、移机手续费情况表　172

表3-1-23　2007年上海网通NGN新市话装、移机工料费情况表　172

表3-1-24　2007年上海网通NGN新市话变更手续费情况表　173

表3-1-25　2007年上海网通NGN新市话月租费情况表　173

表3-1-26　2007年上海网通NGN新市话分类话费情况表　173

表3-1-27　2007年上海网通NGN新市话附加业务开户费情况表　174

表3-1-28　2007年上海网通NGN新市话附加业务月租费情况表　174

表3-1-29　2007年上海网通储值电话装、移机手续费情况表　175

表3-1-30　2007年储值电话装、移机工料费情况表　175

表3-1-31　2007年上海网通储值电话变更手续费情况表　175

表3-1-32　2007年上海网通储值电话日租费情况表　176

表3-1-33　2007年上海网通A类储值电话资费情况表　176

表3-1-34　2007年上海网通C类储值电话资费情况表　176

表3-1-35　2007年上海网通储值电话附加业务服务费情况表　177

表3-1-36　2007年上海网通装、移机手续费情况表　177

表3-1-37　2007年上海网通模拟中继线装、移机工料费情况表　177

表3-1-38　2007年上海网通数字中继线安装费情况表　178

表3-1-39　2007年上海网通模拟中继业务变更手续费情况表　178

表3-1-40　2007年上海网通数字中继业务变更手续费情况表　178

表3-1-41　2007年上海网通中继线与用户小交换机资费情况表　179

表3-1-42　2007年上海网通用户交换机（专网）占用本地电话网编号资费情况表　179

表3-1-43　2007年上海网通集中式用户交换机装、移机手续费情况表　180

表3-1-44　2007年上海网通集中式用户交换机变更手续费情况表　180

表3-1-45　2007年上海网通集中式用户交换机月租费情况表　180

表3-1-46　2007年上海网通集中式用户交换机分类话费情况表　181

表3-1-47　2007年上海网通集中式用户交换机附加服务开户费情况表　181

表3-1-48　2007年上海网通集中式用户交换机附加服务月租费情况表　181

表3-1-49　2007年上海网通集团虚拟网业务装、移机资费情况表　182

表3-1-50　2007年上海网通集团虚拟网业务变更资费情况表　182

表3-1-51　2007年上海网通ISDN装、移机资费情况表　183

表3-1-52　2007年上海网通ISDN月租费情况表　183

表3-1-53　2007年上海网通ISDN分类话费情况表　183

表3-1-54　2007年上海网通ISDN呼出加锁资费情况表　184

表3-1-55　2007年上海网通固定电话附加业务开户费情况表　184

表3-1-56　2007年上海网通固定电话附加业务月功能使用费情况表　185

表3-1-57　2007年上海网通800业务功能费情况表　185

表3-1-58　2007年上海网通800业务通话费情况表　185

表3-1-59　2007年上海网通800业务国际功能费情况表　186

表3-1-60　2007年上海网通800业务国际（境外）通话费情况表　186

表3-1-61　2007年上海网通4006业务功能费情况表　187

表3-1-62　2007年上海网通4006业务通话费情况表　187

表3-2-1　2004年上海联通移动电话用户情况表　188

表3-2-2　2010年上海联通12月移动电话用户情况表　188

表3-2-3　1997年上海联通批量购机入网资费情况表　189

表3-2-4　1998年上海移动电话入网资费情况表　189

表3-2-5　2007年上海联通GSM语音业务年报情况表　189

表3-2-6　2010年12月上海联通本地移动语音业务量情况表（按去向分）　190

表3-2-7　2009—2010年上海联通GPRS漫游开通运营商情况表　192

表3-2-8　2001年上海联通GSM套餐标准情况表　195

表3-2-9　2006年上海联通CDMA如意通大众卡套餐情况表　195

表3-2-10　2006年上海联通GSM如意通56元套餐情况表　195

表3-2-11　2006年上海联通GSM如意通——郊区卡资费情况表　196

表 3-2-12　2006 年上海联通世界风、如意通 CDMA/GSM60 元套餐情况表　196

表 3-2-13　2006 年上海联通世界风、如意通 CDMA/GSM100 元、200 元商旅套餐情况表　196

表 3-2-14　2006 年上海联通 16 元、26 元套餐情况表　196

表 3-2-15　2006 年上海联通新势力 CDMA/GSM 套餐新增 20 元聊天套餐情况表　196

表 3-2-16　2007 年上海联通如意通 10 元标准套餐情况表　197

表 3-2-17　2006 年上海联通长三角商旅套餐情况表　197

表 3-2-18　2006 年上海联通 118 元、218 元本地套餐情况表　197

表 3-2-19　2006 年上海联通如意通大众卡＋6 元畅听包情况表　198

表 3-2-20　2006 年上海联通集团用户套餐情况表　198

表 3-2-21　2008 年上海联通世界风套餐情况表　199

表 3-2-22　2008 年上海联通世界风套餐（二）情况表　199

表 3-2-23　2008 年上海联通如意通、世界风套餐情况表　200

表 3-2-24　2008 年上海联通如意通、世界风套餐（二）情况表　200

表 3-2-25　2007 年上海联通 CDMA 资费套餐审批情况表　200

表 3-2-26　2006 年上海联通 UNI 包月套餐情况表　201

表 3-2-27　2007 年上海联通 CDMA 1X VPDN 套餐情况表　201

表 3-2-28　2007 年上海联通 GPRS 流量后付费用户套餐情况表　201

表 3-2-29　2007 年上海联通 GPRS 流量预付费用户套餐情况表　201

表 3-2-30　2007 年上海联通针对 156 等后付费用户的资费情况表　202

表 3-2-31　2007 年上海联通 CDMA 资费套餐审批情况表　202

表 3-2-32　2010 年上海联通"沃·家庭"A 套餐（宽带＋固话＋2G 手机)情况表　202

表 3-2-33　2010 年上海联通"沃·家庭"B 套餐（宽带＋固话＋2G 手机＋3G 手机)情况表　203

表 3-2-34　2010 年上海联通"沃·家庭"无线上网卡套餐情况表　203

表 3-2-35　2009 年上海联通全国范围执行统一的 3G 业务标准资费情况表　203

表 3-2-36　2010 年上海联通 WCDMA(3G)基本套餐情况表　204

表 3-2-37　2003 年上海联通神奇宝典通信费（按流量计费)情况表　206

表 3-2-38　2004 年上海联通掌上股市包月套餐情况表　209

表 3-2-39　2003 年互动视界套餐情况表　212

表 3-2-40　2006 年互动视界套餐情况表　212

表 3-2-41　2003 年"95001＊＊＊"声讯信息服务费情况表　213

表 3-2-42　2004 年本地丽音业务资费情况表（通信费＋信息费）　214

表 3-3-1　2007 年上海网通 ATM 国内侧端口月租费情况表　217

表 3-3-2　2007 年上海网通 ATM 国内双向 PVC 月租费情况表　217

表 3-3-3　2007 年上海网通 ATM 境外侧端口费用情况表　218

表 3-3-4　2007 年上海网通 ATM 境外双向全电路 VCPVC 费用情况表　218

表 3-3-5　2007 年上海网通 ATM 境内侧双向半电路 VCPVC(NRT－VBR)费用情况表　220

表 3-3-6　2003 年上海联通无限(U－MAX)品牌基本情况表　222

表 3-3-7　2002 年上海网通小区宽带（包月制)接入资费标准情况表　223

表 3-3-8　2002 年上海网通小区宽带（限时包月制)接入资费标准情况表　223

表 3-3-9　2007 年上海网通市区家庭用户无限包月制套餐情况表　223

表 3-3-10　2007 年上海网通市区限时包月制套餐情况表　224

表 3-3-11　2007 年上海网通学生假期直通车套餐情况表　224

表 3-3-12　2007 年上海网通无限伴旅宽带套餐情况表　224

表3-3-13 2007年上海网通郊县限时包月制套餐情况表 224	表4-1-6 2010年6月上海联通"零容忍"行动自查情况表 248
表3-3-14 2007年上海网通SOHO小企业用户无限包月制资费情况表 224	表4-2-1 2007年上海网通各营业厅情况表 256
表3-3-15 2007年上海网通SOHO小企业用户限时包月制资费情况表 225	表4-2-2 2005年上海联通营业厅投资汇总表 259
表3-3-16 2003年上海联通宽带视讯业务资费情况表 226	表4-2-3 2005—2008年上海联通大客户（客服）资料涉及部门情况表 268
表3-3-17 2003年上海联通酒店宽带视讯业务资费情况表 226	表5-1-1 2006年上海联通考核体系表 295
表3-3-18 2003年上海联通宽带视讯会议室出租业务资费情况表 226	表5-1-2 2008年上海联通"否决指标"考核表 297
表3-3-19 2003年上海联通PC2Phone宽带网络电话资费情况表 226	表5-1-3 1999—2001年上海联通引进设备一览表 304
表3-3-20 2009年上海联通宽带商务快车资费表 227	表5-1-4 2007—2008年滚动规划财务预算情况表 306
表3-3-21 2009年上海联通商务楼宇宽带业务资费标准情况表 227	表5-3-1 2003年上海联通固定资产清查考核扣分情况表 314
表3-3-22 2006年上海联通掌中宽带业务（按时长计费系列）套餐情况表 228	表5-3-2 1994年10月—1996年3月上海联通固定资产投资完成情况表 315
表3-3-23 2006年上海联通掌中宽带业务（按流量计费系列）套餐情况表 228	表5-3-3 2009年上海联通各区县分公司立项审批授权额度情况表 316
表3-3-24 2007年上海联通掌中宽带业务（本地包月）套餐情况表 228	表5-6-1 2006年上海联通相关部门文件代字情况表 348
表3-3-25 2007年上海联通掌中宽带业务（包年）套餐情况表 229	表5-6-2 2009年融合重组后上海联通各部门发文代字情况表 348
表3-3-26 2007年上海网通16900上网业务资费情况表 229	表5-6-3 1994—2017年上海联通档案数量统计表 356
表3-3-27 2007年上海网通16970/16971/16901互联网漫游业务信息费标准情况表 229	表5-6-4 2000—2008年上海网通档案数量统计表 357
表3-3-28 2007年上海网通VISP业务资费情况表 230	表5-6-5 2004年上海联通成立十周年主要媒体相关报道情况表 360
表4-1-1 2001年上海联通顾客满意度调查情况表 245	表5-6-6 2009年7—12月上海联通国内媒体报道情况表 360
表4-1-2 2001年上海联通大类测评指标顾客满意度情况表 246	表6-1-1 2010年上海联通党支部、党员情况表 374
表4-1-3 2001年用户对上海联通服务水平满意程度情况表 246	表6-1-2 1995—2008年上海联通党委（支部）负责人情况表 375
表4-1-4 2001年顾客对上海联通付费方式满意程度情况表 246	表6-1-3 2002—2008年上海网通党委负责人情况表 376
表4-1-5 2001年顾客对上海联通手机话费评价情况表 247	表6-1-4 2009—2010年融合重组后上海联通党委负责人情况表 377
	表6-1-5 1998—2010年上海联通纪委、纪检监察室历任负责人情况表 381

表6-1-6　2003—2008年上海网通纪委负责人情况表　381

表6-1-7　2007年上海联通自查自纠工作自查评估表　386

表6-2-1　1996—2009年上海联通历届工会负责人情况表　391

表6-2-2　2002—2008年上海网通历届工会负责人情况表　391

表6-2-3　2009—2010年融合后上海联通工会负责人情况表　391

表6-2-4　2003年上海联通厂务公开检查评议表　394

表6-2-5　1998—2010年上海联通、网通公司工会文体活动统计表　397

表6-3-1　1997—2008年上海联通团委负责人情况表　402

表6-3-2　2002—2008年上海网通团委负责人情况表　402

表6-3-3　2009年上海联通、上海网通融合重组后团委负责人情况表　402

表6-4-1　2002年上海联通精神文明建设考核表　407

表6-5-1　2004年1月—2005年1月上海联通企业文化实施规划表　413

表6-5-2　2005年上海联通企业文化活动责任表　414

表6-5-3　2010年上海联通企业文化建设办公室成员部门任务表　415

表7-2-1　2004—2010年全国性先进荣誉一览表　428

表7-2-2　2003—2010年上海联通上海市劳动模范一览表　428

表7-2-3　2007—2010年上海联通上海市三八红旗手一览表　429

表7-2-4　2005—2009年上海联通团市委先进个人一览表　429

表7-2-5　2010年上海联通上海世博工作先进一览表　429

表7-2-6　2007年其他先进一览表　429

表7-2-7　2003—2010年中国联通、中国网通劳动模范一览表　430

表7-2-8　2008—2010年中国联通"巾帼建功标兵"一览表　430

表7-2-9　2008年中国网通迎奥运、塑形象、添光彩劳动竞赛优秀标兵一览表　430

表7-2-10　2008年中国网通奥运工作先进一览表　431

表7-2-11　2006—2007年中国联通、中国网通工会工作先进一览表　433

表7-2-12　2002—2007年中国联通、中国网通客服先进一览表　433

表7-2-13　2000—2007年中国联通、中国网通其他先进一览表　434

表7-2-14　2004—2007年上海网通上海市行业先进一览表　434

表7-3-1　1997—2008年上海联通荣誉一览表　436

表7-3-2　2002—2008年上海网通荣誉一览表　444

表7-3-3　2008—2010年融合后上海联通荣誉一览表　445

表附-2-1　1996—2009年上海联通基础类管理制度一览表　515

表附-2-2　2002—2009年上海联通业务类管理制度一览表　518

表附-2-3　2009年12月上海联通规章制度更新统计表　519

表附-2-4　2008—2010年上海联通规章制度更新一览表　520

表附-3-1　2007年上海联通增值业务产品汇总表　531

表附-3-2　2007年上海网通固网增值业务一览表　534

表附-3-3　2003年上海联通网络建设投资计划（第一批）与新增能力情况表　536

表附-3-4　2003年上海联通投资计划（第二批）与新增能力情况表　537

表附-3-5　2003年上海联通网络投资项目汇总表　540

表附-4-1　行业用语、缩略语中英文对照表　542

编 后 记

编修志书是各行业记载历史发展的重要文化工程，2015年，《上海市级专志·中国联通上海公司志》（以下简称《上海联通志》）列入上海市第二轮新编地方志书规划。上海联通高度重视，认真部署各项筹备工作。于2018年1月下发《关于组织开展〈上海联通志〉编纂工作的通知》，成立编纂委员会，同时由上海联通有关部门、区县分公司相关人员、外聘专家共同组成编纂工作组，共计约40人，由此《上海联通志》的编纂工作正式进入启动阶段。这是上海联通首部公司志，主体记述年限为1994—2010年，共计17年。

编纂工作在编委会办公室的统一领导下分阶段有序实施。先后组织业务培训、编修审稿、专题座谈、调研访谈、外聘专家研讨等二十余次会议。2018年12月完成108万字的资料长编；经多次精修编排后，于2019年1月形成第一轮初稿，共计88万字；同年3月《上海联通志》编委会开展内部审议，于8月完成修改补充，形成第二轮修订稿，共计68万字；2020年3月，在多次听取内部各单位意见后，编纂工作组再次完成对志稿的修订核对，完成第三轮内审稿，共计67万字。终稿经编纂委员会和公司管理层审阅后，报送上海市地方志办公室评议。

2020年4月28日，上海市地方志办公室组织召开评议会，《上海联通志》通过评议。5—8月，编纂工作组根据评议专家意见，进一步完善章节结构、规范行文格式，形成54万字的审定稿，并于8月25日提交上海市地方志办公室审定。9月27日，上海市地方志办公室组织召开审定会，《上海联通志》通过审定。9—12月，编纂工作组根据审定专家意见，两次组织专题研讨会，明要求、定计划，集中力量落实意见修改，最终形成59万字验收稿，并于12月25日提交上海市地方志办公室验收。2021年1月20日，《上海联通志》通过验收。通过验收后，编纂工作组继续按验收意见，对志稿进行反复修订，2021年4月提交上海社会科学院出版社。

《上海联通志》的顺利编纂，凝聚了上海市地方志办公室、上海市通信管理局、上海通信业同行、上海联通广大干部员工及社会各界人士的智慧与心血。上海市地方志办公室专志工作处过文瀚、赵明明对志书的纲目、体例、内容安排等多次作细致、专业的指导。上海市通信管理局的相关领导在编纂过程中也给予了真诚关心和大力支持。同时，公司编纂委员会10个成员单位和12个区分公司的大力配合，也是修志工作顺利开展的行动保障。编纂工作组成员耐寂寞、甘清苦、默默耕耘的奉献精神更是本次顺利修志的关键。

上海联通从成立开始，经过改制、重组撤并，有些资料流落在外，机构沿革和业务种类较为复杂，给资料收集和编纂工作带来极大难度。为力求史料翔实、全面、准确，编纂人员翻阅大量资料，深入细致地查阅档案，认真鉴别和筛选，同时深入基层，到各区分公司、营业厅查寻资料，采访相关知情同志，还多次到上海电信局、上海市档案馆、上海图书馆查阅资料，考证和补缺历史档案。经过对志稿反复修订调整，最终按上海市地方志办公室的要求达到预期目标。参与《上海联通志》编纂的每位同志以实际行动诠释了"众手成志"的编纂理念。上海兰台信息技术有限公司在此次志稿的文字排版和图表技术处理上也给予了大力帮助。在此，向所有参与、指导、关心《上海联通志》编写、出版以及提供珍贵资料的单位和个人表示衷心感谢！

《上海联通志》作为一部资料性工具书，是上海联通17年艰辛创业和发展历程的缩影。编者由衷期盼《上海联通志》能真正发挥"存史、育人、资政"的作用,为上海联通各级领导、广大员工以及电信业同仁了解上海联通发展全貌提供参考依据,更为上海联通今后发展提供有价值的史料借鉴。在编纂《上海联通志》时,编者力争准确完整,但由于志书内容时间跨度长,涉及面广,编写经验不足,难免有疏漏、不足之处,敬请读者指正。

《上海市级专志·中国联通上海公司志》编纂办公室

2021年8月

图书在版编目(CIP)数据

上海市级专志. 中国联通上海公司志 / 上海市地方志编纂委员会编 . — 上海 : 上海社会科学院出版社, 2021

ISBN 978 – 7 – 5520 – 3654 – 1

Ⅰ.①上… Ⅱ.①上… Ⅲ.①上海—地方志②移动通信—邮电企业—概况—上海 Ⅳ.①K295.1②F632.751

中国版本图书馆 CIP 数据核字(2021)第 156909 号

上海市级专志·中国联通上海公司志

编　　者：	上海市地方志编纂委员会
责任编辑：	周　霈
封面设计：	严克勤
美术设计：	黄婧昉
出版发行：	上海社会科学院出版社
	上海顺昌路 622 号　邮编 200025
	电话总机 021 – 63315947　销售热线 021 – 53063735
	http://www.sassp.cn　E-mail:sassp@sassp.cn
排　　版：	南京展望文化发展有限公司
印　　刷：	上海雅昌艺术印刷有限公司
开　　本：	889 毫米×1194 毫米　1/16
印　　张：	36.75
插　　页：	24
字　　数：	1066 千
版　　次：	2021 年 10 月第 1 版　2021 年 10 月第 1 次印刷

ISBN 978 – 7 – 5520 – 3654 – 1/K·623　　　　定价：480.00 元

版权所有　翻印必究